PARIS, A FESTA CONTINUOU

A marca FSC® é a garantia de que a madeira utilizada na fabricação do papel deste livro provém de florestas que foram gerenciadas de maneira ambientalmente correta, socialmente justa e economicamente viável, além de outras fontes de origem controlada.

ALAN RIDING

Paris, a festa continuou
A vida cultural durante a ocupação nazista, 1940-4

Tradução
Celso Nogueira
Rejane Rubino

2ª reimpressão

Copyright © 2010 by Alan Riding

Grafia atualizada segundo o Acordo Ortográfico da Língua Portuguesa de 1990, que entrou em vigor no Brasil em 2009.

Título original
And the show went on: cultural life in Nazi-occupied Paris

Capa
Thomas Manss & Company

Fotos de capa
French cancan at the Bal Tabarin, n/a, 1937-9, Paris, França. © Gaston Paris/ Roger-Viollet/ Glowimages.
Outside the Hotel Crillon in Occupied Paris, n/a, 1940, Paris, França. © Bettmann/ CORBIS/ Corbis (DC)/ Latinstock

Preparação
Leny Cordeiro

Índice remissivo
Luciano Marchiori

Revisão
Jane Pessoa
Luciane Helena Gomide

Dados Internacionais de Catalogação na Publicação (CIP)
(Câmara Brasileira do Livro, SP, Brasil)

Riding, Alan
Paris, a festa continuou : a vida cultural durante a ocupação
nazista, 1940-4 / Alan Riding; ; tradução Celso Nogueira, Rejane
Rubino. — 1ª ed. — São Paulo : Companhia das Letras, 2012.

Título original : And the show went on: cultural life in Nazi-
-occupied Paris

ISBN 978-85-359-2078-9

1. Cultura popular - Paris (França) - História - Século 20 2.
Guerra Mundial, 1939-1945 - Paris (França) 3. Paris (França) -
História - 1940-1944 4. Paris (França) - Vida intelectual - Século
20 5. Paris (França) - Vida social e costumes - Século 20 I. Título.

12-02379	CDD-944.361

Índice para catálogo sistemático:
1. Paris : França : Guerra Mundial : História   944.361

[2012]
Todos os direitos desta edição reservados à
EDITORA SCHWARCZ S.A.
Rua Bandeira Paulista, 702, cj. 32
04532-002 — São Paulo — SP
Telefone (11) 3707-3500
Fax (11) 3707-3501
www.companhiadasletras.com.br
www.blogdacompanhia.com.br

Para Alexander

Sumário

Mapa 9

Prefácio 11

1. Todo mundo no palco 15
2. A guerra adiada 43
3. Dança comigo? 68
4. *L'américain* 95
5. A noite parisiense 115
6. A ideia de resistência 136
7. *Maréchal, nous voilà!* 146
8. *Vivace ma non troppo* 174
9. Uma tela rasgada 199
10. Distração no cinema 224
11. Espelho do passado 244
12. Escrevendo para o inimigo 265
13. *Chez* Florence 294
14. "A favor da vida" 308
15. O pêndulo oscila 337

16. Vingança e amnésia 356
17. O preço da sobrevivência 379

Agradecimentos 393
Índice remissivo 421

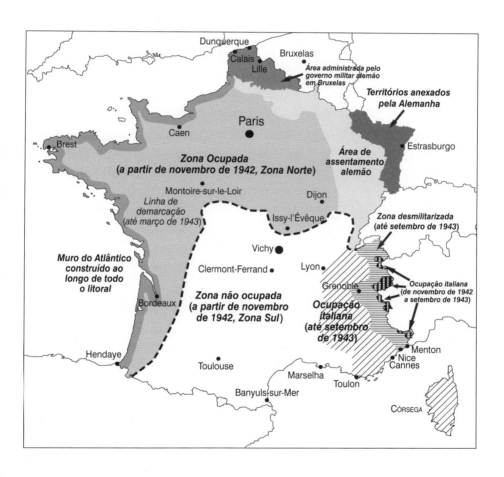

Prefácio

O modo como intelectuais e artistas respondem aos acontecimentos políticos e sociais sempre despertou minha curiosidade, desde os tempos em que eu trabalhava como repórter na cobertura dos violentos regimes militares da América Latina durante as décadas de 1970 e 1980. Nesses lugares, a elite cultural reagiu de variadas maneiras: alguns preferiram ficar na sombra, enquanto outros apoiaram a resistência ou protestaram contra o regime fora de seus países, mas poucos se venderam às ditaduras. Ao me mudar para Paris em 1989, meu interesse por esse tema ganhou um foco mais definido: afinal, agora eu me encontrava na terra natal do *intellectuel engagé*, o lendário intelectual da margem esquerda sempre disposto a enfrentar o poder político estabelecido. Mas a questão que me interessava mais de perto — o comportamento dos artistas e escritores diante da tirania — não dizia respeito à Paris atual, mas a uma época anterior, à Paris sob a ocupação nazista. De que modo as figuras conhecidas do cenário cultural haviam enfrentado o momento político mais difícil vivido pela cidade no século XX? Teria o talento e o prestígio dessas pessoas imposto a elas mais responsabilidade moral? A vida cultural havia continuado a florescer mesmo na ausência de liberdade política?

Naturalmente, essas questões foram examinadas — e de forma apaixonada — logo após a libertação de Paris. Naquele momento, o imperativo era punir intelectuais e artistas que tinham apoiado os invasores ou o regime fantoche de Vichy, isto é, aqueles considerados traidores de seu país e de seus conterrâneos. Mas nessa época, como ainda hoje aliás, os critérios de julgamento não eram assim tão claros. Trabalhar durante a ocupação era o mesmo que colaboração? Um escritor que cometesse o "crime" de manifestar sua opinião deveria ser condenado por isso? Os pintores, os músicos e os atores tinham o dever de exercer uma liderança ética? A busca dessas respostas tornou-se o ponto de partida deste livro.

Para muitos franceses, a ocupação continua a ser um tabu. Fui alertado por meus amigos de que minhas perguntas seriam recebidas com desconfiança, constrangimento e até com silêncio. Desde a publicação do livro de Robert O. Paxton, *Vichy France: old guard and new order, 1940-1944*, no início da década de 1970, o mito da França resistente se desfez em pedaços. Cada face da ocupação foi descrita e analisada numa série de livros. Filmes como *Le chagrin et la pitié* [A tristeza e a piedade], de Marcel Ophüls, e *Lacombe Lucien*, de Louis Malle, revelaram ao público que a colaboração e o instinto de autopreservação eram mais fortes do que a resistência.

No meu caso, saí em busca de artistas, intelectuais e outras pessoas que tivessem testemunhado os "anos sombrios". Na casa dos oitenta anos, e, em alguns casos, em idade ainda mais avançada, todos concordaram em me receber e responderam às minhas perguntas de forma aberta e franca. Esses depoimentos foram decisivos para mostrar que a vida durante a ocupação não era uma fotografia estática, mas um drama em constante desenvolvimento, um cenário fervilhante em que lealdade e traição, comida e fome, amor e morte podiam coexistir, e onde mesmo as fronteiras que separavam bons e maus, *resistentes* e *colaboracionistas*, pareciam mudar de lugar com o desenrolar dos acontecimentos. Isso também acontecia no mundo da cultura. Suas figuras mais influentes se comportavam da mesma forma que o restante da população, a não ser pelo fato de que tinham mais a perder: o talento artístico dessas pessoas as transformava em exemplos a ser seguidos, e, por esse motivo, elas eram obrigadas a manter um alto padrão de conduta.

Embora os personagens principais já não estejam vivos, o cenário à minha volta permanece em grande medida inalterado. As ruas e os edifícios de Paris ainda carregam a lembrança dos habitantes que ali viveram há sete décadas. Muitas vezes, enquanto trabalhava neste livro, senti o passado como uma espécie de companheiro. Uma distância muito curta separa a minha escrivaninha dos lugares descritos neste livro. É ao mesmo tempo fácil e difícil imaginar as tropas da Wehrmacht desfilando pela Champs-Élysées, a suástica tremulando na Place de la Concorde, o Louvre abandonado e despojado de suas obras de arte e os camarotes da Ópera de Paris ocupados pelos uniformes alemães. O Hôtel Lutetia, na margem esquerda, carrega uma dupla cicatriz: sede das operações do Serviço de Inteligência do Estado-Maior alemão (Abwehr) em Paris de 1940 a 1944, o local se tornou, em 1945, o centro de recepção dos deportados e dos prisioneiros de guerra em seu retorno ao país. Em alguns casos, a paisagem se modificou. Do outro lado da rua, a velha prisão de Cherche-Midi, tão conveniente para a Gestapo e tão temida pelos seus inimigos, foi demolida e, em seu lugar, foi erguido um edifício de aço e vidro, anônimo e sem memória.

Nos arredores do meu escritório no sexto *arrondissement*, as lembranças são ainda mais vívidas. O primeiro grupo da resistência, conhecido como a rede do Musée de l'Homme, fazia suas reuniões no número 30 da Rue Monsieur-le--Prince, a mesma rua onde trabalho. A apenas um quarteirão dali, na Place de la Sorbonne, havia uma livraria alemã que abastecia os soldados da Wehrmacht. Também nessa praça ficava a residência de Jean Galtier-Boissière, o jornalista satírico que escreveu o mais contundente e inspirado diário da ocupação. Ao norte, na Rue du Sommerard, uma placa afixada ao muro de uma escola primária relembra "os alunos judeus que foram deportados entre 1942 e 1944, vítimas inocentes da crueldade nazista, com a cumplicidade ativa do governo de Vichy". Do outro lado da praça, o Boulevard Saint-Michel traz as marcas das balas dos violentos combates ocorridos durante a insurreição de Paris. Perto dali fica o Senado francês, que abrigou o quartel-general da Luftwaffe, a força aérea alemã. Atrás dele, no Jardim de Luxemburgo, foi travada a última batalha de tanques na cidade. Em muitos muros há placas registrando os locais em que jovens morreram em combate. E todos os anos, no aniversário da libertação em 25 de agosto, buquês de flores homenageiam os soldados mortos. Quase sempre me detenho diante dos nomes desconhecidos nessas placas, e às vezes me pergunto se os renomados artistas e intelectuais da França serviram ao país com a mesma lealdade. Mas tento igualmente não me esquecer das palavras de Anthony Eden, o ministro das Relações Exteriores da Grã-Bretanha durante a guerra: "Aquele que não viveu a experiência dolorosa da ocupação por uma potência estrangeira não tem o direito de se pronunciar a respeito de um país que passou por isso".

1. Todo mundo no palco

No dia 14 de junho de 1940, o exército alemão entrou em Paris sem enfrentar oposição. Num período de poucas semanas, os vestígios da democracia francesa foram silenciosamente enterrados e o Terceiro Reich se instalou na cidade para um período indefinido de ocupação da França. De quem era a culpa? Com a nação de joelhos, muitos franceses viam nisso uma derrota anunciada, um desastre em gestação desde o fim da Primeira Guerra Mundial, da qual a França saíra nominalmente vitoriosa, mas estilhaçada em espírito. Nas trincheiras barrentas e ensanguentadas da Frente Ocidental, 1,4 milhão de soldados franceses morreram. Esse número era equivalente a 3,5% da população e a quase um décimo dos homens em idade produtiva. Além disso, os mutilados de guerra, que somavam 1 milhão de franceses espalhados por todo o país, impediam que o passado fosse esquecido. Com a nação já alarmada com seu baixo índice de natalidade no período anterior à guerra, a consequência desse morticínio de homens e de futuros pais foi que somente em 1931 a França conseguiu ultrapassar a população de 41,4 milhões de habitantes que alcançara em 1911 — e, mesmo assim, em grande medida graças à imigração.

Ao mesmo tempo, o país vinha acumulando decepções com sua classe política. A Terceira República, instituída em 1870 após a derrota do país na Guerra Franco-Prussiana, era assolada pela instabilidade e consumida pelas disputas políticas. Embora a economia francesa tivesse se saído relativamente bem na década de 1920, a reconstrução do país após a guerra estava muito atrasada. Na década seguinte, em face da Grande Depressão e da disseminação das ideologias extremistas por toda a Europa, os governantes da França optaram por ignorar as duas ameaças. Num país que desde muito se vangloriava da originalidade de suas ideias políticas, uma sequência de governos ineficientes corroeu a confiança pública na democracia e encorajou a simpatia pelo nazismo, pelo fascismo e pelo comunismo. E o mais grave de tudo é que, com a Grande Guerra produzindo uma nação de pacifistas, a França preferiu ignorar os sinais cada vez mais alarmantes de que o país não demoraria a entrar em guerra com a Alemanha outra vez. Quando a guerra se tornou inevitável, os franceses escolheram acreditar na propaganda oficial que se ufanava da invencibilidade de seu exército. Esse autoengano monumental só serviu para aumentar o estado de choque da população com os acontecimentos que se seguiram. Quando o exército de Hitler varreu a Europa Ocidental na primavera de 1940, as defesas francesas foram reduzidas a pó em questão de semanas. A França nunca fora tão humilhada, nem nas guerras de 1870 e de 1914.

Mas mesmo na melancolia profunda do período entre as guerras, enquanto a liberdade artística e intelectual era aniquilada por toda a Europa, Paris continuou a brilhar como um farol cultural. A maioria da população de Paris era pobre, mas fora expulsa da elegante região central pela ampla reforma urbana promovida pelo barão Haussmann meio século antes. A "nova" Paris que emergiu desse plano transformou-se na arena preferida da diversão elitista, atraindo o segundo escalão da realeza, os aristocratas e os milionários, que se deleitavam em adquirir obras de arte, praticar hipismo no Bois de Boulogne, assistir a uma apresentação de *Der Rosenkavalier* [O cavaleiro da rosa] regida pelo próprio Richard Strauss na Ópera de Paris e frequentar festas badaladas vestindo as últimas criações de Chanel e Schiaparelli.

A cidade recebeu ainda um grande número de pintores, escritores, músicos e bailarinos vindos dos Estados Unidos e de outros países da Europa. Alguns deles estavam fugindo de ditaduras, enquanto outros vinham em busca de liberdade sexual. Mas quase todos eram movidos pela esperança de que Paris lhes traria inspiração e reconhecimento. Da solenidade literária da Académie Française aos espetáculos de cancã do Moulin Rouge — sem esquecer a vanguarda do surrealismo —, Paris tinha uma amplo leque de escolhas a oferecer, tanto do ponto de vista da ilustração quanto do entretenimento. Intelectuais, pintores, músicos e outros artistas circulavam pela cidade como cortesãs desenvoltas. Admirados por suas ideias, sua criatividade ou simplesmente por seu estilo de vida boêmio, eles desfrutavam das regalias de uma casta privilegiada. "O prestígio do escritor era um fenômeno peculiarmente francês", escreveu mais tarde o perspicaz ensaísta Jean Guéhenno. "Em nenhum outro lugar do mundo o escritor era tratado com tanta reverência. Ainda que individualmente as famílias burguesas temessem ver um de seus filhos enveredar pela vida artística, a burguesia francesa como um todo era unânime em atribuir aos artistas plásticos e aos escritores uma grandiosidade quase sagrada."[1] A cultura, na França, se tornara inseparável da imagem que a nação tinha de si mesma. E o restante da Europa reconhecia isso. Mas agora, com a suástica tremulando sobre Paris, de que forma a cultura francesa — seus pintores, escritores, intelectuais e suas grandes instituições — iria reagir? Uma vez mais, a resposta para isso tinha de ser buscada na turbulência do período entre as guerras.

Em nenhum outro domínio artístico a ascendência da França era maior do que nas artes visuais. Somente no período entre a guerra Franco-Prussiana e a Primeira Guerra Mundial, a França viu surgir, um após o outro, numa revolução permanente, movimentos artísticos como o impressionismo, o pós-impressionismo, Les Nabis, o fauvismo e o cubismo. O conflito mundial entre 1914 e 1918 mal chegou a perturbar esse estado de coisas. Enquanto os artistas alemães como Otto Dix, George Grosz e Max Beckmann enfrentavam o pesadelo das trincheiras, os artistas franceses davam pouca atenção a uma guerra que se desenrolava a menos de 150 quilômetros de Paris. Quando a Primeira Guerra terminou, os gigantes do século XIX, como Renoir, Monet e Rodin, ainda estavam vivos, e a influência de Pablo Picasso, Marcel Duchamp e Henri Matisse aumentava a cada dia. A maioria dos artistas com reputações anteriores à guerra, como Georges Braque, André Derain, Maurice de Vlaminck, Kees van Dongen, Pierre Bonnard e Aristide Maillol, permaneceu fiel ao seu estilo. Fernand Léger foi uma das raras exceções. Depois de passar dois anos na frente de batalha, sua arte se transformou: seus esboços de aviões e de peças de artilharia prenunciaram as pinturas "mecânicas" tubulares da década de 1920. Bonnard escapou das trincheiras e serviu como pintor da guerra durante um breve período. Ele pintou apenas um quadro retratando a desolação da guerra —

Un village en ruines près du Ham [Uma aldeia em ruínas perto de Ham] — e rapidamente voltou aos nus e aos interiores, seus temas prediletos.

Paris era o lugar ideal para os artistas europeus que desejavam conhecer os grandes nomes consagrados e para os que aspiravam tornar-se um deles. A cidade era um importante mercado das artes, o que certamente a tornava ainda mais interessante para os artistas. Desde o fim da década de 1890, o lendário *marchand* Ambroise Vollard fizera os nomes de Cézanne, Gauguin e Van Gogh ficarem conhecidos em outros países. Em 1901, ele organizou a primeira exposição de Picasso em Paris. No período entre as guerras, foi a vez de outros *marchands*, especialmente Daniel-Henry Kahnweiler e os irmãos Léonce e Paul Rosenberg, abastecerem os colecionadores europeus e americanos com a nova arte que vinha de Paris. Para os artistas estrangeiros, a atmosfera fervilhante da cidade, de seus ateliês e dos cafés da margem esquerda, era tão atraente quanto os movimentos artísticos propriamente ditos. Salvador Dalí, Max Ernst, Man Ray e Joan Miró abraçaram o surrealismo. Outros estrangeiros, como Constantin Brancusi, Chaïm Soutine, Piet Mondrian, Amedeo Modigliani e Alberto Giacometti, seguiram seus próprios caminhos. Nessa época, a lista de pintores e escultores franceses que viviam em Paris era ainda maior. E podia-se acrescentar a ela os arquitetos e *designers* que haviam criado o *art déco*, um estilo que viria definir a década de 1930. Provavelmente, era a primeira vez desde o Renascimento italiano que uma cidade podia se vangloriar de tão extraordinária concentração de talento artístico.

Nas artes cênicas, a mudança veio de fora: os Ballets Russes de Serge Diaghilev produziram uma revolução na dança que influenciou o balé por quase todo o século XX. Em 1912, Vaslav Nijinski, o bailarino que era a estrela da companhia, escandalizou Paris com sua interpretação erótica do *Prélude à l'après-midi d'un faune*, de Claude Debussy. No ano seguinte, ele esteve no centro de um tumulto no Teatro da Champs-Élysées durante a estreia de *A sagração da primavera*, de Igor Stravinski, quando alguns espectadores revoltados reagiram à coreografia pouco ortodoxa de Nijinski e ao ritmo perturbadoramente primitivo da música.

Diaghilev foi ainda mais importante como promotor e revelador de talentos. Ele convidou o célebre coreógrafo russo Michel Fokine para trabalhar na sua companhia de dança e foi responsável também pela fama de outros coreógrafos, como Léonide Massine, Bronislava Nijinska (irmã de Nijinski) e George

Balanchine. Entre os bailarinos, além do inimitável Nijinski, Diaghilev transformou a inglesa Alicia Markova e os russos Tamara Karsavina e Serge Lifar (que, mais tarde, dirigiu o Balé da Ópera de Paris) em estrelas internacionais. Diaghilev tinha uma profunda crença na ideia de *Gesamtkunstwerk* ("arte total") proposta por Wagner, e reuniu diferentes formas de arte como ninguém fizera antes dele. Ele convidou Derain, Rouault, Picasso e os artistas russos Léon Bakst e Aleksandr Benois para desenhar seus cenários. Stravinski, que era seu compositor favorito, escreveu para ele *O pássaro de fogo, Petrouchka, Les noces* [As núpcias] e *Apollo*. Diaghilev encomendou também composições de Serghei Prokofiev, Maurice Ravel, Darius Milhaud, Francis Poulenc e Strauss para os seus balés. Exemplo memorável de "arte total", o balé *Parade*, concebido pelo artista-poeta Jean Cocteau, combinava a música de Erik Satie, a coreografia de Massine, o roteiro do próprio Cocteau, o cenário e os figurinos de Picasso e as notas de programa escritas por Guillaume Apollinaire. Apresentado pela primeira vez no Théâtre du Châtelet em Paris no dia 18 de maio de 1917, o espetáculo provocou escândalo.

Diaghilev jamais retornou a seu país natal. Na época de sua morte, em 1929, outros artistas russos — como os pintores Marc Chagall e Natália Goncharova — haviam se mudado para Paris, fugindo da Revolução Bolchevique. Após a subida de Hitler ao poder, em 1933, foi a vez de outros artistas e intelectuais, muitos deles judeus, se refugiarem na França, como o pintor abstrato Vassili Kandinski, o compositor Arnold Schönberg e os escritores Joseph Roth, Hannah Arendt e Walter Benjamin.

Alguns estrangeiros tinham encontrado em Paris um tipo diferente de liberdade. Quando Edith Wharton se mudou para a França pouco antes da Primeira Guerra Mundial, a escritora Gertrude Stein já recebia amigos como Picasso e Matisse no apartamento que dividia com sua companheira lésbica, Alice B. Toklas. Nas décadas de 1920 e 1930, Stein se transformou numa espécie de madrinha da "geração perdida" dos escritores americanos, especialmente de Ernest Hemingway, Thornton Wilder, John Dos Passos, Ezra Pound e F. Scott Fitzgerald. Ela e seu irmão, Leo, estavam entre os primeiros colecionadores de obras de Picasso e Matisse. Henry Miller frequentava um círculo menos endinheirado, mas também desfrutava de uma liberdade que jamais conhecera nos Estados Unidos, como ele mesmo declarou mais tarde,[2] o que não era de estranhar, uma vez que três de seus romances da década de 1930, *Trópico de Câncer*,

Primavera negra e *Trópico de Capricórnio*, haviam sido proibidos nos Estados Unidos por serem considerados obscenos. Um ponto de encontro tanto dos escritores americanos como dos franceses era a Shakespeare & Company, a livraria na margem esquerda que Sylvia Beach inaugurara na Rue de l'Odéon, em frente à Maison des Amis des Livres, que pertencia à sua amiga e amante Adrienne Monnier. Foi Sylvia Beach quem prestou ajuda a James Joyce, que se mudara para Paris em 1920. Como os editores ingleses e americanos tinham receio de publicar as obras do escritor irlandês, temendo acusações de obscenidade, Sylvia tomou a decisão ousada de publicar seu monumental *Ulisses* em 1922. No fim da década de 1930, Samuel Beckett seguiu os passos de Joyce e mudou-se para Paris, determinado a escapar das sufocantes limitações impostas pelo catolicismo irlandês. Os dois mantiveram um relacionamento muito próximo, só abalado no momento em que Lucia, a perturbada filha de Joyce, se apaixonou por Beckett e não foi correspondida.

A cantora e dançarina negra Josephine Baker foi outra que despontou para o sucesso no caldo de culturas que caracterizava o cenário artístico parisiense no período entre as guerras. Empolgada pela ideia de escapar da discriminação racial nos Estados Unidos, ela desembarcou em Paris em 1925 para trabalhar na *Revue nègre*, no Théâtre des Champs-Élysées, com uma trupe de bailarinos negros americanos. Pouco depois, ela foi contratada pelo Folies Bergère e se tornou uma estrela, conquistando os parisienses com números de cabaré eróticos e engraçados que incluíam sua canção de amor por Paris, "J'ai deux amours, mon pays et Paris", e sua marca registrada, a "Danse sauvage", em que ela se apresentava com os seios nus, vestindo apenas uma saia de bananas artificiais. Sua imagem exótica não demorou a ser explorada em filmes franceses como *Zou-Zou* e *Princesse Tam Tam*, no qual representava uma pastora tunisiana que se transformava numa princesa parisiense, no melhor estilo Pigmalião. Em 1934, Josephine Baker interpretou o papel principal na opereta *La créole*, de Offenbach. O sucesso dela foi favorecido pelo furor que a cultura americana estava causando em Paris naquele momento, enquanto o restante da França se tornava cada dia mais xenofóbico. O jazz e o suingue trazidos pelos negros americanos haviam sido adotados com entusiasmo pelos músicos franceses, dos quais o mais talentoso era o guitarrista cigano Django Reinhardt e seu Hot Club de France. La Baker, como Josephine era conhecida, não era a única diva dos cabarés. O teatro de variedades e os espetáculos de cabaré eram a forma de entretenimento mais popular em Paris, e quando Édith Piaf entrou em cena em 1935, Léo Marjane e sobretudo Mistinguett (La Miss) já contavam com um longo sucesso como as rainhas da noite. As especulações da imprensa sobre a rivalidade entre La Miss e La Baker só contribuíam para atrair o interesse das multidões. Maurice Chevalier e Tino Rossi e *bandleaders* como Ray Ventura eram igualmente admirados pelo público.

A indústria cinematográfica francesa, ao contrário, se encontrava em crise. Embora os filmes falados fizessem sucesso na década de 1930, a indústria francesa se sentia ameaçada e impusera cotas à importação de filmes de Hollywood em 1928. Alguns empresários desse ramo se ressentiam da crescente influência dos produtores judeus, que haviam imigrado da Europa Central para Paris. Na tentativa de levantar fundos, um grande número de diretores e produtores franceses saiu em busca de apoio alemão, inicialmente na Tobis, uma produtora que inaugurou um estúdio em Paris em 1930, e depois na Universum Film AG, ou UFA, produtora de Berlim controlada pelos nazistas. O resultado disso foi que dúzias de filmes franceses começaram a ser rodados em Berlim, com a posterior refilmagem da história com atores alemães. Além disso, a UFA, a Tobis e outras companhias alemãs passaram a atuar na distribuição de filmes na França. A participação alemã nesse ramo de atividades era tão expressiva que o serviço secreto francês alertou para a possibilidade de que os nazistas estivessem usando o cinema como arma contra a França. Mas o talento copioso do cinema francês, tanto atrás das câmeras quanto na frente delas, era invejado pela Alemanha. Desde a metade da década de 1930, quando o gênero conhecido como realismo poético se notabilizou, dois diretores se destacaram: Jean Renoir, com *A grande ilusão*, *A besta humana* e *A regra do jogo*, e Marcel Carné, com *Cais das sombras*, *Hotel do Norte* e *Trágico amanhecer*. Os franceses também podiam se orgulhar de suas estrelas de cinema. Além de atores do gabarito de Fernandel, Michel Simon, Pierre Fresnay e do galã rústico Jean Gabin, a França tinha atrizes glamorosas como Arletty, Edwige Feuillère, Viviane Romance e Danielle Darrieux.

No teatro, Paris tinha autores para todos os gostos. A Comédie-Française oferecia um repertório permanente dos clássicos de Corneille, Racine, Molière e Shakespeare, mas apresentava também peças teatrais de autores contemporâneos. Porém, os dramaturgos mais apreciados pelo grande público eram Sacha Guitry, Marcel Pagnol e Henri Bernstein, que escreviam tragédias sentimentais, comédias de costumes e histórias da vida provinciana para o théatre de boulevard. Entre os autores mais importantes estava Jean Giraudoux. Veterano da Primeira Guerra Mundial, romancista e diplomata, ele tinha 46 anos de idade quando seu primeiro texto teatral, *Siegfried*, foi encenado em 1928. Outras peças se seguiram, mas nenhuma tratou com tanta propriedade a época em questão quanto *La Guerre de Troie n'aura pas lieu* [A Guerra de Troia não ocorrerá], encenada em 1935. Com um texto penetrante, a peça sugeria, de forma subliminar, que, assim como Troia, a França estava cega para o que viria a acontecer nos anos seguintes. O dramaturgo Paul Claudel, não percebendo a ironia de Giraudoux, descreveu o espetáculo como uma repugnante "apologia da covardia e da paz a qualquer preço".[3] Mas ninguém provocou mais escândalo do que o multitalentoso Cocteau, cujo espetáculo teatral de 1938, *Os pais terríveis*, foi proibido após uma semana de protestos. Colette, combinando os papéis de romancista prolífica e de crítica teatral, examinava com olhar aguçado o texto e a montagem dessas peças em *Le Journal*.

Dois diretores veteranos foram especialmente influentes na formação do teatro francês moderno. André Antoine desafiou as convenções ao criar, em 1887, o Théâtre Libre, que não aceitava os limites impostos pelas regras tradicionais. Com um elenco permanente de atores, ele encenava textos estrangeiros e peças proibidas. Como diretor, enfatizava o realismo e o naturalismo, rejeitando a interpretação estilizada da Comédie-Française. Em 1916, Antoine deixou a direção para dedicar-se à crítica teatral e cinematográfica, permanecendo uma voz respeitada até sua morte, em 1943. O Théâtre Libre até hoje é uma referência importante para a dramaturgia francesa. O Théâtre Antoine, no Boulevard de Strasbourg em Paris, recebeu esse nome em homenagem a ele. Seu sucessor foi Jacques Copeau. À diferença de Antoine, que começou a carreira como ator, Copeau partiu de uma abordagem mais teórica, contrapondo-se ao caráter comercial do théâtre de boulevard e enfatizando a primazia do texto. De 1913 em diante, e durante todo o período entre as guerras, ele implementou suas ideias como diretor e professor, formando toda uma geração de atores-diretores, entre os quais se destacam Louis Jouvet e Charles Dullin, que dominaram o teatro pós-guerra em Paris. No momento da queda de Paris, o próprio Copeau era o diretor da Comédie-Française.

O mundo das letras também atravessava um momento de euforia, alimentando a tradição de que os escritores estão sempre às voltas com as arengas políticas. A Académie Française, que se atribuía enorme importância, era o fórum menos interessante. Embora desse prestígio aos seus quarenta *imortais*, a eleição de seus novos membros era decidida muito mais por influência política do que pelo talento literário dos candidatos, e desse modo se mantinha como uma sociedade muito conservadora. A *Nouvelle Revue Française* era muito mais dinâmica. Fundada em 1909, a revista trazia escritores novos e autores consagrados e ditava a agenda do debate intelectual. André Gide, o dramaturgo, romancista, ensaísta e jornalista que era incontestavelmente o intelectual mais reconhecido na França — apesar do furor que causara ao declarar sua homossexualidade em *Corydon*, em 1924 —, atuava como uma espécie de árbitro. O poeta Paul Valéry e o escritor católico François Mauriac eram também muito admirados, e entre os romancistas que contavam com legiões de fãs estavam Antoine de Saint-Exupéry, Paul Morand, André Maurois e Colette, cujo indiscreto livro de memórias falando sobre seu primeiro casamento, *Mes apprentissages* [Minhas aprendizagens], vendera especialmente bem em 1936.

Entre os autores mais jovens, André Malraux ganhou o Prêmio Goncourt por *A condição humana* em 1933. O mesmo prêmio foi concedido em 1934 a Roger Vercel, por *Capitaine Conan*. Jean-Paul Sartre publicou seu primeiro livro de ficção, o romance existencialista *A náusea*, em 1938, que foi seguido, em 1939, por *O muro*, uma coletânea de cinco contos e uma novela. Nessa época, os autores franceses mais conhecidos vendiam bem por toda a Europa, e isso trazia reconhecimento internacional à literatura francesa. Anatole France ganhou o Prêmio Nobel de literatura em 1921. O mesmo prêmio foi concedido ao filósofo Henri Bergson em 1927 e ao romancista Roger Martin Du Gard em 1937.

Mas esse período acabaria por ser lembrado pela publicação de três obras extremamente originais. No início de 1923, Raymond Radiguet publicou *O diabo no corpo*, um romance da Primeira Guerra Mundial que narrava o relacionamento amoroso entre um adolescente e uma mulher casada, cujo marido estava nas trincheiras. Depois de abandonar a escola secundária, Radiguet se tornara uma espécie de celebridade na margem esquerda, tendo Cocteau como seu paladino. Ele morreu de febre tifoide em dezembro de 1923, poucos meses depois de completar vinte anos de idade. Enquanto isso, a obra-prima do fim do século, *Em busca do tempo perdido*, de Marcel Proust, foi finalmente publicada na íntegra em 1927, cinco anos após a morte do autor. Para muitos críticos franceses e estrangeiros, esta continua a ser a maior obra literária da França no

século xx. Mas, na época, *Viagem ao fim da noite*, do irascível médico Louis-
-Ferdinand Destouches, mais conhecido como Céline, causou um furor ainda
maior. Publicado em 1932, esse romance feroz e misantrópico desafiava as
convenções da escrita francesa, à semelhança do que o *Ulisses* de James Joyce
fizera em relação à literatura inglesa dez anos antes, pondo à prova a compreensão dos leitores com elipses, linguagem oral, gírias e vulgaridades, num protesto
contra o estilo literário francês e a sociedade burguesa. Embora fosse o favorito
ao Goncourt daquele ano, o livro não recebeu o prêmio, provocando a fúria de
Céline, que não se sentiu consolado quando o livro ganhou o Prêmio Renaudot.

Viagem ao fim da noite, um *tour de force* literário, era, ao mesmo tempo,
um relato semiautobiográfico e, em consequência, um espelho daquele período. Como muitos homens de sua geração, Céline tinha cicatrizes profundas da
Primeira Guerra Mundial, embora houvesse passado poucos meses nas trincheiras antes de ser ferido e desmobilizado. Quando a guerra terminou, ele
viajou por muitos lugares e formou-se em medicina, trabalhando para a Liga
das Nações em meados da década de 1920, antes de abrir um consultório particular onde atendia os moradores pobres de Montmartre. Antes do lançamento
de *Viagem*, ele escrevera apenas duas peças não publicadas, de modo que era
totalmente desconhecido nos círculos literários no momento em que o livro
veio a público. No romance, é o personagem Bardamu, o alter ego de Céline,
quem se recupera de seus ferimentos de guerra antes de partir em viagem, inicialmente para a África, depois para os Estados Unidos, onde trabalha numa
fábrica da Ford, retornando por fim a Paris, onde se torna médico. Tudo aquilo
que foi testemunhado por Bardamu — o colonialismo, o capitalismo industrial
e a miséria urbana — lhe causa repulsa.

Céline não estava sozinho nessa visão pessimista da humanidade. O desastroso legado psicológico e político da Primeira Guerra Mundial era sentido
também por outros artistas e escritores, muitos deles veteranos, que tinham
reagido à ameaça de uma nova guerra tornando-se pacifistas declarados. Se o
romance de Céline era contra a guerra, o mesmo se podia dizer de *Capitaine
Conan*, de Vercel, que falava sobre os danos psicológicos ocasionados pelo conflito recente. Em 1937, o escritor Jean Giono chegou a declarar que, em caso de
uma nova guerra entre a França e a Alemanha, preferia ser um alemão vivo a ser
um francês morto.

Mas, se às vezes era difícil estabelecer o limite entre pacifismo e derrotismo, os artistas e os intelectuais eram também afetados pelos ventos ideológicos que sopravam de Moscou e de Berlim. No fim da década de 1930, muitos deles se viram convocados a escolher de que lado estavam e a assumir seus lugares nos campos em conflito. Para alguns, esse caminho começara duas décadas antes, com a crença de que, depois da guerra para acabar com todas as guerras, a arte poderia produzir alguma coisa diferente.

A primeira proposta veio do dadaísmo, um movimento antibélico semianarquista criado na Suíça pelo poeta romeno Tristan Tzara, que tinha apenas vinte anos na época. Iniciado em 1916 no Cabaré Voltaire, em Zurique, com uma apresentação definida como "antiarte", o dadaísmo buscou mobilizar a pintura, o design, o teatro e a poesia como armas contra a "guerra capitalista". A ideia não demorou a chegar a Berlim, Amsterdam e Nova York, onde, em 1917, Duchamp apresentou como obra de arte — ou melhor, de antiarte — o famoso vaso sanitário invertido intitulado *Fonte*, introduzindo a ideia da arte conceitual. O dadaísmo também despertou interesse em Paris, onde André Breton, um jovem poeta com ideias ambiciosas, criou uma revista dadaísta, a *Littérature*. Em 1919, Tzara mudou-se para Paris, continuando a publicar manifestos e a organizar espetáculos de "antiarte". Mas Breton não era, por natureza, um seguidor. Em 1923, aos 27 anos de idade, ele rompeu com Tzara e, com a publicação do *Manifesto surrealista* no ano seguinte, deu origem a um novo movimento, que liderou na França e no exílio nas quatro décadas seguintes.

Com o tempo, o surrealismo tornou-se mais conhecido pela pintura, através das imagens oníricas ou fantasmagóricas criadas por Dalí, Ernst, Miró, René Magritte, André Masson e Yves Tanguy. Mas Breton considerava o surrealismo um estilo de vida muito mais abrangente, que envolvia a conexão com um universo interior — o que ele chamava de "automatismo psíquico puro" — e também a transformação do mundo exterior. Breton havia estudado medicina e neurologia e, ao tratar dos soldados com distúrbios mentais ocasionados pela Primeira Guerra Mundial, utilizara algumas das técnicas psicanalíticas de Freud. Entre os surrealistas, ele defendia a exploração do inconsciente por meio da interpretação dos sonhos e da "escrita automática", em que o inconsciente comanda os movimentos da mão numa espécie de livre associação. A própria produção literária de Breton incluía um romance experimental, *Nadja*, que girava em torno da loucura, outro tema de grande interesse para ele. O movimento atraiu alguns dos poetas mais importantes da época — Louis Aragon,

Paul Éluard, Robert Desnos e Benjamin Péret —, que encaravam o surrealismo como uma libertação da ordem francesa clássica. Erik Satie, o compositor de vanguarda falecido em 1925, logo passou a fazer parte do círculo, demonstrando que toda arte — na realidade, toda a vida — podia ser surreal.

Dalí e o diretor espanhol Luis Buñuel expressaram essa visão em dois filmes estranhos e provocativos, *Um cão andaluz* e *A idade do ouro*. *A idade do ouro*, que foi imediatamente proibido pelo chefe de polícia após violentos protestos em alguns cinemas, havia sido financiado por Charles e Marie-Laure de Noailles, os aristocráticos patronos das artes que adoravam escandalizar a burguesia. O casal também financiou o filme de Cocteau *O sangue de um poeta*, um filme surrealista que Cocteau, como era típico dele, se negou a considerar como tal. Na verdade, havia outros artistas, como Magritte e a pintora mexicana Frida Kahlo, que, embora usassem a linguagem do surrealismo, rejeitavam a liderança autoritária de Breton e se recusavam a fazer parte de seu movimento.

Breton estava mais interessado na poesia do que na política, ao mesmo tempo que afirmava que o surrealismo era revolucionário no sentido mais amplo do termo. Na expectativa de que o movimento ultrapassasse os limites do círculo da margem esquerda, ele levou os seguidores do surrealismo para o Partido Comunista Francês em 1926. Mas, se o objetivo do movimento era libertar a sociedade, o momento escolhido para essa aproximação ao partido não poderia ter sido mais impróprio. Após a morte de Lênin em 1924, o autoritarismo instaurado por Stálin começou a sufocar a liberdade artística em nome do realismo socialista e não tardou a aterrorizar milhões de pessoas. Em outros países, os agentes de Stálin obrigavam os partidos comunistas estrangeiros a seguir cada vez mais à risca as ordens de Moscou — e isso incluía apoiar o modelo cultural soviético como exemplo a ser seguido por todos. Em 1933, sentindo-se farto disso, Breton começou a criticar as posições do partido e foi expulso por heresia, junto com Éluard. Aragon decidiu não deixar o partido e foi banido do movimento surrealista por Breton. No drama político francês que se agravava a cada dia, isso não passava de um espetáculo secundário. Mas era o prenúncio de que a cultura — e, em particular, o universo literário — não demoraria a ser arrastada pelo redemoinho ideológico.

Para a maior parte da população francesa, o que importava mesmo era saber quem governava o país — isto é, se a França era de fato uma nação governável. Havia sérias dúvidas quanto a isso, sobretudo durante a Terceira

República. Criada em reação ao centralismo imperial de Napoleão III, a Terceira República gerou uma presidência fraca e produziu governos de coalizão que viviam em permanente disputa. O poder ficava nas mãos da Câmara de Deputados, que elegia o primeiro-ministro e, na visão de muitos cidadãos franceses, existia basicamente para fazer negociatas. A esquerda não comunista era liderada por Léon Blum, um charmoso intelectual judeu que havia sido crítico de teatro. Em algum lugar no meio disso estavam os radicais, que quase sempre se juntavam às coalizões encabeçadas pelos conservadores, mas entre si se dividiam entre lideranças da velha escola, como Camille Chautemps e Édouard Herriot, e um grupo mais jovem liderado por Édouard Daladier. Desse grupo, só os três últimos ocuparam o cargo de primeiro-ministro em dez ocasiões diferentes. À direita, Raymond Poincaré e André Tardieu também ocuparam esse posto nada menos que três vezes cada um. O mesmo ocorreu com Pierre Laval, que começou sua carreira política como socialista e terminou como o primeiro-ministro do governo colaboracionista da França durante a ocupação alemã.* Uma das raras vozes sensatas vinha de Paul Reynaud, que fez uma campanha solitária pelo rearmamento, mas só assumiu o governo em março de 1940, quando já era tarde demais para fazer alguma diferença.

Esses eram, portanto, os homens que governavam a França enquanto ela flutuava, à deriva, em direção à calamidade. "Por que motivo o nosso país é governado por homens de 75 anos de idade?", perguntava o semanário satírico *Le Canard Enchaîné*, que respondia: "Porque os de oitenta anos já morreram".[4] No período em que a União Soviética produziu Stálin, a Itália, Mussolini, e a Alemanha, Hitler, a França teve nada menos que 34 governos, entre novembro de 1918 e junho de 1940.

O modo como esses governos lidaram com a Depressão só fez contribuir para a paralisia. A economia francesa — embora não necessariamente a população — tinha se saído bem durante a década de 1920, gerando uma crença obstinada na importância de uma moeda forte e de um orçamento equilibrado. E quando o país parecia ter sobrevivido aos abalos secundários que se seguiram ao *crash* da Bolsa de Nova York em 1929, essa crença se tornou ainda mais vigo-

---

* O nome Laval é lido da mesma forma da direita para a esquerda e da esquerda para a direita, o que deu origem à afirmação espirituosa de que ele se sentia igualmente à vontade em qualquer um dos extremos.

rosa. Mas em 1931 a França foi atingida pela Depressão, que foi logo agravada pela desvalorização da libra britânica e, posteriormente, do dólar americano. Com o franco de repente supervalorizado, as exportações francesas tiveram uma queda abrupta e o desemprego no país começou a aumentar. Com exceção de Reynaud, os líderes políticos franceses continuaram a se opor com firmeza à desvalorização do franco e ao combate à deflação por meio do aumento do déficit público. Em vez disso, para preservar o equilíbrio orçamentário, eles reduziram os gastos do governo, incluindo o orçamento militar.

As consequências dessa política foram desastrosas. A Depressão durou mais tempo na França do que em muitos outros países. A convulsão social alimentou a adoção de posições políticas extremas. Além disso, o país ficou defasado na crescente corrida armamentista em curso na Europa. Em setembro de 1936, o franco acabou sendo desvalorizado, mas, a essa altura, o colapso na produção industrial já havia provocado a inflação. Em contraste com isso, em meados da década de 1930, Hitler estimulava a economia alemã e financiava seu colossal programa de rearmamento inteiramente à custa de déficits gigantescos.

A longa sequência de governos franceses enfraquecidos se tornou um convite para que os extremistas preenchessem o vácuo. É possível argumentar que a França era, havia muito tempo, uma nação em guerra consigo mesma. Desde a revolução de 1789, sua história era pontuada por confrontos muitas vezes violentos, como a revolta dos trabalhadores em 1848, a comuna de Paris em 1871 e a separação entre Igreja e Estado em 1905. O caso Dreyfus teve um efeito igualmente polarizador nos círculos intelectuais e, como outras crises políticas decisivas, ajudou a formar o que estava por vir. Em 1894, o capitão Alfred Dreyfus, um oficial judeu do exército francês, foi falsamente acusado de traição e condenado à prisão perpétua por espionagem em favor do governo alemão. O caso detonou uma onda de histeria antissemita, mas também a reação de um pequeno grupo de intelectuais liderado pelo romancista Émile Zola, que, em 13 de janeiro de 1898, publicou uma carta aberta no jornal *L'Aurore* com o título "J'accuse...!". Nessa carta, ele denunciava o exército francês pela falsificação de provas contra Dreyfus. A reação enfurecida do exército obrigou Zola a se exilar em Londres durante um ano. Em 1906, Dreyfus foi absolvido. Mas, se Dreyfus passou então a ser, oficialmente, um homem inocente, o encerramento do "caso" não significou o fim do antissemitismo. Na realidade, o preconceito contra os judeus conquistara inclusive certo grau de respeitabilidade.

Entre os mais destacados antidreyfusistas havia dois escritores, Maurice Barrès e Charles Maurras, que tiveram enorme influência sobre os intelectuais na década de 1930. Barrès começou na esquerda, mas acabou promovendo o chamado "nacionalismo étnico", uma forma de xenofobia em que o antissemitismo teve papel importante. Barrès morreu em 1923, deixando a extrema direita intelectual nas mãos de Maurras, um crítico e poeta que em 1898 aderira a um movimento nacionalista, monarquista e antissemita denominado L'Action Française. Maurras era também profundamente antigermânico e estava convencido, desde o fim da Primeira Guerra Mundial, de que os alemães tentariam se vingar das humilhações impostas pelo Tratado de Versalhes de 1919. E foi Maurras quem, no início da década de 1930, se tornou mentor de uma geração de escritores jovens, especialmente de Abel Bonnard, Lucien Rebatet e Robert Brasillach, que se transformaram todos em defensores declarados do antissemitismo. Mas, para muitos deles, Maurras não era extremista o suficiente. No fim da década, esses e outros escritores "diplomados" na Action Française haviam se distanciado da germanofobia de Maurras e aderido ao novo modelo nazista.

O que preocupava grande número de conservadores era o enorme afluxo de estrangeiros na França, uma onda humana sem paralelo em nenhum outro país europeu e que só se comparava à migração para os Estados Unidos no mesmo período. Em outras palavras, o número de mortos na Primeira Guerra Mundial e a reduzida taxa de fertilidade entre os casais franceses tinham sido contrabalançados pela chegada de um grande contingente de poloneses, italianos, espanhóis, belgas, russos, gregos e armênios. O resultado disso foi que a proporção de estrangeiros radicados na França subiu de 2,6% para 8% da população entre 1900 e 1931. A população de judeus mais que triplicou em quatro décadas, passando de 90 mil em 1900 para 300 mil em 1940, com boa parcela desses imigrantes vivendo nos abarrotados subúrbios na região leste de Paris. Isso reforçou a visão, entre os franceses xenófobos, de que os judeus como um todo eram de certo modo estrangeiros e de que os judeus franceses abastados e influentes haviam se infiltrado no país e se apoderado de certos ramos de atividade visando alguma forma obscura de interesse estrangeiro. Por outro lado, a reação de muitas famílias judias já estabelecidas na França foi a de manter distância dos judeus estrangeiros recém-chegados dos *shtetls* da Europa Oriental, uma população pobre que não falava francês e que, se pudesse, escolheria ir para os Estados Unidos. Tudo isso transformou a França num terreno fértil para o fascismo.

Alguns grupos de extrema direita levaram o confronto para as ruas de Paris. Os Camelots du Roi, uma organização violenta ligada à Action Française, lutavam com os estudantes de esquerda e atacavam alvos judeus. Em 1936, eles arrancaram Blum de seu carro, à força, e o espancaram brutalmente. Os Jeunesses Patriotes, os Francistes e os membros da Solidarité Française eram declaradamente a favor do fascismo. A Croix-de-Feu, fundada pelos veteranos da Primeira Guerra Mundial e liderada pelo tenente-coronel François de La Rocque, se inspirava na Itália de Mussolini, mais do que na Alemanha de Hitler. Em meados da década de 1930, o Comité Secret d'Action Revolutionnaire, mais conhecido como La Cagoule, também optou pelas ações terroristas. Uma das características mais surpreendentes da extrema direita é que incluía um grande número de figuras importantes vindas do Partido Comunista e que, a despeito de sua posição de direita, continuavam a se considerar socialistas. Entre essas pessoas estava Jacques Doriot. Candidato do Partido Comunista, ele foi eleito prefeito de Saint-Denis em 1930. Em 1934, foi expulso do partido e, dois anos depois, fundou o Partido Popular Francês, de extrema direita, com apoio financeiro do regime fascista de Mussolini. E, embora o próprio Doriot tivesse sido anteriormente operário metalúrgico, ele conseguiu atrair grande número de intelectuais para seu novo partido, incluindo os escritores Pierre Drieu La Rochelle, Ramon Fernandez, Alfred Fabre-Luce e Bertrand de Jouvenel, antigo enteado e amante de Colette. Outro intelectual que contribuiu involuntariamente para essa confusão ideológica foi Charles Péguy, poeta e ensaísta morto na Batalha do Marne, em 1914, aos 41 anos de idade, que cultivava, de diferentes maneiras, o socialismo, o nacionalismo e o catolicismo. Partidário de Dreyfus, ele não era antissemita, e suas ideias influenciaram a esquerda, a direita e o centro. Em 1927, o filósofo Julien Benda publicou *La trahison des clercs* [A traição dos intelectuais], reprovando os intelectuais por se curvarem a um nacionalismo sem sentido. Como era de prever, a direita reagiu insultando-o, sobretudo porque Benda era judeu.

Já em meados da década de 1930, a extrema direita estava claramente em ascensão. Diversos grupos — conhecidos como *ligues*, ou ligas — tinham como alvo os estudantes universitários. As eleições estudantis quase sempre transformavam o Quartier Latin num campo de batalha. Na Sorbonne, os territórios foram demarcados. Os defensores do fascismo eram a maioria. Controladas pela extrema direita, a Faculdade de Direito e a Faculdade de Medicina eram declaradamente antissemitas e estavam sempre prontas a aderir aos movimentos contra o governo. A Faculdade de Letras era motivo de disputa, enquanto a Faculdade de Ciências era controlada por várias organizações da frente comunista, que se juntaram para formar a Union Fédérale des Étudiants em 1939. Em outras instituições acadêmicas renomadas como a École Normale Supérieure, cuja lista de ex-alunos incluía Sartre e Brasillach, os alunos eram forçados a escolher entre o comunismo e o fascismo. A pressão pelo posicionamento político era enorme. François Mitterrand, o presidente socialista que governou a França de 1981 a 1995, participou de manifestações como membro da Croix-de-Feu quando era estudante na École Libre de Sciences Politiques, na metade da década de 1930. Jean-Louis Crémieux-Brilhac, que se juntou aos gaullistas em Londres durante a guerra e mais tarde se tornou um respeitado historiador, recordou-se de ter ingressado num grupo esquerdista na Sorbonne sem se dar conta de que este era controlado pelo Partido Comunista. Mas, como judeu, ele se mantinha atento e bem informado em relação à extrema direita. Ele relembrou que seu colega Philippe Ariès, que simpatizava com a Action Française e se tornou também um historiador importante, certa vez lhe disse: "Sou capaz de identificar um judeu pelo cheiro!".[5] A democracia, ao que parece, era a única escolha pouco atraente para a juventude instruída.

Os jornais do país, que serviam de fóruns para os escritores famosos, alimentavam essa polarização. O Partido Comunista publicava o jornal *L'Humanité* e o vespertino *Ce Soir*. Depois de 1937, este último teve como editor Aragon, que, àquela altura, era o intelectual comunista de maior prestígio. A linha editorial dos dois jornais, ditada pelo líder do partido Maurice Thorez, mostrava uma fidelidade inabalável a Moscou. O jornal diário *Le Populaire* era a voz dos socialistas, e o próprio Blum escrevia muitos editoriais. Os socialistas contavam também com o apoio de *Marianne* e de *L'Oeuvre*. Os semanários satíricos *Le Canard Enchaîné* e *Le Crapouillot* eram imprevisíveis. Os jornais de notícias de circulação diária, como *Le Matin, Paris-Soir* e *Le Petit Parisien*, tinham tiragens enormes, enquanto o *Le Temps* apoiava quem estivesse no governo naquele momento. Em 1922, François Coty, um magnata da indústria de perfumes simpatizante do fascismo, comprou o jornal mais antigo do país, o *Le Figaro*, e manteve a sua linha conservadora, fundando também o jornal *L'Ami du Peuple*, de extrema direita, e financiando organizações fascistas. Também situado à extrema direita estavam o jornal diário de Maurras, *L'Action Française*, e o *Je Suis Partout*, um semanário que, a partir de 1934, foi responsável pelo afastamento de muitos intelectuais do movimento de Maurras. De 1937 em diante, o editor do *Je Suis Partout* foi Brasillach. Os jornais semanais literários *Candide* e *Gringoire*, com tiragens próximas de meio milhão de exemplares, também faziam campanha contra a Terceira República e o sistema parlamentarista.

O dia 6 de fevereiro de 1934 foi um momento decisivo tanto para a esquerda como para a direita: a Action Française, a Croix-de-Feu, os Camelots du Roi e outros grupos de extrema direita marcharam em direção à Assembleia Nacional, na expectativa, aparentemente, de ocupar o edifício e derrubar o governo. O levante foi provocado por um episódio conhecido como "caso Stavisky", uma crise desencadeada pela misteriosa morte, ocorrida um mês antes, do mal-afamado fraudador Serge Alexandre Stavisky. O envolvimento de alguns ministros na proteção de Stavisky chamou a atenção para a corrupção endêmica em sucessivos governos, levando a manifestações de direita que resultaram na queda do primeiro-ministro Chautemps. Quando Daladier, que assumiu seu lugar em 27 de janeiro, demitiu o direitista Jean Chiappe, que era o chefe de polícia de Paris, a extrema direita se sentiu ainda mais ultrajada e convocou seus seguidores a se reunir na Place de la Concorde. Daladier estava pronto para chamar o exército, mas, no final, a polícia montada da Garde Nationale Mobile conseguiu bloquear a Pont de la Concorde, que dá acesso à Assembleia Nacional. Seguiu-se uma longa batalha, com ônibus incendiados, tiros disparados, centenas de feridos e pelo menos quinze mortos. Os reflexos desse confronto foram sentidos durante anos. Ele gerou uma radicalização da direita, empurrando muitos nacionalistas e monarquistas da Action Française na direção do fascismo absoluto. Mas essa rebelião também provocou uma reação contra a extrema direita. Moscou ordenou que o Partido Comunista Francês se articulasse com os socialistas e os moderados para lutar contra a crescente ameaça fascista. Essa mudança permitiu que a Frente Popular fosse eleita em maio de 1936. Blum assumiu o posto de primeiro-ministro. Pela primeira vez na história da França, o país tinha um primeiro-ministro judeu.

A Frente Popular cumpriu sua promessa de realizar reformas sociais importantes e conquistou a simpatia dos trabalhadores ao introduzir os dissídios coletivos, a semana de quarenta horas e as férias anuais remuneradas. Blum era o líder intelectual da Frente Popular, mas dois outros ministros, um deles, Jean Zay, também judeu, foram responsáveis por modernizações importantes. O ministro da Educação, Jean Zay, elevou de treze para catorze anos a idade mínima com que as crianças poderiam deixar a escola, criou o novo Musée d'Art Moderne e incentivou a educação física e os esportes. Roger Salengro, o ministro do Interior, fiscalizou o banimento de ligas fascistas como a Croix-de--Feu. Mas, como tantos governos da Terceira República, a Frente Popular também era uma coalizão frágil que incluía os radicais e os comunistas, além dos socialistas. O tradicional pacifismo da esquerda impediu que Blum determinasse o rearmamento completo da França para fazer frente à crescente ameaça representada pela Alemanha. Ao mesmo tempo, submetendo-se aos conservadores que faziam parte da coalizão, ele decepcionou a esquerda — e, sem dúvida, a si mesmo — ao recusar-se enviar armas para o governo republicano na Espanha, que, em julho de 1936, enfrentou uma rebelião militar liderada pelo general Francisco Franco.

A extrema direita e a imprensa conservadora não deram trégua a Blum. Eles não apreciavam suas políticas e não aceitavam ser governados por um judeu. Ao tomar posse em junho de 1936, Xavier Vallat, um deputado direitista que mais tarde chefiou a Comissão para Assuntos Judaicos do governo de Vichy, reconheceu o acontecimento histórico. "Pela primeira vez na história, este velho país galo-romano será governado por um judeu. Ouso dizer em voz alta o que o país está pensando, no seu íntimo: é preferível ter no comando desta nação um homem de origem francesa... a um talmudista perspicaz."[6] O jornal *Gringoire* empregou quatro adjetivos para descrever Blum: marxista, circuncidado, anglófilo e maçom. Maurras foi ainda mais longe, referindo-se a ele em termos insultuosos, como "esse velho camelo semítico", e ameaçando-o de morte. "Não será preciso eliminar fisicamente o senhor Blum enquanto a sua política não nos conduzir à guerra ímpia, com a qual ele sonha, contra os nossos companheiros de batalha italianos. Mas é bem verdade que, quando isso acontecer, ele não deverá ser poupado."[7] Em consequência dessa declaração, Maurras foi preso no começo de outubro de 1936 e ficou detido por um período de oito meses.

Mas o antissemitismo em si mesmo não era punido. Nos três ensaios que publicou com o título de *Le péril juif* [O perigo judaico], o escritor Marcel Jouhandeau aderiu ao coro de reclamações, alegando que os judeus, além de estarem agora no governo, controlavam também os bancos, a imprensa, a indústria editorial, a música e a educação. "O senhor Blum não é um dos nossos; mais grave ainda é que ele é o líder do meu país, e nenhum europeu jamais conseguirá saber o que passa pela cabeça de um asiático", sugeriu ele. Mal havia se passado um ano e Blum foi forçado a deixar o cargo de primeiro-ministro. Ele voltou a ocupá-lo por três semanas em março de 1938, mas seis meses depois a Frente Popular desmoronou. Com isso, boa parcela da esquerda se uniu à direita na crença de que não havia salvação para a Terceira República e de que só um tipo de regime radicalmente novo seria capaz de tirar a França do atoleiro em que se encontrava.

Enquanto isso, fora dos holofotes da política, Berlim e Moscou não mediam esforços para conquistar o apoio dos franceses formadores de opinião. Do lado da Alemanha, uma figura-chave era Otto Abetz, ex-professor de artes que mais tarde serviu como embaixador de Hitler na França ocupada. Na década de 1920, ele teve a iniciativa de formar um grupo de intercâmbio cultural franco-alemão chamado Círculo de Sohlberg. Numa de suas muitas viagens à França, Abetz, já fluente em francês, conheceu o editor Jean Luchaire, cuja secretária, Suzanne de Bruyker, viria a casar-se com ele em 1932. Dois anos mais tarde, o Círculo de Sohlberg deu origem oficialmente ao Comitê França-
-Alemanha. Abetz, que tinha apenas 31 anos de idade, era o representante alemão desse comitê.

Alto, louro e comunicativo, Abetz usou o cargo para aproximar-se de escritores e jornalistas franceses da ala conservadora, como Drieu La Rochelle, Brasillach e Jacques Benoist-Méchin. Inicialmente, o comitê chegou a atrair os moderados que se sentiam ansiosos por cultivar relações com a Alemanha, inclusive Blum, que só deixou de ser membro do comitê em 1937 — ano em que Abetz ingressou no Partido Nazista. Os aliados potenciais dos nazistas eram convidados a viajar à Alemanha para admirar as realizações do Terceiro Reich. Alguns deles chegaram até mesmo a comparecer aos gigantescos comícios do Partido Nazista em Nuremberg. Em 1937, Brasillach assistiu a uma cerimônia da bandeira presidida por Hitler e ficou tão impressionado com o caráter quase religioso desse ritual que o comparou à eucaristia. "Quem não for capaz de enxergar a analogia entre a consagração das bandeiras e a consagração do pão, dificilmente chegará a entender alguma coisa sobre o hitlerismo", escreveu ele no *Je Suis Partout*.[8] Com a ajuda de Abetz, Jouvenel conseguiu entrevistar Hitler para o *Paris-Midi*, extraindo do Führer um convite tranquilizador para os franceses: "Sejamos amigos". Sem chamar a atenção do público, Abetz também estava subsidiando jornais de direita. Era como se estivesse fazendo um ensaio do que aconteceria durante a ocupação: seus amigos intelectuais da década de 1930 viraram todos notórios colaboracionistas depois de 1940.

Mas Abetz não precisava se dar ao trabalho de importar de Hitler o ódio pelos judeus. Alimentado pela Action Française e por outros grupos fascistas, o antissemitismo francês recebeu novo impulso e uma forma bizarra de legitimidade literária da parte de Céline, que conquistara enorme fama com seu *Viagem ao fim da noite*. Em 1936, ele publicou seu segundo livro, o igualmente genial *Morte a crédito*. Esse romance, que era uma espécie de prólogo ao *Viagem*, começava com o dr. Ferdinand Bardamu, seu alter ego, praticando a medicina entre os parisienses pobres, e então retornava ao passado, até sua infância e adolescência. Mais uma vez, era a voz do autor — feroz, pessimista, cínica, irônica, anti-heroica e desesperada — que conferia ao livro seu formidável vigor. E então, inesperadamente, Céline transformou essa voz numa metralhadora antissemita. Como médico que cuidava de balconistas, prostitutas e mães solteiras, ele sentia empatia genuína pelos desfavorecidos (e profunda aversão pela burguesia) e se considerava um homem de esquerda — até sua visita à União Soviética em 1936. Ao retornar, Céline publicou *Mea culpa*, um panfleto de 27 páginas denunciando o comunismo. E foi então que ele aderiu à extrema direita.

No ano seguinte, Céline publicou outro "panfleto", na verdade um longo ensaio intitulado *Bagatelles pour un massacre* [Bagatelas por um massacre], em que ele mostrava sua nova face. Expressando seu horror à Primeira Guerra Mundial, ele acusava os judeus, os comunistas e os maçons de conduzir a França a outra guerra — a outro "massacre" — com a Alemanha. Seu principal alvo, no entanto, eram os judeus, que, segundo dizia, tinham se tornado todo-poderosos nas finanças, na política e nas artes. Eles estavam por toda parte, "como vermes, persuasivos", e, acima de tudo, belicistas. "Quem está impedindo uma aliança franco-alemã são os judeus de Londres, Washington e Moscou", afirmou ele, e prosseguiu: "Não quero ir à guerra em nome de Hitler, mas também não desejo combatê-lo em defesa dos judeus". E concluiu: "Eu preferiria uma dúzia de Hitlers a um Blum todo-poderoso".[9] Gide reagiu com incredulidade e escreveu em seu diário: "Só pode ser uma piada. E, se não for, Céline deve estar completamente louco".[10] Mas Céline tinha exata noção do que estava fazendo. Em carta escrita a um amigo, ele relatou: "Acabo de publicar um livro escandalosamente antissemita, que estou lhe enviando. Transformei-me no inimigo número um dos judeus".[11] *Bagatelles pour un massacre* vendeu 80 mil cópias. Em 1938, Céline publicou outra diatribe antissemita, *L'école de cadavres* [Escola de cadáveres], que vendeu quase tão bem quanto a primeira.

Moscou também não estava de braços cruzados. De início, seu principal representante era Willi Münzenberg, um dos fundadores do Partido Comunista Alemão que trabalhara como agente do Comintern em Paris e em outros lugares da Europa Ocidental depois de 1933. Embora muitos intelectuais franceses já estivessem no Partido Comunista, o talento de Münzenberg era usado para atrair os não comunistas para a luta antifascista, criando organizações de fachada aparentemente respeitáveis. Isso incluía os escritores alemães e austríacos exilados e os intelectuais franceses alarmados pela ascensão de Hitler ao poder. Malraux, escritor inclinado às aventuras românticas que não ingressara no Partido Comunista, viajou, mesmo assim, a Moscou, em agosto de 1934, para participar do Congresso da União dos Escritores Soviéticos. Malraux deixou seus anfitriões oficiais irritados ao censurá-los pela imposição do realismo socialista aos escritores soviéticos, assinalando que "os escritores clássicos deste país produziram um retrato muito mais rico e mais complexo da vida interior do que os romancistas soviéticos".[12] A despeito disso, ele continuou sendo útil a Moscou. Em junho de 1935, ajudou a organizar o Primeiro Congresso Internacional dos Escritores para a Defesa da Cultura, sediado em Paris. E embora Moscou controlasse boa parte das deliberações do congresso, este conseguiu apresentar um impressionante agrupamento de escritores — Gide, que foi o presidente honorário do encontro, E. M. Forster, Bertolt Brecht, Aldous Huxley, Waldo Frank, Heinrich Mann e muitos outros — como simpatizantes da União Soviética e inimigos do nazismo alemão.

O congresso foi tenso. Ilia Ehrenburg, jornalista russo e agente soviético que participava da organização do encontro, escrevera um panfleto provocativo chamando Breton e os surrealistas de pederastas. Na véspera da reunião, Breton encontrou Ehrenburg e deu-lhe uns bofetões, o que fez com que os surrealistas fossem proibidos de participar do congresso. René Crevel, poeta que fora expulso do Partido Comunista junto com Breton e Éluard, tentou conseguir a revogação da proibição. Seus esforços fracassaram e, desesperado, ele cometeu suicídio.*[13] No final das contas, o congresso incluiu a leitura por Éluard de um manifesto escrito por Breton, mas isso ocorreu tarde da noite, quando a maioria dos delegados já não estava presente. Havia ainda o problema mais urgente do escritor belga Victor Serge, que participara da Revolução Bolchevique e estava preso num campo de trabalho forçado nos Urais. Ehrenburg tentou manter o caso de Serge fora da discussão, mas alguns intelectuais, incluindo Gide, assinaram uma carta exigindo sua libertação, que Gide entregou em mãos na embaixada soviética em Paris. Um ano depois, Serge foi libertado. A França, sob o comando do primeiro-ministro Laval, recusou-lhe um visto, mas ele conseguiu permissão para retornar à Bélgica.

Não demorou muito até que a Guerra Civil Espanhola se tornasse a realidade mais importante para a esquerda europeia. A Alemanha nazista e a Itália de Mussolini foram rápidas em oferecer ajuda militar às forças nacionalistas de Franco, e somente a União Soviética se mostrou disposta a ajudar o governo republicano em Madri. Isso levou os esquerdistas não comunistas a se unir em torno de Moscou. Os intelectuais franceses antifascistas, constrangidos pela recusa da Frente Popular em ajudar a República Espanhola, viram-se convocados a agir. Na companhia de muitos intelectuais britânicos, americanos e latino-americanos, uma delegação francesa liderada por Aragon viajou até Madri e Valência, em julho de 1937, para participar do Segundo Congresso Internacional dos Escritores para a Defesa da Cultura. Alguns escritores franceses chegaram a se oferecer como voluntários para lutar do lado dos republicanos, entre eles Malraux, que, com alguns aviões velhos fornecidos pela França, organizou a Escadrille España. Embora seu impacto militar fosse mínimo, a esquadrilha serviu como um símbolo da solidariedade da França à causa republicana.

Um protesto mais permanente contra os horrores da guerra espanhola veio pelas mãos de Picasso. Mesmo sem sair de Paris, ele, que era o mais famoso dos artistas espanhóis, aceitou sua nomeação, no início da guerra civil, para dirigir o Museu do Prado. No começo de 1937, ele foi convidado a produzir uma obra para o pavilhão espanhol na Exposição Internacional de Paris no verão daquele ano. Picasso estava indeciso quanto ao tema do quadro, mas,

---

* Outra explicação oferecida para o seu suicídio era a de que ele recebera um diagnóstico de tuberculose renal aguda e de que seu caso, como ele comentou com amigos, era incurável.

subitamente, a ideia lhe foi fornecida pelo bombardeio da cidade basca de Guernica por aviões alemães e italianos em 26 de abril. No início de julho, *Guernica*, seu mural em preto e branco, foi exposto com destaque no pavilhão espanhol. Evocando de forma chocante a morte e a destruição, o quadro escancarava o que estava ocorrendo além da fronteira ao sul da França. Por sua vez, os ostensivos pavilhões da Alemanha e da União Soviética, instalados um de frente para o outro, numa espécie de confronto, eram os arautos do que estava por vir. Depois da exposição internacional, *Guernica* viajou pela Europa e pelos Estados Unidos para ajudar a levantar fundos para a República Espanhola. Quando a guerra civil chegou ao fim com a vitória de Franco, o quadro permaneceu no Museu de Arte Moderna de Nova York até que a democracia fosse restaurada na Espanha no fim de década de 1970.

O apoio da Alemanha e da Itália acabou selando o destino da República, mas enquanto o conflito esteve em curso, Moscou fez uso dele para abafar a voz dos esquerdistas que se recusavam a aceitar as ordens soviéticas. O argumento, que se impôs com sucesso nos partidos comunistas europeus, era de que toda crítica a Moscou equivalia a apoiar o fascismo. Os principais alvos disso eram os trotskistas e os anarquistas que combatiam na Espanha e que foram vítimas de um sectarismo brutal testemunhado — e depois denunciado — por George Orwell e Arthur Koestler. A expectativa de Moscou era que, em nome da solidariedade com a República Espanhola, os esquerdistas não comunistas desistissem de criticar abertamente a mão pesada de Stálin na União Soviética. Num caso que se tornou bastante conhecido pelo público, essa expectativa fracassou de maneira flagrante.

Embora Gide jamais tivesse assumido uma posição politicamente ativa antes, nos primeiros anos da década de 1930 ele expressava às claras sua simpatia pelo comunismo e sua admiração pela União Soviética. Como seu prestígio internacional era imenso, Moscou demonstrou uma enorme satisfação quando o escritor, a essa altura com quase setenta anos, afinal aceitou um convite para visitar a União Soviética nos meses de junho e julho de 1936, por coincidência, apenas algumas semanas antes do início dos deploráveis julgamentos de Moscou. Logo no início da viagem, Gide fez um discurso no enterro de Maksim Górki na praça Vermelha e prometeu defender "o destino da União Soviética". Nas quatro semanas que se seguiram, viajando com grande conforto na companhia do editor russo Jacques Schiffrin, Gide foi coberto de honras como um estimado amigo do regime. Assim que voltou a Paris, ele relatou sua viagem no livro *De volta da* URSS.

Não era bem o que seus anfitriões soviéticos haviam imaginado. A mensagem de Gide era clara: ele desejara encontrar a confirmação daquilo que, três anos antes, descrevera como "a minha admiração, o meu amor, pela União Soviética".[14] Ele tinha algumas coisas positivas para relatar, e expressou sua convicção de que a União Soviética "acabará por triunfar sobre os sérios erros assinalados por mim",[15] mas seu veredicto final era devastador. Gide sublinhava o fato de os artistas serem obrigados a seguir a linha do partido. "Exige-se do artista a obediência, e, como recompensa, todo o resto lhe será dado."[16] Sua crítica mais feroz recaía sobre a total falta de liberdade na União Soviética: "Duvido que em algum outro país hoje em dia, até mesmo na Alemanha de Hitler, o espírito esteja menos livre, mais curvado, mais aterrorizado, mais reduzido à condição de vassalo, do que na União Soviética".[17]

O manuscrito de Gide caiu nas mãos dos intelectuais comunistas, que se puseram imediatamente a pressioná-lo para amenizar seu ataque a Moscou, argumentando que isso prejudicaria a causa republicana na Espanha. Mas ele foi adiante com a publicação. O livro, que logo foi traduzido para o inglês, agradou a direita, como era de prever, mas também chocou muitos esquerdistas não comunistas, como Simone de Beauvoir, a jovem companheira de Sartre. No seu livro de memórias *A força da idade*, ela recordou:

> Nós não imaginávamos que a União Soviética fosse um paraíso, mas também nunca havíamos questionado seriamente a construção do socialismo. Era perturbador nos vermos obrigados a fazê-lo no momento em que nos sentíamos indignados com as políticas das democracias. Será que não havia lugar nenhum no planeta ao qual pudéssemos nos agarrar para manter a esperança?[18]

Em 1937, em resposta às lamúrias angustiadas da esquerda, Gide publicou uma nova reflexão sobre sua viagem, mais nuançada, num livro intitulado *Retoques ao meu De volta da* URSS. Mas, a essa altura, ele havia caído em desgraça para boa parte da esquerda.

Mas Gide não ficaria sozinho por muito tempo. A perseguição aos esquerdistas dissidentes na Espanha e, sobretudo, os violentos expurgos dos julgamentos de Moscou estavam corroendo a lealdade à União Soviética. Curiosamente, o trotskismo não se popularizara na França, embora o próprio Trótski tivesse se exilado nas proximidades de Paris no período entre 1933 e 1935.* A turbulência em Moscou lançou uma profunda sombra sobre a esquerda europeia. Já no início de outubro de 1936, por exemplo, Münzenberg foi chamado de volta a Moscou e, depois de submetido a um interrogatório brutal, começou a temer por sua vida. Alegando que precisava organizar a operação do Comintern na Espanha, ele conseguiu um visto de saída e retornou a seu trabalho em Paris. Mas ele já não era tão útil aos soviéticos e foi expulso do Partido Comunista da Alemanha em maio de 1937. Münzenberg prosseguiu com suas atividades antifascistas, utilizando algumas das organizações de fachada que ele próprio havia criado, mas tomou a sábia decisão de ignorar outra intimação para ir a Moscou. Em 1938, ele fundou o jornal *Die Zukunft* e começou a denunciar o stalinismo. No mesmo ano, Koestler, que tivera relações estreitas com Münzenberg, também deixou o Partido Comunista da Alemanha, indignado com os julgamentos de Moscou.

O interessante é que os violentos ataques entre as fileiras da esquerda e também as altercações entre esquerda e direita ocorriam num aparente esquecimento da gigantesca escalada militar da Alemanha e de sua indisfarçada ambição territorial. Era como se vencer as discussões ideológicas fosse algo mais importante do que fortalecer a decisão do país de se defender. Em outubro de 1935, a França respondera com timidez à invasão da Etiópia pela Itália, reforçando a confiança de Hitler de que ele também poderia agir com impunidade. Em 1936, a França permaneceu de braços cruzados quando a Alemanha remilitarizou a Renânia, violando o Tratado de Versalhes. Dois anos mais tarde, quando Berlim anexou a Áustria, no episódio conhecido como Anschluss, a França novamente se recusou a agir. Embora enfrentando o expansionismo e o poder crescentes da Alemanha, as autoridades políticas da França continuavam divididas em relação ao rearmamento. Os militares idosos do alto-comando do exército insistiam que o país estava protegido pela Linha Maginot, o sistema de

---

* Expulso do Partido Comunista, Breton finalmente conheceu Trótski em 1938, no México, onde eles assinaram o manifesto *Por uma arte revolucionária independente*. Dois anos mais tarde, Trótski foi assassinado por um agente soviético na Cidade do México.

fortificações de mais de trezentos quilômetros que se estendia ao longo de sua fronteira oriental.

O jovem coronel Charles De Gaulle, que a essa altura comandava um regimento de tanques, insistia na criação de novas divisões blindadas, mas estava praticamente sozinho. Entre os políticos e também entre os intelectuais, as lembranças da carnificina da Primeira Guerra continuavam a alimentar o pacifismo e a crença de que seria possível apaziguar a ambição de Hitler pelo poder. Em 1936, uma canção popular interpretada por Ray Ventura, "Tout va très bien, Madame La Marquise", era um dos raros lembretes de que a França fingia não ver o cataclismo que se aproximava. Na canção, os empregados de uma aristocrata continuavam a assegurar-lhe de que tudo estava bem. É bem verdade que um incêndio tomara conta de seu castelo, destruindo os estábulos e matando a sua égua favorita. Além disso, seu marido cometera suicídio, mas, ainda assim, não havia com que se preocupar, *tout va très bien, Madame La Marquise.*

No dia 30 de setembro de 1938, em Munique, o primeiro-ministro da França, Édouard Daladier, e o primeiro-ministro britânico, Neville Chamberlain, deram a Hitler o sinal verde para ocupar os Sudetos, na Tchecoslováquia. Na volta ao seu país, Chamberlain brandiu o acordo assinado por ele, prometendo "a paz para o nosso tempo". Ao retornar à França, Daladier imaginou que seria submetido a um linchamento, mas, em vez disso, foi aclamado como herói. Alguns escritores de esquerda condenaram o Acordo de Munique, mas eram minoria. No dia 6 de dezembro, os pacifistas sentiram-se mais uma vez tranquilizados por uma declaração franco-alemã que acenava com relações de paz entre os dois países. Quando a Alemanha engoliu o restante da Tchecoslováquia, em março de 1939, o consenso em Paris era de que não fazia sentido pedir aos cidadãos franceses que morressem em defesa dos tchecos. Mas esse acontecimento abalou os governos da Grã-Bretanha e da França, que finalmente se comprometeram a garantir a independência da Polônia, o apróximo alvo da mira de Hitler. Mas também esse gesto teve pouco apoio popular. No artigo "To die for Danzig?" [Morrer por Danzig?], publicado em *L'Oeuvre* em maio de 1939, Marcel Déat afirmava que ninguém poderia impedir que Hitler se apoderasse do enclave báltico. "Começar uma guerra na Europa por causa de Danzig seria um certo exagero", disse ele, acrescentando: "Não morreremos por Danzig". Mesmo a essa altura, poucos franceses acreditavam que a sobrevivência de seu país se encontrava em risco. O embaixador americano William Bullitt se mostrava menos otimista. "Quanto à questão da defesa dos Estados Unidos e das Américas", escreveu ele ao presidente Roosevelt em abril de 1939, "seria extremamente insensato não considerar a possibilidade de que a Alemanha, a Itália e o Japão possam obter uma vitória rápida sobre a França e a Inglaterra."[19]

Obviamente, não havia nada na vida social e cultural da França na primavera e no verão de 1939 que pudesse ter convencido Bullitt de que o país estava pronto para a guerra. As festas à fantasia e os bailes de máscaras continuavam a ocorrer, luxuosos como sempre. Os *nightclubs* estreavam novos shows e os teatros e cinemas estavam sempre lotados. Os planos para a abertura do novo Musée d'Art Moderne estavam avançando e a cidade comemorava o quinquagésimo aniversário da Torre Eiffel. Novos livros continuavam a ser editados, entre eles *A náusea*, de Sartre, e *Gilles*, de Drieu La Rochelle. A derrota da República Espanhola em abril provocou o afluxo de aproximadamente 450 mil refugiados para a França, embora a vitória de Franco já fosse esperada havia muito tempo. Então, em 23 de agosto de 1939, para grande espanto do governo francês, a Alemanha e a União Soviética assinaram o Pacto Molotov-Ribbentrop, um acordo de não agressão entre os dois países. Uma semana depois, a Alemanha invadiu a Polônia. No dia 3 de setembro, a França declarou guerra ao Terceiro Reich, poucas horas depois de a Grã-Bretanha ter feito o mesmo, e começou a mobilizar as forças armadas. A vida dos artistas e intelectuais parisienses tinha afinal se transformado, e da forma mais abrupta: no intervalo de poucos dias, eles estavam sendo treinados para a guerra, uma guerra que tinham desejado ardentemente que jamais viesse a acontecer. No período de poucos meses, inimigos ideológicos estiveram ombro a ombro, lutando em defesa da França.

2. A guerra adiada

A declaração da guerra transtornou a bucólica existência de Max Ernst no sudeste da França, onde ele estava vivendo numa casa de fazenda com Leonora Carrington, sua mais recente paixão. Ela também era uma pintora surrealista, embora, aos 22 anos de idade, fosse de certa forma uma principiante. Leonora tinha conhecido Ernst em Londres, em 1937, e, como muitas outras mulheres antes dela, caíra de amores pelo exuberante pintor de cabelos grisalhos, 26 anos mais velho. Ernst continuava casado com Marie-Berthe Aurenche, mas sua preferência por Leonora era evidente. E após algumas cenas tempestuosas em Paris, incluindo uma bofetada da jovem e possessiva Leonora na enciumada e ressentida Marie-Berthe, Ernst e Carrington se instalaram em Saint--Martin-d'Ardèche, ao norte de Avignon. Leonora admirava Ernst como artista desde a primeira vez que vira o trabalho dele. Ernst, por sua vez, estava fascinado pela forma como ela havia criado sua própria visão surrealista na adolescência, no ambiente improvável de uma família próspera do norte da Inglaterra. A casa deles não demorou a se transformar num jardim zoológico surrealista, com Max esculpindo divindades de aparência animal e Leonora pintando as paredes e os tetos com sua estranha fauna. Embora continuasse a ter uma boa relação com Breton, Ernst sentia-se especialmente satisfeito por se manter à distância das disputas políticas que dividiam o movimento surrealista. No verão, os amigos tomavam o trem em Paris e vinham visitá-los, curiosos para ver como Ernst e sua bela musa estavam se saindo em seu rústico laboratório surrealista.

A declaração da guerra pôs fim a esse idílio. Certa manhã, no começo de setembro de 1939, dois policiais franceses uniformizados foram à casa de Ernst e o prenderam. Embora vivesse na França havia dezessete anos e tivesse sido denunciado pelos nazistas como um artista "degenerado", Ernst continuava a ser alemão e, como tal, era um *étranger indésirable* — um estrangeiro indesejável — para os franceses. Ele foi levado para um castelo em Largentière, a 65 quilômetros dali, que funcionava como centro de detenção temporária para os cidadãos alemães e austríacos que viviam na região. Algumas semanas mais tarde, ele foi transferido para uma fábrica de tijolos abandonada nos arredores de Aix-en-Provence, conhecida como Camp des Milles. De lá, enviou um recado para Jeanne Bucher, sua *marchand* em Paris: *Cara Jeanne, SOS, Max*. Ao lado de centenas de outros detentos, a situação de Max estava longe de ser confortável, mas ele não foi vítima de maus-tratos e obteve autorização para continuar trabalhando. Leonora, que pedira ajuda a Éluard, conseguiu levar-lhe tintas, roupas e comida. Finalmente, no mês de dezembro, graças à intervenção do ex-primeiro-ministro Albert Sarraut, Ernst foi libertado e voltou para Leonora e para a vida simples, de camponeses, que o casal levava em Saint-Martin-d'Ardèche.

O fato de as autoridades francesas não terem tido a menor dificuldade para localizar Ernst sugeria que elas vigiavam de perto os milhares de estrangeiros que haviam chegado à França, em bandos, vindos da Europa Central. De fato, essa vigilância já estava sendo posta em prática, mas, em 10 de setembro de 1939, o governo de Daladier instituiu uma nova política para lidar com os estrangeiros. Todos os cidadãos do Reich receberam ordem para se registrar na polícia. Alguns eram imediatamente enviados para os campos de internação. Outros eram proibidos de sair de casa. Nas semanas seguintes, cerca de 12 mil "estrangeiros indesejáveis" alemães e outros 5 mil austríacos foram detidos e espalhados por dúzias de campos de internação, alguns improvisados às pressas e outros já em funcionamento na região dos Pireneus, onde estavam confinados dezenas de milhares de refugiados espanhóis que haviam escapado da vitória de Franco no início daquele ano. Inadvertidamente, o governo democrático da França estava pavimentando o caminho para a ocupação alemã. Cerca de um ano mais tarde, quando tiveram início as prisões dos judeus, dos comunistas, dos maçons, dos resistentes e de outros indivíduos considerados inimigos, havia uma rede de campos de concentração pronta para recebê-los.

No mesmo período, a Grã-Bretanha também manteve encarcerados milhares de "estrangeiros inimigos", como fariam os Estados Unidos dois anos depois, quando mais de cem mil americanos japoneses foram presos. Mas a maior parte dos políticos, professores universitários, líderes sindicais, jornalistas e artistas internados na França em 1939 eram judeus ou conhecidos oponentes do regime nazista e, como tais, não representavam nenhuma ameaça à França. Depois do Pacto Molotov-Ribbentrop, imaginava-se que os comunistas estrangeiros se tornassem os candidatos mais plausíveis à prisão, mas, na prática, as autoridades francesas não faziam essa distinção. Somente os estrangeiros aprisionados que tinham amigos franceses bem posicionados nos círculos políticos ou artísticos tinham a chance de ser libertados com rapidez. Mas, como a maioria desses exilados fugira da Alemanha ou da Áustria com poucos pertences e vivia na França numa condição que beirava a miséria, quase ninguém contava com uma rede de relações desse tipo. Os mais jovens podiam optar por se alistar na Legião Estrangeira Francesa, em lugar de permanecer nos campos de internação. O pintor russo Nicolas de Staël foi um dos que fez essa escolha; ele foi enviado para a Tunísia e não participou de nenhuma ação militar. Gide descreveu a perseguição aos estrangeiros inocentes como um espetáculo estarrecedor, assinalando que o comportamento da França era imoral. Segundo sua amiga íntima Maria van Rysselberghe, "ele sofria ao ver a França subitamente se comportar de maneira inóspita em relação àqueles a quem havia inicialmente protegido".[1]

Isso incluía uma lista impressionante de artistas e intelectuais. No Camp des Milles, por exemplo, ao lado de Max Ernst, estavam presos os artistas plásticos Hans Bellmer, Max Lingner, Hermann Henry Gowa e Wols, os escritores alemães Lion Feuchtwanger, Alfred Kantorowicz e Golo, filho de Thomas Mann, além de vários jornalistas alemães, um produtor de ópera e dois ganhadores do Prêmio Nobel de Medicina, Tadeus Reichstein e Otto Meyerhof. Hannah Arendt, a filósofa alemã, foi detida junto com o filósofo marxista Heinrich Blücher (com quem se casou em 1940) e enviada para um campo de internação superlotado em Gurs, no sul da França. O irmão de Thomas Mann, Heinrich, teve a infelicidade de ser mandado para Le Vernet, ao sul de Toulouse, que logo ficou conhecido como o mais cruel entre todos os campos de prisioneiros, onde eles passavam fome e eram tratados com violência. Koestler, que escapara por um triz de ser executado pelas tropas de Franco na Guerra Civil Espanhola, foi preso em Paris — embora húngaro, ele havia sido criado na Áustria — e enviado também para Le Vernet, deixando sua namorada inglesa, a jovem escultora Daphne Hardy, praticamente sem um tostão no apartamento dele em Paris. Koestler, cujo livro de memórias *Scum of the Earth* [Escória da Terra] descreve longamente os tormentos experimentados em Le Vernet, foi libertado em janeiro de 1940, com a ajuda de Jean Paulhan, o editor da *Nouvelle Revue Française*, que deu um testemunho de sua "lealdade à França". Gustav Regler, um romancista alemão que havia sido ferido em combate ao lado dos republicanos espanhóis, retornou da Flórida, onde estivera convalescendo na casa de Hemingway. Ele se ofereceu para servir o exército francês, mas, em vez disso, foi enviado para Le Vernet. Walter Benjamin, o filósofo e crítico literário alemão, ficou preso durante três meses no campo de Vernuche, nas proximidades de Nevers, na Borgonha, até que o autorizassem a voltar a Paris.

No fim de 1939, quase metade dos "estrangeiros indesejáveis" havia sido libertada, mas uma nova onda de prisões de alemães e austríacos foi ordenada no dia 13 de maio, depois que as tropas da Wehrmacht invadiram o território francês e a histeria antialemã tomou conta da França novamente. Nesse mesmo mês, Erwin Blumenfeld,* um fotógrafo judeu alemão que se exilara na França em 1936, foi levado para Le Vernet num trem abarrotado com centenas de outros refugiados. Anos mais tarde, ele descreveu a forma como foram recebidos:

> Tivemos que nos despir na rua principal, em plena luz do dia, e fomos obrigados a formar uma fila, nus, atrás de nossas bagagens. Os moradores de Le Vernet passavam por ali sem olhar para nós. Enquanto éramos revistados, até nas nossas próstatas, em busca de tesouros escondidos, como dinheiro, armas e drogas, uma multidão de macacos antropoides descarnados entrou rapidamente no campo; como esqueletos de olhos escavados, eles pareciam saídos do *Triunfo da morte*, de Brueghel. Pensei que estivesse sofrendo uma alucinação: era impossível que a França tivesse chegado a esse ponto, ou que eu tivesse descido a esse ponto! Um

---

* Blumenfeld conseguiu fugir da França em 1941 e chegou aos Estados Unidos, onde se tornou um bem-sucedido fotógrafo de moda das revistas *Vogue* e *Harper's Bazaar*.

guarda confiscou a corneta do negro Fenster. Outro camarada foi obrigado a entregar a Cruz que ele recebera na Legião Estrangeira, lutando pela França.[2]

Pouco tempo depois, quando os alemães já estavam profundamente embrenhados na França, Blumenfeld percebeu que, de uma hora para outra, os prisioneiros nazistas começaram a receber um tratamento melhor que os demais. Ele acrescentou: "Schwarz, a quem haviam quebrado o nariz em Dachau, afirmou que a vida era ainda mais difícil em Le Vernet. Os alemães pelo menos empregavam a crueldade de forma mais pontual e ordenada".

Ernst, que continuava vivendo com Leonora Carrington em Saint-Martin--d'Ardèche, foi preso pela segunda vez depois que um vizinho surdo-mudo o acusou de enviar sinais luminosos ao inimigo. Um policial armado com um rifle foi até sua casa para prendê-lo, e Ernst foi levado para o campo de interna-ção de Loriol, em Drôme, e mais tarde, para o Camp des Milles outra vez. Um mês depois, enquanto as tropas alemãs ocupavam Paris, ele foi libertado — junto com centenas de outros detentos — e voltou correndo para Saint-Martin--d'Ardèche, a pé, na esperança de encontrar Leonora. Mas ela havia desapareci-do. Depois da prisão de Ernst, ela ficara em pedaços, como descreveu, tempos depois: "Continuei no vilarejo, chorando, por horas a fio. Então, voltei para casa e, durante 24 horas, entreguei-me a um vômito voluntário induzido por doses de água de flor de laranjeira e interrompido por um breve cochilo".[3] Três sema-nas depois, um amigo inglês foi até a casa de Leonora, acompanhado de um refugiado húngaro. Alarmados com a condição dela, convenceram-na a partir com eles, de carro, em direção à fronteira da Espanha. Os três acabaram por chegar a Madri, onde entraram em contato com a embaixada britânica. Quando Ernst chegou à sua casa, encontrou-a trancada. Ele arrombou a porta e retirou alguns quadros dele e da companheira Leonora, antes de prosseguir, lentamen-te, a caminho de Marselha.

Ainda que muitos outros estrangeiros internados tenham sido libertados ou conseguido escapar antes que o exército alemão chegasse aos campos onde se encontravam, alguns tiveram um destino mais trágico. Walter Hasenclever, um dramaturgo alemão aprisionado no Camp des Milles, escolheu o suicídio, ingerindo uma dose elevada de comprimidos para dormir no dia 22 de junho. Carl Einstein, um historiador da arte alemão, conseguiu escapar de um campo perto de Bordeaux, mas poucos dias depois, ao ver-se apanhado numa armadilha na fronteira com a Espanha, ele se suicidou atirando-se de uma ponte. Münzenberg, o ex-agente do Comintern, teve um final mais nebuloso. Preso em Paris no dia 14 de maio, ele foi enviado para um campo ao sul de Lyon. Cinco semanas mais tarde, o comandante do campo ordenou que alguns prisioneiros, entre eles Münzenberg, marchassem até outro campo. Como não houvesse nenhum soldado a escoltá-los, eles se viram subitamente em liberdade. O corpo de Münzenberg foi encontrado quatro meses depois. Ele morreu enforcado, mas nunca ficou esclarecido se cometeu suicídio ou se foi vítima da polícia secreta soviética, como muitos acreditam até hoje. Koestler teve melhor sorte. Depois de ser internado novamente no fim de maio, dessa vez por um período mais curto, ele fugiu de Paris com Daphne Hardy e se alistou na Legião Estrangeira sob nome falso, para evitar nova prisão. De início, Daphne foi atrás dele, enquanto ele era caoticamente transferido de um alojamento para outro. Por fim, ela conseguiu lugar num dos últimos navios que partiram de Bordeaux em direção à Inglaterra, onde providenciou a publicação da obra-prima política de Koestler, *O zero e o infinito*, que ela havia traduzido do alemão. Koestler se juntou a outros milhares de estrangeiros que tentavam deixar a França, e conseguiu afinal chegar à Inglaterra, depois de passar por Casablanca e Lisboa.

Mas, enquanto esses "estrangeiros indesejáveis" já eram vítimas do conflito, o restante da França, paradoxalmente, ainda tentava conformar-se com a ideia da guerra. Em outubro de 1939, 2,6 milhões de franceses haviam sido recrutados. Muitos se encontravam em treinamento, enquanto outros estavam estacionados ao longo da Linha Maginot. Um contingente maior se juntara à Força Expedicionária Britânica ao norte, onde o ataque da Alemanha era esperado. Com as lembranças ainda recentes da Primeira Guerra Mundial, Paris se viu inicialmente assolada pelo medo. Milhares de crianças foram removidas para as cidades do interior. Os estoques de máscaras de gás se esgotaram. As estações de metrô foram preparadas para funcionar como abrigos antiaéreos. Sirenes foram testadas e balões de barragem foram instalados sobre a cidade. O fornecimento de energia elétrica no período da noite foi suspenso e, por essa razão, as salas de teatro e de cinema foram temporariamente fechadas. A maior parte dos filmes em produção foi interrompida, já que um grande número de atores e técnicos fora recrutado para lutar na guerra. Em resposta ao Pacto Molotov-Ribbentrop, o governo de Daladier dissolveu o Partido Comunista Francês, acusando seus membros de antipatriotismo. Em consequência disso, o líder do partido Maurice Thorez desertou do exército francês e partiu para Moscou.

Curiosamente, os quintas-colunas que simpatizavam com Hitler se saíram bem melhor. Os que exigiam abertamente que a França rompesse com a Grã-Bretanha e fizesse um acordo com a Alemanha foram punidos, assim como os pacifistas clamorosos, a exemplo do escritor Giono, que foi preso por assinar uma petição pela "Paz imediata!". O poeta surrealista Péret, que não tinha nenhuma simpatia por Berlim, também foi preso por suas declarações derrotistas. Mas nenhuma medida foi tomada para dissolver os partidos pró-fascistas. A censura aos jornais impedia que as opiniões favoráveis à Alemanha chegassem aos olhos do público, embora Daladier tivesse feito uma escolha duvidosa ao nomear o dramaturgo Jean Giraudoux para o posto de ministro da Propaganda. As credenciais democráticas de Giraudoux estavam longe de ser imaculadas. Em 1939, ele publicara o texto de cinco palestras xenofóbicas em seu livro *Plein pouvoirs* [Plenos poderes], no qual apresentava uma definição tão estreita do conceito de nacionalidade francesa que não era difícil interpretá-lo como antissemita. Seguramente, ele não tinha sido nem um pouco vago ao incluir "centenas de milhares de asquenazes fugindo dos guetos poloneses ou romenos" entre os estrangeiros "que enxameiam a nossa arte e os nossos ramos de atividade, tanto os antigos quanto os novos, numa espécie de geração espontânea que faz lembrar as pulgas num filhote de cachorro recém-nascido".[4] Ele também propôs a criação de um novo ministério, o Ministério da Raça, para controlar a imigração, acrescentando: "estamos de pleno acordo com a declaração de Hitler de que uma política só consegue atingir seu ponto máximo quando é racial". Mas, apesar de tudo, ele era um propagandista bastante ineficaz, pelo menos em comparação com o jornalista francês Paul Ferdonnet, que trabalhava na Radio Stuttgart, a estação radiodifusora internacional dos nazistas.

Mas havia pelo menos uma área de fundamental importância em que o governo de Daladier se encontrava bem preparado. Em setembro de 1938, logo após a ocupação alemã dos Sudetos, a *Mona Lisa* e algumas outras obras-primas foram temporariamente transferidas para o Château de Chambord, no vale do Loire. Um ano depois, quando a guerra foi declarada, o plano para esvaziar a maior parte do Louvre já estava pronto para ser posto em prática. Em menos de um mês, 3691 quadros foram retirados do museu, cuidadosamente embalados e transportados para o Château de Chambord, num comboio de 37 caminhões.

Pouco depois, a *Mona Lisa* foi transferida para Louvigny, no oeste do vale do Loire. Os responsáveis pela operação podiam se orgulhar de seu sucesso. A gigantesca tela de Veronese, *As bodas de Caná*, foi retirada de sua moldura e enrolada. *A balsa da Medusa*, de Géricault, que era apenas um pouco menor, foi transportada numa caixa de madeira de enormes dimensões. O museu foi obrigado a deixar para trás boa parte das suas estátuas e esculturas, e optou por acomodá-las num porão até que um abrigo antiaéreo fosse construído. A *Vitória de Samotrácia* e a *Vênus de Milo*, dois tesouros gregos, foram as únicas exceções, e passaram a guerra no Château de Valençay. Para transportar algumas dessas obras de arte, o Louvre teve que pedir emprestados os caminhões da Comédie Française, normalmente utilizados para carregar os cenários. Quando a retirada das obras foi concluída e somente as molduras folheadas a ouro ficaram nas galerias, o museu teve suas portas fechadas.

Semanas mais tarde, no entanto, quando o conflito anunciado com a Alemanha passou a tomar a forma de uma "guerra de mentira" — uma *drôle de guerre*, como os franceses a chamaram —,* toda a Paris relaxou. As crianças voltaram para casa, os restaurantes e as casas noturnas reabriram suas portas, e os teatros, cinemas e casas de ópera retomaram a atividade, embora muitos de seus artistas se encontrassem nas frentes de batalha. O ator Sacha Guitry, que era também diretor, dramaturgo e celebridade em tempo integral, se manteve muito ocupado: além de organizar um baile beneficente para a compra de ambulâncias, ele estreou sua nova peça, *Florence*, e transmitiu pelo rádio uma mensagem de Ano-Novo aos soldados franceses. Uma canção barulhenta escrita para as tropas inglesas estacionadas na fronteira alemã, "We'll hang out our washing on the Siegfried Line", obteve o mesmo sucesso na sua versão traduzida "On ira pendre notre linge sur la ligne Siegfried".** Édith Piaf, Josephine Baker e Maurice Chevalier viajaram ao norte do país para entreter as tropas francesas. O repertório de Chevalier incluía uma música de grande sucesso, "Ça fait d'excellents français" [Isso faz franceses excelentes], que descrevia, com zombaria, a França como uma nação unida e listava, da maneira mais absurda, todas as profissões e

---

* Os alemães chamaram esse período da guerra de "*Sitzkrieg*", ou "guerra sentada", em contraste com a "*Blitzkrieg*", guerra-relâmpago.

** A letra da canção contém um trocadilho com a palavra *line*, que, entre outros significados, quer dizer *varal*. Em tradução literal, "Vamos estender nossa roupa para secar na linha Siegfried". (N. T.)

correntes políticas, dos banqueiros aos padeiros, dos comunistas aos direitistas da Action Française, com as quais se contava para defender a nação.

De certa forma, ele estava certo. O comunista Aragon e o ex-comunista Éluard vestiam agora a mesma farda, assim como o fascista Brasillach, o antissemita Rebatet e a maioria dos intelectuais e artistas que tinham idade para lutar. Breton e Céline foram convocados para servir como médicos e o compositor Olivier Messiaen como enfermeiro. O filósofo Raymond Aron foi mandado para uma unidade meteorológica. O romancista e dramaturgo Michel Déon, eleito para a Academia Francesa em 1978, ingressou na infantaria com apenas vinte anos de idade. "Eu era um daqueles franceses que, em circunstâncias normais, jamais teria me aproximado dos camponeses, dos operários ou dos garçons", disse ele, relembrando essa experiência. "Isso foi de grande valia na minha vida como escritor."[5] O diretor de cinema Marcel Carné foi encarregado de cavar trincheiras nas proximidades da Linha Maginot, como punição pela forma como retratara o exército no filme *Cais das sombras*, em que Jean Gabin, agora também um soldado, fazia papel de um desertor. Entretanto, os combates propriamente ditos não pareciam iminentes, de modo que muitos soldados dispunham de tempo para redigir cartas e escrever diários. Alguns oficiais também tinham permissão para ir a Paris e ficar em dia com as fofocas.

"Quando vi a reação desses intelectuais, compreendi que eles não estavam preocupados com a guerra", observou Stéphane Hessel, filho do escritor alemão Franz Hessel, que foi criado na França e tornou-se mais tarde um importante diplomata francês.

> Protegidos pela Linha Maginot, eles achavam que não seriam invadidos pela Alemanha, que a Alemanha acabaria por desmoronar devido a problemas econômicos, que as esquadras francesas e britânicas ainda dominavam o mundo, que os Estados Unidos entrariam na guerra mais cedo ou mais tarde e que nem mesmo a União Soviética ficaria de fora. Dessa forma, a vida intelectual continuava a florescer ao redor de pessoas como Joyce, Breton e Duchamp.[6]

A margem esquerda, entretanto, já não era mais um lugar animado como antes. Simone de Beauvoir, que trabalhava em seu primeiro romance, *A convidada*, tinha o hábito de escrever nos cafés. Revezando-se entre o Dôme, em Montparnasse, e o Café de Flore, em Saint-Germain-des-Prés, ela passava a maior parte do tempo praticamente sozinha. Do outro lado do bulevar, a Brasserie Lipp continuava lotada, mas era agora frequentada por políticos mais velhos acompanhados de suas jovens amantes, e não pelos artistas, que eram a sua clientela tradicional. O Quartier Latin parecia estranhamente deserto, uma vez que os estudantes da Sorbonne tinham sido recrutados logo após a declaração da guerra. Gaston Gallimard, que dirigia a editora mais prestigiosa da França, cerrou as portas de seus escritórios na Rue Sébastien-Bottin, na margem esquerda, e saiu de Paris. Temendo o bombardeio da cidade quando irrompessem as hostilidades, ele transferiu seus arquivos e boa parte de seu quadro de funcionários para uma mansão da família em Sartilly, no oeste da Normandia, e continuou a publicar livros. Gallimard esperava que Jean Paulhan, que assim como ele era velho demais para o exército, se deslocasse de Paris até Sartilly para trabalhar na edição mensal da *Nouvelle Revue Française*. E foi isso o que aconteceu, de maneira que o último número da revista saiu em junho de 1940.

De nacionalidade espanhola, Picasso não era um estrangeiro indesejável, mas era natural que estivesse apreensivo, uma vez que era inimigo declarado de Franco. Nos dias que antecederam a declaração da guerra, ele viajou até Royan, no sudoeste da França, acompanhado da amante, Dora Maar. Não por acaso, Marie-Thérèse Walter, sua outra amante, o esperava na mesma cidade com a filha deles, Maya, de três anos de idade. Picasso instalou as mulheres em hotéis diferentes e alugou o andar superior de uma mansão em frente ao mar para utilizá-lo como ateliê. Ele estava incumbido também de tomar conta da mulher de Breton, Jacqueline Lamba, e da filha dela. Breton vinha visitá-los no balneário sempre que lhe concediam uma licença. Certa ocasião, ao saber que o amigo estava quebrado, Picasso deu a Breton um de seus desenhos para vender.

Picasso fazia viagens frequentes de Royan a Paris. Ele estava preparando sua primeira retrospectiva americana — "Picasso: Quarenta anos de sua arte" — que, surpreendentemente, foi aberta na data marcada no Museu de Arte Moderna de Nova York em dezembro de 1939. Ao mesmo tempo, precisava cuidar de seus documentos de residência na França. No momento em que a guerra foi declarada, os Estados Unidos ofereceram asilo a Matisse e a ele, mas os dois recusaram. No entanto, a situação de Picasso era mais arriscada, já que ele era estrangeiro. Ele então decidiu fazer um pedido de nacionalidade francesa e, em 3 de abril de 1940, preencheu os papéis com sua requisição. Picasso foi interrogado por um comissário de polícia na Rue La Boétie, perto de onde ele morava em Paris. O veredicto inicial era promissor: "Boas informações. Recomendação favorável". Mas no final de maio, quando as tropas alemãs já se encontravam em território francês, o pedido dele foi rejeitado. Um relatório confidencial dizia que ele fora "identificado como anarquista" em 1905 e "alimentara ideias extremas próximas do comunismo".[7] No mês seguinte, agora na condição de um cidadão praticamente sem pátria, Picasso assistiu às tropas alemãs passarem por Royan, a caminho de Bordeaux.

Durante a "guerra de mentira", outros artistas se prepararam para o pior. Piet Mondrian, o mestre do abstracionismo holandês, que fugira para a Inglaterra em 1938, mudou-se para Nova York logo depois que a guerra foi declarada. Dalí e sua esposa Gala seguiram o mesmo caminho em 1940. Enquanto isso, Miró retornou à Espanha de Franco. Matisse, Bonnard e Maillol, que havia muito tempo já viviam longe de Paris, se encontravam relativamente a salvo. Mas outros permaneceram em Paris, tentando conseguir dinheiro para se mudar para o interior ou deixar o país. Com o mercado de arte em baixa, essa era uma tarefa bastante difícil.

Foi então que, para alguns, apareceu uma espécie de anjo salvador. A herdeira americana Peggy Guggenheim havia morado em Londres e organizara exposições de Cocteau, Kandinski, Picasso, Braque e Tanguy na sua nova galeria em Mayfair, a Guggenheim Jeune. Ela vinha com frequência a Paris, onde Duchamp a havia introduzido no mundo das artes. No início da década de 1940, ela voltou à cidade, dessa vez com uma missão. "Meu lema era 'Compre um quadro por dia' e eu o cumpri à risca", ela escreveu mais tarde em seu livro de memórias *Out of this century*.[8] Ela adquiriu obras de Victor Brauner, Alberto Giacometti, Jean Hélion, Man Ray e Constantin Brancusi diretamente desses artistas, ignorando as queixas deles quanto aos baixos valores oferecidos por ela. Outras obras foram adquiridas no mercado ou por intermédio das relações de Duchamp. Pouco antes de os alemães chegarem a Paris, ela despachou sua coleção para Grenoble, e, meses depois, enviou-a para fora do país. A essa altura, o tesouro de Peggy Guggenheim incluía trabalhos de Kandinski, Klee, Picabia, Braque, Mondrian, Miró, Ernst, Carrington, Dalí, Chirico, Tanguy e Léger. Essa coleção se tornou a pedra fundamental do museu aberto por ela no Grand Canal em Veneza, em 1951.

Os escritores que não tinham sido convocados ou presos como estrangeiros indesejáveis também viviam na incerteza. Irène Némirovsky, romancista nascida em Kiev numa abastada família judia, se mudara para a França na adolescência, fugindo da Revolução Bolchevique. Na década de 1930, após o sucesso de seu romance *David Golder*, que foi logo adaptado para o cinema, ela passou a fazer parte da cena literária de Paris, tornando-se amiga de muitos escritores de direita. No final dessa década, Irène e seu marido, o banqueiro Michel Epstein, converteram-se ao catolicismo. A despeito disso, a tentativa deles de obter a nacionalidade francesa, algum tempo depois, foi recusada. Temendo que ela e o marido terminassem nos campos de internação, Irène mandou suas duas filhas pequenas, Denise e Élisabeth, para Issy-l'Évêque, um vilarejo tranquilo no sul da Borgonha onde a família passara os dois verões anteriores. Em entrevista a uma revista francesa, ela afirmou que estava escrevendo artigos para jornais estrangeiros "que mostram ao público a impressionante força moral da França, retratando a determinação silenciosa de seus combatentes e a coragem serena de suas mulheres".[9] Irène escreveu artigos para *Marie-Claire* e publicou passagens de seu novo romance, *Les chiens et les loups* [Os cães e os lobos] no jornal *Candide*. Ela também publicou alguns contos no *Gringoire*, um semanário político e literário que, àquela altura, fazia oposição à guerra contra a Alemanha. Mesmo depois que os soldados alemães invadiram a França, Irène continuou a alimentar esperanças de um contra-ataque francês. Quando a derrota começou a parecer inevitável, ela saiu de Paris para encontrar-se com as filhas em Issy-l'Évêque, onde permaneceu durante os dois anos seguintes.

Gide, que estava morando no sul da França, escolheu permanecer longe dos holofotes. "Decididamente, recuso-me a falar no rádio", escreveu ele em seu diário em 30 de outubro de 1939. "Não pretendo contribuir para injetar oxigênio no público. Os jornais já estão repletos de tagarelices patrióticas. Quanto mais francês eu me sinto, mais resisto a permitir que meu pensamento seja corrompido. Se meu pensamento se deixasse controlar, perderia todo o seu valor." Mas, ao mesmo tempo, suas anotações pessoais sugeriam que, se ele tomasse a decisão de se pronunciar, não saberia bem que posição assumir. "Não quero me envergonhar amanhã daquilo que escrever hoje", assinalou ele, acrescentando: "Meus pensamentos intempestivos, eu os manterei neste diário até que venham dias melhores". Cerca de três meses mais tarde, em 7 de fevereiro de 1940, ele se preocupava com as consequências da guerra: "É de se prever que, depois da guerra, e ainda que saiamos dela vitoriosos, nos veremos lançados em tamanha desordem que nada, a não ser uma ditadura muito inflexível, será capaz de nos tirar dessa situação". Então, em 21 de maio, com as forças alemãs avançando rapidamente pela França e sentindo-se desesperançado em relação aos franceses, Gide escreveu: "Oh, povo francês irremediavelmente frívolo! Vocês pagarão caro por sua negligência, sua indiferença e sua presunção, entre tantas outras virtudes encantadoras".[10]

Ferido na Primeira Guerra Mundial, o escritor fascista Drieu La Rochelle foi dispensado por motivo de saúde, o que possibilitou que ele continuasse a escrever seus romances e seus artigos para a *Nouvelle Revue Française*. Embora fosse um homem aparentemente autoconfiante, seu diário pessoal escrito durante a guerra e publicado décadas depois de seu suicídio em 1945 revela o quanto estava confuso e inseguro durante a contagem regressiva para o confronto declarado. Ele continuava a alimentar uma obsessão pelos judeus, e se perguntava repetidamente se Aragon, adversário ideológico e seu amigo de longa data, era judeu.[11] Em seu diário, La Rochelle se vangloriava de ter sido sempre adorado pelas mulheres, e logo em seguida se dizia envergonhado por nunca ter sido um "verdadeiro homem" de coragem.[12] Recordava-se de que havia se casado com sua segunda esposa, Olesia Sienkiewicz, "convencido de que ela era lésbica e jamais poderia amá-lo de verdade".*[13] Mas, quando conseguia olhar para além de si mesmo, era capaz de captar com grande exatidão o estado de espírito dos franceses. "A guerra não mudou absolutamente nada, muito pelo contrário", escreveu ele em dezembro de 1939. "Os franceses estão mais divididos do que nunca, por trás do aparente consenso que resulta de seu estado de letargia."[14]

Sartre, que estava na frente de batalha, também continuou a escrever. Servindo como meteorologista do exército em Marmoutier, a cerca de 30 quilômetros da fronteira da Alemanha, ele trocava cartas quase diariamente com Simone de Beauvoir, que também fazia visitas a ele. Sartre enchia cadernos e mais cadernos com suas reflexões sobre literatura, história, política e filosofia, que serviriam como base para seu tratado existencialista *O ser e o nada*, publi-

---

* Uma razão mais plausível para seu casamento com Olesia era a fortuna dela. Olesia ajudou a sustentá-lo por um longo tempo após o divórcio deles. Mas num gesto louvável, ele salvou sua primeira esposa, a judia Colette Jeramec, de ser deportada.

cado em 1943. Ele fazia observações perspicazes sobre a vida militar, ridicularizando a ordem para denunciar os que se comportassem de maneira derrotista, uma regra que ele próprio violava ao questionar a utilidade da guerra. "Afinal, pelo que estamos lutando?", escreveu ele em 20 de outubro de 1939.

> Para defender a democracia? Mas a democracia não existe mais. Para preservar as coisas como eram antes? Mas, antes da guerra, o que reinava era a mais completa confusão. Não havia mais partidos ou ideologias coerentes, apenas descontentamento social em toda parte. Estamos sendo manipulados pelos capitalistas? Mas eles não têm nada a ganhar com essa guerra, que adiaram enquanto foi possível. Foram eles os autores do pacto de Munique. Eles acataram o desmembramento da Tchecoslováquia por medo do comunismo. A intenção deles era "permitir que Hitler salvasse as aparências", como disse um alto oficial em 30 de agosto de 1939. Eles têm mais medo de Stálin que de Hitler, e agora, aí estão eles, em guerra contra Hitler, e não contra Stálin.[15]

Entrevistado mais de trinta anos depois, Sartre foi ainda mais radical:

> Em 1939, 1940, estávamos aterrorizados com a ideia de morrer, de sofrer, por uma causa que nos repugnava. Ou seja, por uma França detestável, corrupta, ineficiente, racista, antissemita, governada pelos ricos e para os ricos. Nenhum de nós estava disposto a morrer por ela, até o momento em que nos demos conta de que os nazistas eram ainda piores.[16]

André Malraux teria ficado muito satisfeito em vestir-se de farda, dada a sua autoimagem de lutador fanfarrão. O envolvimento dele na Guerra Civil Espanhola tinha alavancado a fama que ele conquistara nas décadas de 1920 e 1930, primeiro como aventureiro preso pelo roubo de estátuas arqueológicas em Angkor Wat, no Camboja, e, depois disso, como autor do premiado livro *A condição humana*. Mas em 1939, quando Malraux se ofereceu para servir na força aérea francesa, na esteira de sua fama como chefe da Escadrille España, ele não foi aceito com o argumento razoável de que não sabia pilotar um avião. Ele se propôs então a combater numa unidade mecanizada e foi orientado a esperar que o exército o convocasse. O chamado veio afinal em abril de 1940, quando ele recebeu ordens para ingressar num regimento de tanques em Provins, 80 quilômetros a sudeste de Paris. O homem que se vangloriara do posto de *commandant* na Espanha era agora um modesto soldado raso que atendia pelo nome de Georges Malraux. Dois meses mais tarde, talvez por não ter sido imediatamente identificado como o famoso esquerdista e opositor do fascismo *André* Malraux, ele foi poupado de um longo período na prisão.

No campo político, os acontecimentos em outros países da Europa estavam pondo por terra as esperanças da França de evitar um confronto aberto com a Alemanha. Em 17 de setembro de 1939, como parte do acordo firmado com a Alemanha, a União Soviética invadiu a Polônia, anexando um terço de seu território à Bielorrússia e à Ucrânia. Mas nem a França nem a Grã-Bretanha estavam preparadas para declarar guerra contra Moscou. Então, em 30 de novembro de 1939, com seu flanco ocidental protegido pelo pacto de não agressão com a Alemanha, a União Soviética invadiu a Finlândia. Os finlandeses resistiram bravamente e, nas semanas seguintes, Grã-Bretanha e França se viram obrigadas a apoiá-los. Mas, na prática, a ajuda militar recebida pela Finlândia antes da assinatura de um armistício com a União Soviética em março de 1940 foi muito pequena.

Para os franceses de direita, muito mais obcecados pelo comunismo do que pelo fascismo, o fato de a França não ter enfrentado Moscou era imperdoável. Isso levou Pierre Laval e outro ex-primeiro-ministro, Pierre-Étienne Flandin, a expulsar o governo de Daladier em 19 de março. Mas a substituição desse governo por um novo, encabeçado por Paul Reynaud, não contribuiu para tornar a situação mais clara. Embora reivindicasse havia muito tempo o imediato rearmamento do país, Reynaud foi forçado a nomear Daladier como ministro da Defesa, e Daladier era amplamente reconhecido como o responsável pela deficiência militar da França. Mas Reynaud pelo menos compreendia que o principal inimigo da França era Berlim, e não Moscou. A despeito disso, ele não teve tempo para agir. No dia 9 de abril, a Alemanha invadiu a Dinamarca e a Noruega. A Dinamarca se rendeu quase de imediato, enquanto a Noruega ofereceu uma resistência aguerrida, levando Reynaud a convencer a Grã-Bretanha a se juntar à França no envio de reforços militares. Mas no dia 2 de maio a Alemanha já havia expulsado as forças aliadas e dominado a Noruega.

Paris não estava preparada para os acontecimentos que viriam a seguir. No fim de abril, o jornalista suíço Edmond Dubois noticiou que a vida noturna da cidade ainda contava com 105 cinemas, 25 teatros, catorze casas de espetáculo e

21 cabarés em funcionamento. No dia 8 de maio, a nova ópera de Milhaud, *Médée* [Medeia], estreou na Ópera de Paris. E mesmo quando Hitler, dois dias depois, lançou sua ofensiva contra a Europa Ocidental, os parisienses continuaram a acreditar que o exército francês conseguiria detê-lo. Mas a Alemanha ocupou rapidamente a Bélgica, a Holanda e Luxemburgo, que eram países neutros. Então, em vez de rumar em direção ao sul, onde a maior parte das tropas francesas e britânicas estava concentrada, a Wehrmacht contornou a Linha Maginot, penetrando na França pela floresta das Ardenas, um caminho supostamente intransponível. Isso permitiu que as divisões blindadas alemãs pegassem de surpresa o comando do exército francês e encurralassem em Dunquerque a Força Expedicionária Britânica, as divisões do exército do norte da França e algumas unidades belgas. O desastre foi parcialmente atenuado pela Operação Dínamo, que removeu para a Grã-Bretanha 340 mil soldados, incluindo 140 mil franceses, entre os dias 26 de maio e 4 de junho. Mas, a essa altura, só restava aos franceses indefesos assistir ao exército alemão, apoiado pela Lutfwaffe, avançar pela França praticamente sem encontrar oposição. Em 10 de junho, percebendo a oportunidade de tirar proveito do sucesso alemão, a Itália declarou guerra contra a França.

A já difícil situação da retirada do exército francês foi ainda mais agravada pelo êxodo de milhões de civis, primeiramente da Bélgica, depois do norte da França, e por fim de Paris e de todas as cidades importantes no centro do país. Num período de menos de quatro semanas, entre 8 e 10 milhões de pessoas fugiram para o sul. Boa parte das principais personalidades culturais da França estava entre elas, como os judeus Milhaud, o dramaturgo Tristan Bernard e o filósofo Henri Bergson, além de Colette, Drieu La Rochelle e muitos outros expoentes do mundo da literatura. Gaston Gallimard e Paulhan, acompanhados das esposas, fugiram rapidamente da Normandia e se refugiaram na casa de um amigo poeta perto de Carcassone. Em seu romance *Suíte francesa*, escrito em 1942 e só publicado em 2004, Irène Némirovsky fez uma descrição arrebatadora dessa fuga em massa. Ela já havia fugido para Issy--l'Évêque com a família quando isso aconteceu, mas com base nos testemunhos de outras pessoas e usando a própria imaginação, ela compôs sua narrativa sobre os ricos e os pobres lutando desesperadamente, e quase sempre de forma egoísta, por suas vidas. Logo no início do livro, captando o estado de espírito da burguesia endinheirada, um colecionador de arte expressa sua incredulidade em relação ao cenário à sua volta: "Não suporto o caos, as explosões de ódio e o espetáculo repulsivo da guerra. Prefiro me retirar para um lugar tranquilo, no interior, e viver com o pouco dinheiro que me resta até que as pessoas recuperem a razão".[17]

O motivo inicial desse êxodo era o temor de que os alemães agissem como todos acreditavam que eles haviam feito nos territórios franceses ocupados durante a Primeira Guerra Mundial — saqueando, estuprando e matando indiscriminadamente. Mas, tão logo as pessoas começaram a fugir, a reação de pânico acelerou a debandada. Quando viam o vizinho, o padeiro ou, pior ainda, o prefeito local abarrotando o carro com seus pertences, era difícil para muitos não seguir seu exemplo. Esse processo se reproduziu milhares de vezes em Paris, sobretudo quando alguém flagrava os ministros carregando caminhões com seus documentos e móveis, que eram transportados em comboios, tarde da noite. Na noite de 10 de junho, o presidente Albert Lebrun, o primeiro-ministro Reynaud, o presidente do Senado Jules Jeanneney e boa parte da Câmara dos Deputados saíram da cidade às escondidas, antes do amanhecer. No carro de Reynaud estava o recém-promovido general De Gaulle, que quatro dias antes fora nomeado subsecretário para os assuntos da guerra. Na mesma noite, o governo voltou a se reunir em Orléans.

Por toda parte havia sinais de que Paris estava fechando as portas. O dia 10 de junho era também a data prevista para o início dos exames das escolas secundárias, o *baccalauréat*. Simone de Beauvoir se dirigiu ao Lycée Camille Sée, onde lecionava, e foi informada de que o *bac* havia sido cancelado. "Voltei ao Quartier Latin e encontrei os alunos do Lycée Henri IV dando risadas. Muitos desses jovens estavam se divertindo muito, como se fosse um feriado, um dia de exame sem exames em que eles podiam desfrutar da confusão e do tempo livre. Eles caminhavam animados pela Rue Soufflot, fazendo brincadeiras."[18] Naquela mesma noite, Beauvoir se juntou ao turbilhão de pessoas que fugiam para o sul. Michel Francini, que aos dezenove anos já atuava em espetáculos de *music-hall*, relembrou que só decidiu sair de Paris depois que Reynaud recomendou com veemência que os parisienses fugissem, no dia 12 de junho. "Se não tivesse ouvido Reynaud pelo rádio, eu teria ficado", disse ele, décadas depois. Ao deixar a cidade, ele sentiu o gosto da desordem e do medo que tomavam conta de grande parte do país. Ele recordou:

A minha fuga durou treze dias. Eu sabia que meu pai tinha ido para Agen, mas essa cidade fica a 500 quilômetros de Paris. Então, parti sem saber para onde estava indo. Eu caminhava quilômetros a fio, até avistar um trem. Quando entrava nele, descobria, algumas vezes, que ele estava indo na direção errada. Consegui chegar a Agen um dia antes de meu pai partir para Pau. Os italianos também estavam atirando bombas sobre nós. [...] O tempo todo, as pessoas diziam: "Os alemães estão chegando, eles estão logo atrás de nós". Eu estava morrendo de fome e só tinha um pedaço de pão. Fui até uma fazenda e pedi um pouco d'água, mas eles quiseram vendê-la a mim por dois francos.[19]

É pouco provável que os fugitivos encontrassem um grande consolo nas canções interpretadas por Tino Rossi, como "Quand tu reverras ton village" e "Le petit refugié", que captavam o estado de espírito em que os franceses se encontravam naquele momento.

Quase todo mundo enfrentava uma situação caótica. Quando as batalhas atingiram o norte da França, tornou-se impossível fugir de trem. As pessoas que tinham carros ou caminhões eram quase sempre as primeiras a partir, mas logo ficavam presas nos engarrafamentos ou eram impedidas de prosseguir em consequência das crateras produzidas pela explosão de bombas. Os que viajavam de bicicleta ou em charretes puxadas por cavalos eram seguidos pelas pessoas a pé, muitas empurrando carrinhos de bebê carregados de bagagem. Ao passar pelas aldeias vazias, os fugitivos eram recebidos por cachorros e gatos abandonados, que perambulavam à procura de comida. Em certos lugares, pacientes de hospitais psiquiátricos caminhavam a esmo, atordoados. E o tempo todo havia o temor e o perigo real de bombardeios pelos Stuka e Messerschmitt, aviões de guerra que nessa época eram imbatíveis. A cada ataque, havia gente saltando dos carros ou largando as bicicletas para tentar se proteger nas trincheiras. Muitos eram feridos ou mortos. Não havia muita solidariedade. Hospitais de campanha foram improvisados. Em alguns casos, os camponeses davam água e comida aos refugiados de passagem, mas na maioria das vezes o instinto de sobrevivência falava mais alto. Os mais sortudos contavam com parentes ou amigos à espera deles em cidades do interior. Mas a grande maioria, faminta e desabrigada, era de refugiados em seu próprio país. Os soldados franceses cujas divisões tinham sido desmanteladas vagavam em estado de choque, sem saber onde encontrar os familiares. Os estrangeiros que fugiam dos campos de internação sabiam apenas que era preciso seguir em direção ao sul.

Ao cercar o exército francês no norte e em seguida avançar para o sul, a Wehrmacht prendeu cerca de 2 milhões de pessoas, incluindo Sartre, Messiaen, Desnos, Anouilh, Brasillach e o futuro presidente do país, François Mitterrand. O exército alemão não estava preparado para lidar com um número tão grande de prisioneiros e, na confusão, muitos conseguiram escapar, como foi o caso de Desnos e Anouilh. Outros foram levados para a Alemanha e mantidos como prisioneiros de guerra durante os cinco anos seguintes. Sartre, Messiaen e Brasillach foram libertados em 1941 e Mitterrand conseguiu escapar pouco depois disso. Mas houve também um elevado número de mortes. Cerca de 100 mil pessoas, entre soldados franceses e civis, perderam a vida durante a queda da França, entre eles Paul Nizan, um respeitado escritor que deixara o Partido Comunista em protesto pelo pacto Molotov-Ribbentrop e que foi morto em combate. Também o poeta simbolista Saint-Pol-Roux, de 79 anos, foi vítima de um crime comum: um soldado alemão embriagado invadiu a casa dele nas proximidades de Brest e, além de matar seu criado e estuprar sua filha, agrediu-o de forma tão violenta que ele morreu num hospital algumas horas depois. Ao sul de Paris, os alemães surpreenderam a divisão de tanques de Malraux, que, após rápido combate, foi ferido e capturado. Para sua sorte, ele não foi deportado para a Alemanha e conseguiu fugir, quatro meses depois, com a ajuda do irmão Roland. Aragon, que recebeu quatro medalhas por bravura, conseguiu um lugar nas tropas francesas removidas de Dunquerque e, dessa forma, escapou de ser capturado pelos alemães. Muitos dos soldados removidos nessa operação foram rapidamente enviados de volta à França, na esperança de que ainda pudessem lutar contra o avanço da Alemanha. Ao desembarcar em Brest, no entanto, a divisão de Aragon foi rapidamente dominada. Ele conseguiu fugir e seguiu com dificuldade em direção ao sudeste, até reencontrar-se com a esposa, a escritora russa Elsa Triolet.

Saint-Exupéry, que ficara famoso como escritor e aviador após a publicação de seu romance *Voo noturno*, em 1931, assistiu à guerra das alturas. Os ferimentos sofridos em acidentes de avião o impediram de servir como piloto, e ele foi então designado para uma divisão de reconhecimento da força aérea baseada em Orconte, cerca de 200 quilômetros a leste de Paris. Quando a Batalha da França começou, a Luftwaffe não demorou a conquistar a supremacia do espaço aéreo, da mesma forma como os tanques alemães rapidamente se mostraram insuperáveis nos combates em terra. A esquadrilha de Saint--Exupéry sofreu muitas baixas. Em *Piloto de guerra*, ele lembrou que a França contava somente com 53 homens nas equipes de reconhecimento aéreo e que, dos 23 companheiros que faziam parte de sua esquadrilha, o Grupo 2-33, dezessete haviam desaparecido antes do fim de maio de 1940. Isso foi desastroso do ponto de vista militar, deixando o exército francês praticamente sem informação de primeira mão sobre a localização e os movimentos da Wehrmacht. Saint-Exupéry faz uma descrição ainda mais sombria do estado de ânimo em que a França se encontrava: "Nos últimos dias da campanha, predominava a impressão de que nada fazia sentido. Tudo estava desabando à nossa volta. A derrocada era tão completa que até mesmo a morte nos parecia absurda. Numa confusão tão absoluta, a morte deixara de contar". Após a derrota da França, ele foi desmobilizado na Argélia e voltou à França para reencontrar-se com Consuelo, sua bela esposa salvadorenha.

Outras personalidades importantes da cultura francesa acabaram indo para o sul do país. Boa parte da indústria cinematográfica, especialmente os produtores judeus, se transferiu para Nice e Marselha, a cidade dos estúdios de cinema, e também para Cannes, com seus muitos hotéis de luxo. Outros famosos, com dinheiro nos bolsos, se refugiaram em estâncias nos Alpes, como Megève. Paul Derval, que dirigia o Folies Bergère, fugiu para Biarritz, onde se encontrou com Mistinguett e com as atrizes Elvire Popesco e Suzanne Flon. Guitry preferiu ir para Dax, no sudoeste da França, que, ao contrário da Provença, onde Matisse, Bonnard e Chagall haviam se refugiado, foi ocupada pelas forças alemãs pouco tempo depois. Alguns poucos escritores decidiram permanecer em Paris, como o excêntrico Paul Léautaud, que se recusou a abandonar seus adorados cães e gatos. Ele assistiu ao rápido esvaziamento da cidade, assinalando que até o Louvre estava desprotegido. Alguns dias depois, registrou em seu *Journal littéraire* [Diário literário]: "Minha sensação em relação à derrota é de completa indiferença, a mesma indiferença que experimentei, numa dessas manhãs, ao encontrar pela primeira vez um soldado alemão nas ruas de Paris". Léautaud era um antissemita convicto e achava que a vitória britânica equivaleria a uma vitória dos judeus. Outro escritor, Marcel Jouhandeau, ficou na cidade por insistência de sua esposa Elise, embora tivesse preferido fugir. Em consequência disso, foi testemunha ocular da queda de Paris. No dia 10 de junho, ele escreveu: "Parece que todos estão de partida para uma longa viagem e que estamos sozinhos num oceano de residências abandonadas. Os que estão para chegar falam outra língua. Não seremos capazes de compreendê-la, assim como não compreendemos a língua dos pássaros e dos animais domésticos".[20] No dia 13 de junho, por decisão do general Pierre Héring, Paris foi declarada cidade aberta, para poupá-la de novos bombardeios. Às seis da manhã do dia 14 de junho, com a cidade em poder dos alemães, Jouhandeau registrou com indiferença em seu diário: "Atravesso a Avenue Malakoff e vejo os sargentos alemães fotografando o Luna Park".[21]

A ocupação de Paris de fato ocorreu de forma quase silenciosa. A cidade perdera 60% da sua população e, exceto pelos veículos alemães, suas ruas se encontravam desertas. As tropas nazistas ocuparam lugares estratégicos em frente aos ministérios e edifícios do exército, enquanto os oficiais de alta patente se acomodaram nos melhores hotéis da cidade, a começar pelo Crillon, na Place de la Concorde, e, depois, pelo Meurice, o Lutetia, o Raphaël e o George V. O comando militar alemão, o Militärbefehlshaber in Frankreich, ou MBF, instalou seu quartel-general no Hôtel Majestic, perto do Arco do Triunfo. A Luftwaffe, por sua vez, se apossou do Senado francês, reservando para o marechal do ar Hermann Göring um aposento com vista para o Jardim de Luxemburgo. A suástica foi hasteada nos locais onde antes tremulava a bandeira da França, inclusive no alto da Torre Eiffel — embora pelo menos ali os elevadores paralisados obrigassem os soldados alemães a subir a pé até o topo. Em 1914, o exército do Kaiser havia planejado tomar Paris em 42 dias, mas não conseguira fazê-lo; o exército de Hitler alcançara esse feito em apenas 35 dias. Mas, apesar de tudo, a França ainda não tinha se rendido. Em 16 de junho, os governantes deixaram o vale do Loire e dirigiram-se a Bordeaux, onde Reynaud defendeu a ideia de transferir o governo — junto com a marinha e as divisões do exército e da força aérea que haviam sobrado — para as possessões francesas no norte da África. Com essa ideia em mente, 37 deputados, incluindo Daladier e dois ex-ministros da Frente Popular, Jean Zay e Pierre Mendès-France, embarcaram no *Massilia*, com destino a Casablanca. Mas o novo comandante em chefe do exército, o general Maxime Weygand, nomeado no fim de maio para substituir o general Maurice Gamelin, vetou qualquer sugestão de transferir o que restara das forças armadas para o norte da África, ocasionando a renúncia de Reynaud.

Reynaud foi substituído pelo marechal Philippe Pétain, o herói de Verdun, que ocupava o posto de embaixador na Espanha e fora chamado de volta, semanas antes, e nomeado vice-primeiro-ministro. Para a maior parte da população francesa, essa nomeação era reconfortante. Pétain saíra da Primeira Guerra Mundial com enorme prestígio, como oficial que combinava a capacidade de vencer com o tratamento humanitário de suas tropas. Em 1929, ele fora eleito na Académie Française por unanimidade. Além disso, embora tivesse finalmente se casado aos 64 anos, Pétain tinha reputação de mulherengo e um brilho no olhar que testemunhava sua astúcia. Apesar dos 84 anos de idade, ele parecia o homem certo para o momento. No dia seguinte, num discurso emotivo em que reconhecia a superioridade militar da Alemanha, Pétain ofereceu a si mesmo como um "presente" à França, para atenuar seu infortúnio. "Nestas horas penosas, penso nos refugiados em sofrimento que, totalmente sem recursos, erram pelas nossas estradas. Expresso-lhes minha compaixão e meu carinho. É com o coração pesado que lhes digo hoje que a luta deve cessar." E confirmou que procurara os alemães para preparar o fim das hostilidades.

Embora Pétain não tivesse na verdade falado em "armistício", foi essa a palavra que desencadeou uma reação imediata de júbilo por todo o país. Até hoje, os franceses acima de certa idade se recordam do lugar onde estavam — e do que sentiram — quando tomaram conhecimento da decisão de Pétain. E poucos declararam ter experimentado naquele momento um sentimento de humilhação. "Eu estava num trem, completamente desconsolado, quando ouvi alguém gritar 'Armistício!'", relembrou Francini, o ator do teatro de variedades. "Que alívio, que felicidade! O pesadelo acabou, pensamos todos. Embora eu não fosse pétainista, eu me perguntei 'se não fosse Pétain, quem mais poderia ter sido'?" Os que estavam nas divisões de soldados que batiam em retirada caoticamente sentiram a mesma coisa. "Se você estivesse na estrada, quase desarmado, e um homem por quem você sentisse respeito dissesse aquilo no microfone, você responderia 'sim'", recordou Michel Déon. "Nós suspiramos aliviados. Não tínhamos como seguir em frente, nem física nem moralmente. Não tínhamos mais munição. Nunca vi um país tão de joelhos como nós nos encontrávamos. Alguns comandantes lideravam pequenos bolsões de resistência, mas a divisão em que eu estava já não tinha mais comandante."[22] O intervalo de oito dias entre o discurso de Pétain e o início do cessar-fogo só piorou a situação: muitos soldados franceses que viraram prisioneiros de guerra foram capturados nesse período. Um relatório do serviço de inteligência militar alemão com base em entrevistas com oficiais franceses capturados observava: "Muitos deles são homens idosos, abatidos e desmoralizados". O documento citava o relato de um general alemão da forma como uma divisão de soldados franceses reagira durante uma tentativa de retirada frustrada: "os homens estavam ali espalhados ao longo da estrada, parados, com suas armas na mão, à espera de serem capturados". O relatório acrescentava que um grande número de franceses alistados se queixava amargamente da conduta de seus superiores.[23] Mas Charles De Gaulle, um oficial francês de alta patente, recusou-se a acatar a decisão de Pétain. Assim que o marechal se dirigiu aos franceses, De Gaulle voou para Londres. No dia seguinte, fez um discurso emocionante que foi transmitido pela BBC, pedindo aos franceses que não perdessem a esperança e afirmando que a derrota não era definitiva e que a França não estava sozinha. Ele fez um apelo aos soldados franceses retirados de Dunquerque e que se encontravam agora na Inglaterra, e também aos que ainda estavam na França, para que se juntassem a ele. De Gaulle concluiu com palavras encorajadoras, apropriadas para a ocasião: "Aconteça o que acontecer, a chama da resistência francesa não deve se apagar e não se apagará". De Gaulle estava se expondo a um risco gigantesco. Do ponto de vista militar, seu gesto era mais do que mera insubordinação. Para um general de duas estrelas, sua atitude era de alta traição. Além do mais, ele era quase totalmente desconhecido na França, e, de todo modo, poucos escutaram sua mensagem quando foi transmitida. A despeito disso, o dia 18 de junho de 1940 será sempre lembrado como a data em que De Gaulle entrou para a história da França.

No dia 22 de junho, o armistício foi assinado exatamente no mesmo vagão de trem e na mesma clareira perto de Compiègne, ao norte de Paris, onde fora assinado o armistício da Primeira Guerra Mundial em 11 de novembro de 1918. Era uma ocasião que Hitler não poderia deixar de testemunhar com os próprios olhos. O acordo dividia a França em pedaços. A chamada zona não ocupada,* com uma população de aproximadamente 13 milhões de pessoas, foi posta sob domínio francês e cobria a metade sul da França, com exceção das áreas no litoral do Atlântico, enquanto a zona ocupada, com seus 29 milhões de habitantes, abarcava três quintos do território francês e ficava sob o comando direto do

---

* Esta ficou conhecida como *la zone no-no*, expressão que designava a *zone non-occupée*, mas que fazia um jogo com as palavras *non-non*.

governo militar alemão. Outras mudanças territoriais que não haviam sido mencionadas no armistício foram executadas na prática: as disputadas províncias de Alsácia e Lorena foram novamente anexadas pela Alemanha, como já haviam sido entre 1871 e 1918, e uma pequena área do noroeste da França, incluindo a cidade de Lille, foi entregue ao comando militar alemão em Bruxelas. Num acordo com Roma assinado em separado no dia 24 de junho, a região alpina do sudeste da França ficou sob o controle da Itália. O armistício permitia que a França mantivesse no exército uma força de 100 mil homens, sem armamento pesado, enquanto a marinha francesa deveria permanecer ancorada em seus portos. A França tinha que pagar a pesada importância de 400 milhões de francos por dia — cerca de 8 milhões de dólares na época, que corresponderiam hoje a cerca de 120 milhões de dólares — para manter o exército de ocupação, uma cláusula que permitiu à Alemanha saquear a economia francesa. Finalmente, os prisioneiros de guerra permaneceriam detidos na Alemanha, aguardando um tratado de paz definitivo entre os dois países.

Quando o armistício entrou em vigor, em 25 de junho, Pétain voltou a se dirigir à nação pelo rádio, explicando o que o acordo significava e as razões pelas quais o havia aceitado. Em vez de lamentar a desastrosa estratégia do exército francês, sugeriu que a culpa por essa situação era da própria França: "Nossa derrota foi resultado da nossa negligência. O espírito de fruição destruiu tudo aquilo que o espírito de sacrifício edificou". Então, para se assegurar de que nenhum governo concorrente pudesse ser instituído no norte da África, ele ordenou que os políticos que haviam embarcado no *Massilia* fossem mandados de volta à França e aprisionados. No dia 3 de julho, um ataque da Grã-Bretanha contribuiu para unir os franceses em seu apoio a Pétain: temendo que os navios de guerra franceses ancorados no porto argelino de Mers el-Kébir caíssem nas mãos dos alemães, Churchill ordenou que eles fossem destruídos, causando a morte de 1,3 mil marinheiros franceses.

A essa altura, Pétain decidira instalar seu governo em Vichy, uma conhecida estância termal na região central da França, logo abaixo da linha de demarcação que agora dividia o país. A escolha de Vichy não se devia apenas ao fato de a cidade ter muitos hotéis elegantes e um dos melhores serviços de telefonia da França. Em contraste com a cidade de Clermont-Ferrand, ali perto, que fora levada em conta como um dos lugares possíveis para o centro de operações do governo, Vichy oferecia a vantagem de não contar com a presença de indústrias nem de sindicatos comunistas. A maioria dos líderes políticos e econômicos do país e boa parte da comunidade intelectual concordavam com essa escolha. No dia 10 de julho, uma sessão conjunta da Câmara dos Deputados e do Senado realizada na Ópera de Vichy enterrou a Terceira República, atribuindo plenos poderes a Pétain. Foram 569 votos a favor e oitenta contra, com dezessete abstenções. No dia seguinte, Pétain assumiu o título de chefe do Estado francês — o novo *État français* que substituía a Terceira República —, nomeando a si mesmo chefe do governo e empossando Pierre Laval como seu vice e sucessor. Na visão de Pétain e Laval, tudo o que restava era iniciar a construção de uma nova França, uma França da família, católica, imbuída de valores rurais e saneada da influência dos judeus, dos comunistas e da maçonaria. E, para dar o tom dessa nova França, o tradicional lema "*Liberté, égalité, fraternité*" foi abandonado em favor da divisa "*Travail, famille, patrie*", ou "Trabalho, família, pátria".

3. Dança comigo?

Mesmo com a metade da população de Paris espalhada pelo país, não demorou até que se chegasse ao consenso de que a vida cultural da cidade deveria ser retomada. Para músicos, bailarinos e atores, era uma questão de necessidade. Eles precisavam trabalhar e não viam razão para deixar de fazê-lo. A responsabilidade pela desastrosa situação em que o país se encontrava não era deles, e eles também não tinham nenhum poder para remediá-la. Além disso, os alemães não tinham motivos para se sentir ofendidos com as principais correntes do teatro, do cinema, do balé, da ópera, da música clássica ou dos espetáculos de cabaré. O governo de Vichy, que mantivera a responsabilidade pelas instituições culturais do país, também estava ansioso para mostrar que, embora arrasada do ponto de vista militar, a França não estava derrotada culturalmente.

Na verdade, a cultura era a única área da qual a França ainda podia se orgulhar. E não era nenhum absurdo esperar que os artistas elevassem o moral da população até que dias melhores viessem. Isso convinha perfeitamente aos alemães, que estavam convencidos de que enfrentariam menos problemas se os franceses, e em particular os parisienses, pudessem se manter entretidos. Hitler até gostava da ideia de ver os franceses chafurdando na própria decadência. Albert Speer se recordava de ouvi-lo perguntar: "Você se importa com a saúde espiritual do povo francês? Deixemos que eles se degenerem! Tanto melhor para nós".[1]

Assim, a prioridade para os alemães era simplesmente fazer com que os parisienses sentissem que a vida estava voltando ao normal. Em 23 de julho, Joseph Goebbels, o poderoso *Reichsminister* da Informação e da Propaganda, viajou a Paris para avaliar a atmosfera da cidade. Os soldados da Wehrmacht pareciam satisfeitos: os bordéis e cabarés da cidade já os haviam incluído entre seus clientes e alguns restaurantes tinham providenciado até mesmo cardápios em alemão. Mas Goebbels considerou que o ambiente da cidade continuava soturno demais e deu ordens para que a diversão fosse encorajada. Em setembro, o estado de ânimo já havia melhorado e muitos parisienses voltaram para casa. Embora tivessem encontrado uma cidade enfeitada com suásticas e as tropas alemãs desfilando todos os dias pela Champs-Élysées, ao meio-dia e meia, e fazendo uma ronda às onze da noite, à hora do toque de recolher, ainda era possível reconhecer a Paris de antigamente.

No entanto, por trás de seu aparente *laissez-faire*, os nazistas tinham em mente uma estratégia muito mais radical. Era motivada pelo profundo complexo de inferioridade dos alemães em relação à cultura francesa, que havia dominado a Europa nos dois séculos anteriores. No mesmo período, a cultura alemã tivera sua parcela de grandes pintores, escritores e, principalmente, músicos, mas, a despeito disso, era Paris — em vez de Londres, de Roma, de Viena e, acima de tudo, em vez de Berlim — quem ditava a moda e o bom gosto na Europa. Os nazistas não conseguiam entender como isso podia ocorrer com uma cultura que, do ponto de vista deles, estava corrompida pela presença de judeus, negros e maçons. Ainda assim, essa primazia era cobiçada por Hitler e Goebbels, que ordenaram que nenhuma atividade cultural ocorrida na França poderia irradiar para fora do país.

Em novembro de 1940, Goebbels deu instruções explícitas quanto a isso à embaixada alemã em Paris:

> O resultado da nossa luta vitoriosa será o fim da supremacia cultural da França, na Europa e no resto do mundo. Depois de assegurarmos o controle de Paris — o centro da propaganda cultural francesa —, estaremos em condições de desferir-lhe um golpe definitivo. Toda forma de auxílio ou de tolerância à propaganda cultural francesa será considerada crime contra a nação.[2]

Ao mesmo tempo, Goebbels viu nisso uma oportunidade para infiltrar a cultura alemã na sociedade francesa e, principalmente, para incuti-la na sua elite intelectual. Para ele, a colaboração cultural significava distrair o público em geral e, ao mesmo tempo, impressionar os artistas e os intelectuais franceses com a glória eterna da Alemanha e as realizações do Terceiro Reich. Dessa forma, eles mostrariam aos alemães que a França não fora derrotada apenas do ponto de vista militar, mas também dos pontos de vista cultural e intelectual.

Para levar a cabo esse plano, Goebbels cuidou de cada detalhe. Criou o Departamento de Propaganda (Propaganda Abteilung), uma complicada estrutura que ficava sob sua responsabilidade, mas ao mesmo tempo fazia parte do comando militar alemão na França. Com uma equipe de aproximadamente 1,2 mil funcionários, o Departamento de Propaganda foi dirigido durante toda a ocupação pelo major Heinz Schmidtke, um austero oficial da infantaria, e encarregava-se tanto das atividades de propaganda quanto da censura. Boa parte dessas funções era executada por intermédio da Propaganda Staffel, que tinha cinquenta agências espalhadas pela zona ocupada e um escritório principal em Paris, na Avenue des Champs-Élysées, 52. A Propaganda Staffel era dividida em seis seções, cada uma com uma responsabilidade específica: imprensa, rádio, cinema, cultura — que incluía artes plásticas, música, teatro, *music-hall* e espetáculos de cabaré —, literatura e propaganda ativa. Com cerca de duzentos Sonderführer, ou "líderes especiais" recrutados pela Wehrmacht entre antigos jornalistas, críticos ou especialistas em propaganda, a Propaganda Staffel tinha como objetivo fiscalizar e controlar as atividades culturais francesas. Num relatório escrito em 14 de setembro de 1940, o Sonderführer Fritz Werner, responsável pela música clássica, reafirmou o ponto de vista de Goebbels: "Nos últimos séculos, os franceses se tornaram mestres na arte de disseminar sua cultura para outros povos". Ele descreveu a cultura francesa como um obstáculo entre a França e a Alemanha, afirmando que esse obstáculo precisaria ser desmantelado para que os dois países pudessem se entender. Para isso, declarou, era preciso que a cultura francesa "deixasse de ser tão inconveniente".[3]

O Departamento de Propaganda não teve grandes dificuldades para controlar os meios de comunicação de massa, uma vez que os editores dos jornais, quando não eram fascistas convictos, estavam ansiosos para agradar aos alemães. De todo modo, os jornais eram submetidos à censura — tudo aquilo que pudesse ser lido, mesmo que remotamente, como crítica à Alemanha ou à ocupação era cortado — e a expectativa era de que eles colaborassem com a promoção dos interesses nazistas. Ainda mais eficiente como instrumento de propaganda era a Radio-Paris, uma nova estação de rádio em língua francesa cujo estúdio ficava na Avenue des Champs-Élysées. A Radio-Paris era dirigida por um certo dr. Bofinger, importado da Radio Stuttgart. As transmissões políticas da Radio-Paris buscavam incitar o ódio aos judeus, aos comunistas, aos maçons e aos ingleses. Essas transmissões eram respondidas diariamente pela Radio-Londres, um serviço francês da BBC de Londres, num programa chamado *Les Français parlent aux Français*.* Mas, se ignoravam os programas políticos transmitidos pela Radio-Paris, os parisienses apreciavam sua programação cultural e de entretenimento, que incluía teatro, música clássica e popular, além de programas de entrevistas sobre culinária, saúde da criança e outros assuntos de interesse das mulheres. Além disso, os ouvintes parisienses não tinham muita escolha quanto às estações de rádio que poderiam escutar. Eles corriam o risco de ser presos se fossem apanhados sintonizando a BBC, cujas transmissões, além disso, padeciam muitas vezes de interferências propositais. O governo de Vichy operava a Radiodiffusion Nationale, a rádio governamental do período pré-guerra e que agora era conhecida como Radio Vichy, mas seu sinal era quase sempre fraco demais para chegar a Paris e às cidades que ficavam no norte da zona ocupada.

A Propaganda Staffel sentia-se bem menos confiante ao lidar com as elites culturais da França, especialmente em relação ao grau de tolerância que deveria demonstrar na censura aos espetáculos teatrais e à criação artística em geral. Como era preciso decidir com rapidez se determinado roteiro para um filme seria aprovado, por exemplo, ou se a impressão de certo livro seria autorizada, muita coisa acabava dependendo do oficial alemão que estivesse analisando o caso. Alguns eram de uma estreiteza arrogante, ao passo que outros se mostravam surpreendentemente flexíveis. Na verdade, em mais de uma ocasião, os oficiais alemães aprovaram livros, filmes e espetáculos teatrais que o governo de Vichy pretendia que fossem proibidos por motivos morais.

Mas o Departamento de Propaganda enfrentava a concorrência da embai-

---

* Usando a melodia de "La Cucaracha", a Radio-Londres inventou uma canção que se espalhou rapidamente: "*Radio-Paris ment, Radio-Paris ment, Radio Paris est allemand*" ("A Radio-Paris mente, a Radio-Paris mente, a Radio-Paris é alemã").

xada da Alemanha, sobretudo da parte de Otto Abetz, recém-nomeado embaixador. Como o representante de Berlim no Comitê França-Alemanha no período antes da guerra, Abetz sabia muito bem que os artistas e intelectuais desfrutavam de imenso prestígio na França, e agora estava ávido por atraí-los. Como um apêndice da embaixada, ele criou o Instituto Alemão, que funcionava no Hôtel de Monaco, um elegante edifício do século XVIII na Rue Saint-Dominique que antes fora ocupado pela embaixada da Polônia. Para auxiliá-lo, Abetz trouxe consigo muitos alemães que eram profundos conhecedores da França, incluindo Friedrich Sieburg, ex-correspondente do *Frankfurter Zeitung* em Paris e autor do livro *Dieu est-il français?* [Deus é francês?], que retratava a França como um país encantadoramente preso ao passado. Outro colaborador importante era o jurista Friedrich Grimm; nomeado adido da embaixada, ele participava de transmissões no rádio e era um propagandista experiente. O diretor do instituto, Karl Epting, também era um "especialista em Paris". Ele já havia dirigido o departamento de intercâmbio de estudantes alemães na cidade. O vice-diretor, Karl-Heinz Bremer, era historiador e lecionara alemão na École Normale Supérieure antes da guerra. Outro francófilo fanático era Gerhard Heller, estudioso da literatura francesa que assumira o posto de Sonderführer dessa área na Propaganda Staffel. E em 1942, depois que a embaixada assumiu a responsabilidade por todas as atividades culturais, deixando apenas a censura ao Departamento de Propaganda, Heller se tornou subordinado de Abetz. Abetz e Epting fizeram uma boa dupla: os eventos políticos e os jantares íntimos eram oferecidos na embaixada, enquanto as palestras, os concertos para pequenas plateias e as recepções para os artistas visitantes ocorriam no instituto. As personalidades culturais da França frequentavam ambos os tipos de eventos. Por sua vez, os parisienses comuns interessados em conhecer a cultura dos ocupadores podiam fazer cursos de alemão no instituto.

Abetz e Epting trabalharam com Laval e o representante do governo de Vichy em Paris, Fernand de Brinon, na criação do Groupe Collaboration, que já carregava no nome a sua função. Como sucessora do Comitê França-Alemanha, a organização se tornou uma espécie de clube cultural e intelectual dos apoiadores da Alemanha. No início de 1944, a organização já contava com mais de 42 mil membros em toda a França, incluindo um número expressivo de escritores, músicos e pintores. O Groupe Collaboration era organizado em diversas seções: Economia e Sociedade, Ciência, Literatura, Direito e Artes. A seção de Artes era subdividida em Teatro, Artes Visuais e Música. Presidida por Alphonse de Châteaubriant, editor do recém-criado semanário colaboracionista *La Gerbe*, a organização promovia concertos de orquestras alemãs, oferecia recepções para alemães famosos e organizava conferências por todo o país. Para os soldados da Wehrmacht e os parisienses que falavam alemão, o instituto dirigido por Epting abriu uma livraria alemã, a Rive-Gauche,* na esquina do Boulevard Saint--Michel com a Place de la Sorbonne, no coração do Quartier Latin. Como o Departamento de Propaganda dedicasse a maior parte do seu tempo à censura e à propaganda, a embaixada e o instituto resolveram tomar para si a incumbência de seduzir os luminares da cultura francesa. Com o tempo, os intelectuais franceses foram convidados a escrever artigos para os dois jornais do instituto, o *Cahiers de l'Institut Allemand* e o *Deutschland-Frankreich*. A partir de 1941, por insistência de Goebbels, o instituto começou a levar delegações de artistas e intelectuais franceses para visitar a Alemanha. Mas isso tudo só era possível porque a vida cultural da França havia voltado praticamente ao normal com uma velocidade quase indecorosa.

Sacha Guitry, cujo talento artístico só se equiparava à sua vaidade, foi um dos primeiros a retornar a Paris. Ele estava com saudades de sua casa elegante na Avenue Élisée-Reclus, ao lado da Torre Eiffel, e da requintada coleção de arte que ela abrigava. Também sentia falta dos fãs que o adoravam. E antes de deixar a cidade de Dax, no sudoeste da França, Guitry ficou ainda mais convencido de que deveria voltar a Paris quando foi reconhecido por um oficial alemão — presumivelmente por causa de seus filmes — que o saudou com entusiasmo, afirmando que ele fazia parte do tesouro cultural da França. Ao chegar a Paris, Guitry solicitou uma audiência com o general Harald Turner, o governador administrativo da Grande Paris. Seu plano imediato era reabrir o Théâtre de la Madeleine com sua peça *Pasteur*, em que fazia o papel principal. Para isso, ele precisava da aprovação da Propaganda Staffel, cujos censores insistiam em fazer cortes no espetáculo, incluindo a cena final em que se cantava "A Marselhesa". Furioso, Guitry pediu ajuda a Turner, e, no dia 31 de julho, apenas seis semanas após a queda de Paris, a peça foi encenada na íntegra. O próprio Turner chegou a induzir a plateia a se levantar durante "A Marselhesa", e, no final do espetáculo,

---

* Mais de uma vez, pequenas bombas instaladas pelos resistentes fizeram ir pelos ares as vitrines da livraria.

fez questão de ir ao camarim de Guitry cumprimentá-lo pela apresentação. O general perguntou a Guitry o que poderia fazer por ele. "Por mim, nada, obrigado", teria sido a resposta de Guitry, "mas, quem sabe, o retorno de alguns prisioneiros." E, de fato, onze prisioneiros de guerra foram libertados em resultado disso.[4]

Em seu espetáculo seguinte, Guitry decidiu homenagear a cultura francesa com um tributo aos grandes artistas já falecidos: Rodin, Monet, Renoir, os dramaturgos Edmond Rostand e Octave Mirbeau, o compositor Saint-Saëns, a lendária atriz Sarah Bernhardt, além de seu pai, o ator Lucien Guitry. Com o fundo musical de uma antiga filmagem, Guitry declamava um texto que incluía as palavras de Mirbeau em seu leito de morte: "Não colabore jamais!". A despeito disso, quando a Propaganda Staffel decidiu intervir depois de onze apresentações, foi para pedir que a judia Sarah Bernhardt fosse excluída da homenagem. Guitry recusou-se a fazer isso e cancelou o espetáculo. Mas, com Guitry de volta aos palcos, não demorou até que outras casas teatrais começassem a apresentar comédias leves, inofensivas do ponto de vista dos censores alemães. Os visitantes que chegavam da zona não ocupada geralmente se sentiam chocados com a aparente normalidade que reinava em Paris. Em resposta às reclamações ouvidas em Vichy, um colunista de *La Gerbe* se perguntou por que razão os *vichyssois* recriminavam os parisienses, descrevendo-os como maus cidadãos, apenas "porque eles tentam esquecer suas tristezas e o peso de suas preocupações saindo de casa para assistir a um show".[5] O colunista teria deixado ainda mais irritadas as pessoas encerradas na monotonia burguesa de Vichy se tivesse mencionado que o teatro de variedades e os espetáculos de cabaré estavam gerando lucros verdadeiramente fabulosos.

A Comédie Française suscitava outro tipo de preocupação. Assim como a Ópera de Paris e outros pilares da cultura francesa, seu edifício histórico permanecia sob a responsabilidade de Vichy. Embora coubesse aos alemães a censura de suas produções, o governo de Vichy queria evitar que o teatro fechasse as portas ou algo ainda pior, como ocorrera no caso do Grand Palais, provisoriamente transformado em área de estacionamento para os veículos militares alemães. Como a Comédie Française havia continuado em atividade até cinco dias antes da ocupação, a maior parte dos seus atores se encontrava na cidade. Aproveitando-se disso, o administrador temporário da companhia, o respeitado diretor Jacques Copeau, organizou rapidamente uma apresentação numa escola em Paris para mostrar que a companhia continuava na ativa. Depois disso, no dia 7 de setembro, as cortinas do teatro afinal se abriram, ainda que com um esquisito programa definido pelo governo de Vichy. O espetáculo começou com uma preleção de Abel Bonnard, um poeta de direita que era membro da Académie Française e tornou-se mais tarde ministro da Educação de Vichy. Seguiram-se declamações de uma série de autores franceses tradicionalistas. Copeau também se dirigiu à plateia com fervor pétainista, afirmando que havia esperança, pois a França estava confessando e corrigindo os próprios erros, e acrescentou: "A despeito de todos os desastres, conservamos uma fé secreta e inabalável no poder da nossa pátria, na alma da nossa raça, na sobrevivência e na força infinita do espírito francês".[6] O espetáculo foi reprisado no dia 15 de setembro, antes que a companhia voltasse ao seu repertório tradicional, com peças de Corneille, Shakespeare e Mérimée.

A reação do mundo da ópera foi ainda mais rápida. Em 1939, a Ópera de Paris, que ocupava o Palais Garnier, e a Opéra-Comique, na Salle Favart, foram postas sob a mesma administração, a cargo do experimentadíssimo Jacques Rouché. No fim do verão de 1940, ele foi encarregado de reabrir ambos os teatros, ciente de que os oficiais alemães do alto escalão consideravam a ópera muito mais palatável do que o teatro em língua francesa. Além disso, o Palais Garnier contava agora com uma aura especial. Em sua única visita a Paris nas primeiras horas do dia 23 de junho, Hitler pedira para ver, em primeiríssimo lugar, o teatro da Ópera. Acompanhado de seu principal arquiteto, Albert Speer, e de Arno Breker, seu escultor favorito, ele passeou durante três horas por uma Paris vazia e silenciosa, visitando também a tumba de Napoleão em Les Invalides, o Panthéon, a catedral de Notre-Dame e outros lugares turísticos. Mas o teatro da Ópera, como Speer descreveu posteriormente, se revelou "o lugar favorito de Hitler". Ao que parece, o Führer estudara a obra-prima da arquitetura neobarroca de Charles Garnier quando era um jovem estudante de arte, e sabia inclusive como se orientar no edifício em sua primeira visita. Speer acrescentou: "Ele parecia fascinado pela Ópera de Paris, extasiado com sua beleza. Seus olhos brilhavam com um entusiasmo perturbador".[7]

Em 24 de agosto, diante de um auditório apinhado de oficiais alemães, a Ópera de Paris reabriu suas portas com o mesmo espetáculo de Berlioz, *A danação de Fausto*, que estava em cartaz no dia 5 de junho, quando o teatro interrompeu suas atividades. Não se sabe ao certo se Rouché fez questão de escolher um compositor francês para a reabertura da Ópera. De todo modo, o crítico musical do semanário *La Gerbe*, Louis Humbert, aplaudiu sua decisão conciliatória, assinalando que, afinal de contas, Berlioz era um apreciador da Alemanha e sofrera a influência de Beethoven, de Weber e de Glück ao escrever essa ópera baseada na peça de Goethe. Esse espetáculo foi sucedido por uma reapresentação de *Thaïs*, de Massenet. Depois disso, no fim de outubro, seguiu-se a apresentação de *Fidelio*, a operística ode à liberdade composta por Beethoven, com a soprano francesa Germaine Lubin, uma das preferidas dos alemães, no papel de Leonora.

No outono, a Ópera de Paris já estava apresentando espetáculos nas noites de sábado e de quarta-feira e nos domingos à tarde. Sua companhia de balé também retornou aos palcos, dirigida por Serge Lifar, o bailarino descoberto pelos Ballets Russes de Diaghilev vinte anos antes. Na reabertura da companhia de dança em 28 de agosto, um terço dos lugares foi ocupado pelos nazistas, incluindo o embaixador Abetz e o general Otto von Stülpnagel, o comandante militar alemão. Na Opéra-Comique, a ópera francesa *La basoche*, de Messager, foi escolhida para abrir a temporada em 22 de agosto. As operetas, que também eram muito apreciadas pelos alemães, começaram a ser apresentadas em diversos teatros, entre eles o Châtelet, o Mogador e o Bouffes Parisiens. Os músicos franceses podiam entreter a elite militar alemã sem assumir riscos políticos, com a condição de que seus programas não incluíssem peças musicais de compositores judeus. Isso foi dito com todas as letras ao compositor Jean Wiener quando este se apresentou a um oficial alemão na Propaganda Staffel no outono de 1940: "Se o seu nome sujo não aparecer em nenhum cartaz, talvez eu não precise perturbá-lo. Entende o que quero dizer?". Quando Wiener reconheceu o oficial como um famoso musicólogo alemão, a resposta dele foi rápida: "Eu não conheço o senhor. Ponha-se daqui para fora!".[8]

As salas de cinema, por sua vez, foram reabertas imediatamente depois da queda de Paris. No início de julho, já havia uma centena delas em funcionamento. A maior parte exibia filmes franceses, uma vez que os alemães haviam proibido as produções inglesas e americanas, assim como os filmes de diretores judeus e aqueles estrelados por atores judeus ou antinazistas. As salas Rex, Marignan e Paris, agora chamadas de Deutsches Soldatenkino, exibiam filmes em alemão e eram abertas exclusivamente aos soldados da Wehrmacht. Para o público francês, a principal mudança foi o fim das sessões duplas. Mas a indústria cinematográfica francesa estava parada, uma vez que a maioria dos atores, diretores e produtores importantes saíra de Paris durante o êxodo e se instalara na Côte d'Azur, de onde não pretendia sair tão cedo.

Nove meses antes, a declaração da guerra provocara o cancelamento da primeira edição do Festival de Cannes. Mas agora a cidade se transformara outra vez na capital informal do cinema francês e contava com um trio de jovens e lindas atrizes — Danielle Darrieux, Micheline Presle e Michèle Morgan — como seus ícones charmosos. "Vivíamos completamente despreocupadas", declarou Darrieux, com certo constrangimento, ao relembrar esse momento décadas depois. "Íamos ao pedicuro e passávamos grande parte do tempo no salão de beleza. Muito jovens, nós éramos estrelas do cinema bonitas e badaladas e não ligávamos a mínima para o que estava acontecendo lá no norte."[9] Da mesma forma que Darrieux, muitas outras celebridades do cinema passaram o resto do ano de 1940 no Grand Hôtel, que, segundo o fotógrafo Jacques-Henri Lartigue, parecia um "transatlântico imobilizado pela guerra". O gerente do hotel era o pai de Louis Jourdan, o jovem ídolo das telas que estava noivo de Micheline Presle. "Era uma vida extraordinária", recordou-se Presle. "Encontrá-vamos os produtores nos terraços e saíamos de barco para fazer piqueniques nas ilhas. Estávamos distantes da guerra. Mas então as pessoas começaram a deban-dar. Os produtores, em sua maioria, eram judeus."[10] Uma fotografia tirada na praia durante aquele verão mostra Morgan e Darrieux sentadas alegremente no colo do produtor Gregor Rabinovitch, enquanto Presle, sorridente, aparece de pé logo atrás. "Ele estava feliz como um rei", relembrou Darrieux. Mas foi um dos primeiros produtores judeus a deixar a França.

O romancista e diretor Marcel Pagnol, que era dono do seu próprio estú-dio em Marselha, foi um dos poucos a retomar seu trabalho, finalizando o filme *La fille du puisatier* [A filha do poceiro], que fora interrompido em maio. Num lance do qual se arrependeria mais tarde, ele incluiu uma cena que mostrava uma família reunida em torno de um rádio, escutando respeitosamente o dis-curso de Pétain sobre o armistício em 17 de junho.* Nas semanas seguintes, outros filmes de baixo orçamento, a maioria de pouca importância, começaram a ser produzidos em Marselha e Nice. Mas, até os primeiros meses de 1941, os

---

* Embora os censores alemães tivessem cortado essa cena quando o filme foi exibido na zona ocupada, sua inclusão foi interpretada mais tarde como um ato colaboracionista.

estúdios em Paris permaneceram em silêncio. E, a essa altura, a indústria francesa já havia perdido um número expressivo de seus artistas mais renomados. Entre os que usaram as ofertas de trabalho em Hollywood como desculpa para deixar a França estavam os diretores Jean Renoir, René Chair e Julien Duvivier, e os atores Jean Gabin, Charles Boyer, Michèle Morgan e Jean-Pierre Aumont. Destes, somente Gabin e Aumont retornaram antes do fim da guerra, o primeiro como soldado de uma divisão blindada que lutou na libertação da França e o segundo, servindo nas forças aliadas na Itália antes de regressar à França.

O cinema foi uma das artes mais diretamente afetadas pelo Estatuto Judaico, a primeira grande medida antissemita do regime de Vichy assinada por Pétain e promulgada em toda a França em 3 de outubro de 1940. O objetivo desse estatuto ia muito além da restrição à produção de filmes. Ele proibia todo indivíduo que tivesse mais de dois avós judeus de trabalhar no governo, no serviço público, no poder judiciário, nas forças armadas, na imprensa e no magistério. As pessoas que estavam retornando ao trabalho nesses campos eram forçadas a assinar um documento, como lembrou Simone de Beauvoir: "No Licée Camille Sée — como em todos os outros liceus —, fui obrigada a assinar um papel declarando sob juramento que eu não era judia nem filiada à maçonaria. Considerei isso repugnante, mas ninguém se recusou. Para a maior parte dos meus colegas, e também para mim, não havia alternativa".[11]

Os únicos judeus autorizados a conservar o emprego eram os veteranos da Primeira Guerra Mundial, aqueles que tinham a comenda da Legião de Honra e os que haviam prestado "serviços excepcionais" à França no campo da literatura, da ciência e das artes plásticas.* Uns poucos professores universitários, como o historiador Marc Bloch, conseguiram obter essa imunidade, o que não bastou para protegê-los num momento posterior da ocupação. Quase imediatamente, começou a haver pressão para que os judeus fossem demitidos da Comédie Française e da Ópera de Paris, instituições estatais consideradas extensões do governo. Mas o cinema era a única área da cultura explicitamente mencionada pelo estatuto. Em resposta às campanhas fascistas do pré-guerra

---

* Um documento encontrado em 2010 mostrou que Pétain tinha pessoalmente cancelado outra exceção, a dos descendentes de judeus nascidos na França ou naturalizados franceses antes de 1860. A confirmação da caligrafia de Pétain no documento comprovou pela primeira vez que o próprio marechal havia participado da elaboração do Estatuto Judaico.

que combatiam o "controle" judeu da indústria cinematográfica, o estatuto proibia os judeus de produzir, distribuir ou dirigir filmes, impedindo ainda que fossem proprietários ou administradores das salas de exibição.

Obviamente, o Estatuto Judaico não surgiu da noite para o dia. O antissemitismo francês, que na década de 1930 deixara de ser uma obsessão da direita para se tornar um sentimento muito mais generalizado, ganhou um novo impulso, em junho de 1940, quando os judeus se transformaram num dos muitos bodes expiatórios da derrota da França. Os fascistas em Paris e em Vichy faziam várias acusações a eles. Afirmavam que mesmo os judeus franceses não eram realmente franceses, uma vez que se mostravam mais leais ao judaísmo do que à própria França. Alegavam que os refugiados judeus nascidos em outros países — cerca de um terço da comunidade judaica da França, que tinha 300 mil pessoas — eram quinta-colunistas e que os judeus haviam empurrado a França para a guerra contra a Alemanha. Diziam também que os judeus tinham se infiltrado no governo e nas forças armadas e que eles tinham excessivo poder financeiro e cultural na França.

Temendo as consequências de uma vitória alemã, a maior parte dos judeus de boa posição social fugira de Paris antes de 14 de junho de 1940, deixando para trás legiões de refugiados judeus provenientes do Leste Europeu e que, desprovidos de recursos, não tinham para onde ir. Mais tarde, estes se tornaram as principais vítimas das internações e das deportações para os campos de extermínio nazistas. Em meados de julho, a Alemanha expulsou quase 18 mil judeus da recém-anexada província da Alsácia, enviando-os para a zona não ocupada. Ao mesmo tempo, depois de ordenar que todos os judeus se registrassem na polícia francesa, onde suas carteiras de identidade eram carimbadas com a palavra JUDEU escrita em letras grandes, o governo de Vichy revogou a naturalização de mais de 7 mil judeus que haviam se tornado cidadãos franceses desde 1927, anulando também a cidadania francesa concedida aos judeus argelinos em 1870. Além disso, aboliu uma lei de 1939 que proibia o incitamento ao ódio e à discriminação. Desse modo, as campanhas antissemitas promovidas pela impressa passavam a contar agora com a autorização do governo.

Na realidade, a imprensa colaboracionista não precisava de incentivo algum para isso. O *Paris-Soir*, jornal diário de grande circulação, saudou o Estatuto Judaico com a manchete "Começa a Purificação". O subtítulo dizia: "FINALMENTE, OS JUDEUS SÃO EXPULSOS de todos os empregos públicos no país". O artigo destacava, num tom exultante, "israelitas estrangeiros podem ser internados". Um mês depois, a imprensa colaboracionista aplaudia a exigência de que todos os estabelecimentos comerciais de propriedade dos judeus tivessem suas vitrines identificadas com uma placa indicando, nas duas línguas, *Jüdisches Geschäft* e *Entreprise Juive* (empresa judaica). Posteriormente, o regime de Vichy praticou atrocidades ainda maiores, mas o Estatuto Judaico já mostrava a disposição do governo francês em adotar medidas antissemitas por sua própria iniciativa, sem que houvesse pressão dos alemães. De forma ainda mais vergonhosa, ele indicava também que a Alemanha podia contar com o apoio de Vichy na perseguição aos judeus.

Mas, durante o verão e o outono de 1940, enquanto a campanha para "limpar" a cultura francesa da influência dos judeus estava em andamento, Hitler e seu marechal do ar, Hermann Göring, estavam de olho em tesouros mais valiosos: os objetos de arte que pertenciam aos colecionadores e *marchands* judeus. Em 30 de junho, Hitler já havia ordenado que todas as obras de arte da França, tanto públicas como privadas, ficassem "salvaguardadas" até a conclusão das negociações de um tratado de paz. O significado dessa ordem era pouco claro e ela foi interpretada pelas diferentes autoridades do Reich da forma que convinha aos interesses de cada uma.

Um dos que se opunham ao confisco das obras de arte era o respeitado historiador da arte alemão Franz Wolff-Metternich. Como tenente da Wehrmacht, ele dirigia a seção francesa do Kunstschutz, o organismo das forças armadas encarregado de proteger as obras de arte durante o conflito militar. Mas, embora insistissem que as expropriações violavam a Convenção de Haia de 1907, ele e Jacques Jaujard, o diretor dos museus franceses, se chocavam com forças muito mais poderosas. Otto Kümmel, o diretor dos museus de Berlim, já havia preparado uma lista das obras de arte em mãos estrangeiras que eram consideradas fundamentais para a cultura alemã. Isso encorajou Goebbels a exigir que a França devolvesse todas as obras "subtraídas" da Alemanha desde 1500, especialmente no período das guerras napoleônicas. Agindo em nome de Ribbentrop, o ministro das Relações Exteriores, Abetz tentou sair na frente, ordenando o confisco de obras pertencentes a vários colecionadores judeus e a transferência delas para o Hôtel de Beauharnais, o palácio do século XVIII na Rue de Lille, onde funcionava a embaixada da Alemanha. O argumento de Abetz era de que essas obras serviriam como garantia pelas reparações que a

França teria que pagar quando finalmente se estabelecesse um tratado de paz. Mas o comando militar alemão estava relutante em se envolver nesse tipo de ação criminosa. Por insistência de Metternich, o comandante considerou que o sequestro de qualquer obra de arte seria um ato ilegal e recusou-se a cooperar.

Mas, no dia 17 de setembro, a vontade de Hitler prevaleceu. Ele atribuiu ao ERR (Einsatzstab Reichsleiter Rosenberg), uma repartição dirigida por Alfred Rosenberg, o principal ideólogo do Partido Nazista, a responsabilidade pelo confisco de todas as obras de arte que "anteriormente" eram propriedade dos judeus.* Inicialmente, os objetos roubados foram armazenados no Louvre, ocupando três galerias do Departamento de Antiguidades Orientais. Mas, como o espaço logo se mostrasse insuficiente, o Jeu de Paume, na Place de la Concorde, foi escolhido como o principal depósito das obras de arte que seriam enviadas para o leste. Abetz conseguiu conservar em seu poder um grande número de quadros, alegando que eles serviriam para decorar o Ministério das Relações Exteriores, mas, ainda assim, teve que assistir à transferência de quatrocentas caixas contendo objetos de arte da embaixada para o Jeu de Paume.

Von Stülpnagel, o comandante do exército alemão, ficou irritado. Numa carta confidencial ao chefe do estado-maior, ele condenou o sequestro dessas obras de arte, afirmando que isso prejudicaria a "estima" pelo Estado alemão. "Em minha opinião, é preciso parar com isso imediatamente", disse ele.[12] Mas a decisão não estava a seu alcance. No ERR, a equipe especial de arte pictórica encarregada de encontrar, apreender, catalogar e enviar para a Alemanha toda obra de arte pertencente aos judeus, estava muitíssimo bem informada quanto às coleções que deveriam ser confiscadas em primeiro lugar. Entre elas estavam as das famílias Rothschild, David-Weill e Seligman, e as de Alphonse Kann, Lévy de Benzion, Georges Wildenstein, Jacques Stern e Alfred Lindon, além das pertencentes aos *marchands* Léonce e Paul Rosenberg. A maioria desses judeus abastados já havia fugido da França, deixando suas coleções espalhadas em castelos e esconderijos por todo o país. Em alguns casos, o ERR precisou de três anos para encontrá-las.

A justificativa legal inventada para encobrir esse roubo organizado era de que os judeus eram agora cidadãos "sem pátria" e as obras de arte, portanto,

---

* No dia 23 de julho, o governo de Vichy revogou a nacionalidade de todos os cidadãos franceses que tivessem fugido do país.

"não tinham dono". Não contente com essas apreensões suntuosas, o ERR foi atrás das coleções menos conhecidas de propriedade dos judeus, rastreadas, conforme relatório posterior do ERR, com o auxílio das "listas de endereço pertencentes às autoridades policiais francesas". Essas obras foram igualmente armazenadas no Jeu de Paume. Göring, em sua primeira visita ao local em 3 de novembro de 1940, usando um chapéu de abas largas, um vasto sobretudo e com ares de proprietário, ficou espantado com o que viu. Para essa inspeção, o Jeu de Paume fora arrumado como um museu do século XIX, com centenas de quadros cobrindo as paredes dos dois andares e um grande número de telas dispostas em cavaletes. No fim daquele ano, Hitler aprovou a primeira remessa de obras expropriadas dos judeus, que deveriam abrilhantar a coleção do museu pessoal que ele planejava abrir em Linz, a cidade da Áustria onde passara sua infância. Os primeiros 32 quadros enviados para Linz vinham da coleção Rothschild e incluíam *O astrônomo*, de Vermeer. No início de fevereiro, eles foram embarcados em um trem da Luftwaffe providenciado por Göring. Naturalmente, esse trem tinha espaço também para as 59 obras escolhidas por Göring para seu próprio museu particular em Carinhall.

O mercado de arte em Paris, estagnado durante a década de 1930, também voltou a crescer durante a ocupação. O Hôtel Drouot, a casa de leilões do governo dirigida por Vichy, retomou suas atividades em 26 de setembro de 1940. Como os alemães estavam cheios de dinheiro nos bolsos, beneficiados por uma taxa de câmbio artificial,* os parisienses começaram a vender obras de arte como nunca antes. As galerias pertencentes aos judeus foram rapidamente arianizadas ou compradas por arianos, logo depois de serem confiscadas. A Bernheim-Jeune foi vendida por uma bagatela para um renomado colaboracionista. Kahnweiler, um *marchand* alemão que sofrera enorme prejuízo durante a Primeira Guerra Mundial, quando os leiloeiros do governo francês venderam sua galeria como propriedade inimiga, estava agora sendo perseguido como judeu, mas conseguiu "vender" sua galeria para o escritor Michel Leiris e sua esposa Louise, de quem ele era cunhado. A galeria André Weil passou às mãos de Louis Carré. Wildenstein transferiu para seu administrador, Roger Dequoy, a propriedade de seu estabelecimento. Emmanuel

---

* Em junho de 1940, a taxa de câmbio subiu de doze para vinte francos por Reichsmark, uma valorização de 67% da moeda alemã.

David conseguiu manter sua galeria em funcionamento, graças à proteção de amigos na Propaganda Staffel.

Não demorou até que esses estabelecimentos passassem a ter como clientes os oficiais e *marchands* alemães. Algumas galerias se especializaram em pinturas modernas confiscadas das famílias judias; esses quadros, que faziam parte da "arte degenerada" na opinião de Hitler, não despertavam o interesse dos nazistas. O mercado para os artistas franceses mais tradicionais também prosperou. No outono, a galeria Louis Carré fez uma exposição das obras de Matisse e Maillol. O Salon d'Automne, na Orangerie, exibiu trabalhos dos mestres franceses, de Renoir a Rodin. Para que pudessem expor suas obras nesse salão, os artistas vivos tinham que prestar um juramento, declarando que não eram judeus. Outras exposições, como o Salon des Indépendants e o Salon du Dessin et de la Peinture à l'Eau, foram abertas ao público logo depois.

Mais uma vez, o argumento favorito entre os franceses era de que as instituições culturais da França tinham que permanecer vivas. Em 17 de setembro de 1940, o museu Carnavalet e o museu Cernuschi, em Paris, reabriram as portas. No dia 29 do mesmo mês, depois de uma cerimônia com a presença do marechal de campo do exército alemão, Gerd von Rundstedt, que comandara sete divisões blindadas durante a invasão da França, o Louvre reabriu parte das suas galerias de esculturas, embora as seções destinadas à pintura continuassem fechadas e vazias. O museu passou a funcionar terças, quintas e sábados, por períodos de apenas cinco horas, e domingos, por um período de duas horas, com entrada gratuita para os alemães. A maioria dos visitantes eram soldados da Wehrmacht, e um guia escrito especialmente para eles foi posto à venda. Metternich insistiu que fossem instalados avisos em alemão proibindo-os de fumar e tocar nos objetos de arte. Na Orangerie, ao lado da Place de la Concorde, uma retrospectiva das obras de Rodin e Monet — incluindo as *Ninfeias* — atraiu multidões.

A primeira exposição com objetivos estritamente propagandísticos, intitulada "Franc-Maçonnerie dévoilée" [Maçonaria descoberta], tinha como alvo a maçonaria, banida pelo regime de Vichy em agosto de 1940 com a justificativa de que se tratava de uma "sociedade secreta". Segundo Abetz, essa exposição, que foi aberta no Petit Palais em outubro de 1940, foi visitada por 900 mil pessoas. Outras exposições de propaganda foram abertas a seguir e, segundo seus organizadores, receberam um grande fluxo de visitantes: a "France Européenne" atraiu 635 mil pessoas ao Grand Palais de junho a outubro de 1941, enquanto "Le juif et la France", no Palais Berlitz, teve 155 mil visitantes de setembro de 1941 a janeiro de 1942. Finalmente, a exposição "Le bolchevisme contre l'Europe", inaugurada na Salle Wagram em março de 1942, teve um público estimado em 370 mil visitantes. Depois de Paris, essas exposições viajaram para outras cidades francesas.

No mundo editorial, os nazistas pareciam conduzir-se mais pela ideologia que pela ganância — e também nesse campo eles encontraram colaboradores de boa vontade. Três editoras de propriedade dos judeus, a Calmann-Lévy, a Nathan e a Ferenczi, foram logo arianizadas e renomeadas. Enquanto isso, outros editores franceses estavam ansiosos por retomar suas atividades. Na década de 1930, Bernard Grasset e Robert Denoël já haviam manifestado claramente de que lado eles estavam ao publicar autores de direita. No caso de Denöel, isso incluía os tratados antissemitas de Céline. Agora, os dois editores, que eram amigos de Abetz, estavam dispostos a servir como veículos para a entrada da literatura alemã na França.

Outros editores também reconheciam o risco de serem eliminados. De seu esconderijo no sul da França, Gaston Gallimard temia que o passado liberal de sua editora pudesse torná-la alvo dos nazistas. E, como os alemães já estivessem interferindo nas publicações, os próprios autores publicados por Gallimard o incentivaram a voltar a Paris. Em agosto, as forças da ocupação já tinham divulgado a "lista Bernhard", com 143 livros a serem retirados de circulação, que incluía obras de autores judeus e publicações contrárias ao nazismo. Em setembro, quando a "lista Otto" baniu cerca de outros mil livros, o Sindicato dos Editores se prontificou a cooperar, argumentando que era preciso zelar pela sobrevivência da cultura francesa. Num acordo assinado com a Propaganda Staffel, os editores se comprometeram a não publicar nenhum livro proibido na França ou na Alemanha e a se responsabilizar pelos novos títulos publicados. O sindicato ressaltou:

> Isso atinge todos os livros que, em razão das mentiras por eles veiculadas ou de sua posição tendenciosa, envenenaram de modo sistemático a opinião pública francesa. São especialmente visados os livros escritos por refugiados políticos e por autores judeus que, traindo a hospitalidade oferecida pela França, promoveram uma guerra inescrupulosa em defesa de seus próprios interesses egoístas.[13]

Os nazistas ficaram satisfeitos, pois, sem a autocensura, eles precisariam de um pequeno exército de especialistas que dominassem o idioma francês para analisar milhares de manuscritos.

Gallimard fez sua própria barganha faustiana com a embaixada alemã. Dizem que Abetz declarou certa vez que os três poderes da França eram os bancos, o Partido Comunista e a *Nouvelle Revue Française*. E ele não tardou a voltar seus olhos para a prestigiosa revista política e literária que Gide, Copeau, o escritor Jean Schlumberger e o próprio Gallimard haviam fundado em 1909. A partir de 1911, a revista deu origem às Éditions de la NRF, também sob o controle de Gaston Gallimard. Conhecida como *NRF*, a revista era editada desde 1925 por Jean Paulhan, o que fazia dele uma das figuras mais poderosas da *intelligentsia* parisiense. O conteúdo da publicação, que abriu espaço para um amplo leque de opiniões políticas, era inaceitável para Abetz. Ele estava disposto a permitir que ela voltasse a circular, com a condição de que passasse a ser editada por seu amigo Drieu La Rochelle. Sem muita hesitação, Gallimard concordou. O primeiro número da *NRF* editado após a ocupação saiu em dezembro de 1940. Com isso, as Éditions Gallimard não apenas voltavam à ativa, mas também obtinham alguma liberdade para publicar autores que não eram exatamente conhecidos por suas afinidades com o nazismo.

"Durante a ocupação", comentou Sartre, trinta anos depois, "tínhamos duas escolhas: colaborar ou resistir."[14] Na verdade, as escolhas e os dilemas que cada artista tinha diante de si eram muito mais variados, como o próprio Sartre mostrou. Alguns judeus, como o dramaturgo Bernstein, o romancista Maurois e o compositor Milhaud, não perderam tempo e partiram logo para os Estados Unidos. Por sua vez, o escritor Paul Morand e o historiador Paul Hazard, que acabara de ser eleito para a Académie Française, escolheram voltar à França ocupada. Alguns achavam que a derrota seria a solução dos problemas da década de 1930, em vez da causa de novos problemas. O conservador Paul Claudel, que era diplomata e dramaturgo, ficou satisfeito em se despedir da Terceira República, que na opinião dele devorara o país como um câncer generalizado. No registro em seu diário escrito em 20 de julho de 1940, ele lamentou a perda da independência pela França, mas fez uma lista das mudanças que considerava positivas.

Depois de sessenta anos sob o jugo do partido radical e anticatólico (professores, advogados, judeus e maçons), a França é libertada. O novo governo escuta a voz de Deus e devolve a Grande Chartreuse aos religiosos.* A esperança de sermos libertados do direito universal de voto e do parlamentarismo, e também da dominação imbecil e corrupta das instituições que desde a última guerra se cobriram de vergonha. A restauração da autoridade.[15]

Em 15 de dezembro de 1940, ele escreveu uma ode a Pétain, com os seguintes versos edificantes: "França, escuta esse velho homem que zela por ti e te fala como um pai". Mas Claudel fez parte do grande número de cidadãos franceses que mudaram de opinião. O jovem poeta Claude Roy deu um salto ainda mais radical, abandonando a Action Française para ingressar no Partido Comunista.

Os escritores que estavam vivendo na zona não ocupada tinham a opção de continuar onde estavam. Aragon, um notório comunista, tomou a sábia decisão de permanecer no sul da França, embora mais tarde tenha liderado a resistência intelectual por toda a região. Da mesma forma, Malraux, que era um renomado antifascista, continuou na Côte d'Azur até ingressar na resistência armada no começo de 1944. De outro lado, direitistas como Drieu La Rochelle, que também haviam escapado das frentes de batalha, não ficaram nem um pouco insatisfeitos com o resultado da guerra. Alguns ofereceram seus serviços ao governo de Vichy, enquanto a maioria retornou a Paris. Muitos moderados também voltaram à capital, entre os quais Mauriac, que acreditava inicialmente — "a despeito de tudo", como declarou ao ensaísta Jean Guéhenno — que a França não tinha escolha senão apoiar Pétain. Embora tenha mais tarde se juntado à resistência, ele cometeu o erro de pedir a Epting que aprovasse a publicação de seu romance *La pharisienne* [A fariseia] e de solicitar a Heller a liberação de uma cota extra de papel para uma reimpressão. Numa cópia do livro enviada a Heller com uma dedicatória, Mauriac escreveu: "Ao tenente Heller, por seu interesse pelo destino de *A fariseia*, com gratidão".[16] Cocteau, o artista polímata que tinha amigos por toda parte, simplesmente continuou a se comportar da forma como sempre fizera. Em agosto de 1943, ele registrou em seu diário: "Não importa a que preço, não devemos deixar que a impressionante frivolidade da guerra nos distraia dos assuntos sérios".[17] Nos três anos anteriores, ele seguira esse princípio sem titubear.

---

* A Grande Chartreuse é um mosteiro isolado no sudeste da França que foi fechado pelo governo em 1903 e devolvido à Ordem dos Cartuxos por Pétain.

Para quase todos os outros, esse foi um período de grande incerteza. Saint--Exupéry, por exemplo, fez uma visita a Pétain antes de decidir deixar a França e, mesmo nos Estados Unidos, tinha sentimentos ambivalentes em relação a De Gaulle. Outros sentiam necessidade de analisar as razões da derrota da França, como fez o dramaturgo Henry de Montherlant, protegido num café em Marselha, em *Le solstice de juin* [O solstício de junho]. E, a essa altura, era lugar-comum, mesmo entre os moderados, considerar que a decadência francesa no pré-guerra — que estava virando o bode expiatório para todos os problemas do país — ocasionara a derrota. A direita, obviamente, tinha uma lista de acusados bem mais detalhada.

Gide, que continuou na zona não ocupada até partir para a Tunísia em 1942, também fez um esforço para digerir os acontecimentos políticos, embora o fizesse na privacidade das páginas de seu diário. E, como seria de esperar para alguém que era a quintessência do homem de letras, ele teve dúvidas. Aplaudiu o primeiro discurso de Pétain e condenou o segundo, uma semana depois. Impressionado com a vitória alemã, ele escreveu: "Fomos manobrados com perfeição, sem a menor consciência disso, por Hitler, o mestre supremo do jogo, cuja inteligência astuta e dissimulada ultrapassa em muito a dos maiores comandantes".[18] Reproduzindo de maneira quase exata as palavras de Pétain, ele também acreditava que a França fizera um convite à própria derrota: "Todo o amor que sinto pela França não poderia impedir que eu estivesse atento ao estado de decrepitude do nosso país. À minha constante percepção do nosso enfraquecimento, acrescentou-se apenas uma profunda melancolia. Era evidente que essa decadência nos conduziria ao abismo".[19] Em certo momento, Gide lamentou que estivesse distante do conflito. "O 'intelectual' que tenta acima de tudo se proteger perde a oportunidade rara de aprender alguma coisa", escreveu.[20] Por outro lado, não sentia nenhum anseio de voltar a Paris.

Meses mais tarde, ainda confuso, Gide escreveu: "Meu sofrimento é ainda maior, e nasce também da dificuldade de decidir com clareza sobre o que está certo e o que está errado".[21] E acrescentou: "Ah, como eu gostaria que me deixassem tranquilo, que me esquecessem! Quisera estar livre para pensar por mim mesmo sem que isso tivesse custo para ninguém e para poder me expressar sem constrangimento e sem temer as críticas à oscilação do meu pensamento".[22] Em 21 de maio de 1941, Gide foi obrigado a se lembrar de que, do ponto de vista da direita francesa, ele estava incluído entre os problemas da França. A recém-

-formada Legião Francesa dos Combatentes, ou Legião Francesa dos Veteranos, exigiu o cancelamento de uma conferência sobre a poesia de Henri Michaux que ele iria apresentar em Nice. "Agrada-me ser uma 'vítima' da Legião", ele escreveu mais tarde. "O que me incomoda é que isso ocorra por um motivo tão insignificante."[23] Apesar de tudo, mais de um ano após a queda da França, Gide continuava angustiado: "Orgulho de ser francês... Infelizmente, há muito tempo a França não nos dá motivo algum para sentirmos orgulho".[24]

Talvez Gide possa ser perdoado pelos textos que publicou na primeira e na terceira edição da *Nouvelle Revue Française* sob a direção de Drieu La Rochelle, levando em conta que, mais tarde, ele reconheceu o erro e rompeu relações com a revista num artigo publicado no *Figaro*. Mas, na realidade, salvo raras exceções, os escritores franceses estavam ansiosos para continuar a publicar, ainda que isso significasse ter que se submeter à censura.

Um dos que se recusaram a fazê-lo foi Jean Guéhenno. É verdade que ele não precisava disso para se sustentar, uma vez que tinha um emprego como professor num liceu. Mas, desde o início da ocupação, em contraste, por exemplo, com as hesitações de Gide e Mauriac a respeito de Pétain, ele nunca vacilou. Seu *Journal des années noires* [Diário dos anos negros] começa com sua reação ao discurso de Pétain em 17 de junho, propondo um armistício. "Pronto, está tudo acabado", escreveu ele, revoltado, acrescentando: "Jamais acreditarei que os homens foram feitos para a guerra. Mas estou certo também de que não foram feitos para a servidão".[25] Dois dias depois, ele escutou o discurso de De Gaulle proferido em Londres. "Que alegria escutar, finalmente, uma manifestação de orgulho, em meio a esse desastre vergonhoso", escreveu.[26] Guéhenno retornou a Paris no início de setembro e retomou seu trabalho no liceu, mas seu abatimento foi se agravando pouco a pouco. Quando o Estatuto Judaico foi decretado, ele escreveu: "Estou profundamente envergonhado".[27]

Ele não ficou nem um pouco satisfeito quando a *Nouvelle Revue Française* anunciou que seu primeiro número traria artigos de Gide, Giono e Jouhandeau, e o segundo, de Valéry e Montherlant. Em 30 de novembro de 1940, ele registrou em seu diário:

> O homem de letras não está entre as espécies humanas mais nobres. Incapaz de viver na obscuridade por muito tempo, ele venderia a alma para ver seu nome grafado em letras de imprensa. Alguns meses de silêncio e de invisibilidade e ele

entrega os pontos, impossibilitado de resistir. Ele só consegue lutar para defender a própria importância, o tamanho da letra em que seu nome será impresso e a posição que ele ocupará no sumário. Nem é preciso acrescentar que ele se julga cheio de boas razões. "É preciso zelar pela continuidade da literatura francesa", argumenta, acreditando que ele é a literatura francesa, o pensamento francês, e que estes não sobreviveriam sem ele.[28]

Alguns meses depois, ele fez um ataque a Gide: "Ele é sempre movido pelo desejo, talvez admirável, de se aprimorar. Mas não consigo me identificar com alguém que encare a vida de forma tão irresponsável, tão descomprometida. Para ele, tudo o que existe é a literatura, aquilo que lhe dá prazer".[29]

Um observador especialmente divertido da cena intelectual e política era o jornalista Jean Galtier-Boissière, que fundara o semanário satírico *Le Crapouillot* em 1915, enquanto lutara nas trincheiras. Em 1940, ele se recusou a reabrir seu jornal e tentou sobreviver como livreiro. Durante toda a guerra ele manteve um diário, mais tarde publicado como *Mon journal pendant l'occupation* [Meu diário durante a ocupação], que continha uma mistura brilhante de episódios curiosos, disputas, fofocas, piadas e frases soltas. Em relação ao general Weygand, o humilhado comandante do exército francês, por exemplo, ele gracejou: "*Veni, Vidi, Vichy*". Havia também o encontro fortuito entre um alemão e um francês. O alemão dizia: "Você parece muito animado para alguém que foi conquistado", ao que o francês respondia: "E você parece muito abatido para alguém que é o conquistador".

Galtier-Boissière conhecia muitos artistas e intelectuais, tanto colaboracionistas como resistentes, de tal maneira que seus *insights* em relação a esse universo se mostram particularmente reveladores. Segundo seu próprio relato, ele tinha o hábito de dizer com franqueza tudo o que pensava, incluindo sua conclusão prematura de que a Alemanha perderia a guerra. Quatro meses após o início da ocupação, Drieu La Rochelle compareceu a um jantar em seu apartamento na Place de la Sorbonne e derramou-se em elogios ao embaixador Abetz. "Drieu está certo de que a vitória alemã será rápida", observou Galtier-Boissière. "Eu disse a ele que acredito que a guerra será longa e que a Inglaterra sairá vitoriosa. Ele deu de ombros, com um sorrisinho de superioridade, tratando-me como se eu fosse um bobo. 'Meu caro Drieu', eu disse a ele, 'aposto que você acabará por levar um tiro.' 'E você?', ele perguntou. 'Eu também! Mas no meu caso... será por engano.'"[30] Fazer piadas à custa dos alemães se tornou sua forma particular de entretenimento. "Hitler telefonou para Mussolini: 'Você está em Atenas?'. 'Desculpe, mas não estou conseguindo ouvi-lo bem.' 'Perguntei se suas tropas já chegaram a Atenas.' 'Estou escutando muito mal, meu caro Adolphe, você deve estar ligando de muito longe... provavelmente de Londres!'"[31]

Em resumo, a maioria dos escritores foi em frente, continuando a publicar seus livros e suas peças teatrais. Os moderados, além de alguns escritores mais tarde identificados com a resistência, escreviam para os jornais e para as revistas de Paris e também da zona não ocupada. Mas ainda que escrevessem artigos culturais, por exemplo, no *La Gerbe*, eles corriam o risco de ver seus nomes publicados ao lado de diatribes antissemitas. O semanário político-literário *Comoedia* era talvez o único jornal da zona ocupada em que os escritores não colaboracionistas podiam publicar seus artigos sem correr esse risco. Mas havia outros veículos na zona não ocupada, incluindo diversas revistas literárias e, em especial, o suplemento literário do *Figaro*, que se mudara para Lyon.

Mas, na sua maior parte, a imprensa de Paris fazia o papel de porta-voz para os alemães, em troca de subsídios da embaixada da Alemanha. Alguns jornais diários alcançaram tiragens gigantescas: *Le Matin*, que voltou a ser editado em 17 de junho, não demorou a atingir mais de meio milhão de exemplares diários; *Le Petit Parisien* tinha uma tiragem de quase 700 mil exemplares, e o *Paris-Soir*, de aproximadamente 1 milhão. Os nazistas também pretendiam dominar os veículos de mídia impressa tornando-se seus proprietários ou exercendo controle acionário deles. A embaixada alemã e o Departamento de Propaganda competiam pelo controle desse processo. Eugène Gerber, editor do *Paris-Soir*, teve o apoio do Departamento de Propaganda para expandir seu império e incluir revistas semanais femininas como a *Pour Elle* e a *Notre Coeur*. Jean Luchaire, amigo de Abetz desde a década de 1930, lançou um novo jornal diário, *Les Nouveaux Temps*, e mais tarde se tornou diretor da Association de la Presse Parisienne. Abetz também apoiava o alemão Gerhard Hibbelen, um empresário que assumiu o comando da Société Parisienne d'Édition (que antes pertencera a um judeu), construindo um grupo editorial que incluía cinquenta jornais espalhados por toda a França.

Além disso, tanto Abetz quanto o Departamento de Propaganda subsidiavam jornais menores que insistiam em denunciar os judeus e os cidadãos suspeitos de serem judeus, como o *Gringoire*, o *L'Appel* e o mais deplorável de todos, o *Au Pilori*. O caso do jornal diário *Aujourd'hui* deixou bem claro que o jornalismo independente não era uma alternativa possível. Seu primeiro editor, o respeitado jornalista Henri Jeanson, foi substituído em dezembro de 1940 por Georges Suarez, um colaboracionista declarado que foi executado logo após a libertação. Outros periódicos como *L'Oeuvre*, *Le Cri du Peuple* e *Le Réveil du Peuple*, que pertenciam aos partidos fascistas franceses, se deleitavam em exigir que o governo de Vichy apoiasse a Alemanha com mais entusiasmo ainda.

O porta-bandeira da imprensa colaboracionista, no entanto, era o temido semanário *Je Suis Partout*. Fundado em 1930, ele assumira, desde a metade dessa década, uma posição abertamente fascista e antissemita. Robert Brasillach, que era seu editor-chefe desde 1937, foi libertado de um campo de prisioneiros de guerra em abril de 1941 para reassumir seu posto no jornal. Inicialmente pró-Vichy, *Je Suis Partout* aderiu ao linchamento verbal dos ex-primeiros-ministros Blum, Daladier e Reynaud, responsabilizando-os pela humilhação da França. À medida que a ocupação avançava, o jornal abraçou todas as causas nazistas e, numa atitude infame, usou suas páginas para denunciar individualmente os comunistas e para identificar os judeus de renome escondidos na zona não ocupada. Ao lado disso, o *Je Suis Partout* oferecia ampla cobertura do mundo das artes, embora o crítico teatral Alain Laubreaux e o crítico musical Lucien Rebatet, que trabalhavam no jornal, preferissem o papel de inquisidores e estivessem sempre prontos a acusar todos os seus inimigos de serem porta-vozes do judaísmo internacional. Em relação a isso, eles gozavam de considerável independência, inclusive para atacar violentamente celebridades como Guitry e Cocteau, que mantinham boas relações com Abetz e o Instituto Alemão.

Nos primeiros meses da ocupação, os jornalistas e escritores fascistas não enfrentaram nenhuma oposição intelectual. Com o Partido Comunista neutralizado pelo Pacto Molotov-Ribbentrop, poucos se atreviam a pensar em reagir. Mas isso serviu para dar mais destaque à primeira manifestação pública de revolta, ocorrida em 11 de novembro de 1940, dia em que se comemora o aniversário da vitória da França na Primeira Guerra Mundial. Os estudantes universitários e secundaristas organizaram uma marcha em direção ao Túmulo do Soldado Desconhecido, no Arco do Triunfo. O escritor franco-espanhol Jorge Semprún, que mais tarde lutou na resistência e foi levado para o campo de concentração de Buchenwald, tinha apenas dezesseis anos de idade nessa época. Ele recordou:

> Conseguimos chegar à Place de la Concorde sem maiores dificuldades. Ao nos aproximarmos da rotatória da Champs-Élysées, éramos centenas de manifestantes. Alguns gritavam palavras de ordem e levantavam cartazes. Mas a polícia francesa nos impediu de prosseguir. As tropas alemãs apareceram na Avenue George v e a manifestação rapidamente se dissolveu. Consegui escapar entrando na estação de metrô mais próxima.[32]

Françoise Gilot, que mais tarde se tornou amante de Picasso, não teve a mesma sorte. Na época estudante de Direito de dezenove anos, ela saíra de bicicleta de sua casa em Neuilly e estava se dirigindo ao local da manifestação quando foi apanhada pela polícia francesa. "Eles anotaram nossos nomes", disse ela, relembrando esse momento. "Alguns estudantes foram presos, e só foram liberados dias depois. Eu fui mandada para casa. Mas depois disso, até que meu pai conseguisse tirar meu nome daquela lista, tive que comparecer diariamente ao *Kommandantur* em Neuilly para me apresentar e assinar meu nome. Tornei-me uma espécie de refém."[33] Após a manifestação, o comando militar alemão fechou as portas da Sorbonne até o dia 20 de dezembro.

Esses jovens corajosos eram exceções. A maioria dos parisienses havia aceitado a realidade da ocupação e estava seguindo a recomendação de Pétain de que o melhor a fazer era colaborar com a Alemanha. No fim de outubro, Hitler viajou a Hendaye, na fronteira da França com a Espanha, para um encontro com o generalíssimo Franco. No caminho, ele parou em Montoire, no vale do Loire, para uma reunião com Laval, que era também o ministro das Relações Exteriores de Vichy. Na volta, no dia 24 de outubro, Hitler parou novamente em Montoire, onde teve o seu primeiro e único encontro com Pétain. Seis dias depois, numa transmissão radiofônica, Pétain declarou aos franceses: "É de maneira honrosa e visando manter a unidade francesa, uma unidade de dez séculos, dentro de um quadro de atividade construtiva da nova ordem europeia, que tomo hoje o caminho da colaboração". Sua esperança, ele sublinhou, era de que isso aliviasse o sofrimento da França, melhorando as condições dos franceses prisioneiros de guerra, reduzindo o custo da ocupação e facilitando os movimentos de um lado a outro da linha de demarcação. Pétain concluiu enfatizando que chegara a essa decisão por si mesmo. "É somente a mim que a história irá julgar. Até hoje, eu vos falei como um pai. Hoje, eu vos falo como um líder. Sigam-me. Continuem confiantes na eterna França." Como o termo "colaboração", a essa altura, ainda não era uma obscenidade, ele se tornou uma resposta aceitável para a ocupação. Mas não para Galtier-Boissière, que gracejava: "A colaboração é o seguinte: você me dá seu relógio e eu lhe digo que horas são".[34] Mas, em sua vasta maioria, como descreveria mais tarde o historiador Henri Amouroux, os franceses haviam se tornado "40 milhões de pétainistas".

Entretanto, da forma como Pétain a definira, a colaboração interessava pouco aos nazistas. O único gesto de conciliação da parte de Hitler foi ordenar a transferência dos restos mortais do duque de Reichstadt, o filho de Napoleão conhecido como L'Aiglon (o filhote de águia), de Viena para o Les Invalides, em dezembro de 1940. "Um grande alvoroço em torno da volta das cinzas de Napoleão II", registrou Galtier-Boissière em seu diário, em 15 de dezembro de 1940. "'Um gesto cavalheiresco do Führer.' Mas os parisienses desrespeitosos dizem que prefeririam receber carvão a cinzas."[35] Na realidade, era evidente para quase todo mundo que Hitler não pretendia "recompensar" Pétain com um tratado de paz, pela simples razão de que a ideia de punir a França — pelas reparações que o país conseguira arrancar depois da Primeira Guerra Mundial, por sua derrota em 1940 e por sua arrogância — era popular na Alemanha. Em vez disso, simplesmente mantendo viva a ideia de um tratado de paz, Berlim conseguia obter toda a colaboração de que necessitava: a cooperação de Vichy no envio de trabalhadores franceses, produtos industriais e matéria-prima para a Alemanha e, logo a seguir, ajuda na captura de judeus para deportação.

A última chance de Pétain de negociar uma colaboração menos opressiva foi no armistício de 22 de junho. Mas, com quase todos os franceses desesperados por um cessar-fogo, ele não tivera cacife para isso. Entre as exigências da Alemanha aceitas por Vichy, havia uma em particular que aterrorizava a comunidade de austríacos e alemães exilados na França, boa parte deles intelectuais e professores universitários e a grande maioria, judeus: o artigo 19 obrigava a França a entregar todo cidadão do Reich que a Alemanha determinasse. Os estrangeiros indesejáveis recém-fugidos dos campos de internação sabiam que era preciso deixar a França imediatamente. Mas as escolhas deles eram limitadas: pedir asilo à Suíça (embora não se tivesse certeza de que a Alemanha respeitaria a neutralidade desse país), atravessar os Pireneus em direção à Espanha para chegar a Portugal ou a outro país mais distante, disputar um lugar num navio para o norte da África e, por último, encontrar uma nação disposta a aceitá-los e lutar para que Vichy lhes concedesse um visto de saída. Refugiados em hotéis de terceira classe numa faixa do Mediterrâneo entre Nice e Marselha, esses fugitivos viam seu desespero aumentar a cada dia. E então, de repente, uma centelha de esperança se acendeu. Em 25 de junho, exatamente no dia em que o armistício entrou em vigor, um Comitê de Resgate de Emergência foi formado em Nova York com a missão de trazer para os Estados Unidos os mais destacados intelectuais e artistas europeus. O americano encarregado dessa missão — um elegante jornalista literário formado em Harvard, que atendia pelo nome de Varian Fry — se tornaria o improvável salvador de um grande número de estrangeiros em fuga.

4. *L'américain*

Fry tinha apenas 32 anos de idade quando desembarcou em Marselha no dia 14 de agosto de 1940, trazendo no bolso uma lista de aproximadamente duzentos nomes da nata intelectual e artística europeia e 3 mil dólares amarrados à perna com uma fita. As razões que o moviam eram sinceras e comoventes, conforme ele descreveu, depois da guerra, em seu livro de memórias *Surrender on demand** [Resgate por encomenda]:

> Eu sabia que entre as pessoas aprisionadas na França havia muitos escritores, artistas plásticos e músicos cujas obras haviam me proporcionado imenso prazer. Embora não as conhecesse pessoalmente, sentia um profundo afeto por essas pessoas, e uma imensa gratidão pelas muitas horas de felicidade proporcionadas por seus livros, seus quadros e suas músicas. Agora que elas estavam em perigo, era meu dever ajudá-las, da mesma forma como — sem o saber — elas haviam me ajudado tantas vezes no passado.

---

* Publicada pela primeira vez em 1946, essa autobiografia foi mais tarde relançada com o título *Assignment rescue.*

Ele testemunhara pessoalmente o espancamento de dois senhores judeus durante uma viagem a Berlim em 1935 e sabia que a ameaça a esses artistas era real. Ofereceu-se para usar seu período de férias para remover essas pessoas da França, acreditando que essa tarefa poderia ser realizada no espaço de um mês.

Fry tinha motivos para acreditar que contava com um forte apoio em seu país. A lista de nomes que trazia no bolso fora elaborada pelo Comitê de Resgate de Emergência, com a ajuda dos escritores exilados Thomas Mann e Jules Romains, do teólogo Jacques Maritain e do diretor do Museu de Arte Moderna de Nova York, Alfréd H. Barr Jr. Além disso, a primeira-dama Eleanor Roosevelt, que estava sempre pronta a defender os direitos humanos, pressionara o Departamento de Estado a conceder "vistos de emergência" para esses refugiados ilustres. Mas, depois de atravessar Portugal e a Espanha para chegar a Marselha, Fry deparou com um cenário muito mais desolador. Embora falasse fluentemente o francês e o alemão, ele não conhecia ninguém naquele lugar. Ele recebera instruções para "salvar" duzentas pessoas. "Mas como deveria proceder para conseguir isso?", ele se perguntava. "De que modo entraria em contato com essas pessoas? E o que eu poderia fazer por elas quando as tivesse encontrado? Uma vez em Marselha, eu me dava conta, subitamente, de que não tinha a menor ideia de como começar — ou por onde."[1]

O mais surpreendente é que as peças rapidamente começaram a se encaixar. Logo de início, Fry entrou em contato com Frank Bohn, que fora enviado a Marselha pela Federação Americana do Trabalho com a missão de resgatar líderes trabalhistas europeus que estavam sendo vítimas de perseguição. E Bohn já havia descoberto o caminho das pedras para remover as pessoas da França. Se elas conseguissem um visto de entrada num país estrangeiro, poderiam obter um visto de trânsito para atravessar a Espanha e chegar a Portugal, e quem sabe até mesmo um visto de saída francês, que lhes permitiria deixar a França legalmente. Nas primeiras semanas após a derrota da França, algumas pessoas tinham conseguido autorização para deixar o país, de navio, em direção ao norte da África. Esse era o arranjo ideal. Outras viajavam clandestinamente até a fronteira da Espanha e conseguiam cruzar o país até Portugal mesmo sem dispor da documentação necessária. Havia também a opção de usar passaportes e vistos falsos vendidos em Marselha por pequenas fortunas. Mas, no caso de refugiados muito conhecidos, o uso de documentos falsos aumentava o risco de que eles fossem presos e terminassem nas mãos da Gestapo. Embora as dificuldades fossem muitas, Fry agora conhecia as opções possíveis. Por intermédio de Bohn, ele alugou um quarto no Hôtel Splendide, no Boulevard d'Athènes, e começou a mandar cartas para os refugiados cujo endereço ele conhecia.

Uma semana depois, a notícia se espalhara por toda a Côte d'Azur: um americano com dinheiro em espécie e uma coleção de vistos prontos para serem usados havia chegado a Marselha, "como um anjo descido do céu", segundo descreveu Fry.[2] Sua presença chegou até mesmo a ser mencionada em dois jornais locais, *Le Petit Provençal* e *Le Petit Marseillais*, atraindo multidões de refugiados ao Hôtel Splendide e levando a polícia local a intimar Fry para prestar esclarecimentos.

O disfarce de Fry era uma carta da YMCA Internacional declarando que ele viera em missão de socorro aos refugiados. Mas agora ele sabia que estava sendo vigiado e, temeroso de que fizessem uma batida policial em seu quarto, tomava o cuidado de não deixar à vista nenhum documento que pudesse comprometê--lo. Sua única proteção era a nacionalidade americana. Os Estados Unidos tinham reconhecido o regime de Vichy e ainda não haviam entrado em guerra contra a Alemanha. Apesar disso, como Fry e as autoridades francesas não demoraram a descobrir, o cônsul americano em Marselha, Hugh S. Fullerton, se opunha abertamente às atividades dele.

A ajuda veio de uma rede heterogênea de filantropos americanos, refugiados europeus e voluntários franceses, entre os quais estavam Miriam Davenport, estudante de arte em Paris que conhecera o poeta alemão Walter Mehring em sua fuga para o sul; Mary Jayne Gold, jovem milionária excêntrica e generosa; o artista-aventureiro Charles Fawcett; e Albert O. Hirschman, um judeu alemão destemido e antifascista que recebeu de Fry o apelido de "Beamish" (Risonho) e que depois da guerra se tornaria um economista americano de muito prestígio. Mais tarde, outras pessoas vieram juntar-se ao grupo, como Franz von Hildebrand, um elegante austríaco que falava inglês com sotaque de Oxford, e a judia polonesa Lena Fishman, que se tornou secretária de Fry. Outro integrante da rede que teve uma importância-chave foi Daniel Bénédite, um protestante de esquerda que assumiu o comando da operação quando Fry foi expulso da França em setembro de 1941. Várias outras pessoas que participaram da operação estavam vivendo na condição de refugiadas. Fry foi ajudado também pelo jovem vice-cônsul americano Hiram Bingham IV, que, clandestinamente, conseguia vistos e documentos de viagem para os fugitivos, até o momento em que, num gesto de desaprovação, seu chefe ordenou que ele fosse transferido de seção na primavera de 1941.

Durante seus primeiros meses em Marselha, Fry deparou com uma vida cultural fervilhante. A cadeia de rádio do governo, a Radiodiffusion Nationale, havia se mudado para lá, junto com sua orquestra e um pequeno exército de atores que atuavam nas suas radionovelas. Artistas tão díspares quanto os compositores Reynaldo Hahn e Paul Paray, a estrela Josephine Baker e o diretor de cinema Marcel Pagnol estavam trabalhando na cidade. O violoncelista Pablo Casals, que optara por permanecer no país, começou a se apresentar em Marselha e em outras localidades no sul da França, continuando a fazê-lo até o fim de 1942, quando os alemães assumiram o controle da zona não ocupada. O jornal literário *Les Cahiers du Sud* voltou a circular e, embora tivesse que se submeter à censura de Vichy, publicava muitos autores antifascistas. Durante algum tempo, o jornal chegou a funcionar como abrigo provisório para os escritores refugiados, transformando seus escritórios em dormitórios durante a noite. Os teatros também reabriram suas portas, incluindo o teatro da Ópera. Um cantor desconhecido chamado Yves Montand fez sua estreia nos palcos. Depois do êxodo, um número tão grande de parisienses ricos e de classe média estava vivendo em Marselha que o escritor antissemita Lucien Rebatet passara a chamar a cidade de Marseille la Juive — Marselha, a Judia.

Mas a Marselha de Fry era também a terra de ninguém dos espiões da Gestapo, dos policiais franceses corruptos e de uma multidão de refugiados — aproximadamente 150 mil numa população de 650 mil habitantes. Era um lugar onde os exilados podiam se encontrar para bater papo num café certo dia e ter que se esconder no dia seguinte, por medo de serem presos. Era um "mercado" onde passaportes falsos e vistos para a China se encontravam à venda, e onde soldados britânicos abandonados em Dunquerque pagavam propinas por um lugar num navio para o norte da África. Em Marselha, era possível até enviar e receber correspondência de outros países. Embora a França tivesse sido derrotada e a zona não ocupada estivesse sob controle de Vichy, Marselha continuava a ser um refúgio relativamente seguro para os artistas e intelectuais alemães e austríacos que eram alvo do artigo 19 e corriam risco de prisão e deportação para o Reich.

Alguns advogados independentes ajudavam a rede a obter vistos e salvo-condutos pelos expedientes oficiais. Além disso, Fry conhecia alguns oficiais de polícia dispostos a desafiar ou a ignorar as novas regras. Quando nada disso dava resultado, ele recorria aos subterrâneos de Marselha. Fry e os membros de sua organização não tardaram a se familiarizar com esse submundo. Certa vez, ele concordou em trabalhar para o serviço secreto de Londres a fim de facilitar a fuga de soldados britânicos. Em outra ocasião, sua equipe pediu ajuda a uma quadrilha de bandidos da Córsega que, segundo Fry, "trabalhava no mercado negro e estava metida com o contrabando de drogas e o comércio de escravos brancos".[3] Beamish e Fry logo aprenderam os métodos dos espiões e enviavam mensagens para Nova York escondidas em tubos de pasta de dente carregados pelos refugiados que conseguiam sair da França legalmente. Numa operação para salvar vidas, todos os meios se justificavam.

O livro de memórias de Fry revela suas angústias e desapontamentos, embora seu exterior parecesse sempre tranquilo. "Ele tinha uma mistura encantadora de determinação e senso de humor, de formalidade e irreverência", relembrou Hirschman muito tempo após a morte de Fry em 1967. "Sua elegância ao se vestir (um terno escuro listrado e uma gravata-borboleta eram sua marca inconfundível) e sua expressão impassível eram recursos formidáveis quando ele tinha que lidar com as autoridades."[4] Com efeito, Fry agia sempre como se estivesse rigorosamente dentro da lei, de maneira que nunca hesitava em exigir que os policiais franceses voltassem atrás em seus atos ilegais. Ao mesmo tempo, a impossibilidade de ajudar todos que precisavam dele lhe provocava grande sofrimento. Não demorou muito até que ele decidisse ir além da lista inicial de duzentos nomes, uma vez que algumas dessas pessoas já haviam conseguido deixar a França enquanto outras, como Willi Münzenberg, estavam mortas.

No mês de outubro, para enfrentar a procura cada dia maior pelos seus serviços, Fry transferiu o centro de operações para um local mais amplo, na Rue Grignan, 60, e o batizou formalmente de Centre Américain de Secours [Organização Americana de Resgate]. Em maio de 1941, ele já havia recebido 15 mil cartas de refugiados e assumido 1,8 mil casos (que representavam 4 mil pessoas). Além disso, havia ainda refugiados internados no Camp des Milles e em outros campos na zona não ocupada. Somente o grupo de pessoas reunidas em Marselha já representava uma concentração de talentos extraordinária. "Em nossas fileiras, temos um número suficiente de médicos, psicólogos, engenheiros, educadores, poetas, pintores, escritores, músicos, economistas e homens públicos para revitalizar um país inteiro", observou Victor Serge, o antigo escritor comunista que agora era perseguido igualmente por Moscou e por Berlim. "Entre esses miseráveis, pode-se encontrar tanta competência e talento como em Paris em seus melhores dias, mas tudo o que vemos são homens acossados, esgotados e com os nervos em frangalhos."[5]

No fim de 1940, Fry e sua equipe já estavam conseguindo tirar refugiados da França a uma velocidade impressionante. Alguns eram pessoas jovens e dispostas a correr riscos. Outros eram velhos, fracos e às vezes um pouco arrogantes. O próprio Fry teve que ir a Lisboa acompanhando Heinrich Mann, a esposa dele e seu sobrinho Golo, além do romancista alemão Franz Werfel e sua esposa, Alma Mahler-Werfel, que levava consigo as partituras do falecido marido Gustav Mahler. Dina Vierny, uma jovem de 21 anos que se tornara musa e modelo do escultor Aristide Maillol, quase sessenta anos mais velho, costumava servir como guia para os fugitivos. Inicialmente, seu contato era Frank Bohn, mas depois ela passou a trabalhar com o grupo de Fry. Usando um vestido vermelho, ela aguardava os refugiados perto da estação de trem Banyuls-sur-Mer, uma vila de pescadores próxima à fronteira, e os conduzia pelas montanhas até a Espanha. No começo, Vierny procurava suas próprias trilhas, mas quando Maillol, que havia nascido em Banyuls-sur-Mer, tomou conhecimento das atividades de sua musa, ele mostrou a ela as rotas mais seguras para sair da França. A própria Dina Vierny era judia nascida na Rússia (e simpatizante trotskista) e portanto vulnerável ao decreto de 4 de outubro que ordenava que todos os judeus estrangeiros fossem mantidos em campos de internação ou em prisão domiciliar. Em 1941, ela foi presa pela polícia francesa em Banyuls-sur-Mer e levada a Perpignan para um interrogatório, mas Maillol contratou um advogado influente e conseguiu libertá-la. Depois disso, para mantê-la longe da fronteira, ele a mandou para a Riviera, onde ela posou para Matisse e Bonnard. Na volta, Vierny retomou suas atividades clandestinas. A cada dez dias, aproximadamente, ela viajava até Marselha para coordenar suas atividades com Fry e sua equipe.

Hans e Lisa Fittko não faziam parte do comitê de Fry, mas foram aliados extremamente hábeis e corajosos. Fugitivos da Alemanha nazista, eles tinham sido internados durante a guerra de mentira — Hans em Vernuche, onde Walter Benjamin também ficara preso, e Lisa em Gurs, para onde Dora, a irmã de Benjamin, tinha sido enviada. Em junho de 1940, o casal conseguiu fugir da prisão. Depois de se reencontrar em Marselha, Lisa foi a Banyuls-sur-Mer investigar as rotas de fuga possíveis. Vincent Azéma, o prefeito antifascista da cidade, mostrou-lhe o melhor caminho para atravessar os Pireneus. Durante os oito meses seguintes, até que eles próprios fossem forçados a fugir em abril de 1941, o casal conduziu mais de cem refugiados até a Espanha sem que nenhum deles fosse apanhado.

Uma das primeiras fugas teve um desfecho trágico, embora isso não tenha ocorrido por responsabilidade deles. Hans pediu a Lisa para guiar Walter Benjamin até a Espanha. Na manhã de 25 de setembro de 1940, acompanhados por Henny Gurland e seu filho adolescente Joseph, também refugiados, eles partiram para inspecionar o caminho. Embora tivesse apenas 48 anos de idade, Benjamin não demorou a manifestar sinais de exaustão e, ao chegar a hora de retornar a Banyuls-sur-Mer, onde deveriam passar a noite, o filósofo insistiu em dormir no chão do local onde haviam parado. Na manhã seguinte, Lisa e os outros se reencontraram com ele e, revezando-se para carregar a pesada maleta onde ele transportava seus manuscritos, conseguiram por fim chegar à fronteira. Ao avistar a aldeia de pescadores de Portbou, Lisa iniciou seu longo caminho de volta até Banyuls-sur-Mer. Mas, quando Benjamin e o resto do grupo chegaram à cidade, foram impedidos de entrar oficialmente na Espanha e só tiveram permissão para passar a noite num hotel. Desesperado, Benjamin ingeriu uma superdose de morfina e morreu na manhã seguinte. Antes de perder a consciência, ele entregou um bilhete a Henny Gurland, que ela guardou na memória antes de destruir. Como ela relatou posteriormente, o bilhete dizia: "Numa situação sem saída, não tenho outra escolha a não ser colocar-lhe um ponto final. Numa pequena cidade nos Pireneus, onde ninguém me conhece, minha vida chega ao fim".[6]

Nem todas as pessoas na lista de Fry estavam ansiosas por deixar a França. Ele viajou até Cabris, nas proximidades de Cannes, para encontrar-se com Gide e sua filha Catherine,* mas estes rejeitaram sua oferta para ajudá-los. Fry sabia que o escritor estava sendo cortejado pelos nazistas e se recusava a colaborar. Mais tarde, Fry escreveu: "Ele sabia das consequências possíveis de sua decisão. Mas a França era sua terra natal, e ele estava decidido a ficar".[7] (Na realidade,

---

* Embora fosse homossexual e, aparentemente, jamais tivesse consumado o casamento com sua prima Madeleine ocorrido em 1923, Gide teve uma filha com Élisabeth van Rysselberghe, que recebeu o nome de Catherine. Élisabeth van Rysselberghe era filha de Maria van Rysselberghe, a confidente de Gide conhecida como La Petite Dame.

Gide se mudou para a Tunísia em maio de 1942.) Fry também visitou Matisse em seu estúdio em Cimiez, na cidade de Nice, mas não conseguiu convencê-lo a deixar o país. Malraux, que estava vivendo com sua amante Josette Clotis e o filho deles em Roquebrune-Cap-Martin, perto da fronteira italiana, também não aceitou a oferta de Fry. Reiterando sua oposição ao nazismo e ao governo de Vichy, ele declarou que escolhera continuar na França. Mesmo assim, Fry lhe deu algum dinheiro e, tempos depois, conseguiu enviar-lhe os direitos autorais pela publicação de *Man's fate*, a tradução em língua inglesa de *A condição humana*.

Mas Gide, Matisse e Malraux eram cidadãos franceses e, além disso, não eram judeus. Os artistas e intelectuais judeus, assim como os alemães, tinham motivos de sobra para fugir da França. Mesmo assim, alguns se recusaram a fazê-lo, como Gertrude Stein, a inflexível matriarca dos escritores americanos expatriados. Junto com sua companheira, Alice B. Toklas, que também era judia, ela passara o verão de 1939 na casa delas em Bilignin, em uma aldeia chamada Bugey a 110 quilômetros a leste de Lyon, que era o refúgio preferido das duas havia quinze anos. Quando a guerra foi declarada, elas fizeram uma rápida viagem a Paris para apanhar roupas de inverno, o retrato de Stein pintado por Picasso e um quadro de Cézanne retratando sua esposa. Depois disso, só voltaram à capital depois da libertação. Elas sobreviveram à ocupação de forma relativamente tranquila. Até dezembro de 1941, quando os Estados Unidos entraram na guerra, elas não eram "estrangeiras inimigas" para os alemães, e a aldeia onde moravam só deixou de pertencer à zona não ocupada um ano depois. Além disso, Stein era uma anticomunista convicta e nunca escondeu sua admiração pelo marechal Pétain. E tinha ao menos um conhecido no alto escalão: seu tradutor francês e amigo de longa data, o especialista em estudos americanos Bernard Faÿ, foi nomeado por Vichy para dirigir a Bibliothèque Nationale no lugar do respeitado judeu Julien Cain.

Em 1941, Faÿ e Stein concordaram em publicar uma coletânea dos discursos de Pétain nos Estados Unidos. Stein escreveu um prefácio comparando Pétain a George Washington e afirmando que ele era "o primeiro na guerra, o primeiro na paz e o primeiro no coração de seus compatriotas". Para alívio dela, o projeto naufragou quando os Estados Unidos se juntaram aos Aliados. Ainda assim, Faÿ e Stein mantiveram uma relação próxima durante todo o período da ocupação, e é bem possível que ele tenha conseguido protegê-las de alguma forma. Depois da guerra, ao ser julgado por sua colaboração, Faÿ alegou que evitara a prisão de Stein e de Toklas e que impedira os alemães de confiscar os objetos de arte que estavam no novo apartamento delas na Rue Christine, em Paris. Ainda assim, a ocupação não foi um período fácil para as duas mulheres, que eram obrigadas a caminhar até vilarejos longínquos para comprar comida no mercado negro. No início de 1943, quando estavam de mudança para outra casa na aldeia vizinha de Coluz, receberam uma mensagem aconselhando-as a fugir para a Suíça. Em seu livro *Wars I have seen* [As guerras que vi], Stein relembrou sua reação: "Não, eu disse, eles estão sempre tentando nos obrigar a sair da França, mas aqui estamos e aqui vamos permanecer".[8]

Samuel Beckett foi outro que escolheu ficar na França; para ser mais exato, ele voltou a Paris no fim de 1939. Dizem que ele declarou na ocasião que "preferia a França em guerra à Irlanda em tempos de paz". Como cidadão irlandês, ele estava relativamente protegido. Mas ele detestava os nazistas e decidiu seguir o êxodo dos parisienses em direção ao sul. Depois de considerar brevemente a possibilidade de voltar para a Irlanda, ele se juntou à multidão que retornava a Paris. Não demorou muito até que ele e sua companheira, Suzanne Dechevaux--Dumesnil, se envolvessem com a resistência. Ele trabalhava na tradução de documentos secretos que eram mais tarde enviados a Londres. Suzanne atuava como mensageira. Antes do verão de 1942, eles foram obrigados a se esconder e a viver na clandestinidade. Com documentos falsos, saíram de Paris, de trem, com destino a Lyon. De lá, seguiram a pé até Roussillon, ao norte de Aix-en--Provence, onde Beckett trabalhou numa fazenda e participou de ações da resistência com os maquis locais.

James Joyce, o outro irlandês famoso, já estava doente em 1940. Ele fugiu de Paris antes da chegada dos alemães, mas ficou retido durante meses no leste da França até que o autorizassem a entrar na Suíça. Finalmente, ele conseguiu chegar a Zurique, onde morreu em janeiro de 1941. Dois escritores ingleses tiveram reações muito diferentes à invasão alemã. Somerset Maugham, que vivia na Riviera havia muito tempo, fugiu para os Estados Unidos quase imediatamente. Mas P. G. Wodehouse e sua esposa Ethel, que moravam em Le Touquet, foram presos como estrangeiros inimigos. Em junho de 1941, o escritor foi libertado de um campo na Alemanha e conduzido a Berlim, onde descreveu pelo rádio, num tom bem-humorado, sua experiência nos campos de internação. Isso despertou indignação na Grã-Bretanha. Em 1943, o casal Wodehouse obteve autorização para voltar a Paris, onde permaneceu até a libertação. Numa investigação posterior, concluiu-se que Wodehouse agira inadvertidamente e não tivera a intenção de trair seu país. Mesmo assim, ele foi considerado *persona non grata* em seu país e passou o resto da vida em Nova York.

Simone Weil estava entre os refugiados mais atípicos, mesmo para os extravagantes padrões estabelecidos por muitos foragidos. Nascida numa família judia agnóstica e irmã de um matemático brilhante, ela se declarou bolchevique aos dez anos de idade. Como boa parte dos estudantes franceses mais brilhantes, frequentou a École Normale Supérieure em Paris no fim da adolescência. Depois de se formar, aliou o ensino da filosofia ao trabalho braçal, como forma de compartilhar a experiência de vida dos operários. E foi ainda mais longe. Obcecada de culpa por sua educação burguesa, Simone negava a si mesma todas as formas de prazer, o que lhe valeu a alcunha de Virgem Vermelha. Vestia-se com roupas surradas e comia tão pouco que hoje em dia receberia diagnóstico de anoréxica. Mas, em meados da década de 1930, começou a perder a fé no comunismo e voltou-se para o anarquismo e o sindicalismo.* Ela foi à Espanha oferecer seus serviços à causa republicana, mas ficou horrorizada com a violência. Sua miopia também impedia que, na prática, ela pudesse ser de alguma ajuda. Depois de um acidente que lhe causou queimaduras de terceiro grau, ela abandonou a frente de batalha. E então, em 1937, Simone teve uma experiência mística na capela de São Francisco de Assis, em Assis, e aderiu ao cristianismo, embora nunca tenha sido batizada. Na queda de Paris, Simone e sua família se refugiaram em Marselha, onde ela continuou a escrever, cada vez mais sobre questões de fé. Ao mesmo tempo, mais por princípios que por necessidade, conseguiu um emprego como trabalhadora agrícola. Ela adquiriu documentos falsos (com o nome de Simone Werlin), mas não fez nenhum esforço para fugir da França pela Espanha. Finalmente, ela e a família saíram de

---

* Foi no apartamento da família Weil, ao lado do Jardim de Luxemburgo, que, em 30 de dezembro de 1933, Trótski presidiu o encontro da fundação — uma pré-conferência, como ele chamou na ocasião — da Quarta Internacional, criada formalmente em junho de 1936. Dizem que, durante sua hospedagem na residência dos Weil, Trótski ficou furioso com Simone quando ela se atreveu a criticá-lo pelo massacre aos marinheiros amotinados ordenado por ele em 1921. Em julho de 1936, numa carta a Victor Serge, Trótski afirmou que havia conhecido bem Simone Weil: "Durante algum tempo, ela simpatizou com a nossa causa, mas depois perdeu a fé no proletariado e no marxismo. É possível que venha a se aproximar da esquerda novamente".

Marselha a bordo de um navio, chegando a Nova York em junho de 1942. Pouco tempo depois, ela começou a fazer planos de viajar para a Grã-Bretanha, para poder ficar mais perto da França. No fim daquele ano, desembarcou em Londres e conseguiu trabalho nas Forças Francesas Livres de De Gaulle. Ela pretendia ser lançada de paraquedas na França para poder juntar-se à resistência, mas seu pedido foi negado. Sofrendo de tuberculose e recusando-se a comer e a receber tratamento médico, ela morreu em 24 de agosto de 1943, em Ashford, com apenas 34 anos. Quase todos os escritos filosóficos pelos quais se tornou conhecida mais tarde foram publicados postumamente.

A maioria dos refugiados famosos não tinha mais ninguém a quem recorrer exceto Fry. Entre os judeus alemães que o comitê ajudou a fugir estavam Otto Meyerhof, o ganhador do Nobel de Medicina, o psiquiatra Bruno Strauss e os escritores Lion Feuchtwanger, Hannah Arendt e Konrad Heiden, autor de uma biografia de Hitler. Entre os músicos, os mais conhecidos eram a cravista Wanda Landowska e o pianista Heinz Jolles.

Mehring, o poeta protegido de Miriam Davenport, era um antinazista sem papas na língua e passou por diversas situações alarmantes antes de conseguir deixar a França. Embora dispusesse de um visto que o autorizava a atravessar a Espanha, Mehring tinha medo de ser reconhecido e entregue à Gestapo. Fry conseguiu-lhe um passaporte tcheco falso, convencido de que sua aparência era tão desalinhada que ninguém acreditaria que ele era um poeta consagrado. "Na verdade, ele era tão baixinho que nós o chamávamos de *Baby*", recordou-se Fry. "Ele só tinha um terno, folgado e encardido, o mesmo que estava usando quando chegou a Marselha. Parecia mais um mendigo do que um poeta — ou então uma criancinha."[9] Mehring nunca conseguiu chegar à Espanha. Ele foi preso na fronteira da França e enviado para o campo Saint-Cyprien, próximo dali. Fry conseguiu libertá-lo, mas depois disso, apavorado, ele alegou que estava doente e recusou-se a sair do quarto de seu protetor no Hôtel Splendide. Finalmente, Fry arranjou-lhe um lugar num navio que partia de Marselha. No momento de seu embarque, um policial francês puxou uma lista com os nomes de pessoas proibidas de sair da França. O nome dele estava na lista. O oficial se retirou para fazer uma consulta e, ao voltar, declarou, de modo lacônico, que era provável que existissem duas pessoas com o nome de Walter Mehring — e autorizou a partida do poeta.

Jacques Schiffrin, o editor judeu-russo que acompanhara Gide em sua viagem à União Soviética em 1936, também estava ansioso para escapar dos nazistas. Integrado à cena literária parisiense, ele tinha boas razões para acreditar que contava com o apoio de seus pares. Em 1923, ele fundara as Éditions de la Pléiade para publicar os clássicos russos em francês. Oito anos depois, acrescentou a essa série os clássicos franceses modernos e rebatizou a coleção de La Bibliothèque de la Pléiade. Em 1933, Schiffrin atravessou um período de dificuldades financeiras e a coleção Pléiade foi integrada às Éditions Gallimard, conseguindo se manter como um selo de prestígio. Mas o papel de Schiffrin na sua criação foi logo esquecido.

No verão de 1940, os oficiais alemães ocuparam o apartamento de Schiffrin em Paris e ele mandou sua família para Saint-Tropez. Em novembro, ele recebeu uma carta de Gaston Gallimard informando-o de que fora afastado do cargo de editor da coleção Pléiade. Gallimard não teve coragem de dizer a Schiffrin que o motivo disso é que ele era judeu, e alegou que a editora estava passando por um realinhamento.[10] Mas os amigos de Schiffrin em Nova York tinham conseguido colocar seu nome na lista de Fry. Finalmente, em 6 de maio de 1941, ele teve notícia de que poderia viajar com a família num navio que partiria de Marselha com destino a Casablanca no dia 15 de maio. Em carta a Gide escrita cinco dias depois, ele descreveu a situação de incerteza em que a maioria dos refugiados vivia:

> Desde que chegamos a Marselha, temos experimentado uma nova forma de tortura. Os planos são feitos e desfeitos no mesmo dia. Quando conseguimos providenciar todos os documentos necessários, vistos, passagens, passaportes etc., ocorre um contratempo e tudo volta à estaca zero. Para salvar o que parece perdido para sempre, eu me arrasto pelas ruas na esperança de encontrar alguém que conheça alguém...[11]

Quando os Schiffrin conseguiram chegar a Casablanca, foram confinados em um campo de internação pelo governo de Vichy. No final das contas, conseguiram desembarcar em Nova York mais de três meses depois de terem saído de Marselha.

Os surrealistas eram o grupo de artistas mais visível em Marselha. Eles criaram uma espécie de mundo à parte na Villa Air-Bel, uma mansão caindo aos pedaços nos arredores da cidade. Bénédite havia encontrado essa mansão quando estava à procura de um lugar onde Fry pudesse escapar da pressão permanente de morar no centro de Marselha. Com seus dezoito quartos, seus salões outrora elegantes e uma cozinha imensa, a Villa Air-Bel revelou-se um lugar ideal. Em outubro de 1940, alguns membros da equipe de Fry — Bénédite e sua esposa, Mary Jayne Gold, Serge e Miriam Davenport — foram se juntar a ele nesse novo endereço. Mas o hóspede mais famoso era André Breton, que veio hospedar-se ali com sua mulher, Jacqueline Lamba, e a filha deles, Aube. O resultado disso foi que nos meses seguintes a Villa Air-Bel se transformou numa espécie de comunidade surrealista, onde Breton desempenhava o papel de guru e dirigente. "Eles estavam se divertindo", comentou Stéphane Hessel, que passou algum tempo em Air-Bel antes de ingressar nas Forças Francesas Livres em Londres, "mas, ao mesmo tempo, estavam assustados. O medo pode ser um estímulo para se viver bem: aproveite a vida enquanto é possível."[12]

No início de dezembro de 1940, a vida dos moradores foi perturbada pela chegada da polícia francesa, que revistou a casa e descobriu, triunfante, uma pistola antiga que pertencia a Breton. Fry e alguns outros hóspedes sabiam que Pétain estava planejando uma visita oficial a Marselha. Hirschman tinha reagido à altura da situação: "É meu costume cair fora quando o chefe de um Estado fascista chega à cidade", dissera ele a Fry.[13] Mas o restante do grupo, além de alguns visitantes, estava em casa quando a polícia chegou, e logo percebeu que a intenção dos policiais era prendê-los. Ao anoitecer, junto com cerca de outros 570 *indésirables*, eles foram aprisionados no porão do *S. S. Sinaïa*, um navio de carga atracado no porto de Marselha. Depois de duas noites desconfortáveis, Fry e Gold enviaram uma carta ao capitão advertindo-o de que ele estava mantendo presos, ilegalmente, dois cidadãos americanos. O capitão na mesma hora os convidou para ir até sua cabine, derramou-se em desculpas e, culpando Vichy de ter transformado seu navio numa prisão, ofereceu a cada um deles uma taça de conhaque.

Finalmente, no quarto dia de detenção, Fry e sua equipe foram libertados. O número de refugiados em Marselha no fim de 1940 era tão elevado que foram necessários quatro navios, quatro fortes e três salas de cinema, além das cadeias e dos presídios regulares, para acomodar todos eles. Uma das pessoas detidas era um livreiro, que expusera na vitrine de sua loja fotografias do marechal Pétain e do almirante François Darlan lado a lado com um exemplar de *Os miseráveis*, de Victor Hugo. "No total, 20 mil pessoas tinham sido presas", comentou Fry, sarcasticamente. "A visita do marechal fora um enorme sucesso."[14]

Com os surrealistas ainda esperando por seus vistos, a Villa Air-Bel continuou a atrair visitantes curiosos, boa parte deles artistas e poetas do próprio círculo de Breton, como Wilfredo Lam, André Masson, Max Ernst, Jacques Lipchitz, Benjamin Péret, Remedios Varo, Roberto Matta, Jean Arp e Marcel Duchamp. "Muitos surrealistas vinham nos visitar todos os dias e tentávamos ao máximo tapear a angústia daquele momento", escreveu Breton posteriormente.[15] Ele organizava debates e incentivava os artistas a trabalhar em desenhos coletivos, como um elaborado baralho de cartas em que os quatro naipes tradicionais tinham sido substituídos por Amor, Sonho, Revolução e Conhecimento. Muitos desses encontros foram registrados em imagens, como uma série de fotografias mostrando uma exposição ao ar livre dos trabalhos recentes de Ernst, que a mulher de Saint-Exupéry, Consuelo, o ajudou a pendurar nas árvores. "Toda a turma do Deux Magots veio ver a exposição, e eles estavam loucos como sempre",[16] Fry observou mais tarde, descrevendo, de maneira bem-humorada, a "namorada francesa velha e gorda, mas cheia de dinheiro" de Óscar Domínguez, os poemas de Péret, tão parecidos com frases escritas nas paredes dos banheiros públicos, e o pintor romeno Victor Brauner, que tinha um olho só, assim como as mulheres e os gatos que ele retratava em seus quadros. "André [Breton] pegava sua coleção de revistas velhas, papéis coloridos, pastel, tesouras e potes de cola, e todos faziam colagens", continuou Fry. "No fim da noite, André decidia quem havia feito o melhor trabalho, gritando *Formidable! Sensationnel!* ou *Invraisemblable!* para cada desenho, colagem ou gravura."[17]

Outra visitante da mansão era Peggy Guggenheim. Depois de fugir de Paris em 11 de junho, ela alugou uma casa em Lac d'Annecy, a leste de Lyon, onde acolheu o artista alemão Jean Arp e sua esposa judia, a pintora Sophie Taeuber. Ela estava se preparando para despachar sua coleção de arte para Nova York quando lhe pediram que pagasse as passagens de navio para os Estados Unidos das famílias de Breton, Max Ernst e Pierre Mabille, o médico dos surrealistas. Ela concordou em custear as passagens dos Breton e de Ernst e, como era típico de sua parte, pediu em troca um quadro deste último. Como seu amigo Victor Brauner também estivesse precisando de ajuda, Peggy decidiu fazer uma visita à Villa Air-Bel, mas sentiu-se incomodada com a atmosfera ameaçadora de Marselha e voltou correndo para Grenoble, depois de dar algum dinheiro a Breton e a Fry. Ao retornar à mansão algumas semanas depois, os Breton,

Serge, Lam, Masson, a escritora Anna Seghers e o antropólogo Claude Lévi-Strauss já estavam em segurança, a bordo de um navio lotado com destino ao Caribe. Mas Peggy encontrou ao menos um consolo: Ernst continuava na Villa Air-Bel e, na tentativa de arrancar dele mais alguns quadros, ela o seduziu. "Não demorei a descobrir que estava apaixonada por ele", relembrou mais tarde, em seu livro de memórias.[18]

As semanas que se seguiram foram perigosas e melodramáticas. Sentindo-se ameaçada por ser judia, Peggy começou a fazer planos para sair da França, mas sua intenção era levar consigo o novo amante. Por diversas vezes, ela acompanhou Ernst ao consulado americano na esperança de que o sobrenome Guggenheim pudesse impressioná-los e facilitar a obtenção de um visto. No final, o filho de Ernst, que estava trabalhando no Museu de Arte Moderna em Nova York, conseguiu que o diretor do museu, Alfred Barr, declarasse sob juramento que Ernst nutria uma "aversão ativa a todas as formas totalitárias de governo". Um visto de emergência foi afinal expedido. No dia 1º de maio de 1941, vinte meses depois de sua primeira internação na França como estrangeiro indesejável, Ernst atravessou a fronteira da Espanha levando suas telas enroladas no interior de uma valise. Surpreendentemente, o guarda que inspecionou sua bagagem na fronteira da França elogiou o trabalho de Ernst, declarando que ele era um grande artista, e o deixou passar. Ao chegar a Lisboa, Ernst teve a grata surpresa de encontrar-se com Leonora Carrington, que ele perdera de vista um ano antes e que tinha passado vários meses num hospital psiquiátrico no norte da Espanha. Essa novidade perturbadora estava à espera de Guggenheim quando ela chegou a Lisboa alguns dias depois. Peggy não demorou a perceber que Ernst ainda estava apaixonado por Leonora e concluiu que o havia perdido. Mas Leonora, que tinha aceitado se casar com o diplomata mexicano Renato Leduc, decidiu manter sua palavra, embora estivesse perplexa com o comportamento de Max. Mais de 45 anos depois, ela disse a um entrevistador: "Senti que havia alguma coisa errada na relação de Max com Peggy. Eu sabia que ele não a amava".[19]

No dia 13 de julho, Peggy e um batalhão de pessoas, incluindo seu ex-marido, a ex-mulher dele e sete crianças, além de Max Ernst, saíram de Lisboa, de avião, com destino a Nova York, onde se encontraram novamente com Breton e outros surrealistas exilados. Cinco meses depois, Ernst e Peggy se casaram. Peggy disse a Ernst que essa era a melhor garantia de que ele não seria deportado como um estrangeiro inimigo. Mas o casamento deles durou pouco.

Quando Ernst saiu de Marselha, muitos artistas na lista de Fry ainda aguardavam seus vistos de entrada em países estrangeiros. Mas Marc Chagall estava hesitante quanto à ideia de sair da França. Embora fosse um judeu nascido na Rússia, ele adquirira nacionalidade francesa em 1937 e sentia-se seguro na sua casa de fazenda em Gordes, a leste de Avignon. Em carta a um oficial francês, ele sublinhou que havia escolhido a França como seu país de adoção em 1910, acrescentando: "Desde esse dia, minha carreira artística se desenvolveu exclusivamente na França. Sempre me senti muito honrado de ser considerado um pintor francês".[20] Em 8 de março de 1941, Fry e Bingham passaram o fim de semana com Chagall e sua esposa, Bella, e lhe entregaram um convite formal de Alfred Barr para que o casal viajasse para os Estados Unidos. Chagall respondeu mais uma vez que se sentia feliz onde estava.

No mês seguinte, um cerco aos judeus acusados de trabalhar no mercado negro alarmou os Chagall, que viajaram às pressas até Marselha para um encontro com Fry. Durante uma batida policial no Hôtel Moderne em 9 de abril, Chagall foi detido, junto com outros judeus. Ao saber disso, Fry reagiu com a petulância de sempre, advertindo severamente o policial francês responsável de que o governo de Vichy ficaria muito constrangido e de que ele seria duramente repreendido por prender um dos maiores pintores do mundo.[21] Menos de meia hora depois, Chagall foi liberado. Ele insistiu em viajar com todas as suas telas e, no dia 7 de maio, levando uma tonelada e meia de bagagem, os Chagall saíram da França de trem e atravessaram a Espanha com destino a Lisboa, onde embarcaram num navio para os Estados Unidos.

O êxodo continuou. Lipchitz, o escultor judeu nascido na Rússia que teve de ser repetidamente alertado por Fry quanto aos perigos que estava correndo, partiu de Marselha uma semana depois. Péret e sua amante, a pintora Remedios Varo, chegaram ao México no fim de 1941. Duchamp desembarcou em Nova York em junho de 1942. Arp e Taeuber não conseguiram vistos para os Estados Unidos e fugiram para a Suíça em novembro de 1942. Willy Maywald, um fotógrafo de moda alemão que emigrara para a França em 1931, teve que esperar ainda mais tempo. Durante o período da guerra de mentira, ele foi internado em diversos campos até conseguir escapar em maio de 1940. Enquanto aguardava que Fry lhe arranjasse um visto, ficou na casa de amigos em Cagnes-sur--Mer, onde fabricou sapatos e objetos de ráfia para obter algum dinheiro para si e para outros refugiados. Somente em dezembro de 1942 Maywald conseguiu fugir para a Suíça.

Fry tinha o apoio fiel da condessa Lily Pastré, a milionária herdeira da Noilly Prat. Dona de um castelo em Montredon, ao sul de Marselha, Pastré recebeu artistas plásticos, atores e músicos e organizou vários concertos, como os da judia romena Clara Haskil e de Pablo Casals. Em 27 de julho de 1942, ela abriu seu castelo para uma apresentação extraordinária de *Sonhos de uma noite de verão*, dirigida pelo ator Jean Wall e por Boris Kochno, ex-assistente e libretista de Diaghilev. Os figurinos, criados pelo jovem estilista Christian Dior, foram confeccionados com as cortinas da mansão. A música ficou a cargo da Orchestre National de la Radiodiffusion Française, regida por Manuel Rosenthal. Pastré também acolheu foragidos e ajudou Haskil, Jean Arp e sua esposa judia a escapar para a Suíça. Quando os alemães assumiram o controle do sul da França, eles ocuparam parte de seu castelo, mas a vigorosa condessa continuou a apoiar a cultura em Marselha.

Alguns artistas refugiados nunca chegaram a sair da França. Sonia Delaunay, uma pintora judia nascida na Ucrânia, cujo marido, o pintor francês Robert Delaunay, morreu em outubro de 1941, sobreviveu à guerra escondida em Grasse, nas proximidades de Cannes. O fotógrafo francês Willy Ronis, que também era judeu, saiu de Paris durante o êxodo e conseguiu emprego numa companhia teatral que viajava pela zona não ocupada. Quando a Alemanha ocupou o sul da França, ele teve de se esconder. Os artistas plásticos Bellmer e Wols, que haviam sido internados no Camp des Milles junto com Ernst, também sobreviveram à guerra. O mesmo aconteceu com Brauner e Jacques Hérold, ambos judeus romenos, que não conseguiram encontrar nenhum país disposto a recebê-los.

Outros tiveram menos sorte. Chaïm Soutine, um judeu nascido na Lituânia que ficou famoso como pintor no período entre as guerras, vivia em Paris desde 1937 com Gerda Groth, judia alemã. Ela foi mandada para um campo de internação em Gurs, em maio de 1940, e eles nunca voltaram a se encontrar em vida. Soutine saiu de Paris em março de 1941 e foi para Champigny-sur-Veude, na companhia de Marie-Berthe Aurenche, ex-mulher de Max Ernst. Forçado a usar uma estrela amarela a partir de maio de 1942, ele continuou a pintar mesmo assim. Mas, no verão de 1943, sua saúde se deteriorou e ele precisou ser levado às pressas para Paris, onde morreu no dia 9 de agosto. Picasso, Cocteau, o poeta Max Jacob e Gerda Groth acompanharam seu enterro no cemitério de Montparnasse. Tristan Tzara e o ator Sylvain Itkine aderiram à resistência, mas Itkine foi assassinado pela Gestapo dias antes da libertação da França, em agosto de 1944. Fry lamentou especialmente o destino de dois importantes socialistas alemães, Rudolf Hilferding e Rudolf Breitscheid, que, a despeito da intensa intermediação de sua parte, foram presos pela polícia francesa e entregues aos nazistas. Segundo o relato oficial, Hilferding enforcou-se numa prisão de Paris em 1941, enquanto Breitscheid foi morto num bombardeio pelos Aliados em Buchenwald, em 1944. Fry acreditava que os dois homens tinham morrido nas mãos dos nazistas.

No verão de 1941, os problemas de Fry aumentavam a cada dia. As pressões para que ele abandonasse sua operação vinham agora tanto do Departamento de Estado e do Comitê de Resgate de Emergência em Nova York quanto da polícia francesa. Desde seus primeiros dias em Marselha, ele descobrira que não podia contar com muita ajuda do cônsul-geral americano. Numa visita no fim de 1940, Fullerton o aconselhara a sair da França antes que fosse preso e mostrara a ele um telegrama do Departamento de Estado criticando suas atividades. Em janeiro de 1941, o diplomata recusou-se a renovar o passaporte de Fry, respondendo que só o faria com a condição de que ele concordasse em voltar para os Estados Unidos. A embaixada americana em Vichy também não via o trabalho dele com simpatia. Quando Fry ia até a embaixada para tentar conseguir mais vistos, o *chargé d'affaires* estava sempre ocupado demais para recebê-lo.[22]

A situação de Fry ficou ainda mais difícil quando o almirante William D. Leahy assumiu o posto de embaixador, em janeiro de 1941. Certa ocasião, Fry foi informado por um terceiro secretário de que a polícia francesa tinha um dossiê sobre ele. "Respondi a ele que a polícia tinha um dossiê sobre todo mundo", relembrou Fry.[23] Enquanto isso, provavelmente pressionado pelo Departamento de Estado, o Comitê de Resgate de Emergência começou a enviar sinais ambíguos a Fry, transferindo-lhe dinheiro com regularidade, mas respondendo com impaciência aos seus pedidos de que o comitê conseguisse mais vistos de emergência do Departamento de Estado. No fim de 1940, um jornalista americano chamado Jay Allen desembarcou em Marselha alegando que fora nomeado pelo comitê para substituir Fry. Fry e sua equipe simplesmente o ignoraram.

Porém o mais preocupante de tudo era que Fullerton estivesse compartilhando suas queixas a respeito de Fry com as autoridades francesas locais. Isso tornava muito mais fácil para elas livrar-se de vez daquele encrenqueiro idealista. Em 10 de julho de 1941, Fry recebeu uma intimação do novo chefe de polícia de Marselha, o linha-dura Maurice de Rodellec du Porzic. Este começou lhe dizendo que Fry causara muitos aborrecimentos ao seu bom amigo, o cônsul--geral dos Estados Unidos. Prosseguindo, afirmou que tanto o governo dos Estados Unidos quanto o Comitê de Emergência exigiam que ele voltasse para casa "sem mais demora". Quando Fry objetou que não poderia fazer isso, o chefe de polícia declarou que, se ele não partisse por vontade própria, seria preso e forçado a morar numa cidade pequena onde não pudesse causar problemas. No final de contas, Fry concordou em partir no dia 15 de agosto, mas indagou por que razão Rodellec du Porzic se opunha tão ferozmente a ele. "Porque o senhor foi longe demais protegendo os judeus e os antinazistas", foi a resposta que ouviu.[24] No dia seguinte, Fullerton deu a Fry um novo passaporte, válido apenas para viajar aos Estados Unidos.

O prazo final de 15 de agosto chegou, sem que Fry tomasse a iniciativa de partir, porém, duas semanas mais tarde, ele foi preso e escoltado até a cidade fronteiriça de Cerbère. Os outros membros de sua organização o acompanharam e lhe ofereceram um almoço de despedida no restaurante da estação antes que ele embarcasse num trem para a Espanha. Daniel Bénédite, que tantas vezes provara seu valor, assumiu o comando da operação, e outras centenas de refugiados receberam ajuda para deixar a França antes que a Organização Americana de Resgate fosse fechada pela polícia francesa em junho de 1942. Estima-se que Fry e os membros de sua organização tenham salvado cerca de 2 mil pessoas, um número dez vezes maior do que a lista que Fry trouxera no bolso em agosto de 1940.

Nos Estados Unidos, Fry criticou a política de imigração americana e alertou para o destino cada vez mais sombrio dos judeus europeus no artigo "O massacre dos judeus na Europa", publicado na *New Republic* em dezembro de 1942. A única consequência imediata disso é que ele foi fichado pelo FBI. Em seguida, Fry desapareceu da visão do público, escreveu um livro de memórias e se tornou professor numa escola secundária. Mas Dina Vierny nunca se esqueceu dele. Em 1967, alguns meses antes da morte de Fry, ela convenceu André Malraux, então ministro da Cultura, a homenageá-lo com o título de cavaleiro da Legião de Honra (Légion d'Honneur). Mais de trinta anos depois, ela ainda se recordava dele afetuosamente:

Eu conheci Varian Fry. Ele não era feito para aquela tarefa. Como um são Jorge diante do dragão, ele era um homem modesto. Jamais lhe passou pela cabeça, nem por um segundo, que ele fosse um herói, um verdadeiro herói americano. Ele viveu na França apenas 389 dias, mas não mediu esforços para salvar as pessoas, por todos os meios, muitas vezes ilegais, e sem pensar no perigo que ele próprio corria. Era um homem encantador, culto, interessado e gentil, que só pensava no trabalho que tinha a fazer. Mais tarde, ele lamentou não ter conseguido salvar um número ainda maior de pessoas.[25]

Com tamanha profusão de talentos artísticos, literários e intelectuais sendo forçados a deixar a França (ou a viver na clandestinidade), tudo indicava que o mundo das letras e das artes plásticas estava sendo entregue aos partidários de Vichy e aos simpatizantes do nazismo. Esse êxodo era justificável? Os judeus e os antinazistas certamente não tinham escolha. Mas muitos artistas franceses — como os atores e diretores que se mudaram para Hollywood e os surrealistas ajudados por Fry — fizeram uma opção mais pessoal. "Não acredito que eles tenham se sentido envergonhados por partir", disse Hessel, em relação aos artistas que tinham ido para Nova York. "Eles achavam que tinham que salvar seu trabalho, sua reputação e a contribuição que poderiam dar à arte mundial."[26] Mas a fuga deles ensejou críticas e acusações de covardia e egoísmo por parte dos que ficaram na França, e insultos ainda mais violentos dos extremistas de direita que passaram a referir-se a eles como *les mauvais français emigrés en Anglo-Saxonnie*, isto é, os maus franceses que emigraram para o mundo anglo-saxão. De fato, à medida que a ocupação chegava ao seu primeiro aniversário e Paris exibia uma vida cultural fervilhante em que todas as formas de arte experimentavam um momento de vigor, era possível afirmar que os artistas que foram embora tinham simplesmente deixado lugar para os novos talentos que viriam substituí-los. E havia muita gente disposta a fazer isso.

5. A noite parisiense

A chegada da primavera de 1941 encontrou os parisienses muito bem adaptados à ocupação, o que talvez tenha sido uma bênção, uma vez que já estava bem claro que ninguém tinha pressa em salvá-los. Os Estados Unidos estavam relutantes em entrar na guerra. A União Soviética havia assinado um pacto de não agressão com a Alemanha. E enquanto a Grã-Bretanha, para surpresa da maioria dos franceses, conseguira impedir uma invasão alemã no verão de 1940, a "valente e pequena Inglaterra" ainda estava longe de representar uma ameaça para o Reich. Aliás, os serviços de propaganda tanto da Alemanha quanto do governo de Vichy manipulavam com habilidade a opinião pública francesa, relembrando o tempo todo que a Grã-Bretanha era o inimigo histórico da França. E, como se dizia a todo instante, havia novos motivos para se suspeitar da pérfida Albion: a Grã-Bretanha sacrificara a França para salvar suas próprias forças militares em Dunquerque, e Churchill bombardeara os navios da marinha francesa em Mers el-Kébir, além de dar apoio a uma tentativa fracassada de De Gaulle de assumir o controle do Senegal em setembro de 1940.

Como não podia deixar de ser, o beneficiário de toda essa desconfiança era Pétain, que, a essa altura, para a maior parte da população francesa, parecia ser a única alternativa ao apoio aos alemães ou aos britânicos. O problema é que o marechal não podia fazer nada para transformar a vida dos parisienses. Aliás, ele não pôs os pés em Paris nenhuma vez entre junho de 1940 e abril de 1944, quatro meses antes de a cidade ser libertada. A realidade é que os alemães estavam no comando, e a maioria dos parisienses optou por fazer o melhor que podia naquela situação. E isso significava encontrar distração onde fosse possível.

A década de 1930 produzira uma infinidade de teatros, cabarés, casas noturnas e bordéis, e quase todos já haviam reaberto suas portas antes do Natal de 1940. Em muitos desses locais, os parisienses podiam se divertir sem a presença das fardas alemãs ao lado deles. A razão era simples: nos espetáculos *stand-up* e nos musicais, os números eram apresentados num francês quase sempre apimentado com jargão, de tal maneira que poucos soldados alemães conseguiam entendê-los. Como existia o risco de serem denunciados, os comediantes e os cantores não faziam críticas diretas às forças de ocupação, mas isso só fazia com que o duplo sentido se tornasse ainda mais engraçado. Havia uma canção, por exemplo, que fazia um trocadilho com a palavra *occupation*:

> *Para nós, o maior problema*
> *Era a falta de ocupação*
> *Reclamávamos disso o tempo todo*
> *Bem, agora nós temos uma ocupação!*[1]

Outra ensinava os ouvintes a ler nas entrelinhas:

> *No que se diz, é você quem deve buscar*
> *O que se quer dizer,*
> *E concluir: "Se ele não o disse,*
> *Ah, então já sei o que ele quis dizer!".*

Embora todos os textos e canções que faziam parte dos espetáculos tivessem que ser aprovados pela Propaganda Staffel, os oficiais alemães eram muito flexíveis em relação a tudo que não envolvesse a Alemanha. Eles permitiram, por exemplo, que o comediante Jacques Grello zombasse da maledicência dos jornais colaboracionistas, dizendo: "Certamente algum deles deve estar falando a verdade, mas qual?". Jean Rigaux foi autorizado a caçoar dos italianos, que ocupavam parte do sudeste da França. Segundo um relato, os comediantes Raymond Souplex e Jean Rieux foram intimados pela Propaganda Staffel a mostrar o texto de um esquete em que ridicularizavam Hitler, ainda no período anterior à guerra. Eles alegaram que não tinham o texto e receberam ordens para representar a cena. Quando o fizeram, sem omitir nenhuma parte, o oficial alemão os parabenizou pela honestidade que haviam demonstrado.[2] Georges Merry, o colega com quem Rieux escreveu, em novembro de 1940, um espetáculo de revista para o Théâtre des Nouveautés chamado *Occupons-nous* (outro trocadilho com a ocupação, que queria dizer "mantenhamo-nos ocupados"), teve um destino mais ingrato. Algum tempo depois, Merry foi preso por usar um show de variedades transmitido pelo rádio para enviar mensagens codificadas a um grupo da resistência. Deportado inicialmente para Buchenwald, ele morreu no campo de concentração de Mittelbau-Dora, na Alemanha.

Na prática, a maior parte do material cômico usado nos palcos satirizava a vida dos parisienses que passavam o tempo todo fazendo malabarismos com o mercado negro e os cartões de racionamento, pedalando suas bicicletas (depois de anos atrás do volante) ou tentando fazer que suas roupas velhas parecessem apresentáveis. Não surpreende que os parisienses de classe média se sentissem à vontade nos espetáculos de variedades. Eles conheciam quase todas as canções e até mesmo uma parte das piadas, e podiam desfrutar de uma noite fora de casa — e inclusive de uma noite *quente*, em pleno inverno —, deixando os problemas para trás. O ator do teatro de variedades Michel Francini, que tinha voltado a Paris em meados de julho, relembrou suas primeiras apresentações após a ocupação, dirigidas principalmente às plateias francesas. O primeiro emprego que ele conseguiu foi na revista *1900*, que estreou no Théâtre de l'Étoile em 10 de setembro de 1940. "Multidões vieram assistir", disse ele.

> Por que razão? Para sair de casa. A guerra não fizera mortos em Paris. O espetáculo era uma revista francesa. E o público era quase todo francês. A revista ficou em cartaz durante cinco ou seis meses. Depois disso, trabalhei num show de cabaré em Reims por duas semanas, em que havia três franceses na plateia, e duzentos alemães. Eles não me achavam engraçado, mas apreciavam as garotas.[3]

Certamente, para a maioria dos soldados alemães, as garotas que dançavam seminuas eram o melhor motivo para sair à noite. Essa era uma das recompensas implícitas para os que conseguiam autorização para passar seus dias de licença em Paris, a joia das cidades ocupadas. Para saber aonde ir, os soldados recorriam ao jornal *Pariser Zeitung*, publicado em alemão, que descrevia o espetáculo oferecido pelo Tabarin como o mais erótico de todos. Terminar a noite num bordel também estava incluído no programa que os soldados sonhavam fazer em Paris. Os bordéis mais famosos da cidade, como o One Two Two, na Rue Provence, 122, na margem direita, e o Sphinx, na margem esquerda, provavelmente não eram para o bolso deles. Era nesses locais que os oficiais alemães, os colaboracionistas franceses, os agentes secretos da resistência, os negociantes do mercado negro e os artistas de todos os tipos, incluindo as mulheres, se encontravam para beber, fofocar e se divertir (sem ter necessariamente que utilizar os serviços sexuais oferecidos pela casa). Os soldados do escalão mais baixo podiam escolher entre uma vintena de bordéis menos sofisticados onde os médicos da Wehrmacht monitoravam a saúde das prostitutas.

Também era possível encontrar mulheres de forma mais circunstancial, como registrou em seu diário o famoso romancista alemão Ernst Jünger. No dia 1º de maio de 1941, três semanas depois de ter sido transferido pela Wehrmacht para um posto em Paris, ele tinha conhecido Renée, que trabalhava como vendedora numa loja de departamentos: "Paris oferece encontros desse tipo sem que seja preciso procurar por eles. Percebe-se logo que a cidade foi erigida sobre um altar de Vênus". Jünger levou a moça para jantar e depois foram ao cinema. "Toquei seus seios", ele escreveu. "Uma geleira ardente, uma colina na primavera que esconde, aos milhares, as sementes da vida, as anêmonas brancas, talvez." Mais tarde, em frente à Ópera de Paris, eles se separaram, "sem dúvida, para nunca mais nos encontrarmos".[4] Mas, através desse encontro, Jünger, o seríssimo autor de *In Stahlgewittern* [Tempestades de aço], sobre a Primeira Guerra Mundial, descobrira mais uma das delícias de Paris.

Os oficiais endinheirados quase sempre preferiam os cabarés, onde podiam desfrutar da visão de dançarinas em roupas audaciosamente reveladoras, ouvir uma ou duas cantoras famosas e, com alguma sorte, saborear um jantar regado a champanhe ao lado de uma bela mulher francesa. Poucos alemães tinham costume de sair com namoradas ou amigas francesas. As fotografias da época em geral mostram os soldados de uniforme, assistindo aos shows sem uma companhia feminina à mesa, o que ajuda a explicar por que eles ocupavam 80% dos lugares em alguns cabarés. Quando o ABC reabriu suas portas, as primeiras apresentações eram destinadas exclusivamente aos soldados alemães. No Folies Bergère, onde não era raro que os soldados lotassem quase toda a plateia, Paul-Louis Derval não demorou a oferecer também programas em alemão. Alguns cantores incluíam no repertório de seus espetáculos uma canção popular alemã, como "Lili Marlène" ou o sucesso alemão "Bei Mir Bist du Schön" (que na verdade fora escrita em iídiche pelo compositor judeu Sholom Secunda), e convidavam os ocupadores a cantar com eles. Os alemães não eram muito diferentes dos turistas de hoje: embora lotassem as casas noturnas, imaginavam, ainda assim, que estivessem usufruindo de uma experiência tipicamente francesa.

Durante boa parte da ocupação, as casas de espetáculos e os cabarés se tornaram um negócio extremamente bem-sucedido. Montparnasse, Pigalle--Montmartre e o Champs-Élysées eram os bairros mais procurados pelo público. Segundo estimativas, 102 casas noturnas estavam em funcionamento em Paris. Apenas em Montmartre, havia 49 cabarés. Os artistas viviam tão ocupados que alguns deles faziam pelo menos dois espetáculos a cada noite, pedalando suas bicicletas apressadamente entre um clube e outro, ou de um teatro a outro. Para alguns administradores de cabaré, era como se a *belle époque* tivesse voltado. Os shows mais suntuosos e com os artistas mais estrelados aconteciam sempre no Folies Bergère e no Casino de Paris. Em 1942, o Folies Bergère deu à sua nova revista o nome presunçoso de *Trois Millions*, pois ela custara 3 milhões de francos. Depois disso, estrearam uma revista ainda mais luxuosa, que recebeu o nome de *Quatre millions*. Maurice Chevalier fez seu primeiro espetáculo durante o período da ocupação no Casino de Paris, em setembro de 1941, numa revista chamada *Toujours Paris*, um nome que não era nada original, pois havia dúzias de espetáculos de revista que exploravam o nome da cidade, como *Paris je t'aime*, *Amours de Paris*, *Pour toi, Paris*, *Tout Paris*, *Bravo Paris*, *Paris en fleurs*, *Paris-Printemps*, e até mesmo *Paris, Ich liebe Dich*. Em 1941 e 1942, o ABC apresentou duas revistas chamadas *Chesterfollies*, que acrescentavam paródias, shows de palhaços e acrobacias à tradicional mistura de música e dança. Jacques Tati, que mais tarde se tornou conhecido por seu personagem Monsieur Hulot, fazia sucesso no Lido com suas apresentações de mímica e suas imitações burlescas. Outros cabarés e teatros que estavam entre os preferidos dos oficiais alemães eram L'Alhambra, Le Palace, Le Bobino, Le Shéhérazade e Les Variétés. Os melhores cabarés, que sempre ofereciam comida saborosa e vinhos de boa safra, permaneciam abertos a noite toda, possibilitando que os farristas ignorassem o toque de recolher.

Isso tudo significava que havia trabalho de sobra para os atores, os cantores e os músicos — exceto, é claro, para os judeus. Um cabaré oferecia aos clientes alemães a garantia de que todos os artistas que ali se apresentavam eram completamente arianos. Outro anunciava que os judeus não eram bem-vindos no local. Nessa atmosfera, então, mesmo antes da promulgação do Estatuto Judaico em outubro de 1940, a maior parte dos artistas judeus optou por permanecer na relativa segurança da zona não ocupada. "Havia muitos judeus no *show business*", recordou Francini. "Ficamos sabendo que eles não iriam voltar. Aproveitando-se da ausência deles, outros diretores e produtores ocuparam seus lugares."[5] Uma famosa cantora judia que hesitou em abandonar a França foi Marie Dubas. Ao retornar ao país depois de uma excursão nos Estados Unidos e em Portugal, ela se viu sob o ataque da imprensa colaboracionista. O *Paris-Soir*, que a acusava de ter casado com um oficial da força aérea francesa e se convertido ao catolicismo como um subterfúgio para poder voltar aos palcos, perguntou: "Será que ela não imagina que o problema com os judeus não é religioso, e sim racial?". O apartamento de Dubas em Paris foi requisitado pela Wehrmacht. Ainda assim, ela retomou sua carreira em Lyon, Nice e em outras cidades na zona não ocupada. Finalmente, em outubro de 1942, com o regime de Vichy começando a deportar os judeus no território controlado por eles, ela conseguiu um visto e fugiu para a Suíça. Seu novo público eram refugiados como ela, para os quais cantava "Ce soir, je pense à mon pays" (Essa noite, penso em meu país).

Entre as grandes estrelas de cabaré não judias, a única que não retomou sua carreira em Paris foi Josephine Baker. Agora com dupla cidadania, francesa e americana, ela estava se apresentando no Casino de Paris no início de maio de 1940. Quando os alemães invadiram a França, ela interrompeu a temporada e seguiu para a Linha Maginot, onde cantou para os soldados franceses. Em seguida, foi para o sul, instalando-se no castelo des Milandes, na Dordonha, que ela havia alugado em 1938 (e do qual se tornaria proprietária em 1947). O capitão Jacques Abtey, um oficial da inteligência militar francesa que ela conhecera em Paris e que estava em contato com as forças gaullistas em Londres, foi encontrar-se com ela. Usando sua celebridade como proteção, e com Abtey se fazendo passar por seu secretário, os dois viajaram até Lisboa levando informações secretas sobre os movimentos militares alemães anotadas com tinta invisível sobre as partituras musicais de Josephine. Depois de entregarem as informações aos agentes franceses, eles receberam ordem para voltar a Marselha, onde Baker reprisou seu papel em *La créole* no teatro lírico da cidade. Então, em janeiro de 1941, novamente sob as ordens de Londres, eles foram para o norte da África, que era considerado um lugar mais seguro. Embora nos meses seguintes Josephine estivesse doente durante a maior parte do tempo,* ela se ofereceu para entreter as tropas americanas quando estas desembarcaram no Marrocos em novembro de 1942. Nos 21 meses que antecederam a libertação de Paris, Josephine Baker se apresentou inúmeras vezes, de Casablanca a Beirute, sempre enfatizando que estava a serviço das Forças Francesas Livres. Mais tarde, ela foi condecorada com a Cruz de Guerra das Forças Armadas e com a Roseta da resistência.

Se os colegas de Baker sentiam-se felizes por retornar aos palcos parisienses, ninguém estava mais exultante do que a célebre Mistinguett. Nascida em 1875 com o nome de Jeanne Bourgeois, ela era diva do cabaré desde a virada do século, tornando-se depois estrela do cinema mudo. Era tão conhecida por suas pernas — seguradas por um valor elevado —, pelos seus chapéus com plumas de avestruz e por sua voz provocante quanto por sua legião de jovens amantes. Chevalier teve a sorte de dançar ao lado dela num espetáculo no Folies Bergère em 1911. Ela o seduziu imediatamente, fazendo com que a carreira dele deslanchasse. À medida que envelhecia, ela conservava seus fãs — e também seus amantes — só pela força da sua personalidade. Durante a ocupação, já com mais de sessenta anos, La Miss se apresentou quase sem interrupções no Casino de Paris, sucedendo Chevalier em novembro de 1941. Mistinguett também ficou conhecida por reclamar de fome durante as apresentações, arrancando presentes como vinho, manteiga e *foie gras* de uma plateia sem dúvida ainda mais esfomeada do que ela. Como todos os outros, ela cantou para auditórios lotados de soldados alemães, mas nunca foi à Alemanha apresentar-se para os prisioneiros de guerra franceses como fizeram Chevalier, Tino Rossi, Charles Trenet, Léo Marjane e Édith Piaf. Após a libertação de Paris, a essa altura com 69

---

* Uma história repetida inúmeras vezes, mas que jamais foi confirmada por Baker, é de que ela adoeceu depois de um jantar privado com Göring, em que ele tentou envenená-la por sua participação na resistência, colocando cianureto em seu copo de vinho. Essa história improvável incluía até mesmo a fuga de Baker por um alçapão na lavanderia e o seu resgate pelos companheiros da resistência.

anos, Mistinguett se deleitava com as sugestões de que tivera amantes alemães e respondia com desdém: "*Ça, c'est différent, ça, c'est l'amour!*" (Mas isso é outra coisa, isso é o amor!).

Com a indústria do cinema retomando muito lentamente suas atividades, os administradores dos cabarés convidavam atrizes e atores famosos para se apresentar em seus palcos, entre eles Viviane Romance e Ginette Leclerc. Suzy Solidor, cantora e estrela de cinema do período pré-guerra, abriu seu próprio cabaré, o Chez Suzy Solidor, onde, todas as noites, interpretava "Lili Marlène" e outras canções alemãs para uma plateia de soldados. O público francês preferia seus venerados cantores do teatro musical. Trenet, que tinha o apelido afetuoso de *le fou chantant* (o louco que canta), voltou ao palco em fevereiro de 1941. Com sua voz aveludada de barítono e sua presença gentil e agradável, ele era autor de boa parte das músicas que interpretava, como "Boum!", "Douce France" e, a mais famosa, "La mer" (regravada mais tarde por Bobby Darin com o nome de "Beyond the sea"). Os espetáculos de Trenet no Folies Bergère, no ABC e no Gaieté Parisienne, com soldados alemães na plateia, eram invariavelmente bem recebidos. Por estranho que pareça, uma vez que Trenet era incapaz de ofender a quem quer que fosse, o *Paris-Soir* decidiu persegui-lo: primeiramente, noticiou que ele havia morrido e, depois, acusou-o de ser judeu, alegando que "Trenet" era um anagrama de "Netter", sobrenome judeu bastante comum na França. Trenet conseguiu reunir provas de que não era judeu, mas, sentindo-se vulnerável por causa de sua homossexualidade, concordou em se apresentar para os prisioneiros de guerra franceses na Alemanha em setembro de 1943. Após a libertação da França, ele se mudou para os Estados Unidos, onde permaneceu durante vários anos, até que esses episódios fossem perdoados e esquecidos.

Piaf, "o pequeno pardal", também estava em plena atividade. Em abril de 1940, ela apareceu em sua primeira peça teatral, *Le bel indifférent*, que Cocteau havia escrito para ela. E, no fim de maio, enquanto a Wehrmacht marchava em Paris, ela excursionou com a peça pelo interior do país. Após a derrota da França, fez algumas apresentações na zona não ocupada, mas, no fim de setembro, voltou a sua cidade, Paris. Dias depois, estreou um espetáculo na Salle Pleyel. No ano seguinte, estrelou o filme de Georges Lacombe, *Montmartre-sur--Seine*, onde fazia o papel de uma cantora bastante parecida com ela. "Meu verdadeiro trabalho é cantar; cantar, aconteça o que acontecer" ("*Mon vrai boullot c'est de chanter. De chanter quoi qu'il arrive*"), ela teria declarado em

1940. E ela cumpriu sua promessa. Durante todo o período da ocupação, Piaf atraiu multidões em suas turnês pela Côte d'Azur e se apresentou em quase todas as casas de espetáculos de Paris — no ABC, no Bobino, no Folies Bergère, no One Two Two, no Moulin Rouge (onde, em 1944, se apaixonou pelo jovem Yves Montand) e até mesmo na sofisticada Salle Pleyel, um mês antes da libertação da cidade.

Naturalmente, os alemães estavam incluídos entre seus espectadores. E às vezes ela respondia à presença deles, pelo menos de acordo com Simone Berteaut, uma amiga de infância que mais tarde participou esporadicamente do círculo da cantora e alegou ser sua meia-irmã. Três das canções interpretadas por ela, incluindo "Mon légionnaire", foram proibidas pelos alemães. Certa vez, segundo Berteaut, ela interpretou uma canção alemã com uma letra em francês carregada de gírias grosseiras, o que agradou tanto aos alemães quanto aos franceses. Em outra ocasião, testemunhada também por outras pessoas, ela dedicou uma canção aos prisioneiros de guerra franceses — "Où sont-ils mes petits copains?" (Onde estão meus companheiros?) — e então, subitamente, surgiu no palco enrolada numa bandeira com as cores da França. Há indícios também de que ela ajudou a esconder três amigos judeus, os músicos de cabaré Michel Ermer e Norbert Glanzberg e o jovem diretor de cinema Marcel Blistène.[6]

Mas foi outro episódio que a livrou de qualquer acusação de colaboracionismo depois da libertação da França. Escolhida como "madrinha" pelos prisioneiros de guerra franceses no campo Stalag III-D, em Berlim, Piaf concordou em fazer duas excursões prolongadas aos campos alemães onde havia prisioneiros franceses. Aclamada pelos alemães em sua primeira visita ao Stalag III-D em 1943, ela persuadiu o comandante do campo a permitir que ela fosse fotografada ao lado dele e dos "seus soldados", como ela os chamava. Essa fotografia existe até hoje. O plano, arquitetado por seu secretário Andrée Bigard, que participava da resistência, era ampliar a fotografia. A imagem de cada prisioneiro foi então recortada e colada em um documento falso, de modo a identificar cada um deles como francês fazendo trabalho voluntário na Alemanha. Quando Piaf retornou ao campo no início do ano seguinte, os documentos foram entregues em segredo aos prisioneiros, de forma que, se algum deles conseguisse escapar, teria nas mãos uma carteira de identidade alemã. E, segundo dizem, alguns conseguiram de fato escapar. Depois da guerra, Piaf declarou: "Não, eu não participei da resistência, mas ajudei meus soldados".[7]

De todos os *chansonniers*, nenhum estava tão em evidência quanto Chevalier, que era extremamente popular tanto na França como em outros países. Durante a guerra de mentira, ele fora até a Linha Maginot entreter os soldados franceses e, com certa dose de ostentação, tinha doado seu velho Packard como ferro-velho, em contribuição ao esforço de guerra. Mais tarde, após a derrota da França, ele se retirou com sua companheira judia, a atriz romena Nita Raya, para o conforto de La Bocca, sua mansão perto de Cannes, onde as partidas de tênis e a prática da natação pareciam experiências mais reais do que a guerra. Sentindo-se seguro na zona não ocupada, ele se apresentava regularmente em Nice e em outras localidades próximas. E quando lhe pediam sua opinião sobre a situação política, o instinto de Chevalier, como o da maioria de seus fãs, era declarar seu apoio a Pétain. Numa entrevista ao jornal *L'Éclaireur de Nice* em dezembro de 1940, ele declarou:

> Nós temos a sorte de poder reverenciar esse homem e de compreender perfeitamente o que ele espera de nós. Por isso, sempre penso nele quando tenho uma decisão a tomar. Eu me pergunto: o que ele diria se estivesse no meu lugar? Como se comportaria? É por essa razão que, para o próximo ano, só posso desejar o mesmo que esse homem, grande entre os grandes, desejaria.[8]

Em setembro de 1941, Henri Varna, o diretor do Casino de Paris, convenceu Chevalier a participar da nova revista *Paris Toujours*. Chevalier estava assustado com a ideia de voltar a Paris, mas uma multidão de fãs, jornalistas e amigos do *show business* foi esperá-lo na Gare d'Austerlitz, tornando sua chegada tão acolhedora quanto ele poderia esperar. Com um rápido sorriso, ele expressou sua alegria por estar de volta. Recusando o carro que fora apanhá-lo, ele preferiu tomar o metrô, dizendo que dessa forma poderia estar próximo dos parisienses novamente. (Na verdade, Chevalier percorreu cinco estações de metrô e, em seguida, tomou o carro que esperava por ele.) Como era de prever, ele fez um enorme sucesso, com seu estilo garboso, seu sorriso encantador e seu inseparável chapéu de palha. Mas Galtier-Boissière, cético como sempre, não se deixou impressionar, observando: "No Casino de Paris, Chevalier canta para uma plateia uniformizada que está presente exclusivamente para contemplar os traseiros".[9] De forma imprudente, Chevalier não apenas aceitou o patrocínio do *Paris-Soir* para duas apresentações num bairro de classe operária como também cantou numa festa beneficente para os oficiais alemães organizada pela Radio-Paris. Informados sobre a popularidade de Chevalier, os produtores alemães o convidaram a se apresentar em Berlim, mas ele recusou. Por insistência do governo de Vichy, ele concordou em cantar para os prisioneiros franceses no campo Stalag XI-A, em Altengrabow, o mesmo local onde ficara preso durante 27 meses na Primeira Guerra Mundial.

No fim de novembro, ele viajou a Berlim com Henri Betti, o jovem músico que costumava acompanhá-lo em seus shows. Passaram a noite lá e, no dia seguinte, foram conduzidos a Altengrabow para se apresentar diante de uma plateia de aproximadamente 3 mil prisioneiros de guerra. O único pagamento de Chevalier, segundo ele, foi a libertação de dez franceses de Ménilmontant, o bairro de Paris onde ele havia nascido. Ele recusou um convite de última hora para uma apresentação no Teatro Scala de Berlim, mas mesmo assim sua viagem foi usada pela propaganda alemã. Seu concerto em Altengrabow foi retransmitido na Alemanha, e também na França (pela Radio-Paris). Além disso, o semanário alemão *Signal*, que circulava nos países ocupados e vendia cerca de 700 mil exemplares apenas na França, publicou fotografias de Chevalier em Berlim omitindo a informação de que cantara apenas para os prisioneiros de guerra franceses.

Sua imagem fora da França ficou abalada com isso. Em 1942, uma transmissão dos Franceses Livres em Londres incluiu o nome dele numa lista de colaboracionistas famosos que mereciam a morte. Apesar disso, Chevalier voltou a se apresentar no Casino de Paris em outubro. Mas, quando retornou para La Bocca, o exército alemão assumira o controle da zona não ocupada, e Chevalier trouxe os pais de Nita Raya para sua casa, para protegê-los. Ele fez uma série de concertos no sul da França, mas ficou longe de Paris. Em fevereiro de 1944, o humorista judeu André Isaac, que agora trabalhava na Radio--Londres sob o pseudônimo de Pierre Dac, divulgou uma nova ameaça de morte contra Chevalier. Dessa vez, Chevalier levou a ameaça a sério. Em maio, ele descobriu que fora condenado à morte por um tribunal especial do governo francês provisório de De Gaulle em Argel. A essa altura, com medo da Gestapo e também da resistência, ele partiu de La Bocca com a esposa Nita e os pais dela, e foi se esconder na Dordonha, onde morou até a libertação da França. Ele escapou por pouco de ser assassinado pelos maquis antes de fugir para Toulouse, onde foi preso por um breve período. Josephine Baker não foi a única a condenar a conduta de Chevalier durante a guerra. Em sua autobiografia, *Josephine*, ela escreveu: "Maurice era um desses franceses que achavam que os alemães tinham vencido a guerra e que já era tempo de as coisas voltarem a funcionar normalmente — à maneira dos alemães, é claro".[10] Mas Chevalier teve sorte. Quando foi intimado a responder pelas acusações de colaboração com os nazistas, ele contou com amigos influentes para defendê-lo, dos quais o mais conhecido era Louis Aragon, o poeta comunista. E foi inocentado.

Para o público francês, a ligação emocional com seus cantores favoritos, quando os ouviam no palco ou pela Radio-Paris, era estabelecida quase sempre pelas letras das canções. Os dois temas principais eram o amor e a França. Quando a guerra terminou, Léo Marjane, a rival de Mistinguett no período pré-guerra, teve que explicar por que havia se apresentado para as tropas alemãs e cantado na Radio-Paris,* mas boa parte de suas canções — como "J'attendrai" (Esperarei) e "Attends-moi, mon amour" (Espere por mim, meu amor) — falava dos sentimentos de centenas de milhares de mulheres francesas cujos maridos, namorados ou filhos estavam presos na Alemanha, ou, mais tarde, eram forçados a trabalhar na Alemanha. Seu maior sucesso, "Je suis seule ce soir", que tocava quase todas as noites na Radio-Paris, começava assim:

> *Estou sozinha esta noite*
> *Com meus sonhos*
> *Estou sozinha esta noite*
> *Sem seu amor.*

Continuava assim:

> *Estou sozinha esta noite*
> *Com meu pesar*
> *Já não tenho a esperança*
> *De que voltarás.*

---

* Embora a Radio-Paris fosse uma estação de propaganda dirigida pelos alemães, Chevalier, Suzy Solidor e Yvonne Printemps faziam parte dos numerosos artistas que se apresentavam nos populares programas de variedades da rádio e recebiam vultosos cachês.

E terminava:

Na lareira, o vento chora
As rosas perdem as folhas, sem ruído
O relógio marca os quartos de hora
Com um som delicado a embalar a minha tristeza

O sucesso de Trenet, "Que reste-t-il de nos amours?" (O que resta de nossos amores?), igualmente melancólico, também relembrava com nostalgia um tempo mais feliz:

O que resta de nossos amores?
O que resta daqueles belos dias?
Uma foto, uma velha foto da minha juventude.

Nas músicas que falavam sobre a França, os cantores descreviam os eternos encantos do país, como Lina Margy em "Ah le petit vin blanc" [Ah, a pequena taça de vinho branco] e Pierre Dudan em "Café au lait au lit" [Café com leite na cama]. A música "Douce France" de Trenet, que se tornou um sucesso da noite para o dia, evocava lembranças da infância, e então dizia:

Sim, eu te amo
E te dou este poema
Sim, eu te amo
Na alegria e na tristeza,
Doce França

Para os cidadãos franceses obrigados a viver nas cidades do interior, ele escreveu "Si tu revois Paris, dis bonjour aux amis" — Se você for a Paris, diga bom-dia aos meus amigos. E como se isso fosse um consolo para os parisienses, Mistinguett cantava que a Torre Eiffel continuava em seu lugar: "La Tour Eiffel est toujours là!". Mas foi Chevalier quem assumiu o papel de animador da torcida, com canções que imitavam a mensagem de Pétain, "vamos amar e reconstruir a França". "Ça sent si bon la France" [É tão bom estar na França] apresentava uma longa lista de pessoas e de lugares franceses que eram dignos de devoção, do "velho campanário ao pôr do sol" à "morena de olhos paradisíacos". Mais pétainista ainda era "La chanson du maçon" [A canção do pedreiro], que evocava a imagem de toda a nação cantando em coro enquanto construíam sua nova casa — a França. E a canção terminava dizendo: "Seríamos milhões de pedreiros cantando no telhado de nossas casas". Em "Notre espoir" [Nossa esperança], Chevalier afirmava que, embora em outros tempos ele tivesse cantado o amor e a alegria, agora lhe faltavam palavras, e por essa razão, ele improvisava usando sons, como "Tra la la la la-la" e "Dzim pa poum pa la". Então ele acrescentava: "Minha esperança é que o céu voltará a ser azul, e cantaremos em paz na nossa velha França".

Um dos surpreendentes ídolos da noite parisiense era Django Reinhardt. De origem cigana, o talentoso guitarrista nascido na Bélgica bem que poderia ter se juntado às centenas de milhares de ciganos nos campos de extermínio nazistas. Mas, embora o nazismo desaprovasse oficialmente o jazz, considerado produto da "degenerada" cultura negra americana, a popularidade que esse estilo musical alcançara na década de 1930 permaneceu bem viva durante toda a ocupação. Quando a guerra começou, Reinhardt estava em Londres com seu quinteto do Hot Club de France, mas repeliu a ideia de se exilar na Grã-Bretanha e voltou imediatamente a Paris. Após a ocupação alemã, ele continuou a tocar no Hot Club de France e em outras casas noturnas, atraindo franceses e alemães apreciadores do jazz. (Um oficial da Luftwaffe de nome Dietrich Schulz-Koehn chegou até mesmo a publicar, em segredo, um boletim informativo sobre o jazz.)

O Hot Club, dirigido por Charles Delaunay, que era um participante ativo da resistência, patrocinava concertos e festivais de jazz em lugares tão tradicionais quanto a Salle Gaveau e a Salle Pleyel. A Radio-Paris, ansiosa por conquistar a simpatia dos ouvintes franceses, também incluía o jazz em seus programas de variedades. Talvez a absurda afirmação de André Coeuroy de que o jazz havia nascido na Europa, como constava em seu livro *Histoire générale du jazz*, publicado em 1942, tenha tornado isso mais fácil. Mas Reinhardt, como seria de esperar, não se sentia totalmente seguro na Paris ocupada. No fim de 1943, ele decidiu fugir para a Suíça, mas foi detido na fronteira pelos guardas alemães. Num lance de sorte, o oficial responsável era seu fã, e o mandou de volta para Paris, onde, em 1944, ele inaugurou seu próprio clube, Chez Django Reinhardt.

Django era o músico de jazz mais aclamado da cidade, mas havia centenas de outros trabalhando nas casas de espetáculos e nos cabarés. Entre eles, Johnny

Hess se destacava pelo estranho movimento sociopolítico que ele patrocinara indiretamente. Hess e Ray Ventura foram responsáveis pela introdução das contagiantes *big bands* na França no fim da década de 1930. E apesar de Ventura, que era judeu, ter partido com sua banda para a América do Sul logo depois da ocupação, o suingue dominou a cena noturna de Paris durante os primeiros anos da década de 1940. (Depois da guerra, Trenet afirmou que a canção "La mer" não fizera sucesso na França quando foi lançada em 1943 porque ela "não tinha suingue".)

Mas não era só isso. Já em 1938, Hess havia introduzido na letra de "Je suis swing" a palavra ininteligível *zazou*. O termo se popularizou como um apelido dos fãs do suingue e, durante a ocupação, acabou por dar nome a uma forma mais ampla de protesto cultural, em que os homens *zazous* usavam cabelos e casacos compridos, as mulheres usavam saias curtas e sapatos pesados, e uns e outros andavam sempre de óculos escuros e carregando um guarda-chuva, qualquer que fosse o clima. A vontade deles de chamar a atenção era interpretada como uma provocação, o que os deixava ainda mais satisfeitos. Depois que os judeus foram obrigados a usar estrelas amarelas sobre a roupa a partir de maio de 1942, alguns *zazous* começaram a fazer suas próprias estrelas, com as palavras suingue ou *zazou* rabiscadas dentro delas. Depois de irritar as autoridades, o movimento recebeu as bênçãos de Hess, que, em 1942, escreveu a canção "Ils sont zazous", na qual descrevia em detalhes o estilo deles de se vestir, acrescentando, com aparente aprovação: "E acima de tudo, eles parecem sempre indignados".

Mas, se os *zazous* se vestiam com ousadia, boa parte dos parisienses parecia mais preocupada em se manter elegante — e aquecida — num momento em que matérias-primas essenciais como a lã, a seda e o couro eram escassas, ou melhor, estavam sendo enviadas para a Alemanha. Eles sabiam que, cuidando da aparência, eles não apenas se sentiam melhor como mostravam aos alemães que o espírito francês permanecia intacto. Parisienses e estilistas procuravam contornar os variados obstáculos à elegância, e o resultado era um triunfo da improvisação e da imaginação. Ainda no período da guerra de mentira, as casas de moda e revistas como a *Marie-Claire* haviam mostrado a capacidade de se adaptar rapidamente, endossando os cinza e os azuis dos uniformes militares, sugerindo vestimentas apropriadas para os abrigos antiaéreos e ensinando como carregar uma máscara de gás. Durante o êxodo de maio e junho de 1940, as páginas femininas de alguns jornais também traziam recomendações sobre o que levar na bagagem, sublinhando a necessidade de privilegiar as roupas confortáveis e os sapatos sem salto. Mas, após a queda de Paris, os alemães começaram a disputar os lugares nas filas das lojas e a limpar o estoque de artigos disponíveis na cidade. Como o Reichsmark estava artificialmente supervalorizado, eles dispunham de dinheiro para fazer isso. Os soldados lotavam as Galeries Lafayette, a Printemps e outras lojas de departamentos em busca de lingeries e perfumes para suas noivas e esposas na Alemanha, como prova definitiva de que eles haviam conquistado Paris. Os oficiais de mais alto escalão preferiam as casas de alta-costura e quase sempre levavam fotografias de suas *Frauen* para saber o manequim usado por elas.

Mas o que o Terceiro Reich na verdade pretendia era herdar o lugar de Paris como centro de criação da alta-costura. No fim de agosto de 1940, Goebbels determinou que os principais estilistas franceses se preparassem para transferir suas operações para Berlim e Viena. Nessas cidades, eles teriam acesso garantido à matéria-prima e receberiam orientações quanto às mudanças de estilo necessárias para que suas coleções ficassem mais ao gosto das mulheres alemãs. "A moda parisiense deve passar por Berlim antes que uma mulher de bom gosto possa usá-la", declarou o semanário alemão *Signal*. Em seu livro de memórias, o embaixador Abetz afirmou que se opusera a essa medida num relatório enviado a Berlim: "Não será por meio da anulação forçada, mecânica e temporária da moda francesa que criaremos uma verdadeira moda alemã, mas somente através do desenvolvimento do espírito criativo e do gosto artístico da própria moda alemã".[11] Em seguida a isso, Lucien Lelong, o costureiro que presidia a Chambre Syndicale de la Couture parisiense, conseguiu obstruir a ordem alemã de "deportar" a alta-costura. "Ela fica em Paris, ou em lugar nenhum", ele afirmou ter respondido, antes de dirigir-se a Berlim para justificar sua posição. Uma vez lá, ele argumentou que, muito embora a indústria da moda de Paris fosse conhecida pelos seus estilistas famosos, ela também incluía um grande número de costureiras autônomas e dezenas de milhares de operários distribuídos em diversos ofícios que envolviam a mão de obra especializada em tecidos, couros, perfumes e na fabricação de joias e de outros acessórios. No final das contas, preferindo não provocar um desgaste desnecessário nas suas relações com os franceses logo no início da ocupação, os alemães abandonaram esse plano. Mas nunca desistiram do sonho de transformar Berlim na capital mundial da moda.

O fato é que duas das mais importantes estilistas de Paris do período entre as guerras interromperam sua produção durante a ocupação da França pelos nazistas. Elsa Schiaparelli se mudou para Nova York, mas Coco Chanel permaneceu em Paris e depois da ocupação ficou com a imagem bastante arranhada. No intervalo entre suas viagens ao sul, Chanel, que tinha 65 anos de idade no momento da queda de Paris, dividia sua suíte no Ritz com Hans Gunther von Dincklage, oficial da Wehrmacht treze anos mais jovem que ela e, segundo se dizia, espião da Abwehr, o serviço secreto militar alemão. Durante a guerra, ela tentou readquirir o controle de seu negócio, que pertencia aos Wertheimer, uma família judia exilada que adquirira a maior parte das ações da empresa em 1924. Finalmente, em 1943, Chanel tomou parte numa conspiração absurda — que teria envolvido o chefe do serviço de inteligência de Hitler, Walther Friedrich Schellenberg —, na qual sua missão era transmitir uma mensagem secreta a Churchill por meio de seu ex-amante, o duque de Westminster. O plano não deu certo, mas Chanel teve que responder a muitas acusações no momento da libertação. Ficou presa durante algum tempo e, depois que amigos do alto escalão conseguiram libertá-la, mudou-se para a Suíça, onde viveu até 1954. A estilista judia Fanny Berger (nome pelo qual Odette Bernstein era conhecida profissionalmente) não teve essa opção. Dona de um *salon de mode* na Rue Balzac, 4, um sofisticado endereço ao lado do Arco do Triunfo, foi forçada a vendê-lo para uma antiga funcionária ariana em julho de 1941. Fanny conseguiu escapar dos grandes cercos aos judeus no verão de 1942, mas foi presa em setembro daquele ano quando tentava cruzar a linha de demarcação. Depois de passar nove meses num campo de internação em Beaune-la-Rolande, no vale do Loire, foi mandada para o campo de deportação de Drancy, nos arredores de Paris. No fim de julho de 1943, foi levada para Auschwitz e executada imediatamente. Fanny tinha 42 anos.

Muitos estilistas judeus tiveram que fugir de Paris, deixando mais espaço para outros profissionais. Os que permaneceram na cidade continuaram a trabalhar, como Jeanne Lanvin, Nina Ricci, Robert Piguet, Jacques Fath, Maggy Rouff, Marcel Rochas e Lelong, cuja *Maison*, a partir de 1942, passou a incluir Christian Dior e Pierre Balmain entre seus principais criadores. Nos primeiros desfiles de alta-costura após a ocupação, em outubro de 1940, a indústria estava preocupada em conservar sua clientela mais endinheirada, dando tratos à bola para criar figurinos que fossem apropriados para se tomar o último metrô depois da ópera. Alguns estilistas contribuíram com o esforço de propaganda de Vichy estampando echarpes com o retrato do marechal Pétain de uniforme, enquanto outros o mostravam sendo aclamado pela multidão eufórica.*

Os oficiais nazistas com dinheiro nos bolsos também eram clientes importantes. Mas os estilistas não esqueceram os parisienses trabalhadores. A bicicleta, por exemplo, se tornara o meio mais prático de transitar pela cidade e, enquanto algumas mulheres jovens pareciam contentes em usar saias mais curtas, as mais recatadas logo puderam escolher entre diferentes modelos de *jupes-cullotes*, ou saias-calças. A importância de manter o bom gosto ao pedalar pela Champs-Élysées foi ressaltada por um desfile de modas em outubro de 1941 em que os costureiros disputaram prêmios nas categorias "Elegância Prática", "Elegância Esportiva" e "Elegância Parisiense". Roupas adequadas a todas as condições atmosféricas eram ainda mais essenciais para os que se locomoviam de bicicleta ou de *vélotaxi*, as bicicletas-táxi que puxavam carrinhos de um ou dois assentos, que em geral não passavam de cestos de vime fixados a uma estrutura com duas rodas, precariamente atrelados à bicicleta. Como essa forma rústica de transporte não oferecia nenhuma proteção, os passageiros tinham que se vestir de modo a poder enfrentar o mau tempo.

Outras mudanças foram impostas pela falta de matéria-prima. A madeira substituiu o couro nos solados dos sapatos, acrescentando às mulheres mais de 2 centímetros de altura e dando origem a modelos criativos e à utilização de tiras de tecido coloridas para garantir boa aparência. Os estalos ruidosos desses sapatos nas calçadas inspiraram Chevalier a cantar uma música em homenagem aos solados de madeira, "La symphonie des semelles de bois". As meias de seda femininas eram quase impossíveis de encontrar, o que fazia as mulheres maquiarem as panturrilhas com uma loção especial vendida pela Elizabeth Arden. Algumas chegavam a desenhar uma risca vertical na parte traseira das pernas para criar a aparência de meias de verdade. Metade das peles de carneiro estava sendo enviada para a Alemanha e os visons tinham simplesmente desaparecido, mas os peleteiros faziam o melhor que podiam com as peles de foca, coelho e até mesmo de gato. Alguns dos numerosos peleteiros judeus que viviam em Paris foram salvos por sua profissão. A Wehrmacht precisava com

---

* A força aérea britânica, por sua vez, estampou nas echarpes de seus pilotos os mapas da França, da Bélgica e de Luxemburgo.

urgência de peles para os uniformes de inverno dos soldados, e por esse motivo libertou cerca de 350 peleteiros do campo de concentração de Drancy (e deixou de prender outros tantos) para que eles pudessem continuar trabalhando, com a condição que o fizessem "sem contato com o público".

As revistas femininas estavam repletas de artigos sugerindo maneiras de contornar as restrições e o racionamento — dando cara nova às roupas velhas, transformando cobertores em casacos para crianças ou calças masculinas em vestidos para os dias frios. (E, como o número de homens franceses presos ou fazendo trabalho forçado na Alemanha era muito grande, o que não faltava eram calças masculinas sem uso nos guarda-roupas.) Ao mesmo tempo, em consequência da crescente escassez de tecidos tradicionais — não apenas lã e seda, mas também veludo, cetim e renda —, os estilistas começaram a fazer experimentos com fibras artificiais, como o raiom e a viscose, que podiam ser extraídos da celulose. Na verdade, muito antes que as pessoas soubessem que os nazistas estavam usando cabelo raspado de suas vítimas nos campos de extermínio, houve uma tentativa de misturar cabelo com viscose na fabricação de tecidos.

Apesar de tudo, a alta-costura sobreviveu e os desfiles de primavera e outono foram amplamente cobertos pelas revistas femininas e pelos veículos especializados em moda. A primeira oportunidade dos parisienses abastados de usar smokings e vestidos longos durante a ocupação foi um baile de gala organizado na Ópera de Paris em 20 de dezembro de 1940, em benefício do Secours National-Entr'aide d'Hiver do marechal Pétain. E, embora as ocasiões para vestir esse tipo de roupa fossem mais raras que no período anterior à guerra, as recepções do Instituto Alemão para os alemães ilustres em visita a Paris e os outros bailes beneficentes que ocorriam na cidade eram sempre situações em que os convidados podiam exibir sua elegância.

Mas, para as mulheres, a maneira mais fácil — e mais barata — de atrair a atenção era usar um chapéu vistoso. As fotografias feitas por André Zucca das ruas no centro de Paris mostram que as cores preferidas para os chapéus eram o vermelho e o preto. Na verdade, quer fossem desenhados por profissionais ou improvisados em casa, os chapéus — de todas as cores, tamanhos e formatos — se transformaram no adereço mais característico da ocupação. Eles também ofereciam os mais imaginativos espetáculos da habilidade artesanal francesa: havia chapéus feitos de celuloide, de lâminas finas de madeira e de papel-jornal. Mas o lugar onde os chapéus se mostravam mais espetaculares era no Hippodrome de Auteuil, no Bois de Boulogne, onde contrastavam com os chapéus menores para uso no dia a dia e ganhavam dimensões extravagantes, além de penas imensas. Os jornais colaboracionistas faziam questão de fotografar os modelos mais inventivos para mostrar os parisienses se divertindo alegremente — ao lado dos uniformes vistosos do exército alemão. A mensagem implícita era de que, se os parisienses podiam se permitir passar uma tarde apostando nos cavalos, então, em grande medida, a vida continuava como era antes. É claro que esses mesmos jornais davam pouca atenção ao crescente esforço da maioria da população de Paris para se manter aquecida e adequadamente alimentada.

O dinheiro continuava a dividir os parisienses, e isso era bem ilustrado pelo que acontecia nos restaurantes da cidade. A maior parte das pessoas só podia arcar com as refeições feitas em casa. Os alimentos comprados com os cartões de racionamento eram complementados com as mercadorias encontradas no mercado negro e, no caso dos que tinham parentes generosos morando no campo, pelo envio ocasional de uma galinha ou de uma perna de carneiro. Mas muitos bistrôs familiares permaneciam abertos, alguns correndo o risco de serem multados ou fechados por oferecer dois menus: um oficial e outro do mercado negro; um barato e outro caro. Assim, mesmo nos estabelecimentos aparentemente modestos, como o Catalan, na Rue Grands-Augustins, que era frequentado por Picasso, era possível às vezes pedir uma porção de ostras seguida de um *gigot d'agneau*. (Houve momentos em que as ostras eram tão abundantes que suas conchas foram usadas como combustível.) Os restaurantes mais chiques preferidos pelos parisienses ricos e pela elite militar alemã não se preocupavam com esse tipo de ficção. Em estabelecimentos como o Maxim's, a Tour d'Argent, o Prunier, o Drouant, o Laurent, o Pavillon de l'Élysée e o Fouquet's, tudo estava disponível pelo preço justo, do melhor champanhe aos mais refinados conhaques. O Maxim's, a poucos passos da Place de la Concorde, era o restaurante com a clientela alemã mais fiel, o que incluía Göring em suas visitas frequentes a Paris para surrupiar obras de arte. Era também nesse endereço que os oficiais alemães eram vistos recebendo como convidados os colaboracionistas mais ilustres, como o editor de jornal Jean Luchaire e celebridades como Sacha Guitry.

Poderia a vida noturna de Paris ter sido diferente? Evidentemente, foram os alemães que decidiram como ela seria. Eles queriam se divertir e queriam também garantir que os parisienses tivessem como se distrair. E, como as casas de espetáculos, os cabarés, os bordéis e os restaurantes eram monitorados de perto, a noite de Paris não representava nenhuma ameaça política ou de segurança para os ocupadores alemães. Mas os parisienses também desejavam que a vida noturna continuasse a florescer: era parte da identidade da cidade, proporcionava um clima de normalidade e assegurava empregos para milhares de atores, cantores, bailarinos e *strippers*, além de costureiras, peleteiros, cozinheiros e garçons. É bem verdade que a visão dos parisienses se divertindo durante a ocupação nunca deixava de surpreender as pessoas de fora, fossem visitantes de outras províncias ou agentes secretos gaullistas recém-chegados de Londres. Mas, para muitos parisienses, após a humilhação da derrota, essa era uma maneira de mostrar a si mesmos — e quem sabe, também aos alemães — que nem tudo estava perdido.

6. A ideia de resistência

Desse modo, diante da derrota e da ocupação, os franceses responderam sucessivamente com raiva, desespero, resignação e acomodação. Com a notável exceção dos escritores fascistas que aplaudiram a vitória do nazismo, a maior parte dos artistas e intelectuais franceses reagiu quase da mesma forma. Pelo menos de início, eles também acreditaram que o marechal Pétain protegeria a França do pior, o que prometia ser um longo martírio. Sentindo-se impotentes, adotaram o *attentisme*, ou o "esperar para ver", uma posição em cima do muro que lhes permitia retomar a vida — escrever, pintar, representar, ensinar — enquanto aguardavam que a salvação viesse de alguma força externa, presumivelmente dos Estados Unidos. A despeito disso, poucas semanas depois da derrota da França, alguns intelectuais e profissionais parisienses atreviam-se, isoladamente, a pensar de outra forma, recusando-se a aceitar a humilhação da França como fato consumado. Sem nenhuma experiência política ou revolucionária, eles abraçavam, de forma quase instintiva, a *ideia* de resistência como alternativa ao *attentisme*. Acreditavam que, muito antes que a luta armada se mostrasse viável, os franceses tinham que aprender a *considerar* a ideia de resistência, a rejeitar a colaboração explícita, a acreditar que a oposição à ocupação era algo possível. O mais surpreendente é que esses primeiros *résistants* não eram políticos antifascistas nem escritores ou jornalistas envolvidos nas batalhas ideológicas da década de 1930. Em sua maioria, eram etnólogos pouco conhecidos que haviam passado anos fora do país estudando o comportamento humano ao longo das épocas.

Depois da guerra, esse círculo de rebeldes ficou conhecido como o Réseau du Musée de l'Homme, porque foi nas instalações *art déco* desse museu, recém--inauguradas na Place du Trocadéro, que alguns dos primeiros conspiradores se encontraram. O líder improvável do grupo era Boris Vildé, um linguista russo que morara na Estônia e na Alemanha antes de se mudar para Paris em 1933. Com apenas 25 anos de idade, Boris se tornou amigo de Gide, que o apresentou a Paul Rivet, então diretor do Musée de l'Ethnographie, o precursor do Musée de l'Homme. Esse encontro fez Vildé se interessar pelo estudo da etnografia, e, em 1939, ele começou a trabalhar como etnólogo no Departamento Europeu do museu. Quando a guerra foi declarada, ele se alistou no exército francês como soldado de artilharia. Ferido e capturado pela Wehrmacht em junho de 1940, Boris conseguiu fugir. No dia 5 de julho, ele reapareceu no Musée de l'Homme, exausto e claudicante, mas determinado a fazer alguma coisa. No mês seguinte, o etnólogo Anatole Lewitsky e sua namorada Yvonne Oddon, que era a bibliotecária do museu, decidiram juntar-se a ele. Em seguida foi a vez do sociólogo René Creston, que também trabalhava no museu. O respeitável Rivet, já próximo dos setenta anos, ofereceu sua bênção aos conspiradores, e também alguns conselhos.

Por toda Paris e em várias outras localidades, havia gente em busca de amigos e conhecidos com a ideia de gerar alguma reação contra os alemães. Um dos que fizeram isso "só para preservar a lucidez" foi Agnès Humbert, curadora do Musée des Arts e Traditions Populaires, que, por coincidência, era vizinho ao Musée de l'Homme. Ao retornar a Paris em 5 de agosto, ela foi se encontrar com Jean Cassou, um respeitado historiador de arte que havia sido nomeado para dirigir o futuro Musée d'Art Moderne. Cassou também sentia que era preciso agir e, juntos, eles reuniram um pequeno grupo de conspiradores que incluía os escritores Claude Aveline e Marcel Abraham (que era judeu), os editores Albert e Robert Émile-Paul* e Christiane Desroches, uma egiptóloga do Louvre.

Embora tivesse assumido o grandioso nome de Les Français Libres de France (Os Franceses Livres da França), as ambições do grupo eram bastante

---

* Os irmãos Émile-Paul foram os únicos editores que se recusaram a assinar o acordo de autocensura com a Propaganda Staffel.

modestas: eles se reuniam uma vez por semana para trocar notícias obtidas nas ruas ou na BBC e escreviam panfletos subversivos para serem distribuídos por Paris. Seu primeiro folheto, escrito por Cassou em setembro e deixado nas cadeiras dos cafés e nos banheiros públicos, já deixava clara a diferença entre eles e os intelectuais que continuavam acreditando que o marechal Pétain pudesse "salvar" a França. Seu título era *Vichy fait la guerre* [Vichy faz a guerra]. Usando informações da BBC, o texto acusava o regime de Pétain de ordenar que suas tropas disparassem contra as forças navais britânicas e gaullistas que tentavam "libertar" o Senegal, a colônia francesa no oeste da África. No mês seguinte, quando os jornais colaboracionistas começaram a atacar Cassou, alegando que ele era judeu (a esposa dele era judia) e comunista, Agnès e ele foram demitidos pelo governo de Vichy.

Enquanto isso, Germaine Tillion, outra etnóloga do Musée de l'Homme, regressou a Paris depois de uma missão na Argélia e se sentiu igualmente consternada com o cenário que encontrou. Sem saber da iniciativa de Boris Vildé, ela entrou em contato com Paul Hauet, um coronel reformado que estava ajudando os prisioneiros de guerra franceses a fugir dos campos alemães na França. No Palais de Justice, alguns advogados, como Albert Jubineau, André Weil-Curiel e Léon Maurice Nordmann, começaram a mobilizar seus amigos, ao mesmo tempo que alguns funcionários da embaixada dos Estados Unidos também decidiram agir.* Não demorou até que chegassem a Paris notícias sobre outro pequeno círculo espontâneo de resistentes liderados por Sylvette Leleu, uma professora da cidade de Béthune, no noroeste da França. Outro grupo surgiu logo em seguida, na Bretanha.

Vildé logo percebeu que era preciso que esses pequenos grupos coordenassem suas ações, que incluíam a ajuda aos soldados britânicos que tentavam fugir da França através da Espanha ou pela Bretanha. Ele adotou o nome de guerra Maurice e começou a viajar secretamente para Lyon, Marselha e Toulouse com o objetivo de fazer contatos e reunir informações sobre as posições e os movimentos militares alemães. Essas informações eram transmitidas a Londres por intermédio do escritório da embaixada dos Estados Unidos em

---

* A embaixada propriamente dita foi transferida para Vichy, mas manteve escritórios em Paris até a entrada dos Estados Unidos na guerra, em dezembro de 1941. A embaixada americana em Vichy permaneceu aberta até novembro de 1942, quando as forças aliadas invadiram o norte da África.

Paris. Por razões de segurança, Vildé manteve em segredo a maior parte de suas atividades clandestinas. Mais tarde, soube-se que ele fornecera a Londres uma série de detalhes sobre a base submarina alemã em Saint-Nazaire e sobre as defesas antiaéreas alemãs em Estrasburgo. Em outubro de 1940, ele havia reunido os vários grupos numa rede informal, que recebeu o nome de Comité National de Salut Publique, ou Comitê Nacional de Segurança Pública. O que esses grupos tinham em comum era a oposição aos nazistas e ao regime de Vichy, além do apoio a De Gaulle, que nesse momento era mais um símbolo do que um verdadeiro comandante de guerra. Agnès Humbert, que, incautamente, mantinha um diário com registros detalhados de todas as reuniões, reconhecia que eles eram, na melhor das hipóteses, amadores: "Que estranho! Aqui estamos nós, quase todos com mais de quarenta anos, exaltados de fervor como se fôssemos jovens estudantes, na esteira de um líder do qual não sabemos absolutamente nada e de quem nenhum de nós jamais viu sequer uma fotografia".[1]

O passo seguinte do novo comitê foi a publicação de um jornal clandestino — um dos primeiros da ocupação — chamado *Résistance*. Descrevendo-se como o boletim oficial do comitê, a primeira edição do jornal saiu em 15 de dezembro de 1940 — apenas quatro páginas impressas num mimeógrafo que pertencia ao Musée de l'Homme. Cassou, Abraham e Aveline formavam o conselho editorial. Agnès afirmou, em tom de brincadeira: "Eu sou a datilógrafa, naturalmente".[2] O editorial da primeira página, escrito por Vildé, começava assim:

> Resistir! É esse o grito que emana de seus corações, que sofrem pelo desastre que se abateu sobre a nossa Pátria. É o grito de todos os que não se resignam, de todos os que desejam cumprir seu dever, mas se sentem isolados e desarmados, e, em meio ao turbilhão de ideias, opiniões e sistemas opostos, se perguntam onde está seu dever. Uma maneira de resistir é proteger seus corações e mentes. Mas é, sobretudo, agir, fazer algo que se traduza em fatos positivos, em ações calculadas e poderosas. Muitos tentaram e se sentiram desencorajados, impotentes. Mas, com paciência, com dificuldade, nós conseguimos encontrá-los e reuni-los. Eles já são muitos (mais do que um exército, somente em Paris), esses homens apaixonados e resolutos que compreenderam que a organização de seus esforços era necessária, e que eles precisavam de um método, de disciplina e de líderes.[3]

O editorial prosseguia, incitando as pessoas a formar grupos, a escolher seus líderes, a aprender a agir com disciplina e sigilo e a se preparar para o momento em que fossem convocadas a lutar. Vildé sublinhava, além disso, que os conselheiros eram pessoas independentes, que nunca haviam participado das escaramuças dos partidos políticos. Encerrava o texto dizendo: "Damos nossa palavra de que nossa única ambição e nosso único desejo é ver renascer uma França pura e livre".

O conselho, então, começou a distribuir o jornal — em seu diário, Agnès descreve suas saídas pelas ruas de Paris carregando cem exemplares na pasta — e prosseguiu com seus esforços para ajudar os britânicos e, ocasionalmente, outros soldados estrangeiros, a chegar até Londres. Duas semanas mais tarde, saiu uma segunda edição do *Résistance*, dessa vez com seis páginas. Seu texto principal era o apelo de De Gaulle aos franceses proferido em 18 de junho de 1940, publicado com a manchete: "A hora da esperança". A edição trazia também referências a outros jornais clandestinos, sobretudo o *Pantagruel*, publicado por Raymond Deiss, um editor de partituras musicais.

Agnès Humbert, que às vezes parecia achar que estava atuando num filme de suspense, começou a pressentir a proximidade da vitória. "Precisamos fazer uma lista com os nomes desses vira-casacas, desses covardes, desses imbecis", escreveu ela sobre os pétainistas que continuava a encontrar por toda parte. "A Quarta República não precisará de pessoas como essas — ou, melhor dizendo, a Quarta República saberá o que fazer com elas."[4] Ao avistar os carregadores franceses transportando as malas dos oficiais alemães, Agnès, antes uma pacata mãe de dois filhos, sentia-se ainda mais indignada.

> Temos que impedi-los! Não podemos permitir que eles nos colonizem, que nos roubem todas as nossas mercadorias e, ainda por cima, carregadas nas costas dos nossos homens, enquanto eles caminham ao lado, com suas botas reluzentes, balançando os braços e com um sorriso no rosto. Não podemos admitir isso! E para impedir que isso aconteça, é preciso matar. Matar como fazem os animais selvagens, matar para sobreviver. Matar às escondidas, premeditadamente, matar inocentes. É preciso fazê-lo, e eu o farei.[5]

Mas, em vez de uma vitória próxima, o que se seguiu foi o início do desmantelamento da conspiração. No começo de janeiro de 1941, o advogado

Nordmann foi apanhado e preso enquanto distribuía o *Résistance*. A rede manteve suas atividades, lançando a terceira edição do jornal no fim daquele mês, dessa vez com milhares de exemplares impressos dos quais uma parte substancial foi distribuída anonimamente pelo correio. A essa altura, Vildé se encontrava no sul da França tentando compor uma base de apoio para seu grupo. Depois de se encontrar com seu amigo Gide, ele foi à procura de Malraux, seguro de que o autoproclamado herói da Guerra Civil Espanhola estaria pronto para novas ações. Mas Malraux respondeu a ele da mesma forma que a outros recrutadores da resistência: sem um estoque considerável de armas, a resistência não fazia sentido. Por essa razão, o plano dele era esperar até que os americanos entrassem na guerra. "Isso tudo é muito bom", disse ele a Vildé, "mas não é sério." Em meados de fevereiro, ocorreu um revés mais significativo: munida de informações secretas supostamente recebidas de dois funcionários do Musée de l'Homme, a Gestapo fez uma batida no local e, depois de interrogar cerca de doze membros da equipe, Lewitsky e Yvonne Oddon foram presos. Temendo que seu papel no movimento fosse descoberto, o diretor do museu, Paul Rivet, fugiu para a zona não ocupada, de onde, mais tarde, partiu em busca de refúgio na América do Sul. Os três editores do *Résistance* — Cassou, Aveline e Abraham — também decidiram fugir para o sul, transferindo as rédeas do grupo para Pierre Brossolette, um ativista intelectual muito determinado.

Outras pessoas se juntaram à rede, incluindo Pierre Walter e Georges Ithier, amigos de Vildé. Entre os novos membros, o mais conhecido era Jean Paulhan, o antigo editor da *Nouvelle Revue Française*, que continuava a trabalhar nas Éditions Gallimard e concordou em instalar o mimeógrafo em sua casa. A quarta e a quinta edição do *Résistance*, publicadas no mês de março, foram impressas em seu apartamento na Rue des Arénes, no quinto *arrondissement*. Mas, no dia 26 de março, o próprio Vildé foi preso, denunciado por Albert Gaveau, um agente duplo que se integrara ao movimento.* Em meados de abril, Agnès Humbert e Walter foram detidos pela polícia alemã. No verão de 1941, dezenove membros da rede já se encontravam nas mãos da Gestapo. No início, foram mantidos nas prisões de Cherche-Midi e de La Santé, em Paris, e mais tarde transferidos para um cárcere do século XIX em Fresnes, ao sul de Paris.

---

* Gaveau, cuja mãe era alemã, foi preso em novembro de 1945 e condenado a vinte anos de trabalhos forçados.

Em maio, Paulhan também foi preso. Humbert registrou em seu diário que foi interrogada em relação a Paulhan e que afirmou jamais ter ouvido esse nome. Mas os alemães sabiam que ele havia guardado o mimeógrafo em sua casa. A sorte de Paulhan foi que, embora nunca tivesse escondido sua oposição aos nazistas, ele mantivera uma boa relação com Drieu La Rochelle, o escritor fascista que o sucedeu como editor da *Nouvelle Revue Française*. Foi por interferência de La Rochelle que Paulhan foi libertado. Em 20 de maio, Paulham escreveu numa carta a ele: "Meu caro Drieu, estou certo de que foi graças a você, e apenas a você, que essa noite pude retornar tranquilamente à Rue des Arènes. Sou-lhe muito grato por isso. Um abraço, Jean Paulhan".[6] Dois dias depois, em outra carta endereçada a La Rochelle, Paulhan relatou que fora interrogado por um capitão alemão que disse saber que Lewitsky entregara o mimeógrafo a ele. O oficial havia prometido a Lewitsky que Paulhan seria libertado assim que o paradeiro da máquina fosse descoberto. Segundo Paulhan, depois de cinco dias em La Santé, ele confessara "1. que L. me entregara de fato uma caixa contendo o mimeógrafo; 2. que, ao tomar conhecimento da prisão de L., eu o havia atirado no Sena (em pedaços)".[7] Para surpresa de Paulhan, ele foi liberado em seguida.*

Outros membros do Réseau du Musée de l'Homme não tiveram tanta sorte. Uma das razões para isso foi que, após a invasão da União Soviética pela Alemanha em junho de 1941, o Partido Comunista Francês se sentiu livre para aderir à resistência. Sua primeira ação foi o assassinato de um cadete da Marinha alemã numa estação de metrô em Paris, em 21 de agosto de 1941. Esse assassinato e outros que se seguiram provocaram retaliações por parte dos alemães e um grande número de reféns foi executado. Uma dessas vítimas foi Honoré d'Éstienne d'Orves, um aristocrático gaullista que era oficial da Marinha e cuja participação na resistência fora denunciada por um espião alemão infiltrado em janeiro daquele ano. Assim, quando em janeiro de 1942 os prisioneiros do Musée de l'Homme foram levados a julgamento em Fresnes, esperava-se que recebessem punições implacáveis. Em seu diário de prisão, Vildé registrara no dia 21 de outubro a visita do promotor público francês, que prometera "pedir sua cabeça". Vildé acreditou de imediato que teria a pena máxima, mas minimizou a importância disso. "E apesar de tudo", escreveu ele, "eu amo a vida. Por Deus, eu real-

---

* Sem se deixar intimidar por essa experiência, Paulhan continuou a desempenhar um papel central no movimento de resistência por parte dos escritores.

mente adoro viver. Mas não tenho medo de morrer. Em certo sentido, ser executado seria a conclusão lógica para a minha vida."[8]

Em 17 de fevereiro, o juiz da corte alemã condenou à morte sete homens, incluindo Vildé, Lewitsky, Walter, Ithier e Nordmann, e três mulheres, entre elas Yvonne Oddon. No caso das mulheres, a pena de morte foi comutada para deportação. Agnès Humbert e outra integrante da rede foram condenadas a cinco anos de prisão na Alemanha, enquanto outros réus receberam sentenças mais leves. No dia seguinte, o advogado de Walter deu esperanças a Humbert de que o juiz pudesse aliviar as sentenças. Reproduzindo as palavras dele, ela escreveu em seu diário:

> Os alemães não podem ignorar os pedidos de clemência para Vildé vindos de pessoas tão importantes quanto François Mauriac, Paul Valéry e Georges Duhamel. E uma vez que a pena de Vildé seja comutada, o mesmo ocorrerá automaticamente com as outras. Gaveau, aquele informante desprezível, será encontrado onde quer que esteja e terá o "tratamento" que merece.[9]

Mas, em 23 de fevereiro, os sete homens foram executados no Forte Mont-Valérien, a oeste de Paris. Somente Vildé teve seu último pedido atendido e foi executado depois de todos os outros.

Quase ao mesmo tempo, outro grupo de intelectuais resistentes que fora um dos primeiros a se formar foi desmantelado pela Gestapo. Liderado por Jacques Decour, professor de literatura alemã, o grupo fora criado em protesto à prisão do renomado físico francês Paul Langevin em outubro de 1940 e tinha entre seus integrantes o radiologista Jacques Solomon, que era genro de Langevin, e Georges Politzer, filósofo marxista nascido na Hungria. Depois de quarenta dias, Langevin foi liberado e mantido em prisão domiciliar na cidade de Troyes, na região de Champagne, até que conseguiu fugir para a Suíça em 1944. No fim de 1940, o grupo havia fundado dois jornais clandestinos — *L'Université Libre* e *La Pensée Libre* — que estavam entre os primeiros a conclamar os intelectuais a não colaborar com os ocupadores. Os três homens eram militantes do Partido Comunista, e a despeito do pacto de não agressão entre alemães e soviéticos, o partido decidira criar uma série de "frentes nacionais" antifascistas.

O resultado disso foi o nascimento do Front National des Écrivains, que tinha o objetivo de conquistar o apoio dos escritores não comunistas e por essa razão enfrentava a oposição do partido. Esse cenário se modificou no verão de 1941, após a invasão da União Soviética pela Alemanha. Tendo Jean Paulhan como principal aliado, Decour ajudou a fundar o Comité National des Écrivains, que lançou seu próprio jornal clandestino, *Les Lettres Françaises*. Mas, antes que o primeiro número do jornal fosse impresso, Decour e Politzer foram presos. Uma semana depois, Solomon também foi detido. Solomon e Politzer foram executados pelos alemães em 23 de maio, e Decour, em 30 de maio de 1942.

Les Lettres Françaises acabou sendo publicado por outro grupo de pessoas. Também os membros remanescentes da rede do Musée de l'Homme prosseguiram com suas atividades. Embora não fosse possível continuar a publicar o *Résistance*, Germaine Tillion liderou os participantes da rede na coleta de informações que fossem úteis às Forças Francesas Livres em Londres. Em agosto de 1942, ela foi presa e deportada para a Alemanha.* Brossolette, que fora o último editor do jornal, passou a organizar outros grupos de resistência na zona ocupada. Mais tarde, ele encontrou-se com De Gaulle em Londres e passou a fazer a ligação entre os grupos gaullistas e os agentes britânicos da Special Operations Executive, organização secreta que praticava sabotagens e espionagem nos territórios ocupados pelos nazistas. Preso em fevereiro de 1944, quando retornava de Londres, Brossolette foi longamente torturado no quartel-general da Gestapo em Paris, na Avenue Foch. No dia 22 de março, apesar de algemado, ele conseguiu se atirar pela janela e morreu algumas horas depois. Outros membros da rede do Musée de l'Homme tiveram melhor destino. Claude Aveline e Marcel Abraham, que estavam na zona não ocupada quando a rede foi desmantelada, aderiram a outros grupos de resistência e sobreviveram à guerra sem ser presos. Cassou, que estava escondido em Toulouse, foi detido em dezembro de 1941. No período em que esteve preso, compôs 33 sonetos — "de cabeça", já que ele não dispunha de folhas de papel — que foram publicados em segredo em 1944. Na primavera de 1943, ele retomou suas atividades clandestinas.

Mas, como instituição, o Musée de l'Homme pagou um preço alto por sua associação à resistência. No total, 28 funcionários do museu figuram entre os *"morts pour La France et pour la liberté"*. Alguns foram fuzilados, como Boris

---

* Tanto Germaine Tillion como Agnès Humbert sobreviveram.

Vildé, e outros foram mortos enquanto lutavam na resistência. Deborah Lifchitz, uma etnóloga judia especialista em Etiópia e Mali, foi enviada para a morte em Auschwitz. Ao mesmo tempo, exceto pela publicação do *Résistance* e pelo fornecimento a Londres de algumas informações secretas, a rede jamais passou de um problema de menor importância para os alemães. Não cometeu assassinatos nem atos de sabotagem, por exemplo. Se seus líderes sofreram punições rigorosas, foi acima de tudo para dissuadir outras pessoas de seguir o exemplo deles. Mas, paradoxalmente, pelo menos em relação aos sete membros da rede executados no Mont-Valérien, foi a disposição de lutar e de sacrificar a própria vida que fez deles um exemplo duradouro. O impacto de suas atividades clandestinas foi pequeno, comparado ao sentimento provocado pela ampla divulgação de suas mortes. Muitos outros resistentes morreram depois deles e muitos outros artistas e intelectuais aderiram à luta clandestina contra os alemães. Mas o Réseau du Musée de l'Homme chamou a atenção, não apenas porque se tratasse de um exército desordenado de pessoas cultas e sem o menor preparo para enfrentar a Wehrmacht, como porque, num momento em que a maioria da população francesa se conformava com a ocupação, eles eram praticamente os únicos que acreditavam na *ideia* de resistência.

7. *Maréchal, nous voilà!*

Desde a Segunda Guerra Mundial, o nome Vichy tornou-se sinônimo de colaboração com os nazistas, mas antes que Pétain instalasse ali o seu governo, em julho de 1940, esse nome designava apenas uma conhecida estação de águas com reputação muito mais favorável. No início da década de 1860, Napoleão III construiu um grande palacete em Vichy, com a intenção de aproveitar a presença de sua amante, Marguerite Bellanger, durante as temporadas que ali passava a pretexto de tratar da saúde nas águas sulfurosas da cidade.* Inevitavelmente, a presença imperial acelerou as mudanças no balneário. Uma linha de trem até Paris foi construída logo em seguida, e Vichy se tornou um refúgio badalado para a classe alta parisiense em busca de uma estação de tratamento. Um parque encantador foi construído ao lado do rio Allier e outros palacetes em estilo imperial foram erguidos. Hotéis e restaurantes elegantes, além do famosíssimo Grand Casino, não tardaram a surgir nas proximidades dos jardins centrais da cidade. A Ópera de Vichy, inaugurada em 1902, tinha

---

* Dizem que em 1863 a imperatriz Eugênia acompanhou seu marido a Vichy, onde Marguerite estava instalada em um chalé nas vizinhanças. Durante um passeio, o cachorro de Marguerite reconheceu o imperador e saiu correndo na direção dele. Eugênia considerou isso uma prova do romance do marido com a atriz e nunca mais retornou à cidade.

uma temporada inteira de espetáculos líricos e balés. Richard Strauss em pessoa regeu ali a sua *Salomé* em 1935.

Cinco anos depois, um grande número de parisienses que fugiam dos avanços do exército alemão escolheu Vichy como local para se refugiar. E não demorou muito até que Pétain e seu futuro vice Laval descobrissem que a cidade poderia ser uma sede muito conveniente para o governo. Situada na região central da França, a menos de cinquenta quilômetros da linha de demarcação que dividia o país entre a zona ocupada e a zona não ocupada, Vichy ficava a poucas horas de Paris, tanto de carro como de trem. Nesse paraíso de tranquilidade, longe do ruído das botas da Wehrmacht, Pétain poderia desempenhar seu papel de chefe de Estado de *toda* a França.

Por incrível que pareça, a ficção de que o governo de Vichy falava em nome do país como um todo — e não apenas da zona não ocupada — foi amplamente aceita. Pelo menos quarenta governos enviaram seus representantes para a cidade, incluindo os Estados Unidos, a China, o Japão e, antes de junho de 1941, a União Soviética. Países distantes, não atingidos pela guerra, também estavam representados, entre eles o Afeganistão, a Tailândia, o Iraque, a Turquia, a maior parte da América Latina, a Irlanda e até mesmo o Vaticano. Isso vinha bem a calhar para os proprietários das mansões mais luxuosas de Vichy, que, em vez de ficar vazias e abandonadas, foram rapidamente ocupadas pelas embaixadas mais importantes. A Villa Ica, por exemplo, que se tornou o novo endereço da embaixada dos Estados Unidos na rua que tinha o nome oportuno de Boulevard des États-Unis, era propriedade de Florence Gould, uma milionária americana da alta sociedade da Riviera. Outras delegações alugaram suítes no Hôtel des Ambassadeurs, outro endereço que tinha um nome bastante apropriado.

Naturalmente, a maioria dos diplomatas sentia saudades de Paris — ainda que fosse da Paris ocupada —, mas amenizava seu tédio jogando tênis, comparecendo a incontáveis jantares e recepções e envolvendo-se em distrações eróticas clandestinas. Os diplomatas latino-americanos eram famosos por organizar as melhores festas, que quase sempre se prolongavam muito além do toque de recolher das onze horas. A crença na importância de Pétain fez com que muitos jornalistas importantes se mudassem para Vichy, incluindo os correspondentes da United Press, da Associated Press, do *Chicago Tribune* e do *New York Times*. O entretenimento era garantido também pelas companhias parisienses de ópera, balé e teatro que vinham se apresentar na cidade. Édith Piaf cantou num dos numerosos bailes de gala organizados para arrecadar fundos para as campanhas oficiais de caridade do marechal Pétain. Enquanto isso, os alemães permaneciam nos bastidores, monitorando os acontecimentos, num edifício sinuoso perto do rio. Otto Abetz, o embaixador de Hitler, passava a maior parte de seu tempo em Paris.

Pétain instalou seu gabinete (e também sua residência) no terceiro andar do melhor hotel de Vichy, o Hôtel du Parc, que tinha vista para os jardins centrais. Aos domingos, vestido com a elegância habitual e acompanhado pela esposa Eugénie, também conhecida como *la maréchale*, ele assistia à troca da guarda da varanda de seu hotel antes de ser conduzido para assistir à missa na igreja de Saint-Louis, onde uma multidão geralmente o aguardava para ovacioná-lo. Laval trabalhava no segundo andar, embora preferisse passar as noites a 25 quilômetros dali, em Châteldon, a aldeia medieval em que havia nascido em 1883 e onde agora era o dono do castelo local. O segundo andar era ocupado pelo Ministério do Exterior, que também era comandado por Laval, enquanto os outros ministérios estavam espalhados pela cidade. O Ministério do Exército — o armistício de junho de 1940 permitira à França manter uma força de 100 mil homens, sem armamento pesado, na zona não ocupada — ficava no Grand Hôtel Thermal. O Hôtel Carlton abrigava os Ministérios das Finanças, da Justiça e do Trabalho. A Secretaria da Juventude se instalou no próprio edifício da Ópera.

A população de Vichy chegou a 130 mil habitantes, elevada pelos 30 mil *fonctionnaires* que para lá se mudaram em busca de emprego estável e atraídos pela ideia de se verem livres da ocupação alemã. Essas pessoas passaram o período da guerra a salvo de perigos, mas não escaparam do desconforto das temperaturas gélidas — o inverno de 1940-1 foi um dos mais frios de que se tinha lembrança — e da frequente escassez de alimentos. Os postos ministeriais do primeiro gabinete de Pétain foram ocupados pelos militares reformados, pelos ex-ministros dos governos conservadores de antes da guerra e pelos militantes do partido ultranacionalista de Maurras, o Action Française. Alguns pétainistas já mantinham relações estreitas com os nazistas, como era o caso de Fernand de Brinon, que atuou como representante de Vichy em Paris de dezembro de 1940 em diante. Mas os intelectuais fascistas, que acreditavam mais na nova Europa de Hitler que na Revolução Nacional de Pétain, não tiveram muito interesse em permanecer em Vichy. Marcel Déat, por exemplo, um ex-socialista que se convertera ao fascismo e era agora o editor de *L'Oeuvre*, saiu da cidade depois que Pétain ignorou seu apelo insistente para formar um regime nos moldes da ditadura de Salazar em Portugal. Em 1941, ele criou seu próprio partido colaboracionista, o Rassemblement National Populaire (Assembleia Nacional Popular), e nunca abandonou a esperança de que este se tornasse o partido oficial de Vichy. O jornalista Lucien Rebatet, que era um antissemita virulento, trabalhou brevemente para a Radiodiffusion Nationale de Vichy antes de retornar a Paris e se juntar novamente à equipe do semanário pró--nazista *Je Suis Partout*. Como ele escreveu mais tarde em seu livro *Les décombres* [As ruínas], "todos aqueles que tinham convicções fascistas ou antissemitas foram embora para Paris".[1] Mas não faltavam políticos, homens de negócios e artistas em busca de emprego ou de favorecimentos em Vichy.

Entre eles estava Charles-Édouard Jeanneret-Gris, o celebrado arquiteto suíço mais conhecido como Le Corbusier. Poucos dias antes da ocupação alemã, ele saiu de Paris e rumou para Vichy. "É aqui que devo lutar, pois acredito que é aqui que poderei pôr a arquitetura no caminho certo", escreveu ele na época.[2] Em outras palavras, era o artista falando; para exercer sua profissão, ele precisava estar próximo do poder. E ele não se deixou dissuadir pelas ações do regime de Vichy em outras frentes: em 1º de outubro de 1940, dois dias antes de o governo decretar o Estatuto Judaico, Le Corbusier comentou que os judeus estavam atravessando "grandes dificuldades", mas acrescentou, sem nenhuma compaixão: "a sede desenfreada dos judeus por dinheiro parece ter corrompido todo o país".*[3] O verdadeiro sonho de Le Corbusier era ser contratado por Vichy para executar um plano de reurbanização para a cidade de Argel, e foi com essa ideia em mente que ele viajou para lá no verão de 1940. Ele também foi nomeado consultor para a reconstrução de áreas danificadas durante a invasão alemã e, posteriormente, foi encarregado de um novo programa de habitação. Mas nenhum dos seus sonhos virou realidade. Em abril de 1942, Le Corbusier viajou de novo para Argel, mas seu plano para a cidade foi rejeitado. "Há inventores que têm ideias e recebem como resposta um chute no traseiro", ele lamentou.[4] No dia 1º de julho de 1942, ele saiu de Vichy para não mais voltar e, em outubro

---

* Mais tarde, os amigos de Le Corbusier insistiram que ele não era antissemita, mas tinha profunda aversão aos maçons.

do mesmo ano, reabriu seu estúdio em Paris. Em dois anos, tudo o que ele conseguira conquistar foi a reputação de uma proximidade constrangedora com o governo de Vichy.

O erro de Le Corbusier foi projetar suas esperanças e ambições na figura majestosa do *maréchal* sem saber o que Pétain tinha em mente para a França. Mas não era o único. Embora o pianista Alfred Cortot tenha sido um dos poucos que optaram por viver e trabalhar em Vichy, um grande número de artistas e intelectuais que compartilhavam a posição anticomunista do regime e sua identificação ao catolicismo ofereceram seu apoio ao governo, pelo menos de início. Alguns o fizeram publicamente, como foi o caso dos escritores Marcel Jouhandeau, Jacques Chardonne, Ramon Fernandez e Henry de Montherlant. Outros, como Gide e Mauriac, fizeram isso com discrição, movidos mais pela esperança do que pela convicção, e não demoraram a se desiludir. Mas, no verão de 1940, eles não estavam fora de sintonia com a vasta maioria do povo francês, que desejava muito acreditar que, como um profeta do Velho Testamento, Pétain os livraria da servidão. Eles se sentiam reconfortados pela ideia de que, nesse velho soldado, o coração valente da França continuava a bater, e de que o herói militar de outrora mais uma vez salvaria a honra da nação. A aparência patriarcal de Pétain por certo contribuía para isso. Sua imagem impassível e aprumada foi incessantemente cultivada por meio de pôsteres, estatuetas, echarpes, quadros, artigos de jornais, livros e transmissões de rádio, além das filmagens, exibidas em cinejornais, que o mostravam sendo aclamado pelas multidões em visitas às cidades na zona não ocupada.* E quando ele falava aos franceses pelo rádio, sua ideia de uma Revolução Nacional erigida sobre valores conservadores como trabalho, família e pátria — *travail, famille, patrie* — era explicitada em termos simples e compreensíveis. Os franceses tinham bons motivos para acreditar que Pétain sabia o que estava fazendo.

Mas a realidade era muito mais complicada. Além de ser obrigado a lidar diariamente com Abetz e a embaixada da Alemanha em Paris, o governo ainda precisava se ocupar do comando militar alemão, da Comissão do Armistício sediada em Wiesbaden, do Departamento de Propaganda e, mais tarde, da Gestapo e da ss. Além disso, embora o governo de Pétain estivesse instalado em

---

* Galtier-Boissière escreveu, empolgado, que comprara um retrato de Pétain — para pendurar em seu banheiro.

Vichy e os alemães tivessem recusado seu pedido de mudança para Versalhes, ele também era responsável pela zona ocupada, não somente por suas principais instituições culturais e educacionais, mas pela sua segurança e sua economia. Para manter a ordem, o regime contava com a tradicional rede de prefeitos — funcionários nomeados, com poder de governadores, que deviam lealdade ao governo central, e não aos cidadãos. Enquanto os prefeitos funcionassem, na prática, como chefes de polícia em seus *départements*, eles também forneceriam a Vichy informações essenciais sobre o comportamento alemão e a reação dos franceses à ocupação.

Ainda assim, o governo de Vichy vivia sob pressão constante dos alemães, que reprovavam qualquer demonstração excessiva de nacionalismo e proibiam várias organizações do regime de atuar na zona ocupada. Mas a maior dor de cabeça era a relação econômica com os alemães. O armistício impusera a exigência de que o governo de Vichy arcasse com a soma de 400 milhões de francos por dia* para cobrir os custos da ocupação. Além disso, o governo era obrigado a atender a demanda gigantesca da Alemanha por produtos industriais, agrícolas e matéria-prima. O próprio Pétain se sentia dividido entre objetivos conflitantes. Ele endossara publicamente a colaboração com a Alemanha depois de seu encontro com Hitler em outubro de 1940, mas continuara a prometer uma Revolução Nacional cujo objetivo era a construção de uma França nova e mais forte.

Na prática, pelo menos até que a Alemanha assumisse o controle do sul da França, isso significava obediência aos alemães na zona ocupada e uma relativa autonomia na zona não ocupada. Jornais literários como *Poésie, Confluences, Les Cahiers du Sud* e *Fontaine*, por exemplo, publicavam autores como os poetas Aragon e Éluard, conhecidos antifascistas, embora obrigados a se submeter à censura de Vichy. A região de Vichy também contava com uma imprensa movimentada, incluindo nove jornais e trinta publicações semanais que haviam saído de Paris, entre os quais *Le Figaro, Le Temps, La Croix* e uma nova edição de Lyon do *Paris-Soir*, além de numerosos diários regionais, como *La Dépêche de Toulouse*. E essas publicações desfrutavam de certa liberdade: o jornal intelectual *Esprit*, que o filósofo Emmanuel Mounier transferira para Lyon, foi um dos raros jornais fechados pelo governo de Vichy. Até mesmo Maurras, famoso por

---

* Em valores atualizados, isso equivaleria ao pagamento de 43,8 bilhões de dólares por ano.

seu ódio à Alemanha, encontrou uma meio de expressar seu ceticismo em relação aos ocupadores em *L'Action Française*, o jornal do seu movimento. Michel Déon, o *immortel* da Académie Française que nessa época era seguidor de Maurras, relembrou o estado de espírito reinante em Lyon naquela época:

> Sabíamos muito bem que a França não estava no caminho certo, mas, sentindo-nos totalmente impotentes naquele cenário, permanecíamos à espera. No sul, as pessoas eram livres, podiam falar, até mesmo na imprensa. Embora houvesse censura, havia críticas também. Em Lyon, as pessoas haviam se tornado egoístas. Quero viver! Quero comer! No sul, não pensávamos em outra coisa que não fosse a vitória.[5]

No governo, havia uma tensão permanente entre os que defendiam a colaboração explícita e os que apoiavam a Revolução Nacional. Como um novato no mundo nebuloso das manobras políticas, o próprio Pétain estava mal preparado para controlar os setores do governo chefiados por ele. Em cada um desses setores, homens com ideologias e aspirações diferentes lutavam ferozmente pelo poder e faziam acertos de contas que datavam dos tempos da Terceira República. O resultado era quase sempre a desilusão: com o tempo, muitos franceses de direita deixaram de acreditar no governo de Vichy, aceitando uma nova Europa dominada pela Alemanha ou aderindo à resistência. Um dos que romperam com Pétain foi François Mitterrand. Depois de escapar de um campo de prisioneiros na Alemanha no fim de 1941, ele trabalhou com os prisioneiros de guerra no governo de Vichy, antes de juntar-se à resistência em meados de 1943.

A despeito disso, numa ocasião logo no início de seu governo, Pétain fez prevalecer sua vontade. Ele não gostava de seu vice Laval e sentia-se particularmente irritado com seus atrasos desrespeitosos às reuniões e com as baforadas de fumaça que ele soltava em seu rosto. Mas, acima de tudo, o marechal sentia uma desconfiança instintiva por esse homem que parecia personificar o ceticismo e a amoralidade da Terceira República. Na verdade, pelo menos em um aspecto Laval podia se vangloriar de sua coerência: já em 1919, seu desejo de evitar uma nova confrontação com a Alemanha o levara a votar contra o Tratado de Versalhes, convencido de que este alimentaria o ressentimento alemão e acabaria por trazer novos problemas. Agora, ele estava pronto a estender a mão aos alemães: em 19 de julho de 1940, em Paris, foi o primeiro representante de Vichy a reunir-se com Abetz. Mas isso só fez aumentar a suspeita de Pétain em relação a ele.

Em 13 de dezembro de 1940, ao saber que Laval estava envolvido em negociações não autorizadas com os alemães, Pétain aproveitou a oportunidade para livrar-se dele. Depois de pedir a renúncia de todos os membros de seu gabinete, ele aceitou a demissão de Laval e ordenou sua prisão domiciliar. Num breve pronunciamento pelo rádio, Pétain declarou: "Tomei essa decisão por razões políticas imperiosas. Isso não altera em nada a nossa relação com a Alemanha. Permaneço no poder e a Revolução Nacional continuará a avançar". Laval foi substituído por um triunvirato composto pelo ex-primeiro-ministro Pierre Étienne Flandin, pelo general Charles Huntziger e pelo almirante François Darlan. Os alemães não gostaram nem um pouco desse lance ousado da parte de Pétain. Abetz correu até Vichy com uma escolta armada para libertar Laval e acompanhá-lo de volta a Paris. De acordo com rumores que chegaram aos ouvidos de Galtier-Boissière, Abetz teria pedido para falar com Flandin, que recusou, alegando estar acamado. Abetz insistiu em encontrar-se com ele, e Flandin recebeu o embaixador na cama, para manter a desculpa de que estava doente. "Uma verdadeira farsa de Molière", observou Galtier-Boissière.[6] Dois meses depois, os alemães expulsaram o triunvirato, deixando apenas Darlan como vice e herdeiro político de Pétain. Mas, embora Darlan estivesse ansioso por colaborar com os alemães, oferecendo numerosas concessões durante um encontro com Hitler em maio de 1941, Laval continuou a ser o favorito dos nazistas. Em abril de 1942, para grande desconforto de Pétain, Laval retornou ao poder, dessa vez com o título e o poder de primeiro-ministro.

Essa mudança também marcou um momento decisivo nas relações entre Washington e Vichy. Após a derrota da França, os Estados Unidos foram de início representados por Robert D. Murphy, um agente diplomático que não poupou esforços para apoiar Pétain e contrabalançar o poder dos alemães. No começo de 1941, depois da transferência de Murphy para o norte da África como emissário pessoal do presidente Roosevelt, o almirante Leahy assumiu como embaixador. Obviamente, não por acaso o posto foi atribuído a um oficial do alto escalão da marinha, uma vez que este teria que lidar com outro oficial da marinha, o almirante Darlan, que na prática era o primeiro-ministro do governo de Vichy. Além disso, o governo americano estava ansioso para impedir que a frota francesa no porto de Toulon caísse nas mãos da Alemanha. Na verdade, até dezembro de 1941, quando os Estados Unidos entraram na guerra, o governo americano e o governo de Vichy tinham um objetivo comum: cada um queria garantir que o outro permanecesse fora do conflito. E, mesmo depois de os americanos entrarem na guerra, as relações dos Estados Unidos com o governo de Vichy permaneceram cordiais. Mas o retorno de Laval ao poder sinalizou uma mudança. Leahy foi chamado de volta aos Estados Unidos e, menos de seis meses depois, os Aliados invadiram o norte da África, levando o governo de Vichy a romper relações com Washington. A essa altura, Laval, que nunca acreditara na revolução de Pétain, havia adotado a colaboração — como os nazistas a entendiam — como o único caminho que restava para Vichy.

A despeito disso, a Revolução Nacional — embora não fosse nem nacional nem revolucionária — conseguiu promover mudanças em algumas áreas sociais e culturais que perduraram depois da guerra. De início, o programa parecia dedicado inteiramente à glorificação de Pétain. E, com o jornalista Paul Marion, um ex-comunista, no posto de ministro da Informação, o marechal encontrara alguém habilitado para produzir esse efeito. Depois de se dedicar ao engrandecimento de Pétain e a acusar os suspeitos de sempre pela derrota da França, o governo de Vichy identificou os ingredientes-chave da sua renovação moral: as mães, as crianças, a família, a arte e a cultura popular, a agricultura e os esportes. Não por acaso, essas eram categorias intimamente associadas à Igreja Católica da França, que era profundamente conservadora e continuava a se ressentir da perda de poder sofrida com a reforma escolar "republicana e secular" de 1905. Pétain estava longe de ser um devoto, mas tinha o apoio da maioria dos católicos — o que incluía um número significativo de intelectuais — e julgava conveniente que a hierarquia da Igreja acreditasse que ele era movido por valores católicos. A visão dominante era de que os valores "rurais" eram bons, e tudo o que estava associado ao "urbano" era ruim. Não havia nada mais patriótico do que cultivar a terra. A canção "La terre de France", entre várias outras, alimentava essa ideia:

Trabalhamos, trabalhamos
Trabalhamos com confiança
Vamos endireitar as coisas
E restaurar o prestígio da França.

A mensagem implícita nessa forma de propaganda era de que os intelectuais de esquerda parisienses — ou seja, os que apoiavam a Frente Popular — tinham contribuído para a desordem do país. A visão de que os franceses estariam em melhor situação se usassem mais o corpo do que a mente contava com o apoio de Vichy e também com o apoio da Igreja.

Vichy também tinha o respaldo da Igreja em relação ao papel central atribuído às mulheres na "nova" França: elas eram os pilares da família e as procriadoras das legiões de bebês franceses — e católicos — de que a nação tanto precisava. Convencido de que o lugar das mulheres era em casa, por exemplo, o governo de Vichy as proibiu de trabalhar no serviço público, desconsiderando o fato de que as mulheres cujos maridos estavam nos campos de prisioneiros na Alemanha precisavam sustentar suas famílias. Para garantir que elas se mantivessem no bom caminho, o governo também dificultou o divórcio e ameaçou de morte os aborteiros.* Ao mesmo tempo, Pétain elevou as mulheres a uma posição quase santificada: atendendo à preocupação constante dos franceses com o baixo índice de natalidade do país, ele incentivou as mulheres a ter um grande número de filhos, oferecendo uma medalha especial, a Médaille d'Honneur de la Famille Française, em diferentes categorias: bronze, para as mulheres que tinham no mínimo cinco filhos, prata, para as com sete ou mais filhos, e ouro, para as com mais de dez filhos. Ele também instituiu o Dia das Mães, a ser celebrado anualmente no último domingo de maio. Na primeira dessas festas, em 1941, um cartaz transmitia a mensagem de Pétain para as crianças: "Sua mãe fez tudo por você. O marechal quer que você agradeça a ela respeitosamente". Para o Dia das Mães de 1943, Elyane Célis gravou a melosa canção "Ser mãe", com versos apropriados e reconfortantes como "Ser mãe é ser mais bonita".

Embora o próprio Pétain não tivesse filhos, ele era, a essa altura, o novo pai da nação. Não demorou até que as crianças na zona não ocupada iniciassem o dia na escola cantando "Marechal, nous voilà", o hino não oficial do governo de Vichy. Cada uma das estrofes de quatro comoventes versos terminava com o refrão:

---

* Em 30 de julho de 1943, Marie-Louise Giraud, uma lavadeira da região de Cherbourg acusada de realizar 27 abortos, tornou-se uma das últimas mulheres a serem guilhotinadas na França.

Marechal, aqui estamos nós!
Diante de ti, o salvador da França
Nós, os teus jovens,
Juramos servir e seguir teus passos
Marechal, aqui estamos nós!
Renovaste nossa esperança
Nossa Pátria renascerá!
Marechal, marechal, aqui estamos nós!

Mais tarde, a resistência inventou diversas paródias dessa música, uma delas substituindo o refrão por "*Général, nous voilà!*" [General, aqui estamos nós!], referindo-se a De Gaulle, e outra advertindo Pétain de que ele pagaria por sua colaboração, "*Maréchal, tu payeras!*" [Marechal, tu pagarás!]. No entanto os mais velhos, que cresceram na zona não ocupada, ainda se lembram da letra oficial da canção. Menos conhecido é o fato de que seus autores, André Montagard e Charles Courtioux, plagiaram a canção de um compositor judeu polonês, Casimir Oberfeld, que mais tarde morreu em Auschwitz.

Inspirando-se em ideias que vinham tanto da Frente Popular quanto do Terceiro Reich, Vichy enfatizava a importância da educação física para crianças e adolescentes, e tinha quadruplicado o orçamento destinado aos esportes. Jean Borotra, o ex-campeão de tênis de Wimbledon que foi comissário-geral de educação e esportes até ser expulso por Laval em abril de 1942, assumiu a tarefa de incentivar os esportes como parte da nova doutrina nacionalista. Ele organizou campeonatos de atletismo em Paris e também na zona não ocupada, além de corridas ciclísticas em Vichy e regatas a remo no rio Allier. Borotra chegou a convidar os praticantes de esportes a fazer o Juramento do Atleta: "Juro, por minha honra, praticar o esporte desinteressadamente, com disciplina e lealdade, para me aprimorar e melhor servir à minha pátria".[7] O regime conseguiu conferir aos esportes e à educação física um novo status nas escolas e nas universidades. Mas, depois de perder seu cargo em Vichy, Borotra passou por maus bocados. Conhecido como fervoroso simpatizante da Inglaterra, ele foi considerado suspeito de manter contatos secretos com os agentes britânicos e acabou detido em novembro de 1942. Deportado para a Alemanha, esteve preso em Sachsenhausen, em Buchenwald e em outros campos de concentração até ser libertado pelas tropas americanas em Itter, na Áustria, em maio de 1945. Ainda assim, depois de retornar à França, teve que responder por sua associação com o regime de Vichy.

A necessidade de capacitar os jovens — ou ao menos de mantê-los a salvo de confusões — estava claramente entre as prioridades de Vichy. O movimento dos escoteiros coordenado pela Igreja Católica teve importância vital nesse projeto, pois já contava com a experiência de recrutar adolescentes, organizá-los em grupos, ensiná-los a agir com independência e, acima de tudo, inculcar-lhes valores morais e patrióticos. Assim, coube aos antigos líderes dos escoteiros a tarefa de criar e dirigir diversas organizações para a juventude em nome do governo de Vichy. A primeira, Les Chantiers de la Jeunesse, ou Oficinas da Juventude, foi fundada em julho de 1940 para substituir o serviço militar, que fora proibido pelo armistício. Sob a direção do general Joseph de La Porte du Theil, a instituição organizava acampamentos isolados em toda a zona não ocupada, em que os rapazes de 21 anos de idade passavam oito meses sob regime de disciplina militar. Vestindo uniformes, eles aprendiam a marchar, a hastear a bandeira e a prestar homenagem a Pétain. Também se ocupavam de tarefas mais produtivas, como trabalhar em silvicultura e agricultura. Entre 300 mil e 500 mil jovens passaram por esses campos durante a ocupação. A partir de 1943, no entanto, a organização também serviu aos interesses da Alemanha, uma vez que um grande número de jovens foi automaticamente enviado para a Alemanha num programa de trabalho compulsório logo depois de cumprir seu período de permanência nesses campos. Em janeiro de 1944, ao resistir às ordens da Alemanha para recrutar à força todos os jovens nos campos, o general La Porte du Theil foi preso e enviado para um campo de internação na Alemanha. Mas, na prática, muitos jovens fugiram dos campos e se juntaram à resistência rural, conhecida como os maquis.*

Les Compagnons de France, também fundada em julho de 1940, era uma organização com objetivos semelhantes. Dirigida pelo ex-chefe de escoteiros Henri Dhavernas, tinha como alvo os meninos de catorze a dezenove anos. Os Compagnons de France tinham igualmente uma estrutura paramilitar, com barracas de acampamento, fogueiras, uniformes, cerimônias da bandeira e coisas desse tipo. Pétain em pessoa compareceu à cerimônia de inauguração,

---

* A palavra maquis significa moita, arbusto ou vegetação espessa, constituída de urzes, enquanto "*prendre le maquis*" significa desaparecer ou entrar na clandestinidade.

aplaudindo a intenção do movimento de obrigar os jovens a trabalhar nas fazendas no lugar dos camponeses que estavam presos, e no conserto de estradas e pontes. A organização também promovia atividades culturais ligadas ao teatro e à música. E, embora seu objetivo fosse incentivar a lealdade a Pétain, a instituição não excluía os judeus e muitas vezes acolhia os jovens que fugiam da zona ocupada para o sul. Em fevereiro de 1941, Dhavernas foi substituído por Guillaume de Tournemire. No fim do ano seguinte, Tournemire se engajou na resistência. O governo de Vichy começou a perceber que perdera o controle do movimento e, em janeiro de 1944, decidiu dissolver a organização. Quando isso aconteceu, muitos membros do movimento se juntaram aos maquis. Tudo o que restou dos Compagnons de France foi o seu coral, Les Compagnons de la Musique, que se tornou popular em toda a França. Após a libertação, o coral foi adotado por ninguém menos que Édith Piaf e sobreviveu com o nome de Les Compagnons de la Chanson.

Mas o experimento que teve o impacto cultural mais duradouro foi o Jeune France, ou França Jovem, inaugurado pela Secretaria da Juventude em dezembro de 1940 com a finalidade de promover atividades culturais por todo o país, incluindo a zona ocupada. O que diferenciava esse movimento era que seus líderes não eram apenas católicos anticomunistas que acreditavam que a Revolução Nacional poderia servir para inculcar valores morais na juventude, mas eram também pessoas cultas e de pensamento independente. O responsável pelo Jeune France era o católico Pierre Schaeffer, um antigo chefe de escoteiros que se formara na prestigiosa École Polytechnique e desenvolvera experimentos com sons eletrônicos na Radiodiffusion Nationale antes da guerra. Aos 29 anos, vislumbrou uma oportunidade para difundir a cultura de maneira que interessasse à juventude e propôs a criação da Radio Jeunesse, ou Rádio Juventude, que já em agosto de 1940 contava com um espaço de quinze minutos diários na Radio Vichy. O programa tinha um tom tipicamente patriótico, apresentando pronunciamentos de Pétain e leituras do poeta nacionalista Charles Péguy. Mas, ao lado de uma mensagem inspiradora, a programação incluía a apresentação de textos teatrais, música para coral, poesia e entrevistas com artistas.

Com o sucesso da Radio Jeunesse, Schaeffer obteve o apoio de Vichy para um projeto mais ambicioso, o Jeune France. Junto com outros ex-chefes de escoteiros, Schaeffer conseguiu reunir artistas de todos os gêneros, como poetas, pintores, atores, diretores de cinema e estilistas, sob a bandeira da preservação das "grandes tradições" da cultura francesa. Cada uma das seções do Jeune France — teatro, literatura, rádio e cinema, música e artes visuais — tinha representantes em Paris e na zona não ocupada. Novos centros culturais, as chamadas Maisons Jeune France, foram instalados em Lyon, Toulouse, Marselha, Bordeaux, Le Mans e Paris. Esses centros, precursores de uma rede semelhante criada na França na década de 1960, organizavam debates e eventos culturais e ofereciam uma grande variedade de cursos noturnos, do canto coral à criação de figurinos.

A ideia de oferecer cultura às massas era condizente com a filosofia da Revolução Nacional, mas, na prática, o fato de o Jeune France ser uma organização acessível a todos fazia muitos artistas experimentarem uma sensação de liberdade. Em maio de 1941, não fazendo caso da desaprovação oficial à arte "degenerada", Jean Bazaine organizou, com o patrocínio do Jeune France, uma exposição de arte abstrata na Galerie Braun em Paris, com o nome enganadoramente inocente de Vingt Jeunes Peintres de Tradition Française (Vinte Jovens Pintores da Tradição Francesa). No mesmo ano, o Jeune France criou os chamados Rencontres de Lourmarin, em que poetas e músicos eram convidados a trabalhar juntos em novos projetos. Schaeffer, que era um grande amante do teatro, utilizou o dinheiro de Vichy para financiar a escola de mímica de Étienne Decroux, que teve Marcel Marceau como um de seus primeiros alunos.

Schaeffer apreciava especialmente as apresentações teatrais e musicais ao ar livre, dirigidas às grandes plateias. E quem melhor para emocionar um público de patriotas do que Joana d'Arc? Com seu colega Pierre Barbier, ele criou um espetáculo musical em dez quadros em homenagem à heroína martirizada, intitulado *Portique pour une fille de France*, que teve apresentações simultâneas em Lyon, Marselha e Toulouse, no dia 11 de maio de 1940, com mais de 20 mil espectadores em cada cidade. O oratório de Arthur Honegger, *Jeanne au bûcher* (Joana na fogueira), baseado no texto de Paul Claudel, teve sua primeira apresentação na Ópera de Lyon, em 4 de julho de 1941, igualmente patrocinada pelo Jeune France. Outros eventos culturais foram organizados na época da Festa de Joana d'Arc, que ocorria todo ano no segundo domingo de maio: a Orchestre National de La Radiodiffusion Française apresentou a *Messe solennelle pour Jeanne*, de Paul Paray, em maio de 1941, e a *Messe pour Jeanne d'Arc*, de Gounod, em maio de 1942.

O Jeune France encarou com seriedade o compromisso de promover turnês dos espetáculos e exposições. Essa iniciativa teve maior impacto no teatro, com cerca de vinte companhias diferentes realizando 770 apresentações por toda a França nos dezessete meses de existência do movimento. O repertório era rico em Molière, Racine e outros clássicos franceses, mas a tragédia grega também era popular. Em Paris, novamente com música de Honegger, Jean-Louis Barrault dirigiu uma encenação ao ar livre de *As suplicantes*, de Ésquilo, em meio às ervas daninhas que brotavam no estádio abandonado de Roland Garros. Jean Vilar, que se tornou o mais importante diretor de teatro da França depois da guerra, fez uma adaptação de *Os trabalhos e os dias*, de Hesíodo, apresentada ao ar livre em Melun, com camponeses e artesãos trabalhando como figurantes, carregando suas ferramentas de trabalho. Mas o entusiasmo despertado pelo movimento entre os jovens artistas foi também responsável por condená-lo ao fracasso. Sob a pressão dos linhas-duras de Vichy, o Jeune France encerrou suas atividades em março de 1942. Mesmo assim, sua influência sobreviveu à ocupação.

Outra organização punida pelo próprio sucesso foi a École Nationale des Cadres de la Jeunesse, ou Escola National de Líderes da Juventude. Fundada em dezembro de 1940 pelo ex-oficial do exército Pierre Dunoyer de Segonzac, ela foi instalada num castelo em Uriage, pequena estação de águas na montanha, nas proximidades de Grenoble. A École d'Uriage, como ficou conhecida, era declaradamente elitista em seu objetivo de formar uma nova geração de líderes para a França do pós-guerra. Entre seus professores estavam Mounier e Hubert Beuve-Méry, um jornalista católico que fundou o *Le Monde* em dezembro de 1944. Guiada por esses e outros intelectuais, a escola tinha orientação católica, nacionalista e anticomunista, além de pétainista e antialemã. Os 4 mil alunos e alunas que frequentaram seus cursos, que duravam de três a doze semanas, eram submetidos a um intenso programa de educação política, intelectual e moral, no final do qual estariam imbuídos do "espírito da Uriage". Mas essa liberdade de pensamento não agradou ao governo de Vichy e a escola foi fechada por Laval em dezembro de 1942. Depois disso, Segonzac, Mounier e Beuve-Méry aderiram à resistência, junto com muitos alunos egressos da Escola de Uriage. Enquanto isso, um experimento artístico se desenvolvia em Oppède-le-Vieux, ao norte de Aix-en-Provence, onde o renomado arquiteto Bernard Zehrfuss reuniu músicos, pintores, escultores e arquitetos numa espécie de comunidade, que, por incrível que pareça, tinha apoio financeiro de Vichy. Entre os que passaram por essa comunidade em 1941 estavam Saint-Exupéry e sua esposa Consuelo, que também era escritora. Mas, já em 1942, a iniciativa era vista com suspeita por Vichy: Zehrfuss conseguiu permissão para viajar para Barcelona e juntou-se às Forças Francesas Livres.

O fechamento do Jeune France e da École d'Uriage em 1942 ilustrava o modo como as duras realidades da ocupação iam tomando o lugar do idealismo conservador da Revolução Nacional. Na única tentativa de construir uma base popular para o seu regime, Pétain recrutou veteranos da Primeira Guerra Mundial para formar a Légion Française des Combattants, que, no início de 1941, já contava com 590 mil pessoas. Posteriomente, ela passou a incluir também voluntários não veteranos. Ao lado dos prefeitos de Vichy, a legião trabalhava para garantir uma ocupação pacífica, que possibilitasse à Alemanha aos poucos diminuir seu esquema de segurança na França. (Em meados de 1942, por exemplo, a Alemanha tinha menos de 3 mil oficiais de polícia baseados na França.) Mas, embora conseguisse reunir enormes multidões para dar boas-vindas a Pétain em suas visitas à zona não ocupada, a legião nunca conseguiu ajudá-lo a resistir às pressões da Alemanha. Na prática, como Pétain descobriu repetidas vezes, seu poder de barganha era mínimo, e se tornou ainda menor quando ele repeliu a exigência nazista de que a França declarasse guerra contra a Grã-Bretanha. Não demorou muito até que o governo de Vichy estivesse fazendo pouco mais do que reagir a acontecimentos fora de seu controle.

O primeiro desses acontecimentos foi a Operação Barbarossa, a invasão da União Soviética pela Alemanha em 22 de junho de 1941. Com o tempo, isso levou à exigência de que a França enviasse uma quantidade ainda maior de bens manufaturados e de matéria-prima para a Alemanha. Logo depois, veio o recrutamento em massa — de início, voluntário, e, mais tarde, obrigatório — de homens franceses para trabalhar nas fábricas alemãs. A consequência mais imediata da Operação Barbarossa, no entanto, foi a mobilização do Partido Comunista Francês, que começou a resistir à ocupação. O primeiro ataque do partido foi um tiro disparado na estação de metrô Barbès-Rochechouart em 21 de agosto de 1941, que matou um cadete da marinha alemã.

Assassinatos semelhantes se seguiram. O Führer, enraivecido, ordenou a execução de cinquenta prisioneiros para cada alemão morto. Numa espécie de antecipação do que estava por vir, centenas de reféns comunistas e judeus já estavam sendo mantidos em prisões francesas. Depois do assassinato de um soldado alemão em Bordeaux e da morte de um oficial nazista em Nantes no fim de outubro, 48 prisioneiros foram executados. No fim de novembro, outros 95 foram mortos. A revolta da população e as condenações pela Igreja Católica forçaram o governo de Vichy a protestar, e este alegou que obtivera a suspensão de algumas execuções. Entretanto, nos nove meses que se seguiram aos ataques do Partido Comunista, 471 reféns foram mortos. Depois de um ano de relativa calma, a ocupação começava a se deteriorar. Os ataques da resistência e as execuções prosseguiram, mesmo após as advertências feitas pelos alemães de que, em represália, os parentes próximos dos agitadores que tivessem mais de dezoito anos seriam executados ou condenados a trabalhos forçados. Em setembro de 1942, após a morte de um grupo de soldados alemães num ataque ao Le Rex, um cinema frequentado exclusivamente pelas tropas alemãs, outros 166 prisioneiros foram assassinados.

Muito antes disso, Pétain já começara a sentir que uma parte considerável da população francesa estava perdendo a confiança nele. No dia 12 de agosto de 1941, antes mesmo que o primeiro soldado alemão fosse assassinado, ele fizera, por rádio, um apelo urgente à união nacional. "Tenho coisas graves a dizer a vocês", ele começou. "Um vento funesto tem soprado nas últimas semanas, vindo de várias regiões da França." Admitindo que a Revolução Nacional ainda não se tornara uma realidade, ele fez acusações aos seguidores do *ancien régime* e aos que atuavam em nome dos interesses estrangeiros. Relembrando seu papel na Primeira Guerra Mundial, ele prosseguiu: "Eu sei por experiência o que é a vitória; hoje, vejo o que é a derrota". Pétain concluiu exortando os franceses a se manter unidos: "Lembrem-se disso: se um país derrotado se dividir, ele morrerá; se um país derrotado souber se unir, ele renascerá".

No entanto, poucos meses depois, as divisões internas do governo de Vichy se tornaram ainda mais evidentes com o julgamento dos líderes políticos franceses do período pré-guerra. Para Pétain, o objetivo supremo desse julgamento era responsabilizar a Terceira República pela derrota da França e dar legitimidade ao seu próprio regime. Em outubro de 1941, cansado de esperar por esse processo, Pétain condenou sumariamente os ex-primeiros-ministros Léon Blum e Édouard Daladier, além do general e ex-chefe do exército Maurice Gamelin e

outros dois políticos. Paul Reynaud, o último a ocupar o cargo de primeiro-
-ministro antes da derrota, e seu ministro do Interior Georges Mandel foram
absolvidos. Ainda assim, os dois foram entregues aos nazistas e enviados aos
campos de prisioneiros na Alemanha. Em fevereiro de 1942, os cinco homens
condenados por Pétain foram levados à Suprema Corte de Justiça em Riom, nas
proximidades de Clermont-Ferrand, para novo julgamento, dessa vez público.
Uma das teses da acusação era de que a Frente Popular de Blum produzira
reformas sociais — como as férias remuneradas e a semana de quarenta horas
— que haviam enfraquecido a determinação da França de lutar. Gamelin se
recusou a responder qualquer pergunta, o que talvez tenha sido uma decisão
sábia, uma vez que, dez dias antes de a França declarar guerra contra a Alemanha,
ele dissera à Assembleia Nacional: "No dia em que declararmos guerra contra a
Alemanha, Hitler desmoronará".[8] Mas Daladier conseguiu demonstrar com
habilidade que os culpados pela derrocada não eram os políticos, mas os oficiais militares do alto escalão.*

Ao concluir seu depoimento, no dia 6 de março, Daladier foi mais longe,
dirigindo-se ao público, e não mais aos juízes: "A Alemanha sofreu seu primeiro
revés pelas mãos da Inglaterra, e o segundo, pelas mãos da Rússia. Não resta
dúvida de que a Alemanha sairá derrotada. Isso é inevitável. Não podemos deixar que a nossa confiança seja abalada".[9] Em meados de março, depois de 24
audiências e quatrocentos testemunhos, Hitler ordenou a Abetz que interrom-
pesse o julgamento. Ele havia acreditado que esse processo serviria para demonstrar que a responsabilidade pela guerra era da França, não da Alemanha, mas em
vez disso o julgamento se transformara num motivo de embaraço. Em 14 de
abril, o processo foi suspenso e os réus foram enviados para os campos na
Alemanha. Blum foi levado para Buchenwald e depois disso para Dachau, onde,
surpreendentemente, foi bem tratado e viveu em relativo conforto. Os cinco
acusados sobreviveram à guerra.

---

* Fora dos círculos pétainistas e de direita, a visão de Daladier era amplamente compartilhada.
Em 28 de junho de 1941, depois de ler um livro intitulado *Les causes militaires de notre défaite*
[As razões militares da nossa derrota], de autoria de um certo coronel Michel Alerme, Galtier-
-Boissière ridicularizou a tentativa do autor de responsabilizar a Terceira República pela derrota da França. "Na verdade, foi a incompetência do Conselho Superior de Guerra que deixou as
tropas francesas desarmadas como selvagens com arco e flechas diante de canhões e metralha-
doras", ele escreveu em *Mon journal pendant l'occupation* (p. 55).

O público francês não estava muito interessado na insurreição armada, que aumentava a cada dia, e criticava tanto os comunistas, cujas ações levavam a represálias, quanto os alemães, por executarem-nas. O governo de Vichy, por sua vez, estava muito mais preocupado com a emergência dos Franc-Tireurs et Partisans (FTP), liderados pelos comunistas, do que com a oposição política das Forças Francesas Livres de De Gaulle, uma vez que os primeiros punham em xeque a pretensão do regime de Vichy de ser a única alternativa aos ocupantes alemães. A reação do governo foi a intensificação da propaganda anticomunista, embora, ao alegar que a principal ameaça à "nova" Europa vinha de Moscou, ele estivesse prestando um favor a Berlim. Ainda mais ávidos por combater o comunismo estavam os fascistas franceses liderados por Jacques Doriot, o presidente do Parti Populaire Français, e pelo jornalista Marcel Déat, que acabara de fundar seu próprio partido. Imediatamente após a invasão da União Soviética pela Alemanha, eles começaram a trabalhar com a Wehrmacht e a embaixada alemã para criar a Légion de Volontaires Français contre le Bolchévisme, com o objetivo de enviar voluntários franceses para lutar na Frente Oriental. A iniciativa foi apoiada por Brinon, o delegado de Vichy em Paris, e, espantosamente, também pelo cardeal Alfred Baudrillart. Na prática, a LVF, como a legião se tornou conhecida, pouco contribuiu para o esforço de guerra nazista. A maior parte dos seus quase 7 mil voluntários foram mortos, e os poucos sobreviventes foram incorporados às brigadas de assalto de voluntários SS franceses em 1944. Entretanto, para efeito de propaganda, a LVF se tornou um símbolo poderoso do colaboracionismo francês.

Mas, se o bolchevismo era o novo inimigo, o regime de Vichy estava absolutamente pronto a colaborar com a Alemanha no ataque ao inimigo mais antigo, os judeus. No ano seguinte ao Estatuto Judaico, o governo publicou uma enxurrada de leis e decretos que os atingiam. Em alguns casos, esses decretos complementavam os *diktats* nazistas, como por exemplo a lei que ordenava o confisco ou a arianização dos estabelecimentos comerciais pertencentes aos judeus na zona ocupada, e que foi estendida à zona não ocupada em 1941. Em relação às empresas dos judeus, Vichy tinha suas próprias razões para tomar a dianteira em relação aos nazistas, garantindo assim que pelo menos na zona não ocupada elas passassem às mãos de gestores ou de proprietários franceses, e não alemães. Mas o governo de Vichy também estava interessado em destituir os judeus de toda a sua influência. Em março de 1941, quando a Alemanha convenceu Darlan a criar a Comissão Geral para os Assuntos Judaicos, ele nomeou o mal-afamado antissemita Xavier Vallat para chefiá-la. Numa conversa com Theodor Dannecker, que trabalhava em Paris sob as ordens de Adolf Eichmann, Vallat declarou com orgulho: "Eu sou antissemita há muito mais tempo que você".[10] Em junho de 1941, um segundo Estatuto Judaico foi decretado, banindo os judeus de uma série de atividades, incluindo a medicina, o direito e a arquitetura. Joseph Barthélemy, o famigerado ministro da Justiça de Darlan, acrescentou ao decreto novas proibições, como as de trabalhar em cinema, teatro e casas de espetáculo. Essas medidas afetaram tanto a zona ocupada quanto a região de Vichy.

Em outubro de 1940, Vichy baixara um decreto autorizando a internação dos judeus estrangeiros. Pouco tempo depois, milhares deles já estavam presos nos campos localizados ao sul do país. No ano seguinte, Vichy ordenou à polícia francesa que saísse à caça dos judeus estrangeiros na zona ocupada, em vez de esperar que eles se apresentassem às autoridades. A primeira *rafle*, ou detenção em massa de judeus, realizada pela polícia francesa em 14 de maio de 1941, em Paris, resultou no envio de mais 3,7 mil refugiados, muitos deles poloneses, para os campos de internação. Jean Guéhenno foi um dos poucos intelectuais de Paris a olhar com atenção para essa escalada do antissemitismo oficial. "Na Rue Compans", registrou ele, "vários homens foram capturados. As mulheres e os filhos deles faziam súplicas à polícia, gritavam, choravam... Os parisienses humildes que assistiam a essas cenas desoladoras sentiram-se revoltados e envergonhados."[11]

Outro cerco em Paris, entre 20 e 25 de agosto, prendeu 4,2 mil. Dessa vez, um terço dos detentos eram judeus franceses, que foram enviados para um conjunto habitacional inacabado em Drancy, na periferia de Paris, que logo se tornou o principal campo de deportação para os judeus enviados para o leste. Entre os presos estava o filósofo Jean Wahl.* Guéhenno comentou sarcasticamente: "Mas ele cometeu um grande crime: ele é judeu!".[12] A terceira *rafle*, que teve como principal alvo os judeus franceses, está registrada numa placa próxima à École Militaire em Paris. Em 12 de dezembro de 1941, diz a placa, a polícia francesa e a polícia militar alemã prenderam 743 conhecidos judeus franceses e

---

* Wahl teve sorte: depois de passar três meses em Drancy, onde escreveu setenta poemas, ele foi libertado e conseguiu fugir para os Estados Unidos.

os mantiveram num estábulo da École Militaire antes de enviá-los para o campo de Royallieu, em Compiègne, onde alguns morreram de fome e frio. Os que sobreviveram estavam entre os 1112 judeus a bordo do primeiro trem de deportação que saiu da França em direção a Auschwitz em 27 de março de 1942.

Na primavera de 1942, à medida que a "solução final de Hitler" avançava, a Alemanha tinha a expectativa de contar com a ajuda de Vichy. Quando Laval retornou ao poder em abril, Vallat foi substituído na Comissão Geral para Assuntos Judaicos por Louis Darquier de Pellepoix, um antissemita ainda mais fanático e leal aos alemães. Como parte da sua estratégia para aniquilar a população judaica, os nazistas decidiram que 100 mil judeus seriam deportados da França. E, uma vez que eles precisavam da polícia francesa para realizar as prisões e dos trens franceses para transportar os deportados, começaram a trabalhar com René Bousquet, o secretário-geral da polícia do governo de Vichy, no planejamento de um novo ataque.* Chegaram à decisão de que, como um primeiro passo, 40 mil judeus estrangeiros entre dezesseis e quarenta anos de idade seriam enviados para o leste, o que incluía 10 mil moradores da zona não ocupada. Em seguida, Laval propôs que as crianças abaixo de dezesseis anos também fossem incluídas, para que elas não fossem separadas de seus pais. Laval chegou a recusar uma oferta dos Estados Unidos para resgatar mil crianças judias, argumentando que elas não eram órfãs. A operação, que deveria ocorrer no dia 14 de julho e foi adiada para não coincidir com o Dia da Bastilha, iniciou-se em 16 de julho, antes do amanhecer, e prosseguiu durante o dia seguinte. Cerca de 4,5 mil policiais, auxiliados por voluntários do Partido Fascista de Doriot, prenderam 12884 judeus, incluindo 4051 crianças. A maioria foi levada em comboios de ônibus até o estádio de esportes Vélodrome d'Hiver e mantida em condições desumanas até ser transferida para os campos de Beaune-la--Rolande, Pithiviers e Drancy, onde ficaram aguardando a deportação.**

A *rafle du Vél'd'Hiv'*, como o cerco ficou conhecido, deixou um grande

---

* Bousquet escapou da punição após a Guerra e teve uma carreira espetacular no setor bancário antes de ser obrigado a ajustar contas com seu passado. Em 1991, ele foi processado por crimes contra a humanidade. Dois anos depois, foi assassinado em sua casa por um pistoleiro solitário com notórios problemas psiquiátricos.

** Na prática, as crianças eram separadas dos pais. Muitas ficaram presas em Beaune-la-Rolande, a 80 quilômetros ao sul de Paris, antes de serem deportadas desacompanhadas dos familiares.

número de parisienses chocados, gerando protestos da embaixada dos Estados Unidos em Vichy e de cinco renomados bispos católicos liderados pelo arcebispo Jules-Gérard Saliège, de Toulouse. Em 23 de agosto, durante seu sermão, Saliège leu um texto distribuído aos fiéis e relido, mais tarde, num programa de rádio da BBC dirigido aos franceses. "Coube à nossa época presenciar esse triste espetáculo em que crianças, mulheres e homens são tratados como um rebanho de animais e em que famílias são desmanteladas e seus membros embarcados para destino desconhecido", ele disse. Referindo-se a dois campos de internação próximos dali, ele acrescentou:

> Na nossa diocese, cenas aterrorizantes ocorreram nos campos de Noé e de Récébédou. Os judeus são pessoas como nós. Os estrangeiros são pessoas como nós. Não se pode fazer qualquer coisa que se queira em relação a esses homens, a essas mulheres, a esses pais e mães. Eles são parte da humanidade. São nossos irmãos como tantos outros. Um cristão não pode jamais se esquecer disso.[13]

Como instituição, no entanto, a Igreja Católica permaneceu em silêncio. E as prisões continuaram por toda a zona ocupada. Seis mil e quinhentos judeus estrangeiros internados na zona não ocupada também foram enviados para Drancy. Antes do fim de 1942, a França deportara 36 802 judeus, incluindo 6053 crianças.

Entre eles estavam a romancista Irène Némirovsky e seu marido, Michel Epstein. O casal já havia saído de Paris para se reunir às duas filhas em Issy--l'Évêque quando as tropas invadiram a pequena cidade na Borgonha em 17 de junho de 1940. Desde a primeira visita ao local, dois anos antes, Irène e Michel ficavam sempre hospedados no Hôtel des Voyageurs, e ninguém pediu que eles se retirassem quando um grupo de doze oficiais alemães se instalou no mesmo local. Epstein, que falava alemão, às vezes se distraía jogando uma partida de bilhar com um dos soldados que, na tranquila e bucólica região de Saône-et--Loire, não tinham muita coisa para fazer. As duas filhas dos Epstein, Denise, na época com onze anos, e a pequena Élisabeth, de apenas três anos, frequentavam a escola local, enquanto Irène, quando o clima permitia, caminhava até um dos bosques que ficavam perto dali — o Bois du Sapin ou o Bois de la Maie — para poder escrever sem ser perturbada. Um de seus lugares favoritos era L'Étang Perdu, um "lago perdido" escondido em meio às árvores. "Ela ia para o campo e escrevia o dia todo", relembrou Denise. "Só mais tarde vim a compreender o quanto ela se sentia infeliz por ter sido abandonada pelo mundo literário que um dia a festejara."[14]

O casal chamava a atenção na cidade, não por serem os únicos judeus, mas pela condição de parisienses instruídos. "Irène era chique, elegante, alta e magra", recordou-se Gérard Morley, o filho de um resistente local, que tinha dez anos na época. "Era visível que ela não tinha nascido em Issy e que era de uma classe diferente. Sabíamos que era escritora porque ela deu à minha mãe um exemplar de seu livro *Deux*."[15] Uma fotografia da turma de escola de Élisabeth também ressaltava essa diferença: Élisabeth era a única criança com sapatos, enquanto todas as outras calçavam tamancos. Mas o casal já não estava em boa situação financeira. Michel havia perdido seu emprego num banco em Paris e, já em outubro de 1940, as Éditions Fayard tinham cancelado o contrato de publicação de um livro de Irène. Em atitude surpreendente, no entanto, o editor do semanário direitista *Gringoire*, Horace de Carbuccia, concordou em publicá-la sob pseudônimo, e oito contos escritos por Irène foram reproduzidos no jornal entre dezembro de 1940 e fevereiro de 1942, antes que Carbuccia chegasse à conclusão de que estava se arriscando demais. Além disso, no período em que não podia publicar os textos de Némirovsky, Robert Esménard, das Éditions Albin Michel em Paris, pagou a ela adiantamentos regulares pelos seus livros futuros.

No fim de junho de 1941, em seguida à invasão da União Soviética pela Alemanha, o destacamento da Wehrmacht em Issy foi transferido para a nova frente de guerra do leste. Depois de uma festa no castelo local, os ocupadores partiram tão abruptamente quanto haviam chegado. Irène, que planejava escrever uma epopeia em cinco tomos intitulada *Suíte francesa*, inspirada em *Guerra e paz*, já havia completado o primeiro livro, *Tempestade em junho*, que retratava o êxodo de Paris. O segundo, *Dolce*, começava numa vila ocupada como Issy, e contava a história de amor não consumada entre um refinado oficial alemão hospedado numa casa particular e uma jovem cujo marido era prisioneiro de guerra. A história terminava quando os alemães eram transferidos para a Frente Oriental.* Na mesma época, ela escreveu *Calor do sangue*, um

---

* Os três volumes planejados para o "seu" *Guerra e paz*, e que ela não chegou a escrever, eram *Captivité*, *Bataille* e *La paix*.

drama familiar passado numa cidade na Borgonha, que foi finalmente publicado em 2007. No início de 1942, os Epstein saíram do Hôtel des Voyageurs e alugaram parte de uma casa não mobiliada com vista para o memorial de guerra da cidade. Na primavera, enquanto Irène e seus familiares eram obrigados a usar as estrelas amarelas, ela continuou a encher seus cadernos, usando uma caligrafia minúscula para economizar papel. Ela e o marido não se esconderam e não fizeram nenhum esforço para entrar na zona não ocupada a aproximadamente 30 quilômetros dali, embora as poucas notícias que chegavam até eles começassem a deixá-los alarmados. "O rosto de minha mãe estava pálido", disse Denise. "Ela já não sorria. Meu pai, que costumava cantar, ficava o tempo todo em profundo silêncio."[16] Então, no dia 13 de julho, dois policiais bateram à porta com um mandado de prisão para Irène. "Quando eles vieram buscá-la, não houve lágrimas", recordou-se Denise. "Foi uma despedida silenciosa. Ela me pediu para tomar conta de papai e disse a Élisabeth que estava indo viajar. Tenho certeza de que sabia que estava partindo para sempre."[17] Desesperado para conseguir a libertação da esposa, Michel entrou em contato com amigos do ramo editorial e chegou até a escrever para Abetz sublinhando que Irène sentia "ódio pelo regime bolchevique".[18] Ele não sabia que no dia 17 de julho ela já estava a bordo de um trem que transportava outros novecentos judeus do campo em Pithiviers para Auschwitz. Foi lá que ela morreu um mês depois, aos 39 anos de idade, ao que parece de tifo. Em 9 de outubro, Epstein também foi preso e morreu na câmara de gás em Auschwitz no dia 6 de novembro. Denise e Élisabeth sobreviveram, graças a uma professora local que as escondeu quando os policiais vieram à procura delas. Mais tarde, elas foram levadas por uma governanta para o sudoeste da França, onde se refugiaram num convento durante dezoito meses. Na mala, elas carregavam o manuscrito inacabado de *Suíte francesa*, que foi publicado 62 anos depois.

Mesmo após as prisões em massa de 1942, a polícia francesa continuou a praticar essa política nazista. Bousquet esteve presente mais uma vez na chamada Batalha de Marselha, em janeiro de 1943, quando a polícia destruiu parte da cidade velha e prendeu e deportou cerca de 2 mil pessoas. Dos 76 mil judeus que foram enviados para os campos de extermínio, só 2 mil sobreviveram. Depois da guerra, os oficiais de Vichy tentaram se defender, alegando que pensavam que os judeus estivessem sendo enviados para trabalhar na Alemanha. Mas, já em 1943, não era possível continuar a ignorar os fortes rumores — e, em alguns casos, as notícias confirmadas — sobre o assassinato em massa de judeus na Polônia. Em novembro de 1943, *Les Étoiles*, um jornal clandestino publicado por escritores no sul da França, relatou os horrores de Auschwitz e assinalou: "Periodicamente, em represália, grupos de duzentas ou trezentas pessoas são asfixiados de uma vez em 'câmaras de gás'".[19]

Além disso, Vichy nada fez para aliviar o sofrimento e a fome que resultaram nas mortes de pelo menos 3 mil judeus nos campos de internação franceses. Os números registrados no país como um todo eram menos desoladores. Três quartos dos judeus aprisionados na França em 1940 escaparam da deportação e, embora muitos tenham passado por uma experiência devastadora durante a ocupação, a maior parte deles sobreviveu porque foi, de algum modo, protegida — ou ao menos não denunciada — pelos vizinhos franceses. No Maciço Central, por exemplo, pastores protestantes e famílias em Le Chambon--sur-Lignon e outras comunidades montanhesas assumiram grandes riscos ao dar cobertura a milhares de judeus para evitar que fossem presos. Muitos judeus encontraram refúgio na região sudeste da França, que permaneceu sob ocupação italiana entre novembro de 1942 e setembro de 1943. Mas se, em termos proporcionais, um número muito mais elevado de judeus conseguiu sobreviver na França do que, por exemplo, na Holanda, isso se deve também a uma explicação geográfica: como um país relativamente grande, com dezenas de aldeias e vilarejos remotos e uma cadeia de montanhas atravessando sua região central, a França oferecia muitos esconderijos. Algumas comunidades nas regiões rurais da França nunca chegaram a ver um soldado alemão durante todo o período da ocupação.

Embora um grande número de cidadãos franceses reagisse com desaprovação ou indiferença à perseguição aos judeus, o próprio Pétain sentia que sua popularidade dependia muito mais diretamente da forma como ele lidava com o problema dos prisioneiros de guerra. Por essa razão, quando, em maio de 1942, Berlim exigiu que 350 mil homens franceses fossem enviados para a Alemanha para substituir os operários alemães recrutados para lutar na Frente Russa, Vichy propôs a troca de "um trabalhador por um prisioneiro de guerra". Laval conseguiu reduzir a exigência inicial para 250 mil trabalhadores franceses, mas Berlim impôs um acordo muito mais rígido: três operários especializados para cada prisioneiro de guerra libertado. O governo de Vichy foi forçado a aceitar. A volta dos primeiros prisioneiros em agosto, no esquema que ficou conhecido como *la relève* ("o alívio"), foi celebrada como um triunfo de Vichy, mas o número de voluntários ficou muito abaixo da meta exigida. Isso foi solucionado no mês seguinte com um novo decreto que obrigava todos os homens entre dezoito e cinquenta anos e todas as mulheres entre 21 e 35 anos a executar qualquer trabalho que o governo de Vichy julgasse necessário aos interesses da nação. As empresas receberam ordens para identificar todos os funcionários que não eram considerados indispensáveis, e a remessa de trabalhadores para a Alemanha aumentou. No fim de 1942, a cota de 250 mil homens havia sido alcançada e 90 mil prisioneiros de guerra tinham sido repatriados. Uma consequência disso foi a desaceleração ainda maior da atividade econômica na França numa época de terrível escassez de produtos de primeira necessidade, como alimentos, roupas e carvão. O único consolo para o governo de Vichy era que, pelo menos na zona ocupada, as pessoas culpavam Hitler, em vez de Pétain, pela miséria crescente da maioria da população francesa.

Pouco tempo depois, no entanto, a reputação de Pétain ficaria ainda mais desgastada por acontecimentos fora de seu controle. Em 8 de novembro de 1942, as tropas dos Estados Unidos desembarcaram no Marrocos e na Argélia, que eram colônias controladas por Vichy. O plano de Washington era cavar um fosso nas relações entre Vichy e Berlim mantendo as tropas francesas estacionadas no norte da África sob o comando do general Henri Giraud, que escapara de um campo de prisioneiros na Alemanha e jurara lealdade a Pétain. Por acaso, o almirante Darlan, o ex-vice-primeiro-ministro, estava na Argélia naquele momento e, assumindo o comando, assinou rapidamente um cessar-fogo com os americanos. Enquanto isso, Laval correu a Munique na esperança de convencer Hitler de que as forças de Vichy no norte da África estavam resistindo à invasão aliada. Hitler não se deixou impressionar e ordenou que a Wehrmacht invadisse a zona não ocupada. Logo às primeiras horas da manhã do dia 11 de novembro, no 24º aniversário do armistício que selara a derrota da Alemanha na Primeira Guerra Mundial, as tropas alemãs desfilavam diante do hotel de Pétain em Vichy. Quase ao mesmo tempo, as tropas italianas ocuparam a Savoia, metade da Riviera e a Córsega.

Como Vichy estivesse rapidamente perdendo o controle do norte da África e do resto de seu império africano, algumas pessoas no círculo de Pétain insistiram que ele voasse para Argel e tentasse preservar a ficção esfarrapada de um governo francês independente. Mas ele recusou. Em lugar disso, com relutância e cedendo à pressão da Alemanha, rompeu relações diplomáticas com os Estados Unidos. Numa transmissão pelo rádio, Pétain afirmou que acreditara até então que seus dias mais sombrios haviam sido aqueles em junho de 1940. Guéhenno não se deixou impressionar. "Ei-lo desesperado no momento exato em que a França começa a ter esperanças", comentou ele em seu diário. "Nunca um chefe de Estado se mostrou mais desconhecedor de seu povo, nem mais surdo em relação a ele."[20]

Apesar de tudo, um gesto de rebelião recuperou uma pitada do orgulho francês. Em 27 de novembro, no momento em que as tropas alemãs e italianas entravam na base naval em Toulon, os franceses receberam ordens para afundar a própria frota de modo a evitar que ela caísse nas mãos dos alemães: 72 barcos naufragaram ou foram destruídos, incluindo três couraçados, sete cruzadores e quinze contratorpedeiros. A situação da França no norte da África, entretanto, continuava confusa. Em 24 de dezembro, Darlan foi assassinado em Argel por um monarquista envolvido numa esquisita conspiração para levar ao poder o conde de Paris, um orleanista com pretensões ao trono da França. O assassinato de Darlan permitiu que os americanos nomeassem Giraud para sucedê-lo. Seguiu-se uma longa luta de poder entre Giraud e De Gaulle. Forçado a dividir com Giraud a presidência das Forças Francesas Livres e do Comitê Francês de Libertação Nacional, De Gaulle precisou de vários meses até que pudesse assumir incontestavelmente a liderança francesa da batalha pela libertação da França.*

Em Vichy, embora Pétain ainda conservasse o título de chefe de Estado, quem governava de fato a essa altura era Laval, que prestava pouca atenção ao idoso marechal. Berlim permitiu que Vichy mantivesse parte do aparato de governo, embora a um preço: mais do que nunca, os alemães exigiam que a polícia francesa, com sua gendarmaria rural e sua recém-criada milícia paramilitar, fizesse o trabalho de repressão em nome do governo alemão. Mas foram os eventos ocorridos longe da França que tiveram um impacto mais importante na ocupação. No momento em que os Aliados consolidavam seu controle no norte da África, a Batalha de Stalingrado, que já durava seis meses, chegou ao fim, com a rendição do exército alemão em 2 de fevereiro de 1943. Em seu diá-

---

* É espantoso que, durante parte desse período, muitos judeus internados por Vichy tenham permanecido em campos no Marrocos e na Argélia.

rio, Galtier-Boissière registrou a mais recente piada em circulação: "Churchill e Stálin estão mergulhados em excrementos até o pescoço, mas Hitler, somente até os joelhos. 'Mas como você consegue isso?', os dois perguntam a Hitler. 'Eu estou em cima dos ombros de Mussolini'".[21] Mas, embora Stalingrado acabasse por se mostrar um verdadeiro divisor de águas na guerra, os parisienses ainda achavam difícil imaginar que o fim da ocupação pudesse estar próximo. O único consolo deles continuava a ser uma cena cultural efervescente que, desde o outono de 1940, fizera muito para levantar os ânimos da cidade.

8. *Vivace ma non troppo*

Embora não fizessem caso dos esforços do Terceiro Reich para promover a literatura, o teatro e o cinema alemães, os parisienses respondiam com entusiasmo à música desse país. E por que não o fariam? Nessa forma de arte, não existia o problema da barreira linguística e, além disso, eles já conheciam a música alemã e já eram apreciadores dela.* Afinal, Bach, Handel, Mozart, Beethoven, Mahler e muitos outros alemães notáveis tinham um lugar fundamental na música clássica. E, da mesma forma como as barbaridades de Hitler não podiam ser atribuídas aos compositores alemães, nem mesmo a Richard Wagner, que era notoriamente antissemita e nacionalista, o Terceiro Reich também não podia reinvindicar crédito algum pela genialidade deles.

Os nazistas, no entanto, não pensavam dessa forma. Em 1941, Goebbels declarou que os alemães tinham sido "os primeiros músicos do planeta" e eram os sucessores naturais dos grandes compositores do passado.[1] Ele também entendia que a música era o único domínio no qual a Alemanha poderia impressionar os franceses e conseguir exportar sua cultura. Como resultado, confiante de que a música alemã seria bem recebida pelo público francês e pelos

---

* A expressão "música alemã", aqui, abarca a música produzida nos principados alemães anteriores a 1871 e na Viena imperial, além da Alemanha e da Áustria modernas.

oficiais alemães de gosto refinado, Berlim mobilizou maestros, orquestras, companhias de ópera e coros para levar sua música a Paris e às províncias francesas durante todo o período da ocupação. E, para mostrar que os músicos franceses se curvavam diante da música alemã, os nazistas convidaram uma delegação de vinte compositores e críticos franceses para assistir, em Viena, às comemorações do sesquicentenário da morte de Mozart no fim de 1941.

Obviamente, nem toda música produzida na Alemanha era considerada alemã o bastante. Em meados da década de 1930, os nazistas tinham banido as obras de compositores judeus já falecidos, como Mendelssohn, Meyerbeer e Mahler, e de músicos de vanguarda ainda vivos como Paul Hindemith, Arnold Schönberg, Alban Berg e Kurt Weill. Depois disso, em 1938, inspirados na Entartete Kunst (ou Arte Degenerada), exposição realizada no ano anterior em Munique, eles organizaram um espetáculo semelhante intitulado Entartete Musik, ou Música Degenerada, em Düsseldorf. Em 1940, a lista negra expandiu-se até a França ocupada, passando a incluir os compositores judeus franceses, com destaque para Paul Dukas, falecido cinco anos antes, e Darius Milhaud, que já havia se refugiado nos Estados Unidos. Na prática, entretanto, as composições de Dukas e de Mendelssohn — embora não as de Milhaud — continuavam a ser executadas em concertos e transmissões radiofônicas na zona não ocupada. Além disso, a música de Jacques Offenbach, um judeu alemão que ganhara fama na França em meados do século XIX, continuava sendo populariíssima: suas operetas eram apresentadas no sul do país e suas músicas de cancã eram ouvidas todas as noites nos cabarés de Paris.

Para os franceses, o que tornava a música clássica especialmente atrativa era sua natureza abstrata, que proporcionava um alívio sem igual das dificuldades encontradas na dura realidade do dia a dia. Quando as bandas militares alemães se apresentavam nas escadarias da Ópera de Paris na hora do almoço, atraíam multidões de parisienses, não para apoiar a ocupação, mas porque a música funcionava como um chamariz. E, quando as bandas de metais alemãs tocavam no Jardim de Luxemburgo, os parisienses que passeavam ao sol chegavam a se esquecer por um momento de que aqueles eram os clarins do exército que os derrotara. Na verdade, se havia um perigo real era o de que a música clássica pudesse contribuir para humanizar os nazistas: afinal, se tantos soldados alemães eram apreciadores da música e frequentavam concertos e óperas, seriam eles tão monstruosos assim? Um homem cujos olhos se enchem de lágrimas diante da música de Mozart poderia ser ao mesmo tempo um assassino? Um país cujo legado incluía as composições de Bach e a Filarmônica de Berlim poderia ser completamente mau? Na verdade, qualquer pessoa pode sentir as emoções provocadas pela música. Hitler admirava Bruckner e Wagner, e o próprio Mussolini era um violinista. Depois de assistir a uma apresentação da Nona Sinfonia de Beethoven pela Filarmônica de Berlim num concerto em comemoração ao 53º aniversário de Hitler em 20 de abril de 1942, Goebbels escreveu: "A interpretação foi perfeita e eletrizante. Eu nunca havia escutado a Nona Sinfonia ser interpretada com tanto fervor. O público estava emocionadíssimo. À minha volta havia soldados e operários com lágrimas nos olhos".[2] Em *Dolce*, o segundo volume de *Suíte francesa*, o épico inacabado de Irène Némirovsky, uma francesa solitária se apaixona pelo soldado alemão alojado em sua casa no momento em que o escuta tocar piano.

Com o objetivo de divulgar a música alemã, a Propaganda Staffel pressionou o governo de Vichy para que este ordenasse a retomada da vida musical em Paris. Os músicos parisienses estavam ansiosos para voltar a trabalhar. Sob a responsabilidade de Vichy, os teatros líricos, as casas de espetáculos e o Conservatoire de Paris — a principal escola de música da França — reabriram suas portas. Quatro orquestras sinfônicas voltaram a apresentar seus tradicionais concertos dominicais, cada uma em seu próprio auditório: a Association des Concerts Lamoureux na Salle Pleyel, a Association des Concerts Pasdeloup na Salle Gaveau, a Association de Concerts Pierné* no Théâtre du Châtelet, e a Société des Concerts du Conservatoire na Salle du Conservatoire.

Em julho de 1941, em carta a Milhaud, o compositor Francis Poulenc escreveu: "A vida musical segue intensa, e todos nós encontramos nela uma forma de esquecer a tristeza que sentimos".[3] Mas, de início, faltavam músicos para as orquestras, uma vez que muitos haviam sido capturados como prisioneiros de guerra, enquanto outros, que eram judeus, se sentiam mais seguros na zona não ocupada. Para piorar a situação, alguns músicos parisienses que tinham fugido da cidade durante o êxodo aguardavam permissão da Alemanha para voltar a Paris. Além do mais, a cidade havia perdido uma orquestra, a Orchestre National de la Radiodiffusion Française, que se refugiara em Rennes

---

* Anteriormente conhecida como Orchestre Colonne, recebeu o nome do compositor Gabriel Pierné em 1940, uma vez que seu fundador, Édouard Colonne, era judeu.

durante a guerra de mentira e se transferira para Marselha em junho de 1940, tornando-se, mais tarde, subordinada ao governo de Vichy (a orquestra só retornou a Paris em março de 1943, quatro meses depois que os alemães assumiram o controle da zona não ocupada). Em compensação, uma nova orquestra havia surgido em outubro de 1941: a Radio-Paris, a estação de rádio de língua francesa dirigida pelos alemães, fundou a Grand Orchestre de Radio-Paris, que logo passou a atrair um público numeroso para os dois concertos semanais gratuitos que apresentava no Théâtre des Champs-Élysées. Como os custos operacionais da Radio-Paris fizessem parte dos inumeráveis encargos financeiros do governo de Vichy, este acabou por arcar também com os salários dos oitenta integrantes da orquestra.*

Evidentemente, Vichy não podia ignorar os alemães. Louis Hautecoeur, diretor da Secretaria Geral de Belas-Artes de Vichy, por exemplo, não tinha autorização para nomear os diretores das instituições culturais antes de consultar a Propaganda Staffel. Da mesma forma, embora tivesse elevado o orçamento destinado à cultura, o governo de Vichy era obrigado a reembolsar os teatros pelos ingressos cedidos às forças de ocupação. Um quinto dos lugares na Ópera de Paris e na Opéra-Comique era reservado para a Wehrmacht, enquanto os ingressos restantes eram vendidos aos alemães com 50% de desconto.

Mas o grande trunfo musical de Vichy era o famoso pianista Alfred Cortot, um músico aclamado em toda a Europa, inclusive na Alemanha. Nascido na Suíça, ele se mudara para a França ainda criança e, aos 63 anos, era um pétainista convicto. Cortot foi o único artista importante a desempenhar uma função oficial no governo de Vichy. Inicialmente, ele trabalhou como consultor para Hautecoeur, e, a partir de maio de 1942, para o ministro da Educação Abel Bonnard. Em 1942, foi nomeado presidente do Comité Professionel de la Musique, e, no ano seguinte, dirigiu o Comitê Cortot, uma espécie de conselho consultivo composto por um grupo de pesos pesados da música, tanto moderados como pétainistas. Cortot levou a sério seu cargo, utilizando-o para incentivar a educação musical e reorganizar a profissão de músico. Ele também impulsionou a criação do excelente programa Les Jeunesses Musicales de France (Juventude Musical da França), destinado a

---

* Esses salários, que eram duas vezes maiores que os recebidos pelos músicos da Ópera de Paris, serviram para atrair alguns instrumentistas da Orquestra Nacional.

introduzir os jovens no universo da música clássica: 50 mil alunos participaram da temporada de 1942-3, assistindo aos ensaios gerais na Ópera e recebendo ingressos gratuitos para os concertos.

Enquanto isso, Cortot continuou a se apresentar em recitais por todo o país e, de forma mais comprometedora, a tocar com orquestras alemãs na França e também na Alemanha. Em junho de 1942, ele viajou à Alemanha para uma apresentação com a Filarmônica de Berlim e interpretou o Concerto para Piano de Schumann sob a regência de Wilhelm Fürtwangler. Numa recepção, logo após seu retorno a Paris, Max d'Ollone, diretor da seção de música do Groupe Collaboration, o cumprimentou por ser o primeiro artista francês a se apresentar na Alemanha desde a ocupação e o parabenizou pelo seu "gesto valioso de colaboração". Seis meses depois, Cortot fez mais algumas apresentações em Berlim e em cinco outras cidades alemãs. E foi por essa colaboração musical, mais do que pelo seu trabalho em Vichy, que ele teve que responder após a libertação.

Em 1941, a presença da delegação francesa às homenagens pelos 150 anos da morte de Mozart em Viena — onde foi recepcionada por Richard Strauss — foi aplaudida como outro exemplo de colaboração cultural. Chefiada por Hautecoeur, ela incluía o diretor-geral da Ópera de Paris e da Opéra-Comique, Jacques Rouché, o crítico fascista Lucien Rebatet, o renomado compositor suíço Arthur Honegger, os compositores franceses colaboracionistas Florent Schmitt e Marcel Delannoy, além de críticos e jornalistas como o suíço Robert Bernard, editor da revista semanal *L'Information Musicale*, que circulava com a aprovação dos nazistas. Como esperado, os visitantes ficaram muito impressionados com o programa, que incluía nada menos que 65 concertos.

Mas, como ocorria com delegações semelhantes de artistas plásticos, escritores e estrelas de cinema, nem todos os que aceitavam os convites da Alemanha eram simpatizantes do nazismo. A justificativa mais frequente para participar dessas viagens era a promessa de que, em troca, certo número de prisioneiros de guerra franceses seria libertado. Entretanto, não há registros da libertação de nenhum prisioneiro — da mesma forma como não há registro de que algum artista tenha recusado o convite para ir a Viena em protesto contra as medidas aplicadas aos músicos judeus. A essa altura, a maioria dos judeus havia perdido seu emprego nas orquestras de Paris. Dezoito editoras musicais de propriedade dos judeus tinham sido fechadas ou arianizadas. O maestro e compositor judeu

Manuel Rosenthal, libertado de um campo de prisioneiros de guerra em fevereiro de 1941, foi comunicado em julho do mesmo ano de que não poderia mais reger a Orchestre National de la Radiodiffusion Française. Pouco depois, Paul Paray, também maestro e compositor, recusou-se a reger a mesma orquestra sem os seus antigos integrantes judeus e decidiu se mudar para Mônaco. O compositor Reynaldo Hahn, nascido na Venezuela e filho de um judeu alemão, conseguiu comprovar sua condição ariana, mas mesmo assim tomou a sábia decisão de se mudar para Marselha durante a guerra. A Société des Auteurs, Compositeurs et Éditeurs de Musique, conhecida como Sacem, chegou a exigir que seus 12,5 mil membros declarassem por escrito que não eram judeus. Mais tarde, porém, quando Vichy congelou o pagamento dos direitos autorais dos compositores judeus, a Sacem ajudou financeiramente alguns compositores que estavam vivendo na clandestinidade e as esposas de outros que haviam sido deportados. Entre os compositores deportados, pelo menos quinze morreram em Auschwitz e em outros campos nazistas.

Desse modo, por mais que a relação com a música fosse uma experiência profundamente pessoal para seus apreciadores, não havia como escapar da politização imposta a essa forma de arte. E, uma vez que os alemães empregavam a música como instrumento de propaganda, os opositores do nazismo se sentiram intimados a responder. Mas o que poderiam fazer? Já haviam ocorrido muitas perdas em suas fileiras. Três compositores franceses, jovens e promissores — Jehan Alain, Maurice Jaubert e Jean Vuillermoz — tinham morrido na Batalha da França. Milhaud emigrara para os Estados Unidos. Embora ela mesma não fosse vítima de perseguição, a célebre professora de música Nadia Boulanger seguira o mesmo caminho, dando início a uma longa e fecunda relação com os compositores americanos.

Raymond Deiss, que era o editor de Milhaud, Poulenc e outros compositores franceses, tomou a dianteira. Quatro meses apenas após a ocupação, ele começou a imprimir, por iniciativa própria, um panfleto de protesto com o título rabelaisiano de *Pantagruel*. No primeiro número, convocou os compatriotas a apoiar o general De Gaulle, assegurando aos leitores que este acabaria por triunfar, com a ajuda do povo britânico, "cuja fleuma e determinação indestrutíveis são lendárias". No ano seguinte, ele publicou dezesseis números do seu jornal antes de ser preso e deportado para a Alemanha. Dois anos depois, quase completamente esquecido na França, ele foi decapitado em Colônia.

Maurice Hewitt, que integrara o Capet String Quartet antes da guerra e em 1939 fundara a Hewitt Chamber Orchestra, gravou composições de Rameau durante a ocupação. Embora estivesse beirando os sessenta anos, ele participou de um grupo da resistência comandado pelos britânicos, ajudando aviadores a fugir da França através da Espanha. Preso em dezembro de 1943, ele foi deportado para Buchenwald, onde continuou a organizar concertos. Após sua libertação em 1945, Hewitt regeu o *Requiem* de Fauré num concerto em memória dos deportados franceses, vestindo o uniforme que usava no campo de prisioneiros.

Mas, para a pequeníssima parcela dos músicos que assumiu uma posição, a luta contra os alemães se travou acima de tudo na arena musical. Já no fim de 1941, o jornal clandestino *L'Université Libre* reconhecia que não tinha sentido boicotar a música alemã como um todo, mas fazia um veemente apelo aos músicos franceses para que não traíssem suas próprias raízes colaborando com o ocupador. Alguns deles já estavam em plena colaboração, como os compositores Delannoy e Schmitt, que haviam se juntado a D'Ollone no Groupe Collaboration, o maestro Eugène Bigot, que frequentava os jantares organizados pelo grupo, e Joseph Canteloube, que oferecera seus serviços a Cortot em Vichy. No verão seguinte, o maestro Roger Désormière e a compositora Elsa Barraine decidiram formar um grupo de resistência ligado ao Partido Comunista, que recebeu o nome de Comité du Front National de la Musique.* Mais tarde, outros músicos de peso vieram juntar-se a eles, como os compositores Honegger, Poulenc, Georges Auric, Louis Durey, Alexis Roland-Manuel, Rosenthal e Henri Dutilleux, além da soprano Irène Joachim e do diretor do Conservatoire de Paris Claude Delvincourt. Charles Munch, o maestro permanente da Societé des Concerts du Conservatoire, a principal orquestra do país, também se tornou membro do comitê.

Mas essa reunião de talentos não passava de uma elite musical com pouquíssima experiência política e, como logo ficou claro, sem nenhuma habilidade para persuadir as bases a abrir mão da segurança de sua neutralidade artística. Em outubro de 1942, o comitê publicou o *Le Musicien d'Aujourd'hui*, um boletim informativo clandestino que explicitava seus objetivos: lutar para que as músicas proibidas, como as de Milhaud, se mantivessem vivas por meio de

---

* Mais tarde, esse comitê foi chamado de Comité de Musiciens du Front National, de Front National des Musiciens e, finalmente, de Front National de la Musique.

apresentações não oficiais, ajudar os músicos presos na Alemanha e os que estivessem vivendo na clandestinidade, boicotar os eventos que apoiassem o nazismo e estimular protestos espontâneos, como a execução de *A Marselhesa* na presença dos alemães.* Como força de oposição, no entanto, a frente continuou a ter uma importância periférica: em março de 1944, tinha menos de trinta membros e o *Le Musicien d'Aujourd'hui* teve apenas oito edições, embora as duas últimas tivessem alcançado um público maior ao serem publicadas como um encarte de *Les Lettres Françaises*, a revista clandestina dos escritores.

A mobilização mais intensa do Front National de la Musique era em resposta ao chamado "estrangulamento da música francesa pela propaganda nazista". Como Auric descreveria mais tarde, num artigo cáustico e não assinado publicado em *Le Musicien d'Aujourd'hui*: "Mas se a música não tem pátria, os músicos têm. Permitiremos que ponham nossas orquestras e maestros, nossos virtuoses, nossos cantores, a serviço das obras monumentais da escola alemã... tudo isso a pretexto de dissimular a suposta insuficiência da cultura musical francesa?".[4]

Na realidade, a música francesa estava sendo amplamente executada, mas, na maioria das vezes, isso incluía as obras sinfônicas de Berlioz, Debussy, Fauré e Ravel, e as óperas de Bizet, Gounod e Massenet. Por outro lado, os compositores vivos sentiam que estavam sendo deixados de lado e suspeitavam de que isso estivesse ocorrendo por razões políticas. E não se tratava nem de longe de compositores principiantes. No período entre as guerras, um grupo deles — Milhaud, Honegger, Poulenc, Auric, Durey e Germaine Tailleferre — ficara conhecido como Les Six, numa alusão aos compositores russos do século XIX conhecidos como Os Cinco. Embora tivessem estilos diferentes, eles tinham quase a mesma idade, eram amigos e haviam sido simpatizantes da Frente Popular em meados da década de 1930. Agora, percebiam que tinham que lutar para que suas músicas fossem ouvidas.

Eles contaram com a ajuda de Vichy, que sentia a necessidade de desafiar a alegada superioridade da música alemã. Durante quatro anos, o governo encomendou trabalhos a 57 compositores, incluindo os membros do Front National de la Musique, e, principalmente, aos que estavam voltando ao país depois de

---

* *A Marselhesa* era executada com frequência na zona não ocupada, mas proibida na área controlada pela Alemanha.

terem sido libertados dos campos de prisioneiros. Algumas dessas obras musicais foram apresentadas em público e muitas foram gravadas. Composições novas também eram executadas em lugares privados, como salões culturais e residências. Um desses palcos era a École Normale de la Musique, com seu público de estudantes, embora os compositores conseguissem atingir uma plateia mais variada nos novos Concerts de la Pléiade, criados pelo editor Gaston Gallimard e pela produtora de cinema Denise Tual. Essas apresentações eram feitas para convidados no Conservatoire ou na Galerie Charpentier e, com a condição de que o público não ultrapassasse quarenta pessoas, não era necessário obter autorização oficial. Nesses concertos, Poulenc e outros compositores podiam ouvir suas peças interpretadas por instrumentistas e cantores da melhor qualidade. Ocasionalmente, os programas incluíam obras de Milhaud e de outros compositores proibidos. Entretanto, não se tratava de concertos clandestinos, uma vez que os alemães francófilos também compareciam.

Honegger, que tinha passaporte suíço, mas passara quase toda a vida na França, não necessitou de nenhum "empurrãozinho". No início da ocupação, ele teve que comprovar que não era judeu. Embora tivesse se juntado ao Front National de la Musique, era visto com desconfiança pelos outros membros por ter viajado a Viena a convite dos alemães e por escrever críticas musicais para a revista cultural *Comoedia*, que contava com a aprovação dos nazistas.* Em 1943, o Front decidiu excluí-lo de suas reuniões. Mesmo assim, durante todo o período da ocupação, Honegger manteve a notoriedade que havia alcançado nas décadas de 1920 e 1930. Compositor prolífico, suas obras eram regularmente executadas por um grande número de orquestras. Seu oratório *Jeanne au bûcher* [Joana na fogueira], com texto de Claudel, foi apresentado em Lyon em 1941 e em seguida excursionou pelo país, enquanto sua ópera *Antigone*, com libreto de Cocteau, foi afinal apresentada pela Ópera de Paris em 1943, dezesseis anos depois de ter sido rejeitada. Ele também compôs a música da peça épica de Claudel *O sapato de cetim*, produzida na Comédie Française no fim de 1943.

Parte do encanto exercido pelas obras de Honegger resultava da aproximação que seu estilo estabelecia entre as tradições musicais francesa e alemã. A

---

* Embora submetida à censura alemã, a *Comoedia* proporcionava uma cobertura ampla e objetiva dos acontecimentos no campo das artes, e incluía, entre seus colaboradores ocasionais, Sartre, Valéry, Claudel e Cocteau.

opinião de que ele se transformara numa espécie de compositor francês oficial foi reforçada pelas homenagens que recebeu em seu quinquagésimo aniversário, em 1942, com uma edição inteira da revista *L'Information Musicale* de Vichy dedicada à ocasião. Mas Honegger não era um colaboracionista; na verdade, ele ajudou alguns compositores judeus. De certa forma, como muitos de seus colegas, ele queria apenas garantir que sua música pudesse ser ouvida e apreciada — e, nisso, foi mais bem-sucedido do que os outros compositores.

Nenhum dos compositores de Les Six carregava o estigma de compositor "degenerado". Embora tivessem se tornado famosos na época em que Schönberg, Berg e Anton Webern estavam fundando a Segunda Escola de Viena, eles não aderiram ao dodecafonismo. Poulenc era particularmente admirado por suas melodias cativantes. Ele tinha apenas 23 anos quando compôs a música do balé *Les biches* para Diaghilev, em 1922. Declaradamente homossexual, era considerado um *enfant terrible* na década de 1920 e nos primeiros anos da década de 1930. Mas em 1936, em visita ao santuário da Virgem Negra de Rocamadour, no sudoeste da França, ele experimentou uma conversão religiosa que o afetou profundamente e o levou a compor uma série de músicas sacras (incluindo sua magnífica ópera do pós-guerra, *Dialogues des carmélites*). Durante o conflito, ele compôs peças musicais para apresentações públicas e privadas, mas nunca hesitou em se opor à ocupação. Em carta a um amigo escrita em dezembro de 1941, ele não parecia infeliz:

> A vida musical em Paris segue intensa. Munch organiza excelentes concertos e todos se esforçam para manter viva a atmosfera espiritual da nossa agradável cidade. Recolhido em seu estúdio, Picasso continua a pintar maravilhosamente. Braque também. Éluard escreve obras-primas. Na primavera, haverá um concerto de música de câmara dedicado à minha obra na Société Nouvelle de Musique de Chambre de Paris, onde será executada pela primeira vez a minha Sonata para Piano e Violão.[5]

Em 1942, seu balé *Les animaux modèles*, inspirado nas *Fábulas* de La Fontaine, foi apresentado na Ópera de Paris. Sabendo que haveria muitos alemães na plateia, Poulenc maliciosamente tomou emprestados alguns compassos de uma canção alsaciana, "Non, non, vous n'aurez pas notre Alsace-Lorraine" (Não, não, vocês não roubarão a nossa Alsácia-Lorena), que fazia referência à anexação pela Alemanha das regiões no leste da França no período entre 1871 e 1918, e novamente em 1940. Ele também escreveu partituras para muitos poemas, incluindo alguns de Aragon e Louise de Vilmorin. Uma de suas composições mais admiráveis, *Figure humaine* — uma cantata para doze vozes baseada em poemas da resistência escritos por Éluard — foi apresentada pela primeira vez em 1944 na casa da milionária *socialite* Marie-Laure des Noailles. Poulenc também musicou "Un soir de neige", uma homenagem de Éluard ao poeta Max Jacob, que morreu em Drancy em 1944.

Nove anos mais jovem, Olivier Messiaen era um católico tão devoto quanto Poulenc, mas sua música era mais experimental. Capturado pelo exército alemão em junho de 1940, aos 32 anos, ele passou os onze meses seguintes no Stalag VIII-A, em Görlitz, no leste da Alemanha. Ali concluiu seu *Quatuor pour la fin du temps* [Quarteto para o fim dos tempos], apresentado pela primeira vez em 15 de janeiro de 1941, no próprio campo de prisioneiros. Num concerto ao ar livre para uma plateia congelada de prisioneiros de guerra e de guardas alemães atraídos pelo espetáculo, Messiaen tocou um velho piano, acompanhado por outros três prisioneiros de guerra, o violoncelista Étienne Pasquier, o violinista Jean Le Boulaire e o clarinetista Henri Akoka. Em maio de 1941, Messiaen foi libertado e nomeado por Vichy para o cargo de professor de harmonia do Conservatoire de Paris (antes ocupado por um músico judeu). Ele também recuperou seu posto como organista na Église de la Sainte-Trinité, e continuou a ocupá-lo até sua morte em 1992. A primeira vez que Paris prestou atenção em Messiaen foi na apresentação da sua obra *Visions de l'amen*, para dois pianos, em 10 de maio de 1943, num Concert de la Pléiade assistido por Poulenc, Valéry, Cocteau, Braque e Mauriac. Messiaen foi o único compositor importante que nunca teve um trabalho encomendado por Vichy, mas sobressaiu como professor influente: um dos alunos do Conservatoire que ele converteu ao serialismo foi Pierre Boulez, que depois da guerra se tornou um renomado compositor de vanguarda e um respeitado maestro da música clássica e moderna.

Boulez tinha apenas dezoito anos quando se mudou para Paris em setembro de 1943. Ele só veio a tomar conhecimento das atividades do Front National de la Musique após a libertação. No entanto, olhando retrospectivamente, ele afirmou que não lhe parecia que a música alemã estivesse sufocando a música francesa. "A Radio-Paris tinha a sua própria orquestra, que celebrou o octogésimo aniversário de Richard Strauss em maio de 1944", relembrou Boulez. "Mas os alemães encarregados dos assuntos culturais tentavam vencer mais pela sedução do que pela imposição da vontade deles. Lembro-me de ouvir Messiaen pela primeira vez na École Normale de Musique. As músicas de Poulenc eram executadas nos Concerts de la Pléiade. Honegger era o grande compositor francês. Ele era muito popular." Quando começou a frequentar o Conservatoire de Paris, Boulez teve aulas de contraponto com a esposa de Honneger, Andrée Vaurabourg. Em junho de 1944, ele afinal conheceu Messiaen. "Mostrei a ele alguns trabalhos e pedi para participar das suas aulas de harmonia, o que comecei a fazer em setembro, após a libertação", ele recordou.[6] Os dois compositores se tornaram amigos e, nos debates acalorados sobre estilo musical ocorridos no fim da década de 1940, Boulez era o defensor mais ferrenho de Messiaen.

A experiência do compositor Henri Dutilleux ilustra a dificuldade que muitos músicos experimentavam para conseguir se sustentar. Ele tinha 22 anos quando ganhou, em 1938, o prestigioso Prix de Rome para estudar na Villa Medicis, a academia francesa em Roma, seguindo os passos de boa parte dos compositores mais importantes da França. Mas, ao chegar a Roma em fevereiro de 1939, Dutilleux encontrou o fascismo de Mussolini em pleno apogeu. No princípio de abril, os fascistas comemoraram a vitória de Franco na Guerra Civil Espanhola. "Não me agradava estar ali naquele momento", ele se recordou, "de maneira que, em junho, tomei a decisão de partir." Logo em seguida, foi recrutado como padioleiro num esquadrão da força aérea estacionado nas proximidades de Rennes. "Durante a guerra de mentira, a música não parou", disse ele. "Pensávamos que estivéssemos protegidos pela Linha Maginot. Fiquei em Paris durante certo tempo. Toquei piano numa *brasserie*, tive algumas aulas e trabalhei com alguns cantores."

Após a invasão pela Alemanha, sua unidade se deslocou para Bordeaux, no sul, para onde havia fugido o governo francês. "Acreditávamos que havia uma possibilidade de continuar a guerra no norte da África", recordou-se ele. "Sentíamo-nos quase pesarosos com o fato de que Pétain tivesse pedido um armistício. Era a origem da França se voltando contra a França." Desmobilizado em Toulouse, Dutilleux chegou a Paris a tempo de assistir à reapresentação de uma famosa produção de *Pelléas et Mélisande*, de Debussy, na Opéra-Comique, regida por Roger Désormière e interpretada por Jacques Jansen e Irène Joachim. "Foi um dos momentos mais intensos que já vivi", relembrou Dutilleux. Em seguida, ele retornou a Toulouse por alguns meses, antes de ir a Nice, onde os ganhadores do Prix de Rome foram convocados a voltar ao trabalho. "Eu não queria ficar protegido numa redoma", ele se recordou. "Não era o momento adequado para isso. Meu irmão estava preso e amigos meus haviam morrido na guerra. Escrevi uma peça para fagote e fui embora, para Paris."[7]

Desempregado, ele foi forçado a fazer trabalhos temporários. "Dei algumas aulas de contraponto e harmonia, acompanhei bailarinos e cantores e toquei jazz em algumas *brasseries*", disse ele. "Cheguei até a orquestrar algumas valsas de Chopin, o que considero deplorável da minha parte." No início de 1942, ele foi convidado pela Ópera de Paris para acompanhar o coro nos ensaios da primeira produção francesa da ópera *Palestrina*, de Hans Pfitzner. "Eu não gostava da ópera", afirmou, "mas ela era bem escrita e rica em contrapontos. Eu vivia levando bronca dos cantores quando cometia erros. Não sou muito bom pianista." Esse emprego não durou muito tempo, mas, por intermédio de Irène Joachim, ele foi convidado a ingressar no Front National de la Musique, junto com a pianista Geneviève Joy, com quem mais tarde se casou. "Nós fazíamos parte de uma corrente da resistência", disse ele. "Nosso objetivo era combater o colaboracionismo. Achávamos que não havia problema em tocar para uma plateia alemã, mas não achávamos correto que os músicos aceitassem tocar na Radio-Paris. Muitos aceitavam com o argumento de que era preciso sobreviver, mas era um erro da parte deles."

Nos últimos meses da ocupação, Dutilleux conseguiu um emprego na Radiodiffusion Nationale, mais conhecida como Radio Vichy, que havia retornado a Paris. Sua função era encomendar músicas para radionovelas e outros programas. Na mesma época, ele começou a trabalhar com Pierre Schaeffer,* o antigo diretor do Jeune France, que administrava o laboratório experimental em produção radiofônica conhecido como Studio d'Essai. Schaeffer estava preparando a programação para a libertação, gravando músicas proibidas de autores como Schönberg, Berg e Milhaud. Dois poemas musicados por Dutilleux — "La geôle" [O cárcere], baseado num soneto de Jean Cassou, e "Chanson de la deportée" [Canção da deportada], de Jean Gandrey-Réty — foram apresentados em público pela primeira vez após a libertação.

---

* Após a guerra, Schaeffer se tornou conhecido como o "pai" da música concreta por meio de seu trabalho revolucionário na pesquisa eletroacústica.

Sob a direção de Delvincourt, o Conservatoire de Paris também se esforçava para manter vivo o espírito da música francesa. Em abril de 1941, o governo de Vichy o nomeara sucessor de Henri Rabaud, confiante nos laços que ele mantivera com a direitista Croix-de-Feu na década de 1930. No momento de sua posse, 25 alunos judeus, além dos professores Lazare Lévy e André Bloch, tinham sido forçados a se retirar. Em setembro de 1942, sob pressão de Vichy, praticamente todos os alunos considerados "meio-judeus" foram expulsos. Mas a experiência da ocupação fez Delvincourt aos poucos ir mudando. Ele conseguiu que os alunos judeus continuassem a receber aulas particulares em segredo. O fato é que não houve nenhum caso de aluno judeu do Conservatoire de Paris que tivesse sido deportado,* segundo o compositor judeu Roland-Manuel.

Delvincourt também foi responsável pela introdução de importantes mudanças no conservatório, especialmente em relação aos métodos de ensino. Em 1942, totalmente desiludido com Pétain, ele adotou o pseudônimo de Monsieur Julien e aderiu ao Front National de la Musique, que fazia algumas reuniões em seu gabinete no conservatório. Em 1943, após a exigência de Berlim de que a França enviasse mão de obra para trabalhar na Alemanha, ele formou uma orquestra jovem que recebeu o nome de Orchestre des Cadets du Conservatoire, e desse modo conseguiu livrar sessenta de seus alunos do cumprimento do programa de trabalho obrigatório. No ano seguinte, quando esse expediente já não garantia a proteção de seus alunos, Delvincourt os reuniu certo dia, antes do amanhecer. Depois de entregar-lhes documentos falsos fornecidos por Marie-Louise Boëllmann-Gigout, uma professora de harmônio que participava da resistência, Delvincourt os aconselhou a entrar na clandestinidade. "Delvincourt fez um trabalho admirável no Conservatoire; nenhum aluno foi mandado para a Alemanha", escreveu Poulenc a Milhaud após a libertação.[8]

Désormière também levava uma espécie de vida dupla. Membro do Partido Comunista e a mola propulsora por trás do Front National de la Musique, ele era o maestro principal da Opéra-Comique, um cargo que o obrigava a fazer certas concessões. Ele teve que trabalhar com Max d'Ollone e com

---

* Michel Tagrine, um violinista judeu que ganhou os prêmios de final de ano no Conservatoire em 1941 e 1942, foi um dos poucos músicos a se tornar mártir da guerra: com apenas 22 anos de idade, ele morreu lutando na insurreição de Paris em 25 de agosto de 1944.

o tenor Lucien Muratore, dois pétainistas que se sucederam na direção do teatro. Também regeu um concerto beneficente cujo solista era Cortot, embora,
nesse caso, se tratasse de um evento para arrecadar fundos para os músicos em
dificuldades. Mas ele tinha liberdade para promover a música de seu país e
organizou a estreia de várias óperas francesas, como a *Ginevra*,* de Delannoy, e
L'étoile, de Emmanuel Chabrier, incluindo na sua programação somente duas
óperas alemãs — *O rapto do serralho*, de Mozart, em 1941, e *Ariadne em Naxos*,
de Richard Strauss, em 1943 — durante todo o período da ocupação.

Como maestro, Désormière foi elogiado pela primeira gravação na íntegra, em 1941, da ópera de Debussy *Pelléas et Mélisande*, novamente com Jansen
e Joachim. Como *résistant*, ele se deleitava em atacar D'Ollone e Muratore em
artigos não assinados para *Le Musicien d'Aujourd'hui*, ao mesmo tempo que
ajudava os compositores judeus Rosenthal e Jean Wiener, que estavam vivendo
na clandestinidade. Wiener, um importante compositor de trilhas sonoras para
o cinema na década de 1930, conseguiu continuar trabalhando graças a
Désormière, que assinou as partituras compostas por ele para sete filmes novos.
Mais tarde, Wiener recebeu os créditos por suas músicas. Após a libertação,
Désormière dividiu com mais três pessoas a direção da Opéra-Comique antes
de ser nomeado diretor da Ópera de Paris.

Foi também graças a ele que a Opéra-Comique não ficou abarrotada de
orquestras ou companhias líricas alemãs visitantes. O Instituto Alemão, que
cuidava dessas excursões, organizou nada menos que 71 apresentações de
orquestras alemãs na França entre maio de 1942 e julho de 1943. Três semanas
após a ocupação, a Filarmônica de Berlim apresentou-se em Paris e em
Versalhes, retornando a Paris antes de excursionar por diversas cidades repetidas vezes, sob a regência, sucessivamente, de Hans Knappertsbusch, Eugen
Jochum e Clemens Krauss.** Em junho de 1943, ela executou a Nona Sinfonia de
Beethoven numa série de concertos no Palais de Chaillot em Paris, e os 3,5 mil
ingressos postos à venda para cada um deles logo se esgotaram. Mas se a
Filarmônica de Berlim costumava contar com a recepção calorosa do público,

* Irène Joachim, que fazia o papel principal, recusou-se mais tarde a apresentar trechos da ópera
na Radio-Paris.
** Fürtwangler foi o único maestro alemão importante que não se apresentou na França
ocupada.

um concerto regido por Krauss em Lyon em maio de 1942 terminou em confusão, com milhares de pessoas fazendo um protesto do lado de fora da Salle Rameau, cantando *A Marselhesa*. Quase sempre, porém, os franceses que gostavam de música disputavam os ingressos para assistir às orquestras alemãs. Em 1941, a Berliner Kammerorchester, sob a regência de Hans von Benda, apresentou seu próprio festival em homenagem a Mozart, incluindo um concerto gratuito nos jardins do Palais-Royal. O coro dos Meninos Cantores de Viena também fazia muito sucesso, apresentando-se em muitas cidades francesas. O coro da Catedral de Ratisbona cantou na Notre-Dame, em Paris. As excursões organizadas pelos nazistas incluíram até mesmo a orquestra da Luftwaffe.

Como seria de esperar, as óperas de Richard Wagner, o compositor preferido de Hitler, eram as mais executadas na Paris ocupada, e tiveram 54 apresentações na Ópera de Paris, contra 35 de Mozart. Em 1943, o Teatro Nacional de Mannheim trouxe uma produção de *A valquíria* em comemoração ao quinquagésimo aniversário da estreia dessa ópera em Paris. Enquanto isso, a Ópera de Paris reprisou nada menos que 36 vezes sua produção de *O holandês voador* ou *O navio fantasma*. *O ouro do Reno* teve treze reapresentações. Outros compositores alemães e austríacos também estavam bastante bem representados. A Deutsche Opernhaus de Berlim trouxe Elisabeth Schwarzkopf, uma soprano em ascensão, para interpretar a opereta popular *O morcego*, de Johann Strauss, reservando os sete espetáculos para a Wehrmacht. Franz Lehár veio de Viena reger sua opereta *A terra dos sorrisos* no teatro Gaieté-Lyrique, em Paris, e, na mesma viagem, dirigiu um concerto no Palais de Chaillot reunindo as orquestras do exército, da marinha e da força aérea alemãs. A Ópera de Paris ressuscitou diversas produções de óperas alemãs anteriores à guerra, começando por *Fidelio*, em dezembro de 1940 — uma escolha curiosa, levando-se em conta que essa ópera, a única que Beethoven escreveu, é um empolgante tributo à liberdade.* As temporadas seguintes incluíram *As bodas de Fígaro* e outras óperas compostas por Mozart, *O cavaleiro da rosa*, de Richard Strauss, e *Alceste*, de Handel. Além da *Palestrina*, de Pfitzner, houve a estreia francesa de *Peer Gynt*,

---

* Beethoven foi usado por ambos os lados durante a guerra: enquanto a bbc introduzia seus boletins de notícias da França com as quatro primeiras notas da Quinta Sinfonia — que correspondem também à letra *V* no código Morse —, a Filarmônica de Berlim realizou inúmeras apresentações da Nona Sinfonia, com seu coro final arrebatador cantando a "Ode à alegria".

de Werner Egk, muito popular entre os nazistas, que vencera o concurso para musicar a abertura das Olimpíadas de Berlim de 1936. No total, cerca de um terço dos espetáculos de ópera apresentados era de compositores alemães. O autor mais encenado, no entanto, era Verdi, com 95 exibições, incluindo 55 do *Rigoletto* e 32 da *Aída*. Em segundo lugar vinha Gounod, com 78 apresentações de *Fausto*, a ópera mais executada durante a ocupação. Evidentemente, essas reapresentações sem fim refletiam a necessidade da Ópera de Paris de economizar, reutilizando as roupas e os cenários.

Foi nesse contexto que o jovem e exuberante maestro Herbert von Karajan se tornou uma celebridade do dia para a noite. Membro do Partido Nazista desde 1933, ele era o novo diretor musical da Staatsoper, a ópera estatal de Berlim, e de sua orquestra, a Staatskapelle. Ele lotou o Palais de Chaillot em diversas ocasiões, mas foi uma excursão patrocinada pelo próprio Hitler na primavera de 1941 que o colocou no centro dos holofotes: pela primeira vez, a Staatsoper de Berlim iria se apresentar no reverenciado palco da Ópera de Paris. Nos dias 18 e 20 de maio, Von Karajan regeu a apresentação de *O rapto do serralho*. Em seguida, para as apresentações de *Tristão e Isolda*, de Wagner, nos dias 22 e 25 de maio, ele reuniu uma espécie de *dream team* do canto lírico: o aclamado tenor "heroico"* alemão Max Lorenz e a notável soprano francesa Germaine Lubin.

Lubin, uma antiga admiradora de Pétain, era uma das cantoras favoritas dos nazistas. Hitler assistira à interpretação dela de *Tristão e Isolda* no Festival de Bayreuth em 1938. Ela foi apresentada a ele num restaurante após o espetáculo e declarou a um jornalista que esse fora o ponto alto de sua visita à Alemanha. Mais tarde, o Führer enviou-lhe um buquê de rosas vermelhas e uma fotografia dele numa moldura de prata dentro de um porta-joias de couro vermelho estampado com uma águia e uma suástica. Uma das apresentações de *Tristão e Isolda* em Paris teve todos os seus ingressos reservados para os oficiais da Wehrmacht; a outra também teve seus ingressos esgotados. Lubin foi especialmente ovacionada pelo público. Cocteau logo lhe escreveu: "Madame, o que a senhora fez por Isolda foi uma coisa tão prodigiosa que eu não teria a coragem de permanecer em silêncio". Winifred Wagner, nora do compositor Richard

---

* O chamado tenor heroico (*Heldentenor*) surgiu em papéis das óperas de Wagner, como o Tristão de *Tristão e Isolda*, e Tannhäuser, da ópera homônima [*Dicionário de termos e expressões da música*, de Henrique Autran Dourado, São Paulo, Editora 34, 2004]. (N. T.)

Wagner, presidiu a ocasião. Nascida na Grã-Bretanha, ela era uma admiradora fervorosa de Hitler e ficara amiga de Lubin em Bayreuth. Mais tarde, gabou-se de ter intercedido pessoalmente junto a Hitler para que o filho de Lubin fosse libertado de um campo de prisioneiros de guerra na Alemanha. De fato, dias antes da apresentação de *Tristão e Isolda* em Paris, Hitler teria entrado em cena de novo, dessa vez para libertar o professor de canto de Lubin, que era judeu, depois que a soprano se recusou a cantar enquanto ele estivesse na prisão. Winifred Wagner, por sua vez, estava empolgada com o fato de que o mais recente amante de Lubin era seu amigo de longa data Hans Joachim Lange, um oficial da Wehrmacht nomeado para um posto em Paris.[9] Mas os dias de glória de Lubin estavam contados. Depois da guerra, sua notória cumplicidade com os nazistas, sua presença constante nas recepções da embaixada alemã e suas apresentações na Alemanha ocasionaram o fim de sua carreira.

Durante um período de sete anos, o improvável crítico musical Heinrich Strobel, que trabalhava no jornal editado em alemão *Pariser Zeitung*, esteve presente em todos os lados do conflito. Em 1938, quando teve que escolher entre abandonar a esposa judia ou perder seu emprego na Alemanha, ele se mudou para a França, onde conseguiu um emprego no *Deutsche Allgemeine Zeitung* e retomou seu trabalho numa biografia de Debussy. Mas em 1939, quando a França declarou guerra contra a Alemanha, ele foi internado no Camp des Milles como "estrangeiro indesejável". Strobel continuou na França após a vitória da Alemanha e, em 1942, começou a escrever para o *Pariser Zeitung* e a apresentar conferências no Instituto Alemão. Ele foi beneficiado, mais tarde, pelo fato de suas críticas serem simpáticas e receptivas à música francesa. Em consequência disso, foi nomeado pelo exército francês, após o fim da guerra, para dirigir a Rádio Sudoeste, ou Südwestfunk, em Baden-Baden, a capital da região da Alemanha ocupada pela França. Nos anos seguintes, Strobel não apenas se dedicou a promover fielmente a música francesa moderna como criou um estúdio experimental que incentivava a pesquisa com música eletrônica.

Jacques Rouché tinha a tarefa mais espinhosa de administrar a Ópera de Paris, que dirigia desde 1913. Em 1939, aos 77 anos, ele assumiu o comando da Réunion des Théâtres Lyriques Nationaux, que incluía a Ópera de Paris e a Opéra-Comique. Mas após a visita de Hitler em 23 de junho de 1940, os alemães passaram a demonstrar um interesse especial pela Ópera de Paris, que se tornou um *must* para os dignitários nazistas em visita à França. Em 1940,

Rouché foi forçado a demitir trinta músicos judeus de sua orquestra, deixando desfalcada sua seção de cordas. A despeito disso, ele continuou pagando os salários dos músicos em segredo durante mais dois anos e manteve o emprego de Ernest Klausz, cenógrafo judeu nascido na Hungria, até o fim de 1943.[10]

Embora, as atividades de Rouché estivessem, a rigor, subordinadas ao governo de Vichy, sua principal dor de cabeça eram os oficiais alemães, que tentavam interferir na programação das temporadas líricas e, apesar de contarem com uma cota de ingressos gratuitos, estavam sempre solicitando mais. Por outro lado, ele não precisava se preocupar com a lotação da casa. Michel Francini, o ator de teatro de variedades, relembrou que seu pai, que trabalhava na administração do teatro, vivia reclamando das botas das tropas alemãs que danificavam a majestosa escadaria de mármore do Palais Garnier.[11] Como Guéhenno observou causticamente em seu diário, os franceses amantes da ópera acabavam por acompanhar o ritmo dessas botas:

> Disseram-me que toda noite os oficiais alemães comparecem à Ópera em grande número. Durante os intervalos, como é costume em seu país, eles circulam pelo *foyer*, em grupos de três ou quatro, todos caminhando na mesma direção. Os franceses, mesmo sem querer, terminam por juntar-se ao cortejo e por marchar no mesmo compasso imposto pelas botas alemãs.[12]

A partir do fim de 1942, as preocupações de Rouché aumentaram ainda mais, pois ele teve que enfrentar as crescentes intromissões do novo ministro da Educação de Vichy, Abel Bonnard. Rouché tentou apaziguá-lo com o envio de cópias das cartas elogiosas que recebera do embaixador Abetz. Além disso, havia também o descontentamento dos empregados da companhia, quase sempre fomentado pelo clandestino Front National de l'Opéra, organizado pelo estofador Jean Rieussec, e que incluía apenas vinte membros, na sua maioria técnicos. Depois da guerra, quando esse grupo acusou Rouché de colaborar com os nazistas, os rumores de que sua esposa tivera um romance com um oficial alemão não o ajudaram nem um pouco. "Em Paris, a vida musical tenta reencontrar seu rumo da melhor maneira possível, muito perturbada pelas questões de expurgo", Poulenc escreveu a Milhaud em março de 1945. "Há também uma crise terrível na Ópera. Nós todos lamentamos profundamente o afastamento do nosso querido Rouché. As indiscrições sociais de sua esposa e o

No final de agosto de 1939, dias antes da invasão alemã da Polônia, que deflagrou a Segunda Guerra Mundial, todos os quadros da Grande Galeria do Louvre e de outras salas de exposição foram evacuados apressadamente, em sua maioria para o castelo de Chambord, no vale do Loire. (Roger-Viollet)

ALTO: *Em 10 de maio de 1940, depois de oito meses de "guerra de mentira", a Alemanha invadiu a Europa Ocidental e rapidamente desarticulou o exército francês. Em pânico, milhões de famílias francesas fugiram para o sul em trens, carros, bicicletas e, finalmente, a pé.* (LAPI/Roger-Viollet)

ESQUERDA: *Na madrugada de 23 de junho de 1940, nove dias depois da queda de Paris, Hitler realizou sua única visita à cidade. Alegando querer a companhia de artistas, posou na frente da Torre Eiffel com Albert Speer (esquerda) e o escultor Arno Breker, seu favorito durante toda a guerra.* (U.S. National Archives)

ALTO: *Depois do armistício de junho de 1940, o sudeste da França não foi ocupado. Grande parte do pessoal do show business se reuniu em Cannes, e por um tempo os artistas não foram incomodados. Três atrizes importantes, Michèle Morgan, Micheline Presle e Danielle Darrieux (da esquerda para a direita), posaram na praia com Gregor Rabinovitch, produtor de cinema judeu que logo seria forçado a fugir da França. (Cortesia da sra. Micheline Presle)*

DIREITA: *Após a derrota da França, a noite de Paris se recuperou rapidamente, com oficiais e soldados da Wehrmacht ocupando a maior parte da plateia nos espetáculos sensuais dos cabarés. (Roger Schall)*

Varian Fry, jornalista americano enviado a Marselha pelo Comitê de Resgate Emergencial de Nova York, ajudou cerca de 2 mil artistas, intelectuais e outros refugiados a escapar da França ocupada. Na foto, ele está sentado em seu escritório, ao lado da esposa de André Breton, Jacqueline Lamba, sob os olhares de Breton, André Masson e Max Ernst, da direita para a esquerda. (Varian Fry Papers, Biblioteca de Livros Raros e Originais da Universidade Columbia)

Em 24 de outubro de 1940, na volta de uma reunião em Hendaye com o generalíssimo Franco da Espanha, Hitler parou em Montoire, no vale do Loire, para receber o marechal Pétain, "chefe de Estado" do regime de Vichy. Dias depois, Pétain endossou a colaboração com o regime nazista. (Roger-Viollet)

Joseph Goebbels, chefe da propaganda nazista, considerava a música o melhor meio de demonstrar a superioridade cultural alemã em relação à França. Muitas orquestras e coros alemães excursionaram pela França, e algumas realizaram concertos na hora do almoço, nas escadarias da Ópera de Paris. (LAPI/Roger-Viollet)

Em 29 de setembro de 1940, o Louvre foi reaberto, na presença do marechal de campo Gerd von Rundstedt, na foto com um curador francês, embora houvesse apenas estátuas e esculturas em exposição, enquanto as galerias de pintura permaneciam fechadas. (LAPI/Roger-Viollet)

ALTO À ESQUERDA: *Herbert von Karajan, visitante frequente da Paris ocupada, posa com a soprano francesa Germaine Lubin depois de reger uma produção da Berlin Staatsoper em que ela participava, de* Tristão e Isolda, *de Wagner, na Ópera de Paris em maio de 1941.* (LAPI/Roger-Viollet)

No sentido horário, a partir do alto à direita: Rose Valland de uniforme, depois da guerra, passou todo o período de ocupação trabalhando no Jeu de Paume, onde manteve um registro secreto das obras de arte pilhadas de judeus. O marechal do ar Hermann Goering, de bengala e chapéu de feltro, visitaria a galeria com frequência, para escolher obras de arte para si e para Hitler. As pinturas mostradas aqui foram consideradas "degeneradas" e destruídas ou trocadas por obras anteriores ao século XX. (no alto, à direita: Coleção G. Garapont/ Association la Mémoire de Rose Valland; embaixo, à esquerda e à direita: Arquivos des Musées Nationaux)

Uma exposição chamada O Judeu e a França, inaugurada no Palais Berlitz de Paris no outono de 1941, incluía uma seção em que os judeus eram considerados "mestres do cinema francês". (LAPI/Roger-Viollet)

Entre os mais virulentos escritores antissemitas estavam Louis-Ferdinand Céline, à esquerda na inauguração do Institut d'Études des Questions Juives em Paris, e Lucien Rebatet, autografando exemplares de suas memórias, Les Décombres. (esquerda: Roger-Viollet; direita: Albert Harlingue/Roger-Viollet)

Com frequência Goebbels convidava artistas franceses para visitar a Alemanha a fim de ressaltar a cooperação cultural entre os dois países. Entre os astros cinematográficos franceses que deixavam a Gare de l'Est para ir a Berlim em março de 1942 estavam (da esquerda para a direita): *Viviane Romance, Danielle Darrieux, Suzy Delair e Junie Astor.* (LAPI/Roger-Viollet)

Em outubro de 1941 uma delegação de alto nível de artistas franceses parte da Gare de l'Est para a Alemanha, incluindo os pintores fauvistas Maurice de Vlaminck, Kees van Dongen e André Derain. (LAPI/Roger-Viollet)

Em novembro de 1941 um grupo de escritores franceses regressou a Paris de trem, depois de comparecer a um congresso de escritores europeus em Weimar. De farda, à esquerda, está Gerhard Heller, o oficial alemão encarregado da censura literária; a seu lado, de chapéu de feltro, o famoso escritor colaboracionista Pierre Drieu La Rochelle; a seu lado, de capa branca, Robert Brasillach, editor do semanário pró-nazista Je suis partout; e, na extrema direita, de óculos, Karl-Heinz Bremer, diretor do Instituto Alemão de Paris. (LAPI/Roger-Viollet)

Muitos cantores franceses populares, como Maurice Chevalier, à esquerda, e Edith Piaf, à direita, viajaram à Alemanha para se apresentar em campos que abrigavam cerca de 1,6 milhão de prisioneiros de guerra franceses. (esquerda: Roger-Viollet; direita: Ulstein Bild/ Roger-Viollet)

NO ALTO: *A abertura da exposição de esculturas de Arno Breker no Orangerie, em maio de 1942, atraiu muitos dirigentes de Vichy, bem como artistas e intelectuais franceses que mais tarde seriam acusados de colaboração. Entre os presentes estavam o bailarino Serge Lifar, à esquerda com o traje do balé* Joan de Zarissa, *do compositor alemão Werner Egk, e, à direita, o artista e poeta Jean Cocteau.* (alto: LAPI/Roger-Viollet; embaixo à esquerda: André Zucca/BHVP/Roger-Viollet; embaixo à direita: Ulstein Bild/Roger-Viollet)

Jean Paulhan, crítico literário e editor de livros, à esquerda, de terno escuro, com o artista Georges Braque, foi uma figura central da resistência intelectual e cofundador de Les Lettres Françaises, *jornal clandestino publicado por escritores. O poeta comunista Louis Aragon foi uma figura importante na resistência do sul da França.* (esquerda: Roger-Viollet; embaixo à direita: Rue des Archives)

A socialite americana Florence Gould, em retrato do fim dos anos 1930, promovia um salão literário na Paris ocupada. Compareciam ao salão tanto escritores colaboracionistas quanto da resistência, além de alguns alemães, entre os quais se destacava o renomado romancista Ernst Jünger, que servia em Paris na Wehrmacht e aparece na foto a cavalo, liderando uma parada. (alto: Florence Gould Foundation; embaixo: Marbach/Rue des Archives)

A escritora Irène Némirovsky, judia nascida em Kiev, passou as últimas férias na praia em 1939, com as filhas Denise e Élisabeth, e o marido, Michel Epstein. A partir de maio de 1940 a família viveu na cidade de Issy-l'Évêque, na Borgonha, onde ela escreveu sua obra mais conhecida, Suite Française, publicada apenas em 2004. Em julho de 1942, foi presa por gendarmes franceses e deportada para Auschwitz, onde morreu um mês depois. (Fonds Irène Némirovsky/IMEC)

No final da ocupação a jovem escritora Marguerite Duras uniu-se à resistência, com o marido, Robert Antelme (direita), e o amante, Dionys Cascolo. Antelme foi preso, depois, e deportado para a Alemanha, mas sobreviveu à guerra. (Collection Jean Mascolo/Sygma/Corbis)

A escritora popular Colette passou a maior parte da ocupação em seu apartamento em Palais-Royal, onde o marido, Maurice Goudeket, por ser judeu, era forçado a se esconder todas as noites no quarto de empregada do sótão do prédio. (Pierre Jahan/Roger-Viollet)

Pablo Picasso, que passou a ocupação em Paris, escreveu uma peça surrealista, Le Désir attrapé par le queue [O desejo pego pela cauda], que teve uma apresentação fechada na casa de Michel Leiris em 19 de março de 1944. Brassaï registrou a ocasião numa foto que mostra, entre outros, Simone de Beauvoir, segurando um livro à esquerda de Picasso, Albert Camus, acariciando o cachorro à sua frente, e Jean-Paul Sartre, de cachimbo, à direita de Camus. No fundo, algumas pinturas de Picasso. (Estate Brassaï-RMN)

Dois dos atores franceses mais populares, Arletty e Jean-Louis Barrault, estrelaram o filme Les Enfants du paradis, de Marcel Carné, rodado em sua maior parte durante a ocupação, mas lançado somente depois da libertação da França. Na época, Arletty já caíra em desgraça por ter um amante alemão. (Rue des Archives/RDA)

O escritor Albert Camus, à esquerda, que entrou para a resistência no fim de 1943 e editou o jornal clandestino Combat, *é visto aqui depois da libertação de Paris, com Jacques Baumel, líder da resistência, e o escritor André Malraux, de farda do exército francês.* (René St. Paul/Rue des Archives)

Uma semana antes da libertação de Paris, ocorrida no dia 25 de agosto de 1944, o Partido Comunista Francês promoveu uma insurreição, e milhares de jovens parisienses pegaram em armas, ergueram barricadas e fustigaram as forças alemãs em retirada. (Roger-Viollet)

O general Charles de Gaulle, que por mais de quatro anos havia liderado a luta francesa contra os alemães, primeiro em Londres, e depois na Argélia, regressa a Paris no dia da libertação, 25 de agosto de 1944. Na manhã seguinte ele percorre a pé a Avenue des Champs-Élysées, sendo aclamado pelos parisienses. (Roger-Viollet)

Depois da libertação da França, escritores e artistas estavam entre as dezenas de milhares de homens e mulheres julgados por colaboração com o inimigo. O escritor Robert Brasillach, à esquerda, foi condenado à morte e fuzilado no dia 6 de fevereiro de 1945. Sacha Guitry, à direita, passou sessenta dias na cadeia, e os processos contra ele continuaram até agosto de 1947, quando foram arquivados. (Top Foto/Roger-Viollet)

fascismo de Lucienne,* como você pode imaginar, tornaram as coisas bem complicadas."[13] Mas Poulenc, Désormière e Auric saíram em defesa de Rouché e ele foi inocentado. A essa altura com 82 anos, ele ficou satisfeito em se aposentar. Hoje, Rouché é lembrado como um diretor habilidoso que "salvou" a Ópera de Paris no período entre as guerras e que fez tudo o que podia para protegê-la durante a ocupação.

Serge Lifar, o exuberante diretor de balé da Ópera de Paris, atravessou o período da ocupação de forma bem mais tranquila. Sem pudor algum de se autopromover, ele não demorou a conquistar o apoio dos alemães. Para se ter uma ideia, quando a guerra terminou, ele alegou haver persuadido os nazistas a manter Rouché em seu posto em 1940. Embora se considerassem os mestres da ópera, os alemães reconheciam que o balé era uma especialidade francesa, e isso seguramente facilitava bastante a situação. Os oficiais nazistas adoravam frequentar os espetáculos de balé, e alguns arranjaram amantes entre as bailarinas jovens e belas que desfilavam no dourado "*foyer de la danse*" atrás do palco principal.

Mas, se o balé conseguiu manter seu espaço durante a ocupação, isso também testemunha o enorme talento de Lifar. Nascido em Kiev quando a Ucrânia era parte do Império Russo, ele tinha apenas dezoito anos ao ingressar na companhia dos Ballets Russes de Diaghilev em Paris, em 1923. Não demorou até que ele se tornasse um coreógrafo em ascensão, além de ser a estrela da companhia. Em 1930, Lifar foi contratado pelo balé da Ópera de Paris, de início como primeiro bailarino e, mais tarde, como seu diretor. No fim dessa década, ele havia feito mudanças profundas na companhia, profissionalizando-a como nunca. Quando a França declarou guerra contra a Alemanha em setembro de 1939, ele conseguiu evitar que seus bailarinos fossem enviados para a frente de batalha, organizando às pressas uma excursão pela Austrália e, na primavera seguinte, uma série de apresentações na Espanha e em Portugal. Quando Paris foi invadida pelo exército alemão, o grupo acabara de retornar de viagem, mas Lifar se manteve inabalável, reiniciando as aulas de dança na histórica sala de ensaios na cúpula do Palais Garnier. Em agosto de 1940, quando o teatro foi

---

* A pianista Lucienne Delforges, amiga íntima de Céline e uma famigerada simpatizante do nazismo, fugiu da França em 1944 e fez apresentações para os oficiais de Vichy "exilados" na Alemanha.

reaberto ao público, Lifar já havia preparado uma programação eletrizante para a temporada.

Lifar estava sempre no centro de tudo, da administração, das coreografias e das apresentações. Fosse como bailarino ou como coreógrafo (ou em ambos os papéis ao mesmo tempo), seu nome figurava no programa de 272 dos 837 balés apresentados na Ópera de Paris durante a ocupação. Para acompanhá-lo no palco, Lifar contava com uma vasta escolha de primeiras bailarinas como Lycette Darsonval, Solange Schwarz e Yvette Chauviré, além de bailarinas mais jovens como Janine Charrat, Ludmilla Tchérina e Renée "Zizi" Jeanmaire. E foi ele quem atribuiu a Serge Peretti o título de primeiro bailarino *étoile* da Ópera de Paris em 1941. Lifar foi igualmente importante como criador, estreando quinze novas coreografias entre 1940 e 1944, incluindo *Sylvia, Boléro, Istar, Les mirages, Suite en blanc* e *L'amour sorcier*, todas com músicas de compositores franceses, exceto *Joan de Zarissa*, que tinha música de Egk. Seguindo os passos de Diaghilev, ele convidou outros artistas para participar de suas novas criações. Em *Les animaux modèles*, de Poulenc, que ele dançou ao lado de Peretti, Schwarz e Chauviré, Maurice Brianchon foi convidado para desenhar os cenários e Désormière, para reger a orquestra.

Naquele tempo, como ainda hoje, um dos segredos do sucesso do Balé da Ópera de Paris era a sua escola de dança, que impunha aos alunos, apelidados de "*les petits rats*", a disciplina rigorosa necessária para uma carreira nos palcos. Alguns *petit rats* daquela época ficaram famosos mais tarde, como o coreógrafo Roland Petit, a cantora Juliette Gréco e Jean Babilée, que entrou na escola aos doze anos em 1935 e se tornou um dos principais bailarinos franceses do pós--guerra, especialmente conhecido pela altura que atingia em seus saltos. "Eu adorava o trabalho", ele relembrou, décadas mais tarde, "com todas aquelas garotas ao meu redor e a oportunidade de participar como figurante nas óperas. Era maravilhoso."[14] Em 1940, pouco antes da invasão de Paris pela Wehrmacht, ele viajou para a fazenda da família no sul da França, acompanhado de seu amigo Petit. Petit retornou a Paris pouco tempo depois, mas Babilée, a essa altura com dezessete anos, ingressou no Ballet de Cannes, em que lhe deram o papel principal em *Les sylphides* e *Le spectre de la rose*. No começo de 1942, ele decidiu voltar a Paris e, considerando-se velho demais para a escola de dança, fez um teste com Lifar e foi aceito no corpo de baile.

Mas Babilée sabia que estava se expondo a uma situação muito arriscada: como nome artístico ele adotara o de sua mãe, mas nos documentos de identidade aparecia o nome de seu pai judeu, Gutmann. No Palais Garnier, ele não demorou a ser lembrado disso. "Um dia, o espelho que eu ocupava no camarim dividido pelos bailarinos apareceu pintado com uma grande estrela amarela e a palavra *Juif* (judeu)", contou ele. "Decidi ignorar o fato, mas a pintura ficou ali por três dias, até que, uma tarde, o camareiro da escola viu aquilo e perguntou: 'Vocês não têm vergonha de fazer isso, rapazes?' E apagou o desenho."

Mais perigosas ainda eram as patrulhas alemãs, em especial porque o Nazi Kommandatur, ou gabinete dos comandantes, ficava no mesmo endereço da Ópera. "Certo dia eles me pararam e pediram meus documentos", recordou Babilée. "O alemão viu a palavra 'Gutmann' e perguntou: 'Alemão?'. Fiz que sim com a cabeça e ele me deixou passar." Babilée escapou por um triz da detenção em massa de judeus conhecida como "*rafle du Vél'd'Hiv*", ocorrida em julho de 1942. Ele estava hospedado num hotel barato na Rue du Sentier quando foi despertado às seis da manhã por alguém que batia em sua porta.

"Era um francês enorme, vestindo um capote de couro", relembrou Babilée.

Ele pediu meus documentos, guardou-os no bolso e ordenou que eu apanhasse um cobertor e uma maleta de roupas antes de descer. Olhei pela janela e vi um ônibus estacionado. Eu não tinha como escapar. Vesti minhas roupas e comecei a descer as escadas lentamente. De repente, ouvi passos. O mesmo homem que havia batido à minha porta vinha subindo apressado. "Estes documentos são seus?" Fiz que sim com a cabeça. "Com esse nome, você não terá como escapar. Volte para a cama."

No início de 1943, como centenas de milhares de jovens, Babilée foi convocado para trabalhar na Alemanha. O diretor da Ópera, Marcel Samuel-Rousseau, recusou-se a lhe fornecer uma declaração de que ele estava sob contrato da companhia. "Ele afirmou que a Alemanha me faria bem", relatou Babilée. Depois disso, um médico alemão rejeitou seu pedido de dispensa por motivos médicos. "Decidi que não iria e estava a caminho da casa de um amigo, onde pretendia deixar meus documentos", contou Babilée. "Quando estava deixando o metrô, vi dois soldados alemães na saída. Dei meia-volta e comecei a correr. Ouvi os gritos deles atrás de mim. Pulei a catraca para alcançar a plataforma e consegui entrar num vagão no instante exato em que o trem partia. Meu casaco ficou preso na porta." No dia seguinte, Babilée fugiu de Paris e ficou com os maquis na região de Touraine até a guerra acabar. Após a libertação, ele se recusou a voltar ao Balé da Ópera. Em vez disso, ingressou no novo Ballets des Champs-Élysées, que Roland Petit acabara de criar. "Eu estava revoltado com a Ópera", disse ele.

Lifar, ao contrário, vivia sempre cercado pelos alemães. Ele perdera a visita de Hitler ao Palais Garnier, mas oito dias depois ofereceu a Goebbels, que presumivelmente estava ansioso para compartilhar o fascínio do Führer pelo edifício, uma visita guiada pelo teatro da Ópera. E na inauguração da temporada de balé de 1940-1, em 28 de agosto, a plateia estava apinhada de alemães. No primeiro aniversário da declaração da guerra em 3 de setembro, Lifar aceitou o convite da embaixada da Alemanha para se apresentar com alguns de seus bailarinos numa recepção oferecida pelo comandante em chefe do exército alemão, o marechal Walther von Brauchitsch. Dois anos depois, ele se encontrou com Hitler em Berlim. Segundo Lifar, Hitler o convidou a participar das comemorações pela conquista de Moscou pelos nazistas, que estavam sendo planejadas: certamente, como ucraniano, Lifar teria recebido com alegria a notícia do colapso da União Soviética.

Com tais manifestações de aprovação por parte dos alemães, a posição de Lifar na Ópera de Paris estava assegurada. O salário dele foi triplicado durante a guerra e ele usufruía de total liberdade artística. Mas nem ele estava a salvo dos virulentos ataques da imprensa colaboracionista, como os do semanário antissemita *Au Pilori*, que o acusou de ser judeu, alegando que seu verdadeiro nome era "Rilaf", um anagrama de "Lifar". Ele contestou a acusação em termos que não fizeram muito bem à sua reputação. Lifar ressaltou que estudara no Liceu Imperial em Kiev— que não aceitava alunos judeus —, que fizera parte de um movimento da juventude antissemita durante a Revolução Russa, que suas origens excluíam qualquer possibilidade de que ele tivesse sangue judeu e que ele era um ariano puro. E acrescentou: "Quanto às minhas ideias sobre os judeus, elas são muito bem conhecidas".[15]

Depois da guerra, Lifar não foi acusado pelo fato de que os oficiais alemães lotassem o teatro da Ópera para vê-lo dançar, e sim por não se mostrar capaz de resistir às bajulações e homenagens que os alemães lhe faziam nos bastidores. Ele era visto jantando no Maxim's com os oficiais alemães e bebendo com os nazistas em recepções na embaixada da Alemanha ou no Instituto Alemão. Ao lado de outras personalidades culturais de renome, Lifar compareceu à espalhafatosa abertura da exposição de esculturas de Arno Breker na Orangerie em 1942, que incluiu apresentações musicais de Cortot, do virtuose alemão Wilhelm Kempff e da soprano Germaine Lubin. Ele também foi a Vichy apresentar-se ao lado de Solange Schwarz, e dedicou uma de suas estreias em Paris ao marechal Pétain. Seu livro de memórias, *Ma vie*, publicado duas décadas após a guerra, mostra claramente que a passagem do tempo não aplacou sua vaidade. Ele se vangloria: "Minha autoridade entre os alemães permitiu que eu ajudasse um grande número de artistas. Preocupei-me especialmente em garantir que nada de desagradável ocorresse ao meu amigo Pablo Picasso".[16] Relembrando o programa de trabalho obrigatório na Alemanha, ele alegou ter protegido seus bailarinos: "Foi assim que salvei Serge Peretti, Jean Babilée e muitos outros".[17] Babilée, que conseguiu se salvar ao se juntar com os maquis, afirmou que suas lembranças desse período eram bem diferentes. "Ele diz qualquer coisa que lhe venha à cabeça", disse ele, comentando a declaração de Lifar. "Ele era um mitomaníaco. Como artista, era estupendo, e eu lhe tinha profunda admiração. Mas, como ser humano, era bastante medíocre. Ele não me salvou em hipótese alguma."

Quando da libertação de Paris, Lifar não foi condenado pela atividade artística, mas por "sua imprudência infantil, motivada por seu gosto pela publicidade", como descreveu Poulenc em carta a Milhaud.[18] Além disso, seu pronunciado anticomunismo não o tornava simpático aos comitês de expurgo encarregados de punir os colaboracionistas. Apesar disso, seu talento era tão assombroso que ele não demorou a ser convidado para trabalhar no Nouveau Ballet de Monte-Carlo, uma companhia fundada em 1942 por bailarinos da Ópera que haviam se recusado a voltar a Paris.* No fim de 1944, Lifar foi proibido de trabalhar com o balé na França pelo resto da vida. Pouco tempo depois, entretanto, a sentença foi reduzida para uma suspensão de um ano. Nada disso chegou a abalar sua carreira. Em 1945, ele já estava dançando em Monte-Carlo.

---

* Eles se encontravam relativamente seguros em Monte-Carlo, embora René, o irmão de Léon Blum, que havia criado o Balé da Ópera de Monte-Carlo em 1931, tenha sido preso em Paris durante um cerco aos judeus em dezembro de 1941. Ele ficou detido em vários campos franceses até ser deportado para Auschwitz, onde morreu em abril de 1943.

Em 1946, Lifar fez uma apresentação em Londres, embora tenha sido recebido com vaias. Em 1947, foi readmitido no Balé da Ópera de Paris, onde continuou a ocupar o cargo de diretor até 1958. A essa altura, sua associação com os nazistas se tornara uma mera nota de rodapé na história da companhia.

9. Uma tela rasgada

Em 1941 os nazistas já haviam transformado a operação de pilhagem de obras de arte numa engrenagem eficiente, com frequência lubrificada por informantes franceses que davam dicas a respeito de onde encontrar obras pertencentes a judeus. O órgão encarregado de executar o esquema criminoso foi o Einsatzstab Reichsleiter Rosenberg, ou ERR, que montou seu quartel-general de Paris na antiga biblioteca da Aliança Universal Israelita, em Pigalle. Quando localizavam uma coleção pertencente a judeus em mansões urbanas ou castelos remotos, o ERR entrava em cena. Seus agentes, na maioria historiadores de arte e jovens curadores, passavam dias e até semanas fotografando e preparando um inventário dos objetos de arte a serem despachados a Jeu de Paume, o museu do centro de Paris que se transformara em depósito. Priorizavam pinturas e estátuas anteriores ao século XIX, provenientes do norte da Europa — e, acima de tudo, os germânicos —, o tipo de "arte pura" desejado por Hitler para seu futuro museu em Linz, e por Goering para sua coleção particular, em Carinhall. A escolha final cabia a Goering, em geral: ele visitou Jeu de Paume em 21 ocasiões para inspecionar aquela verdadeira caverna de Ali Babá, durante doze viagens diferentes a Paris.

Em cada uma das visitas, Goering separava obras de Rembrandt, Vermeer, Cranach, o Velho, Van Dyck e outros mestres que em sua opinião mereciam um lugar em Linz ou Carinhall. Antipatizava com o impressionismo e odiava as pinturas modernas "degeneradas", mas admitia seu valor no mercado, por isso mandava guardá-las em separado no Jeu de Paume, para futura troca por arte clássica. A Suíça "neutra", que vendera "arte degenerada" retirada dos museus alemães antes da guerra, aceitava realizar transações diversas. Quadros pilhados foram vendidos lá em grande número. O país também se mostrou um bom local para fazer permutas. Em julho de 1941, 22 pinturas impressionistas roubadas em Paris foram trocadas por seis obras do Renascimento setentrional, por intermédio da galeria Fischer de Lucerna; 27 transações similares ocorreram nos três anos seguintes.

Como seria de esperar, nenhuma objeção ao saque se fez ouvir por parte do governo de Vichy. Este não somente institucionalizara o antissemitismo, pelo Estatuto Judaico de outubro de 1940, como suprimira a nacionalidade francesa dos judeus fugidos do país, criando a ficção legal conveniente de que suas posses — no caso, obras de arte — haviam sido abandonadas. O principal opositor da medida a se manifestar, Jacques Jaujard, funcionário dedicado, obteve o apoio do Kunstshutz do conde Metternich, a unidade do exército alemão responsável pela proteção dos objetos de arte em época de guerra. Após a carreira como curador sênior do museu do Louvre, Jaujard se tornou diretor dos Museus Nacionais. Apoiado pelo Comitê Consultivo dos Museus Nacionais, ele tentou proteger as obras de arte pertencentes a judeus que haviam sido entregues à diretoria dos Museus Nacionais como presente, ou para guarda. Mas os alemães já haviam determinado que qualquer transferência de propriedade de obras artísticas depois de setembro de 1939 era inválida. Além disso, a batalha não interessava aos representantes de Pétain, Laval e Darlan.

Os alemães, ignorando os protestos de Jaujard, sentiram-se à vontade para se apropriar de 130 obras de arte da coleção David-Weill, transferida anteriormente para o governo francês e conservadas no castelo de Sourches. Destino similar aguardava outras coleções pertencentes a judeus, guardadas por curadores franceses nos castelos de Chambord e Brissac, no oeste da França. Jaujard chegou a criar um Comité de Liquidation et Séquestration para comprar obras ameaçadas, nos termos de uma lei que dava ao governo poderes para cancelar qualquer venda ou exportação. Conseguiu alguns êxitos, mas depois da volta de Laval ao cargo, em abril de 1942, a lei passou a ser ignorada com frequência por Abel Bonnard, ministro da Educação, ou por Louis Darquier de Pellepoix, o insano antissemita que assumiu a Comissão Geral para Questões Judaicas, também ávido por pilhar obras de artes.

Uma importante coleção permaneceu secreta até depois de os alemães assumirem a zona não ocupada. Formada por Adolphe Schloss no século XIX, continha 333 quadros holandeses antigos e foi escondida por seus herdeiros no castelo de Chambon, na região central da França. Os alemães a procuravam desde o fim de 1940, e graças à polícia francesa e um informante infame chamado Jean-François Lefranc, em abril de 1943 eles finalmente a localizaram e prenderam duas pessoas da família Schloss.

Pouco depois a coleção foi removida de Chambon por integrantes armados da gangue da Rue Lauriston, quadrilha de criminosos franceses que realizava serviços avulsos para os nazistas e acabou se tornando conhecida como a Gestapo francesa. O comboio que transportava as obras foi parado por gendarmes franceses, e as pinturas seguiram para um cofre do Banque de France, em Limoges. Abel Bonnard entrou em cena, ordenando a entrega da coleção aos alemães. Jaujard insistiu no direito de posse, durante as complicadas negociações posteriores. No final, a França recebeu permissão para ficar com 49 quadros. Jamais se conseguiu recuperar todas as 284 pinturas: até hoje algumas continuam desaparecidas. Como pagamento por sua ajuda para encontrar a coleção, Lefranc recebeu 22 pinturas, que vendeu imediatamente. Os 262 óleos restantes foram transferidos para o Jeu de Paume, onde Darquier de Pellepoix participava do comitê de recepção, mas só 230 seguiram para a Alemanha, segundo os registros, sendo 32 presumidamente desviados por dirigentes do ERR.

Essas manobras ocorreram quase na clandestinidade, pois o pomposo chefe do ERR em Paris, barão Kurt von Behr,* que gostava de bancar o oficial usando um uniforme espalhafatoso da Cruz Vermelha alemã, declarou o Jeu de Paume fora da jurisdição de todos os funcionários franceses, incluindo Jaujard. A única exceção era Rose Valland, solteirona de 42 anos e aparência descuidada, ex-aluna da École du Louvre que pintava por hobby. Ela trabalhava desde 1932 como curadora de arte moderna estrangeira no Musée National des Écoles Étrangères Contemporaines, instalado na época no Jeu de Paume. Quando os nazistas ocuparam a galeria em outubro de 1940, Jaujard ordenou que ela per-

---

* Para evitar prisão e processo penal, Von Behr e a mulher cometeram suicídio no final da guerra.

manecesse para administrar o prédio. Os alemães concordaram, por Valland parecer inofensiva, supõe-se.

Na realidade, ao lado de Jaujard, Valland se tornaria um dos raros heróis do mundo da arte durante a ocupação. Por sorte, ela sabia taquigrafia. E a usou para registrar todas as obras de arte que entravam ou saíam do prédio, anotando procedência e destino. Chegou ao ponto de indicar os trens que seguiam para a Alemanha com obras pilhadas. Uma nota manuscrita enviada a Jaujard em 3 de janeiro de 1943, dizia que "75 garrafas de champanhe, 21 de conhaque, 16 pinturas flamengas e holandesas deixaram o Jeu de Paume por ordem de M. Goering, para a comemoração de seu aniversário".[1] Para evitar que os comboios fossem explodidos por sabotadores de ferrovias, ela passava a informação para Jaujard, que a retransmitia aos grupos da resistência. Além disso, como Valland nunca revelou aos responsáveis pelo ERR que falava alemão, ela conseguia ouvir conversas e narrar os planos a Jaujard. Em atitude ainda mais corajosa, quando os alemães fotografavam as obras confiscadas, ela "pegava emprestado" os negativos durante a noite e tirava cópias para Jaujard.

Em quatro ocasiões Valland recebeu ordens de sair, mas a cada vez ela conseguia convencer os alemães e regressava ao prédio dias depois. No verão de 1943 ela foi a única testemunha francesa da queima de quinhentas a seiscentas telas de arte "degenerada" de Picasso, Miró, Léger, Ernst e outros. "Impossível salvar qualquer coisa", escreveu num recado para Jaujard, em 23 de julho.[2] Em várias oportunidades ela agiu com firmeza. Quando lhe ordenaram que assinasse um juramento de nunca revelar o que sabia ou via, por exemplo, recusou-se alegando que, como funcionária pública, estava proibida de assinar qualquer acordo com potências estrangeiras. Certa vez, em fevereiro de 1944, quando foi flagrada copiando um endereço pelo subdiretor Bruno Lohse,* ele a alertou para a violação dos regulamentos de confidencialidade. Valland relatou: "Ele me encarou e disse que eu podia ser fuzilada. Retruquei calmamente que ninguém é estúpido a ponto de ignorar os riscos que corria".[3]

Mas Valland nada podia fazer para impedir a saída das obras de arte da França. Os registros mostram que, entre abril de 1941 e agosto de 1944, 4174 caixotes, contendo cerca de 20 mil obras, foram levados de Jeu de Paume para a

---

* Depois da guerra, Lohse admitiu ter guardado — e posteriormente vendido — parte dos quadros de Schloss destinados à Alemanha.

Alemanha. Com exatidão burocrática, o ERR alegou, em agosto de 1944, ter confiscado 203 coleções e recolhido 21 903 objetos de arte. Robert Scholz, funcionário do ERR e crítico de arte, exultava, orgulhoso, no relatório que cobria os confiscos de março de 1941 a julho de 1944:

> O extraordinário valor artístico e material das obras de arte desapropriadas não pode ser expresso em números. Pinturas, mobiliário dos séculos XVII e XVIII, gobelins, antiguidades e joias renascentistas dos Rothschild são objetos únicos, de tal modo que se torna impossível avaliá-los, pois nunca apareceram no mercado de arte peças comparáveis.

Em seguida, ele menciona "obras de autenticidade comprovada e assinadas" por Rembrandt, Rubens, Frans Hals, Vermeer, Velázquez, Murillo, Goya e Sebastiano del Piombro, além de mestres franceses como Bouchard, Watteau e Fragonard. "Esta coleção pode ser comparada à dos melhores museus da Europa", gabava-se.[4]

Mesmo assim, na véspera da libertação de Paris, quando os alemães decidiram esvaziar o Jeu de Paume, Valland conseguiu salvar o que seria a última remessa de arte. Ela soube, no dia 1º de agosto, que cinco vagões do trem nº 40044 haviam sido carregados com 148 caixotes, em grande parte arte moderna até então ignorada pelos nazistas. Avisou a resistência, que impediu o trem de sair de Aulnay, na periferia de Paris. Após a libertação de Paris, o trem foi liberado por uma unidade do exército francês liderada por Alexandre Rosenberg, filho do negociante de arte exilado Paul Rosenberg. Por sua bravura, Valland recebeu o título de *officier* da Légion d'Honneur e a Médaille de la Résistance na França, além da Cruz de Oficial da Ordem do Mérito da Alemanha Ocidental, além de ser agraciada com a Medalha Presidencial da Liberdade dos Estados Unidos. Ela morreu em 1980, aos 82 anos.

A ambição nazista, porém, se estendia além das coleções pertencentes a judeus. Logo depois da queda de Paris, os alemães quiseram saber o destino de 3691 quadros levados do Louvre em 1939 e espalhados pelo país. Alguns mudaram de lugar várias vezes: a *Mona Lisa* seguiu de Chambord para Louvigny em novembro de 1939, depois foi para a abadia de Loc-Dieu, a leste de Bordeaux, em junho de 1940; para o museu Ingres, na vizinha Montauban, em outubro de 1940; e finalmente, em março de 1943, para o Château de Montal, no sudoeste da França, onde o tesouro passou o resto da guerra escondido debaixo da cama de um curador do Louvre. Outros quadros passaram o período em condições mais estáveis, guardados num único castelo — a maior parte em Chambord — durante a ocupação, sendo seu paradeiro conhecido pelos investigadores alemães. Quando as pinturas precisavam ser transferidas, a resistência informava Londres, que alertava os bombardeios aliados para evitar os trens; a confirmação de recebimento da mensagem, veiculada pela BBC, usava as palavras em código "A Mona Lisa está sorrindo".

As autoridades alemãs, porém, se dividiam quanto a atitude a tomar em relação às obras de arte pertencentes aos museus franceses. O conde Metternich fez o máximo para cumprir a determinação do Kunstschutz para salvaguardar monumentos e obras de arte em tempo de guerra, mas o embaixador Abetz queria dar a Hitler liberdade irrestrita para escolher qualquer obra de seu agrado. Ao mesmo tempo, Berlim se mostrava relutante em ignorar por completo a Convenção de Haia de 1907, que protegia as coleções dos museus franceses. No final, por causa da firme oposição dos curadores franceses e do desejo atípico dos nazistas de manter uma aparência de legalidade, um número surpreendentemente pequeno de obras foi transferido das mãos do governo francês para Berlim.

A exceção mais escandalosa foi um tesouro belga do início do século XVI, o retábulo da catedral de Gand, de Hubert e Jan Van Eyck. O extraordinário painel políptico, também conhecido como *Adoração do cordeiro místico*, estivera na França por um curto período, antes que a Alemanha ocupasse a Bélgica, em maio de 1940. No entanto, como incluía alguns painéis recuperados da Alemanha graças ao Tratado de Versalhes, após a Primeira Guerra Mundial, Hitler queria o altar inteiro. A operação para confiscá-lo foi realizada secretamente em julho de 1942, quando um enviado do Führer o exigiu dos curadores responsáveis pelo acervo do Château de Pau, nos Pireneus franceses. O curador-chefe de Pau se recusou a entregar a obra, mas foi desautorizado por Laval. Os curadores belgas, que só souberam do roubo depois que o retábulo chegou ao castelo de Neuschwanstein, na Alemanha, sentiram-se profundamente traídos pela França. A pintura retornou a Gand depois da guerra, mas havia sido danificada.

No caso de outras obras cobiçadas pelos líderes nazistas, a Alemanha sugeria contornar a Convenção de Haia por meio da troca diplomática. Para tanto, havia um precedente. Em 1940, para encorajar o general Franco a manter a neutralidade da Espanha, Pétain aprovou a devolução da *Imaculada Conceição*, de Murillo, do busto do século IV a.C. conhecido como *Dama de Elche* e outras antiguidades, em troca de *A rainha Mariana da Áustria*, de Velázquez, e seu estudo, e do *Retrato de Antonio de Covarrubias*, de El Greco. O Louvre considerou a troca um mau negócio para a França.

Entre os alemães, o primeiro a propor uma transação foi Von Ribbentrop, que cobiçava a *Diane au bain*, de Boucher. O quadro chegou a ser levado para a Alemanha, mas retornou a Paris quando os responsáveis pelo museu de Berlim se recusaram a entregar o *L'enseigne de Gersaint*, de Watteau, em troca. Goering teve mais sorte. Exigiu dez obras de arte germânicas antigas e obteve nove, inclusive uma estátua de madeira do século XV, a Maria Madalena de Gregor Erhart, conhecida na França como *La belle alemande*. A França não recebeu nada em troca.

Num caso muito comentado, porém, o Kunstschutz voltou a ficar do lado da França, e Jaujard e seus colegas evitaram o confisco. Ameaçaram renunciar em massa às suas funções e conseguiram impedir a transferência de um baixo-relevo em ouro do século XI, de valor inestimável, conhecido como *Basel antependium*, que Bonnard prometera a Hitler como presente pessoal de Pétain. Vichy não gostou: no início de 1944, Georges Hilaire, substituto de Louis Hautecoeur como secretário-geral de Belas-Artes, passou a tramar a demissão de Jaujard. Não conseguiu fazer isso antes da libertação. Na verdade, graças ao bom relacionamento com o Kunstschutz, em julho de 1994 o sucessor de Metternich, o barão Bernhard von Tieschowitz, conseguiu a libertação, do campo de Drancy, da ex-secretária de Jaujard, Suzanne Kahn; judia, ela corria risco de deportação.

Os nazistas não se contentavam em pilhar sistematicamente a economia francesa. Livros valiosos os atraíam. Já em outubro de 1940 os dirigentes do ERR confiscaram a Biblioteca Turguêniev, criada por exilados russos em Paris em 1875, e despacharam cerca de 100 mil livros para Berlim. Dezenas de milhares de livros deixaram a Biblioteca Ucraniana Simon Petliura e a Biblioteca Polonesa, assim como 28 mil volumes da coleção particular "sem dono" dos Rothschild. O ERR também enviou 40 mil livros da biblioteca da Aliança Universal Israelita quando ocupou o prédio. Entre os artistas e intelectuais judeus, foram roubadas bibliotecas de Léon Blum, André Maurois, Marc Bloch e Tristan Bernard, além das que pertenciam aos músicos Arthur Rubinstein,

Darius Milhaud e Wanda Landowska. Os pianos confiscados de famílias judaicas iam para o depósito no porão do novo Musée d'Art Moderne, no Palais de Tokyo.

Em dezembro de 1941, Alfred Rosenberg, chefe do ERR, obteve aprovação de Hitler para o Möbel-Aktion — literalmente, Plano de Mobília —, pelo qual móveis e outros bens encontrados em casas "abandonadas" pelos judeus nos territórios ocupados seriam recolhidos e mandados para a Alemanha. De início, os objetos se destinavam ao uso das autoridades nazistas nas terras ocupadas a leste, mas conforme os bombardeios dos Aliados à Alemanha se intensificaram, também foram distribuídos a alemães desabrigados. Nos trinta meses seguintes, segundo o ERR, os caminhões do M-Aktion levaram tudo que encontraram em 38 mil casas de judeus em Paris, e de mais 31 mil em outras partes da França. Os alemães abriram diversos campos de detenção dentro de Paris, onde setecentos prisioneiros judeus separavam o butim em diferentes categorias, enquanto outros consertavam móveis, relógios, sapatos e roupas. As fotos tiradas nos depósitos do M-Aktion confirmaram que tudo tinha valor: ao lado das camas, relógios, guarda-roupas, mesas e cadeiras, havia coleções de louças, cabides, garrafas, vestimentas, roupa de cama, casacos de pele, luminárias, bicicletas, brinquedos infantis e até comida. Num relatório com data de 8 de agosto de 1944, Von Behr se gabava de que a eficiência de seu departamento lhe permitira "conseguir para uso da Alemanha até coisas que pareciam não ter valor, como aparas de papel, trapos, sucatas etc.".[5]

Cheios de dinheiro, em grande parte fornecido pelo Tesouro francês, os alemães também se dedicaram a comprar arte, às vezes como particulares, frequentemente nos leilões de Drouot, mas sobretudo nas galerias de arte comerciais. Como sempre, Hitler e Goering eram os melhores clientes. Hans Posse, curador alemão que, até sua morte em 1942, estivera encarregado de formar o acervo do museu em Linz,* mantinha contato com inúmeros comerciantes alemães que procuravam objetos raros e pechinchas. Entre eles se destacou Karl Haberstock, que já negociava intensivamente com a França antes da guerra e apressou-se em voltar ao país depois de junho de 1940. Uma de suas primeiras iniciativas foi viajar até Aix-en-Provence para tratar com Georges Wildenstein a compra de parte da coleção de arte clássica do galerista em troca da permissão

---

* No final da guerra cerca de 8 mil quadros foram encontrados no depósito de Linz.

para remeter pinturas modernas para os Estados Unidos. Servindo tanto a Hitler quanto a Goering, Haberstock juntou uma fortuna durante a ocupação.

Não menos impressionante foi a pressa de muitas famílias francesas abastadas em aproveitar a chance de vender tesouros familiares. Alguns chegavam a ponto de convidar galeristas e compradores alemães para visitar suas casas e ver pinturas ou outros objetos de interesse. No início da ocupação, a Galerie Charpentier promoveu uma mostra de objetos medievais e renascentistas de coleções particulares; Goering comprou tudo que foi exibido. Em 1942, um jornal de Paris calculou que havia umas setenta galerias em funcionamento, e que a maioria estava faturando mais do que em qualquer outra época, desde os anos 1920. Entre elas, várias empresas antes pertencentes a judeus, alguns dos quais conseguiram habilmente sua arianização, como a galeria Kahnweiler* — depois Leiris — e as galerias Wildenstein e André Weil. Para essas e outras galerias, os alemães eram clientes preciosos. Como poucas galerias mostravam preocupação quanto à proveniência das obras de arte que vendiam, não demorou para que pinturas roubadas de coleções judaicas aparecessem no mercado.

Em teoria, obras de arte tiradas dos judeus e que não interessavam à Alemanha deveriam ser vendidas para amparar viúvas e órfãos de guerra franceses; na prática, elas iam para o mercado de arte em expansão. Em 1943, Picasso comprou uma paisagem de Le Douanier Rousseau na galeria de Martin Fabiani. Depois da guerra ele recebeu uma visita de Germaine Wertheimer, que acabara de voltar do exílio em Nova York, com o marido Pierre, um dos donos da Chanel. "Eu estava lá quando ela entrou e disse: 'Esta pintura é minha'", recorda Françoise Gilot, a jovem artista que se tornou amante de Picasso no começo de 1944. "Picasso retrucou imediatamente: 'Tudo bem, vou entregar o quadro para você e pedir meu dinheiro de volta a Fabiani'."[6]

Também havia um bom mercado para outras obras, além das roubadas dos judeus. Entre elas, trabalhos de muitos artistas vivos, como Bonnard, Raoul Dufy, Georges Rouault, Matisse, Braque e os fauvistas Derain, De Vlaminck e Van Dongen. Drouot chegou a realizar leilões esporádicos de quadros de Picasso, o mais "degenerado" dos artistas, bem como de Chagall e Modigliani, dois judeus, e de Léger, exilado em Nova York. Mas os alemães monitoravam e

---

* Kahnweiler sobreviveu à guerra, escondido em Saint-Léonard de Noblat, perto de Limoges, no sudoeste da França.

censuravam exposições em galerias. "Não se pode abrir uma exposição sem que antes os alemães a liberem. Não aparecem de farda, e sim à paisana", Gilot declarou. "Por acaso, eu me encontrava numa galeria que pretendia realizar uma grande mostra, quando eles chegaram apontando: 'Picasso não, Matisse não, Van Dogen sim'. E tiravam da parede o que não lhes agradava." A mesma arte, contudo, podia ficar nos armários e gavetas, para serem comercializadas ou vistas em separado. "Eu gostava muito do trabalho de Max Ernst", ela disse, "por isso passava na galeria de Jeanne Bucher antes das seis da tarde, e quando as portas fechavam ela me mostrava os quadros de Ernst."

Bucher mostrou uma ousadia incomum. Com quase setenta anos na época da queda de Paris, ela havia sido a suma sacerdotisa da arte de vanguarda desde a fundação de sua primeira galeria, em 1926. Em abril de 1941, ela retomou suas atividades, reabrindo a galeria no número 9 do Boulevard du Montparnasse durante a ocupação, onde promoveu pelo menos vinte exposições. Em 21 de julho Bucher expôs óleos e guaches de Vassili Kandinski, o pioneiro do abstracionismo russo e professor da Bauhaus que mudou de Berlim para Paris e passou a viver discretamente em Neuilly. Mas a exposição foi fechada um dia depois pelos alemães. Uma mostra coletiva de 1943 incluía obras de Braque, Gris, Léger e Picasso; outra, em 1944, apresentou desenhos e gravuras de Bonnard, Braque, Dalí, Dufy, Picasso e outros. Sem se intimidar, em 6 de janeiro de 1944 ela organizou uma coletiva com obras de Kandinski, César Domela e De Staël. Os artistas compareceram em massa à inauguração, entre eles Braque, Picasso, Dora Maar, Pignon e Bazaine. Em junho de 1944, para destacar as pintoras, expôs pinturas de Maar e Vera Pagava.

Oficiais alemães também visitavam a galeria de Jeanne Bucher, em geral para comprar, e às vezes para zombar da arte moderna. Em certa ocasião, consta que Bucher perguntou indignada a alguns alemães por que se davam ao trabalho de observar uma pintura que consideravam "ruim". Furiosa, ela pegou a foto de uma escultura de Arno Breker, jogou-a no chão e pisou em cima, gritando: "Eis a arte alemã. Vejam o que faço com ela!". Quando um dos alemães perguntou se podia ficar com a escultura, ela retrucou: "Não, vou precisar para a próxima vez".[7] Bucher também incentivava outros dissidentes, como Maurice Panier e Noëlle Lecoutour, donos da pequena galeria L'Esquisse, que levavam vidas paralelas na resistência. Após a exposição de Kandinski em sua galeria, em janeiro de 1944, ela ofereceu a mostra para L'Esquisse, com acréscimo de obras de Alberto Magnelli. E, surpreendentemente, depois que Panier e Lecoutour enviaram convites impressos, a exposição Pintores Abstratos foi inaugurada em 15 de fevereiro, sem incidentes. No dia seguinte, porém, os alemães chegaram, olharam tudo e anunciaram que voltariam, para desespero geral. Assustados, os donos da galeria suspenderam a mostra. Ligaram para De Staël ir buscar seus quadros, enquanto Domela levava os Kandinskis de bicicleta, pedalando apressada por algumas horas, até a residência do artista em Neuilly.

Muitas exposições foram realizadas sem interferência da Propaganda Staffel, cujo diretor para artes visuais, um certo dr. Lange, era considerado francófilo, e, consta, garantia aos artistas suprimento de carvão para o inverno. Até Braque, que evitava os alemães, exibiu 26 pinturas e nove esculturas no Salon d'Automne, em 1943. Louis Carré vendia Matisse e vários fauvistas, enquanto René Brouin chamava a atenção para o inventor da *art brut*, Jean Dubuffet, e Jean Fautrier, cuja série posterior, *Reféns*, foi uma das raras a tratar da situação política em tempo de guerra.

Como os alemães os desconheciam, muitos jovens artistas podiam mostrar seus trabalhos livremente. Alguns participaram da mostra Vingt Jeunes Peintres de Tradition Française, na galeria Braun, em 1941. Organizada por Bazaine como parte da iniciativa Jeune France, de Vichy, a mostra reuniu vinte pintores que nada tinham de tradicionais, e que desenvolveriam a arte abstrata francesa depois da guerra. Entre eles se destacavam Lapicque, Jean Le Moal, François Desnoyer e Alfred Manessier. Esses e outros também levaram sua obra recente para as Étapes du Nouvel Art Contemporain, na galeria Berri-Raspail, em 1942, e para a mostra Douze Peintres d'Aujourd'hui na Galerie de France, em 1943. Apesar da escassez de muitas necessidades básicas da vida, com alguma criatividade os artistas conseguiam suprimentos para pintar. "Eu ia ao mercado das pulgas e comprava quadros inúteis pelo preço da tela", Gilot recordou. "Depois a virava e pintava o outro lado. Ainda se encontrava papel de boa qualidade. As tintas eram mais difíceis, mas sempre se podia obter um endereço onde adquiri-las. Era possível comprar pincéis."

O crítico de arte Gaston Diehl foi fundamental para a promoção de jovens artistas. Em outubro de 1943 ele fundou o Salon de Mai, num café no Palais--Royal. Naquela altura, foi mais um clube do que um evento, mas permitiu que artistas compartilhassem sua aversão aos nazistas e o apoio à arte moderna e "degenerada". Finalmente, em maio de 1945, o primeiro Salon de Mai foi realizado, iniciando uma tradição que perdura até hoje. Alguns artistas ousaram mais. André Fougeron, ex-anarquista que havia aderido ao Partido Comunista em 1939, era pintor do realismo socialista, e portanto interessado em política. Em 1941, logo depois de escapar do cativeiro alemão, ele instalou uma gráfica clandestina em seu estúdio para publicar *L'Art Français*, a principal publicação ilegal sobre o mundo da arte, bem como outros jornais clandestinos, como *L'Université Libre* e depois *Les Lettres Françaises*. Fougeron também desempenhou um papel fundamental na fundação do Front National des Peintres et Sculpteurs, que perto do fim da ocupação se tornou o Front National des Arts.

Pignon, por sua vez, providenciava um local seguro para reuniões da resistência, que também serviu como esconderijo para Aragon em sua visita secreta a Paris. O pintor americano Harry Bernard Goetz ajudou a fundar a revista surrealista semiclandestina *La Main à Plume*, que publicava poesia e arte, sendo tolerada pela Propaganda Staffel.* Como *résistant*, porém, Goetz não contava somente com sua capacidade de produzir documentos falsos, mas também imprimiu cartazes da resistência, que colava nos muros com ajuda da mulher, Christine. O pintor e ilustrador Jean Lurçat, participante da resistência na região de Lot desde o início da ocupação, ficou mais conhecido pelo desenho de temas da resistência para as tapeçarias de Aubusson, entre as quais a que usou o poema "Liberté", de Éluard. Paul Goyard, artista cinquentão, sobreviveu à detenção em 1944 no campo de Buchenwald, por dirigir uma gráfica clandestina. Boris Taslitzky, artista comunista, sobreviveu à deportação, deixando um poderoso testemunho em 111 desenhos feitos em Buchenwald. E, como fachada para suas atividades na resistência, o representante gaullista Jean Moulin abriu a galeria Romain em Nice, em fevereiro de 1943, com acervo de obras emprestadas, cedidas por Matisse, Pierre Bonnard, Rouault e outros.

Enquanto a maioria dos artistas desfrutava de liberdade para trabalhar, ao menos na privacidade de seus estúdios, a linha que dividia a arte aceitável da inaceitável permanecia clara. Isso ficou evidente quando o tão aguardado Musée d'Art Moderne foi afinal concluído. Com 650 obras em exibição, entre os artistas representados se encontravam Matisse, Bonnard, Rouault, Picabia,

---

* *La Main à Plume* também manteve a notável tradição surrealista de conflitos internos, bem ilustrada por seus ataques a Éluard, inclusive em carta endereçada a ele como "*Vieux Canaille*".

Édouard Vuillard, Braque, Maillol e até Léger e Tanguy, exilados em Nova York. Por outro lado, Picasso, Modigliani, Miró, Ernst, Klee, Duchamp e Chagall foram excluídos. E Jean Cassou, escolhido originalmente para ser diretor do museu, também ficou de fora; na época, estava encarcerado em Toulouse por atividades na resistência.

Para os alemães, é claro, o campo inimigo incluía os artistas judeus estrangeiros. Um punhado deles não conseguira encontrar um país disposto a recebê-los, e viviam sob constante medo de detenção. Victor Brauner, Jacques Hérold e Wols passaram a ocupação escondidos no sul da França, enquanto o lituano Chaïm Soutine morreria de causas naturais num hospital de Paris em agosto de 1943. Outros morreram nas mãos dos nazistas. Cinco artistas judeus, residentes na França havia muito tempo, foram deportados e morreram em campos nazistas: o ucraniano Vladímir Baránov-Rossiné, o polonês Henri Epstein, o bielorrusso Jacques Gotko e os alemães Adolphe Feder e Otto Freundlich. Este último mudara para a França em 1925, muito antes da ascensão de Hitler ao poder; de todo modo, ele representava tudo que os nazistas odiavam: uma de suas esculturas foi usada na capa do programa da exposição Arte Degenerada em Munique, em 1937. Em 1939 foi detido como "estrangeiro indesejável", mas depois da queda da França ele conseguiu se refugiar em Saint-Paul-de-Fenouillet, um vilarejo nas montanhas, perto de Perpignan. Em fevereiro de 1943, porém, talvez por causa de um delator, a polícia francesa o prendeu e entregou-o aos alemães. Ele foi imediatamente deportado para o campo de Lublin-Majdanek, na Polônia, onde o mataram no dia 9 de março.

No outro extremo estavam artistas que se identificavam prontamente com os alemães, em especial os que aceitaram um convite de Goebbels para visitar o Terceiro Reich no outono de 1941. Mais tarde, alguns dos onze que realizaram a viagem alegaram ter agido para obter a libertação de prisioneiros de guerra franceses, embora isso não tenha ocorrido. Outros disseram que foram encorajados por Vichy a aceitar o convite. Mas, como Braque, poderiam ter recusado. Em vez disso, compareceram dois dias antes da partida a uma recepção espalhafatosa na sede da Propaganda Staffel, na Champs-Élysées. Na véspera do dia 30 de outubro, tiraram fotos na Gare de l'Est, ao lado de oficiais alemães fardados, e seguiram num trem noturno para a Alemanha.

Embora os nazistas condenassem o fauvismo como "degenerado", ficou patente que o alto nível da delegação francesa os impressionou, e esta incluía os pintores fauvistas Derain, Vlaminck, Van Dongen e Othon Friesz; o artista gráfico André Dunoyer de Segonzac; e os escultores Charles Despiau, Henri Bouchard, Paul Belmondo (pai do ator Jean-Paul Belmondo) e Paul Landowski, diretor da École Nationale des Beaux-Arts. Por duas semanas o trem da alegria os levou a Munique, Viena, Dresden, Düsseldorf, Nuremberg e Berlim, onde visitaram museus, encontraram artistas alemães e compareceram a banquetes. Em Berlim, viram maquetes e projetos da nova Berlim, por Albert Speer — da "Germânia", como pretendiam chamar a cidade —, e visitaram o estúdio do escultor preferido de Hitler, Arno Breker. Graças às novas práticas, ao voltar foram saudados pela imprensa colaboracionista. Galtier-Boissière escreveu: "Vlaminck, Van Dongen e Despiau, ao regressar de Berlim, concederam entrevistas entusiasmadas. Derain e Segonzac tentaram ser esquecidos".[8] Em suas memórias, Derain disse que se arrependeu amargamente de ter feito a viagem, mas Dunoyer de Segonzac e Bouchard declararam aos repórteres que estavam impressionados com o apoio dos nazistas aos artistas, e Despiau confessou a um amigo que a viagem lhe fizera bem.

A inclusão de Breker no programa de Berlim nada teve de acidental. Não bastasse ser ele o mais prestigiado artista alemão da época, residira em Paris entre 1927 e 1934. E conhecia vários artistas da delegação francesa. O artista francês com quem Breker estreitara os laços era, no entanto, Aristide Maillol, o escultor. Breker tinha 27 anos e Maillol, 66 quando se conheceram na cidade natal de Maillol, Banyuls-sur-Mer, em 1927; ali nasceu de imediato uma grande amizade. Os dois eram artistas figurativos: Maillol gostava de formas femininas arredondadas, sensuais, enquanto Breker preferia estátuas masculinas grandes, neoclássicas. Contente com os ensinamentos de Maillol, Breker logo se dedicou a tornar a obra do amigo conhecida na Alemanha.

Em meados dos anos 1930, a fama de Breker também crescia na Alemanha, e embora ele se opusesse à repressão à arte moderna, o monumentalismo neofascista de sua obra chamou a atenção de Goebbels e Hitler. Não tardou que lhe encomendassem esculturas e altos-relevos para os novos ministérios nazistas, e, em 1939, ele estava próximo de se tornar um artista oficial. Quando Hitler visitou a Paris recém-conquistada, em junho de 1940, ele convocou Breker — e Speer — para acompanhá-lo. Para a histórica visita, Breker recordou, o Führer disse: "Quero me cercar de artistas".[9]

Em 1942 Breker desfrutou de uma forma diferente de consagração, quando uma colossal retrospectiva de sua obra foi aberta no Orangerie de Paris. Organizada pelo velho amigo Jacques Benoist-Méchin, jornalista pró-nazista que aderira ao regime de Vichy, a mostra recebeu o apoio de uma comissão de honra que incluía gente do alto escalão de Vichy, além dos escritores fascistas Brasillach e Drieu La Rochelle. Enquanto a exposição estava sendo montada, o embaixador Abetz reservou para Breker o apartamento arianizado de Helena Rubinstein na Île Saint-Louis, e Laval lhe ofereceu um almoço no Hôtel de Matignon, a residência oficial do ministro. Logo ficou claro que aquele seria *o* evento cultural do ano: o comparecimento à inauguração, no dia 15 de maio de 1942, incluía *le tout Paris* que se dispunha a confraternizar com alemães. Em sua maioria, os artistas que haviam viajado à Alemanha compareceram ao evento, além de celebridades como Arletty, Guitry, Lifar, Cocteau e Drieu La Rochelle. As estátuas de Breker, de tão imensas, provocaram o comentário de Guitry a Cocteau: "Se todos tivessem ereções, não conseguiríamos nos mexer".[10] Os discursos de abertura, por Bonnard e Benoist-Méchin, foram seguidos por um concerto de Alfred Cortot, Wilhelm Kempff e Germaine Lubin. Breker recebeu ainda uma mensagem de congratulações de Pétain. Para Breker, porém, o convidado de honra era Maillol. O idoso artista relutara em fazer a viagem, mas Gerhard Heller, oficial alemão encarregado da literatura na Propaganda Staffel, mandou um carro com motorista buscá-lo em Banyuls-sur-Mer.

O espetáculo Breker não acabou aí. Dias depois, deram outra recepção em sua homenagem, dessa vez no Musée Rodin, que atraiu mais luminares culturais, inclusive os escritores colaboracionistas Paul Morand e Céline, o autor teatral Giraudoux e outros, como Guitry, que também estiveram no Orangerie. No semanário cultural *Comoedia*, Cocteau publicou um "Salut à Breker", que começava por "Eu te saúdo, Breker", e listava as razões para sua admiração, inclusive que "a grande mão do *Davi* de Michelangelo lhe mostrou o caminho". Logo mostraram a Cocteau que ele fora longe demais. Numa carta em que expressou sua "dolorosa surpresa", o poeta Éluard lembrou-lhe de que "Freud, Kafka e Chaplin foram banidos pela mesma gente que louva Breker". Mas, se Cocteau estava disposto a se exibir assim, era também por gratidão a Breker. No ano anterior seu amante, Jean Marais, socara um crítico de teatro pró-nazista chamado Alain Laubreaux, por suas críticas a Cocteau. Temendo represálias da Gestapo, Cocteau pediu proteção a Breker. Em seu diário de 6 de maio de 1942, poucos dias antes da inauguração no Orangerie, Cocteau lembrou a lealdade do alemão: "Num momento em que toda a imprensa germanófila me insultava, Arno Breker, o escultor de Hitler, ofereceu-me a chance de falar com ele por um telefone especial conectado a Berlim, no caso de acontecer algo de grave comigo ou com Picasso".[11]

Breker também alegou ter obtido a soltura de Eugène Rudier da prisão de Fresnes, cuja casa de fundição fizera os bronzes de Rodin, e que depois fora a Berlim para fundir seus bronzes, e do poeta Patrice de La Tour du Pin, prisioneiro de guerra na Alemanha. Pelo que consta, não resta dúvida de que ele ajudou a livrar da prisão Dina Vierny, modelo de Maillol. No fim de 1940, Maillol a salvou da cadeia, para que levasse refugiados judeus e outros por uma trilha secreta nas montanhas espanholas. Quando ela foi detida novamente, num hotel de Paris, corria o risco de ser desmascarada como judia estrangeira antifascista. Conforme o relato posterior de Vierny, depois de ter passado seis meses na prisão de Fresnes, Maillol apelou a Breker para salvá-la, dizendo: "Se eu não puder terminar a estátua, não conseguirei mais viver". A isso, Breker teria prometido fazer o possível para resgatar a modelo, mas em troca pediu que Maillol posasse para ele. Breker consultou Belmondo, que lhe assegurou ser Vierny inocente das acusações de tráfico de ouro e ajuda a refugiados. Poucos dias depois um oficial alemão levou Dina a um restaurante em Montparnasse, onde Breker e Maillol a aguardavam.[12] Naquele mesmo ano, Breker viajou a Banyuls-sur-Mer para fazer um busto de bronze de Maillol.

Permaneciam ausentes de qualquer atividade vinculada ao mundo oficial da arte Dufy, Rouault, Bonnard, Matisse e Picasso. Todos conquistaram a fama nos primeiros anos do século xx, e Bonnard, Matisse e Rouault estavam com mais de setenta anos. Todos achavam que ainda tinham alguma contribuição a dar à arte, mas não viam um papel para si no drama político francês. Dufy, cujos óleos em cores vívidas deviam muito à influência anterior de Les Fauves, residiu primeiro em Nice, depois em Perpignan e finalmente no vilarejo de Montsaunès, a oeste de Carcassonne. Ocupava-se da pintura e de desenhos para tapeçaria. Além disso, começou a trabalhar com o negociante parisiense Louis Carré, e exposições de suas obras foram realizadas durante a guerra em Lyon, Bruxelas e Nova York, além de Paris. Rouault, fauvista que se tornou expressionista, mudou-se para a Riviera e passou a ocupação numa cidadezinha costeira, Golfe-Juan, a leste de Cannes. Seu interesse pelo cristianismo cresceu, um traço surpreendentemente comum entre artistas na época da guerra, e seu trabalho, como o de Bonnard, Matisse e Dufy, parecia ignorar os *années noires* vividos pela maioria dos franceses.

Pierre Bonnard, na juventude uma figura central de Les Nabis, se recolhera havia muito tempo a uma vida pacata e introspectiva. Quando a guerra começou, em 1939, ele e a esposa Marthe se refugiaram na Villa Le Bosquet, em Le Cannet, na Côte d'Azur, onde Bonnard continuou pintando paisagens bucólicas e, acima de tudo, nus. Embora convocado para a guerra como pintor, em 1917, ele agora tinha mais de setenta anos e o conflito não interferiu muito em sua vida, pelo que consta. Seu único interesse era a pintura, e ele continuou a retratar Marthe já idosa, nua ou no banho, como se ainda fosse uma jovem beldade. Em 1941, Maillol enviou Vierny para posar para Bonnard, tentando assim mantê-la longe dos problemas. Bonnard passou imediatamente a trabalhar no *Nu sombre*, um retrato de Dina nua ao estilo Gauguin, que só completaria em 1946. Uma das razões para a demora foi a morte de Marthe, em janeiro de 1942, que o deprimiu profundamente. Quando Bonnard ficou sem dinheiro, sozinho e isolado a maior parte do tempo, um jovem impressor chamado Aimé Maeght o socorreu, levando alimentos e material de pintura, além de ajudá-lo a vender alguns óleos. Ao mesmo tempo, Maeght, que se tornaria negociante de arte depois da guerra, fazia documentos falsos para a resistência. Quando a guerra acabou, Bonnard viveu o suficiente — até janeiro de 1947 — para aproveitar sua fama internacional.

Matisse também preferiu pintar a alegria ao sofrimento, mas durante a ocupação isso exigiu que superasse os problemas de saúde, a confusão familiar e os desconfortos causados pela guerra. No início de 1939, após vários anos de casamento tumultuado, a esposa Amélie pediu a separação, e como resultado a obra de Matisse que ainda não fora vendida e outros bens foram recolhidos ao Banque de France, em Paris, para posterior divisão em partes iguais. O catalisador para a atitude de Amélie foi a entrada em suas vidas de uma jovem russa de personalidade forte, Lydia Delectorskaya, cujas atenções e cuidados Matisse passou a considerar indispensáveis. Depois do encontro final na Gare Saint--Lazare, em julho de 1939, Matisse nunca mais viu Amélie, e Lydia se tornou sua secretária, protetora e companheira (embora não fosse sua amante), um esquema que durou até sua morte, em 1954. Entre a invasão da Polônia e o ataque contra a França, Matisse deixou o estúdio de Paris e foi para Nice, onde ocupava um andar inteiro do Hôtel Regina, nas proximidades de Cimiez. Na primavera de 1940 ele chegou a planejar uma viagem de algumas semanas para o Brasil, de navio. Mas estava em Paris quando a Alemanha invadiu a França, e ele e Lydia demoraram seis semanas para voltar a Nice, por Bordeaux, Carcassonne e Marselha.

Durante a jornada e nos meses seguintes, Matisse sofreu dores estomacais terríveis. No fim de 1940, ele recusou um visto para os Estados Unidos, oferecido por Varian Fry, explicando numa carta ao filho Pierre, em Nova York: "Se tudo que tiver algum valor fugir, o que restará da França?". Como sua saúde piorava, em janeiro de 1941 ele foi levado às pressas para Lyon, onde sofreu uma colostomia de emergência. Temendo não sobreviver, ele escreveu uma carta na qual instruía Pierre a respeito dos bens que passariam a Amélie, caso morresse. Numa carta paralela, reclamou que Amélie "questionou tudo a meu respeito — minha honestidade, minha afeição pela família e todo o resto". E acrescentou: "Claro, não vou entrar em detalhes a respeito. Basta dizer a ela que continuei a amá-la". Mas ele sobreviveu à cirurgia, a carta nunca foi enviada e cinco meses depois ele regressou a Cimiez com Lydia. Fraco demais para pintar, concentrou-se nos desenhos.

Para animá-lo, Maillol também enviou Vierny, com um recado que dizia: "Empresto a imaginação de minha obra, e você a reduzirá a uma linha".[13] E, de fato, Matisse fez desenhos excepcionais da modelo de Maillol. A certa altura Vierny insistiu que precisava voltar, pois Bonnard ainda trabalhava no *Nu sombre*. Ela recordou a resposta de Matisse: "Nem pensar em voltar para Bonnard! Interromperia meu fluxo. Então vou desenhar Bonnard, ei-lo; eu o incluí no desenho, está atrás de você. Chega de falar nisso, vamos continuar".[14]

Matisse começara a fazer as figuras recortadas em papel que publicaria em 1947 com o título de *Jazz*, e que o ocupariam nos anos finais. Embora concentrado nesse trabalho, não se alienou do mundo. Pelos colecionadores e negociantes de arte que o visitavam ele sabia que seus quadros eram expostos — e vendidos — em Paris. Rouault o visitou, e Matisse viajou até Le Cannet para ver Bonnard. Também travou uma inesperada amizade com o poeta e resistente Aragon, que escreveu o prefácio da coleção de desenhos *Thèmes et variations*, de Matisse. Além disso, sabia da situação desesperadora dos amigos pintores judeus, e se preocupava constantemente com a possibilidade de Lydia ser presa pela polícia francesa como inimiga estrangeira. Depois que a Alemanha assumiu o controle da zona desocupada, e as tropas italianas marcharam sobre Nice no fim de 1942, temendo que a guerra chegasse logo à Côte d'Azur, Matisse, Lydia e sua cozinheira mudaram para uma pequena casa no campo, que ostentava o nome grandioso de Villa Le Rêve, nas imediações de Vence, 30 quilômetros a oeste. Sem telefone nem carro, Lydia saía todos os dias de bicicleta para procurar comida.

A família de Matisse também se dispersou. Pierre estava em Nova York, onde organizou a exposição Artistas no Exílio em 1942, com obras de Mondrian, Chagall, Ernst, Léger e outros pintores fugidos da França. O outro filho de Matisse, Jean, se encontrava na vizinha Antibes, mas se envolvera profundamente com os maquis e treinava jovens da resistência na arte da sabotagem. Matisse sabia que Amélie e a filha voluntariosa, Marguerite, residiam com uma família em Issy-les-Molineaux, na periferia de Paris. Mas não sabia que as duas participavam de um grupo comunista da resistência, Francs-Tireurs et Partisans; Marguerite servia de mensageira e Amélie datilografava relatórios do serviço secreto que seriam contrabandeados para Londres. Em 13 de abril de 1944 as duas foram detidas pela Gestapo, Marguerite em Rennes e Amélie em Paris. Ao saber das prisões, uma semana depois, Matisse pediu ajuda ao *marchand* Fabiani e a Guitry, pois ambos mantinham um bom relacionamento com os alemães, mas sem êxito. Amélie passou o resto do período de ocupação na cadeia, em Fresnes, e foi solta quando libertaram Paris. Marguerite escapou por pouco. Depois de sofrer semanas de tortura, foi deportada — ao lado de centenas de outras prisioneiras — quando os Aliados avançavam pela Bretanha. Por sorte seu trem, destinado ao campo de concentração de Ravensbrück, foi detido na fronteira com a Alemanha no dia 4 de agosto pelos bombardeios aliados. Na confusão, ela escapou e conseguiu esconderijo seguro. Nos dias finais da guerra, o próprio Matisse correu perigo: as forças aliadas desembarcaram na costa sul da França em meados de agosto, e três bombas explodiram nas proximidades da Ville de Rêve. Contudo, provavelmente só em janeiro de 1945, quando Marguerite visitou o pai e relatou suas experiências, a plenitude do horror da guerra chegou até ele.

Picasso também poderia ter procurado a tranquilidade da Côte d'Azur ou mesmo o exílio nos Estados Unidos ou no México, mas depois de ir de carro de Royan a Paris, com dois lotes de pinturas, em 23 de agosto de 1940, ele só saiu da cidade uma vez durante a ocupação. Sabia que, por ser espanhol e defensor da República derrotada, a quem haviam negado cidadania francesa, ele se encontrava em situação precária. Ademais, embora a Espanha se declarasse neutra, Franco mantinha um bom relacionamento tanto com Hitler quanto com Pétain, e estava em posição de exigir a prisão de Picasso e sua deportação para a Espanha. Restava ao artista uma única opção, manter um perfil discreto e organizar aspectos logísticos da vida e de suas mulheres. Quando foi para Paris, a amante Marie-Thérèse Walter permaneceu em Royan com a filha deles, Maya, até o fim do ano, enquanto a companheira mais pública, Dora Maar, seguiu no mesmo dia ao seu encontro, de trem. Ao mesmo tempo, ele mantinha duas casas em Paris, mas a escassez de combustível no primeiro inverno da ocupação o obrigou a fechar o apartamento na margem direita, na Rue La Boétie, e se restringir ao dúplex na margem esquerda, no número 7 da Rue des Grands-Augustins, a um passo do Sena. Ali, pertinho da casa de Maar na Rue de Savoie, estava convenientemente próximo de seus antigos pontos de encontro no Café de Flore e na Brasserie Lipp, em Saint-Germain. Marie-Thérèse e Maya mudaram para um apartamento no Boulevard Henri IV, na Île Saint-Louis, a quinze minutos de caminhada; Picasso costumava visitá-las às quintas e aos sábados. Paris para ele se reduzira ao tamanho de um vilarejo.

Mas não lhe permitiram esquecer a presença alemã. No outono de 1940, quando os alemães se dedicavam a saquear a França, eles resolveram inspecionar todos os cofres dos bancos, inclusive do Banque Nationale pour le Commerce et l'Industrie, no Boulevard Haussmann, onde Picasso e Braque mantinham caixas-fortes alugadas. Picasso estava no cofre do banco quando suas duas caixas-fortes foram abertas pelos militares alemães. O oficial no comando ficou tão confuso com o que viu que Picasso apontou para a caixa-forte de Braque, adjacente, e disse que continha mais obras não vendidas. Com isso, o oficial encerrou a inspeção.[15]

Os militares alemães também visitaram o estúdio de Picasso na Rue des Grands-Augustins, e lá ocorreu o famoso diálogo — talvez apócrifo — sobre seu quadro *Guernica*, de 1937, em protesto contra os bombardeios da Luftwaffe da cidade basca de mesmo nome. Como costumava contar, Picasso ofereceu um cartão-postal de *Guernica* e o alemão perguntou: "Você fez isso?". Picasso respondeu: "Não, você fez!".

Outros alemães também bateram em sua porta, curiosos para conhecer o homem considerado o artista vivo mais importante do mundo. Jean Paulhan, editor da Gallimard e *résistant* secreto, levou Gerhard Heller para conhecer Picasso em junho de 1942. Em suas memórias, Heller recordou sua excitação:

Tocamos a campainha. O próprio Picasso abriu a porta. Reconheci sua figura familiar: baixo, parrudo, enrolado numa espécie de manta, presa com um cinto de couro, gorro na cabeça calva e olhos intensos, que nos perscrutaram. Muito agradável, muito simples, ele nos convidou a entrar no apartamento, na época um vasto sótão, com vigas de carvalho. Por todos os lados vi pinturas, empilhadas, penduradas, encostadas em outras, de cabeça para baixo; ele as mostrou, uma por uma, sem falar muito, aguardando nossa reação. Eu parecia estar embriagado.[16]

Um mês depois Picasso recebeu a visita do romancista Ernst Jünger, também servindo na Wehrmacht. No registro de 22 de julho de 1942, em seu diário, parecendo tão excitado quanto Heller, Jünger citou Picasso: "Nós dois, enquanto estávamos sentados ali, poderíamos negociar a paz naquela mesma tarde. Aquele homem vespertino podia sorrir".[17] Jünger adorava repetir o comentário, e o fazia com frequência.

Na única vez em que Picasso saiu de Paris, no início de 1943, ele visitou um dos amigos mais antigos, o poeta Max Jacob, com quem dividira um quarto, décadas antes. Judeu de nascimento, Jacob se convertera ao cristianismo em 1909, e residia no mosteiro de Fleury, em Saint-Benoît-sur-Loire, embora soubesse que a conversão não o livraria da perseguição nazista. O pintor e o poeta passaram boa parte do dia juntos, visitando a basílica e caminhando pela margem do Loire. Não se sabe se Picasso percebeu o pessimismo do amigo, mas Jacob, que usava uma estrela amarela desafiadora ao ajudar os padres na missa, se mostrava cada vez mais resignado com a possibilidade de ser preso. Seu irmão Gaston já havia sido deportado, e em janeiro de 1944 a irmã e o cunhado também foram enviados para morrer em Auschwitz.

Em 24 de fevereiro de 1944 chegou a vez de Jacob ser preso pela Gestapo. Conseguiu enviar clandestinamente uma carta a Cocteau, na qual implorava a ajuda de Sacha Guitry.* Cocteau também pediu a Heller que interferisse. Em suas memórias, Heller alega que pressionou o embaixador Abetz e o serviço secreto alemão, conseguindo afinal uma ordem de soltura para Jacob. Mas o

---

* O recado de Jacob dizia: "Caro Jean. Escrevo de um vagão de trem, com permissão dos gendarmes que nos vigiam. Logo chegaremos a Drancy. É tudo que tenho a dizer. Quando Sacha soube de minha irmã, ele disse: 'Se fosse ele, eu poderia fazer alguma coisa'. Tudo bem, agora sou eu. Um abraço. Max".

poeta morreu de pneumonia em Drancy, no dia 6 de março, antes que pudessem libertá-lo. O comportamento de Picasso na época é difícil de explicar. Pierre Colle, negociante de arte de Paris e responsável pela obra literária de Jacob, declarou que Picasso se recusara a somar sua voz à dos que clamavam pela soltura de Jacob. Por outro lado, Georges Prade, um *pétainiste* infame, alega ter dito a Picasso que sua assinatura na carta aos alemães seria contraproducente. De todo modo, no dia 18 de março Picasso compareceu à missa em memória de Jacob na igreja de Saint-Roch, em Paris, acompanhado de Derain e um punhado de amigos do poeta. No dia 21 de março Picasso uniu-se a um grupo maior de cerca de cinquenta pessoas, inclusive Braque, Éluard, Mauriac, Maar, Coco Chanel e Paulhan, para uma segunda missa na mesma igreja.

Sem dúvida Picasso fora informado tanto do destino trágico dos judeus da França quanto da detenção de dezenas de milhares de republicanos espanhóis, além do crescimento da resistência. André Dubois, que usou seu alto cargo no ministério do Interior para proteger muitos intelectuais e refugiados, o visitava com frequência. Entre os que mantinham Picasso informado destacavam-se Sartre, Cocteau, os poetas Jacques Prévert e Robert Desnos, o fotógrafo Brassaï e André Malraux, após sua entrada para a resistência em 1944. Annie Ubersfeld, uma jovem da resistência que depois se tornaria uma respeitada professora de teatro, disse que já em 1942 Picasso doou dinheiro para a resistência, e ocasionalmente escondeu fugitivos em seu apartamento. "Não imaginam os riscos que ele correu", ela recordou, muitas décadas depois.[18]

Picasso também precisou tomar precauções. Gilot, apresentada ao futuro amante pelo ator Alain Cuny no Le Catalan, em maio de 1943, declarou saber que Picasso sempre contribuiu financeiramente com a causa dos exilados espanhóis, e talvez tenha ajudado a resistência também, e acrescentou: "Qualquer que fosse a atuação das pessoas, não se comentava o assunto, pois o perigo aumentava conforme mais gente ficava sabendo". Depois que começou a visitar Picasso em seus estúdios quase diariamente, ela notou que os alemães batiam à porta dele pelo menos uma vez por mês. E relatou:

> Eles nunca usavam uniforme quando vinham, sempre em grupo, uns cinco ou seis. Pablo me pedia que os seguisse para evitar que plantassem documentos para serem "encontrados" depois. Sempre se preocupou com isso. Havia ainda um ótimo fotógrafo, alemão, homossexual, que não era nazista, Herbert List, visita

frequente. E sempre Pablo pedia que eu o acompanhasse para ver o que estava fazendo.

Quando Picasso conheceu Gilot, que tinha 22 anos, quarenta a menos que o pintor, ainda estava envolvido tanto com Dora Maar quanto com Marie--Thérèse Walter. Muito embora Gilot só se tornasse sua amante nove meses mais tarde, e o casal só passasse a morar junto depois da guerra, ela observava sua rotina de perto. "Ele não acordava cedo", recordou. "E pessoas como eu o visitavam entre onze e meia da manhã e uma e meia da tarde. Ele comia algo leve no almoço, trabalhava a tarde inteira e à noite. Depois jantava pouco. Não comia muito."

Mesmo assim, Picasso costumava fazer as refeições fora de casa, invariavelmente com Jaime Sabertés, seu secretário espanhol e, até a morte deste em março de 1942, com o pintor espanhol Julio González. Graças ao mercado negro, nem nos bistrôs pequenos como Le Catalan e outros da Rue Delphine, frequentados por ele, faltava comida. (Le Catalan chegou a ser fechado por uma semana, depois de ter sido flagrado vendendo carne em dias proibidos.) Mas, fora o comparecimento a vernissages na galeria de Jeanne Bucher, no Boulevard du Montparnasse, Picasso raramente se afastava do bairro onde morava. "Ele tinha carro, mas nunca o vi usá-lo", Gilot disse. "Era preciso conseguir gasolina com os alemães, um ato considerado colaboracionista. Se precisava ir a algum lugar, como a galeria Leiris, ele pegava o metrô, por ser o transporte mais neutro. Anônimo. Nos ônibus alguém poderia notá-lo." O escritor direitista Paul Léautaud topou com Picasso na Rue Jacob numa manhã de abril de 1944. Léautaud registrou o encontro em seu diário: "Ele cruzou a rua para falar comigo. Deixara o cabelo crescer até o colarinho. Seu cabelo é inteiro branco. Não tem o rosto de um velho, de modo algum. Estranho. Até então eu não havia notado como ele era pequeno. Tem um rosto encantador e modos provocadores".[19]

Durante a ocupação, Picasso continuou trabalhando. Em 1941, chegou a se inspirar para escrever uma peça curta em seis atos, *Le désir attrapé par la queue* [O desejo pego pela cauda], segundo a tradição surrealista da escrita "automática", e portanto quase ininteligível. Mesmo assim, para a primeira leitura, em 19 de março de 1944, na casa de Michel e Louise Leiris, vizinhos dele na Rue Grands-Augustins, a peça tinha um elenco impressionante, que incluía

Sartre, Raymond Queneau, Maar e Beauvoir, com Albert Camus no papel do Coro, introduzindo os personagens e descrevendo o cenário imaginado. A ocasião foi registrada por Brassaï.

As pinturas e os desenhos de Picasso eram vendidos discretamente na galeria Leiris e, de vez em quando, nos leilões de Drouot. Sua arte era tão distanciada da guerra quanto a de Bonnard e Matisse? Heller, embora não fosse especialista, descreveu nas pinturas vistas por ele que, "na cruel decomposição das formas, na trágica violência das cores, o horror da guerra (embora jamais expresso diretamente) se fazia presente de um modo difícil de suportar".[20] Por certo, embora a violência de *Guernica* não tenha reaparecido em sua pintura antes da libertação, há muita angústia e até tragédia em *L'aubade* [A serenata da manhã], de 1942, em numerosas naturezas-mortas, alguns crânios em vermelho, cinza e preto mostrando os dentes, outros de crânios e alhos-porós que sugeriam crânios e ossos cruzados. Picasso também fez cem desenhos de sua escultura mais conhecida do período, *L'homme au mouton* [Homem com carneiro]. Em 1945, ele explicou: "Não pintei a guerra por não ser desses artistas que saem procurando um assunto, feito um fotógrafo, mas sem dúvida a guerra está nas pinturas que fiz na época. Mais tarde, talvez os historiadores a encontrem, e mostrem que meu estilo mudou sob a influência da guerra".[21]

Embora Picasso se mantivesse afastado do cenário artístico de Paris, evitando a visibilidade de um Braque, por exemplo, sua sombra continuava a rondar os artistas fauvistas que culpavam o cubismo de ter afundado seu movimento. Vlaminck, em particular, deu a impressão de que o incomodava ter sido mais festejado em 1900 do que em 1940. Talvez consciente da vulnerabilidade de Picasso como estrangeiro e artista "degenerado", e contando com seu novo prestígio perante os alemães, Vlaminck viu a chance de se vingar. Usando como instrumento o *Comoedia*, o mesmo semanário cultural em que Cocteau publicou o panegírico a Breker, Vlaminck desancou Picasso no dia 6 de junho de 1942. Entre a série de insultos gratuitos — ele descreveu Picasso como um sujeito de "rosto de monge e olhos de inquisidor" —, Vlaminck o considerou "culpado por levar a pintura francesa a seu impasse mortal, a uma confusão indescritível". Bazaine respondeu prontamente aos ataques na *Nouvelle Revue Française*, e André Lhote fez o mesmo na *Comoedia*. Sem surpresas, a diatribe prejudicou menos Picasso do que Vlaminck, que ficou entre os artistas proibidos de expor suas obras depois da libertação.

Assim que Paris reconquistou a liberdade, porém, a atitude de Picasso durante a ocupação também foi examinada. Tendo aderido ao Partido Comunista Francês no outono de 1944, ele estava convenientemente do mesmo lado dos responsáveis pelo expurgo dos colaboracionistas. Ele nunca alegou participação na resistência, mas tampouco agira no sentido de encorajar o inimigo. Ao contrário de Cocteau, Lifar e Guitry, ele jamais confraternizou com os alemães; ao contrário de Vlaminck, Derain e Van Dongen, não viajou para a Alemanha a convite dos nazistas. Gilot, talvez a única das mulheres de Picasso a criticá-lo, e a única a deixá-lo, em 1953, passou a respeitar sua postura.

O que haveria mudado se Picasso, que sem dúvida não dominava o uso de armas, atirasse uma granada? Nada. Sua posição foi permanecer em Paris e ser contra os alemães. Para as pessoas de minha geração, este símbolo foi muito importante. Apenas por estar lá, sem perder a dignidade, ele já fez muito. Mas alguém como Derain ir à Alemanha? Foi pura estupidez.

10. Distração no cinema

A ocupação alemã é lembrada como a era de ouro do cinema francês, embora a verdade seja mais sutil: dos 220 filmes feitos na França entre junho de 1940 e agosto de 1944, só alguns foram memoráveis, e o mais popular de todos, *O boulevard do crime* (*Les enfants du paradis*), obra-prima de Marcel Carné, foi lançado apenas depois da libertação da França. Contudo, a indústria cinematográfica teve bons motivos para comemorar. Possuía uma plateia cativa, ávida por fugir do aborrecimento da vida cotidiana e mergulhar nos risos e lágrimas da tela (e, no inverno, no calor de um cinema aquecido). Em 1943, o comparecimento aos cinemas chegou a superar em 40% o de 1938. Um dado importante: os filmes "inimigos", primeiro britânicos, depois americanos, foram banidos, de modo que, exceto pelas fitas alemãs, que poucos frequentadores franceses queriam ver, a competição estrangeira praticamente desapareceu. Mesmo dentro da indústria a concorrência diminuiu. Alguns astros fugiram para os Estados Unidos. E, talvez sem esse objetivo, os alemães abriram mais espaço ainda na indústria, expulsando produtores, diretores e atores judeus da profissão, além de proibir filmes franceses anteriores a 1937. Henri-Georges Clouzot, Robert Bresson, Jacques Brecker, Jean Delannoy e Claude Autant-Lara se destacaram entre os diretores que fizeram o nome durante a ocupação.

A principal variável era o modo como os nazistas definiam seus interesses.

Eles não permitiam nada antigermânico ou excessivamente nacionalista nas telas francesas, mas até Goebbels considerava o cinema uma boa maneira de manter os franceses distraídos. Como cinéfilo, ele tinha um fraco por estrelas francesas: numa foto famosa, tirada em julho de 1939, poucas semanas antes do início da guerra, ele aparece com Fernandel e Elvire Popesco, quando visitava em Berlim o cenário do filme *L'héritier des Mondésir*, de Albert Valentin. De maneira inesperada, Goebbels agora queria que a Alemanha rodasse filmes franceses comercialmente promissores na própria França, enquanto dúzias de produções francesas eram rodadas na Alemanha nos anos 1930. O homem enviado a Paris para o projeto, Alfred Greven, era um veterano da Primeira Guerra Mundial de quarenta anos, militante do Partido Nazista. Tendo atuado por muito tempo como produtor no estúdio berlinense Universum Film AG, ou UFA, Greven era um sujeito erudito, que falava francês com fluência e admirava o cinema francês. Além disso, conhecia produtores, diretores e atores franceses que haviam trabalhado para o UFA em Berlim. Chegando a Paris, ele fundou um estúdio controlado pelos alemães, chamado Continental Films, e assumiu o controle tanto de uma distribuidora quanto da companhia que administrava as salas de exibição, antes pertencentes a judeus. Sob seu comando, ele imaginava que o cinema francês — ou pelo menos seus filmes — assumiria uma posição dominante na Europa, equivalente à ocupada por Hollywood antes da guerra.

O controle da indústria como um todo se encontrava sob a responsabilidade de uma seção da Propaganda Staffel chamada Referat Film, comandada por um oficial alemão taciturno conhecido pelos franceses apenas como dr. Diedrich. A unidade encarregava-se de autorizar roteiros, programas de produção, distribuição, equipes de filmagem e atores. Também emitira uma lista de duzentos filmes que não podiam ser exibidos, alguns por serem antigermânicos, outros por serem tão a favor dos nazistas que poderiam provocar a fúria dos franceses. Um alvo óbvio da censura eram todos os filmes feitos por Max Ophüls, diretor judeu nascido na Alemanha que fugira para a França em 1933 e depois buscara refúgio na Suíça. Em pouco tempo a lista de filmes banidos aumentou para incluir os diretores que se mudaram para os Estados Unidos, como Jean Renoir, Julien Duvivier e René Clair. Alguns filmes em produção antes da queda da França foram abandonados. *Macao*, de Delannoy, precisou ser refilmado, pois seu protagonista masculino, um famoso ator austríaco chamado Erich von Stroheim, conhecido antinazista, já vivia nos Estados

Unidos. Dois anos depois o filme saiu com o título de *L'enfer du jeu*, com as cenas de Stroheim feitas por Pierre Renoir, filho do pintor e irmão mais velho de Jean Renoir.

No outono de 1940, estes eram os únicos filmes que estavam sendo rodados na zona não ocupada: em Marselha, onde Marcel Pagnol, também romancista e dramaturgo, terminou *La Fille du puisatier*; e nos Victorine Studios de Nice, onde Abel Gance, mais conhecido pelo filme mudo *Napoléon*, começou a rodar *Vénus aveugle*, dedicado a Pétain. No entanto, os dois diretores logo se desiludiram: Pagnol preferiu destruir seu único outro filme, *La prière aux étoiles*, enquanto Gance, cujo pai provinha de uma família de origem judaica, mudou-se para a Espanha depois de filmar *Le capitaine Fracasse* em 1943.

O mundo do cinema francês tardou a se ajustar aos novos regimes, tanto da área ocupada quanto de Vichy, que também se achava no direito de censurar roteiros e filmes. Muitos produtores, diretores e atores que fugiram de Paris em junho de 1940 escolheram como refúgio a faixa costeira mediterrânea entre Marselha e Nice. Em outubro, o Estatudo Judaico de Vichy confirmou o que muitos temiam: os judeus não poderiam mais trabalhar no cinema, uma indústria que, segundo alegavam os fascistas franceses, era dominada por eles. Lucien Rebatet, o crítico antissemita do *Je Suis Partout* alegou que 82 dos 110 novos filmes franceses de 1938 foram produzidos por judeus. Em 1941 ele retomou o assunto, num livro chamado *Les tribus du cinéma et du théâtre*, sendo os judeus as *tribus* ou "tribos".

De acordo com uma pesquisa, os judeus representavam apenas 15% do total de trabalhadores na indústria cinematográfica — cerca de 9 mil dos 60 mil envolvidos —, mas entre eles havia donos de mais de quarenta cinemas, bem como uma vintena de produtores importantes, alguns dos quais atuaram na Alemanha antes da guerra. Logo confiscaram ou arianizaram os cinemas, mas produtores judeus experientes nascidos no estrangeiro, como Gregor Rabinovitch, Arnold Pressburger, Joseph Bercholz, Serge Sandberg e Simon Schiffrin não poderiam ser facilmente substituídos.* Consta que o poeta e roteirista francês Jacques Prévert alertou Greven para a causa perdida: "Pois você não tem

---

* Todos conseguiram fugir da França e sobreviver à guerra, embora o ex-diretor da Pathé, Bernard Natan, que estava preso por fraude quando os alemães ocuparam Paris, tenha morrido em Auschwitz.

226

judeus. Veja Hollywood. Não se pode filmar sem eles". Depois Greven perguntou ao roteirista Jean Aurenche se conhecia autores judeus dispostos a escrever para ele. Pelo que Aurenche recorda da conversa, Greven teria explicado: "Leio poucos roteiros interessantes. Sabe por quê? Porque não restam mais judeus na França ou na Alemanha. Muitos dos melhores roteiristas e diretores eram judeus".[1] Greven agiu conforme suas palavras, pelo menos num caso. Embora soubesse que Jean-Paul Le Chanois era judeu, com sobrenome Dreyfus, ele o contratou para fazer os roteiros de quatro filmes da Continental: *Picpus*, *La main du diable*, *Vingt-cinq ans de bonheur* e *Cécile est morte!* Dois outros judeus, Henri Calef e Jacques Cohen, também atuaram como roteiristas na zona não ocupada.

No início de 1941, Boulogne-Billancourt e outros estúdios de Paris reabriram e, ao lado da Pathé-Cinéma, Gaumont e numerosas companhias francesas de pequeno porte, a Continental conseguiu começar a rodar seus filmes. Em 1941, apenas, a empresa de Greven produziu onze filmes, começando com duas fitas de suspense de dois diretores experientes, *L'assassinat du Père Noël* [O assassinato do Papai Noel], de Christian-Jaque, e *Le dernier des six* [O último dos seis], de Georges Lacombe. Sua terceira produção foi *Premier rendez-vous*, dirigida por Henri Decoin, que havia feito diversos filmes para a UFA em Berlim, antes da guerra, e cujo maior trunfo era ser casado com a maior estrela francesa, Danielle Darrieux. "Estávamos juntos em Cannes, mas depois ele foi para Paris e me chamou para ficar lá", ela recordou.

> Não parecia estranho fazer um filme para a Continental, pois eu já havia filmado muito na Alemanha, antes da guerra. Eles rodavam versões em francês e alemão dos mesmos filmes. Era divertido, pois quando rodavam a versão alemã primeiro, espiávamos para ver como procediam. Meu primeiro filme, *Le bal*, dirigido por um alemão chamado Wilhelm Thiele, foi assim. Todos diziam: "Ah, a menininha". Aos catorze anos iniciei a carreira na Alemanha, que rendeu muitos filmes. Depois ouvi coisas, soube que prendiam homossexuais, que Hitler era mau, mas eu era muito inocente.[2]

Depois de *Premier rendez-vous*, quando fez par com o astro cinematográfico em ascensão Louis Jourdan, Darrieux estrelou mais duas fitas para a

Continental Films, *Caprices*, dirigida por Léo Joannon, e *La fausse maîtresse*, de André Cayette.

No conforto de seu novo escritório no número 104 da Avenue des Champs-Élysées, Greven passou a recrutar diretores e atores de primeira linha. A imensa experiência de Maurice Tourneur faria dele o mais ativo dos diretores da Continental, com seis filmes, enquanto Richard Pottier rodou cinco; Cayette, quatro; Decoin, três e Christian-Jaque, dois, mesmo número de Clouzot. Entre os artistas, além de Darrieux, Greven contratou estrelas consagradas e outras em ascensão, como Fernandel, Robert Le Vigan, Pierre Fresnay, Edwige Feuillère, Jean-Louis Barrault, Harry Baur, Albert Préjean, Raimu, Suzy Delair, Michel Simon, Ginette Leclerc e Martine Carol. Da lista, só Le Vigan proclamou abertamente sua simpatia pelos nazistas; os outros provavelmente nunca imaginaram que exercer a profissão dessa maneira poderia manchar-lhes a reputação. Nesse sentido, foi sorte de Carné não ter nenhum filme da Continental com seu nome. Mais tarde ele relatou:

> Depois que fui desmobilizado, Greven me chamou e perguntou se eu queria fazer filmes para a Continental. Exigi em troca a escolha do roteiro por consenso, e a realização do filme na França. Fui chamado a Matignon* e avisado de que não me permitiriam rodar filmes. A Continental concordou com as duas cláusulas e assinou o contrato, mas nunca filmei para Greven. Acabei assinando contrato com um produtor independente, para três filmes.[3]

Mesmo assim, quem trabalhava para a Continental obteve diversas vantagens, a começar pela estabilidade no emprego: os diretores assinavam contratos para três filmes, e sabiam que não faltariam fontes de financiamento. Os técnicos eram contratados por um ano. Os roteiros da Continental passavam fácil pelos censores alemães, enquanto Greven em pessoa providenciava para as produções a película, os figurinos e até eletricidade para o funcionamento do estúdio. Os produtores franceses, em contrapartida, precisavam negociar os roteiros com o Referat Film, que também supervisionava as filmagens e decidia se a versão final seria lançada. O dr. Diedrich, que costumava aparecer de sur-

---

* O Hôtel de Matignon, tradicional sede do gabinete e residência dos primeiros-ministros franceses, foi usado por Laval e outros dirigentes de Vichy durante a ocupação.

presa nos estúdios, não economizava suas opiniões. "No passado, os filmes franceses tinham defeitos e eram produzidos por judeus que não assumiam responsabilidade moral, além de serem especuladores vis", disse em um discurso à indústria cinematográfica, em setembro de 1941. Mas o povo francês, prosseguiu, já podia se preparar para "filmes íntegros, dignos da herança artística do país, e que ostentam o selo da nova ordem".[4]

Os alemães também proibiam ou censuravam ocasionalmente trechos de filmes rodados em Marselha e Nice, que já haviam sido liberados. Vichy, por sua vez, proibia filmes da zona ocupada, pois os considerava danosos ao bem-estar moral da França. A formação de uma nova organização profissional no fim de 1940, o Comité d'Organisation de l'Industrie Cinématographique, COIC,* atendeu aos interesses franceses e alemães. Dirigida por Raoul Ploquin, produtor que trabalhara com Greven em Berlim, pretendia estruturar a desorganizada indústria cinematográfica francesa. Em 1944, por exemplo, fundou a primeira escola de cinema do país, o Institut des Hautes Études Cinématographiques, IDHEC. Contudo, a primeira ação do COIC foi lembrar à indústria que o Estatuto Judaico excluíra todos os judeus da atividade cinematográfica. Na prática, como não podiam obter a nova carteira profissional do COIC, os judeus não conseguiam atuar no ramo.

Até novembro de 1942, a Secretaria de Informação de Vichy se responsabilizava pelo monitoramento da produção cinematográfica no sul. Vichy queria um cinema francês que promovesse os valores familiares, rurais e católicos da Revolução Nacional. Ou, como disse Ploquin em agosto de 1941, a meta era elevar o nível artístico e moral do cinema francês, "impedindo que filmes mórbidos e depressivos envenenassem a alma do público francês".[5] Sendo assim, tanto Vichy quanto a Propaganda Staffel animadamente aprovaram três filmes de propaganda venenosa: *Les corrupteurs*, documentário antissemita de 29 minutos, dirigido por Pierre Ramelot, exibido em 1942 antes do popular filme de Decoin, *Les inconnus dans la maison* (que também continha insinuações antissemitas); *Forces occultes*, uma diatribe contra os maçons e judeus em forma de longa-metragem, dirigido por Jean Mamy** em 1943, com o pseudônimo de

---

* *Comités d'organisation* similares foram criados em diversos setores industriais, comerciais e artísticos.
** Em março de 1949, Mamy tornou-se o último a ser executado como colaboracionista.

Paul Riche; e o documentário anticomunista *Français, vous avez la mémoire courte* [Franceses, vocês têm a memória curta]. Para atingir o grande público, Vichy também veiculava sua mensagem política por meio das *France Actualités*, o jornal de quinze minutos da Gaumont que precedia todos os filmes dedicados a glorificar Pétain e a Revolução Nacional. Não tardou para que o público reagisse com assobios e vaias, além de palavrões.

Depois que deram ordens para manter as luzes dos cinemas acesas durante o noticiário, muitos frequentadores faziam questão de chegar pouco antes dos créditos de abertura do filme principal.

Os alemães naturalmente torciam para que os franceses aceitassem seus filmes. E, de fato, em 1941 cerca de 20% dos filmes dos cinemas de Paris eram alemães. Poucos, porém, atraíam espectadores franceses. Um deles foi a fantasia leve de Josef von Báky, *Münchausen*, uma das fitas coloridas pioneiras a respeito do barão que conquistou a imortalidade, encomendada por Goebbels para comemorar o 25º aniversário da UFA. Também popular entre alguns franceses foi o preocupante *O judeu Süss*, ou *Le juif süss*, adaptação grosseiramente antissemita de um romance do escritor alemão judeu Lion Feuchtwanger; dirigido por Veit Harlan, estrelado pelo veterano ator alemão Heinrich George, o filme alcançou tanto sucesso que, na visita de George a Paris para se apresentar na Comédie Française, destaques do cinema francês se uniram a ele na comemoração no Maxim's.

No mais, exceto pelo curta documental alemão *Le péril juif*, distribuído na França em 1941 para coincidir com a exposição Le Juif et la France,* os nazistas mantinham a propaganda em seu próprio noticiário, *Actualités Mondiales*. Esses boletins semanais, feitos na Alemanha para distribuição no idioma de cada país conquistado, apresentava notícias sociais e culturais do Terceiro Reich, zombarias dos inimigos da Alemanha, "dominados pelos judeus", e imagens triunfais da máquina de guerra da Wehrmacht. Ao ver um jornal alemão pouco depois de sua chegada a Paris, Ernst Jünger ficou chocado com a violência das imagens. "Eles mostraram nossas ofensivas na África, Sérvia e Grécia. A mera exibição daqueles instrumentos de destruição provocava gritos de hor-

---

* A exposição realizada em Paris incluía uma seção dedicada ao cinema, com fotos de produtores franceses sob uma faixa com os dizeres: LES JUIFS, MAÎTRES DU CINÉMA FRANÇAIS — Os Judeus, Mestres do Cinema Francês.

ror." Ele chegou a acrescentar uma nota para se lembrar de estudar o ponto em que "a propaganda se mescla com o terror".[6] Até novembro de 1942, *Actualités Mondiales* só passava na zona ocupada; depois dessa data, uma nova versão de *France Actualités*, combinando a propaganda alemã com a de Vichy, passou a ser exibida no país inteiro.

Greven, todavia, mostrava pouco interesse em difundir a mensagem nazista, embora tenha organizado uma recepção esplêndida no Ledoyen, em 20 de maio de 1941, para receber Zarah Leander, atriz nascida na Suécia que se tornara uma celebridade na Alemanha. Até mesmo o Referat Film e o dr. Diedrich se mostravam surpreendentemente tolerantes, autorizando filmes que faziam o público se sentir bem a respeito da França. Uma frase no drama histórico *Pontcarral, colonel d'empire*, por exemplo, costumava arrancar aplausos da plateia: "Num regime como este, monsieur, ser condenado é uma honra!".

Tamanha negligência incomodava Goebbels. Em seu diário pessoal ele se queixou amargamente de outro filme, *La symphonie fantastique*. A biografia romanceada do compositor francês Hector Berlioz, dirigida por Christian-Jaque e com Jean-Louis Barrault no papel principal, foi feita pela Continental Films. "Estou furioso", escreveu em 15 de maio de 1942, "pois nosso departamento em Paris está mostrando aos franceses como retratar o nacionalismo em seus filmes. Dei ordens bem claras para que os franceses produzissem seus próprios filmes, sempre leves, vazios e, se possível, kitsch. Creio que considerarão isso suficiente. Não há necessidade de desenvolver seu nacionalismo."[7] Ele não precisava se preocupar. Comédias ligeiras, dramas de costumes, fitas de fantasia, romance e suspense dominavam a filmografia francesa do período. De fato, um terço deles não passava de adaptações de peças e romances: sete baseados em Balzac, e nada menos que nove adaptados das obras do escritor George Simenon, nascido na Bélgica, e que passara a guerra em Vendée, no oeste da França. Muitos transcorriam no passado, como *Le destin fabuleux de Désirée Clary*, de Sacha Guitry; *Lettres d'amour*, de Autant-Lara, e *Le colonel Chabert*, de René Le Hénaff.

Mesmo assim, um dos filmes mais populares da época da ocupação, *Os visitantes da noite*, de Carné, terminava com uma cena que poderia facilmente ser interpretada como gesto nacionalista. Antes mesmo de seu lançamento, um arrepio de excitação correu a França, pois o diretor mais conhecido depois de Renoir rodava seu primeiro filme em três anos. Assim que saiu da Continental

Films, Carné assinara contrato para realizar três filmes para André Paulvé; mas o primeiro, *Juliette, ou La clef des songes*, baseado numa peça surrealista de Georges Neveux, fracassou quando Greven jurou mantê-la fora dos cinemas. Paulvé pediu a Carné que entrasse em contato com Prévert, que criara o roteiro de quatro dos sucessos de Carné antes da guerra, e que vivia na Côte d'Azur. Prévert formou uma parceria com Pierre Laroche para escrever *Os visitantes*. Vendo a chance de recompor a equipe de antes da guerra em Nice, Carné recrutou o cenógrafo Alexandre Trauner, judeu húngaro escondido em Tourrette--sur-Loup, perto de Vence, também na zona não ocupada. Para tornar seu trabalho possível, um cenógrafo gentio, Georges Wakhévitch, concordou em "assinar" o trabalho de Trauner. Joseph Kosma, outro judeu húngaro que vivia discretamente nos arredores de Cannes, foi convidado para compor a trilha sonora, embora no final grande parte dela tenha sido composta — e assinada — por Maurice Thiriet. Finalmente, para os papéis principais, Carné escolheu a popular Arletty, que estrelara seus filmes *Hotel do Norte* e *Trágico amanhecer*, além de Marie Déa, Jules Berry e Alain Cuny (a atriz Simone Signoret e o diretor Alain Resnais, duas figuras centrais do cinema francês futuro, se destacavam entre os figurantes).

Rodado perto de Nice, o filme era uma farsa ambientada na Idade Média, na qual o bem derrota o mal por pouco. Quando Anne e seu noivo, o cavaleiro Renaud, desfrutavam o banquete pré-nupcial* surgem dois menestréis, Gilles e Dominique, que na verdade eram emissários do demônio. Gilles se dedica a seduzir Anne, enquanto Renaud e o pai de Anne, o barão Hugues, cortejam Dominique. Sabendo que Gilles havia se apaixonado por Anne, algo inconveniente, o Diabo aparece para impedir o final feliz e faz com que Gilles perca a memória. Quando Gilles revê Anne e sua memória volta, o Diabo furioso os transforma em estátuas de pedra. A cena final do filme se tornou a mais famosa: embora os amantes parecessem inanimados, ainda era possível ouvir as batidas de seus corações. Não era preciso dar muitas asas à imaginação para entender que o Diabo era Hitler, e que o coração da França ainda batia, sim. "Eu não posso jurar que Jacques e eu pensamos nisso", Carné admitiu em sua biografia,

---

* A cena do banquete entrou para a história do cinema porque Carné encomendou travessas de frutas e mandou injetar ácido carbólico nelas para impedir que os figurantes famintos as devorassem durante o intervalo entre as cenas.

La vie à belles dents. "Mas, de todo modo, aceitamos a interpretação, pois correspondia a uma necessidade real por parte do público quando lançamos o filme, no fim de 1942."[8]

O corvo, um filme mais político, foi feito por Clouzot para a Continental em 1943. Seu primeiro filme no estúdio, *O assassino mora no 21*, bem recebido, fez com que Greven ansiasse por mais um *film noir*. Clouzot escolheu um roteiro de 1937 de Louis Chavance, chamado "L'oeil du serpent" [O olho da serpente], inspirado na história de uma mulher que passou cinco anos enviando cartas anônimas venenosas na cidade de Tulle. Clouzot refez o roteiro e chamou dois atores populares, Pierre Fresnay e Ginette Leclerc, para os papéis principais.

Na versão para a tela, as cartas anônimas com a assinatura "O Corvo" são enviadas a um médico de vilarejo e outros moradores locais proeminentes, acusando o médico de ter um caso com a mulher do psiquiatra do hospital, e de fazer abortos ilegais. Outras pessoas também foram caluniadas em cartas que fomentavam a desconfiança, a inveja e a paranoia crescentes. Antes da identificação do autor, uma carta provoca suicídio e outra leva o médico a abandonar o vilarejo. Entretanto, o que seria um filme comum de suspense em tempos normais continha uma mensagem mais sombria em 1943. Por pressão tanto dos alemães quanto de Vichy, alguns cidadãos franceses começaram a mandar cartas anônimas às autoridades, denunciando membros da resistência, judeus, operadores do mercado negro ou simplesmente desafetos do bairro. Em vez de aplaudir essa exposição da baixeza moral dos informantes, *L'Écran Français*, jornal clandestino de um pequeno grupo da resistência no cinema, viu a fita de modo diferente, e reclamou que ela endossava a visão nazista de que "os habitantes de nossa cidade não passam de degenerados, prontos para a escravidão", e por consequência os franceses deveriam seguir "as regras morais dos nazistas virtuosos".[9] Não perdoaram Clouzot de imediato. Após a libertação, *O corvo* lhe valeu um afastamento compulsório do cinema por dois anos.

Embora Clouzot tenha feito depois numerosos filmes de sucesso, entre eles *O salário do medo*, outros diretores que renovaram o cinema francês do pós-guerra também causaram profunda impressão na estreia, durante a ocupação. O mais talentoso, Robert Bresson, nos anos 1950 dirigiria *O batedor de carteiras* e *Diário de um pároco de aldeia*. Tendo passado um ano como prisioneiro de guerra alemão, foi imediatamente notado em 1943, com sua obra de estreia, *Anjos do pecado*. Com roteiro de Bresson e do dramaturgo Jean Giraudoux, o filme conta a história de uma ordem religiosa de freiras reclusas que se dedicam a reabilitar mulheres saídas da prisão. (Antes disso, Giraudoux havia escrito seu primeiro roteiro cinematográfico, para *La duchesse de Langeais*, dirigido por Jacques de Baroncelli.)

Outros, já veteranos do cinema, também fizeram filmes que se destacaram pela originalidade, entre eles *Dernier atout, Falbalas* e *Goupi mais rouges*, de Becker, e *Douce*, de Autant-Lara. Jean Grémillon dirigiu *Le ciel est à nous* [O céu é nosso], que conseguiu abrandar o coração tanto de Vichy quanto da resistência, com a história real de Andrée Dupeyron, aviadora francesa que participou em 1938 da corrida aérea de Paris a Bagdá, num avião construído na oficina mecânica do marido.* No mesmo número em que denunciou *O corvo*, o *L'Écran Français* disse que o filme de Grémillon apresentava "personagens cheios de vigor francês, de coragem genuína, com elevada estatura moral, no qual encontramos uma verdade nacional que não quer e não pode morrer".[10]

Outro filme merecedor de sua imensa popularidade foi *L'éternel retour* [O eterno retorno], uma versão moderna e cativante do lendário caso de amor entre Tristão e Isolda que reuniu os talentos de Delannoy como diretor, Jean Cocteau como roteirista e Georges Auric como compositor. Até mesmo os inimigos de Cocteau reconheceram as diversas qualidades do filme, lançado numa estreia de gala em Vichy à qual o próprio Pétain compareceu. Depois da guerra, porém, alguns viram o triunfo do arianismo nos dois loiros formosos, Jean Marais e Madeleine Sologne, escalados para os papéis principais de Patrice e Natalie.

Na época, como hoje, a atração dos astros superava o interesse pelos diretores, é claro. Para acompanhar a vida e os amores das celebridades da tela, surgiram novas revistas de cinema, como *Vedettes, La Semaine, Ciné-Mondial* e *Toute-la-Vie*. Também na vida noturna de Paris, os astros eram mais importantes do que seus filmes. Nenhum causava tanta comoção ao entrar no Maxim's do que Danielle Darrieux, na época indiscutivelmente a maior estrela do cinema francês. Quando seu casamento com Decoin terminou, em 1940, ela se apaixonou por um playboy e diplomata latino, Porfirio Rubirosa, nomeado embaixador da República Dominicana na França no fim de seu casamento com a filha do ditador dominicano Rafael Leónidas Trujillo. Em teoria, Rubirosa

---

* Na época em que o filme foi feito, os Dupeyron estavam escondendo um piloto americano cujo avião fora derrubado na França.

deveria ficar em Vichy, mas ele passava a maior parte do tempo em Paris. De fato, ele e Darrieux se conheceram por terem apartamentos no mesmo prédio, em Neuilly. "Ele era divino, maravilhoso como um deus", ela recordou, quase sete décadas depois. "Saíamos todas as noites. Ele dizia: 'Ponha seu vestido de baile', e íamos dançar no Jimmy's. A orquestra de Django Reinhardt tocava, Henri Salvador cantava. Shéhérazade era outro lugar favorito. Depois jantávamos no Maxim's ou no Ritz. Ele gostava do bar do Ritz antes do almoço. Se havia alemães fardados? Não sei, não me importava. Foi uma época maluca."

A vida despreocupada de Darrieux acabou de repente. Assim que Pearl Harbor levou os Estados Unidos a entrar no conflito, Trujillo também declarou guerra a Hitler e ordenou a prisão de diplomatas alemães em Santo Domingo. Em poucos dias soldados alemães prenderam Rubirosa e o enviaram a um campo de concentração especial para diplomatas em Bad Nauheim, ao norte de Frankfurt, na Alemanha. Darrieux, de coração partido, teve meses depois a chance de visitar o amante, graças a Greven. *Premier rendez-vous*, filme de estreia de Darrieux na Continental, era uma comédia romântica a respeito de uma moça bonita que no final da adolescência foge do orfanato para conhecer um homem que havia posto um anúncio no jornal.* Marcaram o lançamento do filme em Berlim, e Greven pretendia que a presença encantadora de Darrieux atraísse atenção para a película — e para a colaboração cultural franco-germânica. "Eu falei a ele: 'De jeito nenhum'", ela recordou. "Mas ele retrucou: 'Você devia pensar na sua família'. O avô da minha mãe era polonês, tive a impressão de que ele insinuava haver judeus na minha família. Foi chantagem. Concordei em ir com uma condição: 'Passarei um dia em Berlim e depois visitarei Rubi'. Ele concordou, e foi o que aconteceu." Para acompanhá-la, Greven organizou uma delegação de astros cinematográficos, entre eles Viviane Romance, Suzy Delair, Junie Astor e Albert Préjean. Fotografias em revistas ou jornais franceses e alemães mostravam as atrizes em chapéus vistosos e trajes da moda quando partiam da Gare de l'Est no trem noturno para Berlim, no dia 18 de março de 1942. As revistas de cinema registraram que apenas Darrieux não precisou dividir a cabine.

Depois da estreia de *Premier rendez-vous*, Goebbels promoveu um jantar oficial para os convidados franceses, ao qual também compareceram atores

---

* O fato mais curioso sobre o filme foi que nada indicava que a história transcorria durante a ocupação, exceto por uma cena em que o calendário mostrava o mês de maio de 1941.

alemães famosos. Na manhã seguinte os atores franceses iniciaram uma excursão por várias cidades alemãs, mas Darrieux seguiu de carro ao encontro de Rubirosa. "Quando vi meu Rubi chegar de casaco de caxemira, muito elegante, foi maravilhoso", ela recordou. "Deixaram que ficássemos a sós por um momento. Fizemos amor? Suponho que sim, pois de que adiantaria ter ido até lá?" Meses depois Rubirosa foi solto e procurou Darrieux em Perpignan, onde ela filmava *La fausse maîtresse*, seu terceiro filme pela Continental. Em 18 de setembro de 1942 eles se casaram na prefeitura de Vichy. "Greven mandou Cayette e Clouzot dizerem que eu precisava voltar a Paris, pois por contrato deveria fazer um filme por ano para a Continental", Darrieux disse. "Respondi que não faria mais filmes, assunto encerrado. E que ficaria na zona 'livre'. Eles avisaram que eu teria problemas, mas não me preocupei. Estava com Rubi." O casal foi enviado para a estância alpina de Megève, no esquema de exílio local chamado "*résidence surveillée*", embora Darrieux se recorde de que a situação não chegou a ser desagradável, uma vez que a região se encontrava sob controle italiano: "Tínhamos um chalé, dávamos festas, bebíamos, comíamos, jogávamos bridge, vivíamos na maior tranquilidade".

No fim de 1943, quando os alemães já controlavam a França inteira, o casal decidiu sair de Megève. "Soubemos de um sujeito que falsificava documentos, e os encomendamos com os nomes de Denise e Pierre Robira, para não precisarmos mudar nossas iniciais, que constavam nas malas requintadas dele", Darrieux recordou. Um conhecido piloto de corridas assumiu o volante e os levou para o norte, onde se instalaram na casa de campo de Darrieux em Septeuil, a oeste de Paris. "Sempre havia comida no interior. Eram as pessoas de Paris que sofriam. Eu comprava ovos para lavar os cabelos", ela disse. Mas a guerra se aproximava. A certa altura, Darrieux e Rubirosa foram forçados a hospedar um oficial alemão, que desapareceu repentinamente após o desembarque do Dia D, em junho de 1944. Em outra ocasião, um avião da força aérea canadense caiu perto do quintal, e eles ajudaram a enterrar as seis vítimas. Darrieux recordou: "Dois dias depois a filha do prefeito disse que precisávamos nos esconder, pois os alemães pretendiam fuzilar quarenta pessoas. Fugimos para o mato com nosso cachorro, e passamos oito ou dez dias com uma família francesa". Pouco depois as tropas americanas chegaram a Septeuil.

Outros expoentes do mundo cinematográfico francês passaram períodos menos agitados. Algumas atrizes seriam vistas em casas noturnas parisienses nos braços de oficiais alemães. Entre elas, Arletty era a mais conhecida: tornou--se amante de um oficial da Luftwaffe, Hans Jürgen Soehring, na época da ocupação. Além de fazer sete filmes no período, comparecia a eventos sociais na embaixada alemã ou no Instituto Alemão. Tampouco se mostrava seletiva na escolha dos amigos franceses, que incluíam os autores colaboracionistas Drieu La Rochelle e Céline, além do pianista Alfred Cortot.[11]

Mireille Balin, que em 1941 saiu na capa de *Vedettes* com o amante Toni Rossi, cantor popular, apaixonou-se por um oficial da Wehrmacht, Birl Desbok, em cuja companhia passou o resto da guerra. Corinne Luchaire, estrela dos anos 1930, filha do editor de jornais Jean Luchaire e uma das melhores amigas de Abetz, teve um filho com o amante austríaco, um capitão da Luftwaffe chamado Woldar Gelrach. Mas a linha divisória da colaboração nem sempre era clara. Suzy Delair, companheira de Darrieux na viagem a Berlim, ajudou a proteger dois atores judeus; e Michèle Alfa, amante de Bernhardt Rademecker, sobrinho de Goebbels e oficial da Propaganda Staffel, conseguiu a libertação do veterano ator Charles de Roquefort, preso num campo de internação, além de abrigar líderes da resistência. Na realidade, a maioria dos atores e diretores se contentavam em conseguir trabalho e, como foram rodados sessenta filmes em 1941, 67 em 1942 e mais sessenta em 1943, em geral isso era possível.

Micheline Presle, com dezessete anos na época da queda de Paris, seguiu para Saint-Jean-de-Luz durante o êxodo, e depois se encontrou com o noivo Louis Jourdan em Cannes. Passou os dois primeiros anos da ocupação no sul, sossegada. Fez três filmes em Nice, dois deles com Jourdan, *Parade em 7 nuits* e *Félicie Nanteuil*, ambos dirigidos por Marc Allégret. No fim de 1942 ela voltou para Paris e fez três filmes, embora nenhum para a companhia de Greven. Mas passou a participar da vida noturna de Paris. "Detestava os alemães e fazia o possível para não vê-los", recordou.

> Não foi um ato de heroísmo nem de resistência ativa, e sim uma atitude. Jogava baralho na casa dos amigos ou encontrava grupos de jovens como eu nos cafés. Conversávamos, sempre tomando cuidado. Um grande amigo meu, Joël Le Tac, participava da resistência, mas eu não sabia. Ele sumia por uns tempos — mais tarde eu soube que costumava viajar para Londres — e depois volta. Sem perguntas. Só quando o prenderam entendi tudo. Consegui mandar-lhe comida quando estava na prisão de La Santé, mas depois ele foi transferido para Dachau. Mas sobreviveu.

No início de 1944, a falta de energia chegou a tal ponto que só tarde da noite havia eletricidade disponível para produções cinematográficas. "Eu fazia *Falbalas*, com Jacques Becker, e voltávamos para casa de metrô, pela manhã", ela contou. "Havia sempre membros da *milice* no metrô, e um deles atraiu a minha atenção. Depois da guerra, topei com ele na minha frente, numa fila qualquer. Eu disse: 'Lembro-me muito bem de você'. Ele não respondeu."[12]

Elina Labourdette, outra jovem atriz (tinha 21 anos em 1940) também se manteve distante da agitação social. "Não conheci nenhum alemão durante a guerra inteira", ela recordou muito tempo depois. De início, foi para o sul — os pais tinham casa em Opio, ao norte de Cannes — e trabalhou numa peça, *Les jours heureux*, que excursionou pela zona não ocupada. Mesmo depois de voltar a Paris, ela não encontrou dificuldade em obter permissão para cruzar a linha de demarcação do sul. Os dois filmes feitos por ela durante a ocupação — *Le pavillon brûle* em 1941, e *Des jeunes filles dans la nuit* em 1943 — foram rodados em Paris com produtores franceses, e não pela Continental Films. Em *Le pavillon brûle*, recordou, ela desempenhou o papel de noiva do mineiro interpretado por Marais, namorado de Cocteau. "Eu já conhecia Cocteau, por causa de meus pais, e ele me convidou para jantar", Labourdette disse. "Ele falou que Jean estava muito nervoso por causa da cena de amor que seria rodada no dia seguinte. Eu também, claro. Não imagina quantas vezes repetimos a cena. O diretor disse que nos comportávamos como se estivéssemos fazendo primeira comunhão. Terminamos praticamente sem nos beijar."

Bresson, um bom amigo, escalou Elina em *Les dames du Bois de Boulogne*, em 1944.

> Certa vez eu jantava com Bresson em casa — eu morava na Île de la Cité, com vista para Notre-Dame — e uma amiga de meus pais, judia austríaca, telefonou em pânico. Ouvira falar num ataque contra os judeus no dia seguinte. Tanto Robert quanto eu possuíamos um *Ausweis* que nos permitia sair durante o toque de recolher. Fomos buscá-la, junto com a bagagem, e ela passou os dois anos seguintes no nosso quarto de empregada. Depois a tiramos de Paris, e ela passou o resto da guerra escondida no sul.[13]

Já Harry Baur não sobreviveu à guerra. Nascido em 1880, nos anos entre as guerras se tornou um gigante do teatro e do cinema francês, estrelando mais de setenta filmes, com desempenhos memoráveis em *Les misérables*, de Raymond Bernard, e *Volpone*, de Tourneur. Durante a ocupação, *Je Suis Partout* e semanários colaboracionistas o acusaram de ser judeu e maçom, acusações que o levaram a aceitar papéis em dois filmes de Greven — *L'assassinat du Père Noel* e *Péchés de jeunesse* [Pecados da juventude] — como forma de proteção.

Em 1942, Baur concordou também em voltar à Alemanha, onde fizera vários filmes nos anos 1920 e 1930, para ser o protagonista na comédia musical alemã de Hans Bertram, *Symphonie eines Lebens* [Sinfonia de uma vida]. Em Berlim, ele foi convidado para o jantar de Goebbels com Darrieux e outros astros franceses. Quase ao mesmo tempo, porém, a esposa de Baur, judia, foi presa na França sob suspeita de ser agente inglesa. Quando protestou publicamente, ele também foi detido e torturado pela Gestapo. Por fim, depois de quatro meses na prisão de Cherche-Midi, na margem esquerda de Paris, Baur foi solto, enfermo, com metade de seu peso. Em abril de 1943 ele faleceu em casa, mas a causa da morte nunca foi determinada. Quando a notícia de sua morte correu, houve consenso a respeito de assassinato. Só a família e os amigos íntimos ousaram comparecer a seu enterro, no cemitério de Saint Vincent, em Montmartre.

Pode-se dizer que o caso Baur foi uma exceção, pois a indústria cinematográfica e o mundo do entretenimento não constituíam alvos prioritários da repressão nazista. Mais estranho ainda foi o caso de Robert Hugues-Lambert, escolhido para o papel-título no filme *Mermoz*, de Louis Cuny, só por se parecer com Jean Mermoz, o famoso aviador francês. Perto do término das filmagens, em 1943, ele foi detido num bar gay, Le Sans-Soucis, e enviado para Drancy, onde teria gravado suas últimas falas para o filme, do outro lado da cerca de arame farpado que rodeava o campo. Depois o deportaram para o campo de Gross-Rosen, na Alemanha, onde morreu de exaustão em março de 1945. O mais intrigante no caso era que muitos artistas e literatos eram homossexuais, embora a prática fosse proibida oficialmente. Não só Cocteau e Marais, mas também colaboracionistas infames como Brasillach e Abel Bonnard.* Além disso, numerosos bares gays de Paris eram populares entre os soldados alemães. Na verdade, a única explicação para a detenção de Hugues-Lambert seria a denúncia por parte de um amante alemão.

---

* Galtier-Boissière deu a Bonnard o apelido de Gestapette, unindo *Gestapo* com *tapette*, gíria francesa para "homossexual".

Via de regra, porém, a relativa liberdade desfrutada pela indústria cinematográfica francesa e seus principais protagonistas lhes davam pouca motivação para aderir à resistência. Se quisessem desempenhar um papel mais ativo, o que poderiam fazer, exatamente? Carné analisou a questão. "Eu nunca havia empunhado uma arma na vida", recordou. "Além disso, sou sensível à dor física e pensei que tenderia a contar tudo o que sabia, caso fosse preso e torturado. Por isso dei um jeito de continuar trabalhando."[14]

Mesmo assim, em 1943, quando a perspectiva de derrota alemã incentivou a criação de novos grupos de resistência na França, um punhado de diretores, atores e roteiristas formou o Comité de Libération du Cinéma Français. Entre eles estavam os diretores Becker, Louis Daquin e Jean Painlevé, o assistente de direção Jean-Devaivre, os roteiristas Charles Spaak, Bernard Zimmer e Jean-Paul Le Chanois, o crítico Georges Sadoul e o ator Pierre Blanchar. Em geral, eles se preparavam para o cinema depois da guerra. Também denunciaram quem consideravam colaboradores, criticando-os em *L'Écran Français*, que mimeografaram em dezembro de 1943, e que depois de março de 1944 circulou na edição de *Les Lettres Françaises*.

No caso de Le Chanois e Spaak, usavam o trabalho para a Continental como fachada. De fato, Spaak adaptou o romance de Simenon, *Les caves du "Majestic"*, para Greven, da cadeia. Devaivre, que também trabalhou para a Continental, foi um dos primeiros envolvidos com cinema a participar ativamente da resistência armada, terminando a guerra em maquis da Borgonha. Le Chanois, comunista e judeu, deixou o mais importante legado da resistência no cinema quando passou várias semanas, no início de 1944, filmando os maquis de Vercors, no sudeste da França — e suas ferozes batalhas contra as forças alemãs — para *Au coeur de l'orage* [O centro da tempestade], documentário lançado após a libertação. A unidade de Le Chanois, chamada de Réseau de Résistance du Cinéma Français, Rede de Resistência do Cinema Francês, filmou a insurreição de Paris nos dias que antecederam a entrada das tropas aliadas na cidade. *La libération de Paris*, título do documentário, começou a passar nos cinemas da cidade pouco mais de uma semana depois da libertação.

Meio que por acidente, *O boulevard do crime* estreou meses depois da libertação. A ideia para o filme, porém, nascera no início de 1943, durante uma visita de Carné a Nice para discutir o próximo projeto com Prévert. Enquanto caminhavam pelo elegante Promenade des Anglais, Carné encontrou Jean-

-Louis Barrault, o ator-diretor. Quando Prévert se uniu a eles no terraço de um café, Barrault contou-lhes histórias do teatro. Uma delas, sobre o grande mímico francês do século XIX Baptiste Debureau, que acidentalmente matara um bêbado com a bengala e chamou *le tout Paris* para seu julgamento: finalmente poderiam ouvir sua voz.

Carné percebeu de imediato o potencial da trama, embora temendo que a plateia não se surpreendesse ao ouvir a voz familiar de Barrault, caso o escolhesse para o papel. Carné decidiu tocar o projeto de qualquer maneira, ignorando a falta de entusiasmo de Prévert. Voltou a Paris e foi ao museu Carnavalet para pesquisar material do Théâtre des Funambules de Debureau, e ao Boulevard de Temple, nas imediações, por ser adequadamente conhecido como Boulevard du Crime. Com isso, Prévert começou a escrever e, como antes, chamaram Trauner para a cenografia (dessa vez Léon Barsacq concordou em "assinar" suas imagens), bem como Thieret e Kosma para compor a trilha sonora. A certa altura o envolvimento de Barrault se tornou duvidoso, pois ele também dirigia e atuava em *O sapato de cetim*, de Claudel, cuja estreia estava marcada para a Comédie Française em dezembro de 1943. Carné chegou a considerar a possibilidade de trocá-lo pelo mímico ainda desconhecido Jacques Tati. Mas, quando Barrault ficou disponível, o Boulevard du Crime foi construído nos estúdios Victorine de Nice, e em agosto de 1943 começaram a rodar o filme francês mais caro de todos os tempos.

Garance, o papel central, coube à preferida de Carné, Arletty, que continuava sedutora como sempre aos quarenta e tantos anos. Quatro homens disputavam suas atenções na trama: Barrault fazia Baptiste Debureau; Pierre Brasseur era o ator principiante Frédérick Lemaître; Marcel Herrand, o vigarista ardiloso Pierre François Lacenaire; e Louis Salou fazia o aristocrata Édouard de Montray. Para o papel de Nathalie, que desejava Debureau, Carné escalou Maria Casarès, nascida na Espanha, e que contava apenas 21 anos na época. O filme, que dura três horas e quinze minutos, foi dividido em "Boulevard do Crime" e um segundo episódio, "O homem de branco", passado seis anos depois. Os mesmos personagens aparecem nas duas partes, embora em "O homem de branco" Debureau e Lemaître já fossem estrelas em seus próprios teatros, um para mímica, o outro para a dramaturgia convencional. A trama envolve Garance em todas as situações possíveis de amor e traição, conforme os vários pretendentes se enfrentam por suas graças. O filme também presta homenagem ao teatro, celebrando a emoção e o drama da vida dentro e fora do palco, com um tributo particular à magia da mímica. De fato, *paradis* no caso se refere aos lugares mais baratos do balcão, o mesmo que "*the gods*" e "galeria", onde sentam os mais pobres e apaixonados pelo teatro. No final, a combinação do roteiro cativante de Prévert e a direção hábil de Carné tornaram *O boulevard do crime* um filme memorável.

Sem a determinação de Carné o filme jamais teria sido terminado. Quando as câmeras começaram a rodar em Nice, as forças aliadas desembarcavam no sul da Itália, e no dia 8 de setembro aceitaram a rendição dos italianos.* O fato não só levou a Alemanha a assumir a região sul da França sob domínio italiano como ameaçou o financiamento de *O boulevard do crime*, uma produção franco-italiana. Carné, com equipe e elenco, foi chamado de volta a Paris, onde os alemães tiraram Paulvé do projeto e, após três meses de interrupção, passaram a produção para a Pathé. Algumas cenas foram rodadas em Paris, mas quando Carné retomou o trabalho em Nice, no início de 1944, as tempestades haviam danificado bastante os cenários.

Outras complicações ocorreram. Nas vésperas da longamente esperada invasão aliada da França, a tensão política aumentou. Le Vigan, simpatizante nazista que participava de *O boulevard do crime*, fugiu da França para a Alemanha, forçando Carné a substituí-lo por Pierre Renoir. De modo ameaçador, tanto a Gestapo quanto as *milices* de Vichy caçavam judeus e membros da resistência como nunca. Certa manhã, dois policiais franceses em trajes civis entraram no local de filmagem à procura de um figurante cuja esposa, segundo eles, sofrera um acidente e precisava amputar uma perna. Carné hesitou, sabendo que a história poderia ser verdadeira, ou uma armadilha. Por fim, concluindo que o figurante, se fosse fugitivo, não teria dificuldade em se esconder no meio da multidão, Carné pegou um megafone e gritou o nome do sujeito. "Talvez fosse da resistência, ou quem sabe judeu, só sei que nunca mais ouvimos falar nele", recordou o diretor, cinco décadas depois. "Ele deve ter sido fuzilado, talvez após torturas. A polícia devia estar trabalhando para a Gestapo. Por que ele se apresentou? Quando seu nome foi chamado, ele deveria ter suspeitado, deveria... Nunca pude me perdoar. Vou lembrar da cena para o resto da vida."[15]

---

* A guerra na Itália continuaria — contra tropas alemãs — até 29 de abril de 1945.

O filme ficou pronto logo depois da libertação, e no dia 9 de março de 1945, quase dois anos depois de a ideia ter surgido, *O boulevard do crime* estreou no Palais de Chaillot, em Paris, alcançando enorme sucesso. De todos os filmes feitos durante a ocupação, este seria o único a atingir um lugar importante na história do cinema. O paradoxo era ele ser um filme como os alemães queriam que a França fizesse: entretenimento de qualidade, sem insinuações políticas e nacionalistas. Ao divulgá-lo depois da libertação, Carné garantiu que ele fosse lembrado apenas como um filme francês puro, sem manchas da ocupação. Mas só foi feito porque os alemães permitiram que ele filmasse.

11. Espelho do passado

Os parisienses consideravam reconfortante ver que, ao lado das casas de concerto e cinemas, os teatros reabriram rapidamente. Assim podiam acreditar que suas vidas não haviam sido totalmente desfiguradas, que outra parte do modo de vida francês sobrevivera, que a realidade da derrota poderia ser de vez em quando esquecida no mundo ilusório do palco. Quando as cortinas se ergueram novamente e os atores e diretores foram convocados a trabalhar, uma fagulha de otimismo também alcançou outros profissionais de teatro, sobretudo os que usavam farda e não recebiam salário decente havia meses. Ademais, como em relação a outras formas de arte, os poderes constituídos estavam satisfeitos. Vichy esperava que os principais palcos da capital — no caso, a Comédie Française, o Théâtre de l'Odéon e o Théâtre National Populaire no Palais de Chaillot — retomassem as atividades o mais breve possível, tanto como símbolos de continuidade quanto para dissuadir a Wehrmacht de ocupá--los. E os alemães, ainda surpresos por terem conquistado a cidade praticamente sem disparar um tiro, queriam fazer os parisienses acreditar que a vida cotidiana continuaria a ser como antes.

Por isso quase todos saudaram a abertura da temporada teatral de 1940-1, com sua promessa de reencenações populares e peças inéditas. Ninguém pensou em sugerir que uma noite no teatro fosse um ato de colaboracionismo, mesmo que também houvesse alemães na plateia. Em vez disso, frequentar teatros passou a ser visto como um saudável antídoto para a depressão.

Como ocorreu no cinema, a grande surpresa foi que lembrariam da ocupação como a era de ouro do teatro. Mesmo com a necessidade de voltar para casa correndo de metrô, antes do toque de recolher, a popularidade do teatro como mecanismo de defesa foi imensa: as receitas de bilheteria saltaram 163% entre 1941 e 1943. Em sua maioria, as produções se restringiam ao puro entretenimento — dramas históricos, comédias românticas e farsas picantes do tipo característico do *théâtre de boulevard* parisiense. "Não se pode ser nazista no teatro", disse Annie Ubersfeld, fã de teatro e jovem *résistante* da época. "Não se pode ser excessivamente dominador no teatro, não cabe a abordagem virulenta do nazismo. Não funciona no palco. De todo modo, a maioria das peças era *théâtre de boulevard*, em que se debatia se a heroína devia ir para a cama com alguém ou permanecer virgem."[1]

Assim como nos anos anteriores à guerra, a programação leve contava com a complementação de peças de Corneille, Molière, Racine e Shakespeare,* além de autores como os irlandeses Richard Brinsley Sheridan, George Bernard Shaw e John Millington Synge. Contudo, marcaram o período encenações de autores hoje considerados pilares do teatro francês do século XX, como Paul Claudel, Jean Giraudoux, Henry de Montherlant, Jean Anouilh, Jean Cocteau, Jean-Paul Sartre e o prolífico Sacha Guitry. Até Albert Camus, romancista e ensaísta, teve uma peça sua encenada em 1944.

Para o público, é claro, astros célebres eram parte importante da atração. Destacavam-se veteranos dos palcos de Paris, como Raimu, Robert Le Vigan, Harry Baur, Marie Bell, Elvire Popesco e Cécile Sorel. Outros, já famosos em toda a França pelos papéis em filmes, sentiram atração pelo teatro, como Jean-Louis Barrault e Edwige Feuillère. Ao mesmo tempo, na ocupação surgiu uma nova geração de talentos masculinos de vinte e poucos anos — Jean Marais, Louis Jourdan e Gérard Philipe, entre outros — que se revezavam entre o palco e a tela. Embora os contratos cinematográficos rendessem mais dinheiro e fama, o teatro oferecia aprovação especial, principalmente pela presença em dramas sérios. No geral, com 54 teatros abertos em Paris, os atores profissionais se mantinham ocupados.

---

* Curiosamente, os alemães tratavam Shakespeare como dramaturgo universal, e não como poeta inglês.

Os nazistas pouco interferiam, estavam mais preocupados em manter o teatro francês "livre" de judeus. Os cerca de vinte teatros que supostamente pertenciam a judeus foram logo "arianizados" (e o Théâtre Sarah Bernhardt rebatizado de Théâtre de la Cité), e a Comédie Française e o Odéon intimados a demitir quinze atores judeus. Jacques Copeau, diretor e administrador geral provisório da Comédie Française, registrou em seu diário de 26 de julho de 1940 que os nazistas exigiam os nomes dos atores judeus. E acrescentou: "Os alemães declararam, pelo que eu soube, que enquanto estivessem em Paris nenhum dramaturgo ou compositor israelita seria apresentado, e que nenhum ator judeu apareceria na tela".[2] Louis Hautecoeur, secretário-geral de Belas-Artes de Vichy, ordenou-lhe que ganhasse tempo, evitando a escalação de judeus nas primeiras produções durante a ocupação. Mas Copeau sofreu pressão dos alemães e, temendo represálias contra o teatro, pediu aos atores judeus que se demitissem. Graças aos teatros comerciais, porém, ainda havia judeus no palco, e muitos na plateia. Depois a situação mudou radicalmente. No início de 1942, impuseram um toque de recolher às vinte horas para os judeus de Paris, e ver um espetáculo se tornou arriscado. Em maio eles passaram a usar estrelas amarelas. Em julho, foram proibidos de entrar nos teatros. E, no outono de 1942, baniram-se formalmente os judeus dos palcos. Os autores judeus haviam sido colocados numa lista negra no início da ocupação e, nas novas produções, texto, elenco e até cenários passaram a ser censurados, para evitar textos antigermânicos e sentimentos nacionalistas extremados.

Mas os alemães queriam ver o show continuar. Desde o momento da reabertura do Théâtre de l'Oeuvre, em 11 de julho de 1940, a Propaganda Staffel se mostrou particularmente entusiasmada com as características escapistas do *théâtre de boulevard*, responsável por incontáveis reencenações de peças de sucesso popular. O comitê de propaganda de vez em quando também aprovava alguns dramas e passagens polêmicas em peças que Vichy antes proibira. Ainda mais significativo era o fato de se mostrar tolerante com muitas peças novas, inclusive a *Antigone*, de Anouilh, e dramas de Sartre, como *As moscas* (*Les mouches*) e *Entre quatro paredes* (*Huis clos*), que os autores depois alegaram conter mensagens mal disfarçadas de resistência.

O mundo teatral recebia cobertura intensa da imprensa colaboracionista, com destaque para o semanário cultural relativamente independente *Comoedia*, além de publicações político-literárias como *La Gerbe*, *Gringoire* e o orgulhoso fascista *Je Suis Partout*, que se vangloriava de ter como críticos os temíveis Alain Laubreaux e Lucien Rebatet. Para os dois, cujas resenhas também saíam em outras publicações colaboracionistas, como *Le Petit Parisien* e *Le Cri du Peuple*, a qualidade da peça costumava ser menos importante do que a identidade do autor; eles tinham seus favoritos, como Anouilh e Montherlant, portanto tratavam de modo implacável autores que os desprezaram em batalhas ideológicas e estéticas dos anos 1930. De fato, jornais aprovados pelos alemães chegavam a atacar com violência autores que até as Forças Francesas Livres de Londres consideravam próximos aos colaboradores. Depois dos ataques contra Guitry na imprensa, acusando-o de ser judeu, os alemães o intimaram a provar que era gentio. Além das certidões familiares relevantes, ele astutamente incluiu uma declaração do rabino-chefe de Paris, lamentando não poder incluir Guitry na comunidade judaica.

Apesar do poder e da importância que Laubreaux acreditava ter, uma de suas manobras saiu pela culatra. *Les pirates de Paris*, peça de um tal Michel Daxiat, inspirada no infame caso Stavisky, de meados dos anos 1930, estreou no teatro L'Ambigu-Comique em março de 1942. Em *Je Suis Partout*, Laubreaux redigiu uma resenha favorável, destacando que "o público comparecerá, se divertirá e pensará". E acrescentou: "Pela primeira vez temos uma peça na qual um judeu é chamado de judeu, e em que os judeus aparecem com destaque num cenário de imundície e decadência".[3] No entanto, Laubreaux deixou de mencionar, naturalmente, que ele era o autor da peça, sob pseudônimo. Considerada medíocre por outros críticos, a peça saiu de cartaz um mês depois.

Mesmo assim, ao contrário do ocorrido no cinema, que perdeu diretores e atores importantes para Hollywood, quase todas as personalidades importantes do teatro permaneceram na França. Entre as exceções, Henri Bernstein, autor judeu de populares comédias de *boulevard*, fugiu sabiamente para Nova York. Em outro caso, Louis Jouvet, famoso ator e diretor que nos anos entre as guerras atraíra a atenção das peças de Giraudoux, também fugiu. Ele havia retomado suas atividades em Paris no outono de 1940, com uma nova produção de *Escola de mulheres*, de Molière, no Théâtre de l'Athénée; graças a seu prestígio, obteve apoio da embaixada alemã. Mas Jouvet já pretendia deixar a França e, como primeiro passo, concordou em participar da versão cinematográfica de *Escola de mulheres*, dirigida pelo amigo Max Ophüls, exilado na Suíça. Durante as filmagens, porém, Ophüls começou um caso secreto com a companheira de

Jouvet, a atriz belga Madeleine Ozeray, que também trabalhava no filme. Quando Jouvet descobriu o romance, o escândalo inviabilizou a produção. Forçado a escolher entre dois amores, Ozeray decidiu ficar com Jouvet e, pouco tempo depois, uniu-se a ele e sua companhia numa excursão pela América Latina, marcada fazia bastante tempo. Apresentaram clássicos franceses, em geral, embora tenham encenado no Rio de Janeiro uma peça de Giraudoux, *L'Apollon de Bellac*, de um só ato. Ozeray finalmente deixou Jouvet, em Buenos Aires, mas a companhia seguiu divulgando o teatro francês pelo continente americano até a libertação da França. No fim de 1944, Jouvet voltou a dirigir o Théâtre de l'Athénée.

Caso tivesse permanecido em Paris, Jouvet poderia ter sucedido Copeau na Comédia Française. Copeau fora nomeado diretor em maio de 1940, quando Édouard Bourdet, administrador geral do teatro, foi ferido num acidente. No fim do ano, Copeau já havia reaberto a casa de espetáculos, e Bourdet se preparava para voltar. Mas os alemães não queriam nenhum dos dois. Copeau acabou substituído por Jean-Louis Vaudoyer, poeta e romancista, que manteve o posto até março de 1944. Embora dependesse dos subsídios de Vichy, Vaudoyer se revelou um administrador competente — difícil tarefa, tendo em vista a tradição teatral de disputas internas pelo poder e um regulamento que dava ao elenco permanente (os *sociétaires*) o direito de decidir quais atores contratados (os *pensionnaires*) podiam entrar para seu seleto grupo. Muitos *sociétaires* eram *pétainistes* assumidos, que aceitavam recitar poesia em eventos políticos, embora alguns usassem sua condição de *sociétaires* para disfarçar o envolvimento com a resistência.

Um *sociétaire* judeu nascido na Romênia, Jean Yonnel, considerado o melhor ator dramático da companhia, foi forçado a se demitir, mas a Propaganda Staffel concluiu depois que ele era indispensável. Em outubro de 1941, ele participou de *Berenice*, de Racine, e seis meses depois de *Ifigênia em Táuris*, produção que também dirigiu. Desempenhou papéis principais em duas criações de sucesso da companhia na época, *A rainha morta* e *O sapato de cetim*. "Os alemães o nomearam ariano honorário", recordou Michel Francini, que trabalhava no teatro musical. "O nome de Yonnel aparecia nos cartazes. Quando os judeus receberam ordens de usar a estrela amarela, ele entrou no palco com a dele. Recebeu uma ovação."[4]

Embora os censores não hesitassem em cortar palavras e frases das peças,

248

mesmo clássicas, os alemães mostravam admiração pela Comédie Française; os assentos gratuitos reservados a oficiais da Wehrmacht em todos os espetáculos eram invariavelmente ocupados, e o Instituto Alemão fazia de tudo para que peças alemãs fossem encenadas na casa de Molière. A rigor, companhias estrangeiras não podiam usar aquele palco, mas a regra foi ignorada em duas ocasiões. Em fevereiro de 1941, para proporcionar à imprensa oficial a oportunidade de saudar o primeiro exemplo de colaboracionismo no teatro, Heinrich George trouxe de Berlim o elenco do teatro Schiller para duas apresentações em Paris da peça *Kabale und Liebe* [Intriga e amor], de Schiller, em língua alemã. George, astro dos palcos germânicos que fora visto recentemente nas telas francesas, no filme antissemita *Le juif Süss*, mostrou que era também um bom diplomata: fez a saudação nazista ao busto de Molière e reagiu à recepção calorosa da peça comentando que, no caso, o "gênio da arte" fora o único vencedor. Mas nem todos se sentiram honrados. Béatrice Bretty, *sociétaire* judia que renunciara, mais tarde recordou seu choque ao saber que "os atores alemães haviam sido recebidos com flores, champanhe, brindes e discursos".[5]

O Teatro Nacional de Munique veio em seguida. Em abril de 1942 encenou *Ifigênia em Táuris*, de Goethe, alternada em noites sucessivas com a produção francesa da mesma peça, dirigida por Yonnel. O jornal *Parisier Zeitung*, em alemão, disse que as duas versões eram "uma coexistência exemplar entre dois povos". Já Laubreaux declarou que a mediocridade da produção francesa justificava e muito a demissão de Vaudoyer. Por trás do ataque de Laubreaux, não havia apenas sua ambição de dirigir a Comédie Française, mas também a crença de que o teatro vinha se saindo muito bem na tentativa de manter a independência. De fato, no ano seguinte Vaudoyer tentou resistir à pressão alemã para celebrar o aniversário de oitenta anos de Gerhart Hauptmann, dramaturgo alemão ganhador do Prêmio Nobel de Literatura de 1912. Mas, depois que o Palais de Chaillot apresentou *Rosa Bernd*, de Hauptmann, e o Odéon, *Le voiturier Henschel* [O carroceiro Henschel], a Comédie Française não teve escolha. Em maio de 1943 levou ao palco *Ifigênia em Delfos*, de Hauptmann, com nova tradução francesa, apresentada como parte da série Ifigênia, complemento das versões anteriores de Eurípides e Goethe. Esta seria a derradeira peça alemã da companhia durante a ocupação.

Quando escreveu nos *Cahiers Franco-Allemands* do Instituto Alemão, em 1943, Laubreaux lamentou que, em contraste com a música clássica, a ópera e o cinema, o intercâmbio no teatro foi mínimo. De fato, nenhuma delegação do teatro francês viajou para a Alemanha como convidada do Reich. Vaudoyer podia reivindicar crédito por isso. Depois da guerra ele ressaltou que, ao permitir que somente duas companhias alemãs subissem ao palco da venerável Salle Richelieu, ele obteve a libertação de quinze empregados, prisioneiros de guerra, além de proteger outros de trabalhos forçados na Alemanha.

Em larga medida, ao garantir a encenação privilegiada dos clássicos franceses, Vaudoyer se manteve fiel à missão da Comédie Française como teatro nacional do país. Em dezembro de 1940, ainda durante a gestão de Copeau, Barrault, recém-contratado pelo teatro, fez o papel-título de *O Cid*, de Corneille. Peças de Molière — *O burguês fidalgo, O misantropo, Tartufo* e *O doente imaginário* — sempre foram populares, assim como *Horácio*, de Corneille, *Fedra* e *Berenice*, de Racine. Ao ver a França defendida por seus grandes dramaturgos, Galtier-Boissière complementou a famosa tirada: "Como ganharemos a guerra? Com o ouro americano, a teimosia britânica... e a Comédie Française".[6] Produções anteriores à guerra, como *Hamlet* e *Sonho de uma noite de verão*, de Shakespeare, também foram reencenadas, mas só no fim de 1942 a companhia conseguiu estrear sua primeira peça nova, *A rainha morta*, de Montherlant.

Montherlant, homossexual enrustido com atração por garotos, figura solitária de trinta e tantos anos, era mais conhecido como romancista e ensaísta. Em *L'équinoxe de septembre*, ele assumiu bravamente a oposição ao Acordo de Munique de setembro de 1938, no qual França e Grã-Bretanha entregaram os Sudetos a Hitler. Entretanto, depois da derrota da França ele também se entregou. Em *Le solstice de juin*, livro de ensaios publicado no início de 1941, ele culpara a Terceira República francesa pela humilhação do país e saudava os conquistadores alemães como se fossem viris cavaleiros medievais. Por acaso, um dos formidáveis alemães era Karl-Heinz Bremer, ex-tradutor de Montherlant e atual assistente de Epting no Instituto Alemão. Num ensaio chocante, "Les chenilles", Montherlant conta que urinou em lagartas, provocando a morte da maioria. Apenas algumas escaparam: serviu como metáfora da vitória alemã sobre os desafortunados franceses. No final de *Le solstice de juin*, Montherlant explica sua filosofia: "Fazer todo o possível para eliminar o inimigo. Mas, se ele demonstrar que possui a mão mais forte, unir forças com ele, com a mesma convicção".[7] Em outras palavras, ele acreditava na colaboração. Depois de alguns meses na zona não ocupada, ele regressou a Paris em maio de 1941 e passou a escrever regularmente para a *Nouvelle Revue Française* de Drieu La Rochelle, bem como para *La Gerbe*, *Comoedia* e para o diário *Le Matin*.

Uma vez que as peças anteriores de Montherlant haviam sido um fracasso, Vaudoyer correu certo risco ao lhe encomendar um drama histórico para a Comédie Française. Montherlant inspirou-se num autor espanhol do século XVI, Luis Vélez de Guevara, e ambientou a história em Portugal, onde o rei Ferrante quer casar o filho Pedro com a infanta de Navarra. Quando o rei descobre que Pedro casou-se secretamente com Inês de Castro, que engravidou, a afronta a sua autoridade o leva a decretar a morte de Inês, uma sentença que acaba por provocar sua própria morte. Com Yonnel como Ferrante, Barrault como Pedro e Madeleine Renaud como Inês, o elenco estrelado garantiu uma estreia espetacular, em 8 de dezembro de 1942.

Como não viu paralelo entre a trama e os eventos do momento, a imprensa colaboracionista sentiu-se à vontade para elogiar a peça pela representação poética da paixão e da tragédia ocorrida na corte de Ferrante. Contudo, mostrando o cuidado com que examinavam os textos em busca de sentidos ocultos, o jornal clandestino *Les Lettres Françaises* reclamou que a peça endossava as "razões de Estado" em detrimento dos sentimentos humanos. "Eis aí o segredo do apoio oficial dado à *Rainha morta*", dizia. Para Montherlant, porém, tratava-se acima de tudo de um drama familiar. O mesmo vale para sua peça seguinte, *Fils de personne*, encenada no Théâtre Saint-Georges em junho de 1943, no qual o pai procura o filho de doze anos que havia abandonado antes do nascimento. Apesar da desaprovação dos intelectuais da resistência, a reputação de Montherlant cresceu. Em lista preparada em 2000, entre as 133 peças mais encenadas na Comédie Française desde 1680, *A rainha morta* e *Port-Royal*, levada ao palco em 1954, foram as únicas escritas no século XX.

Ao escolher um tema histórico para *A rainha morta*, Montherlant seguiu a prática dos tempos de guerra, de situar as peças teatrais (e os filmes) no passado. Embora isso permitisse encenar sem interferência dos censores, também encorajava a plateia a vê-las como alegorias. No caso de Joana d'Arc, a alegoria era imediata. A santa francesa do século XV, por ter enfrentado os invasores ingleses, se tornou uma heroína versátil. Para os antinazistas, ela personificava a honra e a coragem dos franceses, um exemplo edificante de resistência à humilhação e à ocupação. Para os alemães e Vichy, servia para lembrar aos franceses que a Inglaterra era seu inimigo tradicional, um país que havia traído a França recentemente, em 1940. "Mártir da Unidade Nacional, Joana d'Arc é o símbolo da França", proclamava um cartaz da organização Jeune France, de Vichy. Além dos cortejos e oratórios organizados pela Jeune France de Vichy pelo país, em Paris também se espalhou a mania por Joana d'Arc.

Curiosamente, a ocupação quase não rendeu peças sobre Jeanne La Pucelle, como era conhecida na França, se bem que os produtores já tivessem muitas outras para escolher. A primeira apresentada em Paris, em dezembro de 1940, foi *Santa Joana*, de Shaw. Mais duas, *Jeanne d'Arc* e *Le mystère de la charité de Jeanne d'Arc*, escritas anos antes pelo literato nacionalista Charles Péguy, foram adaptadas pelo filho dele, Marcel, em 1941. O oratório *Jeanne au bûcher*, escrita nos anos 1930, saiu em excursão pelo país inteiro, promovida pela Jeune France em 1942. A obra era apolítica; outras peças eram pró-Vichy, entre as quais *Scènes de la vie de Jeanne d'Arc*, de Jean Jacoby, e *Jeanne d'Arc*, de Marcelle Vioux. Uma das versões, *Jeanne avec nous*, de Claude Vermorel, escrita em 1938, agradou a todos e permaneceu oito meses em cartaz em Paris, em 1942. Aplaudida pela imprensa colaboracionista, a Joana de Vermorel foi considerada por Rebatet a "padroeira do fascismo francês". Com o passar do tempo, porém, pela encenação e pelo texto, a peça foi considerada a primeira da resistência à ocupação: não só os soldados ingleses batiam o tacão das botas como a Inquisição que condenou Joana se comportava de modo muito similar a Vichy.[8] Em suas memórias, Simone de Beauvoir disse que, ao aplaudir a "resposta orgulhosa" de Joana aos ingleses, "demonstramos sem ambiguidade que éramos contra os alemães e contra Vichy".[9]

Guitry também via o drama histórico como um excelente veículo para glorificar a França, objetivo que perseguia enquanto confraternizava com oficiais e diplomatas alemães. Já no outono de 1940, depois da reabertura de seu teatro de Madeleine com *Pasteur*, e de sua homenagem aos artistas franceses de destaque, ele prosseguiu com *Florence* e *Le roi Louis XI*, peças que fizeram o público se sentir bem em relação à França. Antes do fim do ano ele apareceu em *Le bien-aimé*, uma comédia nova na qual o absolutismo de Luís XV podia ser interpretado como uma alegoria dos nazistas. Diz a história que um general alemão visitou Guitry no camarim, depois de uma apresentação. "Então, monsieur, depois de duas horas o senhor não foi derrotado", disse o oficial. Guitry retrucou: "Era exatamente a impressão que eu pretendia dar".[10]

Em seguida veio *Le soir d'Austerlitz*, que ele rebatizou de *Vive l'empereur*, por causa das objeções da Propaganda Staffel. Na comédia, ambientada na véspera da vitória de Napoleão em Austerlitz, em 1805, Guitry, que fora casado cinco vezes, celebra o adultério. Em *N'écoutez pas mesdames*, porém, há uma referência velada aos judeus cujas propriedades foram arianizadas, quando um personagem diz: "Na verdade, não sou antiquário. Estou ajudando uma pessoa que, no momento, passa por um infortúnio".[11] Duas peças de Guitry foram vetadas pela Propaganda Staffel. *Mon auguste grand-père* [Meu augusto avô], ferina resposta à acusação de que ele era judeu, zombava da legislação antissemita promulgada por Vichy. E *Le dernier troubadour* [O último trovador], que teria no elenco Charles Trenet e a jovem soprano Géori Boué, era uma comédia musical na qual o primeiro e o terceiro atos transcorriam durante a ocupação alemã, e o segundo ato recuava quatro séculos, até a época de Joana d'Arc e da ocupação inglesa. Nesse caso, o censor alemão pelo menos forneceu uma explicação: "Impossível! Dará muita alegria aos gaullistas".[12]

Apesar dos reveses, Guitry continuou sendo um *showman* irrepreensível. Ao mesmo tempo que era insultado por Rebatet e Laubreaux, dava vida aos jantares e às recepções alemãs. Na época em que foi condenado à morte pelas Forças Livres Francesas, publicou um extenso elogio a Pétain, na forma de um luxuoso livro de arte — que contou com a colaboração de Cocteau, Colette, Cortot e Giraudoux, entre outros —, seguido por um documentário, *De 1429 à 1942 (de Jeanne d'Arc à Philippe Pétain)*, que estreou na Ópera de Paris em maio de 1944, momento em que até os *pétainistes* haviam desistido de Vichy.

Mas Guitry não podia ignorar o fato de que perdia amigos rapidamente. Em abril de 1944, *La Scène Française*, jornal clandestino da organização de resistência Front National du Théâtre, centrou a artilharia nele, em artigo intitulado "Na imoralidade da colaboração", dizendo: "Sacha Guitry só vê a si mesmo. E, como está muito satisfeito consigo, é um homem feliz. Os eventos exteriores mal o atingem".[13] Quando pediram sua ajuda, porém, Guitry atendeu. Em maio de 1941, ele organizou uma apresentação de gala na Comédia Française para arrecadar fundos, chamado *Le triomphe d'Antoine*, em benefício do aclamado diretor de teatro André Antoine, que vivia doente na pobreza, com mais de oitenta anos. Em outubro de 1943, ele e a atriz Arletty usaram a amizade com Abetz para conseguir libertar o dramaturgo judeu de 77 anos Tristan Bernard* e a esposa, presos em Drancy.

Se Guitry se comportava como se fosse superior a todos, em parte isso se devia ao fato de ser mais rico que a maioria. Sua elegante residência na Avenue Élisée-Reclus, herdada do pai ator, Lucien, mais parecia um pequeno museu. Havia quadros de Monet, esculturas de Rodin, arte decorativa barroca, livros aos milhares e originais valiosos. Ele também colecionava suvenires do teatro, como o diadema usado por Sarah Bernhardt e sapatos moles enormes de um famoso comediante do circo. Ali ele promovia almoços e jantares suntuosos, para convidados do mundo político e artístico. Ernst Jünger, o romancista alemão, não foi o único a ficar impressionado. Quando ele chegou para o almoço do dia 15 de outubro de 1941, Guitry ofereceu como presente cartas assinadas pelo dramaturgo Octave Mirbeau, pelo romancista Léon Bloy e pelo compositor Debussy para sua coleção de autógrafos. Serviram a salada numa travessa de prata e o sorvete numa vasilha de ouro que pertenceram a Bernhardt. Jünger registrou as impressões sobre Guitry em seu diário:

> Mais uma vez, espantei-me por sua individualidade tropical, que florescia acima de todas quando ele contava casos em que seus contatos com reis cumpriam uma função notável. Ele imitava os gestos de diversas pessoas em questão para ilustrar suas palavras. Também excelente, do ponto de vista teatral, foi o modo como brincava com os óculos de tartaruga durante a conversa.[14]

Enquanto Guitry não conseguia resistir à tentação de fazer parte de *le tout Paris*, Giraudoux se afastou das atividades públicas depois da infeliz experiência como ministro da Informação durante a guerra de mentira. Mesmo assim, ele havia sido um importante dramaturgo nos anos entre as guerras, e desfrutava de imenso prestígio. Como muitos intelectuais, sua posição política após a derrota da França também evoluiu. Já em julho de 1940 seu filho Jean-Pierre se uniu a De Gaulle em Londres, embora Giraudoux só fosse perder a fé em Pétain

---

* Famoso pelo espírito ferino, Bernard fez um comentário com a esposa, depois da detenção, que logo correu o meio. Galtier-Boissière o registrou em seu diário: "Meu caro amigo, nossa situação está melhorando. Ontem vivíamos angustiados; de agora em diante, viveremos na esperança" (p. 213).

dentro de um ano. Em 1943, pelo que consta, ele enviava relatórios secretos sobre a vida intelectual de Paris para Londres. Seus primeiros projetos literários durante a ocupação foram roteiros de cinema — para *La duchesse de Langeais*, adaptado de Balzac, e *Les anges du péché*. Em outubro de 1943 ele voltou ao palco com *Sodome et Gomorrhe*, uma peça nova apresentada no Théâtre Hébertot, com Feuillère e Philipe nos papéis principais.

Situada mais uma vez no passado, dessa vez no passado bíblico, a peça se desenvolve no cenário da destruição divina de Sodoma e Gomorra, detendo-se nos conflitos entre marido e mulher, cuja incapacidade de amar os arruína. Embora Giraudoux fosse conhecido pela verbosidade, na obra sua linguagem explora com precisão a impossibilidade de amor entre um homem e uma mulher, tema que talvez refletisse sua própria decepção costumeira. Em *Je Suis Partout*, Robert Brasillach zombou da peça, que chamou de *vaudeville* no mar Morto, e Cocteau comparou seu tom solene com o de uma missa, mas os admiradores de Giraudoux permaneceram fiéis: *Sodome et Gomorrhe* encheu o Hébertot por oito meses. Ele escreveu outra peça durante a ocupação, *A louca de Chaillot*, mas não chegou a ver a estreia, em dezembro de 1945; havia morrido em 31 de janeiro de 1944, aos 61 anos. A causa oficial da morte foi intoxicação alimentar, mas devido a sua fama correu o boato — popular, mas improvável — de envenenamento pela Gestapo.

Naquela altura, Hébertot era um dos teatros comerciais mais animados. No início da ocupação, Feuillère fora aclamada pelo desempenho como a cortesã Marguerite Gautier em *A dama das camélias*, de Alexandre Dumas, filho. Em abril de 1941 estreou *A máquina de escrever*, de Cocteau, um drama de suspense sobre cartas anônimas caluniosas em que Marais, amante do autor, fazia dois papéis, de irmãos gêmeos. O representante de Vichy em Paris, Fernand de Brinon, ordenou imediatamente o cancelamento da peça por imoralidade, mas a Propaganda Staffel o desautorizou, alegando "liberdade artística".

O *scandale* não terminou aí, porém. Rebatet, em *Je Suis Partout*, denunciou o teatro "invertido" — ou seja, homossexual — de Cocteau, e Laubreaux o acompanhou, detonando uma campanha difamatória contra Cocteau e Marais. Semanas depois, apresentado a Laubreaux num restaurante, Marais cuspiu na cara dele; quando o crítico tentou revidar com uma bengalada, o ator o agrediu. Marais chegou a segui-lo até a rua, onde pegou a bengala e a atirou longe, enquanto Laubreaux pedia socorro aos gritos.

Tornou-se ainda mais claro que Cocteau era um alvo favorito dos fascistas quando o autor reapresentou *Os pais terríveis*, uma comédia sombria com Marais no papel principal. Tentava denunciar a decadência familiar, mas ela mesma era bem decadente. Na estreia da peça no Théâtre du Gymnase, no fim de 1941, os provocadores fascistas promoveram um tumulto, com uso de bombas de fedor, o que levou a polícia de Paris a proibir a encenação. Marais produziu *Andrômaca*, de Racine, no Théâtre Édouard VII em 1944, que por sua vez saiu de cartaz depois que a *milice* paramilitar de Vichy ameaçou atacar o teatro.

Dada a reputação de libertino de Cocteau, a Comédie Française de Vaudoyer voltou a mostrar sua ousadia em abril de 1943, quando apresentou a nova peça de Cocteau, *Renaud et Armide*, que o próprio autor dirigiu. Mas, em vez de escândalo, Cocteau criou uma trágica história de amor em versos alexandrinos, inspirada nas óperas de Wagner e Glück, similar à trama de *Rusalka*, de Dvořák: Renaud, rei da França, ama a fada Armide; ela aparece para ele, que não pode tocá-lo; no final, ela se torna humana aos poucos, mesmo sabendo que morrerá no primeiro beijo de Renaud, o que acontece. Era uma história perfeita para os alemães românticos da plateia.

Para Jean Anouilh, a ocupação foi marcada por um sucesso sem transtornos. Quando Paris caiu, ele tinha apenas trinta anos, e evitou cuidadosamente assumir qualquer posição política, o que lhe foi útil até a libertação. Depois de apresentar duas peças no outono de 1940, *Bal des voleurs* e *Léocadia*, tanto Laubreaux quanto Rebatet o proclamaram o melhor jovem dramaturgo do momento. Ele não produziu nada muito controverso, em seguida. *Le rendez--vous de Senlis* era uma sátira aos modos burgueses, e *Eurydice*, uma versão moderna da lenda de Orfeu e Eurídice que permaneceu três meses em cartaz no Théâtre de l'Atelier.

No entanto, quando Anouilh voltou ao mesmo teatro, em fevereiro de 1944, com *Antigone*, ousou pela primeira vez tratar de questões de Estado. Um incidente político o levou ao tema. Em 27 de agosto de 1941, durante cerimônia para os fascistas franceses que partiam para lutar ao lado dos alemães na Rússia, um jovem, Paul Collette, atirou em Laval e o feriu. Embora não ocupasse nenhum cargo na época, continuava sendo protegido dos nazistas. Collette, que também feriu o jornalista colaboracionista Marcel Déat, escapou por sorte: preso, espancado e condenado à morte, teve a sentença suspensa por Pétain, foi deportado para a Alemanha e sobreviveu à guerra. Anouilh interessou-se pelo

256

caso como dramaturgo, e não pela luta contra o mal. Na verdade, ele acreditava, endossando *Antigone*, que o gesto individual heroico e inútil de Collette representava a quintessência da tragédia.

Inspirada na trama do clássico de Sófocles, a peça de Anouilh abre com Antígona na corte do tio, o rei Creonte, que ascendera ao trono depois que os dois irmãos dela, Etéocles e Polinice, mataram um ao outro na disputa pelo poder. Desafiando a ordem de Creonte que impedia o sepultamento de Polinice, Antígona é presa ao enterrar o irmão. Ela defende seu ato e, mesmo ameaçada de morte, não se arrepende. Creonte condena Antígona a ser sepultada viva, depois descobre que seu filho Hemon decidiu morrer ao lado da mulher que amava. O que tornava a peça atual — transpondo o caso para os anos 1940 — não era o cenário moderno e a prosa contemporânea (que incluía menções a cigarros e casas noturnas), mas o confronto entre a liberdade e a ordem, representadas por Antígona e Creonte. O estranho, pelo menos na época, foi o fato de não se discutir se a peça era colaboracionista ou de resistência, embora fosse possível defender uma ou outra posição. Para os opositores da Alemanha e de Vichy, Antígona desafiava o poder abusivo do Estado; para os colaboradores, Creonte demonstrava que os líderes fortes devem ser obedecidos. A plateia viu *Antigone* em duas circunstâncias bem diferentes: as 645 apresentações, iniciadas durante a ocupação, só terminaram bem depois da libertação.

Revista hoje, a peça continua a oferecer munição para os dois lados. Na introdução do drama, a descrição que o coro faz dos guardas se ajusta à dos policiais franceses que trabalhavam para os nazistas: "Ao mesmo tempo — são policiais; eternamente inocentes, não importa que crimes tenham cometido; eternamente indiferentes, pois nada do que acontece lhes interessa. Estão bem preparados para prender quem quer que seja, inclusive Creonte, se a ordem for dada por um novo líder". Antígona, por sua vez, fala como alguém disposto a morrer por suas crenças: "Posso dizer não a qualquer coisa que considero vil, e não preciso avaliar o custo". Ao responder à oferta de acordo de Creonte, ela insiste: "Eu *não* serei moderada. *Não* vou me satisfazer com o pedaço de bolo que me oferece se eu prometer me comportar como uma boa moça".

Creonte, ao contrário, endossa a crença de Pétain de que está se sacrificando pela França, após os desastres da Terceira República: "É preciso haver um homem que diga sim. Alguém que concorde em ser o capitão do navio. Ela provocou centenas de furos; encheu-se de crimes, ignorância e pobreza até a linha-d'água". Ele prossegue usando palavras que Pétain poderia ter escolhido para justificar o regime de Vichy: "Era o momento, você acha, de brincar com palavras como sim e não? Era o momento de um homem pesar os prós e contras, imaginando se pagaria ou não um preço muito alto, mais adiante?". Mesmo após a morte de Antígona e Hemon, Creonte defende sua ideia do dever: "Eles não sabem, mas a verdade é que o serviço está lá para ser feito, e um homem não pode cruzar os braços e se recusar a fazê-lo. Dizem que é um trabalho sujo. Mas, se não o fizermos, quem o fará?".

Antes, inspirado por Giraudoux e Cocteau, Sartre também se valeu da mitologia grega para sua primeira peça, *As moscas*. Recontou a história de Orestes, atendo-se aos temas perenes dos gregos: liberdade, humanidade e vingança. Tendo abandonado a cidade natal na infância, quinze anos antes, Orestes regressa a Argos para encontrar uma cidade pestilenta, tomada pelas moscas, como símbolo de seu remorso pelo assassinato do rei Agamêmnon pela esposa Clitemnestra e o amante Egisto.

Só quando Orestes encontra a irmã Electra, serva do casal real, ele compreende o crime da mãe. Electra lhe implora que vingue a morte do pai, mas Zeus lhe diz para ir embora, pois o povo de Argos aceitara Egisto como rei havia muito tempo. Mesmo assim Orestes decide matar Egisto e Clitemnestra, e nem mesmo Zeus pode detê-lo. "Quando a liberdade lança sua luz sobre o coração de um homem, os deuses se tornam impotentes contra ele", Zeus lamenta. Com a morte de Clitemnestra, Orestes é abandonado por Electra, cuja única razão de viver era o ódio sentido pela mãe. Por insistência de Zeus, ela se arrepende de seu papel no duplo homicídio, mas Orestes defende sua opção, dizendo ao deus: "Eu não deveria ter sido libertado". E acrescenta: "De repente, de modo inesperado, a liberdade caiu sobre mim, tirando-me o chão". O povo de Argos, porém, não o compreende. Ao optar pelo exílio, ele assume os pecados, medos e remorsos do povo, e os livra da tortura das moscas, dizendo: "Adeus, meu povo. Tentem refazer suas vidas. Tudo aqui é novo, tudo deve começar de novo".

Seria *As moscas* uma obra de resistência? Como todas as peças da época, seu texto e elenco foram submetidos à aprovação da Propaganda Staffel, que também proibia o envolvimento de judeus com a produção. A estreia, em 3 de junho de 1943, aconteceu no antigo Théâtre Sarah Bernhardt, agora dirigido por Charles Dullin, com oficiais alemães na plateia e uma recepção oferecida por Dullin e Sartre, depois da apresentação. Ao resenhá-la no *Je Suis Partout*,

Laubreaux a desprezou, sem fazer referência a nenhuma mensagem política, comentando simplesmente que "Sartre se caracteriza por uma ausência total e absoluta de sensibilidade dramática".

Os amigos e admiradores de Sartre pensavam diferente. Beauvoir recordou sua reação no ensaio final: "Emocionei-me assim que a cortina subiu. Impossível confundir o sentido da peça; ao sair da boca de Orestes, a palavra Liberdade explodiu como um tapa atordoante".[15] O escritor Jorge Semprún, que aos dezenove anos já participava da resistência, reagiu de modo similar: "*As moscas* é uma canção libertária", disse anos depois. "Fui vê-la com um grupo por ter ouvido dizer que era antinazista. Poucos conheciam Sartre. Ele só era figura importante para uma minoria".[16]

Ao defender a obra, quase trinta anos depois, Sartre disse que os críticos franceses não entenderam que Orestes representava a resistência, e sua mãe, com o amante usurpador, os alemães: "Escrevi para convencer os franceses de que matar um alemão significa ser culpado de assassinato, sim, mas que é a coisa certa a fazer, em termos morais, embora quem comete assassinato não encontre consolo moral no ato".[17] Evidentemente, tendo submetido *As moscas* à aprovação alemã, Sartre se mostrava ansioso em provar que superara os censores com inteligência. Não é difícil imaginar que parte da plateia no Théâtre de la Cité se comoveu com a descoberta de Orestes de sua natureza humana, e com a linguagem que celebrava a liberdade. No entanto, também fica claro que o ato de liberdade de Orestes — matar a mãe e o amante dela — foi rejeitado pelo povo de Argos, que preferia a ordem constituída. Ao que parece, a questão é que poucos viram a peça: saiu de cartaz depois de cinquenta apresentações.

A segunda peça de Sartre durante a ocupação, *Entre quatro paredes*, que trata de modo genérico do desespero da condição humana, também recebeu a aprovação da Propaganda Staffel. E mais uma vez havia alemães na plateia para a estreia, no Théâtre du Vieux-Colombier em 27 de maio de 1944, a menos de duas semanas do Dia D. Sartre pediu a Camus que dirigisse a peça e fizesse o principal papel masculino, mas Camus se recusou, alegando que profissionais teriam um desempenho melhor. Enquanto isso, as duas atrizes escolhidas, Olga Barbezat e Wanda Kosakiewicz, foram presas — mas não as deportaram, e as duas sobreviveram —, obrigando-o a procurar substitutas de última hora. Depois, Sartre explicou que, mais uma vez, seu objetivo era mostrar que "a honra e a integridade exigem resistir aos alemães, sejam quais forem as consequências".[18]

Todavia, se em *As moscas* Orestes se considerava um libertador, a mensagem de *Entre quatro paredes* é de resignação, não de rebelião. A peça, que Sartre inicialmente situou num abrigo antiaéreo, começa numa sala do Segundo Império, no inferno. Três pessoas mortas recentemente estão presas dentro dela, sempre insones, condenadas para sempre à companhia umas das outras: Garcin, ex-jornalista e desertor do exército, executado por um pelotão de fuzilamento; Estelle, que matou o filho que teve com o amante e faleceu de pneumonia; e Inès, uma lésbica sádica que sufocou quando a amante ligou o gás que matou as duas. Conforme suas vidas são repassadas, as pessoas envolvidas mentem, confessam e julgam umas às outras; Inès tenta seduzir Estelle, que tenta seduzir Garcin, mas não resta mais nenhum amor neles. Naquela dança do ódio, Garcin conclui: "O inferno — são os outros!". Os críticos reagiram de modos distintos: os conservadores denunciaram a imoralidade da peça, e Claude Jamet, em *Germinal*, ressaltou que Sartre e Anouilh eram os melhores dramaturgos da época. Interessante foi que *Entre quatro paredes* teve uma longa carreira após a guerra, sem que a classificassem de peça de resistência. No contexto da obra de Sartre, tornou-se acima de tudo uma encenação popular de sua filosofia existencialista.

Camus, que embarcara em sua própria jornada existencialista, também teve sua primeira peça encenada durante o período de ocupação (sua primeira obra teatral, *Caligula*, estreou em 1945). Embora Camus só tenha mudado para Paris no fim de 1943, e entrado imediatamente para a resistência, já conquistara certa fama com o primeiro romance, *O estrangeiro*. A opção teatral, com *O mal-entendido*, portanto, despertou muito interesse.

Encenada no Théâtre des Mathurins no início de junho de 1944, a peça relata como Jan volta para casa com a nova esposa, depois de uma ausência de muitos anos. A mãe e a irmã Martha dirigem uma pousada, onde tentam economizar dinheiro para sair da região, drogando, roubando e matando hóspedes. O infortúnio de Jan foi ser reconhecido apenas depois que elas o matam. Ao descobrir sua identidade, a mãe também morre, e Martha, arrasada com a perda da mãe, se enforca. Sem surpresa, a peça foi condenada por excesso de pessimismo, algo extremamente impróprio para o momento vivido pela França. Mas, como *Entre quatro paredes*, trata-se mais de um exame da condição humana do que crítica de época. O próprio Camus jamais a apresentou como peça de resistência, incluindo-a entre as obras que compunham seu "*cycle de l'absurde*". O drama deu ao autor uma recompensa imprevista, porém: ele começou um caso de amor passional com Maria Casarès, atraente atriz nascida na Espanha, que fez o papel de Martha.

Muitos parisienses frequentadores do teatro preferiam um cardápio mais leve, à la Guitry, e para eles não faltavam opções. Já em julho de 1940 o Théâtre des Ambassadeurs prometia "três horas de risos incontroláveis" em *Nous ne sommes pas mariés* [Não somos casados], comédia que explorava a hesitação de um homem que pretendia trair a amante. O semanário colaboracionista *La Gerbe* lamentou que "esta comédia tenha a pretensão de mostrar aos alemães o valor do teatro parisiense". Havia, porém, dúzias de peças semelhantes. Logo depois, *Histoire de rire* [História para rir], de Armand Salacrou, atraiu multidões, que aplaudiram Alice Cocéa e Pierre Renoir em mais um caso de peripécias conjugais. Marcel Achard e o ex-diretor da Comédie Française, Édouard Bourdet, também preferiram trilhar o caminho seguro das comédias românticas: *Père* [Pai], de Bourdet, completou 409 apresentações no Théâtre de la Michodière, durante a ocupação. Brasillach deu a essas peças o apelido de *comédies sans tickets* — comédias sem cupons de racionamento — pois elas ignoravam de caso pensado os apuros da vida cotidiana. De todo modo, recebiam autorização imediata da Propaganda Staffel.

Vichy, porém, costumava interferir. No caso de *La parisienne*, comédia popular encenada pela primeira vez em 1895, implicaram com os dois amantes da heroína. Mas, como havia muita coisa em jogo — era uma produção cara, com Cocéa no papel principal e figurino criado por Balenciaga —, encontraram uma solução simples: a peça foi rebatizada de *Clotilde du Mesnil*. Outra comédia, *Échec à Don Juan*, de Claude-André Puget, quase foi proibida também, pois os alemães deduziram — equivocadamente — que o autor era judeu. Cocéa — também atriz da peça — resolveu o problema com auxílio de sua amiga Suzanne Abetz, esposa do embaixador alemão.

Assim como em tempos de paz, os administradores dos teatros se interessavam principalmente pela venda de ingressos, e para atingir seu objetivo cobriam os muros de Paris de cartazes divulgando suas produções e estrelas. Como conflitos com a Propaganda Staffel podiam custar dinheiro, tomavam muito cuidado com os textos apresentados. Além das comédias modernas mais leves, eles preferiam comédias clássicas de autores como Molière e Beaumarchais, além de traduções francesas de autores "seguros", como Ibsen, Lope de Vega e Schiller.

Havia também traduções do inglês de peças irlandesas — *Escola de maledicência*, de Sheridan, *O playboy do mundo ocidental*, de Synge, e *Santa Joana*, de Shaw. As comédias e tragédias de Shakespeare — *Hamlet*, ao menos — também eram apresentadas em teatros comerciais; mas consideravam impróprias as históricas, pois podiam incluir guerras contra os franceses.

Peças novas, por sua vez, representavam risco tanto financeiro quanto político. E isso continuava valendo quando Vaudoyer programou o formidável épico religioso *O sapato de cetim*, de Claudel, para a Comédie Française. No caso, porém, o principal risco não era político: a Propaganda Staffel aprovou a produção em dezembro de 1942.

Claudel, contudo, significava uma complicação bem maior. Aos setenta e tantos anos, aposentado após uma carreira excepcional na diplomacia francesa, sua dramaturgia derivava de um catolicismo fervoroso. A linguagem sofria influência de Rimbaud e dos simbolistas, de modo que as peças, em geral situadas em terras distantes e épocas antigas, exploravam inevitavelmente os desafios da fé. Conservador, ele se opôs à Frente Popular de meados dos anos 1930, e escreveu uma "Ode ao marechal Pétain" em dezembro de 1940, dizem que em troca de uma pensão. Mas ele sempre odiou o fascismo — *Mein Kampf*, de Hitler, o horrorizou quando lançaram o livro na França, em 1934 — e logo se desiludiu com Vichy; em dezembro de 1941 ele enviou uma carta ao rabino--chefe da França, expressando seu desgosto com a perseguição "a nossos compatriotas israelitas". Residente no vilarejo de Brangues, perto de Lyon, ele via a vida cultural de Paris com distante desdém. De fato, entre seus alvos estava a Comédie Française, que já em outubro de 1940 ele descrevera como um cemitério de peças esquecidas, uma visão sem dúvida influenciada pela relutância em encenar *O sapato de cetim*, escrita quase duas décadas antes.

Quando Vaudoyer resolveu encenar a peça, entretanto, surgiram os problemas financeiros. Na forma como foi escrita, duraria quase onze horas, em duas noites — e o autor, rabugento, não queria nem ouvir falar em condensá-la. A certa altura, Brasillach chegou a acusar Claudel de atrasar a produção até a libertação de Paris. Em seguida, Barrault se envolveu no projeto. Queria dirigir e atuar na peça, e depois de várias visitas a Brangues, finalmente obteve uma versão de cinco horas. Honegger aceitou o convite para compor a música de acompanhamento, mas surgiram dificuldades em relação ao cenógrafo. Claudel rejeitou Rouault, e Barrault recusou a escolha de Claudel, o pintor espanhol

José María Sert. Segundo uma das versões, Picasso foi sondado e retrucou: "Eu, trabalhar para Claudel? Prefiro morrer!".[19] Derain e Braque também recusaram o convite, e o escolhido acabou sendo Lucien Coutaud, um dos artistas da exposição da Galerie Braun de jovens pintores franceses em 1941. Já na fase de ensaios, a Comédie Française precisou fazer e adquirir trajes para 37 personagens com nome e para os figurantes, que apareciam em nada menos que 33 cenas diferentes. A produção podia pelo menos anunciar atores de grande apelo popular: além de Barrault e Marie Bell, receberam papéis importantes Yonnel, Pierre Bertin e Renaud.

Quando a cortina finalmente subiu, na tarde de 26 de novembro de 1943, todos os figurões de Paris e de outras paragens lotaram os lugares do teatro, inclusive quatrocentos funcionários do alto escalão e oficiais alemães, políticos de Vichy, poetas, intelectuais e até empresários abastados. Não se sabe o que a maioria achou da peça, mas devem ser desculpados se perderam o fio da meada devido às intermináveis alterações e reviravoltas da trama. Na história, ambientada na Espanha do século XVI, Dona Prohèze, uma senhora casada, coloca na frente de uma imagem da Virgem Maria o sapato de cetim do título, pedindo para ficar aleijada caso se rendesse ao pecado. O problema era sua paixão pelo formoso Don Rodrigue. O enredo mais parece uma aula de geografia, pois transborda da Península Ibérica para o Novo Mundo, norte da África e chega até o Japão. Sobram tragédias amorosas. Prohèze e Rodrigue se afastam quando ele é nomeado vice-rei na América. Enquanto isso, o marido de Prohèze morre e ela é forçada a se casar com um rebelde espanhol no Marrocos. Rodrigue regressa para um breve e passional encontro com Prohèze, antes da morte dela quando a marinha espanhola esmaga a rebelião no Marrocos. Rodrigue depois cai prisioneiro no Japão, e dedica a vida a Deus. Como a peça não parecia conter alusões contemporâneas, não incomodou nem os nazistas nem Vichy. Os parisienses, por sua vez, se deleitaram com o romance de capa e espada, enfeitado com um toque de moralidade.

Um dos que jamais se esqueceram da estreia foi Dominique Delouche, que se tornaria muito tempo depois diretor de cinema, mas que na época contava apenas doze anos. "Fui com minha mãe", recordou.

Enfrentamos três horas de fila para conseguir lugares na parte mais alta. Eu queria ser ator e vivia num mundo de ficção. Não senti um segundo de tédio. Fiquei fascinado. Havia muitos alemães na plateia, mas não tantos quanto nos balés e óperas. Claudel compareceu. No intervalo, fui ao camarim de Marie Bell. Não me lembro de como cheguei lá. Vi flores, fotógrafos. Espremi as pessoas para entrar. Bell abraçou Claudel e elogiou o texto. "É raro encontrar um texto assim", ela disse. Claudel ficou contente.[20]

Delouche não se lembra de Claudel ter subido ao palco no final, mas em outros relatos consta que para o velho dramaturgo a cortina abriu e fechou catorze vezes, e que na última restavam apenas oficiais alemães na plateia. A peça recebeu resenhas variáveis — críticas de Laubreaux, elogios de Brasillach —, mas isso pouco importava: completou 57 apresentações com casa lotada, até a suspensão das sessões por falta de energia, em junho de 1944; voltou a ser apresentada vinte vezes em novembro de 1944, e reestreou para 31 apresentações, em abril de 1949. Seu sucesso durante a ocupação alemã não prejudicou Claudel depois da libertação. Ele morreu onze anos depois, sabendo que *O sapato de cetim* entrou para a história do teatro como o evento teatral mais importante dos anos de guerra.

Para Vaudoyer, foi o triunfo final. Desde o momento em que assumira a Comédie Française, sofrera ataques de Laubreaux e outros colaboracionistas da imprensa. Pouco depois, Abel Bonnard, ministro da Educação de Vichy, também passou a sabotá-lo. Em 23 de março de 1944, Vaudoyer acabou pedindo demissão. Seguiu-se logo uma batalha por sua sucessão. Guitry, Bourdet e até Cocteau foram mencionados como possíveis candidatos, enquanto Laubreaux, que havia muito cobiçava o cargo, perdeu a chance por boicote dos atores mais importantes, que ameaçaram sair. Finalmente, em 28 de julho, Vichy escolheu o dramaturgo Jean Sarment, que fora líder da seção teatral do Groupe Collaboration. Mas naquela altura a Comédie Française já havia fechado as portas. No resto da cidade, apenas alguns teatros ainda funcionavam. "Faltava eletricidade", recordou Héléna Bossis, cuja mãe, a atriz Simone Berriau, dirigia o Théâtre Antoine, "mas dava para abrir o teto. Era estranho, pois o público ficava iluminado e o palco, escuro. O teatro vivia praticamente vazio, mas atuamos até meados de agosto. Fechamos porque algumas pessoas queriam tomar o teatro, alegando que trabalhamos durante a ocupação. Foi terrível."[21] Em 25 de agosto, a cidade foi libertada. Poucas semanas depois, como ocorrera no verão de 1940, os teatros de Paris lentamente voltaram à vida.

12. Escrevendo para o inimigo

De todos os artistas franceses obrigados a viver sob o jugo nazista, era inevitável que os escritores assumissem as posições mais claras — e os riscos mais altos. Pintores, compositores, diretores de cinema e atores podiam realizar seu trabalho sem aplaudir ou lamentar a condição da França humilhada; no máximo, seriam julgados mais tarde pela escolha dos companheiros. Mas os escritores franceses havia muito se arrogavam o direito de opinar sobre política e, especialmente desde os anos 1930, o público se acostumara com suas manifestações. Durante a ocupação, é claro, só a extrema direita podia fazer isso livremente, portanto eles deram vazão a seu estilo bombástico costumeiro, ajustando-se ao momento para louvar Pétain, alimentar o antissemitismo, justificar a ocupação e até defender Hitler. Ao agir assim, também escreveram suas sentenças. Depois da libertação não poderia haver ambiguidade em relação a seu proselitismo: estava tudo impresso. De modo paradoxal, o mesmo valia para escritores do campo oposto. Embora seu jornal clandestino, *Les Lettres Françaises*, e os livros ilegais tivessem relativamente poucos leitores, a magia da palavra impressa — no caso, denunciando os nazistas e Vichy — lhes deu poder para julgar os colegas que caíram no ostracismo. A roda da fortuna girou depressa. Em quatro anos, apenas os dois lados saborearam os privilégios e perigos de ser escritor numa terra onde as palavras não raro falam mais alto que as ações.

Contudo, apesar do intenso tiroteio verbal, a linha que separa heróis e facínoras nem sempre era nítida. Entre os que ficaram no lado derrotado havia fascistas e apoiadores de Vichy, nacionalistas antissemitas e oportunistas céticos. Flutuavam no limbo conservadores da velha guarda, católicos fanáticos e anticomunistas. Entre os vitoriosos alinhavam-se comunistas e um número menor de homens e mulheres mais inspirados por princípios que por ideologias. Durante a ocupação, as posições também mudaram, acima de tudo entre os *pétainistes* desiludidos com Vichy: alguns se alinharam abertamente com os nazistas, enquanto outros optaram pela resistência direta. Ao mesmo tempo, laços pessoais com frequência atropelavam diferenças políticas.

Desde o começo, Pierre Drieu La Rochelle e André Malraux se enfrentaram na política, mantendo a amizade pessoal; em 1943, Drieu La Rochelle apadrinhou um dos filhos de Malraux. De forma similar, o *résistant* Jean Paulhan nunca rompeu com o escritor colaboracionista Marcel Jouhandeau, mesmo depois que a mulher de Jouhandeau o denunciou à Feldgendarmerie, a polícia militar da Wehrmacht. Houve ainda o silencioso entendimento entre o escritor colaboracionista Ramon Fernandez e Marguerite Duras. Fernandez residia no andar de cima de Duras na Rue Saint-Benoît, em Saint-Germain-des-Prés, e nunca relatou os encontros da resistência que ocorriam no apartamento dela, enquanto ela tentava ignorar as ruidosas reuniões dos fascistas na casa de Fernandez nas tardes de domingo. Eles chegaram a ter a mesma faxineira. Por sua vez, Guitry e Cocteau usavam seus contatos alemães para ajudar escritores perseguidos. Em alguns casos, porém, a amizade serviu de veneno: o ódio de Drieu La Rochelle por Aragon só se explica pela intensidade de seus laços antes da guerra.

Na realidade, deixando a política de lado, os escritores de renome na Paris ocupada tinham muito em comum. Alguns eram ricos e independentes, outros trabalhavam em editoras, alguns conseguiam uma renda fixa colaborando em diversos jornais, e uns poucos lecionavam em colégios de ensino médio; raros sofreram com o frio invernal ou a escassez de alimentos enfrentados pelos demais parisienses. Muitos provinham de famílias burguesas e frequentaram as mesmas escolas ou faculdades, inclusive o paradigma da excelência intelectual, a École Normale Supérieure. Eles podiam ser vistos almoçando ou jantando na Brasserie Lipp, ou nos Concerts de la Pléiade, ou confraternizando nos salões organizados por ricas anfitriãs. Liam e criticavam os trabalhos uns dos outros, mexericavam furiosamente, formavam panelinhas, insultavam os inimigos em particular e apertavam suas mãos em público. Vários participantes da resistência literária mantinham um relacionamento cordial com um punhado de "bons" alemães — considerados "bons" por serem francófilos, embora abertamente antissemitas e até membros do Partido Nazista. É discutível se o embaixador Abetz podia ser enquadrado no grupo, mas ele falava francês, casara com uma francesa e provavelmente ajudou a livrar alguns escritores da prisão. Com certeza, quase todos os literatos de Paris conheceram Gerhard Heller, o afável Sonderführer de trinta e poucos anos, censor-chefe de literatura, inicialmente na Propaganda Staffel e depois, a partir de meados de 1942, na própria embaixada. Karl Epting, diretor do Instituto Alemão, e seu assistente, Karl-Heinz Bremer, ambos fluentes em francês, também eram considerados admiradores da cultura francesa.

Perambulava pelo mundo das letras parisienses um alemão ainda mais improvável, Ernst Jünger, capitão da Wehrmacht designado para servir em Paris em abril de 1941. Quarentão, Jünger conquistara renome com o romance semiautobiográfico *Tempestades de aço*, inspirado em sua experiência na Primeira Guerra Mundial, quando recebeu as mais altas condecorações alemãs por bravura. Depois de dar baixa ele estudou etimologia, mas o imenso sucesso de *Tempestades de aço* lhe deu prestígio e autoridade para discorrer sobre questões públicas. Crítico da República de Weimar, ele escreveu um ensaio intitulado "Sobre o nacionalismo e a questão judaica", sugerindo que os judeus ameaçavam a unidade alemã, além de endossar o culto nazista da coragem e da morte. Entretanto, ele nunca entrou para o Partido Nazista, e recusou um convite para comandar a Academia Alemã de Literatura. No máximo, sua novela de 1939, *Nos penhascos de mármore*, pode ser lida como alegoria da tirania do Terceiro Reich. Com certeza, na época de sua chegada a Paris, Jünger considerava o antissemitismo algo de mau gosto, e desprezava Hitler, a quem deu o esquisito apelido de Kniébolo em seu diário. Embora só revelasse suas opiniões políticas no diário particular, ele também foi considerado um "bom" alemão por muitos escritores importantes de Paris.

Jünger, instalado no quartel-general da Wehrmacht no Hôtel Majestic, residia no Hôtel Raphaël, nas proximidades, e parecia ter tempo de sobra para ir a teatros e cabarés, quando não era convidado para frequentar restaurantes caros e casas chiques. Em algumas ocasiões recebeu tarefas militares: em seu diário, no registro de 29 de maio de 1941, ele descreve com detalhes como supervisionou a execução de um desertor do exército alemão.[1] Graças à reputação de romancista sério, que lhe servia de cartão de visita, ele se tornou uma espécie de atração em eventos sociais. Convidado a jantar por Fernand de Brinon, de Vichy, Jünger conheceu Arletty e Guitry, que por sua vez o convidaram para almoçar em sua mansão. Na casa do escritor Paul Morand, o apresentaram ao editor Gaston Gallimard, bem como a Cocteau, de quem se tornou muito amigo. Visitou Arno Breker antes da grande exposição do escultor na Orangerie, e foi recebido por Picasso. Além disso, manteve discussões literárias frequentes com escritores suspeitos de participação na resistência.

De qualquer forma, quem lesse os artigos na imprensa, depois da queda de Paris, não encontraria tais nuances: os colaboracionistas se impuseram sem que fossem diretamente confrontados, e alguns escritores e jornalistas de direita saborearam o mais recente "eu bem que avisei". Afinal, não alertaram que a Terceira República estava podre até a raiz, que os judeus, comunistas e maçons impeliam a França a uma guerra desnecessária, e que a Grã-Bretanha seria um aliado duvidoso? Agora a França estava pagando o preço. E só poderia começar a construção de uma nova sociedade saudável quando reconhecesse seus desvios e eliminasse os inimigos internos.

Persuadidos pelas promessas de Revolução Nacional de Vichy, ao menos até o retorno de Laval ao poder em abril de 1942, até mesmo alguns escritores moderados depositaram as esperanças em Pétain. Jean Zay, ministro da Educação da Frente Popular, espantou-se com a quantidade de escritores que se traíram. Em suas memórias, *Souvenir et solitude*, ele escreveu: "Nossa! Quanta renúncia e submissão houve nas letras francesas em 1941. Se alguns poucos grandes escritores preservaram a honra com a dignidade de seu silêncio, muitos outros, e nem sempre os menores, correram para servir os novos deuses, curiosamente esquecendo seu passado e suas próprias obras!".[2] Intelectuais fascistas de antes da guerra ao menos demonstravam coerência ao celebrar a vitória nazista. Para eles, assim como as lições de piedade católica de Vichy pareciam irrelevantes, seu idoso líder e governo medíocre eram obviamente incapazes de salvar o país. Na verdade, eles acreditavam que a derrota abrira caminho para um futuro diferente, no qual a França ocuparia seu lugar na nova Europa de Hitler. Nela, com os judeus desprovidos de seu poder, o comunismo internacional vencido e o mundo anglo-americano neutralizado, a França fascista com seu império intacto acabaria por recuperar sua importância e dignidade. Em outras palavras, os nazistas não precisariam recrutá-los: eram verdadeiros crentes. Com poucas exceções, os fascistas dos anos 1930 continuaram fascistas durante a ocupação.

Muitas de suas ideias — o poderio nazista, a perfídia britânica, a conspiração judaica global, o comunismo traiçoeiro — eram proclamadas em diários de grande circulação, como *Paris-Soir, Le Matin* e *Le Petit Parisien,* sob controle direto dos alemães. As mensagens, por sua vez, recebiam o reforço da Radio-Paris, a emissora nazista oficial em língua francesa, apesar da oposição diária da igualmente propagandista BBC londrina. Contudo, uma forma mais sofisticada de colaboração vinha sendo desenvolvida por meia dúzia de semanários, que competiam pelos leitores instruídos, mesmo sob censura alemã. Ao se descreverem como "político-literárias", um rótulo adequado aos intelectuais franceses, essas publicações seguiam linhas editoriais que podiam ser pró-Vichy, pró-alemãs e antissemitas, mas também davam espaço às vozes literárias.

Um desses semanários era *La Gerbe,* fundado em 1940 por Alphonse de Châteaubriant, escritor e líder do Groupe Collaboration. Cocteau, Guitry, Fernandez, Drieu La Rochelle, Anouilh e até Colette colaboravam na publicação. Financiado pela embaixada alemã, *Le Gerbe* pagava bem, o que, presume-se, atraía escritores que de outra forma fariam objeções à declarada hostilidade contra judeus, comunistas, maçons e ingleses. Num exemplo absurdo de interesse comercial posto acima da ideologia, as Éditions Denoël, que aceitaram investimentos alemães, publicaram um anúncio em *La Gerbe* para o livro de contos da esposa de Aragon, Elsa Triolet, judia nascida na Rússia que vivia escondida no sul da França. Dois semanários de direita, existentes antes da guerra, optaram pela mudança para a zona não ocupada — *Candide* para Clermont-Ferrand e *Gringoire* para Marselha —, embora isso não ajudasse a moderar seu posicionamento. Mesmo assim, em 1941 e início de 1942, o editor de *Gringoire,* Horace de Carbuccia, publicou diversos contos de Irène Némirovsky, sob pseudônimo, apesar de ela ser judia, e como tal impedida de sair na imprensa. Teria Carbuccia agido por compaixão? Talvez só precisasse de textos bem escritos.

O mais influente desses semanários era o *Je Suis Partout,* abertamente pró-nazista, editado por Robert Brasillach. Formado pela École Normale Supérieure, ele logo ganhou fama como romancista, poeta, jornalista e polemista. Brasillach aderiu ao fascismo após o fracassado levante direitista de 6 de fevereiro de 1934. Escreveu primeiro em *L'Action Française*, jornal do movimento ultranacionalista de Maurras, e passou a ver no nacional-socialismo de Hitler uma alternativa purificadora à decadência da Terceira República. Em 1937, ainda com 28 anos, tornou-se editor-chefe de *Je Suis Partout*, que compartilhava sua visão antissemita e pró-nazista. No mesmo ano ele compareceu ao congresso do Partido Nazista em Nuremberg, voltando deslumbrado com os rituais organizados do fascismo e, ao que parece, pelos robustos jovens guerreiros arianos comandados pelo Führer. Claramente influenciado por essa visita, o romance *Les sept couleurs*, de Brasillach, apresentava uma visão romântica do fascismo pelo prisma do erotismo e do misticismo.

Quando a guerra foi declarada, Brasillach entrou para o exército francês, mas foi capturado e passou os dez meses seguintes como prisioneiro de guerra.* Os alemães, entretanto, sabendo que ele era simpático à causa nazista, permitiram a publicação de suas memórias de 1939, *Notre avant-guerre* [Antes da nossa guerra], em que — de modo equivocado — situa o crescimento do antissemitismo no momento em que um judeu, Léon Blum, se tornou primeiro-ministro, em 1936.** Segundo Brasillach, "a indústria cinematográfica praticamente fechou as portas aos arianos. O rádio transmitia com sotaque iídiche. As pessoas mais pacíficas passaram a olhar de lado os sujeitos de cabelo encaracolado e nariz adunco, que viviam por toda parte. Não se trata de polêmica, e sim de história".[3] Ele também ofereceu uma definição extravagante do fascismo: "É um espírito. Acima de tudo, um espírito não conformista, antiburguês, com um elemento irreverente". E acrescentou: "É o verdadeiro espírito da amizade, que gostaríamos de elevar até a amizade nacional".[4] Em abril de 1941, a pedido de Abetz, Brasillach foi solto e voltou como editor-chefe de *Je Suis Partout*.

Fechado pelo governo francês em maio de 1940 por oposição à guerra contra a Alemanha, o semanário voltou a ser publicado em fevereiro de 1941. Dois meses depois já era evidente que o entusiasmo de Brasillach pelo Terceiro Reich não diminuiria. Autor da maior parte dos editoriais, clamava pela condenação à morte de Blum, Paul Reynaud, Édouard Daladier e outros políticos da

---

* Durante boa parte de seu período de detenção, ele permaneceu em campos reservados aos oficiais franceses, e não sofreu privações. Enquanto era prisioneiro de guerra, escreveu a peça *Berenice*.

** O catalisador do antissemitismo francês no século xx foi evidentemente o caso Dreyfus.

Terceira República; denunciou judeus que, em sua opinião, deveriam ser presos; aplaudiu a tomada nazista da zona não ocupada em novembro de 1942; pediu a execução sumária de todos os *résistants*. Depois da *rafle du Vél'd'Hiv'*, em julho de 1942, Brasillach escreveu: "Devemos remover os judeus em bloco, e não deixar os mais jovens". Convidado frequente das recepções da embaixada alemã, mantinha uma proximidade especial com Bremer, o formoso número dois do Instituto Alemão, a quem comparava com o "jovem Siegfried" do ciclo do *Anel* de Wagner, e que pode ter sido amante de Brasillach.* Em agosto de 1943, depois de uma disputa com o dono do *Je Suis Partout*, Brasillach largou o jornal, mas logo achou um novo veículo para sua peçonha, o *Révolution Nationale*. Um relatório da Propaganda Abteilung registrou sua aprovação: "Estimulado por seus seguidores, ele retomou o valioso trabalho político".[5]

O novo editor do jornal, cuja circulação passava dos 300 mil exemplares, foi o obsessivamente anglófobo Pierre-Antoine Cousteau, irmão mais velho do explorador Jacques-Yves Cousteau. Sob seu comando, o tom político de *Je Suis Partout* se tornou mais estridente, endossando a violência da nova *milice*, embora tenha continuado a cobrir o meio artístico de Paris. Lucien Rebatet, seu talentoso crítico de cinema e música, muito conhecido pelos chistes sarcásticos, fustigava os escritores antinazistas. Ao retratar Paulhan como amigo dos judeus, por exemplo, Rebatet o chamou de "ariano envergonhado de seu prepúcio e batismo". Como Brasillach, Rebatet havia passado por L'Action Française no rumo do fascismo e do antissemitismo compulsivo. Ao contrário de Brasillach, como filho de um notário provinciano, Rebatet carregava um ódio profundo pela burguesia parisiense.

Em junho de 1944, o primeiro instinto de Rebatet, ainda com 37 anos, foi aplaudir o armistício de Pétain e o fim dos combates. Ele escreveu: "Comovi--me até as lágrimas com o entusiasmo e a ternura pelo velho comandante que conquistou a concórdia. Com sua voz imponente de avô, a França, pela primeira vez em muitos anos, assumiu sua soberania nacional".[6] No entanto, como não conseguiu um bom emprego em Vichy, voltou-se contra Pétain. De volta a Paris, ele complementou o trabalho na coluna de *Je Suis Partout* com colabora-

---

* Bremer foi depois enviado para a frente russa, onde morreu em 1942. Em seu obituário no *Je Suis Partout*, um Brasillach desolado falou de Bremer: "Quando a paz viesse, queríamos caminhar juntos, acampar, buscar paisagens gêmeas, cidades fraternais de nossos dois países".

ções para *Le Cri du Peuple*, publicado pelo Parti Populaire Français, do extremista Jacques Doriot, e para *Le Petit Parisien*. Em constante busca por bodes expiatórios para as crises francesas, ele acusou a Igreja Católica de servilismo em relação aos judeus, quando alguns bispos protestaram contra a deportação de judeus. Uma boa medida da audiência de Rebatet está em suas memórias rancorosas, *Les décombres* [Os escombros], publicada em julho de 1942, que vendeu mais de 65 mil exemplares só na zona ocupada. No livro, ele se gabava de seu fascismo. "Nunca correu uma só gota de sangue democrático em minhas veias", disse, ressaltando ter escrito 22 anos antes: "Anseio por uma ditadura, um regime severo e aristocrático".[7] Ao lado do incansável antissemitismo, ele zombava de seu antigo mentor, Maurras, como um "falso fascista", por não apoiar a Alemanha. E expressou o ardente desejo de vitória alemã arrasadora na guerra europeia. Sem surpresas, a Radio-Paris considerou *Les décombres* o livro do ano de 1942.

Uma publicação mais moderada, *Comoedia*, se descrevia como "semanário de entretenimento, literatura e artes", evitando temas controversos a todo custo. Lançado em junho de 1941 por René Delange, um jornalista experiente, não tinha vínculos com a publicação de mesmo nome que circulou entre 1907 e 1937, mas aproveitou-se da boa imagem anterior da *Comoedia*. Delange se revelou um hábil negociador: declarou a total independência do semanário, enquanto afirmava que "sua principal meta era trabalhar no sentido de obter uma colaboração franco-germânica total no domínio da cultura". Outro gesto simpático aos invasores foi a oferta de uma página "europeia" semanal para notícias culturais da Alemanha. No entanto, apesar de todas as edições de *Comoedia* dependerem da aprovação alemã, Delange conseguia fazer um relato objetivo dos eventos culturais na Paris ocupada. A Propaganda Abteilung ocasionalmente censurava artigos ou referências a artistas judeus, mas jamais ordenou que *Comoedia* publicasse propaganda descarada, nem resenhas favoráveis a artistas colaboracionistas. Era quase o máximo de liberdade que a imprensa poderia conseguir durante a ocupação.

Como resultado, muitos artistas e intelectuais se sentiam à vontade para publicar na *Comoedia*, que contava com o respeitado escritor Marcel Arland como editor de livros. Até mesmo autores que costumavam seguir a diretriz da resistência de "não escrever em jornais da zona ocupada" aceitavam escrever lá. Dificilmente alguém recusaria um pedido de entrevista ou ensaio da *Comoedia* se tivesse uma nova peça, filme ou livro sendo lançado em Paris. Isso explica a presença em suas páginas dos dramaturgos Montherlant, Claudel e Anouilh, do ator-diretor Barrault, do compositor Honegger e dos diretores cinematográficos Carné e Pagnol. Textos dos escritores colaboracionistas Jouhandeau e Jacques Chardonne costumavam sair nas páginas da publicação, bem como dos poetas resistentes Éluard e Desnos, e do crítico literário Paulhan. Colette, a única mulher a escrever para a *Comoedia*, enviava contos, enquanto Arland foi o primeiro crítico a declarar que *O estrangeiro*, de Camus, era uma obra-prima. Sartre também escrevia para o semanário, que sua companheira Simone de Beauvoir considerou um "jornal de verdade", após os elogios de Arland a seu primeiro romance, *A convidada*.[8] Para a primeira edição, Sartre resenhou uma nova tradução de *Moby-Dick*. Foi entrevistado antes da estreia de sua primeira peça, *As moscas*, em 1943. No começo de 1944, ele escreveu um perfil do dramaturgo Jean Giraudoux, que acabara de falecer. No geral, porém, embora Delange tenha sido convocado a depor perante o comitê de expurgo depois da libertação, ele atendeu a leitores e escritores sem assumir compromissos indevidos.

A *Nouvelle Revue Française* não conseguiu obter um equilíbrio desse tipo. Mais conhecida pela sigla *NRF*, fora a principal publicação intelectual francesa desde sua fundação, em 1909. Com Paulhan na função de editor desde 1925, abriu as páginas a todas as correntes políticas, mas suspendeu a publicação quando os alemães se aproximaram de Paris, em junho de 1940. Como símbolo-chave da "normalidade", o embaixador Abetz desejava vê-la de volta à circulação, e sugeriu que seu amigo de antes da guerra, Drieu La Rochelle, fosse o novo editor.

A escolha de Drieu La Rochelle nada teve de acidental. Nascido em 1893, tornou-se um importante novo escritor nos anos 1920 e, embora se concentrasse inicialmente em ficção e poesia, adquiriu fama nos anos 1930 pelos ensaios políticos. Como muitos de sua geração, mesmo tendo começado na esquerda, ele aderiu ao fascismo depois dos conflitos de direita de fevereiro de 1934. No mesmo ano, ao visitar Berlim, conheceu Abetz, que assediava intelectuais franceses através do Comitê França-Alemanha. Em 1935, a convite de Abetz, Drieu La Rochelle compareceu ao congresso do Partido Nazista em Nuremberg, e visitou o campo de trabalho "modelo" em Dachau. Desiludido com a democracia francesa, aderiu ao Partido Popular Francês fascista de Doriot, e continuou a publicar seus livros na Gallimard, e artigos ocasionais na NRF. Às vésperas da guerra, lançou seu romance mais conhecido, *Gilles*, um retrato da decadência da França nos anos entre as guerras, segundo a visão de seu alter ego, Gilles Gambier, que a exemplo do criador acaba virando fascista. Durante o período ele manteve contato com Abetz. Em agosto de 1940 os dois amigos se encontraram mais uma vez em Paris, e o embaixador sugeriu inicialmente que Drieu La Rochelle fundasse um novo jornal político-literário, que não seria submetido à censura. Uma semana depois, eles decidiram que a *NRF* deveria ser ressuscitada por Drieu La Rochelle, que três meses antes jurara nunca mais pôr os pés no que descreveu como ninho de judeus, comunistas, surrealistas e inocentes úteis.

Ao editor e proprietário da revista, Gaston Gallimard, só restava aceitar. Seu prédio na Rue Sébastien-Bottin, número 5, na margem esquerda, foi fechado no dia 9 de novembro, depois que agentes alemães descobriram livros anti--Hitler no estoque. Além disso, Gallimard não só se recusou a aceitar capital alemão em sua companhia, como a editora tinha fama de preferir autores de esquerda. Antes da guerra, a extrema direita costumava atacá-lo; tornara-se, durante a ocupação, um alvo fácil. Em 10 de outubro de 1940, Paul Riche* escreveu sobre Gallimard e a *NRF* em *Au Pilori*:

> Um bando de malfeitores vinha atuando na literatura francesa de 1909 a 1939, sob as ordens de um chefe bandido: Gallimard. Trinta anos de propaganda abjeta e dissimulada a favor da anarquia, dos revolucionários de todas as cores, dos "antis" — antifascistas, antinacionais, antitudo. Trinta anos de niilismo literário, espiritual e humano! Gallimard e sua gangue prepararam os líderes de uma multidão desorganizada.[9]

Em troca de ceder a *NRF* para um aliado dos nazistas, Gallimard poderia retomar seus negócios. Em carta datada do fim de outubro de 1940, Paulhan escreveu: "Gaston G. vê isso como uma espécie de seguro para sua companhia inteira".[10] Heller pretendia usar seu cargo na Propaganda Staffel para concretizar o projeto. Quando estudava literatura francesa em Toulouse, antes da guerra, ele aprendeu a admirar muitos escritores franceses. Sua posição na ocupação favorecia os encontros. Ademais, ele tinha plena noção da importância da

---

* Paul Riche era o pseudônimo de Jan Mamu, que em 1943 dirigiu *Forces occultes*, filme que atacava maçons e judeus; ele foi executado em 1949.

Gallimard e da *NRF*. Em suas memórias, *Un Allemand à Paris* [Um alemão em Paris], publicadas em francês em 1981,* ele declarou ter obtido permissão para as Éditions Gallimard reabrirem a sede, e acompanhou um oficial da polícia militar alemã até o prédio, para remoção do lacre da interdição. E recorda: "Subi ao primeiro andar, até a sala de Paulhan — soube disso depois —, que seria ocupada por seu sucessor. Peguei o telefone e liguei: 'Senhor Drieu, estou na Rue Sébastien-Bottin: abrimos o prédio e está tudo em ordem'".[11]

Sabendo que os escritores mais conhecidos da *NRF* talvez se opusessem à sua nomeação, Drieu La Rochelle convidou Paulhan para ficar como coeditor. Paulhan recusou a oferta, mas aceitou ajudar a "salvar" a *NRF*. Foi um acordo peculiar. Sentado em sala adjacente, na sede da Gallimard, Drieu La Rochelle sabia que Paulhan era antinazista. Mesmo assim Heller se recorda de ter ouvido de Drieu La Rochelle, no início de 1941: "Garanta que nenhum mal aconteça a Malraux, Paulhan, Gaston Gallimard e Aragon, quaisquer que sejam as acusações apresentadas contra eles".[12]

Em maio do mesmo ano, Drieu La Rochelle usou seus contatos com os nazistas para libertar Paulhan da cadeia, depois que a Gestapo descobriu suas ligações com o grupo de resistência do Musée de l'Homme. Paulhan, por sua vez, manteve a palavra, convidando muitos autores respeitados para colaborar na "nova" *NRF*. As primeiras três edições incluíram dois trechos do diário de André Gide, poemas de Paul Valéry e Éluard, e um ensaio do compositor Georges Auric, que mais tarde entraria para a resistência, como Éluard. Até Mauriac de início acreditou que o renascimento da revista mostraria "uma continuidade do espírito francês", embora tenha mudado de ideia ao ver o primeiro número.

Apesar de a *NRF* de Drieu La Rochelle nunca ter sido abertamente antissemita, os moderados logo se sentiram incomodados com seu tom colaboracionista. Em seu *Journal des années noires*, o crítico Jean Guéhenno descreveu a primeira edição, em dezembro de 1940, como "lamentável, até mesmo do ponto de vista literário". E acrescentou: "Dá a impressão de que a maioria dos

---

* Um bom número de estudiosos franceses considera essas memórias, escritas por Heller em parceria com o autor francês Jean Grand, 36 anos depois de sua saída de Paris, interesseiras e muito seletivas. Mesmo assim, após a guerra Heller se dedicou a traduzir literatura francesa, e em 1980 recebeu o Grand Prix du Rayonnement de la Langue Française, concedido pela Academia Francesa.

colaboradores perdeu quase todo o talento".[13] A edição incluía um artigo de Chardonne chamado "L'été à la Maurie" [Verão em La Maurie], que descreve soldados alemães recebendo as boas-vindas num vilarejo francês, onde os camponeses ofereceram conhaque a um gentil coronel da Wehrmacht. "Reservo os maiores elogios a seus soldados", ele diz ao coronel, "e creio que o povoado tem a mesma opinião. Na verdade, seus soldados não parecem infelizes com a recepção que tiveram." Paulhan descreveu o artigo como "abjeto", e Gide o considerou ofensivo.

Em outro artigo, intitulado "Lettre à un américain", Alfred Fabre-Luce* celebrou o fato de que os "novos horizontes" da Europa estavam dando origem a uma "raça diferente" de franceses. Logo esses escritores e outros colaboracionistas, como Morand, Jouhandeau, Chardonne, Montherlant, Giono, Fernandez, o filósofo Alain, Châteaubriant e Abel Bonnard, enchiam as páginas da *NRF*. A circulação da revista nunca passou dos 10 mil exemplares, mas, para Abetz, ela constituía um modelo de colaboração intelectual.

Drieu La Rochelle, porém, não estava feliz com a publicação, nem com sua vida. Admiradores como Abetz e Heller se impressionavam com sua aparência, altura e opiniões dogmáticas, mas o seu *Journal, 1939-1945*, memórias publicadas 47 anos após sua morte, mostrava um homem consumido tanto pela autodepreciação como pelo desprezo ao mundo. "Meu desdém por mim é intolerável e me leva a sórdidas aventuras", remoeu.[14] Aos outros não reservou palavras melhores, incluindo-se aí o primeiro-ministro de Vichy: "Laval, o revoltante meio judeu, meio cigano, puro lixo concebido atrás de uma carroça".[15]

Mais surpreendente ainda foi Drieu La Rochelle, que defendia publicamente a Alemanha nazista, ter concluído muito cedo que Hitler sofreria uma derrota. Em 22 de dezembro de 1941 ele escreveu: "Tenho certeza de que a situação na Rússia é muito séria, e pela primeira vez acredito na rádio inglesa". E acrescentou: "Portanto, Hitler não possui somente o gênio, mas também a estupidez de Napoleão".[16] Em 7 de novembro de 1942, ele escreveu: "Começo a crer que uma vitória alemã será muito difícil".[17] E se perguntou: "Se os alemães

---

* Apesar de seu intenso instinto colaboracionista, Fabre-Luce enfrentou problemas com os alemães. Depois de publicar os dois primeiros volumes de seu livro *Journal de France*, na zona não ocupada, ele decidiu lançar o terceiro como edição pessoal. Previsões de uma derrota alemã e a observação de que "o judeu se tornou um símbolo do sofrimento humano" lhe renderam quatro meses de prisão.

forem derrotados, o que acontecerá comigo? Conseguirei sobreviver até o momento em que o novo drama democrático-comunista começar? Ou devo cometer suicídio antes disso?".[18] Na época, boicotada pelos melhores escritores franceses, a *NRF* perdia assinantes. Já na edição de outubro de 1942, Drieu La Rochelle escreveu, em tom de autocomiseração: "Quase toda a *intelligentsia* francesa, quase todo o lirismo francês, estão contra nós". Mostrava-se disposto a desistir, dizendo: "Graças a Deus me deram pretextos de sobra. Não aguento mais sorrir para Paulhan e Arland, que me odeiam. No fundo, Paulhan é tão comunista quanto gaullista, enquanto Arland, acima de tudo, é contra mim".[19]

Gaston Gallimard alarmou-se. Temendo que os nazistas pudessem prejudicar sua editora caso Drieu La Rochelle saísse, exigiu que Paulhan formasse um conselho editorial aceitável aos alemães, para aliviar a carga do editor. Seguiram-se longas negociações em que Paulhan se convenceu de que a NRF poderia ser salva apenas quando se tornasse uma publicação exclusivamente literária, apoiada por nomes de peso como Gide, Mauriac, Valéry e Claudel. Mas Gide vivia na Tunísia, Mauriac pertencia ao grupo de escritores da resistência e tanto Valéry quanto Claudel se negaram a ajudar. Sem chances de entendimento, Drieu La Rochelle sentia cada vez mais que perdia um tempo que poderia ser mais bem usado para elaborar seus próprios textos. Em 15 de março de 1943 ele registrou em seu diário: "Anunciei mais uma vez que estou deixando a *Revue*, e agora isso deve ocorrer: esgotei minha raiva e não preciso provar mais nada".[20] A última edição saiu no dia 1º de julho. Doze dias depois, Drieu La Rochelle escreveu: "Pelo menos a *NRF* morreu de verdade. Coitado de Paulhan, que guarda no coração os detritos da literatura francesa (surrealistas, judeus, professores que acreditam ser livres como Baudelaire ou Rimbaud)".[21]

Apesar disso, a Gallimard não sofreu represálias. As regras para o mundo editorial vigoravam desde o fim do verão de 1940, quando René Philippon, presidente do Syndicat des Éditeurs, e a Propaganda Staffel concordaram com um regime de autocensura que impediria a publicação de novos livros de autores judeus ou antigermânicos. Ficou subentendido que os editores franceses, caso hesitassem quanto à conveniência de um livro, poderiam enviar o original à Propaganda Staffel para aprovação ou rejeição. Muito antes, os nazistas já haviam "limpado" os catálogos dos editores. No verão de 1940, depois que a "lista Bernhard" relacionou 143 títulos proibidos, incluindo obras de exilados germânicos como Thomas Mann, Erich Maria Remarque e Stefan Zweig, cerca

de 20 mil livros foram confiscados. No fim de setembro, uma nova "lista Otto"*
— assim chamada provavelmente em referência a Otto Abetz — citava 1060
títulos, muitos de autores franceses, inclusive Gide, Mauriac, Julien Benda,
Georges Duhamel, Aragon e, sem justificativa, Flaubert (cujo *Madame Bovary* de
repente recuperou a reputação de indecente que tivera no século xix). Mais absurda ainda foi a proibição de *Mein Kampf*. A razão, porém, seria o fato de a tradução
francesa ter sido publicada em 1934 sem autorização da editora de Hitler.

Depois da lista Otto, a polícia militar alemã realizou batidas abrangentes,
revistando setenta editoras, fechando onze delas e confiscando 700 mil livros.
Mesmo assim, os nazistas não ficaram satisfeitos. Em julho de 1942, a
Propaganda Staffel lançou a atualização da lista Otto, com 1070 títulos; alguns
livros da primeira lista foram retirados, pois constavam por equívoco, e outros,
acrescentados. Em maio de 1943, uma terceira lista foi divulgada, citando 1554,
inclusive 739 "escritores judeus em língua francesa".

Heller, em suas memórias, menciona que um total de 2242 toneladas de
livros foi queimado. Ele escreveu:

> Visitei um local onde estocavam os livros antes da destruição. Era um galpão
> imenso, na Avenue Grande-Armée. Pela luz melancólica filtrada através das jane-
> las empoeiradas, vi pilhas de livros sujos, rasgados, que para mim eram verdadei-
> ros objetos de adoração. Uma montanha horrorosa, uma visão terrível que me fez
> lembrar dos autos de fé na frente da universidade de Berlim, em maio de 1933.[22]

Heller disse que não resistiu à tentação de pegar alguns livros banidos e
escondê-los na Propaganda Staffel, comentando em tom zombeteiro que sua
sala se tornara um anexo da Biblioteca Nacional francesa. Não identificou os
livros escamoteados, mas entre as obras recolhidas poderia ter escolhido autores como Heinrich Heine, Mann, Zweig, Freud, Jung, Marx e Trótski, e dos
escritores franceses judeus, Max Jacob, Benda e Blum.

Na prática, muitos livreiros e *bouquinistes* das bancas às margens do Sena
esconderam livros banidos, para vendê-los a clientes confiáveis. Mas os alemães
costumavam vasculhar as livrarias em busca de títulos ilegais. Até dezembro de

---

* Há indícios de que a lista Otto foi elaborada com a participação de alguns editores franceses
ansiosos por agradar os alemães.

1941 a Shakespeare & Company, na Rue de l'Odéon, recebeu a proteção da nacionalidade americana de Sylvia Beach, mas a situação mudou quando os Estados Unidos entraram na guerra. Pouco depois do Natal, um oficial alemão entrou na livraria e tentou mais uma vez persuadir Beach a lhe vender seu único exemplar de *Finnegans Wake*, de Joyce. Como ela se recusou, ele avisou que todos os livros seriam confiscados naquela tarde. Nas horas seguintes, ela e os amigos esconderam o estoque inteiro num apartamento vazio, quatro andares acima da loja. Segundo seu relato, ela chegou a mandar cobrir o nome da loja com tinta e desmontar as estantes, de modo que os alemães nada encontraram ao regressar.

Mas os problemas de Beach não acabaram. Em setembro de 1942 ela foi presa como "estrangeira inimiga" e, junto com cerca de trezentas mulheres americanas, foi confinada em Vittel, um retiro nas montanhas de Vosges, onde já havia muitas britânicas. O surpreendente foi que depois de seis meses a libertaram, graças à constrangedora intervenção de um escritor, seu velho amigo e novo colaboracionista, Jacques Benoist-Méchin. Ela voltou a Paris e, durante o resto da ocupação, tentou passar despercebida. Evitou nova detenção, e foi obrigada a admitir que a aventura da Shakespeare & Company acabara, após duas décadas.*

Os editores franceses, que não tinham interesse em testar a tolerância alemã, logo aprenderam a agir usando a nova camisa de força. Isso valia também para editoras judaicas arianizadas, como Calmann-Lévy, depois Éditions Balzac, e Ferenczi, que ressurgiu em 1942 com o nome de Le Livre Moderne.** Uma exceção foi as Éditions du Seuil, uma pequena editora católica que inicialmente suspendeu suas operações, pois um dos sócios, Jean Bardet, fora feito prisioneiro de guerra, e o outro, Paul Flamand, aderira ao movimento cultural Jeune France, de Vichy.

Muitos outros editores, porém, fizeram de tudo para cair nas boas graças dos alemães, com destaque para Bernard Grasset, na época a figura mais importante do mundo editorial francês, que se via como o interlocutor ideal entre os

---

* Antes de sua morte, em 1962, Beach autorizou que uma nova livraria para obras em inglês na margem esquerda usasse o nome de Shakespeare & Company.
** Quando os donos judeus da Calmann-Lévy foram afastados, seguiu-se uma luta pelo controle da casa. Bernard Gasset sugeriu que os editores franceses juntassem recursos para adquiri-la, antes que fosse absorvida pelo império midiático do empresário alemão Gerhard Hibbelen.

nazistas e seu ramo de atividade. Em carta a um amigo, em 3 de agosto de 1940, ele se gabava: "Por mais longe que se pesquise os dois lados de minha família, não se encontrará nenhum judeu ou judia". Em outra carta, no dia seguinte, fez o comentário: "Os ocupantes são essencialmente racistas. Tenho uma clara tendência para sê-lo, também. Em resumo, numa série de pontos que chamarei de 'doutrina' — em oposição à 'política' —, compartilho muitos de seus sentimentos".[23] Mais tarde, naquele mesmo ano, Grasset resumiu a situação da França numa coletânea de ensaios que publicou e prefaciou, *À la recherche de la France*: "Os franceses se viram inteiramente nas mãos de uma nação que atingiu o ápice da unidade e da força graças a um único homem".[24] Robert Denöel, cuja editora de início foi fechada pelos nazistas, foi além, vendendo parte da companhia aos alemães. Hachette, por outro lado, foi logo requisitada pelos nazistas, devido a sua ampla rede de distribuição.

As questões gerais da indústria cabiam ao Comité d'Organisation du Livre, um dos muitos comitês organizadores criados por Vichy para supervisionar a economia. Mas os editores também mantinham um relacionamento com os alemães, enviando originais com potencial problemático para o veredicto de Heller. Em suas memórias, Heller recordou a forte impressão causada por *O estrangeiro*, de Camus, e de sua oferta para conseguir papel adicional para imprimi-lo. Portanto, quando lhes convinha, os alemães atropelavam as instituições francesas que eles mesmos haviam aprovado, como a comissão criada pelos editores franceses em 1942 para administrar a falta perene de papel.* Muitas editoras — Stock, Flammarion, Payot e Plon, por exemplo — também pressionavam o Instituto Alemão para obter autorização para traduzir livros. O inimitável Grasset não poderia resistir ao impulso de lutar pelos direitos de publicação das memórias de Goebbels, *Vom Kaiserhof zur Reichskanzlei* [Da Kaiserhof à Chancelaria] traduzidas. "É interesse vosso, como nosso, garantir que a obra-prima do dr. Goebbels tenha a distribuição que merece", escreveu à editora de Goebbels, Eher Verlag.[25] O instituto fundou o Comitê de Traduções Franco-Germânico, que relacionou mais de mil livros alemães merecedores de tradução, inclusive uma coletânea de discursos de Hitler durante a guerra. Numerosos contratos foram assinados, embora menos de metade dos livros da lista tenha sido publicado.

---

* A secretária da comissão era nada menos que a jovem Marguerite Duras.

A maioria dos editores se concentrava no mercado francês, que teve rápida expansão nos primeiros anos de guerra. De fato, embora a falta de papel obrigasse a tiragens menores, o número de novos títulos cresceu anualmente até 1943. Em suas memórias, Abetz alegou até que em 1943 a França publicou mais livros do que os Estados Unidos ou a Grã-Bretanha — prova adicional, afirmou, de que ignoraram a ordem de Goebbels para desmantelar a cultura francesa.

Os livros escapistas se tornaram os mais populares. Simenon publicou dez romances policiais entre 1940 e 1944, enquanto as histórias de ficção científica populares de Marcel Aymé incluíam *O passa-paredes*. As três novelas de Colette publicadas durante a guerra — *Le képi, Chambre d'hôtel* e *Julie de Carneilhan* — venderam bem, assim como romances históricos, relatos de viagens aventureiras e livros de culinária com dicas de criatividade para períodos de racionamento. Da mesma forma que no teatro, a nostalgia dos tempos melhores alimentou o apetite por biografias dos grandes vultos franceses do passado, como os inevitáveis Napoleão e Joana d'Arc, além de Luís XIV, Richelieu, Molière, Voltaire, Fragonard e Diderot.

Não faltaram eventos contemporâneos. Uma série de obras abordava a derrota francesa, em análises ou relatos pessoais, como *Les murs sont bons*, de Henry Bordeaux, *Après la défaite*, de Bertrand de Jouvenel, e *Chronique privée de l'an 1940*, de Chardonne. Nesse caso, também, os alemães de vez em quando metiam os pés pelas mãos: autorizaram o lançamento de *Le solstice de juin*, de Montherlant, antes proibido por Vichy, e promoveram *Quand le temps travaillait pour nous*, de Paul Mousset, vencedor do Prêmio Renaudot de 1941. Autores esquecidos aproveitaram para publicar uma infinidade de panfletos antissemitas, inclusive um manual prático, *Comment reconnaître um juif?* [Como reconhecer um judeu?]. Uma área ainda maior reunia livros que elogiavam Pétain, entre os quais *Le maréchal Pétain*, de Georges Suarez, *Notre chef, Pétain*, uma hipérbole de José Germain, *De Charlemagne au maréchal Pétain*, de René Viard, e a edição especial de Guitry, *De 1429 à 1942*, em que homenageava os heróis franceses, de Joana d'Arc a Pétain.

É surpreendente que muitos livros de autores *attentistes* ou mesmo vinculados à resistência tenham sido lançados durante a ocupação. Peças novas de Anouilh, Montherlant e Sartre eram publicadas antes da estreia. Sartre lançou o alentado tratado existencialista *O ser e o nada*, enquanto Beauvoir publicava *A convidada*, uma história de amor conturbada, passada nas vésperas da

Segunda Guerra Mundial. Inicialmente censurado, *La pharisienne* [A fariseia], de Mauriac, foi impresso graças ao instituto alemão, e ninguém levantou objeções à meditação de Paulhan sobre a linguagem, *Les fleurs de Tarbes* [As flores de Tarbes]. Nos primeiros dois anos da ocupação, Aragon publicou uma coletânea de poemas, *Le crève-coeur* [Coração partido], e dois romances, *Les voyageurs de l'impériale* e *Aurélien*. De estranhar ainda mais foi o lançamento do romance *Le cheval blanc* [O cavalo branco], de Elsa Triolet, em 1943, e *Le premier accroc coûte deux cents francs* [O primeiro delito custa duzentos francos], em 1944. *Piloto de guerra* (lançado nos Estados Unidos com o nome de *Flight to Arras*) foi enviado por Saint-Exupéry dos Estados Unidos, onde se exilara, e lançado numa edição pequena na zona não ocupada em 1942, mas os alemães logo o proibiram. Seu livro mais famoso, *O pequeno príncipe*, também escrito nos Estados Unidos, saiu em Nova York em 1943, e na França somente em 1945. Desnos também publicou vários livros de poemas, inclusive *État de veille*, antes de ser preso pela Gestapo no início de 1944. Além de *O estrangeiro*, Camus lançou um ensaio filosófico, *O mito de Sísifo*,* e as peças *O mal-entendido* e *Calígula*.

Mesmo assim, se a preocupação da indústria editorial em sobreviver levou à colaboração, outras instituições ligadas ao mundo das letras sofreram um pouco menos. Entre elas, a Bibliothèque Nationale, na Rue Richelieu, talvez tenha enfrentado a pior experiência. No verão de 1939, graças à intuição de Julien Cain, administrador geral na época, a biblioteca removeu os livros e documentos mais valiosos. Mas, semanas depois da ocupação, Cain** foi demitido por Vichy por ser judeu e substituído por Bernard Faÿ, monarquista católico e historiador da civilização americana que traduzira Gertrude Stein para o francês. Ao assumir, Faÿ apresentou-se à equipe com as seguintes palavras: "Fui escolhido por contar com a confiança do marechal e com a confiança dos alemães".[26] Ele demitiu prontamente todos os judeus da biblioteca, e aceitou livros confiscados de coleções pertencentes a judeus.

---

* Em *O mito de Sísifo*, Gallimard pediu a Camus — que concordou — para cortar as referências a Kafka, que não podia ser citado em impressos por ser judeu.

** Em fevereiro de 1941, após ter sido denunciado em *Le Matin*, Cain foi preso. Passou por várias prisões francesas até que o deportaram para Buchenwald, em janeiro de 1944. Libertado pelas forças americanas em abril de 1945, retomou seu posto na Bibliothèque Nationale, onde permaneceu até 1964.

A única iniciativa positiva de Faÿ foi a criação de um novo departamento de música. Sua principal obsessão era o ódio pelos maçons. Organizou conferências sobre La Franc-Maçonnerie Dévoilée [A maçonaria desvendada], a exposição realizada no Petit Palais no fim de 1940; denunciou os maçons em *La Gerbe*; em 1941, lançou uma publicação contra os maçons, *Les Documents Maçonniques*. Depois da libertação de Paris, Faÿ foi preso e, mesmo tendo alegado que protegera Gertrude Stein e Alice B. Toklas, condenaram-no à prisão perpétua com trabalhos forçados. Stein jamais negou a amizade entre eles, e Alice B. Toklas continuou a campanha pela libertação de Faÿ após a morte de Stein, em 1947. Em 1951, quando realizava um tratamento no hospital da penitenciária, escapou vestido de padre e conseguiu chegar à Suíça, onde viveu até ser perdoado, em 1959.

A Académie Française, em contraste, manteve sua tradicional autonomia, o que a protegeu da interferência direta de Vichy. Fundada em 1635 pelo cardeal Richelieu, como guardiã da língua francesa, em épocas recentes adquiriu a fama de eleger novos membros por seus méritos políticos, militares e eclesiásticos, e não pelo talento literário. Por isso, em junho de 1940 entre os chamados "imortais" estavam não só Pétain, como também o cardeal Alfred Baudrillart, reitor do Instituto Católico de Paris, além de generais e prelados.

Outros, ansiosos para apoiar Pétain e colaborar com os invasores, tampouco se destacavam como homens de letras: Abel Bonnard, depois ministro da Educação de Vichy; Charles Maurras, eterno líder de L'Action Française, que preferiu residir na zona não ocupada; e André Bellessort, o *secrétaire perpétuel* da academia, que até sua morte, em janeiro de 1942, manteve uma coluna no *Je Suis Partout*. Esses e outros escritores direitistas abusaram ainda mais do prestígio da academia: Bonnard, Abel Hermant, Pierre Benoit e Baudrillart formaram um *comité d'honneur* do Groupe Collaboration; Bonnard, Hermant e Baudrillart chegaram a abençoar — literalmente, no caso do cardeal — a Légion des Volontaires Français, criada para lutar ao lado do exército alemão na frente russa.

Os dois membros judeus da academia por sorte escaparam dessas companhias. Émile Salomon Wilhelm Herzog, mais conhecido pelo pseudônimo de André Maurois, estava em Londres quando a França caiu, e se mudou para os Estados Unidos, antes de entrar para as Forças Livres Francesas na Argélia, em

1943. O outro acadêmico judeu, o venerado filósofo Henri Bergson,* ganhador do Prêmio Nobel de Literatura de 1927, morreu em Paris, de causas naturais, em janeiro de 1941.

Um pequeno grupo de membros batalhou para recuperar a honra da academia. Entre eles, Mauriac e Valéry ajudaram a dissuadir a academia de elogiar Pétain por defender a colaboração durante seu encontro com Hitler, em outubro de 1940. O discurso fúnebre de Valéry no enterro de Bergson, no qual cogitou que o filósofo fora abatido pelo "desastre total" sofrido pela França, também foi considerado um ato de coragem. No entanto, embora Vichy desconfiasse do veterano poeta, demitindo-o do cargo de administrador do Centre Universitaire Méditerranéen, um complexo cultural situado em Nice, Valéry era por natureza apolítico, e nunca pôs sua influência a serviço da resistência intelectual. Na verdade, Mauriac foi o único acadêmico a participar da resistência ativa, embora houvesse diversos *attentistes* silenciosos dentro da academia, impedindo que se tornasse um reduto colaboracionista.

A partir de 1942, após a morte de Bellessort, a eleição de Georges Duhamel como *secrétaire perpétuel provisoire* reforçou a independência da academia. Graças a Duhamel, cujos livros haviam sido banidos pela lista Otto, o prêmio de literatura da academia de 1942 foi concedido a Jean Schlumberger, um dos fundadores da *NRF*, e na ficção para *L'orage du matin* [Tempestade matinal], de Jean Blanzat, que também escrevia em *Les Lettres Françaises*. Em 1943, o prêmio de literatura coube a Jean Prévost, poeta que depois se uniria aos maquis no sul da França. Também foi importante a resistência de Duhamel, Mauriac, Valéry e vários outros acadêmicos à pressão conservadora para preencher os lugares vagos dos doze acadêmicos que morreram no período de ocupação.

A Académie Goncourt não tinha uma reputação tão sólida para defender. De fato, até sua pretensão de ser uma academia parecia pomposa, pois não possuía prédio próprio; seus dez membros apenas se reuniam para almoçar na primeira terça-feira do mês, num salão privado do Restaurant Drouant, em Paris. Contudo, desde sua fundação, em 1900, o prêmio anual de ficção da Goncourt se tornou o mais cobiçado das numerosas distinções literárias francesas. Os editores faziam intensa pressão, competindo para ver quem conseguia

---

* Bergson quase se converteu ao catolicismo nos anos 1930, mas no verão de 1940 insistiu que o registrassem como judeu na polícia francesa, por solidariedade aos outros judeus.

incluir amigos no júri e premiações para seus autores. Passaram-se alguns anos sem que escândalos relacionados a ele chegassem aos jornais. Enquanto os organizadores dos prêmios Femina e Interallié suspenderam as atividades durante a ocupação, era típico do Goncourt manter as indicações. Como os jurados viviam espalhados pela França, a academia só se reuniu em dezembro de 1941. Na ocasião, concedeu retroativamente o prêmio de ficção de 1940 a um escritor confinado a um campo alemão de prisioneiros, cujo nome seria escolhido depois. No entanto, a reunião ocorrida durante a ocupação enriqueceu as querelas pessoais e geracionais da academia com diferenças ideológicas.

Nenhum *académicien* da Goncourt se uniu à resistência, embora alguns tenham evitado assumir posições e muitos tenham sido acusados depois de colaboracionismo. A figura dominante, Guitry, usou seus contatos com os alemães para ampliar o domínio sobre o júri do Prêmio Goncourt. Contava com um aliado, o romancista René Benjamin, admirador de primeira hora de Mussolini, que dedicou um livro e muitas odes ao marechal Pétain. Devido à campanha deles, o Prêmio Goncourt de 1941 foi para *Vent de mars*, de Henri Pourrat, também leal *pétainiste*. Outro direitista, Jean Ajalbert, orgulhoso militante do Partido Popular Francês, de Doriot, tentou sem sucesso fazer com que concedessem o prêmio de 1942 para *Les décombres*, de Rebatet. Eles se uniram para impedir a eleição para a academia de André Billy, respeitado crítico literário de *Le Figaro*.* Pelo menos essa disputa não se restringia à política — Billy ousara criticar os livros de alguns jurados do Goncourt — mas tampouco ajudou a melhorar a imagem do Goncourt. Em dezembro de 1943, na edição de *Les Lettres Françaises*, um colaborador anônimo pronunciou o seguinte veredicto sobre o júri do Goncourt: "É inadmissível que, após a vitória, homens que durante a ocupação inimiga adotaram o espírito da traição exerçam alguma influência sobre o público francês".[27]

No caso dos escritores, como no de outros artistas, as frequentes viagens à Alemanha, como convidados do Terceiro Reich, chamavam a atenção do público para sua colaboração. Com fotógrafos acompanhando todos os seus movimentos, eles eram recebidos em recepção no Instituto Alemão ou na Propaganda Staffel, jantavam e bebiam vinho com Goebbels em Berlim, e concediam entrevistas no regresso a Paris.

---

* *Le Figaro* transferiu a redação para Lyon em junho de 1940 e suspendeu a publicação quando a Alemanha passou a controlar a zona não ocupada em novembro de 1942.

Dos escritores presentes em duas viagens distintas à Alemanha, nenhum precisaria ser persuadido das virtudes da ocupação. Heller se encarregava dos convites, organização e acompanhamento das delegações. A primeira viagem, ordenada por Goebbels, ocorreu no fim de outubro de 1941. Ele queria a presença de autores de todos os países "amigos" no Primeiro Congresso dos Escritores, realizado em Weimar. Nessa viagem, a delegação francesa incluía *la crème de la collaboration* — Drieu La Rochelle, Brasillach, Bonnard, Fernandez, Jouhandeau, Chardonne e André Fraigneau. Em contraste, Montherlant, Arland, Giono, Benoit e Morand, embora longe de ser *résistants*, deram desculpas para não ir.

Jouhandeau talvez tenha hesitado. Registrou em seu *Journal sous l'occupation* que havia consultado seu melhor amigo — Paulhan — e recebido a resposta: "Você é a única pessoa que pode fazer a viagem sem que eu o acuse por isso". Pouco depois de sair de Paris, Jouhandeau ainda tentava se justificar: "Se alguém considerar minha viagem à Alemanha uma sequência de minhas reflexões sobre a questão judaica, estará enganado", escreveu, referindo-se a *Le péril juif*, tratado antissemita do fim dos anos 1930. "Só quero provar com isso que um francês não é necessariamente germanófobo, mesmo nas presentes circunstâncias. Além disso, gostaria de fazer de meu corpo a ponte fraternal entre a Alemanha e nosso país".[28] No caso, pelo menos, Jouhandeau parece falar metaforicamente, mas, como homossexual conhecido,* ele também poderia estar manifestando esperanças.

No episódio, ele passou boa parte da viagem na companhia de um jovem e atraente poeta alemão, Hans Baumann, embora tenha se espalhado que estava mesmo era apaixonado por Heller. Em um livro posterior, *Le voyage secret*, que Paulhan descreveu como "de uma idiotice lamentável", Jouhandeau escreveu a respeito de Heller: "Sem ele, sou apenas escuridão e deserto, sem esperança de aurora ou vegetação".[29] Referindo-se a ele como X, acrescentou: "Sem X, eu jamais teria ido, mas quando decidi acompanhá-lo, não sabia o que estava fazendo. Só passei a confiar nele depois. Se soubesse, não teria ido. Deixei que cobrisse meus olhos com suas mãos".[30]

---

* Jean Guéhenno não foi o único escritor oposicionista a citar Jouhandeau, Brasillach, Montherlant, Bonnard, Lifar e Cocteau como sinais de que os homossexuais apresentavam tendência ao colaboracionismo. A teoria se misturava frequentemente com a noção de que a França, como uma mulher, se rendera à força masculina alemã. Ao mesmo tempo, até nos círculos artísticos, a homofobia era disseminada, sendo *pédéraste* um insulto sexista comum.

Embora a conferência de Weimar fosse o objetivo formal da viagem, a intenção era também exibir as glórias do Reich. No entanto, Drieu La Rochelle, Brasillach, Bonnard e Fraigneau viajaram direto para Weimar, no fim de outubro. Mas Chardonne, Jouhandeau e Fernandez partiram da Gare de l'Est no dia 4 de outubro de 1941, para uma excursão abrangente pela Alemanha e Áustria. Chardonne se tornou porta-voz do trio, Jouhandeau bancou o turista cultural e Fernandez, o boa-vida que impressionou os alemães com seu consumo de álcool. Eles evitaram Estrasburgo, cidade francesa anexada pela Alemanha, mas visitaram Aachen, Colônia, Bonn, Frankfurt, Maiz, Heidelberd, Freiburg, Lindau, Munique, Salzburgo, Viena e Berlim. Goebbels os recebeu na capital alemã, alertando que uma vitória russa levaria o comunismo à Europa inteira. Jouhandeau tranquilizou-se quando Goebbels acrescentou que, após a vitória alemã, "cada povo da comunidade europeia preservará sua própria fisionomia e individualidade".[31] O grupo francês se reuniu aos colegas e a outros escritores europeus em Weimar, onde Goebbels os convidou pessoalmente para a cerimônia de homenagem a Goethe e Schiller, quando depositaram coroas de flores em seus túmulos. Depois, conforme os planos de Goebbels, eles fundaram a União dos Escritores Europeus.

Na volta, em 4 de novembro, a Propaganda Staffel os recebeu em Paris, com uma recepção na qual deveriam compartilhar a experiência com jornalistas. Muitos registrariam a viagem na imprensa. Jouhandeau, por exemplo, escreveu na edição de dezembro de 1941 da *NRF*: "Vi um grande povo trabalhando, tão calmo em suas tarefas que a gente nem lembrava da guerra". Heller tinha boas razões para se orgulhar, como registrou num relato de fim de ano: "A participação de escritores franceses na viagem à Alemanha e os encontros de poetas em Weimar tiveram uma considerável repercussão na imprensa diária parisiense e em outras publicações. A exploração da viagem prosseguirá".[32]

A viagem foi de fato bem noticiada, inclusive pela resistência intelectual. Em 6 de dezembro de 1941 o semanário comunista clandestino *L'Université Libre*, cujos editores seriam fuzilados pela Gestapo poucos meses depois, endereçou uma longa carta pública a "Bonnard, Fernandez, Chardonne, Brasillach etc., ex-escritores franceses", assinada por "escritores franceses". Como se antevisse as acusações que esses escritores enfrentariam três anos depois, dizia: "Enquanto a Gestapo prendia cinco membros do Instituto de França, em Paris, vocês seguiam, como convidados do Instituto Alemão, para Weimar e Berlim,

onde receberiam ordens do sr. Goebbels. Esse é o seu conceito de patriotismo?".
A carta concluía: "Vocês escolheram a abdicação, a traição, o suicídio. Nós, escritores franceses livres, optamos pela dignidade, fidelidade e por lutar pela existência e glória de nossas letras francesas".[33]

Um incidente durante o percurso de trem feito por Chardonne, Jouhandeau e Fernandez também pode tê-los levado a questionar a oportunidade da viagem, embora a referência a esse "encontro significativo e comovente" só conste das memórias de Heller. Ele se recordou de que o trem fez uma parada imprevista no interior da Alemanha, e os três escritores ouviram pessoas falando francês. Debruçados para fora da janela do vagão, viram uma dúzia de franceses de cabeça raspada e casacos esfarrapados pintados com as letras KG, *Kriegsfefangenen*, ou prisioneiros de guerra, em flagrante contraste com os escritores bem vestidos e bem alimentados. "Eles se sentiram um tanto envergonhados por sua situação privilegiada, perante o infortúnio dos compatriotas", Heller escreveu. "Tentaram entabular uma conversa, mas não souberam responder o que faziam no trem, quando os outros perguntaram. Trocaram apenas algumas palavras, antes do prosseguimento da viagem: isso bastou para comover profundamente os franceses de nosso grupo."[34]

No ano seguinte, Heller liderou outro grupo de escritores franceses a Weimar, para o Segundo Congresso dos Escritores Europeus, embora apenas Drieu La Rochelle, Chardonne e Fraigneau permanecessem na delegação. Dois escritores menos renomados, Georges Blond e André Thérive, foram convidados para cobrir as lacunas deixadas por Brasillach e Jouhandeau, que se recusaram a participar novamente. Heller ainda realizou uma nova tentativa de persuadir Montherlant a se unir ao grupo, visitando o dramaturgo em seu apartamento no Quai Voltaire, que dava para o Sena. Montherlant recusou o convite mais uma vez, embora atribuísse a decisão a seus nervos abalados, e não à relutância em colaborar. "Já forneci amplas provas, públicas e privadas, de minha esperança e fé na melhoria das relações franco-germânicas", Heller o citou. "Fiz isso antes, e durante esta guerra, e recentemente ao colaborar na publicação *Deutschland--Frankreich*."*[35]

A segunda viagem dos escritores aproximou Heller de Chardonne, amizade que se provou crucial para o escritor, meses depois, quando o filho Gérard

---

* *Deutschland-Frankreich* era uma publicação do Instituto Alemão de Paris.

foi preso por atividades de resistência na Tunísia e enviado ao campo de Sachsenhausen, nas imediações de Berlim. Em suas memórias, Heller conta que, ao pressionar pela liberdade de Gérard, ressaltou que Chardonne havia participado da segunda viagem a Weimar, "quando muitos outros pularam fora". Chardonne agradeceu a Heller por carta, quando o filho foi libertado, dizendo: "Serei grato a você pelo resto da vida".[36]

Um escritor extremamente original — e sem dúvida uma personalidade incomum — surgiu durante a ocupação: Jean Genet. Só conquistaria fama como romancista, ensaísta e dramaturgo depois da guerra, mas um contato com Cocteau em fevereiro de 1943 marcou o início de sua transição de criminoso menor a escritor respeitado. Na época com 32 anos, Genet já havia passado nove temporadas na cadeia, em sua maioria por furto de livros e originais, além de ter escrito poemas, peças e romances autobiográficos detalhando seus casos homossexuais. Um dos romances inéditos, *Nossa Senhora das Flores* impressionou tanto Cocteau que ele logo persuadiu Robert Denoël a publicá-lo — sem permissão alemã e para venda clandestina. Mesmo assim, foram impressos apenas trinta exemplares e o nome do autor não saiu na capa. Genet, que se descrevia sem complexos como "bandido e poeta",[37] foi novamente detido em maio de 1943 por furtar livros, e em setembro, um mês depois de solto, voltou à prisão. Cocteau o ajudou, usando seus contatos para aliviar o sofrimento de Genet. Quando o soltaram, em março de 1944, a vida de Genet na cadeia chegou ao fim: só durante a ocupação, passara 21 meses atrás das grades. Depois, porém, enfrentou problemas legais pelos escritos — "pornografia", segundo uma acusação — e não por seus atos.

Em contraste, um não conformista mais perigoso — o médico conhecido como Louis-Ferdinand Céline — prosperou durante a ocupação. Seu ódio pelos judeus provavelmente excedia o de qualquer outro escritor fascista famoso, mas a atitude em relação aos alemães oscilou entre a admiração e o desprezo. Suas opiniões ganharam peso quando foi considerado o escritor mais inovador de sua geração, depois da publicação de *Viagem ao fim da noite*, em 1932. Era também persistente em sua independência. Embora convidado a ir até Weimar, por exemplo, jamais concordou em ser apenas mais um colaboracionista cooptado pelos alemães vitoriosos. Da mesma forma, enquanto muitos escritores receberam subsídios do Instituto Alemão, Céline jamais aceitou dinheiro dos nazistas. Também se recusou a vender artigos para jornais, preferindo expor seus pontos de vista em cartas inflamadas. Em resumo, como estranho tanto aos círculos literários quanto políticos, ele se sentia livre para dizer e escrever o que bem entendesse. Por exemplo, embora compartilhasse de muitos pontos de vista dos editores de *Je Suis Partout*, ele os descartava como "um clube exaltado de pederastas ambiciosos". Mas adorava dar conselhos gratuitos aos alemães.

Jünger, em seu diário, registrou uma conversa típica com Céline: "Ele disse que estava muito surpreso, pois nós, como soldados, não atirávamos, não enforcávamos e não exterminávamos os judeus — atônito por saber que alguém, de posse de uma baioneta, não fizesse uso ilimitado dela".[38] Em outra ocasião, Céline visitou Heller e escreveu "NFR" em sua porta. "Todos sabem que você é um agente da Gallimard, e secretário particular de Jean Paulhan", disse ao oficial alemão, antes de entregar-lhe dois óculos de proteção — para serem usados, segundo ele, "quando as cidades alemãs se encherem de chamas e fumaça".[39]

Mesmo que a linguagem de Céline fosse muitas vezes vulgar demais para ser usada na propaganda nazista, membros do alto escalão alemão, com destaque para Epting, o admiravam tanto pelo estilo literário quanto pelo antissemitismo exemplar.* Quando Céline alegou ter sofrido ameaças dos gaullistas, os alemães lhe concederam porte de arma. Quando ele compareceu à abertura do Institut d'Études des Questions Juives em Paris, em maio de 1941, eles se sentiram honrados. Quando ele criticava os nazistas, eles se calavam, mesmo aborrecidos. Em um famoso jantar na embaixada alemã, em fevereiro de 1944 — cujas descrições diferem —, Céline teria chocado Abetz, bem como Drieu La Rochelle e outros hóspedes, dizendo que os alemães estavam condenados à derrota, e que Hitler fora substituído por um judeu. Abetz ordenou às pressas que os empregados deixassem o salão, enquanto os hóspedes acusavam Céline de ser contra os alemães. Ele negou e, para provar, instigou seu amigo, o artista Gen Paul, a fazer sua famosa imitação de Hitler. Os nazistas não gostaram.

Céline, de fato, contava com um motivo para ter ressentimento em relação aos nazistas. Nos anos 1930, ele começou a mandar o dinheiro dos direitos

---

* Um alemão que não gostava dos escritos de Céline, Bernhard Payr, era representante da literatura no birô de doutrina nazista de Alfred Rosenberg. Embora Payr aprovasse o antissemitismo de Céline, as obscenidades o chocavam, e chegavam a "reduzir a nada as intenções do autor, que certamente são boas" (Loiseaux, *La littérature de la défaite de la collaboration*, p. 181).

autorais da *Viagem* para Holanda e Dinamarca, na forma de moedas e barras de ouro. Quando os alemães confiscaram um lote seu de 184 moedas de ouro de dez florins, em Amsterdam, ele se enfureceu. Em outubro de 1941, escreveu a Brinon: "Tudo bem que ajam assim contra gaullistas e judeus; mas com seus poucos amigos, que foram condenados, caçados, perseguidos e difamados por sua causa, não somente hoje, como também entre 1936 e 1939, é a gota d'água".[40]

Na verdade, havia mais um motivo para seu descontentamento, comum a todos os autores que não acham suas obras nas livrarias. Em outubro de 1941, depois de visitar a exposição O Judeu e a França, no palácio Berlitz, Céline descobriu exasperado que a livraria da mostra não tinha em estoque nenhum de seus best-sellers antissemitas de antes da guerra, *Bagatelles pour un massacre* e *L'école des cadavres*. Mas os dois foram reimpressos durante a ocupação: *Bagatelles* em 1941 e 1943, e *L'école*, em 1941 e 1942. Além disso, Céline completou sua trilogia antissemita em 1941, com *Les beaux draps* [Os belos trapos], "dedicado à corda do carrasco" para ser usada em judeus e outros responsáveis pela humilhação da França. Nesse livro, não há alusão ao fato de os judeus estarem sendo perseguidos na França e através da Europa; em vez disso, ele os retrata como todo-poderosos, ainda usando sua astúcia para obter qualquer coisa, já que "eles querem tudo, eles querem mais, eles querem a lua, eles querem nossos ossos, eles querem nossas entranhas em frisadores de cabelo para apresentar no Sabbath, para enfeitar com bandeiras no Carnaval".[41] Também não tinha tempo para a Igreja Católica, já que fora "fundada por doze judeus". Ele chegou a fazer um ataque verbal implícito aos líderes de Vichy, observando que também não tinham vontade de morrer: "Quantos empalidecem na hora de pagar a fatura? Começam a contar com seus dedinhos. E sem dúvida ainda não é tudo. O espetáculo é permanente".[42] *Les beaux draps*, também publicado por Denoël, vendeu cerca de 40 mil exemplares, embora tenha sido proibido na zona não ocupada — pela dureza com Vichy e não pelo antissemitismo.

Em dezembro de 1941, Céline estava entre os escolhidos pelo diário *L'Appel* para responder a questão: Os judeus devem ser exterminados? "Já cansei de me repetir a respeito da questão judaica", ele respondeu. "Três livros definitivos bastam, creio. E quanto aos outros? Todos os outros escritores? Há anos quero saber a opinião de Duhamel, Monzie, Bergery, Montherlant, Colette, Châteaubriant, Mauriac, Bordeaux, Guitry, Déat, Luchaire, Morand. Que silêncio!" Seu editor concordou que Céline dissera tudo que poderia ser dito nos três panfletos. Em *Cahier Jaune*, uma nova publicação antissemita, Denoël escreveu: "Seus três livros contêm uma lição capital. Se desejamos recuperar a França, podemos encontrar ali conselhos sábios, reflexões úteis e um método excelente. Está tudo lá. Basta você usar".[43]

O que desencadeou e manteve vivo o antissemitismo de Céline? Seus biógrafos oferecem várias pistas: ele nasceu durante o caso Dreyfus, e seu pai odiava judeus; antipatizava com o chefe judeu, quando trabalhava na Liga das Nações; sofreu muito quando Elizabeth Craig, dançarina irlandesa por quem se apaixonara, o trocou por "um gângster judeu", como ele mesmo disse. Viajou a Hollywood na tentativa de reconquistá-la e vender os direitos de filmagem de *Viagem*, mas foi duplamente rejeitado, por Craig e pelos "barões judeus das finanças".[44] Em 1936, quando *Morte a crédito* recebeu críticas opostas, ele já tinha uma resposta pronta: seus críticos eram judeus. No ano seguinte, com a publicação de *Bagatelles*, aos 42 anos, Céline proclamou o antissemitismo como sua nova missão na vida. Ao ver a escalada hitlerista na perseguição aos judeus, também se convenceu de que os judeus — franceses, britânicos, americanos e até russos — se dedicavam a uma guerra contra o Reich. Após sua experiência na Primeira Guerra Mundial, ele se recusava a reviver o pesadelo.

Contudo, o antissemitismo de Céline foi tão paranoico quanto histérico. Quando Desnos criticou *Les beaux draps* no semanário *Aujourd'hui*, em março de 1941, Céline reagiu com exagero típico: "Por que o sr. Desnos não grita de uma vez: 'Morte a Céline, vida longa aos judeus?'. Desde junho, parece-me, o sr. Desnos (e seu jornal) empreendem uma campanha filojudaica incansável".[45] Portanto, sugeriu, *Aujourd'hui* deveria publicar a foto do sr. Desnos "de frente e de perfil".

Ao mesmo tempo, durante a ocupação, Céline trabalhou como médico, cuidando dos pobres nas clínicas municipais nos subúrbios de Sartrouville e Bezon, em Paris, viajando quase todos os dias de motocicleta do pequeno apartamento em Montmartre que dividia com a esposa dançarina, Lucette Almanzor, e Bébert, seu gato. Apesar de todas as bravatas ditas e escritas, ele se apavorou com o bombardeio aliado da periferia de Paris, em abril de 1944, e pressionou a embaixada alemã para lhe conceder um visto de saída do país. Em 17 de junho de 1944, uns dez dias depois do Dia D, Céline, Lucette e Bébert partiram de Paris com destino a Baden-Baden, na parte ocidental da Alemanha, a caminho do exílio na Dinamarca — onde Céline esperava recuperar o ouro que escondera. Em seu diário, Jünger descreveu revoltado a partida de Céline: "É curioso ver como pessoas capazes de exigir a cabeça de milhares de homens, com sangue-frio, se preocupam com suas vidinhas sujas. Os dois fatos devem estar relacionados".[46] Céline só voltaria à França nove anos depois.

13. *Chez* Florence

Uma vez que as elites parisienses desfrutavam sua vida social e cultural da melhor maneira possível, a instituição do salão, tão peculiar à França, entrou em voga outra vez. Nascido no século XVII, quando senhoras aristocratas ociosas abriam suas portas aos homens de poder e letras, o salão servia como uma espécie de território neutro, onde pessoas que de outro modo evitariam contato podiam discutir política e arte em ambiente acolhedor. Essa fórmula evidentemente estimulava a ocupação. A chave para atrair convidados interessantes era a anfitriã, em geral uma mulher abastada, atraente e culta, que vivia sozinha — viúva, por exemplo — e usava o salão para manter sua posição na sociedade. No início dos anos 1940, várias anfitriãs parisienses dominavam amplamente essa arte. Marie-Laure de Noailles, a musa dos surrealistas no período entre as guerras, promovia festas luxuosas e concertos em sua mansão na Place des États-Unis — e ainda tinha tempo para manter um caso amoroso com um oficial da Wehrmacht. A princesa Marie-Blanche de Polignac, herdeira da marca de alta moda Jeanne Lanvin e socialite famosa, era uma protetora importante de músicos e outros artistas. Marie-Louise Bousquet, editora da *Harper's Bazaar* francesa, recebia convidados em seu suntuoso apartamento com vista para a Place du Palais-Bourbon, onde promovia noitadas musicais.

Também para os convidados alemães esses encontros ofereciam uma boa oportunidade de socialização com figuras proeminentes da cultura. De fato, foi num concerto com o violoncelista Pierre Fournier, no início de 1941, que Gerhard Heller conheceu Marcel Jouhandeau, seu futuro companheiro de viagem na visita dos escritores à Alemanha. Heller, por sua vez, levou Ernst Jünger ao salão da sra. Boudot-Lamotte,* na Rue Verneuil, onde numa noite de fevereiro de 1942 eles — e *le tout Paris intellectuel* — ouviram Cocteau ler sua nova peça, *Renaud et Armide.*

O salão mais memorável dos anos de guerra, no entanto, foi o de uma linda americana chamada Florence Gould, nascida em San Francisco em 1895, de pais franceses. Seu pai, Victorien Maximilien Lacaze, chegara aos Estados Unidos dezesseis anos antes, como imigrante pobre, e prosperara como editor de um jornal em francês em Bay Area. Depois do terremoto de 1906 em San Francisco, temendo pela segurança das duas filhas ainda jovens, Lacaze mandou Florence e Isabelle para um colégio interno em Paris. Quando estava para completar vinte anos, Florence voltou aos Estados Unidos, onde se casou pela primeira vez. Mas já se divorciara ao voltar para Paris em 1917, esperando que sua promissora voz de soprano garantisse seu sucesso como cantora de ópera. Mas em 1923 ela conheceu — e tornou-se a terceira esposa de — Frank Jay Gould, filho de Jay Gould, o industrial e magnata ferroviário.

Frank mantinha dois endereços, um apartamento em Paris para facilitar suas escapadas e uma moradia ampla nas Maisons-Laffitte, na região noroeste da cidade. Florence logo o convenceu a ir a Cannes. Até meados dos anos 1920, parisienses que passavam o inverno na Côte d'Azur fugiam do calor local no verão. Mas os Gould — assim como alguns aristocratas britânicos, exilados russos e milionários americanos — ajudavam Cannes a se tornar a capital do divertimento na Riviera durante o ano inteiro. Eles compraram duas mansões — uma, Le Patio, em Cannes; a outra, La Vigia, na vizinha Juan-les-Pins, e a decoraram com arte de qualidade. Frank aumentou sua fortuna com investimentos em novos hotéis e cassinos ao longo da Côte d'Azur. Contudo, em recuperação por alcoolismo, dezoito anos mais velho que a esposa, Frank não possuía a mesma energia social de Florence. Jovem, atraente e atlética, ela levou o esqui aquático a Cannes e teve aulas de tênis com a lendária campeã Suzanne

---

* A filha de Boudot-Lamotte, Madeleine, trabalhou como secretária de Gaston Gallimard, e portanto conhecia muitos escritores.

Lenglen. Ocupava ainda uma posição de destaque no circuito de festas da Riviera, que Frank preferia evitar. Segundo um boato que circulou na época, a única regra de Frank era que ela tomasse café da manhã com ele todos os dias.

Florence também apreciava a vida noturna de Paris, onde Frank comprara para ela um apartamento, no número 2 do Boulevard Suchet, ao lado do Bois de Boulogne. Quando a guerra foi declarada, ela enviou comida aos soldados franceses e serviu como enfermeira voluntária num hospital de Paris (aonde chegava de Bugatti azul conversível), mas regressou a Juan-les-Pins quando os alemães entraram em Paris. Embora os Gould tivessem passagem de navio para voltar aos Estados Unidos, ela se recusou a partir. Frank passaria os anos da guerra em Juan-les-Pins. Como o apartamento no Boulevard Suchet e a casa em Maison-Laffitte tivessem sido requisitados pela Wehrmacht, ela se acomodou no luxuoso Hôtel Bristol, na Rue du Faubourg Saint-Honoré.

Aos 45 anos, aparentando bem menos, ela passou a convidar amigos e conhecidos para almoços, chás e jantares no hotel, que parecia imune à falta de alimento em Paris. Corria que o Bristol se abastecia no mercado negro. Colette aceitou certa vez um convite de Florence para tomar chá à tarde, com uma condição: "Irei, se trocar os *petits fours* por Camembert e o chá por champanhe".[1] As noitadas de Florence incluíam jantar no Maxim's, espetáculos no Chez Carrère e uma passada no salão de Marie-Louise Bousquet. Foi lá que conheceu Jouhandeau, de quem se tornou amiga imediatamente. Também na casa de Marie-Louise ela foi apresentada a Heller.

Em 28 de março de 1942, sem ocultar o orgulho, Heller levou Jünger para conhecer Florence e Jouhandeau no Bristol. Era véspera do aniversário do romancista, que completava 47 anos, e durante o delicioso jantar eles travaram uma animada discussão sobre literatura. Jünger comentou o fato em seu diário da guerra.* Depois houve um blecaute. "Alerta de ataque aéreo", Jünger escreveu. "Sentados em volta de uma lâmpada, bebemos champanhe de 1911, enquanto os aviões zumbiam no céu e o ruído dos canhões estremecia a cidade. Pequenos como formigas. Falamos da morte."[2]

Mais ou menos nessa época, Bousquet sugeriu que Florence realizasse seu próprio salão, dedicado à literatura. Florence estava longe de ser uma leitora

---

* Na primeira edição de seu diário, ele não cita Florence pelo nome, referindo-se a ela como Lady Orpington ou Armance.

voraz, mas gostou da ideia de comandar um encontro de autores divertidos e inteligentes. Como disse certa vez: "Talvez não saiba muito sobre literatura, mas sei bastante a respeito dos escritores".[3] Em abril de 1942 ela alugou um apartamento grande no terceiro andar da Avenue Malakoff, 129, perto da Avenue Foch, no 16º *arrondissement*. A decoração mostrou que tudo continuava disponível — por um alto preço. Ela escolheu móveis estofados com revestimento de seda, tapetes persas para a sala e várias mesas de laca preta para a sala de jantar. Contava com o apoio de um cozinheiro e de um mordomo, claro. Jouhandeau, seu novo amigo, residia a uma quadra de distância, na Rue Commandant-Marchand, e tornou-se na prática um coanfitrião. O salão foi marcado para quinta-feira por ser o único dia da semana no qual Jouhandeau não lecionava num colégio parisiense. E na hora do almoço, para que a refeição e o prolongado *après-déjeuner* não fossem prejudicados pelo toque de recolher. A maior atração, óbvio, era a própria Florence, de óculos escuros escondendo os olhos verdes, colar de pérolas, anel de esmeralda grande e cães pequineses estridentes para completar a imagem de riqueza sofisticada. Aos convidados ela não oferecia apenas sua beleza elegante, personalidade encantadora e apartamento confortável, mas comida excelente — obtida no mercado negro, naturalmente. Ninguém precisava se preocupar com a possibilidade de o vinho de boa safra e o conhaque acabarem.

A lista de amigos íntimos de Florence, como Bousquet, Cocteau e Pierre Benoit, da Académie Française, que se apaixonara por ela ao conhecê-la no fim de 1935, teve o acréscimo de pessoas do grupo de Jouhandeau, a começar por seu melhor amigo (e *résistant* secreto) Jean Paulhan; o editor-chefe da *Comoedia*, René Delange, e seu editor de livros, Marcel Arland; e a pintora Marie Laurencin. Jouhandeau, que desenvolvera uma intensa afeição por Heller, também convidou o alemão de olhos azuis para os encontros no apartamento da Avenue Malakoff. Entre os outros convidados se destacavam Montherlant, Guitry, Giraudoux e o decorador Christian Bérard. Eles, por sua vez, levavam amigos para as atividades no salão de Florence, que mais pareciam apresentações artísticas. Em certas ocasiões, o número de convidados chegava a cinquenta. Entre eles, colaboracionistas moderados, *attentistes*, pelo menos um *résistant* e alguns alemães, mas nenhum dos escritores fascistas mais virulentos da França — Brasillach, Drieu La Rochelle, Rebatet ou Céline — jamais compareceu.

Uma novela que servia de ruído de fundo para os almoços se compunha das intermináveis queixas de Jouhandeau da esposa dominadora — exceto quando ela estava presente. Heller, que a descreveu como "uma tirana sanguinária, orgulhosa e cruel", não era o único a se compadecer do escritor.[4] Aos cinquenta e tantos anos, Élise Jouhandeau fizera sucesso como dançarina, usando o nome artístico de Caryathis, até se casar com Marcel, em 1929. Desde então, apesar de fracassar na missão principal, afastar o marido da homossexualidade, conseguiu empurrá-lo mais para a direita, estimulando-o a escrever seu notório panfleto antissemita, *Le péril juif*, no fim dos anos 1930. Em abril de 1942, talvez por ciúmes do "melhor amigo" do marido, Élise denunciou Paulhan à polícia militar alemã, um ato imperdoável, pois Paulhan já fora preso uma vez pelos alemães. Por sorte, a denúncia não chegou à Gestapo, e o caso foi encerrado.

Ernst Jünger, interessante acréscimo ao grupo, foi levado por Heller no dia 4 de março de 1943. Vestindo farda de capitão da Wehrmacht, ele ficou encantado por rever Florence, como comentou em seu diário, e eles continuaram a conversa do ano anterior sobre a morte. Após outro almoço, uma semana depois, ele citou seu comentário jocoso sobre a mulher de Jouhandeau: "Na verdade, sinto-me satisfeita com a situação de casada, pois já me casei duas vezes e sempre fui muito feliz. A única exceção abro para Jouhandeau, pois ele adora mulheres horríveis".[5]

Florence teria feito de fato também uma exceção para Jünger? O romancista sem dúvida apreciava as mulheres, e apesar da ausência de provas sólidas, alguns historiadores afirmam categoricamente que os dois se tornaram amantes.[6] Mais certo é que Jürgen, cuja esposa Greta permanecera em Hannover, tivesse um relacionamento sério com Sophie Ravoux, Koch de nascimento, médica nascida na Alemanha, de mãe judia, cujo marido estava preso em Dachau. Em seu diário, em que Jünger se referia a Sophie como Doutora, Dorothée ou Charmille, ele descreve as longas horas passadas com ela. Mas também citava as frequentes visitas ao apartamento de Florence, onde comemorou seu aniversário de 48 e de 49 anos ao lado dela (como fizera nos 47 anos, no Hôtel Bristol). Em certa ocasião ela o presenteou com uma carta de Thornton Wilder, para a coleção de autógrafos. Em outra, contou que dera ao marido um exemplar do romance *Nos penhascos de mármore*, que fora traduzido recentemente para o francês. Ao ler isso, Frank respondeu: "Eis alguém que vai dos sonhos à realidade". Jünger comentou que isso, "para um multimilionário americano, não é um conceito ruim".[7]

Entre os supostos amantes de Florence, contudo, um cativou seu coração: Ludwig Vogel, engenheiro que trabalhava para um grande fabricante de aeronaves, Focke-Wulf, e que frequentava os círculos da Luftwaffe em Paris. Não se sabe quando nem como se conheceram, mas sob nome falso ela fez duas viagens à Alemanha, para acompanhá-lo na visita à principal fábrica da companhia, em Friedrichshafen.[8] Vogel visitava Florence fora do horário de seu salão das quintas-feiras, e em certa ocasião Jünger o encontrou na casa dela, e os dois discutiram a situação da guerra. Num registro em seu diário, em agosto de 1943, Jünger disse que um engenheiro aeronáutico alemão chamado Vogel lhe contou que a Luftwaffe possuía bombas de fósforo, mas que Hitler preferira não usá-las. Usando o apelido que dera ao Führer, Jünger comentou em seu diário: "Isso seria louvável; mas, levando em conta o caráter de Kniébolo, algo surpreendente".[9]

Jünger não insinuou que Vogel fosse amante de Florence, mas a amizade dela com alemães influentes não constituía segredo. Um nazista de reputação particularmente sinistra que a visitava era o ss-Standartenführer Helmut Knochen. Comandante da Polícia de Segurança de Paris, parte do Serviço de Segurança, ele desempenhou um papel fundamental na deportação dos judeus para os campos de extermínio. Knochen sabia tudo a respeito de Vogel. Durante um interrogatório feito pela polícia francesa depois da guerra, ele citou o engenheiro alemão como um dos amantes de Florence.

No salão de Florence, a conversa passava facilmente da literatura ao mexerico, da política aos desdobramentos da guerra. Em seu diário, no dia 4 de agosto de 1943, Jünger escreveu que soubera durante o almoço, por Florence, que Mussolini renunciara — na verdade, o fato ocorrera em 25 de julho — e que seus retratos estavam sendo queimados. Naquele dia os convidados discutiram também o bombardeio aliado de Hamburgo, que durara uma semana e teria deixado 200 mil vítimas, "o que deve ser um tremendo exagero", acrescentou Jünger.[10] Semanas depois, certa noite, Jünger encontrou Jouhandeau muito preocupado, pois fora citado numa transmissão da rádio França Livre, de Londres. Jünger escreveu: "Ele passou a noite em claro, pois seu nome constava de uma lista de pessoas a serem executadas. Ao relatar seus medos, mais parecia um menino que observava um policial escrever seu nome num bloco".[11]

De vez em quando, as diferenças políticas se manifestavam. Giraudoux, convidado frequente cujo filho se unira a De Gaulle em Londres, chegou a alertar Paulhan contra Heller: "Cuidado. Não percebe que ele serve de isca?".[12] Outro convidado, Paul Morand, continuava abertamente *pétainiste* no momento em que Vichy parecia uma causa perdida à maioria. Ele voltou de seu posto diplomático em Londres após a queda de Paris, e a partir de 1942 passou a chefiar a comissão de censura cinematográfica de Vichy. Pesava a seu favor o fato de Morand ser um talentoso contador de histórias e ter com frequência a companhia da esposa elegante, a princesa romena Hélène Soutzo, que pertencera ao círculo íntimo de Proust em época anterior. Morand depois se tornou embaixador de Vichy na Romênia, e pouco antes da libertação, na Suíça.

Em determinada ocasião, durante uma visita a Paris de Horace de Carbuccia, editor da *Gringoire*, a lista de convidados para jantar com Florence incluiu Colette, que ainda escrevia contos para a *Gringoire*. Dessa vez seu marido judeu, Maurice Goudeket, a acompanhava. Em geral, ele se mantinha fora das vistas. Havia um alemão* presente, Colette mencionou em carta a uma amiga: "Ambiente eletrizante. Maurice de repente se mostrou imprudentemente magnífico, e não houve mais conversas entre ele e o alemão".[13]

Em geral, o estado de espírito durante o almoço e nos cigarros com conhaque pós-refeições era relaxado, como se a cultura tivesse mais peso que a política. Certo dia, Claude Mauriac, que a exemplo do pai, François, era *résistant*, foi chamado a um café das proximidades por Jouhandeau, que o levou sem aviso prévio ao apartamento de Florence. Lá, relatou depois em suas memórias, *Le temps immobile*, ficou chocado ao encontrar Heller em seu uniforme da Wehrmacht, e o dramaturgo alemão Curt Langenbeck em farda da marinha alemã. Mas aos poucos Heller o conquistou.** "Vi à minha frente um jovem, pouco mais velho que eu, bebendo constantemente, rindo e sorrindo, bem-humorado, amigável, sem nada em si que me lembrasse um alemão, e muito menos um alemão conquistador da alta roda", Mauriac escreveu, acrescentando que ficou tentado a romancear o momento: "Um americano, dois alemães e três franceses. Acima dos massacres, das mentiras, do sangue, havia aquela ilhota de seres civilizados".[14]

Sem dúvida o mais excêntrico dos convidados de Florence era o escritor

---

* Era Heller, provavelmente, uma vez que Colette consideraria o nome de Jünger merecedor de menção.
** Quatro anos depois, durante uma transmissão ao vivo do programa literário *Apostrophes*, Heller lembrou a Claude Mauriac que haviam se conhecido no apartamento de Florence, mas Mauriac disse que não se lembrava.

conservador Paul Léautaud. Aos setenta e poucos anos, havia muito escolhera a companhia de uma infinidade de cães e gatos no subúrbio parisiense de Fontenay-aux-Roses, em detrimento de seus colegas escritores da margem esquerda. Mas conservava alguns amigos na Paris literária, entre eles Paulhan, que providenciou seu primeiro convite para almoçar no apartamento da Avenue Malakoff, em 22 de novembro de 1943. Naquela noite, Léautaud redigiu uma vívida descrição de Florence, dando-lhe treze anos a menos:

> Bela, encosta na gente quando fala, cerca de 35 anos, cabelo castanho, alta, magra, versátil, refinada, usava saia fora de moda, mais elegante que as atuais, olhos inusitados, quando tomávamos café sentou-se a meu lado, eu dizia que os gatos são meus animais favoritos: "Tenho olhos de gato, veja!". Olhos inusitados, repito, nos quais o lado gato, ou melhor, gata, se traduz em calor e langor amoroso.[15]

Depois do segundo almoço no apartamento de Florence, em 2 de março de 1944, ele esboçou sua atitude: "Na verdade, devo dizer de imediato, não tenho gosto para esses encontros. Os gritos, a necessidade de falar, a sensação de ter sido convidado como objeto raro". E acrescentou: "Acostumei-me a ficar sozinho, comer sozinho com o nariz enfiado no prato, lendo jornal se conseguir um, ou na companhia de alguém com quem dificilmente preciso conversar".[16]

Mesmo assim, ele não costumava desprezar convites. De fato, alguns dos convidados para almoçar no apartamento de Florence desconfiavam de que ele só tolerava a companhia deles para poder levar os restos para seus bichos. Com certeza ele era pobre, ao contrário de Paulhan e Jouhandeau, por exemplo. Léautaud trabalhava por salário miserável numa editora colaboracionista, Mercure de France, e escrevia esporadicamente para semanários colaboracionistas para suplementar os ganhos insignificantes com direitos autorais. Seu romance mais conhecido, *Le petit ami*, fora publicado quarenta anos antes, e o mais recente, *Passetemps*, tinha quinze anos. Mas ele sentia prazer em exibir sua pobreza, aparecendo às vezes com barba por fazer, usando roupas velhas puídas e, numa oportunidade, de chinelo. Gostava, sem dúvida, de uma plateia para suas tiradas ferinas, das quais poucos escapavam — não poupava os judeus, claro, nem os companheiros de mesa. Em seu *Journal littéraire* ele descreveu Marie-Louise Bousquet como "odiosa"; o dr. Arthur Vernes, cientista e convidado ocasional, como "idiota e presunçoso"; e Cocteau, como "complicado, afetado e falso". Léautaud, que lembrava ter recusado champanhe de aperitivo, mais tarde comparou as estridentes discussões vespertinas do salão, alimentadas a álcool, com "um bordel ou uma orgia".[17]

Heller, por exemplo, ficou intrigado com Léautaud, e observou: "Apesar de sua malícia, das palavras ferinas e da aparente insensibilidade em relação a todos os seres humanos, Jünger e eu sentimos certa simpatia por aquele sujeito idoso cuja vida inteira parecia se expressar em dois amores: pela literatura e pelos animais".[18] Nem mesmo Heller, porém, conseguia entender por que Léautaud continuou, quando a derrota alemã se tornou provável, a defender sua crença de que o "interesse político da França está na vitória alemã e *entente* [com a Alemanha]".*[19] Jünger levantou a questão da precária condição econômica de Léautaud com Abel Bonnard, de Vichy, acrescentando em seu diário: "Admito, Léautaud é um cínico que se satisfaz com sua poltrona e a companhia dos gatos, capaz de atacar com rudeza qualquer um".[20] Dias depois ele descreveu Léautaud, que chegou para o almoço de Florence vestindo um terno estilo 1910 e gravata fina com laço igual ao de um sapato. Mas Jünger também o tratou com carinho: "Ele diz menos inutilidades do que todos os seus colegas que observei até agora".[21] A simpatia era mútua. "Não existem fronteiras para mim nas questões de espírito", Léautaud escreveu, "e esses dois alemães deram demonstrações de simpatia pela França e pelos franceses." Jünger apreciava em especial o humor cáustico de Léautaud. Quando mencionou que Victor Hugo era um autor que sempre menosprezara, Léautaud retrucou: "Pode continuar fazendo isso".[22]

Por todas as aparições públicas, a vida de Florence parecia incólume ao fato de os Estados Unidos estarem em guerra contra a Alemanha. Graças a seus contatos alemães, ela possuía a rara permissão de usar o carro à noite, durante o toque de recolher vigente em Paris — numa época em que poucos parisienses podiam usar seu carro. Ela também ganhara um passe permanente para cruzar a linha demarcatória e visitar o marido em Juan-les-Pins. Certa vez ela despachou obras de arte, inclusive um Goya e um Jordaens, de sua mansão em Côte d'Azur para o apartamento da Avenue Malakoff.

Depois da guerra, contudo, tornou-se evidente que sua vida fora bem mais

---

* Em seu diário, porém, Léautaud disse que torcia pelo final das dificuldades, graças a uma vitória aliada, chegando a notar — com excessivo otimismo — que não teria necessidade de estocar carvão para o próximo inverno.

complicada. Em algum momento após junho de 1941, ela se viu envolvida com a febre de pilhagem artística de Goering. Segundo relatório preparado pelo comando militar alemão em 1942, os porões da *villa* de Gould em Maisons-Laffitte foram revistados em busca de armas.[23] Como não encontraram nada incriminador, obras em marfim, "um tríptico valioso, e duas preciosas peças únicas", foram confiscadas por um agente do ERR, ou Einsatzstab Reichsleiter Rosenberg, como era conhecida a polícia de arte nazista. O relatório prossegue: "A sra. Gould declarou no ato a intenção de doar seu estoque de vinho inteiro para os soldados da Frente Leste; e todo o cobre e latão, que enchia um salão enorme do porão, iria para a indústria bélica alemã". O relatório dizia que fecharam um acordo com o ERR: o tríptico seria dedicado a Goering, que por sua vez o doaria ao Museu Cluny de Paris, para o qual os Gould pretendiam deixar a obra de herança. Em gratidão pelo gesto de Goering, Florence lhe oferecia as duas peças de marfim, como presente. Mas isso não bastaria, segundo o representante do ERR em Paris, Kurt von Behr. Constava no relatório: "Finalmente foi possível mostrar as três peças ao marechal do Reich; ele foi informado da proposta acima por Von Behr. O marechal do Reich, contudo, gostou das três peças e ordenou que todas fossem levadas para a Alemanha". Em conversas posteriores com Gould e seu advogado, ressaltou o autor do relatório, "eles me pediram que não levasse o caso adiante, para evitar dificuldades para a sra. Gould, como a possibilidade de mandá-la para um campo de concentração". O autor acrescentou ter feito pesquisas adicionais, sugerindo que Goering talvez não soubesse que propriedade privada estava envolvida: "Em todos os lugares lamentam isso com um dar de ombros".*

Não faltavam a Florence bons motivos para se preocupar. Em setembro de 1941, a Comissão Geral para a Questão Judaica de Vichy concluiu que o nome Frank Gould era judeu, e como resultado, nomeou administradores para dirigir suas companhias, que foram arianizadas tanto na zona ocupada quanto na não ocupada. "Fiquei ainda mais assustada, pois a fortuna de meu marido despertou a cobiça", Florence contou aos investigadores franceses, depois da guerra.[24] "Se ele fosse declarado judeu, suas propriedades seriam confiscadas, ele seria preso e até deportado." Passaram-se dezoito meses até que Gould pudesse provar, com certidão de batismo e outros documentos enviados dos Estados

---

* O tom crítico do relatório refletia a conhecida desaprovação do comando militar alemão à pilhagem de obras de arte pelo ERR.

Unidos, via Suíça, que ele descendia de irlandeses presbiterianos. Em março de 1943, Vichy suspendeu a ordem de arianização emitida para os bens de Gould, mas os alemães assumiram o controle das propriedades quase imediatamente, incluindo os cassinos e hotéis na Riviera, argumentando que Gould era agora um "inimigo estrangeiro". Três administradores alemães se sucederam na administração das empresas, até a libertação.

Florence, entretanto, não dava sinais exteriores de preocupação, e não há sugestão, no diário de Jünger ou nas memórias de Heller, de que ela tenha comentado esses problemas com eles. Em Paris, além do salão semanal, ela mantinha a agenda cheia. Frequentava os Concerts de la Pléiade, na Galerie Charpentier. Graças a Paulhan, conheceu a arte moderna; juntos, eles visitavam galerias de arte, bem como os estúdios de Picasso, Braque, Jean Fautrier e Jean Dubuffet. (Mais tarde ela convidou Dubuffet para almoçar algumas vezes, e encomendou-lhe retratos de vários convidados.) Em mais de uma ocasião, acompanhada pela atriz Marie Bell, Florence se deslocou do 16º *arrondissement* a Montmartre para visitar Céline. Certa vez, em meados de março de 1943, quando saía de seu apartamento, ela escorregou e quebrou a perna. Em carta a uma amiga após a guerra, Céline recordou — de modo não muito preciso — suas visitas e o acidente:

> Madame Frank J. Gould, esposa (a quinta! Também conheci bem a segunda) do velho milionário das ferrovias americanas, era manicure, francesa de nascimento (Lacaze), caprichosa, mas não idiota, esnobe, e me desejou *tudo de bom no mundo*, forçando a entrada em nossa modesta casa, com Marie Bell (da Comédie-Française), elas queriam trazer seu próprio jantar! Eu, que nunca recebo ninguém, fui obrigado a recebê-la! Queria porque queria comprar meus originais. Recusei-me a vendê-los, pois não queria dever nada ao multimilionário americano. Mas ela não era desagradável nem estúpida — embriagada e com pressa, certa noite, ela quebrou a perna no fim da minha escada, na Rue Girardon — recusei-me a visitá-la no leito, pois me convidou para tomar conta dela! Por telegrama.[25]

Em carta enviada da cadeia, na Dinamarca, para onde fugiu em 1945, Céline confessou a razão para se lembrar dela. "O que ela poderia fazer por mim agora?", perguntou.

Mesmo assim, depois do acidente, outros a visitaram. Jünger permaneceu junto ao leito, e ouviu sua opinião sobre Céline: "Ela disse o motivo por que esse escritor vive sempre sem dinheiro, apesar do valor de sua renda, é que ele o dá para as moças da rua que vão consultá-lo como médico".[26] Heller, que acompanhava Jünger, recordou detalhes diferentes. A campainha tocou, escreveu em suas memórias, e entrou um homem em trajes civis, a quem Florence cumprimentou como "coronel Patrick". Imaginando que Florence poderia estar escondendo um aviador britânico ou americano, Heller e Jünger permaneceram em silêncio. Quando retomaram a conversa, porém, o homem se voltou para eles e disse: "Senhores, podemos falar alemão".[27] Ele se apresentou como chefe do setor de Lyon da Abwehr, o serviço de inteligência militar alemão. Heller não explicou o motivo de tal oficial ter visitado Florence.

A própria Florence não manteve um registro escrito dos anos de guerra, mas apesar dos nazistas e antissemitas que recebia, jamais alguém afirmou que ela expressava opiniões favoráveis aos alemães ou contra os judeus. Sem dúvida as pessoas de seu círculo parecem ter guardado apenas boas lembranças do salão. Embora Heller tenha lamentado a impossibilidade de se despedir dela, Jünger almoçou com ela no dia 10 de agosto de 1944, e registrou: "Talvez tenha sido a última quinta-feira".[28] No dia 13 de agosto ele saiu para dar uma caminhada final pela margem do Sena, com a amante Sophie. No dia seguinte, deixou Paris. Duas semanas depois as tropas aliadas entraram na cidade, mas o salão das quintas-feiras sobreviveu. Florence deu sorte: muitas francesas tiveram a cabeça raspada e foram humilhadas publicamente por envolvimento com os alemães. Durante os dias da insurreição de Paris ela, pelo que consta, conseguiu desviar a atenção de seu eclético círculo de amizades, fazendo uma doação às Forças Francesas do Interior, o movimento unificado de resistência.[29] Alguns de seus convidados franceses, porém, se ausentaram por algum tempo: Benoit passou seis meses na prisão, enquanto Jouhandeau ficou vários meses escondido, até aceitar passar por um interrogatório. Para outros, os almoços logo recomeçaram, agora com convidados americanos ocasionais, como se a guerra fosse apenas uma tempestade passageira. No fim de 1945, Heller recebeu uma carta que dizia, segundo suas recordações: "Venha logo, as quintas esperam por você".[30] Assinavam a carta Florence, Paulhan, Léautaud, Jouhandeau e Arland.

Antes de poder virar a página, contudo, Florence precisou passar pela árdua tarefa de explicar por que investira num banco financiado pelos nazistas em Mônaco, nas semanas que antecederam o desembarque aliado no sul da

França em 15 de agosto de 1944. Quando foi interrogada a respeito por um magistrado investigador francês, em março de 1945, ela disse em testemunho juramentado que fora chantageada para se tornar sócia do Banque Charles, recém-formado.[31] Se recusasse, explicou, as companhias do marido teriam de pagar um valor muito maior para o Aerobank, banco controlado pela Luftwaffe que estava por trás do Banque Charles. Dada a expectativa de uma invasão aliada da Riviera, ela também temeu pela segurança do marido — "com 67 anos e saúde delicada" — em Juan-les-Pins. Como parte do acordo, afirmou, o marido e a irmã dela poderiam se refugiar em Mônaco, um principado supostamente neutro. Ela acrescentou que havia enviado 5 milhões de francos, sua parte no capital do banco, de 80 milhões de francos,* só depois da confirmação de que Frank e Isabelle se encontravam em Mônaco. Florence ressaltou:

> Se eu tivesse agido livremente, por interesse pecuniário, teria me comprometido com a irresponsabilidade de me interessar por um banco alemão no momento em que mais ninguém, na Europa ou nos Estados Unidos, acreditava na vitória alemã? Fui obrigada a investir aqueles valores, paguei uma espécie de resgate ao inimigo, e tenho certeza de que, ao fazer isso, cumpri uma obrigação com meu marido; tive na época e mantenho até hoje a convicção de que não fiz nada contra o interesse dos Aliados.

Depois disso, pelo que consta, a investigação se encerrou.

No entanto, três anos depois a descoberta de novos documentos revelou uma operação bem mais complexa, e o caso foi reaberto. Um novo relatório da promotoria do departamento do Sena, datada de 20 de setembro de 1948, alegava que Johannès Charles, um banqueiro suíço, recebera licença do soberano do enclave, o príncipe Luís II, para abrir um banco no principado de Mônaco, em 1943.[32] Desde o início, Karl Schaeffer, representante parisiense do Reichsbank, estava envolvido no que seria um banco alemão controlado pelo Aerobank, disfarçado de banco internacional operando em país neutro. O relatório dizia que o propósito do banco não era colaborar no esforço de guerra alemão, e sim canalizar dinheiro alemão para o exterior, em caso da derrota nazista na guerra. Além de Florence, os outros investidores eram um banqueiro alemão chamado

---

* Em 1944, 80 milhões de francos valiam cerca de 1,6 milhão de dólares, equivalente a cerca de 20 milhões de dólares em 2010.

Gaussebeck e um fascista francês, Guillaume Lecesne, embora os dois fossem testas de ferro de outros interessados. Documentos revelaram que o príncipe Luís expressou o desejo de ter participação no banco, e que Schaeffer e Charles se encontraram com Frank Gould em Nice, no dia 11 de agosto, quatro dias antes do desembarque aliado. Naquela altura, confirmou o relatório, só Charles e Florence haviam depositado sua parte no capital do banco. O desembarque aliado enterrou o projeto. Depois da nova investigação, a promotoria decidiu não processar ninguém, mas não pareceu convencida de que Florence agira sob pressão. A conclusão foi dura: "Mas aquela franco-americana parece ter desfrutado de proteções singulares durante a ocupação, e se não é certo que tenha cometido crimes de espionagem em prol do inimigo, é certo que não temos motivos para elogiá-la por sua atitude".

Florence jamais hesitou na defesa da versão de que teria agido para proteger o marido. De todo modo, no fim dos anos 1940, ela voltou a reinar como locomotiva da cena literária parisiense. Embora passasse mais tempo na Côte d'Azur, os almoços literários continuavam a ocorrer no apartamento do 16º *arrondissement*. Depois da morte do marido, em 1956, ela se mudou para um apartamento no Hôtel Meurice, com vista para o jardim das Tuileries, onde passou a receber os convidados das quintas-feiras. Como antes, manteve-se fiel aos velhos amigos, como Jouhandeau e Léautaud, financiando suas publicações e usando de influência para promover seus candidatos favoritos à Academia Francesa. Em 1963, quando chegou a hora de Paulhan se tornar imortal, ele escreveu na abertura de seu discurso de posse: "Dedico este pequeno discurso a Florence, que faz o que quer de mim, inclusive me tornar acadêmico".[33] Poucos anos depois, quando Jünger traduziu as memórias de guerra de Léautaud, *In memoriam*, dedicou o livro a Florence. Jovens escritores também lhe deviam favores, entre eles Alan Robbe-Grillet e Françoise Sagan. Ela também criou diversos prêmios literários, inclusive o Prêmio de Poesia Max Jacob, assim batizado em homenagem ao poeta judeu que morreu em Drancy em março de 1944. Os Estados Unidos a nomearam comandante dos Veteranos das Guerras Estrangeiras em 1954, e ela recebeu a comenda da Legião de Honra em 1961. Até sua morte, em 1983, graças ao testamento, a Fundação Florence Gould continuou a cumprir uma importante função nas relações culturais franco--americanas. Com o passar dos anos, o salão de Florence na época da guerra e sua escolha questionável de amigos foram discretamente esquecidos.

14. "A favor da vida"

No final das contas, mesmo que os escritores se recusassem a aceitar a ocupação, quais seriam suas opções? Como era evidente que os nazistas não seriam expulsos pela força da pena, muitos escritores antifascistas consideravam que a melhor estratégia seria simplesmente oferecer aos franceses diversão inteligente. Ao mesmo tempo, em função de seu prestígio na França, alguns escritores se sentiam obrigados a resistir, por uma questão de honra. Mas como? Até a invasão alemã da União Soviética, em junho de 1941, os comunistas ficaram praticamente de mãos atadas, por causa do pacto Molotov--Ribbentrop. Os escritores franceses de maior prestígio — André Gide tinha 71 anos, Paul Valéry, 69 — haviam passado da idade e da condição física que lhes permitiria participação ativa nos combates. Mesmo a publicação de jornais clandestinos era perigosa, e por vezes fatal, como os líderes da rede do Musée de l'Homme e os cofundadores de *L'Université Libre* e de *La Pensée Libre* descobriram em 1942. Inicialmente, portanto, a resistência dos escritores foi mais um processo do que uma decisão repentina.

No entanto, mais e mais autores escolheram ficar "a favor da vida", como disse Jean Paulhan, respondendo às queixas de que *résistants* estavam morrendo em vão. "Você pode esmagar uma abelha em sua mão, até sufocá-la", escreveu em fevereiro de 1944. "Mas ela não sufocará sem picá-lo. Isso não adiantaria nada, você pode argumentar. Mas, se não o picassem, as abelhas estariam extintas há muito." Muitos escritores escolheram picar com palavras, outros entraram para a resistência armada, alguns deram a vida por suas convicções. Quando chegou a libertação, o mundo das letras também contava com seus heróis e mártires.

Poucos se dispunham, porém, a abandonar a escrita. A maioria dos escritores pretendia continuar publicando também, fosse por necessidade econômica, vaidade ou pela crença de que assim ajudavam a manter viva a chama da literatura francesa. Entre os escritores que não eram fascistas, entregaram originais para editores autorizados pelos alemães nomes como os poetas Aragon e Éluard, ou romancistas como Colette e Camus. Alguns distinguiam entre lançar livros, o que seria aceitável, e escrever para a imprensa colaboracionista, colocando seus nomes ao lado de colunistas pró-Alemanha ou antissemitas. Mesmo assim, alguns colaboraram em semanários como *Comoedia* e *Gringoire*, pois precisavam de dinheiro. Outros recebiam salário — Paulhan e depois Camus trabalharam nas Éditions Gallimard; Guéhenno, Sartre e Beauvoir lecionavam em liceus; e Desnos atuava como jornalista no diário colaboracionista *Aujourd'hui* — além de também escreverem livros para publicação. Até os nomes mais distintos do mundo literário demoraram a tomar posição. Gide e Valéry forneceram textos para as primeiras edições da *Nouvelle Revue Française*, de Drieu La Rochelle, enquanto Mauriac publicava *La pharisienne* [A fariseia] em 1941. Contudo, no fim da guerra a maioria desses escritores — com exceção de Claudel, Colette e Beauvoir — estavam engajados na resistência.

Um dos autores pioneiros em tomar a decisão de não publicar nada em editoras oficialmente aprovadas, Guéhenno, era ensaísta e professor do Lycée Henri IV. Escrevia apenas para o jornal clandestino *Les Lettres Françaises* e para a editora clandestina Éditions de Minuit. Em seu *Journal des années noires*, lançado em 1946, ele desaprovou com veemência os autores que publicavam com seus verdadeiros nomes. "Por que escrever agora? É impossível questionar o ridículo do exercício de uma profissão tão pessoal. A época exige recato."[1] E prosseguiu: "Este é o momento de escrever por nada, por prazer. Aqui estamos, reduzidos ao silêncio, à solidão, mas também à seriedade, quem sabe. Se nossa cela se encher de luz, terá sido inteiramente por nossa causa".[2] Ele também se preocupava com a ideia de manter a literatura francesa viva fazendo o jogo dos alemães. "O que", perguntou, "pensar dos escritores que, decididos a não incomodar a autoridade ocupante, resolvem escrever sobre tudo, menos sobre a única coisa em que os franceses pensam? Mais ainda, daqueles que, por covardia, favorecem a estratégia dessa autoridade, fazendo que tudo na França pareça continuar como antes." O surpreendente é que ele não perdeu a esperança. "Mas o pensamento francês continua a existir de fato. Contra eles, apesar deles. A república das letras defende seu território muito bem, afinal de contas. Os 'colaboracionistas' são raros, alguns velhos trovadores insatisfeitos, sempre ávidos por glória e dinheiro."[3]

Na verdade, os colaboracionistas não eram assim tão raros, mas os melhores escritores franceses não estavam entre eles. Ademais, com relativamente poucas exceções, os melhores permaneceram na França. Georges Bernanos, um conservador, já havia emigrado para a América do Sul em 1938, e passou os anos de guerra no Brasil, onde editava um jornal pró-França Livre. Benjamin Péret, poeta surrealista, deixou a França com ajuda de Varian Fry, e viveu no México até 1948. Jules Romains, escritor e poeta eleito para a Académie Française em 1946, foi primeiro para os Estados Unidos, mas depois resolveu morar no México.

O escritor exilado que manteve o relacionamento mais atormentado com a França, todavia, foi Saint-Exupéry. Desolado com a humilhação da França, mas refratário à ideia de se juntar a De Gaulle em Londres, ele seguiu para os Estados Unidos, onde escreveu *Piloto de guerra* e *O pequeno príncipe*. Mas é um texto pequeno, chamado *Lettre à un otage* [Carta a um refém], endereçado a um amigo judeu — provavelmente o escritor e jornalista Léon Werth, a quem dedicou *O pequeno príncipe* — que ele acreditava estar escondido na França, que revela melhor sua angústia. Em formato pequeno, com apenas 72 páginas, foi publicado em francês por Brentano, em 1943, com cem exemplares na primeira edição. Saint-Exupéry recorda sua partida de Lisboa por mar, e imagina a França ocupada como um barco silencioso, cujas luzes se extinguiram, exposto aos perigos do mar. "Naquela noite", diz, "quem assombra minhas lembranças tem cinquenta anos. Está doente. É judeu. Como poderá sobreviver ao terror alemão?"[4] Depois, Saint-Exupéry dirige-se ao amigo: "Se eu lutar de novo, lutarei por você. Preciso de você, para que melhor possa acreditar na chegada desse sorriso. Preciso ajudá-lo a viver". E acrescenta: "Você, que é tão francês, corre duplo risco de morrer, como francês e como judeu".[5] Finalmente, quando o escritor-aviador fala da população inteira da França como "40 milhões de reféns", dá a impressão de que anuncia a decisão de regressar à Europa para combater os alemães.

Gide também deixou a França. Lamentou ter oferecido um trecho de seu diário à NRF, mas não servia para se tornar líder da resistência. Em maio de 1942 mudou-se para a Tunísia, que, apesar de governada por Vichy, lhe oferecia algum distanciamento da guerra. Lá, seis meses depois, quando os Aliados ocuparam a Argélia e o Marrocos, e os alemães e italianos tomaram a Tunísia, Gide soube o gosto real da ocupação inimiga. Finalmente, em maio de 1943, os Aliados libertaram a Tunísia e ele também ficou livre para sair e ir à Argélia, onde patrocinou uma nova publicação literária, *L'Arche*. Lá jantou com o general De Gaulle, em 26 de junho. "Não acho difícil depositar nele minhas esperanças", escreveu na mesma noite.[6]

O melhor amigo de Gide, Roger Martin du Gard, Prêmio Nobel de Literatura de 1937, optou por um silêncio ainda maior. Em 1940, tendo finalmente publicado o epílogo de sua obra mais conhecida, o épico familiar *Les Thibault*, em oito volumes, mudou-se primeiro para Nice, depois para Cap d'Antibes. Lá se dedicou a um novo romance, *Le lieutenant-colonel de Maumort*, só publicado depois da libertação. Quanto a Mauriac, que deixara de escrever para qualquer editor autorizado pelos alemães depois de 1941, alinhou-se à resistência intelectual em 1942.

André Malraux também preferiu se afastar da vida pública. Depois de sua campanha contra o fascismo, antes da guerra, e do apoio aos republicanos durante a Guerra Civil Espanhola, ele passou a personificar o *intellectuel engagé*. Mas recusou diversos convites para participar da resistência, em 1941 e 1942, argumentando que só os exércitos aliados libertariam a França. Preferiu passar boa parte da guerra num recanto tranquilo da Côte d'Azur, publicando um livro, *La lutte avec l'ange*,* na Suíça. Só seguiu o irmão Roland na resistência armada no início de 1944. Trabalhando com agentes britânicos na Dordonha, Malraux assumiu o codinome de "coronel Berger", e realizou diversas visitas secretas a Paris. No dia 22 de julho, quando viajava de carro com um militar britânico, o major George Hiller, Malraux foi detido e mandado para a cadeia de Toulouse, mas combatentes da resistência o libertaram um mês depois, quando os alemães se retiravam da cidade. Depois da libertação de Paris ele compensou a entrada tardia para a resistência, alistando-se no exército francês.

---

* Foi o último romance de Malraux, reeditado na França em 1948 com o título de *Les noyers de l'Altenburg* [As nogueiras de Altenburg].

Apesar de tudo, um punhado de escritores se dispôs a agir, ajudando os soldados britânicos a sair da França e coletando informações para enviar a Londres. Como grupo profissional, porém, precisavam de um líder. Dois homens se apresentaram para tanto: Paulhan, o crítico literário que conhecia a maioria dos escritores franceses, por um bom tempo editor da NRF antes da guerra, e Aragon, o poeta comunista que ampliara o movimento, indo além das fileiras comunistas. Outras figuras emergiram, alguns como ativistas, outros como símbolos, mas esses dois homens desempenharam papéis centrais, recrutando novos membros, servindo como referências para comunicação e mantendo a frieza nos momentos difíceis.

Suas vidas não poderiam ser mais diferentes. Aragon, que no princípio se esforçou para restabelecer contato com seus companheiros comunistas na zona ocupada, permaneceu em Nice até os alemães tomarem o sul; depois passou um ano escondido em Lyon. Novamente obrigado a fugir, ele e a mulher, Elsa Triolet, judia nascida na Rússia, passaram os meses finais de ocupação sob nomes falsos, Élisabeth e Louis-Lucien Andrieux, em Sainta-Donat-sur- -l'Herbasse, 80 quilômetros ao sul de Lyon. Prolífico, nunca parou de escrever, e a partir de meados de 1941 manteve contato constante com resistentes, tanto de Paris quanto do sul da França. Já Paulhan, levava vida dupla. Intelectual cinquentão elegante, foi preso em maio de 1941, depois que a Gestapo descobriu seu envolvimento com a rede do Musée de l'Homme, mas graças a Drieu La Rochelle o libertaram. Logo retomou suas atividades na resistência. Ao mesmo tempo, mantinha uma aura de respeitabilidade: residia com a esposa na Rue des Arènes, no quinto *arrondissement*, ia trabalhar diariamente na Gallimard e frequentava os almoços de quinta-feira de Florence Gould. "Admiro o dom de Jean Paulhan de tornar a vida mais leve em torno de si", escreveu Guéhenno, que conhecia suas atividades na resistência, em seu diário. "Um companheiro formidável, que teria me ajudado muito a viver nesta prisão."[7] Até Gerhard Heller, amigo de muitos escritores franceses, descreveu Paulhan como "meu mestre" em suas memórias.

Mas, se Paulhan e Aragon se tornaram os pilares da resistência intelectual, a ideia de organizar os escritores nasceu muito antes, por iniciativa de Jacques Decour, professor de liceu em Paris, que fundou, com George Politzer e Jacques Solomon, a *Université Libre* e *La Pensée Libre*, com patrocínio do Partido Comunista. Os jornais se destinavam especificamente às elites acadêmicas e intelectuais. Em fevereiro de 1941, com 96 páginas que lhe davam a aparência de uma publicação literária tradicional, *La Pensée Libre* defendeu "o renascimento das tradições autênticas de nossa cultura nacional, de modo a travar, ao lado de escritores, pensadores, estudiosos e artistas de todos os países ocupados, a grande batalha das luzes contra o obscurantismo, que é o ambiente intelectual da Nova Europa". Para conduzir a bandeira, o Partido Comunista formou o Front National des Écrivains. Apesar do nome imponente, porém, quase não tinha membros, pois diversos escritores não comunistas se recusavam a escrever — mesmo sob pseudônimo — para *La Pensée Libre*. Além disso, o Partido Comunista não estava satisfeito com a decisão de Aragon de publicar poesias e assinar seu nome, por acreditar que ele deveria canalizar a energia para as atividades subversivas. Mesmo assim, a primeira iniciativa importante de Aragon, quando a União Soviética entrou na guerra, foi convencer Decour a ir além das fileiras comunistas. Com isso em mente, durante uma viagem secreta a Paris, no fim de junho de 1941, ele pôs Decour em contato com Paulhan.

O encontro deu frutos meses depois, quando Decour, Paulhan, Mauriac e vários outros fundaram o Comité National des Écrivains, ou CNE, para representar todos os escritores antifascistas. Embora Aragon tenha concordado em formar uma seção no sul, na área não ocupada, Decour assumiu a responsabilidade de publicar um novo jornal de escritores, *Les Lettres Françaises*, e começou a redigir sozinho o primeiro número. Mas em 19 de fevereiro de 1942, depois da impressão do segundo — e derradeiro — número de *La Pensée Libre*, Decour foi preso pela polícia francesa e entregue aos alemães. Foi fuzilado no dia 30 de maio, uma semana depois de Solomon e Politzer. O Partido Comunista passou a tarefa de publicar *Les Lettres Françaises* a um sujeito conhecido como Claude Morgan, pseudônimo usado pelo filho de Georges Lecomte, membro da Académie Française. Assim como Lecomte, ele trabalhava no Louvre, cuidando dos museus provinciais. Como Morgan, precisou começar do zero, pois a irmã de Decour destruíra todos os textos preparados por ele. Além disso, sem contato com Paulhan e o embrionário CNE, Morgan redigiu a primeira edição de seis páginas de *Les Lettres Françaises* inteiramente por sua conta. Impresso num mimeógrafo, em setembro de 1942, o jornal abria com um manifesto do Front National des Écrivains, e incluía uma homenagem ao predecessor de Morgan: "Adeus a Jacques Decour".

Morgan logo recebeu ajuda de Édith Thomas, escritora antifascista que acabara de chegar a Paris, proveniente da zona não ocupada. Na edição de outubro de 1942 de *Les Lettres Françaises*, também copiada precariamente em mimeógrafo, Thomas escreveu o principal editorial, "Criez la vérité" [Gritem a verdade]. No texto, dirigindo-se à comunidade literária, ela descreve uma cena que viu, o trem de deportação lotado de judeus, inclusive crianças:*

> Os braços finos das crianças se agarravam às barras. Uma mão estendida acenava como uma folha na tempestade. Quando o trem reduziu a velocidade, ouvi vozes que gritavam: "Mamãe!". E a única resposta foi o ranger dos eixos. Pode-se dizer que a arte não tem pátria. Pode-se dizer que o artista deve se isolar numa torre de marfim, e criar sua obra, realizar sua tarefa. Nossa tarefa? Para ter dignidade, é preciso contar a verdade. E a verdade é total, ou não existe.

Silêncio, alertou os colegas escritores, significa cumplicidade com os crimes nazistas.[8]

Édith Thomas, além disso, apresentou Morgan a Paulhan e outros membros do CNE, e a edição de novembro divulgou uma declaração assinada pelo Comité National des Écrivains. No começo de 1943, Morgan conseguiu publicar poemas de Éluard e Aragon, além de artigos de Paulhan, Sartre, Michel Leiris e Jacques Debû-Bridel, um nacionalista conservador antes ligado à Action Française. Finalmente, em outubro de 1943, depois de nove números mimeografados, com as palavras "Fundador: Jacques Decour, fuzilado pelos alemães" escritas à mão sob o nome "*Les Lettres Françaises*", Morgan conseguiu um impressor clandestino disposto a assumir a tarefa. As quatro edições seguintes saíram com quatro páginas. Em março de 1944 o jornal cresceu para oito páginas e incorporou *L'Écran Français*, *La Scène Française* e *Le Musicien d'Aujourd'hui*, que representavam resistentes do cinema, do teatro e da música. Alguns artigos foram diagramados por *résistants* que trabalhavam no *Pariser Zeitung*, em alemão. A distribuição da publicação mensal incluía exemplares remetidos pelo correio em envelopes comuns, entrega em caixas de correio de apartamentos e cafés, bem como de mão em mão, para amigos. A gráfica rodava 4 mil exemplares em 1943, e saltou para 12 mil no mês anterior à libertação.

Les Lettres Françaises se tornou a principal razão para a existência do CNE,

---

* As primeiras crianças judias foram deportadas depois da *rafle du Vél'd'Hiv*, em julho de 1942.

314

mas seus membros também se encontravam para trocar notícias e mexericos, discutir a opinião sobre novos livros, planejar a denúncia de escritores fascistas e preparar o final da ocupação. Morgan, Thomas, Aragon e Éluard se destacavam entre os membros comunistas, mas não faltavam moderados como Mauriac e Paulhan. Era inevitável que vigorasse um certo amadorismo. Claude, filho de Mauriac, recordou um encontro secreto na casa de seus pais, com a presença de Mauriac, Paulhan, Ghéhenno e outros. "Com ar de inquisidores, eles elaboraram — 'para o dia da vitória' — uma lista de quem seria banido. Jean Paulhan disse (com certa ironia) que não havia necessidade de mudar as leis, uma vez que o vigente crime de 'traição hedionda' lhes permitiria julgar os acusados rapidamente, sem investigação".[9]

O comitê — ou, pelo menos, um punhado de seus membros parisienses — se encontrava às vezes na sala de Paulhan na Gallimard, literalmente vizinha da sala de Drieu La Rochelle. Se apenas dois ou três escritores precisassem conversar, a opção favorita era La Closerie des Lilas, restaurante de esquina, no Boulevard du Montparnasse. A partir de fevereiro de 1943, o comitê passou a se encontrar com regularidade no apartamento de Thomas, à Rue Pierre-Nicole, 15, perto da igreja de Val-de-Grâce, no quinto *arrondissement*. A vantagem do endereço estava na falta de *concierge* no edifício, embora para os escritores os encontros sempre no mesmo local representassem certo risco. E eles corriam outros. Quando falavam pelo telefone deviam usar códigos, mas Mauriac depois admitiu que se esquecia dos códigos e acabava empregando os nomes das pessoas. Em certa ocasião, Thomas recordou, todos os 22 membros da seção de Paris compareceram ao apartamento dela, estacionando umas quinze bicicletas na entrada. Ela solicitou mais cautela aos participantes.

Em 1943, muitos escritores do CNE também estavam envolvidos num extraordinário empreendimento para publicação clandestina de livros, que surgiu quase por acidente. No fim de 1941, Jean Bruller, jornalista e chargista que resolveu trabalhar como carpinteiro durante a ocupação, leu *Jardins et routes* [Jardins e caminhos], de Ernst Jünger, seu diário da conquista da França. Impressionado com o retrato simpático que Jünger traçou da França, Bruller escreveu uma novela chamada *O silêncio do mar*, assinando Vercors,* nome de uma região montanhosa no sudeste da França onde convalescera certa vez.

---

* Mais tarde, o maquis de Vercors se tornaria uma das forças rurais mais fortes da resistência.

Pretendia publicá-la com seu amigo Pierre Lescure, agente secreto britânico que mantinha contato com *La Pensée Libre.*

Quando os alemães confiscaram a gráfica do jornal (e prenderam os editores), Lescure e Bruller fundaram sua própria editora clandestina, adequadamente batizada de Éditions de Minuit, Edições da Meia-Noite. Encontraram um tipógrafo, Claude Oudeville, que conseguiu imprimir a novela de Vercors, oito páginas por vez, enquanto Bruller recorreu a uma amiga de infância, Yvonne Paraf, para encadernar os livros à mão. Os primeiros 350 exemplares de *O silêncio do mar* ficaram prontos em fevereiro de 1942, mas a distribuição foi suspensa quando Lescure foi obrigado a se esconder. Finalmente, em setembro de 1942, o primeiro livro clandestino da ocupação foi lançado. Exemplares chegaram a Londres, onde Cyril Connolly traduziu a história para o inglês; novos exemplares foram impressos e enviados para a França pelos aviões da RAF que transportavam armamentos para a resistência.

O silêncio do mar causou sensação pelo tom, que em nada lembrava a ladainha contra os alemães e Vichy de *Les Lettres Françaises.* A história é contada em primeira pessoa, por um homem que mora com a sobrinha numa cidade provinciana não identificada. Por imposição, recebe em sua casa Werner von Ebrennac, oficial alemão instruído, descendente de exilados huguenotes franceses. O militar conversa com os franceses todas as noites, mas eles permanecem em silêncio. Diz que admirava a França de longe, mas em seu leito de morte o pai alertou: "Você nunca deve ir à França, a não ser quando puder entrar de bota e capacete".[10] Ele se explica, insiste no amor pela França. Em visitas subsequentes, revela ser compositor; visita a biblioteca e admira as obras de Shakespeare, Dante, Cervantes, Molière, Voltaire; conta a história da Bela e a Fera; declama trechos de *Macbeth*; fala sobre Bach. Dirige-se com frequência à sobrinha, por quem parece atraído. Todas as noites a visita termina com a frase: "Desejo-lhes uma boa noite".[11]

Certo dia, o oficial anuncia que precisa viajar para Paris. Na volta, pede a eles que esqueçam tudo que disse nos meses anteriores. Em Paris, conheceu soldados alemães que tinham outra impressão da França. Eles disseram: "Os franceses não são loucos nem estúpidos: temos a oportunidade de destruir a França, e o faremos. Não somente seu poder, como também sua alma. Acima de tudo, sua alma. A alma francesa é a maior ameaça. Não se iluda, meu caro. Vamos corrompê-los com nossos sorrisos e afetos. Vamos transformá-la numa cadela submissa".[12] O oficial revela que, enojado com o que ouviu, pedira transferência para a frente russa, e que partiria na manhã seguinte. Mais uma vez, deseja boa-noite aos anfitriões. E, olhando fixamente para a mulher, acrescenta: "*Adieu*". Segundos depois, rompendo o silêncio pela primeira e última vez, ela sussurra: "Adieu".*

O silêncio do mar levanta questões difíceis, sobretudo se o silêncio seria uma resposta adequada à ocupação, e se um oficial alemão poderia ter descrição favorável num livro. Mas, embora sem saber o nome real do autor, as Forças Livres Francesas de Londres aprovaram o livro, e *Les Lettres Françaises* o elogiou como "o livro mais comovente, mais profundamente humano que tivemos a oportunidade de ler desde o início da ocupação alemã".[13]

Encorajado pela reação, Bruller resolveu publicar outros livros pelas Éditions de Minuit. Yvonne Paraf, que ocultou a identidade de Vercors até o final da guerra, cruzou a linha de demarcação para buscar na zona não ocupada o original de *Noite de agonia em França*, do filósofo exilado Jacques Maritain, livro que já fora publicado nos Estados Unidos com o título de *France, my country, through the disaster*. Ele saiu com o selo das Éditions de Minuit em outubro de 1942. No início de 1943, Bruller contatou Paulhan e com isso conseguiu acesso imediato a seu grupo de resistência inteiro. O encontro conduziu ao terceiro livro, *Chroniques interdites* [Crônicas proibidas], publicado em abril de 1943, incluindo um tributo a Jacques Decour, escrito por Paulhan. Nos dezesseis meses seguintes, outros 22 livros pequenos foram lançados, com os nomes dos seus autores ocultos por pseudônimos. Triolet publicou uma novela, *Les amants d'Avignon*, como Laurent Daniel; Mauriac enviou um ensaio, *Le cahier noir*, como Forez; Debû-Bridel homenageou a literatura inglesa em *Angleterre (d'Alcuin à Huxley)*,** com o nome de Argonne; Guéhenno publicou *Dans la prison*, adaptação de seu diário particular, sob o pseudônimo de Cévennes; e Morgan editou sua novela *La marque de l'homme*, como Mortagne. A novela de John Steinbeck sobre ocupação e resistência num país indefinido, *A longa noite sem lua*, também saiu pelas Éditions de Minuit pouco antes da libertação, com

---

* Por coincidência, a história repete a de *Dolce*, segundo volume do romance inacabado *Suíte francesa*, de Irène Némirovksy, que também retrata um "bom" alemão hospedado numa residência particular de cidade provinciana.

** O título se refere a Alcuin of York, poeta e teólogo inglês do século VIII, e a Aldous Huxley.

o título de *Nuits noires*, apresentada como a primeira tradução francesa completa da obra, para distingui-la de *Nuits san lune*, edição publicada na Suíça em 1943, na qual trechos importantes foram eliminados.

A poesia, porém, se mostrou mais adequada às condições da ocupação. Um poema exige pouco papel, pode ser decorado e recitado com facilidade, copiado à mão e deixado sobre a mesa de um café, transmitido pela BBC e, acima de tudo, ter um impacto emocional intenso. Ademais, a poesia da resistência desfrutava de um monopólio, pois nenhum escritor colaboracionista tentou expressar o fascismo em versos. Aragon se mostrou particularmente hábil em compor poemas nos quais disfarçava as mensagens da resistência como referências literárias, históricas ou líricas. "Contrabando, na literatura, é a arte de despertar os sentimentos proibidos com palavras autorizadas", explicou após a guerra.[14]

Outro poeta, Pierre Seghers, manteve a poesia de qualidade viva na zona não ocupada com a revista *Poésie '40*, que mudava a data do título todo ano. Editada em sua casa, em Villeneuve-lès-Avignon, nas imediações de Avignon, desfrutava de considerável liberdade, embora sujeita à censura de Vichy. Seghers fazia questão de incluir poemas de prisioneiros de guerra franceses, enviados dos campos de concentração alemães, e também de enviar exemplares de *Poésie* para esses campos. Depois, declarou ter ficado comovido com uma carta recebida no início de 1942, na qual um prisioneiro de guerra relatava como, inspirado pela *Poésie*, ele e os amigos criaram uma publicação poética mensal no campo de prisioneiros. "Sua publicação fez com que eu me sentisse muito bem", disse o autor da carta. "Isso é tudo. O povo francês deveria saber o papel que nós, que nada temos, atribuímos à poesia, e a fé que todos depositamos no futuro da poesia francesa." E terminou dizendo: "*Monsieur Seghers, courage, courage, courage, courage*". No ano seguinte, Seghers dedicou um número inteiro de *Poésie '43* aos *Poètes Prisonniers*.

Outros espaços importantes para a poesia eram o suplemento literário de *Le Figaro*, e *Confluences*, de René Tavernier, ambos de Lyon, na zona não ocupada; *Les Cahiers du Sud*, em Marselha, e *Fontaine*, de Max-Pol Fouchet, na Argélia. *Les Cahiers d'Art* combinava a resistência intelectual — sua sede na Rue du Dragon, em Saint-Germain-des-Près, costumava ser utilizada para editar *Les Lettres Françaises* — com a publicação de poesia, tanto em edições clandestinas quanto em edições aprovadas pelos alemães.

Dúzias de poetas surgiram com a ocupação, mas Aragon e Éluard, ambos quarentões, foram os mais prolíficos e influentes. Graças à ocupação, eles deixaram de lado uma disputa amarga, datada de 1933, quando Éluard (ao lado de André Breton) foi expulso do Partido Comunista, e Aragon, defenestrado do movimento surrealista. Até então, Éluard e Aragon eram os principais poetas surrealistas. Em contraste, o verso deles durante a ocupação era claro, direto e emotivo. A principal diferença ocorria entre os poemas assinados e os publicados anonimamente, ou sob pseudônimo; os que passavam pela censura alemã evocavam a profunda melancolia e desalento da época, enquanto os poemas da resistência não raro denunciavam violentamente os nazistas e seus vassalos franceses. Os dois por sorte não acabaram presos,* no mínimo porque seus estilos individuais poderiam ser reconhecidos em alguns dos poemas clandestinos.

Aragon foi o primeiro a levar a poesia às Éditions de Minuit, com um longo épico em versos chamado *Le Musée Grévin*. Naquela altura, porém, como parte de sua "literatura clandestina", ele já havia publicado uma coletânea com a Gallimard de Paris, *Le crève-coeur*, em 1941, e outra na Suíça, *Les yeux d'Elsa* [Os olhos de Elsa], em 1942. Em "Les lilas et les roses" [Os lilases e as rosas], escrito imediatamente após a derrota da França em junho de 1940, e publicado em *Le crève-coeur*, Aragon opõe a primavera à dor da derrota. O poema começa assim:

> *Ó mês das floradas, mês das metamorfoses*
> *Maio que passou sem nuvens e junho apunhalado*
> *Jamais me esquecerei dos lilases e das rosas*
> *Nem aqueles que a primavera guardou em suas dobras*

O poema evoca soldados, tanques, pânico e morte, e continua:

> *Tudo se cala O inimigo nas sombras repousa*
> *Disseram esta noite que Paris se rendeu*
> *Jamais me esquecerei dos lilases e das rosas*
> *Nem dos dois amores que perdemos*

---

* Aragon e Triolet foram detidos por um breve período, quando cruzavam a linha demarcatória em junho de 1941, mas não foram identificados, e dez dias depois receberam permissão para viajar a Paris.

Em "La nuit d'exil" [A noite do exílio], Aragon imagina uma Paris longínqua:

Jamais reveremos o paraíso distante
Les Halles l'Opéra la Concorde e o Louvre
Essas noites das quais te lembras quando a noite nos recobre
A noite que vem do coração e não conhece a manhã

Conforme a ocupação transcorria, seu tom resignado deu lugar a um verso mais combativo. Em 1943, Aragon publicou "Ballade de celui qui chanta dans les supplices" [Balada de quem canta no suplício] em *Les Lettres Françaises*, e a dedicou a Gabriel Péri, jovem comunista fuzilado em dezembro de 1941 por se recusar a revelar segredos da resistência.

E se fosse preciso refazer tudo
Eu refaria este caminho
A voz que vem das cadeias
Fala pelos que virão

Enquanto Aragon poeta escrevia prolificamente, o Aragon comunista se dedicava de forma intensa à organização dos médicos e advogados, além dos escritores, formando grupos de resistência no sul. De fevereiro de 1943 a março de 1944 ele editou uma publicação mensal clandestina, *Les Étoiles*, que abria com um apelo à unidade dos intelectuais e depois informava aos leitores sobre as atividades de resistência abrangentes. Às vezes também eram publicados poemas de Aragon, sob diferentes pseudônimos.

Éluard demorou mais a participar da resistência, com *Livre ouvert*, coletânea em edição limitada pela *Cahiers d'Art*, em 1941, que refletia seu desânimo. Ele também publicou alguns poemas na *Poésie '41*, de Seghers. Um verso típico dizia: "Não ouço os monstros falarem/ Sei que já disseram tudo". Em junho de 1942 a *Fontaine*, na Argélia, publicou o que se tornaria o poema francês mais conhecido da época da guerra, "Liberté". Lembra um poema de amor, pois Éluard o escreveu para a esposa, Nusch, sob o título de "Une seule pensée". E só recebeu autorização para ser publicado porque os censores de Vichy não leram o poema inteiro. Em 21 estrofes de quatro versos, Éluard descreve as delícias da vida, da época escolar até suas viagens, dos momentos de doença aos de amor. E, para homenageá-la, termina vinte estrofes com o verso "Escrevo teu nome". Mas, no texto da *Fontaine*, ele trocou o nome de Nusch, na última palavra do poema:

E pelo poder de uma palavra
Recomeço minha vida
Nasci para te conhecer
Para te chamar

Liberdade

Três meses depois, Éluard incluiu "Liberté" numa coletânea de poemas publicada clandestinamente em Paris. Mais importante, Fouchet mandou uma cópia do poema para Londres, onde foi impresso em folhas soltas pela *Revue du Monde Libre*, gaullista; a RAF lançou dezenas de milhares de cópias sobre a França ocupada.

No fim de 1942, tendo retornado ao Partido Comunista, Éluard aderiu ao CNE e logo depois escreveu uma homenagem a Paris para *Les Lettres Françaises*, chamada "Courage", que começa assim:

Paris tem frio, Paris tem fome
Paris não come mais castanha na rua
Paris usa velhas vestes de velha
Paris dorme de pé sufocada no metrô

Em abril de 1943, Bruller recrutou Éluard para preparar a primeira antologia poética das Éditions de Minuit, *L'honneur des poètes*. Entre os 22 autores se destacavam Aragon, Seghers, Thomas, Tavernier, Bruller e o próprio Éluard, além de três prisioneiros de guerra, sob pseudônimo. No prefácio sem assinatura, Éluard escreveu: "Não obstante o perigo que os homens hoje correm, nós poetas viemos de todos os cantos do território francês. Sob ameaça, a poesia desafiada mais uma vez se reagrupa, reencontra um significado preciso para sua violência latente, grita, acusa, espera".[15] Em maio de 1944, embora passasse a maior parte do tempo se escondendo, Éluard conseguiu editar outra coleção, *Europe*, para as Éditions de Minuit; nela incluiu poemas dos mesmos *résistants*, além de obras de poetas de outros países ocupados.

Um livro incomum, publicado por Bruller, foi *33 sonnets composés au secret* [33 sonetos compostos em solitária], atribuído a Jean Noir. Os poemas, na verdade, foram escritos por Jean Cassou, curador de arte moderna que fugiu de Paris quando os alemães desbarataram a seção da resistência no Musée de l'Homme, em 1941. Continuou as atividades de resistência em Toulouse, onde foi preso pela polícia francesa em dezembro de 1941. Solto em fevereiro de 1942, logo voltou à cadeia, até o começo de 1943, quando conseguiu voltar à resistência. No primeiro período atrás das grades, ele compôs os sonetos e os decorou, até os últimos dias de detenção, quando afinal lhe deram lápis e papel. "Durante dois meses, fiz meio soneto por noite", recordou anos depois.

Em maio de 1944, os sonetos de Cassou, dedicados a "meus companheiros de prisão", saíram pelas Éditions de Minuit. A longa introdução de Aragon, como François La Colère, dramatizou a obra de Cassou:

> Na noite em que o prisioneiro se recusa absolutamente a admitir a fome, a sede, o frio, a dor da indignidade, a humilhação do homem pelo homem, o poema é seu supremo ato de desafio, atirado contra o desprezo que sofre. O poema é o esforço sobre-humano para continuar humano, para alcançar as regiões da mente e do coração que tudo em torno dele nega e conspurca.[16]

Embora anunciados como "sonetos da resistência", os poemas são de fato mais sonetos que resistência, refletindo memórias, imagens e pensamentos variados de um homem aprisionado na solidão da noite. Em um dos sonetos os sons ouvidos se misturam aos recordados.

> *Os sons distantes da vida, celestiais, ocultos;*
> *Som de buzinas, crianças de volta a casa para o chá,*
> *Os sinos das igrejas repicam para um dia festivo,*
> *Carros seguem cegamente para o infinito.*[17]

Em outro, ele imagina a alegria dos poetas que retornam à terra:

Eles reconhecerão em máscaras maníacas,
Dançando a farândola no Carnaval,
Seu verso mais fino, livre da agonia
Que lhe deu origem: então, feliz,
Quando a noite cai devem partir, e abençoar
Amor e glória duradouros, vento, sangue e mar.[18]

Paris também é lembrada, "seus monumentos cobertos de sangue, o céu/ ao entardecer, cinza avião: tudo isso de novo/ eu vi de novo".[19] A ocupação em si só é sugerida quando ele antevê que "os dias renascem na aurora".[20]

Quando o ódio e o desprezo abalarem todos os muros,
O coração perto de romper, o que resta afinal
Exceto odiar, odiar, desprezar, desprezar, e só?[21]

A força lírica de muitos dos sonetos levou Henri Dutilleux, Darius Milhaud e Manuel Rosenthal a musicá-los. Cassou sobreviveu à guerra. Seriamente ferido em um confronto com forças alemãs durante a libertação de Toulouse, ele se recuperou e regressou a Paris, para dirigir o Musée d'Art Moderne até 1965.

Robert Desnos não teve a mesma sorte. Nascido em 1900, mergulhou no tumulto do movimento surrealista até ser expulso por Breton em 1929 por se recusar a entrar para o Partido Comunista, entre outras coisas. Mas continuou na esquerda, apoiando os republicanos na Guerra Civil Espanhola, horrorizado com a ascensão nazista. Convocado em setembro de 1939, evitou a captura em 1940 e voltou a Paris para trabalhar no jornal *Aujourd'hui*. Quando o editor foi preso por não querer atacar os judeus, Desnos continuou no emprego, subordinado ao novo editor fascista, Georges Suarez, concentrando-se em questões literárias, evitando a política. Mas *Aujourd'hui* se mostrou uma importante fonte de informações: depois que Desnos entrou para o grupo Agir da resistência, em 1942, aproveitou sua situação favorável para repassar informações obtidas na redação. Além disso, continuou a fazer poesia, colaborando na coletânea *Europe* com um poema chamado "Le veilleur du Pont-au-Change" [O vigia de Pont-au-Change], que louva a resistência em um trecho:

Saúdo quem dorme
Depois das árduas tarefas clandestinas,
Gráficos, sabotadores com suas bombas, descarrilamentos e incêndios,
Distribuidores de panfletos, contrabandistas, mensageiros,
Saúdo todos os que resistem, crianças de vinte anos com sorrisos primaveris,
Velhos como pontes, robustos, retratos das estações,
Eu os saúdo no raiar de uma nova manhã.

Na época do lançamento de *Europe*, em maio de 1944, Desnos se encontrava em um campo de concentração alemão. Em seu diário, Galtier-Boissière recordou o telefonema para Desnos e a esposa, Youki, na manhã de 22 de fevereiro de 1944. "Youki Desnos me interrompeu bruscamente: 'Ligue daqui a quinze minutos, por favor'. Um quarto de hora depois ela me disse, com aflição na voz: 'A polícia alemã chegou quando você estava ligando. Eles levaram Robert'."[22] A comunidade artística se mobilizou para obter sua soltura, e Youki conseguiu até uma promessa de ajuda de Heller. A certa altura, Desnos escreveu a Youki que ainda alimentava a esperança de evitar a deportação: "Escapei por pouco da última viagem, e espero que não me incluam na próxima partida. Conto aqui com a agradável e boa companhia de várias pessoas: comunistas, gaullistas, monarquistas, padres, nobres, camponeses. Uma miscelânea interessante".[23] Mas a imprensa colaboracionista, liderada por Laubreaux, prosseguiu em campanha contra ele, acusando-o de ser comunista. No fim de abril ele foi embarcado num trem a caminho do leste. No ano seguinte o transferiram várias vezes de campo, até que chegou a Terezin, na Tchecoslováquia. Ali morreu de tifo no dia 8 de junho de 1945, um mês depois da vitória na Europa.

René Char trilhou um caminho diferente. Ex-jogador de rúgbi, tornou-se poeta surrealista e contava apenas 33 anos na época da queda de Paris. Mas, em vez de regressar à cidade depois de dar baixa, preferiu as oportunidades de seu local de nascimento, L'Isle-sur-la-Sorgue, a leste de Avignon. Decidiu continuar escrevendo, sem publicar nada. "Minhas razões foram ditadas em parte pelo exibicionismo inacreditável e detestável demonstrado por muitos intelectuais desde junho de 1940", escreveu ao velho amigo Francis Curel.* Em outra carta a Curel, Char mencionou a necessidade de ir além: "Claro, os poemas devem ser

---

* Curel foi preso em julho de 1943 e deportado para a Áustria, mas sobreviveu à guerra.

escritos, a raiva e os soluços de nosso humor sombrio precisam ser registrados em tinta silenciosa, mas não podemos parar por aí. Ficar nisso seria pateticamente inadequado".[24] Em dezembro de 1940, depois que a polícia revistou a casa de Char, ele recebeu um aviso de que seria preso. Em fevereiro de 1941 viajou a Marselha para encontrar Breton, Wilfredo Lam e outros surrealistas que esperavam vistos para sair da França na Villa Air-Bel, embora nunca tenha pensado em ir com eles.

Em vez disso, mudou para a segurança de Céreste, um vilarejo nas montanhas, 45 quilômetros a leste de L'Isle-sur-la-Sorgue. Foi lá, protegido pelo silêncio dos vizinhos, que ele aos poucos formou um grupo de resistência, primeiro nos povoados próximos, depois no entorno, e suas unidades se vincularam à Armée Secrète, o Exército Secreto, que unificou diversos grupos de resistentes em 1943. Naquela altura, os maquis cresciam graças à adesão de jovens que fugiam dos trabalhos forçados na Alemanha. Char ficou responsável pela seção de paraquedismo da região, o que significava recolher, armazenar e distribuir armamentos, dinheiro e documentos lançados pela RAF. Logo seu grupo contava com 2 mil homens, e quando a SS e a *milice* intensificaram suas atividades no sul, os combatentes passaram a entrar em ação com frequência cada vez maior. Em julho de 1944 ele foi para a Argélia de avião, para ajudar a preparar o desembarque das forças aliadas na costa sul da França. Um mês depois guiou as tropas americanas na libertação da área onde suas forças resistentes atuavam.

Durante a guerra, afastado da resistência intelectual de Paris, Char fez anotações que seriam publicadas em 1946 como *Feuillets d'Hypnos* [Folhas de Hipnos],* que incluía aforismos, poesia em prosa e descrições diretas. Seus aforismos nasceram da luta na resistência: "A aquiescência ilumina a face. A recusa lhe confere beleza" e "A eternidade está longe de ser mais longa que a vida" e "A fruta é cega. Quem enxerga é a árvore". E "Um homem sem defeitos é como uma montanha sem desfiladeiros. Ele não me interessa".[25] As observações mais impactantes de Char se referem aos combates em si, e são muito comoventes no dia 22 de junho de 1944, "um dia horrível", quando testemunhou a execução de um de seus companheiros de armas, o poeta Roger Bernard, de 23 anos. "Eu só tinha de puxar o gatilho de meu rifle automático e ele poderia ter

---

* Na mitologia grega, Hipnos é o deus do sono. Ao usar seu nome, Char se via como vigia, durante a longa noite da ocupação.

sido salvo!", Char escreveu, ressaltando que as tropas da ss não sabiam dos combatentes escondidos. "Todos os olhos em torno de mim imploravam que eu desse o sinal de abrir fogo, mas fiz que não com a cabeça." Foi uma decisão terrível, disse. "Não dei o sinal porque o vilarejo precisava ser salvo *a qualquer custo*. O que é um vilarejo? Um vilarejo como qualquer outro? Quem sabe ele tenha se dado conta disso, em seu derradeiro momento."[26]

Os alemães também mataram Émile Cavagni, que Char chamava de "meu melhor companheiro de luta", acrescentando: "Ele portava seus 45 anos ereto, como uma árvore da liberdade. Eu o amava sem efusão, sem gravidade supérflua. Inabalável".[27] A descrição de uma emboscada da resistência, por Char, foi mais brutal: "A pequena coluna inimiga se retirou imediatamente. Exceto pelo artilheiro que conduzia a metralhadora, que não teve tempo de representar algum perigo: sua barriga explodiu. Os dois carros nos permitiram escapar".[28]

Outros intelectuais pagaram a resistência com a vida. Jean Cavaillès, filósofo que completara 36 anos no início da guerra, foi capturado pela Wehrmacht em junho de 1940, mas conseguiu escapar. Quando lecionava em Clermont--Ferrand, naquele mesmo ano, conheceu Emmanuel d'Astier de la Vigeria, ex-oficial da inteligência naval, e juntos iniciaram um grupo de resistência, o Libération-Sud, e passaram a publicar um jornal, o *Libération*. Quando Cavaillès foi convidado para lecionar na Sorbonne, em Paris, ele formou o Libération--Nord. A resistência gaullista lhe ordenou a criação de uma rede de inteligência no norte da França, antes de mandá-lo de novo para o sul. Preso pela polícia francesa em setembro de 1942, ele fugiu três meses depois. Em função de sua importância, foi convocado para ir a Londres encontrar De Gaulle. No dia 28 de agosto de 1943, voltaram a detê-lo, dessa vez em Paris. Torturado e preso em Fresnes e Compiègne, foi fuzilado em 17 de fevereiro de 1944.

Jean Prévost, com quase quarenta anos em 1940, rumou mais lentamente para a resistência armada. Escritor prolífico, trabalhava no *Paris-Soir* de Lyon quando foi recrutado por Aragon, em 1942, para o CNE. Chamou a atenção do público em geral por um curto período, quando ganhou o prêmio de literatura da Académie Française de 1943, graças a Mauriac e Duhamel pela tese de doutorado sobre Stendhal, *La création chez Stendhal: essai sur le métier d'écrire et la psychologia de l'écrivain*. Mas, naquela altura, sob o codinome de capitão Goderville, ele já se juntara aos maquis do sul da França. Em 1º de agosto de 1944, ele e quatro companheiros morreram em combate contra os alemães.

Dois luminares da *intelligentsia* parisiense, ambos judeus, também perderam a vida na resistência. Marc Bloch, brilhante historiador que ajudou a fundar em 1929 a publicação *Annales d'Histoire Économique*, com Lucien Febvre, insistiu no alistamento militar em 1939, apesar dos 53 anos e dos seis filhos. Quando a França caiu, ele fez uma análise da derrota, *A estranha derrota*, que foi publicada postumamente, em 1946. Quando saiu o Estatuto Judaico de Vichy, em outubro de 1940, proibiram que lecionasse, mas ele recorreu da sentença e conseguiu permissão para trabalhar na zona não ocupada, primeiro em Clermont-Ferrand, depois em Montpellier. Por um curto período rompeu relações com Febvre, que insistia em retomar a publicação dos *Annales*, o que só seria possível apenas se não constasse o nome de Bloch, por ele ser judeu. Quando a Alemanha assumiu a zona não ocupada, Bloch entrou para a resistência da região de Lyon, com o grupo Francs-Tireurs et Partisans, que se integrou aos Movimentos da Resistência Unida. Em 8 de março de 1944 ele foi preso pela Gestapo e torturado. Em 16 de junho o fuzilaram, junto com outros *résistants*.

Também cinquentão, Benjamin Crémieux era um crítico literário e secretário-geral do PEN Club francês nos anos entre as guerras. Figura imponente, com sua longa barba negra, ele aparece em muitas fotos de escritores da época. Também participou da NRF antes da guerra, publicando em 1924 o primeiro estudo sério sobre Proust, dois anos depois da morte do romancista. Como Bloch, refugiou-se na zona não ocupada antes de entrar para o grupo de combate da resistência em 1943, sob o nome de guerra de Lamy. Detido pela *milice* francesa em 27 de abril de 1943, em Marselha, foi torturado pela Gestapo, mas nada revelou a respeito de seu grupo. Passou sucessivamente por Drancy, Fresnes e Compiègne, até ser deportado para Buchenwald, onde morreu de inanição em 14 de abril de 1944.

Os maquis e outras unidades armadas não precisavam do estímulo da palavra escrita, mas logo adotaram "Le chant des partisans", poema belicoso musicado, que passou a ser assobiado e cantado como hino da resistência. Fora escrito em Londres por dois romancistas, Joseph Kessel e seu sobrinho Maurice Druon,* "que haviam se unido às Forças Francesas Livres em 1942 e trabalha-

---

* Antes de chegar a Londres, via Espanha e Portugal, Druon, que residia na zona não ocupada, estreou sua primeira peça, *Megarée*, no Grand Théâtre de Monte-Carlo.

vam na propaganda pelo rádio. Em 1943, D'Astier de la Vigerie lhe pediu uma canção que unificasse os diversos grupos resistentes, pois eles pouco tinham em comum. "D'Astier insistia, e respondíamos: 'Estamos pensando'", relatou Druon, eleito para a Académie Française em 1966, e depois se tornou seu *secrétaire--perpetuel.* "Então, certo domingo, começamos a compor. Escolhemos um trecho musical de Anna Marly, que era russa e havia usado um tema popular russo. A resistência gostou na hora. Tocou na BBC. A RAF atirou cópias por avião."[29] Dotado de refrão atraente, foi tão repetida que se tornou difícil esquecê-la. As quatro estrofes da canção buscavam incentivar a coragem. Na primeira estrofe, alerta:

Esta noite o inimigo
conhecerá o preço do sangue
e das lágrimas.

E incentiva os combatentes:

Matadores,
com balas e com facas,
matai depressa!

E o clímax chega com o apelo para lutar, mesmo em condições desfavoráveis:

Amigo, se tu caíres
outro amigo sai da sombra
e ocupa o teu lugar.
Amanhã o sangue negro
secará ao sol
nas estradas.
Cantai, companheiros,
na noite a Liberdade
nos ouve.

Para muitos escritores de Paris, porém, a luta armada mais parecia uma abstração. Colette, por exemplo, havia muito era uma das escritoras mais populares da França, fez o possível para ignorar a política, embora vivesse à sombra do antissemitismo oficial. Aos quase setenta anos em 1940, sofrendo de artrite reumatoide, era casada com Maurice Goudeket, "o judeu que não sabe que é judeu", como ela dizia. No êxodo de junho de 1940, eles foram parar num castelo em Corrèze, pertencente à filha da escritora. Mas o casal sentia falta de Paris, e com muita dificuldade obtiveram um passe para cruzar a linha demarcatória. Em setembro de 1940 eles regressaram ao apartamento do Palais-Royal, e ela voltou a escrever, publicando uma coluna semanal em *Le Petit Parisien*, além de enviar contos a semanários aprovados pelos alemães, como *Comoedia* e os antissemitas *Gringoire* e *La Gerbe*. No fim de 1941 ela publicou uma versão revista de *Le pur et l'impure*, além de uma nova novela, *Julie de Carneilhan*, na qual retratou os judeus e os políticos da Terceira República de um modo que incomodou alguns amigos e deve ter agradado os invasores. Ela seguiu sendo um dos pilares de *le tout Paris*, jantando em restaurantes caros com amigos artistas e escritores de campos políticos opostos, além de visitar o vizinho Cocteau, que a brindava com mexericos e tiradas espirituosas.

Mas a realidade política invadiu sua vida. Em 12 de dezembro de 1941, na primeira *rafle* contra judeus proeminentes, Goudeket foi preso pela Gestapo e levado para Compiègne. Por sorte, uma das admiradoras de Colette era Suzanne Abetz; a esposa francesa do embaixador alemão persuadiu o marido a ordenar a soltura de Goudeket, sete semanas depois. Colette escreveu mais tarde uma carta de agradecimento a Epting, do Instituto Alemão. Goudeket obteve rapidamente documentos falsos para entrar na zona não ocupada, e estava hospedado na casa de amigos em Saint-Tropez no verão de 1942 quando foi promovida na *rafle du Vél'd'Hiv'* a detenção em massa de judeus em Paris. Mesmo assim ele voltou para casa no fim de 1942, e passou as noites restantes da ocupação no quarto de empregada, acima do apartamento de Colette, que continuou a escrever, publicando seu grande sucesso *Gigi* em 1944. No entanto, saía cada vez menos, e se queixava da saúde. Quando Paris foi libertada, sua contribuição aos semanários colaboracionistas logo foi esquecida. Colette continuou sendo Colette.

Sem dúvida alguns escritores passaram frio e fome, outros correram risco de detenção e deportação, mas para muitos a guerra foi feita sobretudo com palavras. De fato, muitos escritores davam menos importância às publicações clandestinas que às edições abertas. Foi o caso de Jean-Paul Sartre. Já no outono de 1940 um grupo de estudantes da École Normale Supérieure, onde Sartre estudara, começou a publicar um panfleto chamado *Sous la Botte* [Sob o tacão]. "Eu tinha uma máquina Underwood antiga, do meu pai", recordou décadas depois Dominique Desanti, na época com vinte anos. "Eu era o único que sabia datilografar em estêncil. Distribuíamos os folhetos no metrô e na porta das fábricas. Obtínhamos informações pela BBC; falávamos da burguesia francesa, que fugira."[30]

Quando Sartre foi solto de um campo de prisioneiros por razões médicas, em abril de 1941, o filósofo Maurice Merleau-Ponty o apresentou a esses estudantes, e eles se uniram para formar o grupo chamado Socialisme et Liberté, que por um breve período publicou um jornal de uma página com o mesmo nome. "Para nós, Sartre já era um grande homem", Desanti disse, citando *A náusea*, romance datado de 1938. Mas, após uma viagem ao sul, onde Gide e Malraux se recusaram a endossar o grupo Socialisme et Liberté, Sartre perdeu o interesse na iniciativa. Em setembro de 1941 ele começou a lecionar no Licée Condorcet, onde substituiu um professor judeu demitido meses antes. Enquanto isso os estudantes perseveraram, mesmo depois da prisão de uma moça do grupo, que foi deportada para Birkenau, onde morreu. Um dos derradeiros números de *Sous la Botte*, em meados de 1942, incluiu um ensaio de Sartre, sem assinatura, denunciando a ordem que obrigava judeus a usar estrelas amarelas. Mas o grupo se dispersou no outono de 1942.

Sartre, que fora inicialmente excluído do CNE por Decour, recebeu afinal o convite para participar, no começo de 1943, e em abril do mesmo ano publicou um artigo anônimo em *Les Lettres Françaises* chamado "Drieu La Rochelle, ou a autodepreciação". Fez mais dois textos curtos para *Les Lettres Françaises* em 1944, mas nada para as Éditions de Minuit. Na verdade, concentrava-se em seus escritos, que incluíam o ensaio existencialista *O ser e o nada*, e as peças *As moscas* e *Entre quatro paredes*, além de um roteiro cinematográfico que não foi filmado.

Enquanto isso, Simone de Beauvoir publicava seu primeiro romance e era suspensa do cargo de professora em junho de 1943, por "incitar um menor ao deboche" — mais especificamente, por seduzir uma de suas alunas, Nathalie Sorokine, cuja mãe prestou queixa às autoridades. No mês de fevereiro seguinte, Beauvoir começou a apresentar uma série de programas sobre a história do *music-hall* na Radio Vichy, que mudara para Paris. Na época ela estava mais afastada da resistência do que Sartre; mais tarde, explicou que não sentia necessidade de comparecer às reuniões do CNE, pois Sartre a representava, e de todo modo os achava tediosos. Mas os dois arranjavam tempo para se tornar celebridades da margem esquerda. Em janeiro de 1944 o semanário ilustrado *Toute la Vie* publicou fotos de escritores e artistas nos cafés de Saint-Germain--des-Prés, e uma delas mostrava Sartre escrevendo no Café de Flore. Em suas memórias, *A força da idade*, Beauvoir descreveu uma cena típica do Flore:

> Lentamente, no decorrer da manhã, o salão encheu; na hora dos coquetéis, estava lotado. Picasso sorriu para Dora Maar, que conduzia um cachorro enorme; Léon--Paul Fargue permanecia em silêncio, Jacques Prévert conversava; nas mesas dos diretores de cinema travavam-se discussões ruidosas; desde 1939 eles se encontravam ali quase todos os dias.[31]

Sartre e Beauvoir viviam no Hôtel La Louisiane, na vizinha Rue de Seine, e escreviam muito no Flore, cuja lareira à lenha era uma atração extra no inverno.

Na primavera de 1944 surgiu uma nova diversão, na forma de eventos que duravam a noite inteira, apelidados de *fiestas*. Entre os frequentadores, muitos escritores e, esporadicamente, Picasso e Maar. "A dissipação amorosa ocupava um lugar discreto nessas saturnais", escreveu Beauvoir. "Acima de tudo, a bebida quebrava a rotina. Com o álcool, não nos contínhamos; ninguém em nosso meio se opunha à embriaguez; para alguns, chegava a ser um dever; Leiris, entre outros, se dedicava a beber com zelo, sendo admiravelmente bem-sucedido."[32] Muitos anos depois, Sartre também se lembrou com carinho das festas: "Por causa do toque de recolher, que durava até seis ou sete da manhã, em geral a festa ia até esse horário, para evitar flagrarem alguém entrando em casa às escondidas, no meio da noite. Começamos a fazer essas *fiestas*, como as chamavam, só de farra, sem ligação com reuniões editoriais ilegais ou algo assim".[33] Na noite do Dia D, durante o desembarque aliado, a *fiesta* foi promovida por Charles Dullin, diretor do Théâtre de la Cité, e incluía Sartre, Beauvoir, Camus, sua namorada, a atriz Maria Casarès, Michel e Louise Leiris e Raymond Queneau. "Ouvíamos discos, dançávamos e bebíamos; logo passávamos a circular pela casa toda, como de costume", recordou Beauvoir.[34]

Camus animava as *fiestas* com seu *paso doble* elegante, embora estivesse mais seriamente envolvido com a resistência do que Sartre. Entretanto, seu caminho até a editoria do jornal clandestino *Combat* — vinculado ao grupo de resistentes de mesmo nome — foi longo e tortuoso. Nascido na Argélia em 1913, então um *département* francês, nos anos 1930 Camus era um jornalista em ascensão, com recursos escassos e saúde frágil (contraíra tuberculose no fim da adolescência). Aos 21 anos casou-se com Simone Hié, mas o casamento logo acabou. Entrou para o Partido Comunista em 1935, mas foi expulso dois anos depois, num dos expurgos típicos. Sua estabilidade dependia da amizade com Pascal Pia, colega jornalista dez anos mais velho, que contratou Camus para trabalhar no jornal *Alger Républicain*, e depois em *Le Soir Républicain*. Mas o governo francês fechou os dois jornais em 1940, desempregando Camus e Pia.

Graças às vagas deixadas pelos jornalistas convocados para servir no exército, logo Pia e Camus conseguiram emprego em Paris, no *Paris-Soir*, diário de grande circulação. A última edição do jornal antes da queda de Paris saiu no dia 11 de junho. Liderados pelo poderoso proprietário, Jean Prouvost, uma pequena legião de executivos, editores e repórteres fugiram para o sul. Camus dirigiu um dos carros do comboio. Em setembro, com Prouvost no cargo de encarregado da propaganda no Ministério da Informação de Vichy, o *Paris-Soir* passou a ser editado e impresso em Lyon. Mesmo adotando a linha *pétainiste*, o jornal enfrentou dificuldades. Três meses depois, quando saía com apenas quatro páginas, Camus foi demitido. Casou-se com Francine Faure, pianista e antiga namorada, e voltou para casa, na Argélia.

Camus levava na mala três originais, frutos de muitos anos de trabalho: *O estrangeiro*, novela existencialista; *O mito de Sísifo*, ensaio filosófico; e *Calígula*, peça de teatro. Seu sonho era que os "três absurdos", como os chamava, fossem publicados num único volume e, enquanto ele ganhava a vida lecionando em Oran, dedicaria o tempo livre a isso. Mas Edmond Charlot, editor e amigo local, não tinha nem papel nem dinheiro para um livro tão volumoso. Por isso, em abril de 1941, Camus remeteu os originais para Pia em Lyon, que os despachou para Malraux, que por sua vez os recomendou a Gaston Gallimard. Por causa da dificuldade de comunicação entre Paris e a Argélia,* só depois de vários meses Camus concordou com o inevitável — que os "absurdos" fossem edita-

---

* Até novembro de 1942, quando os Aliados desembarcaram no norte da África e a Alemanha passou a controlar a zona não ocupada, os serviços postais funcionavam com eficiência nos territórios administrados por Vichy, mas a correspondência importante que precisava cruzar a linha demarcatória em geral seguia por portador.

dos em separado. *O estrangeiro* saiu em junho de 1942, *O mito de Sísifo*, em outubro de 1942, e *Calígula*, em maio de 1944. E foi *O estrangeiro*, é claro, que tornou Camus uma celebridade literária aclamada em Paris.

O próprio Camus, porém, continuava em Oran, mais uma vez enfermo. Seu médico judeu, cujo consultório logo seria fechado por Vichy, ordenou-lhe que permanecesse no leito até poder convalescer num clima mais ameno do que o da Argélia. Finalmente, em agosto de 1942, Camus mudou para uma propriedade da família da esposa, em Le Chambon-sur-Lignon, vilarejo nas montanhas a 120 quilômetros ao sul de Lyon, que ficaria famoso por abrigar milhares de judeus durante a ocupação. Nos meses seguintes, enquanto preparava sua nova novela, *A peste*, e um drama, *O mal-entendido*, a saúde de Camus aos poucos foi melhorando.

Até então ele era em larga medida um intruso no trauma nacional vivido pelos franceses. No fim dos anos 1930, opusera-se à ideia da guerra, uma posição assumida por muitos, à direita e à esquerda, e em seguida expressara revolta pela subserviência de Vichy aos nazistas. Quando regressou à França, soube que Pia estava envolvido com o *Combat*, grupo de resistência ativo numa extensa região do leste da França. Conheceu outros membros do *Combat* e compareceu ocasionalmente a reuniões do CNE de Aragon no sul, na residência de Tavernier, editor de *Confluences*, em Lyon. Camus conseguiu até um passe para visitar Paris em janeiro de 1943, e quando voltou para lá em junho, fez questão de se apresentar a Sartre no ensaio final de *As moscas*.

Embora a saúde continuasse frágil, sua inquietude o levou a mudar permanentemente para Paris em novembro, onde arranjou emprego na Gallimard, para dar pareceres. Continuou sendo um forasteiro, mesmo assim, pois até então passara pouco tempo em Paris e, ao contrário dos novos colegas, não se formara nem pela Sorbonne nem pela École Normale Supérieure. Alugou um quartinho numa pensão a 300 metros da Gallimard, e começou a trabalhar lá sob as vistas do tarimbado Paulhan. Mas *O estrangeiro* conquistara muitos admiradores, e logo ele confraternizava com o grupo de Sartre no Café de Flore, dirigindo a leitura de *Le désir attrapé par la queue*, a peça de Picasso, no apartamento de Leiris, em março de 1944. Aceitou — para depois recusar — dirigir também o novo drama de Sartre, *Entre quatro paredes*.

Camus também compareceu a algumas reuniões do CNE e escreveu um ensaio para *Les Lettres Françaises* em maio de 1944. Mas a virada ocorreu quando Pia o apresentou aos editores de *Combat*, jornal clandestino fundado em dezembro de 1941 e que passou a representar os Movimentos Unidos de Resistência. No início de 1944, chegou-se a imprimir 250 mil exemplares quinzenais, em quinze locais diferentes, com distribuição pelo resto da França, quase sempre por ferrovia, disfarçados de carga. Como colaborador e depois editor-chefe do *Combat*, Camus solicitou e editou artigos, escrevendo pelo menos dois. Seu primeiro texto, de março, exibia a manchete "À guerre total résistance totale" [Contra a guerra total, resistência total], e lembrava aos leitores que os *résistants* serviam de modelo de comportamento: "Todo francês pode escolher: ficar conosco ou contra nós". Em maio, no segundo artigo, "Ils ont fusillé des français" [Eles fuzilaram franceses], denunciava a execução de 86 homens depois que a resistência descarrilou um comboio que transportava tropas alemãs. Na primavera de 1944, Camus levava vidas diversas: membro do prestigiado Comitê de Leitura da Gallimard, *habitué* do Café de Flore e *résistant* conhecido nos círculos clandestinos como Albert Mathé.

Marguerite Duras também demorou a entrar para a resistência. Nascida e criada na Indochina, cenário de seu mais famoso romance, *O amante*, ela mudou para a França aos dezessete anos, para completar os estudos. Na universidade conheceu um jovem poeta chamado Robert Antelme, com quem se casou em setembro de 1939, três semanas após a declaração de guerra. Ela trabalhava havia um ano como secretária no Ministério das Colônias, emprego que largou em novembro de 1940. Pretendia tornar-se escritora, e apesar da recusa de *Os insolentes* pela Gallimard e Denoël, seu primeiro romance acabou sendo publicado pela Plon em 1943. Duras sofreu ainda a perda do filho no parto, em maio de 1942.

A carreira de Antelme na guerra seguiu por um caminho tortuoso. Ele trabalhou primeiro na Préfecture de Police de Paris, como encarregado de informações, para Pierre Pucheu, ministro da Indústria de Vichy; quando Pucheu assumiu o Ministério do Interior, fez de Antelme seu secretário particular. Dado o envolvimento posterior de Antelme com a resistência, sua associação com uma das figuras mais odiosas de Vichy parece ainda mais estranha: Pucheu foi acusado de entregar reféns franceses para serem fuzilados pelos nazistas, e acabou executado pelo governo provisório francês em Argel.

Duras, por sua vez, conseguiu emprego no Comité d'Organisation du Livre, associação de editores criada por Vichy, e em janeiro de 1943 passou a secretária do comitê que destinava papel aos novos livros, com aprovação nazista. Ali ela conheceu o escritor colaboracionista Ramon Fernandez, por intermédio de quem alugou um apartamento no prédio onde ele morava, no número 5 da Rue Saint-Benoît, a meia quadra do Café de Flore. Durante as reuniões do comitê ela conheceu Dionys Mascolo, representante da Gallimard que se tornaria seu amante.*

Até hoje não está claro quando ou como Duras, Antelme e Mascolo aderiram ao grupo de resistentes liderados por François Mitterrand, que até o início de 1943 trabalhara num departamento de Vichy encarregado de repatriar prisioneiros de guerra franceses. Anos depois, Duras recordou a primeira visita de Mitterrand a seu apartamento, quando ficou chocada ao vê-lo fumando cigarros ingleses; isso situa o encontro no início de março de 1944, depois que Mitterrand voltou de uma viagem secreta a Londres. É inegável que Duras, Antelme e Mascolo começaram a trabalhar para a rede de Mitterrand, e que, entre outras coisas, esconderam *résistants* no apartamento de Duras, logo abaixo de Fernandez.** Em 1º de junho, Antelme foi detido e deportado, primeiro para Buchenwald, depois para Dachau.

Seguiu-se um dos episódios mais nebulosos da vida de Duras. Quando Antelme foi levado inicialmente para Fresnes, ela pediu permissão para enviar alimentos. Ao fazer isso conheceu Charles Delval, francês que trabalhava para a Gestapo e alegava ter ordenado a prisão de Antelme. Atraído pela jovem, Delval convidou Duras para jantar, e a partir daí eles saíram diversas vezes para ir a restaurantes caros. Depois da libertação, Duras declarou que buscava informações para o grupo de Mitterrand; interrogado, Delval disse que os dois discutiam literatura. No início de 1945 executaram Delval, deixando em aberto a questão de terem sido ou não amantes. Depois da vitória na Europa, Mitterrand localizou Antelme, milagrosamente vivo entre os milhares de prisioneiros desnutridos de Dachau; enviou uma mensagem urgente a Mascolo, que foi até a Alemanha de carro para buscar o desnutrido Antelme e levá-lo para casa. Antelme sobreviveu,*** mas seu casamento com Duras acabou.

---

* Antelme, por sua vez, teve um caso com Anne-Marie Henrat, colega do Ministério do Interior.

** Fernandez faleceu em 2 de agosto de 1944, escapando portanto do inevitável julgamento como colaboracionista.

*** Duras faz um relato comovente de sua volta em *A dor*.

Nos meses finais da ocupação, portanto, embora alguns escritores tocassem a vida com certa normalidade, outros davam a vida pela resistência, ou, no caso do poeta Max Jacob, que morreu em Drancy, por serem judeus. Entre eles, Saint-Exupéry, morto quando seu avião decolou na Córsega e caiu no Mediterrâneo, em 31 de julho, durante um voo de reconhecimento sobre o sul da França.

Em Paris, onde Éluard, Mauriac e outros eram forçados a se esconder cada vez mais, Paulhan escapou por pouco. Em suas memórias, Heller disse que alertou Paulhan a respeito de um plano para prendê-lo, em junho de 1944. "Quando os visitantes indesejados chegaram à casa dele, às sete da manhã", recordou Heller, "ele fugiu pelo telhado e se escondeu primeiro num colégio de freiras, próximo de sua residência. Trocou de esconderijo várias vezes, até encontrar uma casa nos subúrbios." Em carta de agradecimento a Heller, Paulhan mencionou com tranquilidade que "meus visitantes matinais voltaram duas vezes".[35] Paul Léautaud, que ainda ignorava as atividade de Paulhan na resistência, espantou-se com a dramática fuga do amigo, segundo seu diário: "Eu me perguntei: que imprudência ele cometeu?".[36] Paulhan, como sempre discreto, declarou a outro amigo: "Uma visita matinal nos fez mudar de apartamento, nos empurrou para os subúrbios, para longe do alcance dos visitantes. Quanta tranquilidade!".[37] Heller disse que viu Paulhan num bar, poucas semanas depois, e para evitar qualquer risco o cumprimentou apenas com um movimento de cabeça quase imperceptível, antes de sair. O encontro seguinte dos dois só aconteceria depois da guerra.

15. O pêndulo oscila

Fossem colaboradores, *attentistes* ou resistentes, pelo menos em um ponto os franceses estavam de acordo: a despeito do que fizessem dentro da França, o destino do país seria decidido por outros, fora de suas fronteiras. Eles também compreendiam que o primeiro passo seria um contra-ataque aliado através do canal da Mancha. De fato, durante o verão de 1943 correram rumores de uma iminente invasão anglo-americana. Os alemães também a esperavam. Depois que comandos britânicos realizaram um ataque bem-sucedido ao dique seco de Saint-Nazaire, na costa oeste da Bretanha, em 28 de março de 1942, Hitler ordenou a construção da Atlantikwall, a muralha do Atlântico, conjunto de fortificações que se estendia do norte da Noruega à fronteira entre França e Espanha. Em agosto de 1943, quando tropas britânicas e canadenses tentaram tomar o porto de Dieppe, no canal da Mancha, as defesas alemãs aguentaram bem; o ataque foi um duro revés para os Aliados, e retardou a invasão da França, longamente planejada.

Sem dúvida os Aliados ainda não estavam prontos. Ademais, Washington e Londres deixaram claro que seu principal objetivo não era a libertação da França, e sim a derrota do Reich. A França poderia se tornar o primeiro país a ser libertado, mas só por se encontrar no caminho para Berlim. Churchill e Roosevelt sem dúvida não achavam que deviam favores especiais à França, e muito menos a De Gaulle, cuja defesa intransigente da honra francesa os deixava perplexos. Roosevelt, em particular, não suportava De Gaulle e fazia todo o possível para evitar que ele fosse reconhecido como o líder da França livre.

De qualquer maneira, mesmo devagar, a maré estava virando. Após a ocupação aliada da Argélia e do Marrocos, governados por Vichy, em novembro de 1942, Hitler deslocou exércitos para o sul da França, prevendo um ataque aliado pelo Mediterrâneo. Concordou também com a ocupação da Córsega e da Savoia pela Itália, além da Côte d'Azur no sentido oeste, até chegar a Toulon. Entretanto, os Aliados precisavam de tempo para consolidar o controle sobre o norte da África. No início de 1943, após a batalha de El Alamein, os ingleses expulsaram o Afrika Korps do marechal de campo Rommel do Egito e da Líbia, forçando uma retirada para a Tunísia. Hitler logo enviou reforços para o exército e a força aérea, e ali alemães e italianos montaram suas defesas. Finalmente, em maio de 1943, os Aliados conquistaram a Tunísia, capturando cerca de 175 mil soldados do Eixo. Em vez de invadir o sul da França, Washington e Londres optaram pela via que consideravam mais fácil — o "ponto fraco", nas palavras otimistas de Churchill — para o centro da Europa: em julho de 1943, as tropas aliadas ocuparam a Sicília, provocando a deposição e a prisão de Mussolini.

Dois meses depois, quando os Aliados invadiram o "dedo" do sul da Itália, o novo governo italiano do marechal Pietro Badoglio deu as costas a Berlim e assinou um armistício com os Aliados. Isso não impressionou os alemães, que imediatamente invadiram o sul da França, que estava sob a ocupação italiana. Logo assumiram o controle da Itália, armando as milícias fascistas e resgatando Mussolini, que passou a chefiar um governo títere. Enquanto isso, a campanha dos Aliados na Itália atolava. Mesmo com apoio dos *partisans* italianos, só em 4 de junho de 1944, dois dias antes do Dia D, as tropas americanas entraram em Roma, que fora declarada "cidade aberta".

Na Frente Leste, a esperança renasceu graças à extraordinária porém dolorosa vitória soviética sobre a Wehrmacht na batalha de Stalingrado, no início de fevereiro de 1943. Contudo, também ali a guerra estava longe do final. A Alemanha ainda ocupava um vasto trecho da Rússia ocidental, bem como Bielorrússia e Ucrânia. Embora seu avanço no sul da Rússia tenha sido barrado, o sítio de Leningrado (hoje São Petersburgo) prosseguiu até janeiro de 1944. A máquina nazista de extermínio permanecia intacta. Depois de tirar a vida de milhões de cidadãos soviéticos, muitos dos quais judeus, na invasão de junho de 1941, os militares alemães, com destaque para as unidades da Waffen-ss, continuaram a cometer atrocidades conforme os alemães eram expulsos da Europa Oriental e da União Soviética. Só na União Soviética, na época da derrota de Hitler, os combates, massacres e a fome causaram cerca de 23 milhões de mortes, sendo metade de civis, entre os quais 1 milhão de judeus. Ao mesmo tempo, em 1943 e 1944, a matança de judeus em larga escala alcançou o lado ocidental da Europa, dando continuidade à "solução final" de Hitler para os judeus europeus. Os trens para transportar gado, cheios de deportados, chegavam aos campos de extermínio na Polônia quase diariamente.

Na França, apesar da crescente confiança numa derrota da Alemanha, o estado de espírito seguia sombrio. Com a eliminação da linha demarcatória em março de 1943* e a presença do exército alemão e da Gestapo no país inteiro, a ideia de que Pétain era o pai da pátria e seu protetor perdeu a credibilidade.

Vichy continuava responsável pela economia, segurança interna, educação e cultura. Mas quem respondia por tudo isso agora era o primeiro-ministro Laval, e não Pétain — não que isso fizesse muita diferença para os alemães. Ele foi descartado por Hitler quando tentou evitar a ocupação alemã do sul da França, em novembro de 1942. Além disso, Laval perdeu um aliado e interlocutor importante quando o embaixador Abetz foi removido e trocado por seu assistente, Rudolf Schleier, de dezembro de 1942 a dezembro de 1943, supostamente por ser francófilo demais. Mesmo assim, Laval tentava ao máximo agradar Berlim. Já em 22 de junho de 1942 ele declarou num discurso: "Torço pela vitória alemã, pois sem ela o bolchevismo tomará conta de tudo no futuro". E convenceu-se, mais do que nunca, de que a derrota alemã levaria a França ao comunismo.

Para evitar isso, a indústria francesa, inclusive as fábricas de aviões, foram postas totalmente à disposição dos alemães. Laval também ofereceu mão de obra francesa adicional. Em 1942, 250 mil franceses foram trabalhar na Alemanha, em troca da soltura de cerca de 90 mil prisioneiros de guerra; em 16 de fevereiro de 1943 entrou em vigor um programa compulsório, o Service du Travail Obligatoire, ou sto. Ele também ajudou o esforço de guerra nazista, pois providenciava substitutos para os alemães de todas as idades que estavam sendo

---

* Paradoxalmente, sem os controles alemães na linha de demarcação, os grupos da resistência ganharam liberdade em sua movimentação pelo país.

recrutados para o exército e as Waffen-ss. No fim de 1943, havia quase 650 mil homens e mulheres franceses trabalhando nas indústrias alemãs, além de cerca de 1,4 milhão de prisioneiros de guerra, em fábricas e fazendas.

Para Pétain, o único consolo era Laval ser agora o francês mais odiado do país. O velho marechal chegou ao ponto de tentar demitir Laval, no fim de 1943, talvez por acreditar que poderia voltar a bancar o salvador da França. Mas os alemães o impediram.

Uma ocupação que para muitos começou como resignação se tornava cada vez mais um confronto. A resistência, que crescera lentamente em 1942, apesar do apoio comunista, ganhou força sobretudo na antiga zona não ocupada. Os maquis rurais no início formavam unidades isoladas e mal armadas, escondidas nas montanhas e áreas florestais do sudeste da França, mas receberam um impulso enorme do sto. De fato, o programa de trabalho compulsório de Laval se tornou o melhor instrumento da resistência para recrutamento. Em 1942 Vichy buscou preencher sua cota pela persuasão e negociação, dando prioridade a trabalhadores qualificados, mas agora a polícia francesa e os soldados alemães recolhiam homens saudáveis e jovens na saída das estações de metrô ou salas de cinema. Os espetáculos artísticos foram inevitavelmente prejudicados. O conservatório de Paris blindou seus alunos, formando uma orquestra jovem, mas outras orquestras, teatros e produtoras cinematográficas perderam instrumentistas, atores e técnicos para o sto. Entre os muitos artistas capturados nessas expedições estavam o escritor Alain Robbe-Grillet e o cantor Georges Brassens, ambos com vinte e poucos anos.

Mas havia também uma forte desvantagem no sto. Dezenas de milhares de jovens se tornaram os chamados *réfractaires* — eles abandonaram empregos e a universidade para aderir aos maquis, em geral no Maciço Central. Eles escapavam dos trabalhos forçados na Alemanha e se tornavam patriotas entusiasmados. Mas criavam enormes problemas para a resistência. De repente, era preciso obter documentos falsos, alimentos, roupas quentes e armas para um grande número de jovens aos quais faltava, em sua maior parte, treino para combate.

Em seu diário, Jean Guéhenno registrou com orgulho que alguns de seus ex-alunos do liceu se uniram aos maquis. Um deles o visitou quando esteve em Paris. Guéhenno escreveu: "Ele me falou a respeito de sua vida, da fraternidade admirável, dos companheiros tão diferentes dele, das privações; da luta contra a neve e o frio, da guerra contra os italianos, a Gestapo e os informantes. Ele se tornara chefe de uma unidade, depois de um campo. Catorze de seus camaradas foram fuzilados".[1] Os *maquisards* nem sempre eram populares. A queixa mais frequente era que os maquis atacavam patrulhas alemãs, atraindo represálias contra os moradores desarmados dos vilarejos. Em algumas áreas, onde os maquis roubavam bancos e agências dos correios, ou forçavam fazendeiros a entregar comida em troca de bônus sem valor, chegavam a ser vistos como bandidos. No entanto, para muitos franceses de meia-idade ou idosos que optaram pelo *attentisme*, os jovens combatentes passaram a simbolizar a disposição da nova geração para se rebelar e lutar. Muitos morreram assim: em junho de 1944, cerca de seiscentos *maquisards* foram mortos no ataque de paraquedistas e planadores alemães contra o isolado planalto de Vercors, no sudeste da França.

Aos poucos, porém, a resistência como um todo se armava e se articulava melhor. Fatores externos importantes no caso foram a Executiva de Operações Especiais (SOE) britânica e as Forças Livres Francesas. O SOE, que mantinha agentes secretos atuando na França desde 1941, fornecia transmissores de rádio, armamentos, treinamento e dinheiro para grupos confiáveis da resistência; os gaullistas, assustados pelo controle comunista de grande parte do movimento clandestino, conferiam certo grau de legitimidade aos *résistants* não comunistas. O problema dos dois lados era o número assustador de grupos da resistência — cerca de 250 foram identificados — existente, muitos dos quais não eram apenas minúsculos, mas orgulhosamente independentes.

O momento crucial da virada ocorreu na primavera de 1943, quando oito grupos fortes da resistência formaram o Conseil National de la Résistance, liderado por Jean Moulin, antigo *préfet*, além de novo representante pessoal do general De Gaulle na França. Contudo, menos de um mês depois da primeira reunião do conselho em Paris, Moulin e mais oito líderes foram detidos em Lyon pelo famigerado chefe da Gestapo na cidade, Klaus Barbie, conhecido como Carniceiro de Lyon.* As circunstâncias da prisão de Moulin e sua morte suscitam especulações até hoje. Teria ele sido, como afirmaram depois, vítima

---

* Depois da guerra, Barbie fugiu para a América do Sul, como muitos nazistas. Em 1983 foi preso na Bolívia e extraditado para a França, onde seria julgado. Em julho de 1987 foi condenado à prisão perpétua por crimes contra a humanidade, com destaque para a deportação de 44 crianças judias de um orfanato em Izieu. Morreu na cadeia de Lyon, em 1991.

de um informante infiltrado em seu grupo? Depois da tortura Moulin cometeu suicídio, como Barbie alegou, ou foi assassinado?

De qualquer maneira, embora constituísse um sério revés, a morte de Moulin não foi um golpe fatal na resistência, pois os principais componentes — grupos como Combat, Libération, Francs-Tireurs et Partisans e Armée Secrète — passaram a coordenar melhor suas ações. Sofreram perdas, porém. Numerosos *résistants* importantes foram presos pela *milice* e entregues à Gestapo para interrogatório, tortura, execução e deportação. Mesmo assim, no Dia D, contando os grupos urbanos de apoio, a resistência estimava um número de cerca de 100 mil homens e mulheres.

A resposta de Vichy e dos nazistas foi aumentar a agressividade. Contavam com uma nova arma, a *milice* paramilitar. Fundada por Laval em janeiro de 1943, para ajudar a prender judeus e enfrentar a resistência, serviu também como contraponto à crescente relutância da polícia e da *gendarmerie* francesas em fazer o trabalho sujo para os alemães. Para fazer constar uma missão mais nobre, a *milice* se apresentava como defensora da civilização cristã contra seus inimigos costumeiros: judeus, maçons, bolcheviques e a democracia. Chegou a contar com jornal próprio, o *Combats* (uma letra a mais do que a publicação mensal da resistência, *Combat*), além de contar com a torcida de semanários colaboracionistas, como *Je Suis Partout*.

Com trinta e tantos mil membros em tempo integral ou meio período, de uniforme com casaco azul, camisa marrom e boina grande, a *milice* era muito temida. Como elemento da guerra psicológica, seus integrantes marchavam através das cidades, certos de que podiam agir impunemente. Joseph Darnand a liderava, fascista assumido que em outubro de 1943 jurou lealdade a Hitler, recebendo a patente de Sturmbannführer, ou major da Waffen-SS. Em dezembro, Laval integrou Darnand ao governo, como subministro do Interior, fundindo com sucesso as atividades da polícia francesa e da *milice*. As duas serviam aos alemães, embora a *milice* realizasse ataques por conta própria contra vilarejos, incluindo execuções. Líder infame da *milice* de Lyon, Paul Touvier foi preso afinal em 1989, depois de muitos anos sob a proteção de uma ordem religiosa em Nice, e condenado à prisão perpétua em 1994, por ordenar a matança de sete reféns judeus em Rillieux-la-Pape, nas imediações de Lyon, em 29 de junho de 1944. Alguns *miliciens* tinham treinamento militar, e participaram de operações contra os maquis ao lado da Waffen-SS.

Em Paris, onde a *milice* raras vezes se manifestava, outra forma de intimidação era garantida pela chamada Gestapo francesa, gangue Bonny-Lafont ou gangue da Rue Lauriston. Pierry Bony, ex-inspetor de polícia, a comandava, ao lado de Henri Chamberlin, também conhecido como Lafont, um criminoso menor; os dois amealharam uma fortuna com o mercado negro, e dividiam os lucros com oficiais nazistas. Em maio de 1941 eles requisitaram o prédio de número 93 da Rue Lauriston, no 16º *arrondissement*, e ampliaram as operações para incluir a perseguiçãos aos resistentes a mando da Gestapo. Logo a Rue Lauriston se tornou sinônimo de sequestro e tortura.* Os judeus também estavam entre suas vítimas, embora a maioria dos 23 mil judeus deportados da França em 1943 e outros 16 mil, deportados nos primeiros oito meses de 1944, já estivessem em campos espalhados pelo sul da França. Como nas primeiras deportações, eles haviam nascido em países estrangeiros, em sua maioria. De fato, embora os estrangeiros representassem um terço da população judaica da França, constituíam dois terços dos 76 mil judeus deportados da França, dos quais sobreviveram cerca de 2 mil. Em outras palavras, entre os deportados havia quase 50% de judeus estrangeiros e cerca de 13% de judeus nascidos na França.

A guerra de propaganda se intensificava, com a perspectiva de uma guerra civil que envolveria boa parte da França. O serviço em francês da BBC, que atuava em estreita colaboração com a resistência, não só divulgava atos de sabotagem e denunciava a repressão alemã, como enviava mensagens diárias em código para informar o momento de chegada dos armamentos. Os jornais da resistência proliferavam; alguns não passavam de folhetos mimeografados, outros se tornaram porta-vozes bem impressos dos principais grupos. Depois da guerra, a Bibliothèque Nationale coletou exemplares de um total de 1015 publicações clandestinas que circularam em algum momento durante a ocupação.

Para combater os Aliados e os "terroristas" da resistência havia diários e semanários colaboracionistas, além da Radio-Paris e da Radio Vichy, para tentar assustar os franceses com a possibilidade de um governo bolchevique. Michel Francini, jovem artista do teatro de revista, trabalhava na época num programa semanal de variedades chamado *Les ondes joyeuses* [As ondas felizes], na Radio-Paris. "Todos ouviam a Radio-Paris para se distrair", recordou. "A

---

* Bonny, Lafont e mais seis outros membros da gangue foram enforcados em 27 de dezembro de 1944.

política era pura mentira."[2] Um francês em especial, Philippe Henriot, serviu aos nazistas como propagandista hábil e articulado. Inspirado pelo nacionalismo de direita da Action Française de Maurras nos anos 1930, Henriot aderiu à causa nazista quando a Alemanha invadiu a União Soviética em 1941. Além disso, tornou-se apoiador leal de Pétain, ou, mais exatamente, de Laval. E foi Laval quem, ignorando as objeções de Pétain, o nomeou ministro da Informação e Propaganda de Vichy, em janeiro de 1944.

O poder real de Henriot, porém, provinha de sua oratória, fosse nos comícios públicos ou em seus "editoriais" diários na Radio-Paris. Para se contrapor a ele havia Pierre Dac, na Radio-Londres, ator e radialista que alertou Henriot que em seu túmulo escreveriam "*Morreu por Hitler, fuzilado pelos franceses*". Isso aconteceu antes do que Dac esperava. No início da manhã de 28 de junho de 1944, um grupo de *résistants* disfarçados de *miliciens* o matou em seu apartamento no Ministério da Informação, em Paris. Henriot foi o político mais importante de Vichy a ser morto pela resistência, e por isso recebeu um enterro imponente, na igreja de Notre-Dame, sob o comando do próprio arcebispo de Paris, o cardeal Emmanuel Suhard. Para vingar Henriot a milícia escolheu um alvo fácil. Georges Mandel, político judeu que fora ministro do Interior no governo de Paul Reynaud, já se encontrava preso em Buchenwald. Os alemães o devolveram à milícia, em Paris. No dia 7 de julho o fuzilaram na floresta de Fontainebleau. Duas semanas antes, outro judeu proeminente, Jean Zay, ex-ministro da Educação da Frente Popular, foi arrancado de uma prisão francesa pela *milice* e também assassinado.

Desde o começo de 1944, os parisienses também percebiam que o fim da guerra se aproximava. Bombardeios aliados, que regularmente fustigavam fábricas e entroncamentos ferroviários nos subúrbios de Paris, de vez em quando erravam o alvo; os estúdios cinematográficos de Boulogne-Bittencourt foram atingidos e seriamente avariados. Além disso, algumas bombas perdidas caíram em bairros residenciais, e os parisienses se acostumaram a passar noites em porões ou estações do metrô. Óperas, peças de teatro, cinemas e concertos musicais costumavam ser interrompidos por alertas antiaéreos e, por causa dos cortes de energia, nenhum cinema abria às terças-feiras.

No dia 26 de abril de 1944, Pétain realizou sua única visita à cidade durante a guerra, para se solidarizar com os parisienses, após vários dias de bombardeios pesados; uma multidão de 10 mil parisienses o aclamou, quando discursou da sacada do Hôtel de Ville, sede da municipalidade. Depois que *A Marselhesa* foi cantada com entusiasmo pela primeira vez em público em Paris desde 1940, Pétain seguiu para uma missa especial em Notre-Dame, rezada pelo cardeal Suhard. Por um breve instante o velho militar pôde se imaginar como símbolo da unidade nacional. Mas os nazistas o forçaram, dois dias depois, a discursar pelo rádio, elogiando a Alemanha por defender a Europa contra o comunismo. Ele também criticou a resistência e disse aos franceses que "nosso interesse é manter uma atitude correta e leal perante as tropas de ocupação". No mês seguinte, uma multidão o saudou quando visitou quatro cidades na zona ocupada — Nancy, Rouen, Épinal e Dijon — pela primeira vez, em quatro anos. Mas era tarde demais para Pétain se distanciar de Laval; aos olhos de seus inimigos, na França e no estrangeiro, eles continuavam sendo os pilares sobre os quais Vichy se assentava.

Em 6 de junho, passadas apenas seis semanas da visita de Pétain a Paris, as tropas americanas, britânicas e canadenses iniciaram o desembarque num trecho desolado e pouco habitado da costa de Normandia. Ao mesmo tempo, os grupos da resistência foram mobilizados. Conhecidas agora pelo nome de FFI, Forces Françaises de l'Intérieur, e bem articuladas, os resistentes intensificaram os atos de sabotagem contra usinas geradoras de eletricidade, pontes e redes de comunicação, para atrapalhar a remessa de reforços alemães. Quando os primeiros paraquedistas aliados desceram atrás das linhas alemãs, a resistência se encontrava em posição privilegiada para passar informações sobre a movimentação militar inimiga. Mesmo assim os Aliados precisaram de sete semanas para obter o controle da Normandia e da Bretanha.

Durante boa parte de julho os americanos lutaram para avançar pela península de Cotentin e capturar o estratégico porto de Cherbourg. A leste, forças britânicas e canadenses demoraram até o fim de julho para conquistar Caen, e embora tenham retardado as divisões blindadas alemãs, a cidade quase foi destruída; pela primeira vez desde 1940, houve pesadas baixas entre os civis franceses. Finalmente os exércitos aliados romperam a cabeça de ponte ampliada, em 25 de julho, e avançaram para leste com rapidez. Uma semana depois, a Segunda Divisão Blindada francesa, comandada pelo general Philippe Leclerc, desembarcou na Normandia e se juntou aos Aliados.

Enquanto isso, tropas alemãs se deslocaram do sul para deter o avanço aliado, realizando dois atos particularmente chocantes em represália: em 9 de junho, depois da morte de quarenta soldados alemães pelos maquis, unidades da Segunda Divisão Panzer ss Das Reich enforcou 95 homens em postes, em Tulle, na Corrèze; no dia seguinte, cerca de 120 quilômetros ao norte, após a notícia de que um oficial alemão fora feito refém, tropas alemãs invadiram o vilarejo de Oradour-sur-Glane, reuniram a população, fuzilaram 190 homens e queimaram vivas 247 mulheres e 205 crianças, na igreja local. O massacre de Oradour chocou a França, levando *Les Lettres Françaises* a lançar uma edição especial para denunciar a matança. O fato também fortaleceu a determinação da resistência, que desempenhou um importante papel ao perseguir unidades alemãs e libertar cidadezinhas depois do desembarque aliado na Riviera, em 15 de agosto.

Graças à BBC, Paris pôde acompanhar o desenrolar das batalhas, informando, por exemplo, que o desembarque na Normandia ocorria no exato momento em que o anunciavam em Londres. "Numerosa frota e 11 mil aeronaves participaram das operações", Jünger registrou em seu diário, profissionalmente. "Trata-se, sem dúvida, do começo da grande ofensiva que marcará este dia na história. Mas por que neste lugar, neste momento? Isso será discutido pelos séculos afora."[3] Galtier-Boissière escreveu, mais animado: "Chegou a hora! Começaram os desembarques na Normandia. Falam em ataques dos paraquedistas perto de Rouen. Na rua, o rosto dos passantes exibe uma doce euforia".[4]

Vislumbrando o final da ocupação, artistas e escritores ativos da resistência intelectual começaram a preparar sua vida profissional para depois da libertação. O Front National du Théâtre, que até então se dedicava principalmente a denunciar autores e atores colaboracionistas em *La Scène Française*, criou um Comité du Théâtre, com 25 membros, encarregado de expurgar e reorganizar o teatro francês posterior à libertação. Entre seus componentes estavam Sartre, o dramaturgo Armand Salacrou e o ator Pierre Dux, que dirigiria a Comédie Française após a libertação, e mais uma vez nos anos 1970. A frente e outros grupos também elaboraram listas de colegas considerados traidores da França — e da profissão — por colaborarem com o inimigo. Alguns grupos chegaram a planejar *comités d'épuration* — comitês de expurgos — para julgar os traidores.

Um bom número de colaboracionistas, contudo, sabendo o que os esperava, já estavam longe de Paris. Entre os primeiros a ir embora, apenas onze dias depois do Dia D, estava Céline, que fugiu para a Alemanha. Outros esperaram até as tropas aliadas abrirem caminho na Normandia e seguirem para o norte. Alguns pegaram os primeiros trens alemães para evacuação da cidade. Os "bons" alemães também fizeram as malas. Gerhard Heller deixou Paris na madrugada de 14 de agosto. Na mesma noite, Jünger fechou a conta no Hôtel Raphaël, comentando: "Súbita partida ao entardecer. Deixei meu quarto em ordem, com um buquê de flores na mesa, e distribuí algumas gorjetas. Infelizmente, esqueci cartas insubstituíveis na gaveta do guarda-roupa".[5]

O que restava do regime de Vichy também implodiu. Desde 1943, Vichy se tornara uma cidade vazia e sombria, só um punhado de países mantinha embaixadas lá. Ainda certos de que Pétain lhes poderia ser útil, os alemães não queriam que o marechal caísse nas mãos dos Aliados, e em 17 de agosto lhe ordenaram que se preparasse para partir. Pétain queria dar a impressão de que resistia aos alemães, que admitiram a farsa por dois dias. Então, na manhã de 20 de agosto, depois de fazer um discurso final pelo rádio, Pétain e seu grupo foram levados de carro para Belfort, ainda dentro da França, mas perto da Alsácia e da Lorena, províncias francesas anexadas pela Alemanha em 1940. Lá ele escreveu uma carta de protesto a Hitler, lembrando sua promessa de nunca deixar a França.

Laval também foi mandado para Belfort, preso por ter tratado com o líder radical de antes da guerra, Édouard Herriot, a reconvocação da Assembleia Nacional. Outros políticos de Vichy, inclusive Fernand de Brinon, ex-representante de Pétain em Paris, foram chamados a Berlim para conversas sobre a formação de um novo governo. Em 8 de setembro, porém, o circo de Vichy inteiro foi transferido para Sigmaringen, no sudoeste da Alemanha. Pétain recusou-se a formar um governo no exílio, mas permitiu que Brinon fosse nomeado chefe de uma "Delegação Governamental Francesa", que incluía fascistas notórios como Darnand, líder da *milice*; Marcel Déat, editor de *L'Oeuvre* e líder do Rassemblement National Populaire, de direita; e Jean Luchaire, amigo íntimo de Abetz e editor fundador de *Les Nouveaux Temps*.

Em outubro de 1944, Céline também chegou a Sigmaringen, onde trabalhou como médico, informalmente, até obter permissão alemã para viajar à Dinamarca, em março de 1945. Um ator amigo de Céline, chamado Robert Le Vigan, também estava lá, embora escritores e jornalistas fossem mais numerosos, incluindo Lucien Rebatet e Paul Marion, predecessor de Henriot como ministro da Informação e Propaganda de Vichy. Jacques Doriot, político fascista, criou uma rádio em francês e fundou um jornal em Mainau, 50 quilômetros ao sul, mas foi morto por um avião aliado quando viajava de carro para Sigmaringen em 22 de fevereiro de 1945. Ignorada igualmente por Paris e por Berlim, a "república" de Sigmaringen durou até as tropas francesas ocuparem a cidade, em abril de 1945.

Mesmo depois do desembarque na Normandia, a vida cultural parisiense se mostrou adaptável. *O sapato de cetim*, de Claudel, e *Entre quatro paredes*, de Sartre, continuavam a atrair multidões. As atividades cinematográficas prosseguiam, com a produção de novos filmes, inclusive *O boulevard do crime*. A Filarmônica de Berlim foi uma das orquestras alemãs que tocaram em Paris, enquanto oficiais da Wehrmacht lotavam os camarotes da Ópera de Paris e da Opéra-Comique. Entre o Dia D e a libertação, por exemplo, houve 27 apresentações de ópera e balé na Ópera de Paris. O teatro fechou as portas depois da apresentação de *Alceste*, de Glück, no dia 8 de agosto. Editores reclamavam da escassez de papel, mas continuavam a produzir novos livros. Só o mercado de arte sofreu reveses: grande parte das melhores obras de arte, vendidas por famílias parisienses ou confiscadas dos judeus, já havia sido adquirida por alemães, que, com óbvias exceções como Hitler e Goering, agora tinham menos dinheiro para investir em quadros. Como muitos parisienses, artistas e escritores — ou suas esposas — haviam aprendido os truques necessários à sobrevivência, usando cartões de racionamento e o mercado negro para obter alimento e combustível, cuja falta era frequente. Diários mantidos por escritores mesmo assim mencionavam almoços em bons restaurantes e *brasseries*. Sartre, Beauvoir, Leiris e outros frequentadores de festas também não encontraram dificuldade para arranjar vinho para suas *fiestas*, na primavera de 1944. E, claro, Florence Gould continuava a ofertar o melhor de tudo para seus convidados.

No início de agosto, ainda não estava claro quando Paris seria libertada. O general Dwight Eisenhower, comandante supremo das forças aliadas, preferia avançar no sentido nordeste e, de qualquer modo, não aceitava sitiar a cidade por muito tempo se os alemães resolvessem defendê-la. De Gaulle, por sua vez, via a imediata libertação de Paris como algo essencial para confirmar a legitimidade de seu governo provisório e bloquear os planos americanos de criar um Governo Militar Aliado para os Territórios Ocupados (com a nova moeda que já estava sendo impressa).

No final, dois desdobramentos inesperados favoreceram sua posição. O general Dietrich von Choltitz, comandante da Grande Paris, ordenou a retirada organizada de cerca de 20 mil soldados e oitenta tanques da cidade. Ao verem os caminhões lotados de tropas seguirem para o leste da França, os parisienses finalmente desafiaram os ocupantes. O primeiro sinal de revolta surgiu em 15 de agosto, com a greve da polícia de Paris, que até então envergonhara a corporação ao deter judeus e resistentes. A greve se estendeu ao metrô e aos funcionários dos correios, levando o líder das FFIS em Paris, coronel Henri Rol-Tanguy, a se preparar para uma ação armada.

No entanto, os alemães não haviam desistido. No começo de agosto eles carregaram cinco vagões com arte tirada do Jeu de Paume e tentaram despachá--los para Berlim, mas a resistência impediu a partida do trem. Em 15 de agosto, o último trem lotado de judeus deportados partiu para o leste, sem que o impedissem. Em 16 de agosto, 35 jovens *résistants* foram presos e executados no Bois de Boulogne. No mesmo dia saiu a derradeira edição de *Je Suis Partout*, levando Galtier-Boissière a apelidar a publicação de *Je Suis Parti* — "eu parti" —, em vez de "estou por toda parte".

Em 19 de agosto, a insurreição se anunciava com ataques esporádicos contra unidades blindadas alemãs e a construção de cerca de seiscentas barricadas nas ruas da cidade. As forças alemãs assumiram posições defensivas dentro do Jardim de Luxemburgo, na Place de la Concorde e no jardim das Tuileries, na Porte Maillot, em volta do Arco do Triunfo e ao lado da Escola Militar. Até hoje muitos edifícios nesses locais exibem as marcas dos disparos feitos pelos tanques alemães, e centenas de placas de mármore indicam os pontos onde jovens combatentes das FFIS tombaram.

Os dias seguintes foram tão caóticos quanto teatrais. Cartazes do Partido Comunista convocavam o levante, usando a gíria popularizada na Primeira Guerra Mundial para identificar os alemães: "A cada parisiense, um boche". Nos intervalos dos combates, os parisienses comuns levavam comida e bebida aos que defendiam as barricadas, fugindo quando irrompiam as batalhas. "O que eu gostava na resistência era de estar no meio de pessoas que eu nem conhecia, que não faziam parte do meu círculo, que pertenciam a outras esferas da vida", recordou Annie Ubersfeld, que fora resistente na juventude. "Gostei de conhecer pessoas diferentes."[6] Certa manhã a pintora Françoise Gilot saiu pedalando a bicicleta de sua casa em Neuilly, para visitar o novo amor. Mas Picasso não se encontrava no estúdio, por isso ela seguiu pela margem esquerda do Sena. Ao lado da Assembleia Nacional ela deparou com um tanque alemão, que apontou o canhão para ela. "Eles podiam atirar, e provavelmente me matar, ou talvez não atirassem", recordou ter pensado, muitos anos depois. "Por isso não podia parar. Segui pedalando e peguei a ponte da Concorde, eles não atiraram, e pensei: 'Nossa, essa foi por pouco.'"[7]

Sartre e Beauvoir deixaram Paris em meados de julho, para três semanas de férias, mas voltaram à cidade antes de a insurreição começar (levando alguns engraçadinhos a dizer que Sartre entrara para a resistência no mesmo dia da polícia francesa). Em suas memórias, *A força da idade*, Beauvoir deu uma boa ideia de como a vida prosseguia, em meio à matança:

> Os combates recomeçaram. A manhã parecia calma; nas margens do Sena víamos os pescadores jogando suas linhadas e jovens de maiô, tomando banho de sol; mas as FFIS se escondiam atrás das balaustradas das margens, Zette me contou, e outros ocupavam prédios próximos ou a Place Saint-Michel, ficando nos degraus da estação do metrô. Um caminhão alemão passou debaixo da janela; dois jovens soldados, ambos muito louros, empunhavam submetralhadoras, eretos; 20 metros adiante a morte os esperava. Dava vontade de gritar: Cuidado! Seguiu-se uma rajada, e eles caíram.[8]

Embora Beauvoir tivesse visto jovens soldados, a maioria dos alemães restantes em Paris era madura, sem disposição nem equipamento para lutar. "Eu observava tudo do sexto andar", recordou Francini. "Vi um alemão, teria seus cinquenta anos. Seu carro havia quebrado. Ele empurrava o veículo sozinho, enquanto as pessoas o insultavam aos gritos. Agitavam bandeiras francesas. Ele suava de medo. Senti pena do sujeito."[9] Alguns tanques alemães eram abandonados no meio da rua, quando faltava munição aos soldados que o conduziam.

Guéhenno viu dois soldados alemães em patrulha, sob uma ponte. "Com granadas penduradas no cinto, empunhando submetralhadoras, eles estavam aterrorizados, esperando a morte inevitável",[10] escreveu em seu diário, acrescentando: "O que poderiam estar fazendo ali, na Rue Manin, no meio de uma multidão que não os odiava nem amava, só pensava em matá-los? De noite, por volta das oito horas, eles morreram".[11] Guéhenno concluiu que não tinha alma de guerreiro, pois não conseguiu comemorar a morte deles. "No entanto", escreveu, "não consigo esquecer a quantidade de crimes cometidos nos últimos cinco anos por esses soldados estúpidos. Meu coração está com os jovens de Paris, que lutam quase sem armas, eles sim merecem minha compaixão."[12] Três dias depois, em 23 de agosto, seu amigo B. telefonou com uma visão menos romântica da insurreição: "Os combates em Paris servem para criar a ilusão de que recuperamos sozinhos nossa liberdade, quando está claro que a devemos a outros, aos exércitos que estão chegando, e tudo isso é, em sua opinião, insensato, mentiroso, um desperdício de vidas". Mas Guéhenno via matizes na situação: "A vida de uma ideia — a liberdade — não pode ser a mesma na mente das massas e na mente crítica de pessoas como meu amigo B... e eu. A história dos povos se faz com ilusões assim".[13]

Sem dúvida, um sentimento revolucionário tomou conta do ambiente. As bancas de jornais que antes vendiam *Je Suis Partout* e *Au Pilori*, passaram a oferecer, de um dia para o outro, *Combat* e *Libération*. O Comité de la Presse Clandestine dedicara muitos meses à preparação para o momento, e conforme o pessoal dos jornais colaboracionistas fugia, os prédios e equipamentos de impressão eram assumidos por publicações da resistência. *Combat*, por exemplo, compartilhava as impressoras da *Parisier Zeitung*, o jornal da Wehrmacht, com *Franc-Tireur* e *Défense de la France*. O diário do Partido Comunista, *L'Humanité*, também voltou às ruas, atingindo no final de 1944 a circulação de quase 300 mil exemplares, assim como *Le Figaro*, diário conservador que interrompera a publicação quando a cidade de Lyon foi ocupada, 22 meses antes. *Les Lettres Françaises* publicou a primeira edição "pública" em 9 de setembro; durante a insurreição propriamente dita, Éluard e Seghers distribuíram exemplares de números antigos na margem esquerda do Sena.

Enquanto os combates se desenrolavam em Paris, a nova imprensa diária fornecia um relato ininterrupto, tiro a tiro, do heroísmo da resistência. Editado por Albert Camus e Pascal Pia, o primeiro número de *Combat* depois da clandestinidade saiu em 21 de agosto, com o título "A insurreição faz a República triunfar em Paris — tropas aliadas chegam a 6 quilômetros da capital". Mais tarde, naquele mesmo dia, Camus falou na Radio Liberté, emissora parisiense ocupada pela resistência, lendo um trecho do editorial de *Combat*, "Da resistência à revolução". Assumindo o direito de manifestação em nome dos franceses, ele disse: "Eles começaram pela resistência, e querem acabar fazendo a revolução".[14] Pode-se dizer, sem insensatez, que era um bom momento para sonhar. De fato, as contribuições de Camus para *Combat* nos dias que antecederam a libertação não chegavam a ser reportagens, tendendo ao ensaio filosófico embalado por imagens poéticas.

Camus também encomendou a Sartre uma visão da insurreição a partir das ruas. Em 28 de agosto, três dias depois da libertação, *Combat* publicou a primeira de uma série de sete reportagens sob o título "Um pedestre na Paris insurgente". Escrito em linguagem jornalística impactante, na qual a experiência pessoal de Sartre parecia tão elogiável quanto a virada na história, os artigos evocavam a confusão e a incerteza experimentadas por grande parte dos civis, que passavam num instante da fila do pão para esconderijos. Sartre escreveu: "Há uma geografia da insurreição: em alguns bairros, a batalha vem sendo travada há quatro dias; em outros, a calma se mantém com uma imobilidade quase inquietante (em Montparnasse, no XIV, no XV). Ele prossegue: "Algumas pessoas se aventuram até o Boulevard St. Germain e voltam desapontadas: a bandeira com a suástica ainda tremula sobre o Senado". Sartre, dramaturgo, também se observava no palco.

> Então, subitamente, na quarta-feira, a rádio inglesa anunciou que Paris fora libertada. Ouvimos as notícias com um vazio no estômago, meu amigo e eu, pois em volta do nosso prédio ocorriam pesados tiroteios: não pudemos deixar de considerar o anúncio algo surpreendente, ou até inoportuno. Paris havia sido libertada, mas não podíamos sair do prédio, e a Rue de Seine, onde eu morava, continuava inteiramente bloqueada.

Considera-se bem provável que Beauvoir e Leiris tenham contribuído bastante na elaboração dos artigos,* pois Sartre passou grande parte da insurreição dentro da Comédie Française, sede improvisada do Comité National du Théâtre, o minúsculo grupo de resistência ligado ao teatro. Mesmo assim, com seu nome exibido com destaque na primeira página de *Combat*, Sartre já podia começar a se reinventar como Sartre, *le grand résistant*.

Galtier-Boissière, que levou o cachorro Azor para passear entre as barricadas, produziu um relato vívido do cotidiano durante a insurreição. E, como morava na Place de la Sorbonne, perto do Boulevard Saint-Michel, uma das zonas de

---

* Depois da morte de Sartre, Beauvoir reivindicou publicamente a coautoria dos artigos.

combate, encontrava-se em posição privilegiada para fazer isso. Ademais, contava com relatos de amigos posicionados em outros pontos da cidade. No dia 23 de agosto ele escreveu: "Às duas horas Delattre telefonou para dizer que o Grand Palais estava pegando fogo. Como parecia genuinamente incomodado, consolei-o afirmando que não chegava a ser um desastre tão grande assim".[15] Na manhã seguinte ele observou: "As barricadas resistiram com firmeza. Evidentemente os tiros de canhão dos tanques são inúteis nos confrontos urbanos, produzindo mais barulho do que danos".[16] O pequeno contingente de tropas francesas chegou à meia-noite ao Hôtel de Ville, e os sinos de Notre-Dame anunciaram a libertação, um tanto prematuros. De qualquer modo, ela viria em algumas horas. Na manhã de 25 de agosto, sexta-feira, Galtier-Boissière viu os tanques da divisão blindada de Leclerc passarem na Rue Saint-Jacques, a uma quadra de sua casa: "Uma multidão excitada rodeava os carros de assalto franceses, enfeitados com bandeiras e cobertos de flores. Em cada tanque, em cada carro blindado, ao lado dos artilheiros que usavam farda cáqui e bonezinhos cor-de-rosa, havia grupos de moças, mulheres, crianças e FFIS com braçadeiras".[17] Ele seguiu a coluna até Notre-Dame e comentou: "Em sua encantadora confusão, este desfile é cem vezes mais comovente do que a parada solene da vitória de 1919".[18]

A luta, porém, ainda não terminara. Naquele dia mesmo ocorreram choques entre unidades francesas e tropas alemãs que defendiam o Jardim de Luxemburgo, perto da Escola Militar e o entorno das principais estações ferroviárias da cidade. O Hôtel Majestic, sede da Wehrmacht em Paris, foi incendiado para obrigar os soldados restantes a sair. "Foi obra dos tanques de Leclerc, que recebeu dos Aliados autorização para promover uma faxina completa na capital",[19] escreveu Galtier-Boissière.

De Gaulle conseguira alcançar seu objetivo. Com autorização do comandante americano de campo, general Omar Bradley, as tropas francesas entraram em Paris algumas horas antes das americanas. Além disso, enquanto 1,5 mil combatentes e passantes inocentes morriam na insurreição, o general Von Choltitz ignorava as ordens de Hitler para deixar Paris em ruínas, e às 15h30 do dia 25 de agosto ele se rendeu numa curta cerimônia na Préfecture de Police. Ao lado de sua assinatura o documento exibia as firmas de Leclerc e, contrariando De Gaulle, a do coronel Rol-Tanguy, líder comunista da resistência. Em pouco tempo os soldados alemães foram reunidos e conduzidos ao pátio principal do Louvre, onde passaram os três dias seguintes.

Mais tarde, naquele mesmo dia, De Gaulle chegou a Paris e, no salão principal do Hôtel de Ville, onde Pétain falara quatro meses antes, ele discursou para uma multidão imensa. De acordo com o momento dramático, ele saudou os parisienses como se eles e os franceses tivessem libertado a cidade sozinhos, heroicamente. Quando De Gaulle passou a se dedicar a reescrever a história da ocupação, também deixou clara sua determinação de fazer com que a França aparecesse ao lado dos Estados Unidos, Grã-Bretanha e União Soviética como vitoriosa na guerra:

> Por que deveríamos ocultar as emoções que tomam conta de todos nós, homens e mulheres, nós que estamos aqui, em nossa casa, em Paris, que se levantou para se libertar, e fez isso com as próprias mãos? Não! Não esconderemos essa emoção profunda e sagrada. Os minutos que vão além de nossas pobres vidas. Paris! Paris violentada! Paris partida! Paris martirizada! Mas Paris libertada! Livre graças a si, libertada por seu povo com ajuda dos exércitos franceses, com o apoio e auxílio de toda a França, da França que luta, da única França, da França real, da França eterna! Muito bem, então. Como o inimigo que ocupou Paris capitulou em nossas mãos, a França volta a Paris, volta para casa. Regressa ensanguentada, mas com firme determinação. Retorna iluminada pela imensa lição, mas convencida, mais do que nunca, de seus deveres e direitos. Falo dos deveres em primeiro lugar, e os resumirei dizendo que, agora, são deveres de guerra. O inimigo cambaleia, mas ainda não tombou. Permanece em nosso território. Não bastará a nós a satisfação de saber que conseguimos, com ajuda de nossos queridos e admiráveis aliados, expulsar o inimigo de nossa casa. Queremos entrar em seu território como se deve, como vitoriosos.

No dia seguinte, acompanhado por tropas francesas, De Gaulle desfilou a pé para a multidão que o aplaudia, na Champs-Élysées, no caminho em que os soldados da Wehrmacht marcharam diariamente, durante quatro anos. Pela primeira vez os parisienses puseram os olhos naquele homem alto de olhar solene que saiu da França como obscuro oficial de tanque e voltou como herói nacional. Ainda usava o uniforme de general de duas estrelas, sua patente em 1940, mas dali em diante ele seria conhecido simplesmente como *le général*. Em Notre-Dame houve um momento de pânico quando dispararam tiros de telhados próximos, mas os franco-atiradores logo foram silenciados, e a massa agradecida seguiu em frente. O cardeal Suhard, malvisto por ter conduzido o sepultamento de Henriot, dois meses antes, recebeu instruções para não aparecer na catedral, e foi confinado a sua residência. O dia da vitória na Europa ainda tardaria nove meses, o horror das câmaras de gás não era amplamente conhecido e a França ainda precisava conquistar seu lugar entre os vitoriosos aliados nos campos de batalha do leste da França e da Alemanha. No momento, porém, os parisienses tinham amplos motivos para celebrar.

16. Vingança e amnésia

Mal os parisienses conseguiram finalmente dormir sem temer as batidas na porta de casa, o expurgo do passado começou. Ninguém contestava essa necessidade. A França fora traída, crimes hediondos haviam sido cometidos, e agora, como parte do rito de passagem da ocupação à libertação, o estado de direito deveria prevalecer. Mas antes que se pudesse montar uma estrutura legal, a vingança irrompeu espontânea. Enquanto tribunais militares improvisados ordenavam a morte de setecentos traidores notórios, em geral informantes da Gestapo, *miliciens*, policiais e alguns soldados franceses que lutaram ao lado da Wehrmacht, ocorria uma onda de assassinatos paralegais que logo ficaram conhecidos como "*épuration sauvage*", o expurgo selvagem. Conforme cidades e vilarejos eram libertados, cerca de 9 mil *miliciens*, colaboradores e operadores do mercado negro foram sumariamente executados, tanto por cidadãos individuais furiosos quanto pela resistência, agora ao menos em tese sob a bandeira única das Forces Françaises de l'Interieur, ou FFI.

Muitas comunidades também se voltaram contra mulheres acusadas de "*collaboration horizontale*" — dormir com o inimigo. Milhares tiveram a cabeça raspada em público, enquanto outras eram despidas e obrigadas a desfilar perante uma multidão enfurecida. Ocorreram cenas medonhas. "Vi um grupo de arruaceiros que empurrava e golpeava uma mulher de cabeça raspada", recordou Michel Francini. "Ela estava nua, e haviam pintado uma suástica na altura dos seios. Eles estavam embriagados."[1] Algumas das mulheres eram prostitutas, mas outras mantiveram relacionamentos mais estáveis. Isso trouxe complicações. Menos de um ano depois, vários entre os cerca de 2 milhões de homens franceses presos ou trabalhando na Alemanha encontraram um novo bebê na família quando começaram a voltar para casa.*

Por causa de sua fama, artistas, escritores e jornalistas que apoiaram Vichy ou colaboraram com os alemães logo se viram no foco das atenções. Entre eles havia mais oportunistas que criminosos, mas muitos foram denunciados pelo nome na Radio-Londres, e as condenações não raro vinham acompanhadas de ameaças de morte. Não era segredo para ninguém que, graças a seus vínculos com os invasores, eles haviam desfrutado privilégios negados à maioria dos cidadãos franceses.

Duas celebridades pareciam atrair a atenção para si. Suas experiências contrastantes depois da libertação serviram como sinais precoces dos caprichos que caracterizariam boa parte da *épuration*. Um deles foi Cocteau, artista, poeta, dramaturgo e convidado frequente dos eventos culturais e sociais organizados pelo Instituto Alemão. Em seu diário de 25 de agosto de 1944, dia da libertação, ele se preocupava com a maneira como veriam sua amizade com Arno Breker, e acima de tudo com o artigo escrito para a *Comoedia* em 1942, elogiando o escultor alemão: "O que conta é Breker, o artigo sobre Breker, a amizade com Breker, o único ato que pode ser usado para me enforcarem". Além de procurar Éluard e Sartre para obter proteção, ele chafurdava em autocomiseração, perguntando: "Por que deveria mudar o destino de um poeta? Meu reino não é deste mundo, e o mundo se ressente de mim, por não seguir suas regras. Sempre sofrerei a mesma injustiça. As pessoas vivem me envolvendo em escândalos que odeio, e que me acusam de apreciar e instigar".[2]

Durante o dia 25 de agosto, enquanto Paris comemorava, Cocteau buscou a proteção da família da atriz Elina Labourdette, na Île de la Cité. Elina chamou imediatamente seu amigo Claude Anglès, jovem médico do vizinho hospital Hôtel-Dieu. "Vi um homem sentado num canto, parecia muito chocado",

---

* Estima-se o número de crianças com mães francesas e pais alemães — os chamados "*enfants de Boche*" — nascidas durante ou imediatamente após a ocupação em 100 a 200 mil. Alguns franceses que trabalhavam no programa STO também deixaram filhos com mulheres alemãs.

recordou Claude. "Era Cocteau, morto de medo. Pensei que ele seria responsabilizado por seus vínculos com os alemães. Mas não o foi. Cocteau pertencia a um grupo que o protegia, enquanto Sacha Guitry, que fez cem vezes menos do que Cocteau, tinha pencas de inimigos."[3] Na realidade, Cocteau provavelmente foi salvo pelo fato de seu companheiro, o arrojado jovem ator Jean Marais, ter entrado para as FFI durante a insurreição. Horas depois Cocteau deixou o apartamento de Labourdette, sem que jamais lhe pedissem explicações.

Em contraste, dois dias antes cinco jovens membros das FFI foram à mansão de Guitry, ao lado da Torre Eiffel, e o acusaram de "passar informações ao inimigo", a acusação vaga lançada contra os colaboradores. Usando pijama verde-limão sob o paletó de tweed, com chapéu-panamá na cabeça, o sempre esmerado Guitry foi levado a pé até a sede do sétimo *arrondissement*, na Rue Grenelle. A notícia de sua detenção correu depressa, e por sorte Alain Decaux,* um dos jovens admiradores de Guitry, e recruta das FFI, obteve permissão para proteger a residência do dramaturgo contra vandalismo e saque. Guitry passou por uma série de centros de detenção que, dias antes, recebiam judeus e presos políticos: o Vélodrome d'Hiver, estádio onde milhares de judeus haviam sido reunidos depois das prisões em massa de julho de 1942; Drancy, o principal campo de trânsito para deportados judeus; e a fortaleza de Fresnes, que costumava abrigar *résistants*.

Tristan Bernard, dramaturgo judeu, testemunhou que o libertaram de Drancy, em 1943, graças a Guitry, mas seus inimigos alegaram que isso só provava seu bom relacionamento com os alemães. "É 'colaboração' exercer sua profissão sob os olhos das forças de ocupação durante um armistício?", ele perguntou, frustrado. Embora Guitry se sentisse tremendamente injustiçado, uma pesquisa realizada em setembro mostrou que 56% dos entrevistados aprovava sua detenção, apenas 12% se opunham e o restante não tinha opinião formada.

Finalmente, em 20 de outubro, depois de passar "Sessenta dias na prisão" ("Soixante jours de prison"), como intitulou seu relato da experiência, Guitry foi libertado por causa da saúde precária. Mas o processo contra ele se arrastou por mais 34 meses, concentrando-se menos na vida profissional e mais em seu bom relacionamento com a oficialidade alemã. O ressentimento de

---

* A carreira de Decaux como escritor decolou, e ele foi eleito para a Académie Française em 1979.

Guitry cresceu, e ele reclamou: "Hoje não estou pagando por minhas atividades nos últimos quatro anos, mas pelo sucesso e felicidade de quarenta, algo imperdoável". De fato, a inveja pode ter sido um fator: ele era ator, dramaturgo, diretor de cinema, dono de teatro — e rico. Quando seu caso foi encerrado, em 8 de agosto de 1947, a sentença atribuiu seu comportamento ao narcisismo, concluindo: "Portanto sua necessidade, como de oxigênio, de um público; e, fora do palco, da adulação e dos favores do mundo e dos poderosos. Ele só conheceu a vida de exibicionista. Isso explica e mede seu relacionamento com as forças de ocupação".[4]

Na época da detenção de Guitry, muitos dos jovens que portavam armas e percorriam Paris eram novatos da resistência. "Os heróis se multiplicaram", observou Galtier-Boissière. "É considerável o número de resistentes de última hora, usando cintos de munição ao estilo mexicano. Há algumas heroínas também, de revólver na cinta."[5] No fim de agosto, porém, o governo provisório deu aos membros das FFI a opção de entregar as armas ou continuar a luta contra a Alemanha no exército francês. Em meados de setembro começou a criação de uma estrutura legal para conduzir a *épuration*. Uma tarefa imensa: inicialmente, cerca de 900 mil pessoas foram detidas, mesmo que apenas por alguns dias; no final, 124 613 pessoas defenderam nos tribunais suas ações durante a ocupação.

Formaram a Corte Suprema de Justiça, autorizada a proferir sentenças de morte, para julgar um pequeno número de políticos do alto escalão intimamente ligados ao regime de Vichy, vários dos quais voltaram para a França depois do Dia da Vitória na Europa. O nível seguinte, das Cortes de Justiça, lidou com os outros casos sérios de colaboração e teve muito serviço, emitindo 6760 sentenças de morte, quase 60% delas *in absentia*; no final, apenas 767 sentenças foram executadas. Finalmente, as Cortes Cívicas assumiam os casos que envolviam formas menores de colaboracionismo e comportamento antipatriótico. Os considerados culpados de "*indignité nationale*" eram sentenciados a penas de prisão, ou "*dégradation nationale*", o que os impedia de trabalhar na polícia e no magistério, bem como de ocupar qualquer cargo no governo.

De Gaulle assumiu uma posição que acrescentou variáveis ao caso. No exílio ele via a resistência como ameaça potencial a seu poder, e minimizava sua importância. No momento, como parte de sua estratégia para reunificar o país, retratava a França como uma nação de resistentes, com um número muito pequeno de colaboracionistas genuínos. Isso significava mostrar uma tolerância considerável em relação aos "40 milhões de *pétainistes*" do início dos anos 1940. "Mesmo que seja urgente punir traidores", disse num discurso em 14 de outubro de 1944, "não é uma boa ideia remover da sociedade francesa pessoas que, em nome da legalidade, foram iludidas para seguir o marechal."[6] Ou seja, De Gaulle apoiava a punição, mas não o aprofundamento das questões.

O julgamento de Vichy constituía óbvia prioridade, não só por conta dos crimes cometidos pelo regime como por ser importante mostrar que "*l'État Français*" criado por Pétain não sucedera à Terceira República, mas fora um regime inteiramente ilegal. O caso da promotoria se baseava no artigo 75 do código penal, decretado em julho de 1939, que definia o crime de traição e condenava à pena de morte os culpados. Pétain, que pedira para ser repatriado da Suíça no final de abril de 1945, foi levado à Corte Suprema três meses depois. Embora tenha despertado um enorme interesse no país que olhara para ele esperançoso poucos anos antes, foi em grande medida um anticlímax. Após o discurso inicial, o marechal recusou-se a falar e, tendo 89 anos, cochilou durante a maior parte das audiências. Seus advogados alegaram que ele fez jogo duplo, apaziguando os alemães enquanto ajudava os Aliados, mas os indícios disso eram tênues. Ao mesmo tempo, era difícil não ver que a maioria dos franceses o tinha apoiado com entusiasmo. Como escreveu François Mauriac em *Le Figaro* em 26 de julho de 1945: "Não devemos ignorar a ideia de que alguns de nós em certos momentos foram cúmplices desse velho homem derrotado". Mas no fim ele recebeu os veredictos de alta traição, de passar informações para o inimigo e de *indignité nationale* (o que lhe tomava a patente militar), mas sua sentença de morte foi comutada por De Gaulle, e Pétain faleceu na prisão da ilha de Yeu, na costa atlântica, em 1951.

O julgamento de Laval, em outubro de 1945, foi mais dramático, e o juiz responsável precisou lutar para manter a ordem, pois os jurados lançavam insultos ao acusado. Condenado à morte, Laval tentou se matar com cianureto, mas os médicos o salvaram com uma lavagem estomacal. Tentara suícidio, afirmou, para que os soldados franceses não tomassem parte num "crime judicial", e enfrentou a morte corajosamente. Depois de ter-lhe sido negado o direito de ordenar ao esquadrão de fuzilamento que abrisse fogo, ele disse aos soldados: "Não culpo vocês por isso. Mirem no coração. Viva a França!".[7]

Dos outros dezesseis sentenciados à morte pela Corte Suprema, só dois

— Joseph Darnand, líder da *milice*, e Fernand de Brinon, líder do governo no exílio, em Sigmaringen — foram executados. Abel Bonnard, o membro da Académie Française que servira de ministro da Educação para Vichy, fugira para a Espanha, e havia sido condenado à morte à revelia. Franco o acolheu como exilado, e em 1960 ele regressou à França para novo julgamento, no qual recebeu a sentença simbólica de dez anos de desterro, retroativa a 1945. Por acreditar ter recebido um tratamento injusto ele voltou à Espanha, onde faleceu em 1968. Outro condenado à morte *in absentia*, Darquier de Pellepoix, o infame chefe da Comissão Geral para Questões Judaicas de Vichy, também passou o resto da vida na Espanha

No mundo cultural, todas as disciplinas formaram *comités d'épuration*, autorizados a investigar e interrogar artistas e escritores colaboracionistas. Eles também podiam encaminhar casos para julgamento nas Cortes Cívicas e emitir sanções profissionais, como proibir apresentações ou publicações por até dois anos. Na prática, porém, houve muita confusão e sobreposições, uma vez que as disciplinas eram representadas por diversas entidades profissionais. Seis grupos diferentes representavam os escritores, por exemplo, e muitas instituições, como a Comédie Française, a Academia e a Ópera de Paris, conduziram seus próprios inquéritos e expurgos.

Esses "julgamentos" se arriscavam a ser incestuosos, pois não raro juízes e acusados se conheciam bem e haviam trabalhado juntos, antes da guerra e até durante a ocupação. Alguns se encontraram em recepções dadas pelos alemães. "Não me recordo de casos em que um intelectual francês tenha recusado convite para uma recepção na embaixada alemã de Paris", Abetz declarou aos interrogadores franceses, depois da guerra. "Mesmo quem se declarava contra a colaboração no nível político aceitava, dizia, o confronto das ideias e a troca de opiniões no campo cultural."[8] Para complicar mais ainda a situação, havia a disputa de poder entre comunistas, que dominavam a maioria dos *comités d'épuration*, e os moderados, que relutavam em endossar uma caça às bruxas. Em certos casos, vinganças pessoais se transformavam em acusações políticas; em outros, a inveja profissional desempenhava um papel importante, pois as proibições de trabalhar poderiam tirar de cena os concorrentes; em poucos casos velhas amizades sobreviveram às diferenças políticas e ajudaram a aliviar as punições. Disputas ideológicas também ressurgiram: quando Aragon denunciou Gide por uma entrada derrotista em seu diário, em setembro de 1940, publicado depois da libertação,* ficou claro que o *poète de la résistance*, como passara a chamá-lo, não se esquecera do ataque de Gide a Moscou em 1936, em *De volta da* URSS.

No geral, o que parecia relativamente simples durante a ocupação se mostrou complicadíssimo logo após a libertação. Quase todos os artistas e escritores haviam trabalhado durante a ocupação. Como traçar a linha divisória? Em que consistia exatamente a colaboração? Abrangia o apoio inicial a Pétain? Incluía apresentações para plateias onde havia alemães? Seria traição comparecer a uma recepção promovida pelos alemães? Dá para acreditar num colaboracionista proeminente que insistia estar trabalhando na época para a inteligência britânica? Havia provas para endossar as alegações de alguns fascistas de que salvaram vidas de judeus, alertando-os da detenção iminente? Na prática, como o consenso nunca chegou, a *épuration culturelle* esbanjou contradições; entre os artistas, escritores e jornalistas com registros similares de colaboração, alguns foram presos, executaram uns poucos, e um bom número não chegou a ser detido. Só em retrospecto foi possível identificar um padrão: quanto mais longa a prisão, quanto mais o julgamento e a sentença fossem adiados, menor a punição. "Se Drieu La Rochelle concordasse em passar dois anos escondido num porão, teria se tornado ministro", teria dito Jouhandeau, conforme Léautaud declarou posteriormente.[9]

Entre os diferentes *comités d'épuration*, o dos escritores era o mais bem organizado e radical, assim como o Comité National des Écrivains, ou CNE, fora o grupo de resistência cultural mais eficaz. A *commission d'épuration* incluía Éluard, Queneau e Jean Bruller (mais conhecido como Vercors), e começou a atuar acusando doze traidores no início de setembro de 1944. Entre eles, Céline, Drieu La Rochelle, Brasillach, Montherlant, Giono, Jouhandeau e Châteaubriant. A eles se somaram mais 153 "indesejáveis", definidos como jornalistas e escritores que permaneceram leais a Vichy quando os alemães ocuparam o sul da França em novembro de 1942. Publicaram seus nomes em *Les Lettres*

---

* Em 5 de setembro de 1940, Gide escreveu: "Ajustar contas com os inimigos de ontem não é covardia; é sabedoria e aceitação do inevitável". E acrescentou: "Qual a vantagem de se ralar nas barras da jaula: para sofrer menos com o tamanho diminuto da jaula, não há nada melhor do que permanecer bem no meio dela".

Françaises, que acrescentou alguns escritores "profissionalmente repugnantes" de sua escolha. Muitos dos "procurados" eram editores de jornais pró-alemães que não só elogiavam Hitler e denunciavam judeus, como atacavam e insultavam comunistas e gaullistas agora no poder. Esses casos, porém, seriam tratados pelas Cortes de Justiça, onde muitos juízes haviam atuado no regime de Vichy, aumentando a confusão. No início, ao menos, as punições foram severas.

O primeiro a ser julgado e condenado à morte por seus escritos foi Georges Suarez, editor do *Aujourd'hui*. Embora Youki Desnos o tenha defendido, dizendo que ele tentara salvar seu marido Robert da deportação, ele foi executado em 9 de novembro de 1944. Paul Chack, escritor e ex-oficial da marinha que também escrevia em publicações colaboracionistas, também foi condenado à morte. "Você ficou do lado da Alemanha quando os franceses se uniram contra os invasores", disseram-lhe. E o fuzilaram em 9 de janeiro de 1945. Três outros jornalistas muito conhecidos foram executados. Jean Hérold-Paquis, locutor de propaganda alemã da Radio-Paris, ficou famoso por encerrar o programa noticioso noturno com o grito "A Inglaterra, como Cartago, será destruída", foi executado em 11 de outubro de 1945. Paul Ferdonnet, acusado de fazer propaganda nazista em francês na Radio Stuttgart, entre 1940 e 1942, foi preso na Alemanha em maio de 1945, julgado em julho e executado em agosto. E Jean Luchaire, ex-editor de *Les Nouveaux Temps*, que pediu para tirarem seu velho amigo Abetz da cadeia para testemunhar a seu favor, foi fuzilado em 22 de fevereiro de 1946.

Outros deram mais sorte. Henri Béraud, romancista conhecido pela anglofobia, redator-chefe de editoriais de *Gringoire*, também foi condenado à morte em dezembro de 1944, mas Mauriac saiu em sua defesa, alegando que ele não havia ajudado o inimigo de propósito. Sua condenação foi adiada por De Gaulle, e o libertaram em 1950.* Lucien Rebatet, o antissemita raivoso, preso na Alemanha em 8 de maio de 1945, foi finalmente julgado em novembro de 1946, ao lado de Pierre-Antoine Cousteau, editor de *Je Suis Partout* a partir de 1943. Os dois foram condenados à morte, mas seis meses depois comutaram as sentenças dos dois para prisão perpétua, e em cinco anos eles também saíram da cadeia.

* Em outra contradição evidente, o editor de Béraud na *Gringoire*, Horace de Carbuccia, nunca chegou a ser julgado.

Dois escritores fascistas que também eram jornalistas se destacaram em função de seu prestígio literário. Deles, Drieu La Rochelle, que por trinta meses editara a *Nouvelle Revue Française*, não alimentava ilusões a respeito do destino que o aguardava. Desde muito antes da libertação ele não apenas previra a derrota alemã como planejara seu suicídio. Em 10 de agosto de 1944 ele escreveu a derradeira carta ao irmão Jean, na qual defendeu sua filosofia: "De coração aberto eu me apresento a minha nação, acima de todas as nações — mais como racista do que como nacionalista. Eu preferiria ser inglês, alemão ou russo: do norte. A França apresenta sangue misturado demais, vindo do sul". Agora pretendia acabar com a vida de bom grado, antes que a doença e a velhice tomassem conta. "Vou me matar", escreveu. "Minha morte é um sacrifício de livre escolha que me protegerá de certas manchas, de certas fraquezas. Acima de tudo, não me interesso tanto assim por política a ponto de ocupar (prisão etc.) meus últimos dias."[10]

Dois dias depois, Drieu La Rochelle tomou uma pesada dose de barbitúricos, mas foi encontrado inconsciente pelo empregado da casa e levado ao Hospital Americano de Neuilly. Gerhard Heller depois contou que soube da condição do amigo, e correu para visitá-lo. "Seus olhos se abriram brevemente — 'pela primeira vez', informou a enfermeira — e ele sussurrou: 'Ah, é você, Heller'. Coloquei um passaporte sob seu travesseiro."[11] O passaporte continha vistos que permitiam a La Rochelle viajar para a Espanha ou a Suíça, mas ele nunca o usaria. Enquanto estava no hospital, tentou suicídio de novo, cortando os pulsos, mas o salvaram outra vez.

Depois da libertação de Paris, ele se escondeu em alguns momentos na casa da primeira esposa, Colette Jeramec, que era judia. Ao que parece, sua detenção foi evitada pelos amigos Malraux e Emmanuel d'Astier de la Vigerie, líder da resistência e ministro do Interior do governo provisório. Mas Drieu La Rochelle sabia que não podia evitar seu julgamento. Em 15 de março de 1945 ele ligou o gás e tomou veneno para morrer. Galtier-Boissière lembra-se de tê-lo alertado, cinco anos antes, que seria fuzilado por apoiar a Alemanha. "O infeliz se matou", comentou.[12] Entre os que compareceram a seu enterro em Neuilly estavam Paulhan, Léautaud e Gaston Gallimard. Malraux, a quem Drieu La Rochelle pediu especificamente que comparecesse, não pôde regressar da frente de batalha, pois servia no exército francês.

Drieu La Rochelle evitou a cadeia cometendo suicídio, mas Robert

Brasillach preferiu se render à polícia de Paris em 14 de setembro de 1944, após a prisão da mãe e do cunhado, Maurice Bardèche, fascista como ele. Brasillach passou um tempo no forte de Noisy-le-Sec, subúrbio de Paris, até ser transferido para Fresnes, onde aguardaria julgamento pela Corte de Justiça, em 19 de janeiro de 1945. O processo contra ele era simples: consistiu em apresentar os editoriais assinados de *Je Suis Partout* e artigos posteriores em *La Révolution Nationale*, que embasavam a acusação de passar informações ao inimigo.

Como em julgamentos similares, as posições antissemitas de Brasillach não foram usadas contra ele; seu crime foi apoiar os alemães e denunciar judeus e resistentes. Em sua defesa o advogado Jacques Isorni leu cartas de apoio de Claudel e Valéry, bem como uma de Mauriac que, segundo o advogado, escreveu: "Seria uma perda para as letras francesas se essa mente brilhante se extinguisse para sempre".[13] Para Marcel Reboul, comissário governamental, os crimes de Brasillach nasceram de sua vaidade: "A traição de Brasillach foi, acima de tudo, uma traição de intelectual, uma traição de orgulho. O sujeito cansou de lutar na plácida arena das letras puras. Precisava de plateia, de função pública, de influência política, e se dispôs a fazer tudo para conquistá-las".[14] No julgamento, que durou apenas seis horas, Brasillach foi condenado à morte.

O caso de Brasillach era difícil: escritor admirado, não hesitara em denunciar pessoas que acabaram presas ou deportadas. O veredicto contra ele, mesmo assim, intensificou o debate entre escritores a respeito de como lidar com a colaboração de seus pares. Em público, a questão opôs Camus, em *Combat*, a Mauriac, em *Le Figaro*. Os dois concordavam que a *épuration* era caótica, mas Camus insistia que um expurgo genuíno se fazia necessário para que a França renascesse. Sem que se fizesse justiça, alegou, "o sr. Mauriac passa a ter razão, necessitaremos da complacência". Mauriac indagou se, num mundo de "crueldade implacável", a ternura e a misericórdia humanas deveriam ser descartadas.[15] Nesse espírito, Mauriac já havia tomado a posição de defender Béraud, cuja sentença de morte foi comutada logo depois do julgamento de Brasillach.

Em resposta a Camus, em 7 de janeiro de 1945, numa coluna intitulada "Desprezo pela complacência", Mauriac insistiu nas virtudes da conciliação nacional e na importância da imparcialidade do Judiciário num momento de emoções exacerbadas. Dias depois, no artigo "Justiça e complacência", Camus respondeu:

Quanto aos expurgos, sempre que falei em justiça o sr. Mauriac falou em complacência. E a virtude da complacência é bastante singular, pois, ao exigir justiça, dei a impressão de advogar o ódio. Se ouvirmos o sr. Mauriac, teremos de fato a impressão de que, nessas questões cotidianas, é absolutamente essencial escolher entre o amor de Cristo e o ódio dos homens.

Ele continuou: "Como homem, posso talvez admirar o sr. Mauriac por saber como amar traidores, mas como cidadão deploro sua atitude, pois esse amor nos conduzirá inevitavelmente a uma nação de traidores e mediocridades, bem como a um tipo de sociedade que não queremos".[16]

Mauriac, cuja campanha levou o *Canard Enchaîné* a apelidá-lo de são Francisco de Assizes,* não se intimidou. Depois do veredicto no caso Brasillach, ele organizou um abaixo-assinado dirigido a De Gaulle, pedindo clemência — não por questões morais, e sim por ter o pai de Brasillach "morrido pela França" na Primeira Guerra Mundial. Entre os sessenta signatários estavam Valéry, Claudel, Anouilh, Paulhan, Colette, o compositor Honegger, os pintores Derain e Vlaminck e, no último minuto, Camus. De Gaulle rejeitou a apelação e, em 6 de fevereiro, Brasillach foi fuzilado. Contudo, seis meses depois, Camus mostrou sérias dúvidas sobre o expurgo. Em 30 de agosto de 1945 ele escreveu em *Combat*: "Pedimos a indulgência do leitor por começarmos hoje com um fato básico: não resta a menor dúvida a respeito do expurgo do pós-guerra, que não só fracassou na França, como está completamente desacreditado. A própria palavra 'expurgo' se tornou incômoda. A atitude atual, odiosa".[17] Em 1948 ele admitiu que Mauriac tinha razão desde o começo.

O julgamento de Charles Maurras, já com 76 anos quando a França foi libertada, teve um significado inteiramente diferente. Embora tenha sido eleito para a Académie Française apenas em 1939, a importância política de Maurras datava da virada do século, quando liderou a campanha contra o capitão Alfred Dreyfus, o oficial judeu do exército francês acusado por engano de espionar para a Alemanha. Nos anos seguintes, e em especial após a Primeira Guerra Mundial, seu movimento e o jornal que o divulgava, *L'Action Française*, passaram a representar uma mistura particular de antissemitismo, nacionalismo, germanofobia e monarquismo. Ao mesmo tempo, Maurras se tornou mentor

---

* Em inglês e francês, um dos significados de "*assize*" é inquérito criminal. (N. T.)

ideológico de uma geração de jovens intelectuais brilhantes, como Brasillach e Rebatet, que no final dos anos 1930 aderiram ao nacional-socialismo hitlerista. Quando a França caiu, em 1940, Maurras se mudou para a zona não ocupada e apoiou a Revolução Nacional de Pétain. Continuou a ser um antissemita ferrenho, mas também abertamente antigermânico, e quando a Alemanha invadiu a zona não ocupada, passou a temer represálias da Gestapo.

A detenção de Maurras em setembro de 1944 marcou o início da montagem de um julgamento sensacional, que começou em 26 de janeiro de 1945, no meio da campanha dos escritores para salvar Brasillach. Como Maurras não poderia ser acusado de colaborar com um inimigo que odiava, a acusação formal contra ele foi desmoralizar a França. Seu crime real, porém, foi criar o movimento fascista que tanto mal causou ao país. A promotoria pediu a condenação à morte, mas por conta da idade e do caso Brasillach, Maurras acabou recebendo a pena de prisão perpétua. "É a vingança de Dreyfus", gritou no final. Ele foi libertado em março de 1952 por questões de saúde e faleceu oito meses depois.

Nenhum outro escritor foi executado depois de Brasillach. Alguns permaneceram no estrangeiro, certos de que enfrentariam uma punição severa. Alphonse de Châteaubriant, responsável pelo Groupe Collaboration e editor de *La Gerbe*, conseguiu chegar à Áustria e se refugiar num mosteiro no Tirol, onde morreu em 1951. Alain Laubreaux, o ferino crítico teatral de *Je Suis Partout*, encontrou abrigo na Espanha de Franco, onde morreu em 1968. Com a exigência de justiça rápida e radical do CNE e de *Les Lettres Françaises* para os escritores colaboracionistas, porém, outros autores passaram temporadas na cadeia até que seus casos fossem julgados.

Jean Giono, preso como pacifista durante a guerra de mentira, foi novamente detido em setembro de 1944, passando cinco meses na cadeia. Seu crime: ter cedido artigos para publicações colaboracionistas e escrever — como sempre fez — sobre a vida rural de um modo que agora parecia muito *pétainiste*. No final, não formalizaram as acusações contra ele, uma vez que nunca defendeu os nazistas, além de ter alegado que protegeu um refugiado alemão e três judeus. Mesmo assim o CNE o proibiu de publicar por dois anos. Amigos de Giono disseram que seu erro, na verdade, foi ter rompido com Aragon e com o Partido Comunista antes da guerra.

O processo contra Georges Simenon, famoso autor de histórias policiais, se arrastou por seis anos. Ele não fazia parte do mundo literário parisiense, preferia morar em Vendée. Contudo, como nove obras suas foram adaptadas para o cinema durante a ocupação, quatro delas pela Continental Films, estúdio pertencente à Alemanha, em 1950 ele foi proibido de publicar novos romances por cinco anos. Como a sentença foi retroativa, não apresentou resultados práticos. Mas, apesar disso, ele ficou tão preocupado que partiu para o Canadá e os Estados Unidos depois da guerra e não retornou à Europa até 1955.

Para muitos escritores, a incerteza foi a pior punição. Jacques Chardonne, romancista e acionista das Éditions Stock, presente nas duas delegações de escritores franceses às conferências de Weimar, passou seis semanas na prisão em 1944, mas as acusações contra ele foram retiradas em 1946. Marcel Jouhandeau, amigo de Florence Gould que também aceitou convites alemães para ir a Weimar, nunca foi preso mas viveu meses com medo da detenção. Antes mesmo da libertação de Paris, ele começou a receber telefonemas ameaçadores, por isso resolveu seguir o conselho de Paulhan e se esconder, levando a esposa. Em seu diário ele principiou a esboçar sua defesa: "Nosso crime foi de opinião, simplesmente, cometemos imprudências que nos prejudicaram".[18] Quando seu nome apareceu na lista de "indesejáveis" do CNE, ele fugiu de Paris. Como nada aconteceu, ele voltou e retomou as aulas. Em maio de 1945, porém, foi chamado para interrogatório e se viu na companhia de Montherlant. "Antes do anoitecer eles o levarão a Drancy, ou talvez a Vincennes, e jamais nos veremos de novo", o dramaturgo lhe disse. "Seremos estrangulados em nossas celas."[19]

O desfecho foi menos dramático. Montherlant acabou condenado a não publicar nada durante um ano, principalmente por causa do livro de ensaios de 1941, *Le solstice de juin*, considerado pró-germânico. Mas a punição de Jouhandeau foi o ostracismo decretado pelos escritores de esquerda. Para ele, isso pouco significava: em pouco tempo voltou a discutir com Léautaud nos almoços de Florence Gould, às quintas-feiras.

Aos poucos, porém, a sede de vingança contra os escritores arrefeceu. Um fator importante foi o reconhecimento de que escritores e jornalistas estavam sendo punidos com rigor muito maior do que os industriais que lucraram negociando com os nazistas, por exemplo. "Na *épuration* o jornalista, faminto e miserável, serviu de bode expiatório", escreveu Galtier-Boissière. "As pessoas se esquecem de que alguns deles contavam somente com a pena para sustentar a família, e escreveram apenas textos anódinos. Alguém condenou os operários da Renault por produzir tanques para a Wehrmacht? Um tanque não era mais útil ao Fritz do que um artigo em *Le Petit Parisien*?"[20]

Paulhan, que como figura central da resistência intelectual apoiou a *épuration*, também achava que os escritores estavam sendo perseguidos injustamente. "Engenheiros, empresários e pedreiros que construíram a Muralha do Atlântico continuam entre nós, sem serem incomodados", argumentou. "Continuam ocupados, erguendo novas muralhas. Eles constroem os muros nas novas prisões, que abrigam jornalistas que cometeram o erro de escrever que a Muralha do Atlântico foi bem construída."[21] No fim de setembro de 1944, Paulhan demitiu-se de *Les Lettres Françaises* e aos poucos se distanciou dos antigos colegas. Sua preocupação era que os comunistas, no comando da *épuration intellectuelle*, realizassem um expurgo stalinista. Seu argumento de que os escritores tinham "direito de errar" foi descartado pela linha dura. Outros moderados, apontando punições bem diferentes para crimes parecidos, começaram a perguntar se, num país livre, um escritor podia ser condenado por "crimes de opinião". Alguns lamentaram que 93 livros de Céline, Rebatet e outros colaboradores fossem proibidos: fez com que recordassem a lista Otto dos nazistas.

No entanto, se os escritores colaboracionistas acabaram enfrentando uma *épuration* severa, isso não ocorreu apenas por serem formadores de opinião; deveu-se também à importância a eles atribuída pelos escritores da resistência, que com isso salientavam a própria importância e fortaleciam seus status. Não queriam abandonar a visão de que os escritores tinham responsabilidades especiais, ideia endossada pelo próprio De Gaulle. Em suas *Memórias da guerra*, relembrando sua postura diante dos colaboracionistas, ele explicou de forma indireta por que não salvou a vida de Brasillach: "Se [os colaboracionistas] não serviram ao inimigo direta e entusiasticamente, por princípio comutei suas sentenças. No caso oposto — um único —, não senti que teria o direito de perdoar. Pois na literatura, como em tudo, o talento exige responsabilidade".[22] Até Drieu La Rochelle escreveu sobre o intelectual: "Ele tem deveres e direitos superiores aos dos outros".[23]

Mesmo assim, apesar de suas diferenças políticas e éticas, os escritores compartilharam uma necessidade fundamental durante a ocupação: a de verem suas obras impressas. Como resultado, uma vez que muitos *résistants* também publicaram livros com aprovação alemã, o comitê de expurgos para publicações, que incluía Sartre, Bruller e Seghers, entre outros membros, era em larga medida inútil. A impossibilidade de julgar editores levou Bruller e Seghers a renunciar, revoltados. Vale dizer que Bernard Grasset, o mais ativo editor pró--germânico, foi preso em 19 de setembro e mandado para Drancy. Mas, quando Mauriac, Valéry e Duhamel se encarregaram de sua defesa, ele foi solto seis semanas depois. As Éditions Grasset foram proibidas de vender e publicar livros, mas a sanção foi suspensa em maio de 1946. Robert Denoël, cidadão belga que publicara a panfletagem antissemita de Céline e Rebatet, além de livros de Aragon e Triolet, nunca foi julgado: encontraram seu corpo numa rua próxima aos Invalides, em 2 de dezembro de 1945. O motivo e a identidade do assassino jamais foram desvendados. Por outro lado, Gaston Gallimard, que protegeu seus negócios permitindo que Drieu La Rochelle assumisse a *Nouvelle Revue Française*, nada tinha a temer. Publicara muitos autores que se opunham aos alemães, e vinte deles escreveram cartas de apoio. "Creio que qualquer crítica às Éditions Gallimard deve ser dirigida aos escritores que pertenceram à resistência intelectual e foram publicados pela editora", Sartre escreveu, ignorando a questão inicial da conveniência da publicação desses escritores.[24] De qualquer maneira, dois "intocáveis", Paulhan e Camus, continuavam na folha de pagamento da Gallimard.

Duas outras instituições literárias fizeram sua própria faxina doméstica. A Académie Française expulsou Pétain, Maurras, Bonnard e Abel Hermant, além de preencher as numerosas vagas deixadas abertas durante a ocupação. Continuou sendo uma instituição conservadora, porém, escolhendo Claudel, Marcel Pagnol, Jules Romains e Édouard Herriot em 1946; Cocteau em 1955 e Montherlant em 1960. Dois *résistants* foram eleitos ainda mais tarde, Guéhenno em 1962 e Paulhan em 1963. A Académie Goncourt, por sua vez, expulsou Guitry e René Benjamin, além de convidar Colette. As anistias de janeiro de 1951 e de julho de 1953 levaram à soltura de quase todos os colaboradores dos nazistas ainda detidos.

Poucos escritores preferiram continuar morando fora, e talvez o regresso de Céline da Dinamarca tenha fechado esse capítulo das guerras literárias francesas. Ele chegou a Copenhague em 22 de março de 1945, proveniente de Sigmaringen, embora o governo francês só tenha sabido de suas andanças meses depois. Finalmente, em dezembro, a França pediu sua extradição para ser julgado por traição. Embora Céline tenha passado os dezoito meses seguintes na Dinamarca, nunca foi extraditado. No início de 1950 o julgaram à revelia e o condenaram por *indignité nationale*. Foi condenado a um ano de prisão, pesada multa e confisco de metade de seus bens. Um ano e pouco depois foi anistiado e, em julho de 1951, voltou à França com Lucette, sua esposa. Eles foram morar em Meudon, um subúrbio a sudoeste de Paris, onde dois anos depois Céline abriu um consultório médico. Se houvesse sido preso em 1944, é quase certo que o teriam enforcado. Uma década depois, quando pensavam nele como um eremita maluco, voltou a ser publicado pela Gallimard e seu status como um dos maiores escritores franceses do século XX parecia assegurado. Para muitos franceses, seus delírios nazistas e antissemitas foram superados pela genialidade do escritor.

A *épuration* em outras áreas culturais foi, em comparação, relativamente suave, embora na música, uma forma de arte bastante apreciada pelos alemães, dois casos escandalosos marcaram época. O concertista de piano Alfred Cortot, que arranjara tempo para tocar na Alemanha, além de ser consultor musical de Vichy, foi preso pelas FFIS em sua casa de Neuilly em 1º de setembro de 1944. Graças à intervenção de Claude Delvincourt, diretor do Conservatório de Paris e *résistant*, foi solto rapidamente. No ano seguinte, porém, o Comitê de Inquérito das Artes revogou o contrato de Cortot como professor do conservatório, enquanto o comitê de expurgos profissionais suspendeu seus direitos de apresentação pública por um ano. Quando ele retomou a carreira no Théâtre des Champs-Élysées em Paris, em janeiro de 1947, foi tão vaiado que precisou abandonar o palco. Em dois anos, porém, grande parte do público o havia perdoado.

Em contraste, a *épuration* destruiu a carreira da cantora Germaine Lubin, a grande soprano wagneriana. Apreciada pelos alemães, foi presa pelas FFIS no dia seguinte à libertação e conduzida à sede regional do oitavo *arrondissement* para interrogatório. Seu advogado conseguiu soltá-la, mas uma semana depois a prenderam de novo, dessa vez por dois meses em Drancy, depois em Fresnes. Nesse meio-tempo, ela foi banida da Ópera de Paris. O inquérito contra ela foi arquivado em janeiro de 1945, reaberto em março por uma Corte Cívica, depois encerrado. Ela se refugiou em seu castelo no vale do Loire, mas em dezembro de 1946 voltou a ser presa e julgada, dessa vez por uma Corte de Justiça, que a considerou culpada de *indignité nationale* e ordenou o confisco de suas propriedades, além de condená-la à *dégradation nationale*. Em maio de 1949 Lubin foi outra vez intimada a comparecer perante uma Corte Cívica em Paris, para se defender da acusação de ter usado a amizade com Hitler para soltar o filho de um campo de concentração. No ano seguinte, já aos sessenta anos de idade, ela deu um recital na Salle Gaveau. Seus fãs leais a ovacionaram, mas a voz enfraquecida fez com que ela nunca mais se apresentasse em público. Até a morte, em 1979, ela trabalhou como professora, tendo a soprano Régine Crespin como aluna, entre outras.

O expurgo de outros músicos e dançarinos se concentrou nas pessoas mais próximas dos alemães. Serge Lifar, diretor de balé da Ópera de Paris, que alardeava e exibia vínculos estreitos com os alemães, deixou Paris antes de ser preso. Afastaram-no da Ópera, mas ele foi trabalhar em Monte-Carlo e regressou a seu antigo posto de diretor do balé em 1947. O mais notável talvez seja que Lifar jamais deixou de acreditar que sempre agira corretamente e conforme os interesses da Ópera de Paris, a julgar por sua autobiografia, *Ma vie*.

A estrela do balé Solange Schwarz, amante de um alemão, também foi expulsa da Ópera de Paris, mas logo retomou a carreira, primeiro nos Ballets des Champs-Élysées, depois na Opéra-Comique. Até Jacques Rouché, o venerável diretor tanto da Ópera de Paris quanto da Opéra-Comique, foi interrogado pelas FFIS, mas os compositores Francis Poulenc, Georges Auric e Roger Désormière saíram em sua defesa e ele não foi acusado de nada. Já Max d'Ollone, o *pétainiste* que comandara a seção dos músicos do Groupe Collaboration, atuando como diretor da Opéra-Comique durante grande parte da ocupação, escapou ileso.

O mundo da música popular ficou tão exposto quanto a ópera e o balé, uma vez que *chansonniers* e dançarinas de cabaré se apresentaram rotineiramente para os alemães. Como muitas outras, Léo Marjane sempre cantava na Radio-Paris, sendo que seu bordão "*Je suis seule ce soir*" [Estou sozinha esta noite] sintetizava a monotonia das mulheres cujos maridos estavam presos na Alemanha. Quando foi convocada perante uma Corte Cívica para justificar suas apresentações para os alemães, ela respondeu com uma ironia: "Sou míope". Mas nunca retomou a carreira.

Maurice Chevalier, Tino Rossi, Charles Trenet e Édith Piaf haviam sido denunciados pela Radio-Londres por visitas à Alemanha, embora tenham ido apenas para se apresentar aos prisioneiros de guerra e trabalhadores compulsórios. Chevalier, que passara os meses finais da ocupação escondido tanto da resistência quanto da Gestapo, ficou pouco tempo preso. Graças a Aragon ele foi solto e escapou das punições, comprometendo-se em troca a cantar em diversos espetáculos comunistas para arrecadação de fundos. Depois ele tentou persuadir seus fãs americanos de que nunca havia colaborado com os alemães, filmando uma mensagem especial para eles em seu característico inglês afrancesado. Rossi, preso em outubro de 1944, passou três semanas em Fresnes antes de ter suas apresentações proibidas por um curto período, enquanto Trenet, também impedido de cantar publicamente, passou dois anos nos Estados Unidos antes de voltar para retomar uma carreira de sucesso. Piaf quase não foi incomodada: intimada a depor, levou testemunhas para confirmar que ela havia ajudado alguns prisioneiros de guerra a escapar, e assim a perdoaram por ter cantado para alemães em Paris.

No cinema, era ainda mais difícil separar juízes e julgados, pois com exceção dos judeus e dos poucos atores e diretores fugidos para os Estados Unidos, a indústria inteira trabalhou durante a ocupação: nada menos de 220 filmes franceses, assinados por 82 diretores diferentes, foram rodados e distribuídos durante a ocupação alemã. Depois da libertação, o *comité d'épuration* dominado pelos comunistas se concentrou em quem havia trabalhado para a Continental Films de Alfred Greven. Curiosamente, entre eles estavam o roteirista Jean-Paul Le Chanois e o assistente de direção Jean-Devaivre, que pertenciam ao pequeno grupo de resistência do cinema que publicava um folheto clandestino, *L'Écran Français*. Ademais, embora sete dos oito diretores investigados tivessem trabalhado para a Continental, outros, como Michel Tourneur, autor de seis filmes para Greven, não constavam da lista. Jean Marais, agora usando uniforme das FFIS, ficou perturbado com a perseguição. "Muitos colegas que prestaram serviços à Continental ou à Radio-Paris revelaram, depois da libertação, que eram *résistants*", escreveu em suas memórias, *Histoire de ma vie*. "Eles acusaram e julgaram seus companheiros."[25]

Marcel Carné foi censurado por assinar um contrato com a Continental, embora não tenha feito nenhum filme para a companhia alemã. Por outro lado, depois de incontáveis depoimentos, Henri-Georges Clouzot foi banido do cinema por dois anos, mais por causa de *Le courbeau*, filme odiado pela resistência, do que por tê-lo rodado para a Continental. O filme chegou a ser proscrito depois da libertação, embora o poeta e roteirista Jacques Prévert tenha testemunhado que não se tratava de "um filme de propaganda antifrancesa". Talvez por ser muito conhecido, Pierre Fresnay, que rodou nove filmes durante a ocupação, inclusive quatro para a Continental, passou seis semanas na cadeia e depois cumpriu prisão domiciliar.

Em poucos casos as punições ultrapassaram as sanções profissionais. Editores e diretores envolvidos na elaboração de noticiário de propaganda para *France Actualités* cumpriram pena. Um diretor de cinema, Jean Mamy, também conhecido como Paul Riche, foi executado. Havia feito *Forces occultes*, uma produção antissemita e antimaçônica, pelo que consta o único longa-metragem de propaganda rodado durante a ocupação. Em agosto de 1944 deixou seu esconderijo para se entregar à polícia, depois da prisão da mãe pelas FFIS. Inexplicavelmente, só o julgaram no final de 1948, e em março de 1949 ele foi a última pessoa fuzilada no processo de *épuration*.

Algumas listas das FFIS incluíam atores que viajaram a Berlim em 1942, com Danielle Darrieux. Albert Prejean passou seis semanas na cadeia por ter feito seis filmes para a Continental, mas não chegou a ser julgado. Viviane Romance, detida em Biarritz, foi inocentada por um tribunal militar após semanas de prisão. Darrieux se recorda de que, ao chegar ao local de seu interrogatório, viu antes de todos seu primeiro marido, Henri Decoin, que fizera três filmes para a Continental. "Ele disse: 'O que você está fazendo aqui?'. E ele disse: 'Caia fora daqui imediatamente'. Eles não sabiam direito quem era quem, no expurgo."[26] Decoin acabou suspenso por um ano, pois um de seus filmes, *Les inconnus dans la maison* [Os desconhecidos dentro de casa], seria desmoralizante para os franceses.

Houve casos mais sérios. Um amigo de Céline, Robert Le Vigan, tinha muitas satisfações a dar: ator veterano do teatro e do cinema, fascista convicto que vociferara seu antissemitismo na Radio-Paris, aderira ao partido de extrema direita de Doriot, além de ser suspeito de servir de informante para a Gestapo. Jean-Louis Barrault, Madeleine Renaud e Pierre Renoir o defenderam, mas mesmo assim ele foi sentenciado a dez anos de trabalhos forçados pela Corte de Justiça, sendo libertado sob fiança em 1948. A veterana atriz Cécile Sorel, que completara setenta anos quando Paris foi libertada, foi condenada à *dégradation nationale* por pedir de presente o apartamento confiscado de uma família judia. E Alice Cocéa passou três meses presa, além de ter sido banida da profissão por um ano, por ter assumido a direção do Théâtre des Ambassadeurs, pertencente ao dramaturgo judeu exilado Henry Bernstein.* Ginette Leclerc,

---

* Em 1950, Bernstein perdoou Cocéa publicamente, e encerrou o processo contra a atriz Michèle Alfa, que ocupara seu apartamento com o namorado da Wehrmacht a partir de 1940.

que fez onze filmes durante a ocupação, inclusive *O corvo*, sofreu mais do que a maioria: ela passou nove meses na penitenciária, pois abrira, com ajuda de Greven, um cabaré apreciado pelos oficiais alemães.

Assim como as mulheres acusadas de *collaboration horizontale* teriam ofendido a honra francesa, atrizes que desfilavam por Paris de braços dados com oficiais alemães foram atacadas. O militar alemão amante de Mireille Balin foi assassinado no momento da prisão dela, em setembro de 1944. A atriz Corinne Luchaire estava grávida de um austríaco da Wehrmacht quando acompanhou seu pai Jean, colaboracionista, a Sigmaringen, em 1944; mais tarde a condenaram a dez anos de *dégradation nationale*.

A atriz mais famosa apanhada pela *épuration* foi a inimitável Arletty. A seu favor vale dizer que nunca filmou para a Continental, e que ajudou a libertar Tristan Bernard de Drancy, ao lado de Guitry. Mas passou a se dedicar a um jovem oficial da Luftwaffe, Hans Jürgen Soehring, a partir de 1941. Circulava com ele pela cidade inteira, jantava no Maxim's e comparecia a recepções na embaixada alemã, inclusive a que homenageou Goering, em dezembro de 1941. Depois da libertação ela se escondeu, mas foi presa em dois meses e enviada para Drancy. "Na cadeia, uma jovem freira tentou fazer com que eu me aproximasse de Deus", recordou tempos depois. "Eu disse que já nos conhecíamos, e que a relação não tinha dado certo."[27] Sempre com uma resposta ferina na ponta da língua, certa manhã o promotor perguntou, durante o julgamento, como ela se sentia. "Não muito resistente", respondeu. A principal queixa contra ela, de ter tido um amante alemão, recebeu a resposta: "Na minha cama ninguém usa uniforme". Em seguida, soltou o comentário que a tornou famosa: "Meu coração é francês, mas minha bunda é internacional". Após seis semanas em Drancy, ela passou a cumprir pena em prisão domiciliar no castelo de uns amigos, em La Houssaye-en-Brie, a 30 quilômetros de Paris. Em 1947 retomou a carreira com *Le fleur de l'âge*, novo filme de seu velho amigo Carné, para quem fez dois dos melhores filmes da época da ocupação, *Os visitantes da noite* e *O boulevard do crime*. Em 1956, tendo estrelado dez filmes desde a libertação, ela foi escolhida para compor o júri do nono Festival de Cinema de Cannes. Aos 58 anos ela ainda sabia encantar os franceses.

Para os artistas plásticos, foi relativamente fácil continuar trabalhando durante a ocupação, e mesmo vender óleos e esculturas discretamente, ou por intermédio de uma galeria, sem manter contato com os alemães. Quando oficiais alemães batiam à sua porta, Picasso não podia dispensá-los, e alguns invasores visitantes eram homens cultos, como Jünger e Heller. A questão da colaboração surgiu quando artistas extrapolaram sua atividade para confraternizar com as forças de ocupação. Depois da libertação, o Front National des Arts, dominado pelos comunistas, logo denunciou dúzias de artistas que aceitaram convites para visitar a Alemanha em outubro de 1941, entre eles os fauvistas Derain, Van Dongen, Vlaminck e Friesz. Muitos desses artistas também aceitaram participar do Comité d'Honneur para a exuberante exposição de Arno Breker na Orangerie, em 1942. Aristide Maillol teria sido interrogado a respeito de sua amizade com Breker, mas o octogenário escultor faleceu num acidente de automóvel quando ia visitar Dufy, em 26 de setembro de 1944. O Front National por si não tinha poder de polícia, mas as denúncias e a humilhação imposta aos artistas sob investigação foram amplamente relatadas, acima de tudo após a entrada de Picasso para o Partido Comunista, quando foi nomeado presidente do comitê executivo do Front.*

Em junho de 1946, 23 artistas foram condenados a um ou dois anos de suspensão do direito de expor ou vender suas obras, inclusive os que excursionaram pela Alemanha. Embora o impacto em sua atividade profissional tenha sido pequeno, manchou a reputação deles. Por outro lado, galerias que funcionaram durante a ocupação, inclusive algumas que venderam obras de arte roubadas de famílias judias, não foram punidas. Mais uma vez, os critérios para avaliar os empresários foram mais brandos que os usados em relação a artistas. Na moda, os estilistas receberam tratamento semelhante ao dado aos empresários — eram essenciais para a recuperação da França —, em vez de serem tratados como artistas: dos 55 casos levados à *comission d'épuration de la couture*, nenhum tratava das principais marcas. Em contraste, a vida particular de Chanel fez com que passasse uma curta temporada na cadeia; os amigos conseguiram sua soltura, e ela passou a morar na Suíça até 1954, por prudência.

O debate sobre o teatro durante a ocupação se beneficiou de um fato simples: assim como no cinema, tudo que foi apresentado publicamente passara

---

* O novo envolvimento ideológico de Picasso não convenceu Galtier-Boissière. Em *Mon journal depuis la libération* ele escreveu: "A verdade conhecida por todos os artistas é que Picasso vivia aterrorizado com a possibilidade de perder sua imensa fortuna. Ao entrar para o Partido Comunista, ele contratou um seguro, e alguns chegam a mencionar o tamanho exato do prêmio" (p. 31).

pela censura e aprovação da Propaganda Staffel. Por outro lado, a ânsia de expurgar era dificultada pelo fato de haver, entre os dramaturgos que aceitaram essas regras, *pétainistes* como Montherlant, *attentistes* como Anouilh e Claudel e oportunistas como Cocteau e Guitry, além de Sartre e Camus, homens que depois da libertação foram identificados com a resistência. Ademais, não era segredo que militares alemães frequentaram e aplaudiram apresentações das duas peças de Sartre.

Entre os membros do Front National du Théâtre, de predominância comunista, havia um desejo intenso de censurar quem se aproximou do regime de Vichy. René Rocher, nomeado diretor do Théâtre de l'Odéon por Vichy, passou cinco meses preso e depois foi libertado. Na Comédie Française, o comitê interno de depuração descartou alguns atores que, como autônomos, recitaram poesia ou monólogos conhecidos em eventos promovidos pelos nazistas. Por outro lado, a atriz judia Béatrice Bretty, cujo companheiro de longa data Georges Mandel fora assassinado pela *milice* em 1944, pôde voltar ao palco. Entre os autores teatrais, o único alvo atraente era Montherlant, não pelo drama histórico *A rainha morta*, e sim por *Solstice de juin*. Mas até a proibição de publicar por um ano foi retroativa.

Um debate mais interessante analisou peças aprovadas pelos nazistas, que poderiam conter mensagens cifradas da resistência. Para membros do Front National du Théâtre, Anouilh era suspeito, não só por ser um dos favoritos de Laubreaux, como pelo pouco tempo no meio teatral e por não pertencer aos círculos literários da margem esquerda. Ele se defendeu, argumentando que *Antigone* veiculava vigorosamente sua crença na liberdade individual. Embora nunca tenha sido punido, as acusações não comprovadas contra ele, lançadas pelo diário do Partido Comunista, *L'Humanité*, geraram dúvidas sobre sua posição.

Sartre, por sua vez, mais bem situado, pôde insistir que suas peças *As moscas* e *Entre quatro paredes* eram peças da resistência. Apesar do mínimo envolvimento com a resistência intelectual, depois da libertação ele apareceu de repente como cronista do calvário francês. Enquanto outros artistas e escritores se envolviam com a *épuration*, ele se resguardou, reinventando a ocupação como uma espécie de romance trágico. "Nunca fomos mais livres do que sob a ocupação alemã", escreveu em *Les Lettres Françaises* em 9 de setembro de 1944.

Perdemos todos os nossos direitos, a começar pelo direito de falar; fomos diariamente insultados e nos mantivemos em silêncio; fomos deportados em massa, como operários, judeus, prisioneiros políticos; por toda parte — nas paredes, nos jornais, nas telas — deparávamos com a vil imagem de nós mesmos que os opressores queriam nos dar: por causa de tudo isso, éramos livres.

Em seu drama, a resistência foi o herói permanente. E, uma vez que o "nós" de Sartre abrangia tanto os franceses quanto a resistência, ficou fácil supor que ele também correra o risco de deportação, detenção e morte — não obstante o fato de que ele, por exemplo, não perdeu seus direitos de publicar livros e encenar peças. Quando o artigo foi republicado sob o título "A república do silêncio", no *Atlantic Monthly* de dezembro de 1944, a revista apresentou o autor como "um dos líderes do CNE" que "se dedicou a atividades clandestinas com coragem sublime", e o listou entre os combatentes literários Aragon, Éluard e Paulhan. A construção da imagem americana de Sartre estava no caminho certo.

Enquanto isso, artistas e escritores que haviam escolhido o exílio retornavam à França, como o diretor teatral Louis Jouvet, em 1945, André Breton, em maio de 1946, e outros, mais tarde. A vida cultural do pós-guerra de Paris não esperou por eles. A Ópera de Paris reabriu em 23 de outubro de 1944, com uma produção já existente de *Roméo et Juliette*, de Gounod; Picasso foi a estrela do Salon d'Automne* de 1944, sua primeira exposição na França desde o início de 1940; Josephine Baker voltou ao palco como heroína da resistência; o *théâtre de boulevard* ressuscitou; *O boulevard do crime* estreou finalmente, em março de 1945; novos jornais e revistas surgiram, inclusive *Le Monde* e *Les Temps Modernes*, de Sartre. Entre os artistas e escritores que pertenceram à resistência, sobretudo os que eram próximos de Aragon, agora apelidado de *Le grand inquisiteur*, a ânsia de acertar contas antigas aos poucos diminuiu. Depois que os piores traidores e criminosos dos anos de guerra foram julgados (ou fugiram para o estrangeiro), a maioria do povo francês parecia disposta a abraçar o mito da resistência, enterrando a memória de suas ambivalências e esquecendo a ocupação. Artistas e escritores se beneficiaram disso. Poucos, nos anos seguintes, não voltaram a se apresentar, pintar e publicar.

---

* Picasso, que sempre estivera ausente do tradicionalmente conservador Salon d'Automne, ficou chocado quando 74 pinturas e cinco esculturas suas provocaram protestos raivosos de visitantes incomodados com seu radicalismo.

17. O preço da sobrevivência

Qual foi, afinal, o legado cultural da ocupação? Os "anos sombrios" teriam sido de fato uma era de ouro para a cultura, como alguns recordam, ou um período de dor e silêncio criativo? Sem dúvida, apesar das circunstâncias constrangedoras, os artistas criativos se mantiveram significativamente ativos, oferecendo uma ampla variedade de artes e entretenimento que o público apreciava e compreendia. Em apenas quatro anos foram produzidas algumas obras de qualidade, duradouras: diversos filmes, com destaque para *O boulevard do crime*; um punhado de peças, incluindo *Entre quatro paredes*; algumas composições, como *Quatuor pour la fin du temps*, de Messiaen; pinturas e esculturas secretas e uma grande obra de ficção, *O estrangeiro*, de Camus. Em parte, isso reflete as vantagens que a França desfrutou em relação a outros países ocupados, como um certo grau de governo próprio e um resíduo de respeito alemão pela cultura francesa. Em Paris, tanto invasores quanto invadidos desejavam uma vida cultural ativa — os alemães, para diversão dos habitantes locais e de seus soldados, os franceses, para mostrar que sua cultura permanecia viva.

Contudo, aqueles não foram tempos normais. Muitos artistas fugiram do país, outros foram obrigados a se esconder, uns poucos preferiram o silêncio. Quem continuou trabalhando em Paris obtinha pouca inspiração na visão diária das tropas nazistas. Não somente o medo, a censura e a propaganda afetaram o espírito criador, como a Alemanha se dedicava a esmagar qualquer pretensão francesa à liderança cultural europeia. Acima de tudo, não havia espaço para os intensos debates intelectuais e artísticos que animavam Paris nos anos entre as guerras. Artistas criativos precisam do oxigênio da liberdade para decolar. Durante a ocupação, tiveram ar suficiente para sobreviver, mas não para voar. Nesse sentido, os alemães podem se considerar bem-sucedidos.

As forças de ocupação, porém, fracassaram em seu plano abrangente de domar a cultura francesa e levar a arte alemã à França. Embora a ocupação tenha isolado escritores e outros artistas franceses do resto do mundo, os alemães os levaram para desfilar em Berlim e outras cidades, como convidados do Reich. Proibiram e perseguiram artistas, atores, cantores, editores e produtores judeus, dando com isso mais espaço para o surgimento de talentos franceses. Estenderam à França a proibição de arte "degenerada", música moderna e jazz, mesmo assim os artistas modernos criaram suas obras, músicas contemporâneas foram compostas e o jazz, tocado em muitos locais. A falta de tecidos, couro e peles afetou a indústria da moda, mas os estilistas, costureiros e donas de casa improvisaram com elegância; é compreensível que oficiais alemães se encantassem com o estilo e a beleza de *les parisiennes*.

O instituto e a embaixada alemã, é claro, não encontraram dificuldade para reunir celebridades em jantares e recepções diplomáticas. Entre os convidados invariavelmente constavam escritores e editores de jornais fascistas que apoiavam a nova Europa germânica de Hitler. Muitos outros iam apenas para se manter em evidência, beber bons vinhos e comer, além de garantir que os invasores não criariam empecilhos para o desenvolvimento de suas carreiras. Os oportunistas não foram apóstolos confiáveis da cultura alemã. Na verdade, até os fascistas franceses que apoiavam o nacional-socialismo pouco fizeram para promover as artes alemãs, além de elogiar a exposição Orangerie, de Breker, em 1942. A tarefa sobrou para o Instituto Alemão, que convidou historiadores e filósofos para dar conferências e trocar ideias com seus colegas franceses. Mas filmes, peças e livros alemães chegavam ao público francês. Só em termos musicais os franceses mostravam entusiasmo pela cultura alemã — como faziam antes de 1940, e como voltaram a fazer depois da guerra.

A resistência cultural usou todas as oportunidades de trabalhar abertamente como melhor modo de atingir um público amplo. Embora os artistas não tivessem como organizar um levante, podiam pelo menos mostrar à plateia que eles também se ressentiam da ocupação. Certos *chansonniers* com o dom do duplo sentido contavam com a cumplicidade e o riso dos parisienses cosmopolitas. Peças de Anouilh e Sartre, apesar de aprovadas pelos censores alemães, tratavam da questão da liberdade pessoal e permitiam sua leitura como alegoria. No cinema, a cena final de *Os visitantes da noite* apresenta uma estátua de pedra cujo coração está batendo, para sugerir que a França continuava viva. Poesias com mensagens codificadas da resistência também eram publicadas às claras, com a aprovação da Propaganda Straffel, em Paris, e de Vichy, no sul. Por acidente também liberaram o poema mais influente da ocupação, "Liberté", de Éluard.

A poesia de denúncia da ocupação e estímulo à resistência, por outro lado, só podia circular clandestinamente. Tinha outra função. Direta, emocional, patriótica e com frequência violenta, não havia sido escrita para a posteridade: vinculava-se mais à propaganda política do que à arte. Depois da guerra, o poeta surrealista Benjamin Péret, exilado no México, comparou o lirismo de sua poesia militante com "anúncio de produtos farmacêuticos", em *Le déshonneur des poètes*; o título foi escolhido como resposta a *L'honneur des poètes*, coletânea de poesia publicada pelas Éditions de Minuit em 1943. Do conforto de Nova York, André Breton também atacou Aragon e Éluard por sacrificar a arte em prol da política. Contudo, na França ocupada, a poesia política era o caminho mais atraente e o de maior impacto.

Na ficção, duas obras que nasceram da ocupação se destacaram pela qualidade artística. *O silêncio do mar*, de Vercors, publicada clandestinamente pelas Éditions de Minuit, em 1942, retratava a dor da derrota em forma literária refinada. E a *Suíte francesa*, de Irène Némirovsky — escrita em 1941 e 1942, só publicada em 2004 —, constitui um exemplo ainda mais admirável da ficção em tempo de guerra. Vale registrar, porém, que nenhuma obra-prima literária oculta surgiu logo após a libertação.

Essas formas de resistência cultural incomodavam os alemães? No início da ocupação, alertas a quaisquer sinais de complô, eles agiram rapidamente para desmantelar o grupo do Musée de l'Homme em 1941, e executar os fundadores de *La Pensée Libre* em 1942, mesmo que esses *résistants* pouco fizessem além de publicar propaganda contra os alemães. Conforme a ocupação avançava, porém, a perseguição a artistas e escritores se tornou mais aleatória. Vários artistas estrangeiros, entre eles Otto Freundlich, foram presos e enviados a campos de extermínio, mas por serem judeus, e não por atividades na resistência. De modo similar, Tristan Bernard e Max Jacob foram presos como judeus: soltaram Bernard em pouco tempo, mas Jacob morreu em Drancy. Dois intelectuais judeus, Benjamin Crémieux e Marc Bloch, também morreram nas mãos dos alemães, mas ambos estavam engajados na resistência armada. Entre os ativos em Paris, Robert Desnos foi um dos poucos a serem presos e deportados (morreu de tifo no campo de Terezin, na Tchecoslováquia), mas ele também pertencia ao grupo de resistência Agir.

A partir de 1942, nenhum envolvido com o Comité National des Écrivains, ou com grupos menores da resistência para os setores de cinema, artes plásticas e música, foi detido. Uma explicação plausível é que os alemães, embora dispostos a combater a resistência armada, davam pouca importância a esses grupos. Conheciam *Les Lettres Françaises* e tinham boas razões para crer que Paulhan, Mauriac, Aragon e Éluard participavam da publicação. Em suas memórias, Heller disse que estava sempre preocupado com a segurança de Paulhan: "Muitas vezes, durante a noite, eu subia e descia a Rue des Arènes", onde Paulhan residia, "como se fosse vigia, pronto a alertá-lo caso a polícia alemã ou francesa chegasse."[1] De fato, graças a um aviso de Heller, Paulhan teve tempo de fugir e se esconder, em meados de 1944. Ao mesmo tempo, não faltavam aos resistentes literários motivos para temor, mas eles tomavam poucas precauções; se a Gestapo resolvesse segui-los, teria capturado boa parte do grupo de escritores resistentes no apartamento de Édith Thomas, no quinto *arrondissement*. Mas os alemães provavelmente calcularam que ignorar as celebridades intelectuais lhes traria menos problemas do que prendê-las.

A realidade era o alcance restrito da resistência cultural, entre outros motivos pelo pequeno número de participantes: embora incluísse alguns dos mais respeitados escritores franceses, o número de membros do CNE dos escritores, tanto em Paris quanto no sul, jamais passou de quarenta pessoas; outros grupos da resistência cultural eram ainda menores. E todos lutavam por recursos — e impressoras — para publicar seus periódicos clandestinos. Nos melhores momentos, nas semanas que antecederam a libertação, *Les Lettres Françaises* imprimia 12 mil exemplares por mês (menos de 10% da tiragem de *Combat*, por exemplo). E, com exceção de *O silêncio do mar*, que foi reimpresso em Londres e despachado de volta para a França pela RAF, as Éditions de Minuit em geral conseguiam rodar entre quinhentos e 2 mil exemplares de cada livro.

Depois da libertação, Galtier-Boissière desdenhou a resistência literária.

382

"Poetas que escreveram quadrinhas sobre Hitler para uma publicação confidencial — chamada de clandestina — sob pseudônimo acreditam sinceramente ter salvado a França", escreveu em seu diário.[2] De fato, com frequência o público só compreendia que um artista ou escritor estava na oposição quando o sujeito sofria insultos da imprensa colaboracionista. Depois da libertação, Mauriac recordou que foi graças às "calúnias" de seus inimigos que ele não demorou a ser identificado como oponente do regime. E foram os ataques de Aragon por seu ex-amigo Drieu La Rochelle que identificaram publicamente o poeta como membro da resistência. Mas a imprensa colaboracionista também disparava de modo indiscriminado, atacando Cocteau por causa do homossexualismo, ou — o que não era verdade — acusando Guitry, Trenet e Lifar de serem judeus. No final, os franceses conheciam muito bem a resistência armada, mas pouco sabiam a respeito do submundo artístico e intelectual.

Então, afinal, o que a resistência intelectual conseguiu realizar? Sua importância real não está no impacto no público. Embora tenha usado a estrutura do Partido Comunista, ela nasceu sobretudo de uma reação — ideológica, patriótica ou moral — de determinado número de indivíduos que se recusaram a aceitar a ocupação e sentiram necessidade de agir. Eles se uniram a companheiros de ideias e procuraram um modo de expressar seus sentimentos na imprensa. Contudo, mesmo que pretendessem atingir um público mais amplo, seu principal feito foi preservar um núcleo de decência entre os profissionais da arte. Em outras palavras, ao seguir suas consciências, eles permaneceram fiéis ao que acreditavam ser as responsabilidade dos artistas e escritores. "A resistência dos intelectuais foi antes de tudo útil a eles, o que afinal de contas vale alguma coisa", Mauriac disse depois da guerra.[3] Realizando-se em larga medida no mundo dos artistas e escritores, a resistência também serviu para avisar os colaboracionistas que eles pagariam um preço por aderir ao invasor alemão. Isso, pelo menos na França, foi possível deduzir a partir da poesia clandestina inflamada e do comovente "Chant des partisans".

Mesmo naquela época, porém, muitos colaboracionistas davam pouca importância a seus críticos. Preocupavam-se antes de tudo em estar em evidência, dispostos a trocar o prestígio pelos benefícios disponíveis. Em contraste com a luta improvisada da imprensa resistente, eles eram bem pagos pelos artigos, e suas declarações ganhavam ampla divulgação. Ainda mais danoso era o exemplo dado pela socialização com os alemães e aceitação de convites para ir a Berlim. Mas, como sempre, nem tudo era o que parecia: os parisienses teriam ficado surpresos ao saber que escritores, músicos e diretores de cinema que trabalhavam com aprovação alemã também participavam da resistência. Em vez disso, muitos franceses guardaram a impressão de que a colaboração cultural se tornara aceitável.

Quando veio a libertação, porém, os *résistants* culturais se apressaram em divulgar que, desde 1940, havia artistas e escritores que rejeitaram a colaboração e se opuseram ativamente ao inimigo. Com isso, queriam resgatar tanto sua reputação individual quanto o prestígio dos artistas enquanto classe social. Agora as colunas dos jornais da cidade, novos ou reinaugurados, estavam abertas a eles. Galtier-Boissière se divertiu com a rapidez da reação. Em seu diário, no dia 28 de agosto, ele escreveu: "Primeiro jornal: uma 'mensagem' de Mauriac; segundo jornal: uma 'mensagem' de Duhamel; terceiro jornal: uma 'mensagem' de Mauriac à direita e uma de Duhamel à esquerda; quarto jornal: uma 'mensagem' de Duhamel à direita e uma de Mauriac à esquerda... Eles esperaram quatro anos!".[4] Logo Mauriac estreou uma coluna fixa em *Le Figaro*, enquanto outros ex-resistentes lançaram jornais próprios: Camus como editor-chefe do *Combat*, Aragon como editor de *Ce Soir* e Morgan, que continuou dirigindo *Les Lettres Françaises*.

Sartre, que começou glorificando a resistência — e, de modo implícito, sua pessoa — em *Les Lettres Françaises*, nunca alterou a alegação simplista e oportunamente romantizada de que as únicas opções eram colaborar ou resistir. Muitos anos depois ele declarou a um entrevistador: "Cada francês teve a livre escolha de participar da resistência, ao menos em suas cabeças, mesmo que não fizesse nada de concreto, ou se tornar um inimigo".[5] Ele chegou a sugerir que os resistentes intelectuais eram mais importantes que os sabotadores. "Nossa tarefa era contar a todos os franceses que não seríamos governados pelos alemães. Essa era a tarefa da resistência, e não apenas explodir mais algumas pontes e trens aqui e ali."[6]

A resistência cultural não deixou de expor os colaboracionistas como responsáveis por desvios dos padrões éticos exigidos das artes e dos espetáculos. Quanto maior o desprezo pelos colaboracionistas, maior o crédito dos *résistants*. Por isso a imprensa era novamente crucial, dando ampla cobertura ao grupo de artistas e escritores célebres presos pelo FFI e encarcerados juntos por algumas semanas em Drancy e Fresnes. As reuniões dos diversos *comités d'épuration* culturais também eram noticiados, assim como o banimento de colaboracionistas das atividades profissionais. Parecia razoável acreditar que só por meio desses rituais públicos de purificação a comunidade cultural poderia recuperar sua posição na sociedade. No entanto, mesmo entre os que estavam em condição moral superior surgiram divergências profundas. Especificamente, a linha dura em geral comunista pedia punições rigorosas, enquanto os moderados — e na prática, grande parte do público — tendiam mais ao perdão. A distância entre os dois grupos, ilustrada pelo debate entre Camus e Mauriac, da justiça contra a complacência, logo depois da libertação, só fez aumentar.

Paulhan, que já no outono de 1944 alimentava dúvidas sobre a *épuration*, renunciou em 1947 ao CNE que ajudara a fundar. Em 1952 foi mais longe, publicando uma crítica à *épuration* num panfleto chamado *Lettre aux directeurs de la résistance*. Oito anos depois da libertação, ele ainda tentava resgatar a resistência do extremismo político. "Sou um *résistant*", começava assim a carta. "Tornei-me um deles a partir do mês de julho de 1940, e continuo sendo um resistente, ou pelo menos penso que sou. Contudo, isso não me orgulha mais. Pelo contrário, me enche de vergonha."[7] Ele acusou os resistentes de abuso de poder: "Devo dizer que eles caíram numa armadilha: não menos covarde e traiçoeiramente, nem menos injustos do que aqueles que, sob tortura, denunciaram companheiros".[8] E concluiu: "Não sou nem juiz nem político. Tampouco sou padre. Tudo que vejo — e isso eu vejo com clareza — é que o horror e a revolta nos acordarão amanhã se fecharmos os olhos hoje. Devem a nós justiça e leis. Nós as queremos! E depois — e isso deve ser possível — nos mantenham informados".[9]

A despeito de Paulhan achar ou não que os pecados da colaboração cultural deviam ser perdoados, no início dos anos 1950 eles já haviam sido em grande parte esquecidos. Em 1951 as Éditions Gallimard publicaram *Les deux étandards* [Os dois estandartes], de Rebatet. No ano seguinte saiu *Féerie pour une autre fois* [Fábula para uma outra era], de Céline. E, em 1953, Gallimard recebeu permissão para reabrir a *Nouvelle Revue Française* — foi chamada de "nova" *NRF* até 1959, para distingui-la da versão de Drieu La Rochelle — e Paulhan voltou a editá-la, abrindo suas páginas a todas as correntes políticas, como fizera antes da guerra. Em sua carta aos "líderes da resistência", porém, Paulhan deu a impressão de que se dirige menos aos excessos passados da *épuration* e mais aos excessos do Partido Comunista no momento, que permanecia stalinista e doutrinário, como nos anos 1930. O partido, é claro, sofrera importante transformação: emergira muito mais forte depois da ocupação, conquistando 27% das cadeiras na nova Assembleia Nacional Constituinte de outubro de 1945, além de participar de coalizões governamentais até 1947. Mesmo depois de deixar o governo, seu controle sobre o movimento sindical permitiu a organização de greves gerais e outras ações para desestabilizar a recém-instalada Quarta República.

No mundo da cultura, conforme o poder tendia decisivamente para a esquerda, o Partido Comunista se dedicou com firmeza a impor seu pensamento à nova geração de artistas e criadores do pós-guerra. Até Éluard, cujo poema "Liberté", da época da guerra, inspirou a resistência, subordinou-se à máquina de propaganda soviética, escrevendo uma "Ode a Stálin" em 1950. Aragon, que continuou sendo comissário cultural do Partido, editou seu jornal vespertino, o *Ce Soir*, até o fechamento da publicação, em 1953. Em seguida, assumiu a direção de *Les Lettres Françaises*, como suplemento semanal do diário do Partido, *L'Humanité*. Sartre, ainda mais influente, nunca chegou a entrar para o Partido, mas adotava muitas de suas posições. Como guru do existencialismo e fumante de cachimbo, presidia a *intelligentsia* da margem esquerda de seu posto no Café de Flore. Os esquerdistas que contestaram esse conformismo não tiveram descanso, como Camus logo descobriria. Comunista por pouco tempo na Argélia, quando tinha vinte e poucos anos, manteve-se firme na esquerda, mas em 1952 seu intenso antistalinismo gerou um conflito com Sartre, a quem considerava tolerante demais com o totalitarismo. Como resultado, foi cada vez mais boicotado pela esquerda.

Por seu valor como celebridade, Picasso era a nova estrela radiante do Partido Comunista. Numa entrevista em 1944 à revista americana *New Masses*, publicada também em *L'Humanité*, ele explicou sua decisão de entrar para o Partido: "Sim, tenho consciência de que sempre lutei como um verdadeiro revolucionário por meio da minha pintura, mas agora cheguei à compreensão de que isso não é o bastante".[10] Em outra entrevista, para *Les Lettres Françaises*, ele defendeu a arte política, dizendo: "Nenhuma pintura existe para decorar apartamentos. É um instrumento de luta, para ataque e defesa contra o inimigo".[11] No início de 1945, pela primeira vez desde *Guernica*, ele pintou um quadro político, *A casa da morte*, uma resposta ao genocídio nos campos de extermínio nazistas. Em 1950 ele viajou a Moscou para receber o Prêmio Internacional Stálin da Paz. E no ano seguinte pintou outra obra de protesto, *Massacre na Coreia*, retratando soldados americanos que fuzilavam civis coreanos. Mas

Picasso não nascera para ser *apparatchik*, e sua experiência seguinte na arte política seria a derradeira. Quando Stálin morreu, em 5 de março de 1953, Aragon lhe pediu um retrato do ditador. Picasso, que se encontrava no sul da França, só conseguiu uma foto de Stálin quando jovem, e a usou como modelo. Seu desenho de um camponês da Geórgia saiu na capa de *Les Lettres Françaises*. Provocou tamanho escândalo nas fileiras dos comunistas, pela imagem "desres-peitosa", que Aragon foi obrigado a pedir desculpas públicas pela afronta. Picasso não se arrependeu.

Apesar de tanta agitação, a vida cultural parisiense aos poucos se normali-zou. Sem dúvida, muita coisa mudara. Após a libertação, um inverno rigoroso agravou a falta de comida e aquecimento; a economia como um todo só iniciou sua recuperação quando foram sentidos os efeitos do Plano Marshall, no final dos anos 1940 e início dos anos 1950. O mais significativo é que culturalmente a cidade deixara de exercer uma grande atração para artistas e escritores do mun-do inteiro. Os autores americanos foram uma exceção: Richard Wright, Chester Himes, James Jones, James Baldwin, William Burroughs, Allen Ginsberg e William Styron fizeram parte das dúzias de escritores que experimentaram a vida de expatriados na margem esquerda do Sena nos anos 1940 e 1950. Mas, se esses americanos encontraram em Paris refúgio para o macartismo, continua-vam sendo americanos em Paris, pouco contribuindo para a cena literária da cidade. Em contraste, artistas e escritores europeus que se integraram bem na cultura parisiense durante o intervalo entre as guerras não precisavam mais fugir do fascismo (e ainda se passariam alguns anos até que a cidade começas-se a receber escritores europeus em fuga do comunismo). A diáspora da guerra também dispersara muitos deles. E mesmo que alguns voltassem, como Chagall, Paris deixara de ser o centro de suas vidas. Logo se apresentou uma questão: a cidade teria perdido seu lugar como centro criativo da cultura oci-dental moderna?

O sinal mais claro de que o predomínio cultural estava deixando Paris ocorreu nas artes visuais, quando Jackson Pollock e o expressionismo abstrato puseram Nova York na vanguarda da arte contemporânea. Em Paris também surgiu uma nova geração de pintores, como Jean Bazaine, Jean Fautrier e Nicholas de Staël, descobertos durante a ocupação, que criaram seu próprio movimento, conhecido como abstracionismo lírico. Outros seguiram seu caminho específico, como Pierre Soulages, que se tornou conhecido como o "pintor do negro", e Jean Dubuffet, responsável pelo desenvolvimento de um estilo neoprimitivo chamado *art brut*. Mas eles não podiam mais contar com negociantes de arte influentes como os que, desde o final do século XIX, tornaram Paris a capital mundial da arte. Agora o mercado, o dinheiro e a energia residiam em Nova York. Sendo assim, Paris se tornou exportadora dos mestres do modernismo, como Picasso, Matisse, Braque e Léger, representantes de uma época anterior. Até surrealistas importantes, como Dalí e Miró, regressaram à Espanha, sua terra natal.

No entanto, em outra arte visual de alto interesse, a moda, Paris manteve sua desenvoltura. Em março de 1945, numa tentativa de recuperar a liderança, um grupo de importantes criadores de moda participou de uma exposição chamada Théâtre de la Mode, num anexo do Louvre. Em treze "palcos" iluminados como se fossem de teatro, havia 228 *petits mannequins*, ou bonecas, feitas de fios esculpidos, com cabeças angelicais moldadas, com apenas 70 centímetros de altura. Cada boneca representava o que Balenciaga, Lucien Lelong, Schiaparelli, Nina Ricci, Pierre Balmain e outros estilistas tinham em mente para a primavera-verão de 1946. Depois do dia da vitória na Europa, dois meses depois, a exposição enviou a mensagem "Paris está de volta" a Londres, Barcelona, Copenhague, Estocolmo e Viena. Em março de 1946, foi a vez de Nova York. Uma mudança geracional provocou em seguida a renovação radical. Como Coco Chanel morava na Suíça, por causa de suas aventuras amorosas com um oficial nazista, no final dos anos 1940 Christian Dior revolucionou a alta-costura com o New Look. De uma hora para a outra a moda sombria da época da guerra deu lugar à elegância e à feminilidade.

Em outras formas de arte o registro da criatividade francesa do pós-guerra apresenta nuances maiores. No teatro, embora Anouilh fosse o único dramaturgo dos anos de guerra cujas peças foram amplamente encenadas no estrangeiro, Paris logo poderia reivindicar Samuel Beckett como um autor da cidade. A começar por *Esperando Godot*, de 1952, seus dramas existencialistas sombrios, com frequência escritos em francês, revolucionariam o teatro ocidental. Messiaen, o principal compositor francês do pós-guerra, também ele um inovador, deu lugar nos anos 1950 a Pierre Boulez, que se tornaria o principal nome da música eletroacústica experimental. Tanto o teatro quanto a música aproveitaram parte do legado de Vichy. Jean Vilar, diretor de teatro que trabalhara com a Jeune France, criou o Festival de Teatro de Avignon em 1947. Como ministro francês da Cultura entre 1959 e 1969, André Malraux seguiu o exemplo da Jeune France e abriu centros culturais pelo país inteiro. As Jeunesses Musicales de France, criadas durante a ocupação, também sobreviveram: todo ano apresenta cerca de trezentos concertos gratuitos, com o comparecimento de quase meio milhão de crianças e adolescentes.

Na dança, porém, embora os bailarinos e coreógrafos russos de Diaghilev tenham levado a modernidade a Paris no início do século XX, a iniciativa passou a Nova York. Com a volta de Serge Lifar à Ópera de Paris em 1947 (ele permaneceu como diretor de balé até 1958), o balé clássico continuou a ocupar o centro da dança na França. Ele também produziu novos nomes, com destaque para Roland Petit como coreógrafo e Jean Babilée como bailarino consagrado. Mas Nova York deu vida nova à dança moderna, graças a George Balanchine, que trabalhava lá desde que deixara Paris, em meados dos anos 1930, bem como a Martha Graham, Merce Cunningham, Jerome Robbins e uma série de outros coreógrafos americanos. Juntos eles criaram um novo vocabulário para a dança moderna que, duas décadas mais tarde, foi entusiasticamente adotada na França.

A influência americana foi sentida — e detestada — quase de imediato no cinema. Mesmo antes da guerra a indústria cinematográfica francesa se preocupava com a crescente influência de Hollywood, e no final dos anos 1940 Hollywood conseguiu explorar a desorganização e a falta de recursos do cinema europeu. Mas a França pretendia reconstruir sua indústria. No Institut des Hautes Études Cinématographiques,* fundado em Vichy em 1944, havia uma escola capaz de treinar uma nova geração de diretores, com Alain Resnais entre os primeiros formados lá. Alguns diretores que adquiriram fama durante a ocupação, entre eles Robert Bresson e Henri-Georges Clouzot (apesar da controvérsia em relação a O corvo), realizaram também filmes memoráveis nas décadas seguintes. E o Festival de Cinema de Cannes, que cancelara a reunião inaugural em setembro de 1939, finalmente aconteceu em 1946, e se tornou em pouco tempo o lugar onde os realizadores cinematográficos procurariam o reconhecimento da crítica.

O momento crucial para o cinema francês do pós-guerra talvez tenha ocorrido com a fundação dos *Cahiers du Cinéma* em 1951, pois revelaria a nova

---

* Em 1986, a escola foi rebatizada de École Nationale Supérieure des Métiers de l'Image et du Son, e hoje é conhecida como La Fémis, acrônimo para Fondation Européenne pour les Métiers de l'Image et du Son.

onda de filmes franceses do final dos anos 1950. Abriram o caminho filmes fundamentais como *Os incompreendidos*, de Truffaut, e *Acossado*, de Jean-Luc Godard. Junto com esses e outros diretores, como Resnais, Éric Rohmer, Claude Chabrol, Jacques Demy e Agnès Varda, surgiram novas estrelas deslumbrantes, como Brigitte Bardot e Jeanne Moreau. De uma hora para a outra, pelo jeito, a Nouvelle Vague reviveu a reputação de Paris como centro de renovação artística.

A literatura enfrentou mares mais turbulentos. No final dos anos 1940 e início dos anos 1950, a ficção francesa ainda era rotineiramente traduzida para o inglês e outros idiomas. Como medida de seu prestígio contínuo, concederam o Prêmio Nobel de Literatura para Gide em 1947 e Mauriac em 1952. Contudo, também nesse caso os anos de guerra trouxeram novos autores para o topo da lista, nenhum deles mais proeminente do que Camus, que depois de *O estrangeiro* publicou *A peste*, em 1947, ambos logo traduzidos para o inglês. Nos anos 1950 ele também escreveu *O homem revoltado*, uma análise histórica do fenômeno revolucionário na Europa, e *A queda*, seu romance mais existencialista. Em 1957 foi sua vez de receber o Prêmio Nobel de Literatura. Naquela altura um novo movimento literário já surgia em Paris. Conhecido como *nouveau roman*, reunia escritores mais novos interessados em experiências com estilos diferentes da narrativa tradicional. Entre eles se destacavam Marguerite Duras, Alain Robbe-Grillet, Nathalie Sarraute e Claude Simon (que receberia o Prêmio Nobel de Literatura em 1985), além de Julio Cortázar, nascido na Argentina e residente em Paris. Contudo, sua obsessão pelo estilo abriu as portas para ficcionistas americanos, britânicos e latino-americanos e, em muitos aspectos, a ficção francesa jamais se recuperou do *nouveau roman*.*

Na verdade, na área vagamente definida do pensamento a França deixou sua marca mais profunda nos anos do pós-guerra. Com o desenvolvimento das ideias existencialistas de Kierkegaard e Nietzsche, Sartre foi por duas décadas o rei dos filósofos de Paris. Em 1964 ele foi agraciado com o Prêmio Nobel de Literatura — e se recusou a recebê-lo, mas a citação do comitê refletia a virada: "Por sua obra que, rica em ideias e imbuída do espírito da liberdade e da busca pela verdade, exerceu uma influência abrangente sobre nossa época".

---

* Em 2006, a *Suíte francesa* de Irène Némirovsky foi o primeiro romance francês a se tornar um sucesso de vendas nos Estados Unidos desde *Bom dia, tristeza*, de Françoise Sagan, e de *Os mandarins*, de Simone de Beauvoir, mais de cinquenta anos antes.

Sartre não estava sozinho. O tratado *O segundo sexo*, de Simone de Beauvoir, de 1949, tornou-se o pilar do feminismo moderno, enquanto um grupo diversificado de pensadores desempenhava um papel fundamental para repensar o modo como a história, a literatura e a sociedade podiam ser analisadas. Entre os que introduziram os conceitos de estruturalismo, desconstrução e pós-estruturalismo na linguagem moderna se destacaram o filósofo marxista Louis Althusser, o sociólogo e pensador nietzchiano Michel Foucault, o psicanalista Jacques Lacan, o antropólogo Claude Lévi-Strauss, o semiólogo Roland Barthes e o filósofo Jacques Derrida. Não eram glamorosos como os pintores e atores, em sua maior parte nem chegavam a ser ídolos conhecidos na França, mas sua influência intelectual e acadêmica foi imensa, inclusive nas universidades americanas.

Muitos desses autores foram militantes do Partido Comunista em alguma época, e no entanto não se apresentavam como herdeiros dos *intellectuels engagés* do intervalo entre as guerras, nem dos *résistants* culturais da ocupação. Em vez disso, Sartre de novo manteve viva a ideia do intelectual público até sua morte, em 1980, defendendo causas tão diversas quanto a independência da Argélia, o movimento estudantil de 1968 em Paris e a oposição à guerra do Vietnã. Mesmo quem o enfrentou, como Camus e Raymond Aron, reagiam de certa forma às posições radicais que assumia. Isso significa que, apesar da quebra de confiança dos colaboracionistas, a sociedade francesa ainda procurava os intelectuais e artistas como guias morais? Sem dúvida havia menos pretendentes ao título do que antes da guerra, pois muitos não passaram no teste durante a ocupação. Todavia, num país onde os políticos são motivo universal de desconfiança, sobreviveu a visão de que as pessoas empenhadas na criação intelectual e artística estão mais comprometidas com a verdade desinteressada.

A questão real, portanto, não era se essas vozes influentes exerceram sua influência, e sim como o fizeram. Aqui, mais uma vez, a França oferece uma lição interessante. Provavelmente nenhum outro país ilustra tão bem os perigos que corre uma população educada para reverenciar teorias: torna-se um terreno fértil para os extremismos. Alguns consideram isso um dos legados da revolução de 1789, a noção inebriante de que uma ideia traduzida em ação pode promover uma mudança súbita, radical e idealizada. Sem dúvida, durante grande parte do século XX muitos escritores e intelectuais franceses proeminentes propagaram doutrinas — monarquismo, fascismo, antissemitismo, comunismo e até maoísmo — que ofereciam explicações e soluções para tudo. Se os intelectuais franceses não desfrutam mais da autoridade que antes os caracterizava, isso se deve ao fracasso dessas doutrinas e da dissolução das miragens utópicas. Tudo para melhor, sem dúvida: politicamente falando, artistas e escritores perderam visibilidade, mas são também menos perigosos. Eles ainda podem usar seu prestígio e fama para disparar alarmes em questões nacionais e globais ignoradas pelo sistema político partidário. Só que nem eles acreditam mais que as ideias, por si, possam resolver os problemas da vida.

Agradecimentos

Todos que escreveram livros sobre a ocupação da França nas décadas recentes têm uma dívida de gratidão com Robert O. Paxton por sua obra pioneira sobre o tema. Tenho uma dívida particular, no caso do professor Paxton, que aceitou generosamente ler o original e, ao fazer isso, corrigir a infinidade de erros nele contidos, além de oferecer ideias utilíssimas para melhorar o texto. Minha sorte não foi menor por ter Robert Gottlieb, editor extraordinário, lido o livro num estágio em que sua mente erudita e olhos argutos pudessem moldar o resultado final. Aos dois Bobs, meus sinceros agradecimentos.

Também sou grato a outros especialistas que leram este livro, inteiro ou em parte, e me salvaram de escorregões diversos, entre eles Daphné Anglès, Lenny Borger, Myriam Chimènes, Hector Feliciano, Debra Isaac, Karine Le Bail, Gisèle Sapiro, Yannick Simone e C. K. Williams. Como jornalista eu teria me sentido mais intruso ainda no mundo dos historiadores se não tivesse conseguido entrevistar muitas pessoas que passaram por experiências pessoais na vida cultural de Paris durante a ocupação. Apreciei imensamente o tempo, as memórias e as reflexões de Jean Babilée, Pierre Boulez, Jean-Louis Crémieux--Brillac, Danielle Darrieux, Dominique Delouche, Michel Déon, Henri Dutilleux, Michel Francini, Françoise Gilot, Stéphane Hessel, Elina Labourdette, Madeleine Malraux, Micheline Presle e Denise René, bem como dos falecidos

Claude Anglès, Héléna Bossi, Marcel Carné, Leonora Carrington, Dominique Desanti, Maurice Druon, Marguerite Duras, Willy Ronis, Jorge Semprún e Annie Ubersfeld.

Também gostaria de registrar meu reconhecimento aos acadêmicos e historiadores que, numerosos demais para mencioná-los fora da bibliografia, realizaram grande parte do trabalho penoso que tornou minha visão geral possível. Além disso, o Institut d'Histoire du Temps Présent e o Institut Mémoires de l'Édition Contemporaine apoiaram a pesquisa que se mostrou imensamente útil para mim. Sem o esforço desses acadêmicos e instituições eu não saberia por onde começar. Também tive a sorte de contar com Ginny Power para ajudar a localizar as fotos que acompanham este livro.

Devo um agradecimento especial a Ashbel Green, da Knopf, não só por ter plantado a semente deste livro há quinze anos, como por ter se mostrado, nos últimos trinta anos, um amigo fiel e editor de uma paciência imensa. Susanna Lea, amiga de longa data antes de se tornar minha agente, nunca deixou de me estimular e incentivar. Minha mãe, Ina, com seus cem anos na época em que eu estava escrevendo este livro, foi como sempre uma fonte de inspiração. Finalmente, minha mulher, Marlise Simons, mais uma vez permitiu que eu bagunçasse nossa vida dedicando longas horas ao projeto. Minha imensa gratidão vai para sua paciência, resignação e apoio.

Bibliografia e notas

Durante a preparação desta obra, recorri constantemente a uma série de livros. Para um panorama geral, baseei-me em: *Vichy France: old guard and new order, 1940-1944*, de Robert O. Paxton; *France: the dark years, 1940-1944*, de Julian Jackson; e *France under the Germans: collaboration and compromise*, de Philippe Burrin. No que diz respeito ao panorama cultural, minhas principais fontes foram *La vie parisienne sous l'occupation*, de Hervé Le Boterf, e *La vie culturelle sous l'occupation*, de Stéphanie Corey. E os livros que tratam mais detalhadamente de aspectos culturais durante a ocupação estão relacionados a seguir.

1. TODO MUNDO NO PALCO [pp. 15-42]

Bibliografia

BEAUVOIR, Simone de. *La force de l'âge* (1960). Paris: Gallimard (Folio), 1986.

BERNIER, Olivier. *Fireworks at dusk: Paris in the Thirties*. Boston: Little, Brown, 1993.

CÉLINE, Louis-Ferdinand. *Bagatelles pour un massacre*. Paris: Denoël, 1937.

GIDE, André. *Back from the USSR*. Trad. de Dorothy Bussy. Londres: Martin Secker and Warburg, 1937.

GUÉHENNO, Jean. *Journal des années noires*. Paris: Gallimard, 1947.

JACKSON, Julian. *France: the dark years, 1940-1944*. Nova York: Oxford University Press, 2001.

KOCH, Stephen. *Stalin, Willi Müzenberg and the seduction of the intellectuals*. Nova York: Free Press, 1994.

MAURIAC, Claude. *Le temps immobile*. Paris: Grasset, 1993.

PAXTON, Robert O. *Vichy France*: old guard and new order, 1940-1944. Nova York: Knopf, 1972.

RYSSELBERGHE, Maria van. *Je ne sais si nous avons dit d'impérissables choses*: une anthologie des *Cahiers de la Petite Dame*. Paris: Gallimard, 2006.

WEBER, Eugen. *The hollow years*: France in the 1930s. Nova York: Norton, 1994.

Entrevista

Jean-Louis Crémieux-Brilhac, Paris, 4 abr. 2008.

Notas

1. Guéhenno, *Journal*, p. 205.
2. *The Paris Review*: the art of fiction, n. 28, verão-outono 1962.
3. Weber, *Hollow years*, p. 229.
4. Bernier, *Fireworks*, p. 164.
5. Entrevista com Crémieux-Brilhac, Paris, 4 abr. 2008.
6. <http://judaisme.sdv.fr/perso/lblum/lblum.htm>.
7. <http://www.actionfrancaise.net/histoire-biographies-charles_maurras.htm>.
8. <http://www.minaudier.com/documents/allemagne/allemagne-03-troisiemereich.pdf>, n. 2, p. 35.
9. Céline, *Bagatelles*, p. 180.
10. *Nouvelle Revue Française*, n. 295, abr. 1938.
11. Carta para D. W. Strauss, 1937, apud *Lire, Hors-Série*, n. 7, p. 75, jun. 2008.
12. Bernier, *Fireworks*, p. 191.
13. Mauriac, *Le Temps*, p. 143.
14. Gide, *Back from the USSR*, p. 11.
15. Ibid., p. 16.
16. Ibid., p. 78.
17. Ibid., pp. 62-3.
18. Beauvoir, *La force*, p. 330.
19. Bernier, *Fireworks*, p. 311.

2. A GUERRA ADIADA [pp. 43-67]

Bibliografia

BEAUVOIR, Simone de (1960). *La force de l'âge*. Paris: Gallimard (Folio), 1986.

BERNIER, Olivier. *Fireworks at dusk*: Paris in the Thirties. Boston: Little, Brown, 1993.

CARRINGTON, Leonora. *House of fear*: notes from down below. Londres: Dutton, 1988.

DAIX, Pierre; ISRAËL, Armand. *Pablo Picasso*: dossiers de la Préfecture de Police, 1901-1940. Paris: Acatos, 2003.

GERASSI, John. *Talking with Sartre*: conversations and debates. New Haven: Yale University Press, 2009.

GIDE, André. *Journals*. Trad. de Justin O'Brien. Urbana: University of Illinois Press, 2000. vol. 4: 1939-1949.

GIRAUDOUX, Jean. *Pleins pouvoirs*. Paris: Gallimard, 1939.

GUGGENHEIM, Peggy. *Out of this century*: the informal memoirs of Peggy Guggenheim. Nova York: Dial, 1946. Todas as indicações de números de página se referem a *Out of this century*: confessions of an art addict (Londres: André Deutsch, 1997).

HUFFINGTON, Arianna Stassinopoulos. *Picasso*: creator and destroyer. Londres: Weidenfeld and Nicolson, 1988.

JACKSON, Julian. *France*: the dark years, 1940-1944. Nova York: Oxford University Press, 2001.

JOUHANDEAU, Marcel. *Journal sous l'occupation*. Paris: Gallimard, 1980.

KLARSFELD, Serge. *Le calendrier de la persécution des juifs en France, 1940-1944*. Paris: Les Fils et Filles des Déportés Juifs de France; Beate Klarsfeld Foundation, 1993.

KOCH, Stephen. *Stalin, Willi Müzenberg and the seduction of the intellectuals*. Nova York: Free Press, 1994.

NÉMIROVSKY, Irène. *Suite française*. Paris: Denoël, 2004. (Os números de página que indico se referem à edição de 2007 da Vintage Books, com tradução para o inglês de Sandra Smith.)

PAXTON, Robert O. *Vichy France*: old guard and new order, 1940-1944. Nova York: Knopf, 1972.

PHILIPPONNAT, Olivier; LEINHARDT, Patrick. *La vie d'Irène Némirovsky*. Paris: Grasset & Denoël, 2007.

RYSSELBERGHE, Maria van. *Je ne sais si nous avons dit d'impérissables choses*: une anthologie des *Cahiers de la Petite Dame*. Paris: Gallimard, 2006.

SAINT-EXUPÉRY, Antoine de. *Flight to Arras*. Nova York: Harcourt Brace, 1942.

SARTRE, Jean-Paul. *Carnets de la drôle de guerre, septembre 1939-mars 1940*. Paris: Gallimard, 1995.

WEBER, Eugen. *The hollow years*: France in the 1930s. Nova York: Norton, 1994.

Entrevistas

Leonora Carrington, Cidade do México, 20 nov. 2008.

Jean-Louis Crémieux-Brilhac, Paris, 4 abr. 2008.

Michel Déon, Paris, 7 abr. 2008.

Michel Francini, Paris, 13 mar. 2008.

Stéphane Hessel, Paris, 8 abr. 2008.

Jorge Semprún, Paris, 26 mar. 2008.

Notas

1. Rysselberghe, *Je ne sais*, p. 508.
2. Klarsfeld, *Le calendrier*, p. 14.
3. Carrington, *House of fear*, p. 164.
4. Giraudoux, *Pleins pouvoirs*, p. 65.
5. Entrevista com Déon, Paris, 7 abr. 2008.

6. Entrevista com Hessel, Paris, 8 abr. 2008.

7. Daix e Israël, *Pablo Picasso*, p. 124.

8. Guggenheim, *Out of this century*, p. 209.

9. Philipponnat e Leinhardt, *La vie*, p. 332.

10. Gide, *Journals*, p. 19.

11. Drieu La Rochelle, *Journal*, p. 93.

12. Ibid., p. 97.

13. Ibid., p. 96.

14. Ibid., p. 129.

15. Sartre, *Carnets*, p. 154.

16. Gerassi, *Talking with Sartre*, p. 119.

17. Némirovsky, *Suite*, p. 35.

18. Beauvoir, *La force*, p. 503.

19. Entrevista com Francini, Paris, 13 mar. 2008.

20. Jouhandeau, *Journal*, p. 32.

21. Ibid., p. 40.

22. Entrevista com Déon, Paris, 7 abr. 2008.

23. Weber, *Hollow years*, p. 282.

3. DANÇA COMIGO? [pp. 68-94]

Bibliografia

ABETZ, Otto. *Histoire d'une politique franco-allemande, 1930-1950*: mémoires d'un ambassadeur. Paris: Stock, 1953.

AMOUROUX, Henri. *La grande histoire des Français sous l'occupation*. Paris: Robert Laffont, 1976. vols. 1-5.

BEAUVOIR, Simone de. *La force de l'âge*. 1960. Paris: Gallimard (Folio), 1986.

BERGHAUS, Günter (org.). *Fascism and theatre*. Oxford: Berghahn, 1996.

CHIMÈNES, Myriam (org.). *La vie musicale sous Vichy*. Paris: Complexe, 2001.

CLAUDEL, Paul. *Journal*. Paris: Bibliothèque de la Pléiade, 1969. vol. 2: 1933-1955.

COCTEAU, Jean. *Journal, 1942-1945*. Paris: Gallimard, 1989.

DESANTI, Dominique. *Sacha Guitry*: 50 ans de spectacle. Paris: Grasset, 1982.

FELICIANO, Hector. *The lost museum*: the Nazi conspiracy to steal the world's greatest works of art. Nova York: Basic, 1997.

GALTIER-BOISSIÈRE, Jean. *Mon journal pendant l'occupation*. Paris: La Jeune Parque, 1944.

GERASSI, John. *Talking with Sartre*: conversations and debates. New Haven: Yale University Press, 2009.

GIDE, André. *Journals*. Trad. de Justin O'Brien. Urbana: University of Illinois Press, 2000. vol. 4: 1939-1949.

GUÉHENNO, Jean. *Journal des années noires*. Paris: Gallimard, 1947.

HELLER, Gerhard. *Un Allemand à Paris*. Paris: Seuil, 1981.

LOISEAUX, Gérard. *La littérature de la défaite et de la collaboration*. Paris: Fayard, 1995.

NICHOLAS, Lynn H. *The rape of Europa*: the fate of Europe's treasures in the Third Reich and the Second World War. Nova York: Knopf, 1994.

PORCILE, François. *Les conflits de la musique française, 1940-1965*. Paris: Fayard, 2001.

SPEER, Albert. *Inside the Third Reich*. Nova York: Simon and Schuster, 1970.

YAGIL, Limore. *"L'homme nouveau" et la révolution nationale de Vichy (1940-1944)*. Paris: Presses Universitaires du Septentrion, 1997.

Entrevistas

Danielle Darrieux, Paris, 22 jan. 2009.

Françoise Gilot, Nova York, 4 abr. 2009.

Stéphane Hessel, Paris, 8 abr. 2008.

Micheline Presle, Paris, 28 abr. 2009.

Jorge Semprún, Paris, 26 mar. 2008.

Notas

1. Speer, *Inside the Third Reich*, p. 184.
2. Abetz, *Histoire*, p. 176.
3. Manuela Schwartz, "La musique, outil majeure de la propagande culturelle des Nazis", in: Chimènes, *La vie*, p. 90.
4. Desanti, *Sacha Guitry*, p. 332.
5. Amouroux, *Grande histoire*, vol. 2, p. 199.
6. Apud Serge Added, "Jacques Copeau and 'popular theatre' in Vichy France", in: Berghaus, *Fascism and theatre*, p. 249.
7. Speer, *Inside the Third Reich*, pp. 171-2.
8. Porcile, *Les conflits*, pp. 21-2.
9. Entrevista com Darrieux, Paris, 22 jan. 2009.
10. Entrevista com Presle, Paris, 28 abr. 2009.
11. Beauvoir, *La force*, p. 532.
12. The Nizkor Project: <http://www.nizkor.org/ftp.cgi/imt/nca/ftp.py?imt/nca/nca-06/nca-06--3766-ps>.
13. Loiseaux, *La littérature*, p. 78.
14. Gerassi, *Talking with Sartre*, p. 122.
15. Claudel, *Journal*, p. 321.
16. Heller, *Un Allemand*, p. 146.
17. Cocteau, *Journal*, p. 335.
18. Gide, *Journals*, 7 jul. 1940.
19. Ibid., 24 set. 1940.
20. Ibid., 17 jul. 1940.
21. Ibid., 12 jan. 1941.

22. Ibid.

23. Ibid., 14 jun. 1941.

24. Ibid., 5 jul. 1941.

25. Guéhenno, *Journal*, p. 15.

26. Ibid.

27. Ibid., p. 57.

28. Ibid., p. 72.

29. Ibid., p. 127.

30. Galtier-Boissière, *Mon journal*, pp. 17-8.

31. Ibid., pp. 34-5.

32. Entrevista com Semprún, Paris, 26 mar. 2008.

33. Entrevista com Gilot, Nova York, 4 abr. 2009.

34. Galtier-Boissière, *Mon journal*, p. 28.

35. Ibid., p. 25.

4. *L'AMÉRICAIN* [pp. 95-114]

Bibliografia

ALEXANDER, Sydney. *Marc Chagall*. Nova York: G. P. Putnam's, 1978.

BAIR, Deirdre. *Samuel Beckett*: a biography. Nova York: Harcourt Brace Jovanovich, 1978.

BENJAMIN, Walter. *Selected writings*. Org. de Howard Eiland e Michael W. Jennings. Cambridge, MASS: Harvard University Press, 2003.

CARRINGTON, Leonora. *House of fear*: notes from down below. Londres: Dutton, 1988.

FRY, Varian. *Assignment rescue*. Introd. de Albert O. Hirschman. Nova York: Scholastic, 1968. Publicado originalmente como *Surrender on demand* (Nova York: Random House, 1945).

GUGGENHEIM, Peggy. *Out of this century*: the informal memoirs of Peggy Guggenheim. Nova York: Dial, 1946. Todas as indicações de números de página se referem a *Out of this century*: confessions of an art addict (Londres: André Deutsch, 1997).

HOLL, Adolf. *The left hand of God*. Trad. de John Cullen. Nova York: Doubleday, 1998.

PAXTON, Robert O.; CORPET, Olivier; PAULHAN, Claire (orgs.). *Archives de la vie littéraire sous occupation*: à travers le désastre. Paris: Tallandier, 2009.

SCHIFFRIN, André. *A political education*: coming of age in Paris and New York. Nova York: Melville House, 2007.

STEIN, Gertrude. *Wars I have seen*. Nova York: Random House, 1945.

SULLIVAN, Rosemary. *Villa Air-Bel*. Londres: John Murray, 2006.

VARIAN Fry à Marseille (catálogo da exposição). Paris: Mona Bismark Foundation, 2000.

WULLSCHLAGER, Jackie. *Chagall*:·a biography. Nova York: Knopf, 2008.

Entrevistas

Leonora Carrington, Cidade do México, 20 nov. 2008.

Stéphane Hessel, Paris, 8 abr. 2008.

Notas

1. Fry, *Assignment*, p. 8.
2. Ibid., p. 14.
3. Ibid., p. 41.
4. Ibid., p. VII.
5. Wullschlager, *Chagall*, p. 392.
6. Benjamin, *Selected writings*, p. 445.
7. Fry, *Assignment*, p. 140.
8. Stein, *Wars*, p. 50.
9. Fry, *Assignment*, p. 44.
10. Paxton, Corpet e Paulhan, *Archives*, p. 266.
11. Schiffrin, *A political education*, p. 30.
12. Entrevista com Hessel, Paris, 8 abr. 2008.
13. Fry, *Assignment*, p. 121.
14. Ibid., p. 137.
15. *Varian Fry à Marseille*.
16. Fry, *Assignment*, p. III.
17. Ibid., p. 112.
18. Guggenheim, *Out of this century*, p. 231.
19. Carrington, *House of fear*, p. 213.
20. Wullschlager, *Chagall*, p. 389.
21. Fry, *Assignment*, p. 163.
22. Ibid., p. 119.
23. Ibid.
24. Ibid., p. 173.
25. *Varian Fry à Marseille*, p. 4.
26. Entrevista com Hessel, Paris, 8 abr. 2008.

5. A NOITE PARISIENSE [pp. 115-35]

Bibliografia

ABETZ, Otto. *Histoire d'une politique franco-allemande, 1930-1950*: mémoires d'un ambassadeur. Paris: Stock, 1953.
BAKER, Josephine; BOUILLON, Jo. *Josephine*. Trad. de Mariana Fitzpatrick. Nova York: Harper & Row, 1976.
BEHR, Edward. *The good Frenchman*: the true story of the life and times of Maurice Chevalier. Nova York: Villard, 1993.
BERTEAUT, Simone. *Piaf*: a biography. Nova York: Harper & Row, 1972.
CHIMÈNES, Myriam (org.). *La vie musicale sous Vichy*. Paris: Complexe, 2001.
CROSLAND, Margaret. *Piaf*. Londres: Coronet Books, 1985.

401

GALTIER-BOISSIÈRE, Jean. *Mon journal pendant l'occupation*. Paris: La Jeune Parque, 1944.

HALIMI, André. *Chantons sous l'occupation*. Paris: Marabout, 1976.

JÜNGER, Ernst. *Journaux de guerre*. Paris: Gallimard, 2008. vol. 2: 1939-1948.

LE BOTERF, Hervé. *La vie parisienne sous l'occupation*. Paris: France-Empire, 1997.

VEILLON, Dominique. *La mode sous l'occupation*. Paris: Payot, 1990.

ZUCCA, André. *Les parisiens sous l'occupation*: photographies en couleurs d'André Zucca (catálogo da exposição). Paris: Gallimard, 2008.

ZWERIN, Mike. *La tristesse de Saint Louis*: jazz under the Nazis. Nova York: Beech Tree Books, 1985.

Entrevista

Michel Francini, Paris, 13 mar. 2008.

Notas

1. Le Boterf, *La vie parisienne*, p. 47.
2. Ibid., p. 46.
3. Entrevista com Francini, Paris, 13 mar. 2008.
4. Jünger, *Journaux*, pp. 213-4.
5. Entrevista com Francini, Paris, 13 mar. 2008.
6. Ursula Mathis, "'Honte à qui peut chanter': la neuvième art sous l'ocupation", in: Chimènes, *La vie*, p. 302.
7. Berteaut, *Piaf*, p. 207.
8. Behr, *The good Frenchman*, p. 241.
9. Galtier-Boissière, *Mon journal*, p. 99.
10. Baker e Bouillon, *Josephine*, p. 128.
11. Abetz, *Histoire*, p. 176.

6. A IDEIA DE RESISTÊNCIA [pp. 136-45]

Bibliografia

BORIS Vildé: *Chef du Réseau du Musée de l'Homme*. Folheto da exposição realizada no Musée National d'Histoire Naturelle e no Musée de l'Homme, 2008.

HUMBERT, Agnès. *Resistance*. Trad. de Barbara Mellor. Nova York: Bloomsbury, 2008.

PAULHAN, Jean. *Choix de lettres, 1937-1945*. Paris: Gallimard, 1992.

Notas

1. Humbert, *Resistance*, pp. 20-1.
2. Ibid., p. 25.
3. *Boris Vildé*, p. 13.

4. Humbert, *Resistance*, p. 26.

5. Ibid., p. 28.

6. Paulhan, *Choix*, p. 214.

7. Ibid., pp. 214-5.

8. *Boris Vildé*, p. 15.

9. Humbert, *Resistance*, p. 106.

7. MARÉCHAL, NOUS VOILÀ! [pp. 146-73]

Bibliografia

BERNIER, Olivier. *Fireworks at dusk*: Paris in the Thirties. Boston: Little, Brown, 1993.

BURRIN, Philippe. *France under the Germans*: collaboration and compromise. Trad. de Janet Lloyd. Nova York: New Press, 1996.

CALLIL, Carmen. *Bad faith*: a story of family and fatherland. Londres: Jonathan Cape, 2006.

COINTET, Michèle. *Vichy capitale*. Paris: Perrin, 1993.

DALADIER, Edouard. *Prison journal, 1940-1945*. Trad. de Arthur D. Greenspan. Boulder, Colorado, EUA: Westview Press, 1995.

EYCHART, François; AILLAUD, Georges (orgs.). *Les Lettres Françaises et Les Étoiles dans la clandestinité, 1942-1944*. Paris: Le Cherche Midi, 2008.

GALTIER-BOISSIÈRE, Jean. *Mon journal pendant l'occupation*. Paris: La Jeune Parque, 1944.

GUÉHENNO, Jean. *Journal des années noires*. Paris: Gallimard, 1947.

JACKSON, Julian. *France*: the dark years, 1940-1944. Nova York: Oxford University Press, 2001.

LE BAIL, Karine. *Musique, pouvoir, responsabilité*: la politique musicale de la radiodiffusion française, 1939-1953. Paris: CNRS, 2010.

MOLLIER, Jean-Yves. *Édition, presse et pouvoir en France au XXe siècle*. Paris: Fayard, 2008.

NORD, Philip. "Scout's honor: Catholic scoutism and Vichy culture". Trabalho apresentado no colóquio Between Collaboration and Resistance: French Literary Life under Nazi Occupation, 1940-1944. New York Public Library, 3 abr. 2009.

PAULHAN, Jean. *Choix de lettres, 1937-1945*. Paris: Gallimard, 1992.

PAXTON, Robert O. *Vichy France*: old guard and new order, 1940-1944. Nova York: Knopf, 1972.

PAXTON, Robert O.; CORPET, Olivier; PAULHAN, Claire (orgs.). *Archives de la vie littéraire sous occupation*: à travers le désastre. Paris: Tallandier, 2009.

PHILIPPONNAT, Olivier; LEINHARDT, Patrick. *La vie d'Irène Némirovsky*. Paris: Grasset & Denoël, 2007.

REBATET, Lucien. *Les décombres*. Paris: Éditions de l'Homme Libre, 2006.

RIOUX, Jean-Pierre (org.). *La vie culturelle sous Vichy*. Paris: Complexe, 1990.

WEBER, Nicholas Fox. *Le Corbusier*: a life. Nova York: Knopf, 2008.

Entrevista

Michel Déon, Paris, 7 abr. 2008.

Denise Epstein, Paris, 18 nov. 2004.

Gérard Morley, Issy-l'Évêque, 16 abr. 2009.

Notas

1. Rebatet, *Les décombres*, p. 535.

2. Weber, *Le Corbusier*, p. 413.

3. Ibid., p. 425.

4. Ibid., p. 453.

5. Entrevista com Déon, Paris, 7 abr. 2008.

6. Galtier-Boissière, *Mon journal*, p. 27.

7. Rioux, *La vie*, p. 89.

8. Bernier, *Fireworks*, p. 311.

9. Daladier, *Prison journal*, p. 117.

10. Jackson, *France*, p. 357.

11. Guéhenno, *Journal*, p. 139.

12. Ibid., p. 170.

13. <http://lesamitiesdelaresistance.fr/lien6-saliege.php>.

14. Entrevista com Epstein, Paris, 18 nov. 2004.

15. Entrevista com Morley, Issy-L'Évêque, 16 abr. 2009.

16. Entrevista com Epstein, Paris, 18 nov. 2004.

17. Ibid.

18. Philipponnat e Leinhardt, *La vie*, p. 421.

19. Eychart e Aillaud, *Les Lettres*, p. 251.

20. Guéhenno, *Journal*, p. 300.

21. Galtier-Boissière, *Mon journal*, pp. 155-6.

8. *VIVACE MA NON TROPPO* [pp. 174-98]

Bibliografia

CHIMÈNES, Myriam (org.). *La vie musicale sous Vichy*. Paris: Complexe, 2001.

CORCY, Stéphanie. *La vie culturelle sous l'occupation*. Paris: Perrin, 2005.

EYCHART, François; AILLAUD, Georges (orgs.). *Les Lettres Françaises et Les Étoiles dans la clandestinité, 1942-1944*. Paris: Le Cherche Midi, 2008.

GOEBBELS, Joseph. *Journal*. Paris: Tallandier, 2009. vol. 4: 1939-1942.

GUÉHENNO, Jean. *Journal des années noires*. Paris: Gallimard, 1947.

HAMANN, Brigitte. *Winifred Wagner*: a life at the heart of Hitler's Bayreuth. Trad. de Alan Bance. Londres: Granta Books, 2005.

HUYNH, Pascal (org.). Catálogo da exposição Le IIIème Reich et la Musique, realizada no Musée de la Musique, Paris, out. 2004.

404

LANGHAM SMITH, Richard; POTTER, Caroline. *French music since Berlioz*. Farnham, Inglaterra: Ashgate, 2005.

LE BAIL, Karine. *Musique, pouvoir, responsabilité: la politique musicale de la radiodiffusion française, 1939-1953*. Paris: CNRS, 2010.

LE BOTERF, Hervé. *La vie parisienne sous l'occupation*. Paris: France-Empire, 1997.

LIFAR, Serge. *Ma vie*. Paris: René Julliard, 1965.

NÉMIROVSKY, Irène. *Suite française*. Paris: Denoël, 2004.

PORCILE, François. *Les conflits de la musique française, 1940-1965*. Paris: Fayard, 2001.

POULENC, Francis. *Correspondance 1910-1963*. Org. de Myriam Chimènes. Paris: Fayard, 1994.

RIOUX, Jean-Pierre (org.). *La vie culturelle sous Vichy*. Paris: Complexe, 1990.

SIMEONE, Nigel. *Making music in occupied Paris*. Hove, Inglaterra: Musical Times, 2006.

SIMON, Yannick. *Composer sous Vichy*. Paris: Symétrie, 2009.

_____. *La SACEM et les droits des auteurs et compositeurs juifs sous l'occupation*. Paris: Mission d'Étude sur la Spoliation des Juifs de France, 2000.

Entrevista

Jean Babilée, Paris, 17 abr. 2008.

Pierre Boulez, Paris, 7 ago. 2009.

Henri Dutilleux, Paris, 22 jul. 2009.

Michel Francini, Paris, 13 mar. 2008.

Notas

1. Huynh, Le IIIème Reich, p. 15.
2. Goebbels, *Journal*, p. 535.
3. Poulenc, *Correspondance*, p. 511.
4. Eychart e Allaud, *Les Lettres*, p. 159.
5. Poulenc, *Correspondance*, pp. 533-4.
6. Entrevista com Boulez, Paris, 7 ago. 2009.
7. Entrevista com Dutilleux, Paris, 22 jul. 2009.
8. Poulenc, *Correspondance*, p. 577.
9. Hamann, *Winifred Wagner*, p. 332.
10. Sandrine Grandgambe, "La Réunion des Théâtres Lyriques Nationaux", in: Chimènes, *La vie*, p. 118.
11. Entrevista com Francini, Paris, 13 mar. 2008.
12. Guéhenno, *Journal*, p. 101.
13. Poulenc, *Correspondance*, p. 584.
14. Entrevista com Babilée, Paris, 17 abr. 2008; todas as citações de Babilée se referem a essa entrevista.
15. Fonds Lifar, Archives de la Ville de Lausanne, Suíça.
16. Lifar, *Ma vie*, p. 250.
17. Ibid., p. 326.
18. Poulenc, *Correspondance*, p. 577.

9. UMA TELA RASGADA [pp. 199-223]

Bibliografia

ARNAUD, Claude. *Jean Cocteau*. Paris: Gallimard, 2003.

BOUCHOUX, Corinne. *Rose Valland*: la résistance au musée. Paris: Geste, 2006.

BRANDON, Ruth. *Surreal lives*: the surrealists, 1917-1945. Londres: Macmillan, 1999.

BUCHER, Jeanne. Catálogo da exposição Une Galerie d'Avant-Garde, realizada no Musée d'Art Moderne et Contemporain em Estrasburgo, França, 1994.

CALVI, Fabrizio; MASUROVSKY, Marc J. *Le festin du Reich*: le pillage de la France occupée, 1940-1945. Paris: Fayard, 2006.

COCTEAU, Jean. *Journal, 1942-1945*. Paris: Gallimard, 1989.

CONE, Michele C. *Artists under Vichy*. Princeton: Princeton University Press, 1992.

DORLÉAC, Laurence Bertrand. *Art of the defeat*: France, 1940-1944. Trad. de Jane Marie Todd. Los Angeles: Getty Research Institute, 2008.

FELICIANO, Hector. *The lost museum*: the Nazi conspiracy to steal the world's greatest works of art. Nova York: Basic, 1997.

FONKENELL, Guillaume (org.). *Le Louvre pendant la guerrre*: regards photographiques, 1938-1947 (catálogo da exposição). Paris: Musée du Louvre Éditions, 2009.

GALTIER-BOISSIÈRE, Jean. *Mon journal pendant l'occupation*. Paris: La Jeune Parque, 1944.

GILOT, Françoise; LAKE, Carlton. *Life with Picasso*. Nova York: McGraw-Hill, 1964.

GREILSAMER, Laurent. *Le prince foudroyé*: la vie de Nicolas de Staël. Paris: Fayard, 1998.

HELLER, Gerhard. *Un Allemand à Paris*. Paris: Seuil, 1981.

HUFFINGTON, Arianna Stassinopoulos. *Picasso*: creator and destroyer. Londres: Weidenfeld and Nicolson, 1988.

JAËR, Muriel. "Jeanne Bucher, grande prêtresse de l'art d'avant-garde". *Supérieur Inconnu*, Paris, n. 19, out./dez. 2000.

JEAN Cocteau, sur le fil du siècle. Catálogo da exposição realizada no Centre Pompidou, 2003. Paris: Centre Pompidou, 2003.

JÜNGER, Ernst. *Journaux de guerre*. Paris: Gallimard, 2008. vol. 2: 1937-1948.

LA dame du Jeu de Paume: Rose Valland sur le front de l'art. Catálogo da exposição realizada no Centre d'Histoire de la Résistance et de la Déportation em Lyon, dez. 2009.

LE Musée Maillol s'expose. Catálogo da exposição realizada no Musée Maillol, 2003. Paris: Gallimard, 2003.

LÉAUTAUD, Paul. *Journal littéraire*. Paris: Mercure de France, 1986. vols. 13-18: 1940-1956.

NICHOLAS, Lynn H. *The rape of Europa*: the fate of Europe's treasures in the Third Reich and the Second World War. Nova York: Knopf, 1994.

SPURLING, Hilary. *Matisse the master*. Nova York: Knopf, 2005.

Entrevista

Leonora Carrington, Cidade do México, 20 nov. 2008.

Françoise Gilot, Nova York, 4 abr. 2009.

Véronique Jaeger (neta de Jeanne Bucher), Paris, 29 abr. 2009.
Denise René, Paris, 15 jul. 2008.
Annie Ubersfeld, Paris, 25 mar. 2008.

Notas

1. *La dame du Jeu de Paume.*
2. Bouchoux, *Rose Valland*, p. 39.
3. Ibid., p. 42.
4. The Nizkor Project: <http://www.nizkor.org/hweb/imt/nca/nca-01/nca-01-14-plunder-01c.html>.
5. The Nizkor Project: <http://www.nizkor.org/hweb/imt/nca/nca-01/nca-01-14-plunder-01b.html>.
6. Entrevista com Gilot, Nova York, 4 abr. 2009; todas as citações de Gilot se referem a essa entrevista.
7. Jaër, "Jeanne Bucher".
8. Galtier-Boissière, *Mon journal*, p. 98.
9. <http://www.meaus.com/arno-breker-biography.htm>.
10. Cocteau, *Journal*, 16 maio 1942, p. 125.
11. Ibid., 6 maio 1942, p. 112.
12. Greilsamer, *Le prince*, pp. 118-9.
13. *Le Musée Maillol*, p. 101.
14. Ibid., p. 102.
15. Nicholas, *The rape*, p. 124.
16. Heller, *Un Allemand*, p. 118.
17. Jünger, *Journaux*, p. 325.
18. Entrevista com Ubersfeld, Paris, 25 mar. 2008.
19. Léautaud, *Journal*, p. 1041.
20. Heller, *Un Allemand*, p. 118.
21. Huffington, *Picasso*, p. 260.

10. DISTRAÇÃO NO CINEMA [pp. 224-43]

Bibliografia

Arletty. *La défense*: auto-portrait. Paris: Ramsay, 1971.
Aurenche, Jean. *La suite à l'écran*. Arles: Actes Sud, 1993.
Bertin-Maghit, Jean-Pierre. *Le cinéma français sous l'occupation*. Paris: Presses Universitaires de France, 1994.
Carné, Marcel. *La vie à belles dents*. Paris: Belfond, 1989.
Château, René. *Le cinéma français sous l'occupation*. Paris: René Château et La Mémoire du Cinéma Français, 1995.

Corcy, Stéphanie. *La vie culturelle sous l'occupation*. Paris: Perrin, 2005.

Desanti, Dominique. *Sacha Guitry: 50 ans de spectacle*. Paris: Grasset, 1982.

Devaivre, Jean. *Action! Mémoires, 1930-1970*. Paris: Nicolas Philippe, 2002.

Eychart, François; Aillaud, Georges (orgs.). *Les Lettres Françaises et Les Étoiles dans la clandestinité, 1942-1944*. Paris: Le Cherche Midi, 2008.

Goebbels, Joseph. *Journal*. Paris: Tallandier, 2009. vol. 4: 1939-1942.

Jünger, Ernst. *Journaux de guerre*. Paris: Gallimard, 2009. vol. 2: 1939-1948.

Le Boterf, Hervé. *La vie parisienne sous l'occupation*. Paris: France-Empire, 1997.

Presle, Micheline. *L'arrière-mémoire*. Paris: Flammarion, 1994.

Ragache, Gilles; Ragache, Jean-Robert. *La vie quotidienne des écrivains et des artistes sous l'occupation*. Paris: Hachette, 1988.

Rioux, Jean-Pierre (org.). *La vie culturelle sous Vichy*. Paris: Complexe, 1990.

Sadoul, Georges. *Histoire du cinéma mondial: des origines à nos jours*. Paris: Flammarion, 1999.

Servat, Henry-Jean. *Les trois glorieuses*. Paris: Pygmalion, 2008.

Weber, Alain. *La bataille du film, 1933-1945*. Paris: Ramsay, 2007.

Yagil, Limore. *"L'homme nouveau" et la Révolution Nationale de Vichy*. Paris: Presses Universitaires du Septentrion, 1997.

Entrevista

Marcel Carné, Paris, 3 dez. 1994.

Danielle Darrieux, Paris, 22 jan. 2009.

Elina Labourdette, Paris, 11 ago. 2009.

Micheline Presle, Paris, 28 abr. 2009.

Notas

1. Aurenche, *La suite*, p. 115.
2. Entrevista com Darrieux, Paris, 22 jan. 2009; todas as citações de Darrieux se referem a essa entrevista.
3. Entrevista com Carné, Paris, 3 dez. 1994.
4. Yagil, *"L'homme nouveau"*, p. 170.
5. Le Boterf, *La vie*, p. 76.
6. Jünger, *Journaux*, p. 214.
7. Goebbels, *Journal*, p. 573.
8. Carné, *La vie*, p. 156.
9. Eychart e Allaud, *Les Lettres*, p. 117.
10. Ibid.
11. Arletty, *La défense*, p. 162.
12. Entrevista com Presle, Paris, 28 abr. 2009; todas as citações de Presle se referem a essa entrevista.
13. Entrevista com Labourdette, Paris, 11 ago. 2009; todas as citações de Labourdette se referem a essa entrevista.

14. Entrevista com Carné, Paris, 3 dez. 1994.

15. Ibid.

11. ESPELHO DO PASSADO [pp. 244-64]

Bibliografia

ANOUILH, Jean. *Antigone*. Trad. de Lewis Galantière. Londres: Metheun, 1951.

BEAUVOIR, Simone de. *La force de l'âge* (1960). Paris: Gallimard (Folio), 1986.

BERGHAUS, Günter (org.). *Fascism and theatre*. Oxford: Berghahn Books, 1996.

CAMUS, Albert. *Notebooks, 1942-1951*. Trad. de Justin O'Brien. Nova York: Knopf, 1965.

COHEN-SOLAL, Annie. *Sartre*: a life. Nova York: Pantheon, 1987.

COPEAU, Jacques. *Journal, 1901-1948*. Paris: Seghers, 1991.

CORCY, Stéphanie. *La vie culturelle sous l'occupation*. Paris: Perrin, 2005.

DESANTI, Dominique. *Sacha Guitry*: 50 ans de spectacle. Paris: Grasset, 1982.

EYCHART, François; AILLAUD, Georges (orgs.). *Les Lettres Françaises et Les Étoiles dans la clandestinité, 1942-1944*. Paris: Le Cherche Midi, 2008.

GALTIER-BOISSIÈRE, Jean. *Mon journal pendant l'occupation*. Paris: La Jeune Parque, 1944.

GERASSI, John. *Talking with Sartre*: conversations and debates. New Haven: Yale University Press, 2009.

JACOBS, Gabriel. "The role of Joan of Arc on the stage of occupied Paris". In: KEDWARD, Harry Roderick; AUSTIN, Roger (orgs.). *Vichy France and the resistance*: culture and ideology. Londres: Croom Helm, 1985.

JOUBERT, Marie-Agnès. *La Comédie-Française sous l'occupation*. Paris: Tallandier, 1998.

JÜNGER, Ernst. *Journaux de guerre*. Paris: Gallimard, 2008. vol. 2: 1939-1948.

LE BOTERF, Hervé. *La vie parisienne sous l'occupation*. Paris: France-Empire, 1997.

LOTTMAN, Herbert R. *Albert Camus*: a biography. Nova York: Doubleday, 1979.

MONTHERLANT, Henry de. *Le solstice de juin*. Paris: Grasset, 1941.

RAGACHE, Gilles; RAGACHE, Jean-Robert. *La vie quotidienne des écrivains et des artistes sous l'occupation, 1940-1944*. Paris: Hachette, 1998.

RIOUX, Jean-Pierre (org.). *La vie culturelle sous Vichy*. Paris: Complexe, 1990.

SARTRE, Jean-Paul. *No exit* (*Huis clos*). Trad. de Stuart Gilbert. Nova York: Vintage, 1989.

_____. *The flies* (*Les mouches*). Trad. de Stuart Gilbert. Nova York: Vintage, 1989.

TODD, Olivier. *Albert Camus*: a life. Nova York: Knopf, 1997.

Entrevista

Héléna Bossis, Paris, 2 maio 2008.

Dominique Delouche, Paris, 24 nov. 2008.

Michel Francini, Paris, 13 mar. 2008.

Jorge Semprún, Paris, 26 mar. 2008.

Annie Ubersfeld, Paris, 25 mar. 2008.

Notas

1. Entrevista com Ubersfeld, Paris, 25 mar. 2008.
2. Copeau, *Journal*, p. 507.
3. Le Boterf, *La vie*, p. 140.
4. Entrevista com Francini, Paris, 13 mar. 2008.
5. Joubert, *La Comédie-Française*, p. 169.
6. Galtier-Boissière, *Mon journal*, p. 179.
7. Montherlant, *Le solstice*, p. 952.
8. Jacobs, "The role of Joan of Arc", p. 115.
9. Beauvoir, *La force*, p. 581.
10. Le Boterf, *La vie*, p. 115.
11. Ibid., p. 141.
12. Desanti, *Sacha Guitry*, p. 389.
13. Eychart e Aillaud, *Les Lettres*, p. 132.
14. Jünger, *Journaux*, p. 239.
15. Beauvoir, *La force*, p. 616.
16. Entrevista com Semprún, Paris, 26 mar. 2008.
17. Gerassi, *Talking with Sartre*, p. 114.
18. Ibid., pp. 108-9.
19. Le Boterf, *La vie*, p. 159.
20. Entrevista com Delouche, Paris, 24 nov. 2008.
21. Entrevista com Bossis, Paris, 2 maio 2008.

12. ESCREVENDO PARA O INIMIGO [pp. 265-93]

Bibliografia

ABETZ, Otto. *Histoire d'une politique franco-allemande, 1930-1950*: mémoires d'un ambassadeur. Paris: Stock, 1953.

BEAUVOIR, Simone de. *La force de l'âge* (1960). Paris: Gallimard (Folio), 1986.

BRASILLACH, Robert. *Notre avant-guerre*. Paris: Godefroy de Bouillon, 1998.

CÉLINE, Louis-Ferdinand. *Les beaux draps*. Paris: Nouvelles Éditions Françaises, 1942.

_____. *Lettres*. Paris: Gallimard, 2009. (Bibliothèque de la Pléiade).

CORCY, Stéphanie. *La vie culturelle sous l'occupation*. Paris: Perrin, 2005.

DRIEU LA ROCHELLE, Pierre. *Journal, 1939-1945*. Paris: Gallimard, 1992.

DUFAY, François. *Le voyage d'automne*: octobre 1941, des écrivains français en Allemagne. Paris: Plon, 2000.

EYCHART, François; AILLAUD, Georges (orgs.). *Les Lettres Françaises et Les Étoiles dans la clandestinité, 1942-1944*. Paris: Le Cherche Midi, 2008.

FOUCHÉ, Pascal. *L'édition française sous l'occupation*. Paris: Fayard, 2008.

GALTIER-BOISSIÈRE, Jean. *Mon journal pendant l'occupation*. Paris: La Jeune Parque, 1944.

GLASS, Charles. *Americans in Paris*: life and death under Nazi occupation, 1940-1944. Londres: Harper, 2009.

GUÉHENNO, Jean. *Journal des années noires*. Paris: Gallimard, 1947.

HELLER, Gerhard. *Un Allemand à Paris*. Paris: Seuil, 1981.

JOUHANDEAU, Marcel. *Écrits secrets I*: le voyage secret. Paris: Arléa, 1988.

_____. *Journal sous l'occupation*. Paris: Gallimard, 1980.

JÜNGER, Ernst. *Journaux de guerre*. Paris: Gallimard, 2008. vol. 2: 1939-1948.

KAPLAN, Alice. *The collaborator*: the trial and execution of Robert Brasillach. Chicago: University of Chicago Press, 2000.

LIRE, Hors-Série: Céline, les derniers secrets, n. 7, jun. 2008.

LOISEAUX, Gérard. *La littérature de la defaite et de la collaboration*. Paris: Fayard, 1995.

LOTTMAN, Herbert. *The left bank*: writers in Paris from the Popular Front to the Cold War. Boston: Houghton Mifflin, 1982.

MARTINOIR, Francine de. *La littérature occupée*: les années de guerre, 1939-1945. Paris: Hatier, 1995.

MOLLIER, Jean-Yves. *Édition, presse et pouvoir en France au XXᵉ siècle*. Paris: Fayard, 2008.

ORY, Pascal. *Les collaborateurs, 1940-1945*. Paris: Seuil, 1976.

PAULHAN, Jean. *Choix de lettres, 1937-1945*. Paris: Gallimard, 1992.

POULAIN, Martine. *Livres pillés, lectures surveillées*: les bibliothèques françaises sous l'occupation. Paris: Gallimard, 2008.

RAGACHE, Gilles; RAGACHE, Jean-Robert. *La vie quotidienne des écrivains et des artistes sous l'occupation, 1940-1944*. Paris: Hachette, 1998.

REBATET, Lucien. *Les décombres*. Paris: Éditions de l'Homme Libre, 2006. (Primeira edição: Denoël, 1942).

SAPIRO, Gisèle. *La guerre des écrivains, 1940-1953*. Paris: Fayard, 1999.

WHITE, Edmund. *Genet*: a biography. Nova York: Knopf, 1993.

Notas

1. Jünger, *Journaux*, pp. 220-2.
2. Lottman, *The left bank*, p. 157.
3. Brasillach, *Notre avant-guerre*, p. 197.
4. Ibid., p. 291.
5. Kaplan, *The collaborator*, p. 57.
6. Rebatet, *Les décombres*, p. 447.
7. Ibid., p. 16.
8. Beauvoir, *La force*, p. 636.
9. Paul Riche, *Au Pilori*: <http://www.thyssens.com/01chrono/chrono_1940.php>.
10. Paulhan, *Choix*, p. 196.
11. Heller, *Un Allemand*, p. 46.
12. Ibid., p. 48.
13. Guéhenno, *Journal*, p. 77.
14. Drieu La Rochelle, *Journal*, p. 316.

15. Ibid., p. 303.

16. Ibid., p. 280.

17. Ibid., p. 300.

18. Ibid., p. 301.

19. Ibid., p. 289.

20. Ibid., p. 33.

21. Ibid., pp. 348-9.

22. Heller, *Un Allemand*, p. 30.

23. Mollier, *Édition*, p. 66.

24. Lottman, *The left bank*, p. 161.

25. Fouché, *L'édition*, p. 160.

26. Poulain, *Livres pillés*, p. 133.

27. Eychart e Aillaud, *Les Lettres*, p. 104.

28. Jouhandeau, *Journal*, p. 84.

29. Jouhandeau, *Écrits secrets*, p. 21.

30. Ibid., pp. 27-8.

31. Jouhandeau, *Journal*, p. 121.

32. Dufay, *Le voyage*, pp. 157-8.

33. Ibid., pp. 168-70.

34. Heller, *Un Allemand*, pp. 84-5.

35. Ibid., p. 92.

36. Ibid., p. 87.

37. White, *Genet*, p. 284.

38. Jünger, *Journaux*, p. 255.

39. Heller, *Un Allemand*, p. 153.

40. Céline, *Lettres*, p. 672.

41. Céline, *Les beaux*, p. 47.

42. Ibid., p. 8.

43. Loiseaux, *La littérature*, p. 565.

44. *Lire, Hors-Série*, n. 7, p. 76.

45. Céline, *Lettres*, p. 622.

46. Jünger, *Journaux*, p. 716.

13. *CHEZ* FLORENCE [pp. 294-307]

Bibliografia

ABRAMOVICI, Pierre. *Un rocher bien occupé*. Paris: Seuil, 2001.

ARNAUD, Claude. *Jean Cocteau*. Paris: Gallimard, 2003.

AURY, Dominique. Prefácio de *Par le don de Florence Gould*. Paris: Bibliothèque Littéraire Jacques Doucet, 1988.

Burrin, Philippe. *France under the Germans*: collaboration and compromise. Trad. de Janet Lloyd. Nova York: New Press, 1996.

Cornut-Gentille, Gilles; Michel-Thiriett, Philippe. *Florence Gould*. Paris: Mercure de France, 1989.

Dufay, François. *Le voyage d'automne*: octobre 1941, des écrivains français en Allemagne. Paris: Plon, 2000.

Gould, Florence. Depoimento dado em Paris ao Investigating Judge Thirion, 28 mar. 1945.

Heller, Gerhard. *Un Allemand à Paris*. Paris: Seuil, 1981.

Jouhandeau, Marcel. *Écrits secrets I*: le voyage secret. Paris: Arléa, 1988.

_____. *Journal sous l'occupation*. Paris: Gallimard, 1980.

Jünger, Ernst. *Journaux de guerre*. Paris: Gallimard, 2008. vol. 2: 1939-1948.

Léautaud, Paul. *Journal littéraire*. Paris: Mercure de France, 1962. vol. 15: novembre 1942-juin 1944.

_____. *Journal littéraire*. Paris: Mercure de France, 1964. vol. 17: 1946-1949.

Mauriac, Claude. *Le temps immobile*. Paris: Grasset, 1986.

Ministère Public. Public Prosecutor's Department of the Court of Justice of the Département de la Seine no caso do *Ministère Public contre X... pouvant être le personnel dirigeant de la Banque Charles de Monaco*, 20 set. 1948.

Nicholas, Lynn H. *The rape of Europa*: the fate of Europe's treasures in the Third Reich and the Second World War. Nova York: Knopf, 1994.

Paulhan, Jean. *Choix de lettres, 1937-1945*. Paris: Gallimard, 1992.

Thurman, Judith. *Secrets of the flesh*: a life of Colette. Nova York: Knopf, 1999.

Notas

1. Cornut-Gentille e Michel-Thiriett, *Florence Gould*, p. 97.

2. Jünger, *Journaux*, p. 296.

3. Aury, prefácio de *Par le don*, p. 7.

4. Heller, *Un Allemand*, p. 75.

5. Jünger, *Journaux*, p. 476.

6. Burrin, *France*, p. 205.

7. Jünger, *Journaux*, p. 519.

8. Abramovici, *Un rocher*, p. 257.

9. Jünger, *Journaux*, p. 566.

10. Ibid., p. 563.

11. Ibid., p. 593.

12. Cornut-Gentille e Michel-Thiriett, *Florence Gould*, p. 109.

13. Thurman, *Secrets*, pp. 436-7.

14. Mauriac, *Le temps*, p. 223.

15. Léautaud, *Journal*, p. 935.

16. Ibid., p. 1022.

17. Ibid., p. 1723.

18. Heller, *Un Allemand*, p. 65.

19. Ibid.

20. Jünger, *Journaux*, p. 694.

21. Ibid., p. 696.

22. Ibid., p. 697.

23. The Nizkor Project: <http://www.nizkor.org/ftp.cgi/imt/ftp.py?imt//nca/nca-06/nca-06-
-3766-ps>.

24. Gould, depoimento.

25. Cornut-Gentille e Michel-Thiriett, *Florence Gould*, p. 99.

26. Jünger, *Journaux*, p. 478.

27. Heller, *Un Allemand*, p. 64.

28. Jünger, *Journaux*, p. 728.

29. Ibid., p. 1299.

30. Heller, *Un Allemand*, p. 66.

31. Gould, depoimento.

32. Ministère Public, *Banque Charles*.

33. Cornut-Gentille e Michel-Thiriett, *Florence Gould*, p. 188.

14. "A FAVOR DA VIDA" [pp. 308-36]

Bibliografia

ADLER, Laure. *Marguerite Duras*. Paris: Gallimard, 1998.

BEAUVOIR, Simone de. *La force de l'âge* (1960). Paris: Gallimard (Folio), 1986.

BETZ, Albrecht; MARTENS, Stefan. *Les intellectuels et l'occupation, 1940-1944*: collaborer, partir, résister. Paris: Autrement, 2004.

BURRIN, Philippe. *France under the Germans*: collaboration and compromise. Trad. de Janet Lloyd. Nova York: New Press, 1996.

CAMUS, Albert. *Notebooks, 1942-1951*. Trad. de Justin O'Brien. Nova York: Knopf, 1965.

_____. *Camus at* Combat: writing, 1944-1947. Org. de Jacqueline Lévi-Valensi. Princeton: Princeton University Press, 2006.

CASSOU, Jean. *33 sonnets composés au secret*. Assinado como Jean Noir, com introdução de François La Colère, Paris: Minuit, 1943. Publicado em inglês como *33 sonnets of the Resistance*. Introdução de Louis Aragon. Trad. de Timothy Adès. Todmorden, Inglaterra: Arc, 2002.

CATE, Curtis. *André Malraux*: a biography. Londres: Hutchinson, 1995.

CHAR, René. *Oeuvres complètes*. Paris: Gallimard, 1983.

_____. *Feuillets d'Hypnos*. Paris: FolioPlus, 2007.

COHEN-SOLAL, Annie. *Sartre*: a life. Nova York: Pantheon, 1987.

CORCY, Stéphanie. *La vie culturelle sous l'occupation*. Paris: Perrin, 2005.

DAIX, Pierre. *Les Lettres Françaises*: jalons pour l'histoire d'un journal, 1941-1972. Paris: Tallandier, 2004.

DURAS, Marguerite. *Wartime writings, 1943-1949*. Trad. de Linda Coverdale. Nova York: New Press, 2008.

ÉLUARD, Paul (org.). *L'honneur des poètes*. Paris: Minuit, 1943.

EYCHART, François; AILLAUD, Georges (orgs.). *Les Lettres Françaises et Les Étoiles dans la clandestinité, 1942-1944*. Paris: Le Cherche Midi, 2008.

GALTIER-BOISSIÈRE, Jean. *Mon journal pendant l'occupation*. Paris: La Jeune Parque, 1944.

GERASSI, John. *Talking with Sartre*: conversations and debates. New Haven: Yale University Press, 2009.

GIDE, André. *Journals*. Trad. de Justin O'Brien. Urbana: University of Illinois Press, 2000. vol. 4: 1939-1949.

GUÉHENNO, Jean. *Journal des années noires*. Paris: Gallimard, 1947.

GUÉRIN, Raymond. *Retour de barbarie*. Bordeaux: Finitude, 2005.

HELLER, Gerhard. *Un Allemand à Paris*. Paris: Seuil, 1981.

JÜNGER, Ernst. *Journaux de guerre*. Paris: Gallimard, 2008. vol. 2: 1939-1948.

LÉAUTAUD, Paul. *Journal littéraire*. Paris: Mercure de France, 1986. vols. 13-18: 1940-1956.

LE BOTERF, Hervé. *La vie parisienne sous l'occupation*. Paris: France-Empire, 1997.

LOISEAUX, Gérard. *La littérature de la défaite et de la collaboration*. Paris: Fayard, 1995.

LOTTMAN, Herbert R. *Albert Camus*: a biography. Nova York: Doubleday, 1979.

_____. *The left bank*: writers in Paris from the Popular Front to the Cold War. Boston: Houghton Mifflin, 1982.

MALRAUX, André. *Anti-memoirs*. Trad. de Terence Kilmartin. Nova York: Holt, Rinehart and Winston, 1968.

MARTINOIR, Francine de. *La littérature occupée*: les années de guerre, 1939-1945. Paris: Hatier, 1995.

MAURIAC, Claude. *Le temps immobile*. Organizado e comentado por José Cabanis. Paris: Grasset, 1993.

MOLLIER, Jean-Yves. *Édition, presse et pouvoir en France au XXe siècle*. Paris: Fayard, 2008.

PAULHAN, Jean. *Choix de lettres, 1937-1945*. Paris: Gallimard, 1992.

PAXTON, Robert O.; CORPET, Olivier; PAULHAN, Claire (orgs.). *Archives de la vie littéraire sous occupation*: à travers le désastre. Paris: Tallandier, 2009.

RAGACHE, Gilles; RAGACHE, Jean-Robert. *La vie quotidienne des écrivains et des artistes sous l'occupation, 1940-1944*. Paris: Hachette, 1998.

RIOUX, Jean-Pierre (org.). *La vie culturelle sous Vichy*. Paris: Complexe, 1990.

RONDEAU, Daniel. *Camus, ou Les promesses de la vie*. Paris: Mengès, 2005.

SAINT-EXUPÉRY, Antoine de. *Lettre à un otage*. Nova York: Brentano's, 1943.

SAPIRO, Gisèle. *La guerre des écrivains, 1940-1953*. Paris: Fayard, 1999.

SEGHERS, Pierre. *La Résistance et ses poètes (France 1940-1945)*. Paris: Seghers, 1974.

THURMAN, Judith. *Secrets of the flesh*: a life of Colette. Nova York: Knopf, 1999.

TODD, Olivier. *Albert Camus*: a life. Nova York: Knopf, 1997.

_____. *Malraux*. Nova York: Knopf, 2005.

VALLIER, Jean. *C'était Marguerite Duras*. Paris: Fayard, 2006. vol. 1: 1914-1945.

VERCORS. *Le silence de la mer*. Paris: Minuit, 1942. (Os números de página que indico se referem à edição de 1951 da Albin Michel.)

Entrevista

Dominique Desanti, Paris, 14 mar. 2008.

Maurice Druon, Paris, 3 jun. 2008.

Marguerite Duras, Paris, 26 mar. 1990.
Madeleine Malraux, Paris, 12 jun. 2008.
Jorge Semprún, Paris, 26 mar. 2008.

Notas

1. Guéhenno, *Journal*, p. 73.
2. Ibid., p. 74.
3. Ibid., p. 75.
4. Saint-Exupéry, *Lettre*, p. 32.
5. Ibid., pp. 69-70.
6. Gide, *Journals*, p. 221.
7. Guéhenno, *Journal*, p. 189.
8. Eychart e Aillaud, *Les Lettres*, p. 27.
9. Mauriac, *Le temps*, p. 42.
10. Vercors, *Le silence*, p. 28.
11. Ibid., p. 29.
12. Ibid., p. 53.
13. Eychart e Aillaud, *Les Lettres*, p. 52.
14. Betz e Martens, *Les intellectuels*, p. 206.
15. Éluard, *L'honneur*, p. 10.
16. Aragon, in: Cassou, *33 sonnets*, p. 32.
17. Cassou, *33 sonnets*, pp. 30-1.
18. Ibid.
19. Ibid., pp. 50-1.
20. Ibid., pp. 58-9.
21. Ibid.
22. Galtier-Boissière, *Mon journal*, p. 227.
23. Mémorial de l'internement et de la deportation, Camp de Royallieu, Compiègne, Dossier de presse, p. 17.
24. Char, *Oeuvres*, p. 632.
25. Char, *Feuillets*, pp. 29, 36, 51, 17.
26. Ibid., pp. 44-5.
27. Ibid., pp. 49-50.
28. Ibid., p. 39.
29. Entrevista com Druon, Paris, 3 jun. 2008.
30. Entrevista com Desanti, Paris, 14 mar. 2008.
31. Beauvoir, *La force*, p. 609.
32. Ibid., p. 657.
33. Gerassi, *Talking with Sartre*, p. 118.
34. Beauvoir, *La force*, p. 665.
35. Heller, *Un Allemand*, p. 106.
36. Léautaud, *Journal*, p. 340.
37. Paulhan, *Choix*, p. 364.

15. O PÊNDULO OSCILA [pp. 337-55]

Bibliografia

Beauvoir, Simone de. *La force de l'âge* (1960). Paris: Gallimard (Folio), 1986.

Burrin, Philippe. *France under the Germans*: collaboration and compromise. Trad. de Janet Lloyd. Nova York: New Press, 1996.

Camus, Albert. *Camus at* Combat: writing, 1944-1947. Org. de Jacqueline Lévi-Valensi. Princeton: Princeton University Press, 2006.

Eychart, François; Aillaud, Georges (orgs.). *Les Lettres Françaises et Les Étoiles dans la clandestinité, 1942-1944*. Paris: Le Cherche Midi, 2008.

Galtier-Boissière, Jean. *Mon journal pendant l'occupation*. Paris: La Jeune Parque, 1944.

Guéhenno, Jean. *Journal des années noires*. Paris: Gallimard, 1947.

Heller, Gerhard. *Un Allemand à Paris*. Paris: Seuil, 1981.

Jackson, Julian. *France*: the dark years, 1940-1944. Nova York: Oxford University Press, 2001.

Jünger, Ernst. *Journaux de guerre*. Paris: Gallimard, 2008. vol. 2: 1939-1948.

Le Boterf, Hervé. *La vie parisienne sous l'occupation*. Paris: France-Empire, 1997.

Paxton, Robert O. *Vichy France: old guard and new order, 1940-1944*. Nova York: Knopf, 1972.

Paxton, Robert O.; Corpet, Olivier; Paulhan, Claire (orgs.). *Archives de la vie littéraire sous occupation*: à travers le désastre. Paris: Tallandier, 2009.

Entrevista

Michel Francini, Paris, 13 mar. 2008.
Françoise Gilot, Nova York, 4 abr. 2009.
Annie Ubersfeld, Paris, 25 mar. 2008.

Notas

1. Guéhenno, *Journal*, p. 387.
2. Entrevista com Francini, Paris, 13 mar. 2008.
3. Jünger, *Journaux*, p. 713.
4. Galtier-Boissière, *Mon journal*, p. 238.
5. Jünger, *Journaux*, p. 733.
6. Entrevista com Ubersfeld, Paris, 25 mar. 2008.
7. Entrevista com Gilot, Nova York, 4 abr. 2009.
8. Beauvoir, *La force*, p. 679.
9. Entrevista com Francini, Paris, 13 mar. 2008.
10. Guéhenno, *Journal*, p. 433.
11. Ibid., p. 434.
12. Ibid.
13. Ibid., p. 436.
14. Camus, *Combat*, p. 13.

15. Galtier-Boissière, *Mon journal*, pp. 271-2.

16. Ibid., p. 272.

17. Ibid., pp. 275-6.

18. Ibid., p. 276.

19. Ibid., p. 282.

16. VINGANÇA E AMNÉSIA [pp. 356-78]

Bibliografia

ASSOULINE, Pierre. *L'épuration des intellectuels*. Paris: Complexe, 1996.

BARUCH, Marc-Olivier (org.). *Une poignée de misérables*: l'épuration de la société française après la Seconde Guerre Mondiale. Paris: Fayard, 2003.

BEAUVOIR, Simone de. *La force de l'âge* (1960). Paris: Gallimard (Folio), 1986.

BEEVOR, Antony; COOPER, Artemis. *Paris after the Liberation, 1944-1949*. Nova York: Doubleday, 1994.

BETZ, Albrecht; MARTENS, Stefan. *Les intellectuels et l'occupation*. Paris: Autrement, 2004.

CAMUS, Albert. *Camus at* Combat: writing, 1944-1947. Org. de Jacqueline Lévi-Valensi. Princeton: Princeton University Press, 2006.

CHÂTEAU, René. *Le cinéma français sous l'occupation*. Paris: René Château et La Mémoire du Cinéma Français, 1995.

CHIMÈNES, Myriam (org.). *La vie musicale sous Vichy*. Paris: Complexe, 2001.

COCTEAU, Jean. *Journal, 1942-1945*. Paris: Gallimard, 1989.

COHEN-SOLAL, Annie. *Sartre*: a life. Nova York: Pantheon, 1987.

CORCY, Stéphanie. *La vie culturelle sous l'occupation*. Paris: Perrin, 2005.

DECAUX, Alain. *Tous les personnages sont vrais*: mémoires. Paris: Perrin, 2005.

DE GAULLE, Charles. *Mémoires de guerre*. Paris: Plon, 1959.

DESANTI, Dominique. *Sacha Guitry*: 50 ans de spectacle. Paris: Grasset, 1982.

DRIEU LA ROCHELLE, Pierre. *Journal, 1939-1945*. Paris: Gallimard, 1992.

GALTIER-BOISSIÈRE, Jean. *Mon journal pendant l'occupation*. Paris: La Jeune Parque, 1944.

_____. *Mon journal depuis la libération*. Paris: La Jeune Parque, 1945.

GIDE, André. *Back from the USSR*. Trad. de Dorothy Bussy. Londres: Martin Secker and Warburg, 1937.

GUÉHENNO, Jean. *Journal des années noires*. Paris: Gallimard, 1947.

GUITRY, Sacha. *60 jours de prison*. Paris: L'Élan, 1949.

JACKSON, Julian. *France*: the dark years, 1940-1944. Nova York: Oxford University Press, 2001.

JOUHANDEAU, Marcel. *Journal sous l'occupation*. Paris: Gallimard, 1980.

JUDT, Tony. *Past imperfect*: French intellectuals, 1944-1956. Los Angeles: University of California Press, 1992.

KAPLAN, Alice. *The collaborator*: the trial and execution of Robert Brasillach. Chicago: University of Chicago Press, 2000.

LÉAUTAUD, Paul. *Journal littéraire*. Paris: Mercure de France, 1954. vol. 17.

Le Boterf, Hervé. *La vie parisienne sous l'occupation*. Paris: France-Empire, 1997.

Letan, Michel. *Pierre Laval:* de l'armistice au poteau. Paris: Couronne, 1947.

Lifar, Serge. *Ma vie*. Paris: René Julliard, 1965.

Loiseaux, Gérard. *La littérature de la défaite et de la collaboration*. Paris: Fayard, 1995.

Lottman, Herbert. *The left bank:* writers in Paris from the Popular Front to the Cold War. Boston: Houghton Mifflin, 1982.

Ory, Pascal. *Les collaborateurs, 1940-1945*. Paris: Seuil, 1976.

Paxton, Robert O. *Vichy France:* old guard and new order, 1940-1944. Nova York: Knopf, 1972.

Paxton, Robert O; Corpet, Olivier e Paulhan, Claire (orgs.). *Archives de la vie littéraire sous occupation:* à travers le désastre. Paris: Tallandier, 2009.

Picaper, Jean-Paul; Norz, Ludwig. *Enfants maudits*. Paris: Syrtes, 2004.

Rioux, Jean-Pierre (org.). *La vie culturelle sous Vichy*. Paris: Complexe, 1990.

Rousso, Henry. *La collaboration:* les noms, les thèmes, les lieux. Paris: MA, 1987.

Sapiro, Gisèle. *La guerre des écrivains, 1940-1953*. Paris: Fayard, 1999.

Weyembergh, Maurice. *Albert Camus, ou La mémoire des origines*. Paris: De Boeck Université, 1998.

Entrevista

Claude Anglès, Paris, 8 ago. 2007.

Danielle Darrieux, Paris, 22 jan. 2009.

Dominique Desanti, Paris, 14 mar. 2008.

Michel Francini, Paris, 13 mar. 2008.

Notas

1. Entrevista com Francini, Paris, 13 mar. 2008.
2. Cocteau, *Journal*, p. 537.
3. Entrevista com Anglès, Paris, 8 ago. 2007.
4. Desanti, *Sacha Guitry*, p. 441.
5. Galtier-Boissière, *Mon journal pendant*, p. 284.
6. Galtier-Boissière, *Mon journal depuis*, p. 36.
7. Letan, *Pierre Laval*, p. 167.
8. Betz e Martens, *Les intellectuels*, p. 77.
9. Léautaud, *Journal*, vol. 17, p. 121.
10. Drieu La Rochelle, *Journal*, p. 506.
11. Heller, *Un Allemand*, p. 56.
12. Galtier-Boissière, *Mon journal depuis*, p. 189.
13. Assouline, *L'épuration*, p. 54.
14. Ibid., p. 53.
15. Weyembergh, *Albert Camus*, p. 167.
16. Assouline, *L'épuration*, p. 46-7.
17. Camus, *Combat*, pp. 249-50.

18. Jouhandeau, *Journal*, p. 278.

19. Ibid., p. 365.

20. Galtier-Boissière, *Mon journal depuis*, p. 129.

21. Assouline, *L'épuration*, p. 123.

22. De Gaulle, *Mémoires*, p. 115.

23. Assouline, *L'épuration*, p. 82.

24. Ibid., p. 100.

25. Château, *Le cinéma*, p. 458.

26. Entrevista com Darrieux, Paris, 22 jan. 2009.

27. Château, *Le cinéma*, p. 441.

17. O PREÇO DA SOBREVIVÊNCIA [pp. 379-92]

Bibliografia

ASSOULINE, Pierre. *L'épuration des intellectuels*. Paris: Complexe, 1996.

BEEVOR, Antony; COOPER, Artemis. *Paris after the Liberation, 1944-1949*. Nova York: Doubleday, 1994.

GALTIER-BOISSIÈRE, Jean. *Mon journal pendant l'occupation*. Paris: La Jeune Parque, 1944.

_____. *Mon journal depuis la libération*. Paris: La Jeune Parque, 1945.

GERASSI, John. *Talking with Sartre*: conversations and debates. New Haven: Yale University Press, 2009.

HELLER, Gerhard. *Un Allemand à Paris*. Paris: Seuil, 1981.

MAISON ROUGE, Isabelle de. *Picasso*. Paris: Le Cavalier Bleu, 2005.

PAULHAN, Jean. *Lettre aux directeurs de la résistance*. Paris: Minuit, 1952.

SAPIRO, Gisele. *La guerre des écrivains, 1940-1953*. Paris: Fayard, 1999.

Notas

1. Heller, *Un Allemand*, p. 105.

2. Galtier-Boissière, *Mon journal pendant*, p. 289.

3. Sapiro, *La guerre*, p. 62.

4. Galtier-Boissière, *Mon journal pendant*, p. 287.

5. Gerassi, *Talking with Sartre*, p. 122.

6. Ibid., p. 124.

7. Paulhan, *Lettre*, p. 7.

8. Ibid., p. 10.

9. Ibid., p. 54.

10. Maison Rouge, *Picasso*, p. 15.

11. Apud Herschel B. Chipp (org.), *Theories of modern art*: a source book by artists and critics (Berkeley: University of California Press, 1973, pp. 487-9).

Índice remissivo

ABC, 118, 119, 122, 123

Abetz, Otto, 34, 35, 72, 76, 80-1, 83-5, 89-91, 130, 148, 150, 153, 163, 169, 192, 204, 213, 219, 237, 253, 267, 270, 273-4, 276, 278, 281, 290, 339, 347, 361, 363

Abetz, Suzanne, 261, 329

Abraham, Marcel, 137, 144

absolutismo, 252

abstracionismo, 53, 208, 387

Abwehr, 13, 131, 305

Academia Alemã de Literatura, 267

Académie Française, 16, 23, 51, 64, 75, 85, 152, 283, 297, 310, 313, 326, 328, 358, 361, 366, 370

Académie Goncourt, 284, 370

Achard, Marcel, 261

Acordo de Munique, 41

Acossado (filme), 390

Action Française, L', 29, 30, 31, 32, 35, 51, 86, 148, 152, 270, 271, 283, 314, 344, 366

Actualités Mondiales, 230, 231

Afeganistão, 147

África, 24, 63, 66, 94, 96, 98, 121, 138, 153, 154, 171, 172, 185, 230, 263, 332, 338

Agir, grupo de resistência, 323, 382

"Ah le petit vin blanc" (Margy), 127

Ajalbert, Jean, 285

Akoka, Henri, 184

Alain, Jehan, 179

Alfa, Michèle, 237

Aliados, 102, 112, 154, 172, 206, 217, 306, 311, 332, 337, 338, 343, 345, 347, 353, 360

Aliança Universal Israelita, 199

Allégret, Marc, 237

Allemand à Paris, Un (Heller), 275

Allen, Jay, 112

Almanzor, Lucette, 292

Alsácia, 66, 79, 183, 347

alta-costura, 130, 131, 133, 388

Altengrabow, 125

Althusser, Louis, 391

América Latina, 11, 147

Ami du Peuple, L', 31

Amouroux, Henr, 93

André Weil, galeria, 82

Anges du péché, Les, 255
Anglès, Claude, 357
Animaux modèles, Les (Poulenc), 183, 194
Anjos do pecado (filme), 233
Anouilh, Jean, 245, 256
Antelme, Robert, 334, 335
Antigone (Anouilh), 246, 257, 377
Antigone (Honegger), 182
antissemitismo/antissemitas, 28-31, 33, 35-6, 49, 51, 56, 62, 78-80, 84, 90, 91, 98, 149, 165-6, 174, 196, 200-1, 226, 229-30, 249, 253, 265-7, 269-72, 275, 281, 286, 290-2, 298, 305, 309, 329, 363, 365-7, 370-1, 374, 391
Antoine, André, 22, 253
apaziguamento, 41, 360
Apollinaire, Guillaume, 19
Appel, L', 91, 291
Après la défaite (Jouvenel), 281
Aragon, Louis, 25, 26, 31, 37, 51, 55, 61, 86, 126, 151, 184, 210, 216, 266, 269, 275, 278, 282, 309, 312-5, 318-22, 326, 333, 361, 367, 370, 372, 378, 381-4, 386-7
Arco do Triunfo, 63, 91, 131, 349
Arden, Elizabeth, 132
Arendt, Hannah, 19, 45, 105
Argélia, 62, 138, 171, 172, 283, 311, 318, 320, 325, 332, 333, 338, 386, 391
Argentina, 390
Ariès, Philippe, 31
Arland, Marcel, 272, 273, 277, 286, 297, 305
Arletty, 21, 213, 232, 237, 241, 253, 268, 375
Armée Secrète, 325
Aron, Raymond, 51, 391
Arp, Jean, 108, 111
arquitetura, 75, 149, 165
Arte Degenerada, 175, 211
Assassinat du Père Noël, L' (filme), 227
Assembleia Nacional, 32, 163, 349, 386
Associated Press, 147
Association de Concerts Pierné, 176
Association des Concerts Lamoureux, 176
Association des Concerts Pasdeloup, 176

Atlantic Monthly, 378
Atlântico, muralha do *ver* Muralha do Atlântico
atores/atrizes, 12, 21-2, 48, 62, 68, 74, 76-8, 98, 111, 114, 120, 122, 135, 159, 224-6, 228, 233, 235-7, 240, 244, 245-9, 259, 263, 264-5, 340, 346, 373-7, 380, 391
attentisme, 136, 341
Au coeur de l'orage (documentário), 240
Au Pilori, 91, 196, 274, 351
Aubade, L' (Picasso), 222
Aujourd'hui, 91, 292, 309, 323, 363
Aumont, Jean-Pierre, 78
Aurenche, Jean, 227
Aurenche, Marie-Berthe, 43, 111
Auric, Georges, 180, 181, 193, 234, 275, 372
Aurore, L', 28
Auschwitz, 131, 145, 156, 166, 169, 170, 179, 197, 219, 226
Áustria, 40, 45, 46, 82, 156, 174, 287, 324, 367
Autant-Lara, Claude, 224, 231, 234
Aveline, Claude, 137, 139, 141, 144
Avignon, 43, 110, 317, 318, 324, 388
Aymé, Marcel, 281
Azéma, Vincent, 100

Babilée, Jean, 194, 195, 196, 197, 389
Bach, Johann Sebastian, 174, 176, 316
Badoglio, Pietro, 338
Bagatelles pour un massacre (Céline), 35, 36, 291
Baker, Josephine, 20, 21, 50, 98, 120, 121, 125, 378
Bakst, Leo, 19
Báky, Josef von, 230
Balanchine, George, 19, 389
balé, 18, 19, 68, 76, 148, 183, 193, 196, 197, 348, 372, 389
Balé da Ópera de Paris, 19, 198
Balin, Mireille, 237, 375
Ballet de Cannes, 194
Ballet de Monte-Carlo, 197
Ballets des Champs-Élysées, 372
Ballets Russes, 18, 76, 193

422

Balmain, Pierre, 131, 388
Balsa da Medusa, A (Géricault), 50
Balzac, Honoré de, 131, 231, 255, 279
Bannard, Marthe, 215
Banque de France, 201, 215
Banyuls-sur-Mer, 100, 101, 212, 213
Baránov-Rossiné, Vladímir, 211
Barbarossa, operação *ver* Operação Barbarossa
Barbezat, Olga, 259
Barbie, Klaus, 341, 342
Barbier, Pierre, 159
Bardèche, Maurice, 365
Bardet, Jean, 279
Bardot, Brigitte, 390
bares gays, 239
Barr Jr., Alfred H., 96
Barraine, Elsa, 180
Barrault, Jean-Louis, 160, 228, 231, 241, 245, 250, 251, 262, 263, 273, 374
Barrès, Maurice, 29
Barsacq, Léon, 241
Barthélemy, Joseph, 165
Barthes, Roland, 391
Batalha de Marselha, 169
Batalha de Stalingrado, 338
Batalha do Marne, 30
Baudelaire, Charles, 277
Baudrillart, Alfred, cardeal, 164, 283
Baur, Harry, 228, 238, 239, 245
Bayreuth, festival de *ver* Festival de Bayreuth
Bazaine, Jean, 159, 208, 209, 222, 387
BBC, 65, 71, 138, 167, 189, 204, 269, 318, 328, 330, 343, 346
Beach, Sylvia, 20, 279
"Beamish" *ver* Hirschman, Albert O.
Beauvoir, Simone de, 39, 51, 55, 59, 78, 222, 252, 259, 273, 281, 309, 330, 331, 348, 350, 352, 390, 391
Beaux draps, Les (Céline), 291, 292
Becker, Jacques, 234, 238, 240
Beckett, Samuel, 20, 103, 388
Beckmann, Max, 17
Beethoven, Ludwig van, 76, 174, 176, 188, 189

Behr, Kurt von, barão, 201
Bélgica, 37, 58, 128, 132, 204, 231
Bell, Marie, 245, 263, 264, 304
Bellanger, Marguerite, 146
Belle allemande, La (Erhart), 205
Bellessort, André, 283, 284
Bellmer, Hans, 45, 111
Belmondo, Paul, 212, 214
Benda, Hans von, 189
Benda, Julien, 30, 278
Bénédite, Daniel, 97, 106, 107, 113
Benjamin, René, 285, 370
Benjamin, Walter, 19, 46, 100
Benois, Aleksandr, 19
Benoist-Méchin, Jacques, 34, 213, 279
Benoit, Pierre, 283, 286, 297, 305
Benzion, Lévy de, 81
Bérard, Christian, 297
Béraud, Henri, 363, 365
Bercholz, Joseph, 226
Berg, Alban, 175, 183, 186
Berger, Fanny (Odette Bernstein), 131
Bergson, Henri, 23, 58, 284
Berlim, 21, 25, 69, 72, 80, 96, 103, 123, 125, 130, 164, 178, 189, 190, 196, 204, 205, 208, 212, 214, 225, 227, 229, 235, 237, 249, 278, 285, 289, 337, 338, 347, 349, 374, 380, 384
Berliner Kammerorchester, 189
Berlioz, Hector, 75, 76, 181, 231
Bernanos, Georges, 310
Bernard, Raymond, 239
Bernard, Robert, 178, 325
Bernard, Tristan, 205, 254, 358, 375, 382
Bernhardt, Sarah, 74, 246, 254, 258
Bernheim-Jeune, galeria, 82
Bernstein, Henri, 21, 85, 247, 374
Berriau, Simone, 264
Berri-Raspail, galeria, 209
Berry, Jules, 232
Berteaut, Simone, 123
Bertin, Pierre, 263
Besta humana, A (filme), 21
Betti, Henri, 125

423

Beuve-Méry, Hubert, 160
Biarritz, 62, 374
bibliotecas, 199, 205, 282, 316
Bibliothèque Nationale, 282, 343
bicicleta, 60, 92, 132, 209, 217, 349
Bielorrússia, 338
Bigard, Andrée, 123
Bigot, Eugène, 180
Billy, André, 285
Bingham, Hiram, 97, 110
Bizet, Georges, 181
Blanchar, Pierre, 240
Blanzat, Jean, 284
Blistène, Marcel, 123
"Blitzkrieg", 50
Bloch, André, 187
Bloch, Marc, 78, 205, 327, 382
Blond, Georges, 288
Bloy, Léon, 254
Blücher, Heinrich, 45
Blum, Léon, 27, 30, 31, 32, 33, 34, 35, 91, 162, 163, 197, 205, 270, 278
Blumenfeld, Erwin, 46, 47
Bodas de Caná, As (Veronese), 50
Boëllmann-Gigout, Marie-Louise, 187
Bohn, Frank, 96, 100
Bonaparte, Napoleão *ver* Napoleão Bonaparte
Bonnard, Abel, 29, 75, 177, 192, 200, 201, 239, 264, 276, 283, 302, 361
Bonnard, Pierre, 17, 210, 215
Bonny, Pierre, 343
"bons" alemães, 267, 347
Bordeaux, 47, 48, 53, 63, 159, 162, 185, 203, 216
Bordeaux, Henry, 281, 291
bordéis, 69, 116, 118, 135, 302
Borotra, Jean, 156
Bossis, Héléna, 264
Bouchard, Henri, 203, 212
Boucher, François, 205
Boué, Géori, 253
Boulanger, Nadia, 179

Boulevard do crime, O (filme), 224, 240, 242, 243, 348, 375, 378
Boulez, Pierre, 184, 185, 388
Bourdet, Édouard, 248, 261, 264
Bousquet, Marie-Louise, 294, 296, 301
Bousquet, René, 166, 169
Boyer, Charles, 78
Bradley, Omar, 353
Brancusi, Constantin, 18, 53
Braque, Georges, 17, 53, 183, 184, 207, 208, 209, 211, 218, 220, 222, 263, 304, 388
Brasil, 216, 310
Brasillach, Robert, 29, 31, 32, 34, 51, 61, 91, 213, 239, 255, 261, 262, 264, 269, 270, 271, 286, 287, 288, 297, 362, 365, 366, 367, 369
Brassaï, 220, 222
Brassens, Georges, 340
Brasseur, Pierre, 241
Brauchitsch, Walther von, 196
Braun, galeria, 209
Brauner, Victor, 53, 108, 111, 211
Breitscheid, Rudolf, 112
Breker, Arno, 75, 197, 208, 212, 213, 214, 222, 268, 357, 376, 380
Bremer, Karl-Heinz, 72, 250, 267, 271
Bresson, Robert, 224, 233, 389
Bretanha, 138, 337, 345
Breton, André, 25, 26, 36, 37, 40, 43, 51, 52, 107, 108, 109, 319, 323, 325, 378, 381
Breton, Aube, 107
Bretty, Béatrice, 249, 377
Brianchon, Maurice, 194
Brinon, Fernand de, 72, 148, 164, 255, 268, 291, 347, 361
Brossolette, Pierre, 141, 144
Bruller, Jean, 315, 316, 317, 321, 322, 362, 369, 370, 381
Buchenwald, 92, 112, 117, 156, 163, 180, 210, 282, 327, 335, 344
Bucher, Jeanne, 44, 208, 221
Bullitt, William, 41, 42
Buñuel, Luis, 26

"Ça fait d'excellents français" (canção), 50

cabarés, 20, 58, 68, 69, 70, 74, 116, 117, 118, 119, 120, 121, 122, 123, 128, 135, 175, 267, 372, 375

Café de Flore, 51, 218, 331, 333, 334, 335

Cahiers d'Art, Les, 318, 320

Cahiers du Sud, 98, 151, 318

Cahiers Franco-Allemands, 249

Cain, Julien, 102, 282

Cais das sombras (filme), 21, 51

Calef, Henri, 227

Caligula (Camus), 260

Calor do sangue (Némirovsky), 168

Câmara de Deputados (França), 27

Câmara dos Deputados, 67

câmaras de gás, 170, 355

Camelots du Roi, 30, 32

campos de trabalho, 37, 273; *ver também* trabalho forçado

campos de concentração, 45, 117, 133, 156, 217, 318, 324, 372

campos de extermínio, 128, 133, 169, 299, 339, 381, 386

Camus, Albert, 222, 245, 259, 260, 273, 280, 282, 309, 331, 332, 333, 334, 351, 352, 365, 366, 370, 377, 379, 384, 385, 386, 390, 391

Canadá, 345, 368

Canard Enchaîné, 27, 31, 366

Candide (jornal), 32, 54, 269

Cannes, 62, 101, 111, 124, 214, 227, 232, 237, 238, 295; *ver também* Festival de Cannes

Canteloube, Joseph, 180

Capitaine Conan (Vercel), 23

Carbuccia, Horace de, 168, 269, 300, 363

Carinhall, 82, 199, 200

Carné, Marcel, 21, 51, 224, 228, 231, 232, 240, 241, 242, 243, 273, 373, 375

Carré, Louis, 82, 83, 209, 214

Carrington, Leonora, 43, 47, 53, 109

Carta a um refém (Saint-Exupéry), 310

Casals, Pablo, 98, 111

Casarès, Maria, 241, 261, 331

Casino de Paris, 119, 120, 124, 125

Caso Dreyfus, 28, 270, 292

Caso Stavisky, 32, 247

Cassou, Jean, 137, 138, 139, 141, 144, 186, 211, 322, 323

catolicismo/católicos, 20, 30, 54, 67, 120, 150, 154, 155, 158, 160, 167, 229, 262, 266, 268, 279, 284

Cavagni, Émile, 326

Cavaillès, Jean, 326

Cayette, André, 228, 236

Ce Soir, 31, 384, 386

Céline (Louis-Ferdinand Destouches), 24, 35, 36, 51, 84, 193, 213, 237, 289, 290, 291, 292, 293, 297, 304, 305, 346, 347, 362, 369, 370, 371, 374, 385

censura, 49, 70-4, 88, 98, 151, 152, 182, 225, 269, 274, 300, 318, 319, 377, 379

Centre Américain de Secours, 99

Cervantes, Miguel de, 316

Cézanne, Paul, 18, 102

Chabrier, Emmanuel, 188

Chabrol, Claude, 390

Chack, Paul, 363

Chagall, Bella, 110

Chagall, Marc, 19, 62, 110, 207, 211, 217, 387

Chagrin et la pitié, Le (filme), 12

Chamberlain, Neville, 41

Chamberlin, Henri, 343

Champs-Élysées, 13, 18, 69, 70, 71, 92, 119, 132, 196, 211, 228, 354, 371

Chanel, Coco, 16, 131, 207, 220, 376, 388

"Chanson de la deportée" (Gandrey-Réty), 186

"Chanson du maçon, La", 128

"Chant des partisans, Le", 327

Chantiers de la Jeunesse, Les, 157

Chaplin, Charlie, 213

Char, René, 324, 325, 326

Chardonne, Jacques, 150, 273, 276, 281, 286, 287, 288, 289, 368

Charles, Johannès, 306

Charlot, Edmond, 332

Charrat, Janine, 194

425

Château de Chambord, 49
Château de Montredon, 111
Château de Valençay, 50
Châteaubriant, Alphonse de, 73, 269, 276, 291, 362, 367
Chautemps, Camille, 27, 32
Chauviré, Chauvire, Yvette, 194
Chavance, Louis, 233
"Chenilles, Les" (Montherlant), 250
Chevalier, Maurice, 21, 50, 119, 121, 124, 125, 126, 127, 128, 132, 372
Chiappe, Jea, 32
Chicago Tribune, 147
China, 98, 147
Choltitz, Dietrich von, 348, 353
Christian-Jaque, 227, 228, 231
Chronique privée de l'an 1940 (Chardonne), 281
Chroniques interdites, 317
Churchill, Winston, 66, 115, 131, 173, 337, 338
Ciel est à nous, Le (filme), 234
ciganos, 20, 128, 276
cinema francês, 21, 77, 224, 225, 226, 229, 230, 232, 233, 234, 238, 389
cinemas, 26, 42, 50, 57, 224, 226, 230, 232, 240, 244, 344
Círculo de Sohlberg, 34
Clair, René, 225
Claudel, Paul, 22, 85, 86, 159, 182, 241, 245, 262, 263, 264, 273, 277, 309, 348, 365, 366, 370, 377
Clermont-Ferrand, 66, 163, 269, 326, 327
Clotis, Josette, 102
Clouzot, Henri-Georges, 224, 228, 233, 236, 373, 389
Cocéa, Alice, 261, 374
Cocteau, Jean, 19, 22-3, 26, 53, 86, 91, 111, 122, 182, 184, 190, 213, 219-20, 222-3, 234, 238, 239, 245, 253, 255, 256, 258, 264, 266, 268, 269, 286, 289, 295, 297, 301, 329, 357, 358, 370, 377, 383
Coeuroy, André, 128
Cohen, Jacques, 227

Colette, 22, 23, 30, 58, 253, 269, 273, 281, 291, 296, 300, 309, 328, 329, 366, 370
Colle, Pierre, 220
Collette, Paul, 256
Combat (grupo de resistentes), 331, 332, 333, 334, 342
Combat (jornal), 331, 334, 351, 352, 365, 366, 382, 384
combates, 13, 51, 62, 271, 308, 325, 339, 349, 350, 351
Comédie Française, 50, 74, 78, 182, 230, 241, 244, 246, 249, 250, 251, 256, 261, 262, 263, 264, 346, 352, 361, 377
Comédie-Française, 21, 22
comédies sans tickets, 261
Comintern, 36, 40, 48
Comité Cortot, 177
Comité d'Organisation de l'Industrie Ciné-matographique (COIC), 229
Comité d'Organisation du Livre, 280
Comité de Inquérito das Artes, 371
Comité de la Presse Clandestine, 351
Comité de Liquidation et Séquestration, 200
Comité de Musiciens du Front National, 180
Comité de Resgate de Emergência, 94, 112
Comité de Traduções Franco-Germânico, 280
Comité du Théâtre, 346
Comitê França-Alemanha, 34, 72, 273
Comitê Francês de Libertação Nacional, 172
Comité National de Salut Publique, 139
Comité National des Écrivains (CNE), 313, 314, 315, 321, 326, 330, 331, 333, 362, 367, 368, 378, 382, 385
Comité Professionel de la Musique, 177
Comité Secret d'Action Revolutionnaire (La Cagoule), 30
Comoedia, 90, 182, 213, 222, 246, 251, 272, 273, 297, 309, 329, 357
Compiègne, 65, 166, 326, 327, 329
comunismo/comunistas, 16, 26, 31, 33, 35-9, 44-5, 51, 53, 56-7, 67, 71, 91, 104, 144, 162, 164, 266, 268-9, 274, 287, 308, 312-3, 315,

324, 339, 341, 345, 361, 363, 369, 372, 373, 376, 387

concertos, 72, 73, 111, 125, 128, 175, 176, 177, 178, 180, 182, 183, 188, 294, 344, 389

Concerts de la Pléiade, 182, 185, 266, 304

Condição humana, A (Malraux), 23, 102

Confluences, 151, 318, 333

Congresso da União dos Escritores Soviéticos, 36

Connolly, Cyril, 316

Conseil National de la Résistance, 341

Conselho Superior de Guerra, 163

Conservatoire de Paris, 176, 180, 187

Continental Films, 225, 227, 228, 231, 233, 235, 236, 238, 240, 368, 373, 374, 375

Convenção de Haia (1907), 80, 204

Convidada, A (Beauvoir), 51, 273, 281

Copeau, Jacques, 22, 74, 75, 85, 246, 248, 250

Corneille, Pierre, 21, 75, 245, 250

Córsega, 99, 171, 336, 338

Cortázar, Julio, 390

Cortes Cívicas, 359, 361

Cortes de Justiça, 359, 363

Cortot, Alfred, 150, 177, 178, 180, 188, 197, 213, 237, 253, 371

Corvo, O (filme), 233, 234, 375, 389

Côte d'Azur, 77, 86, 97, 123, 215, 217, 232, 295, 311, 338

Coty, Francois, 31

"Courage" (Éluard), 321

Courtioux, Charles, 156

Cousteau, Pierre-Antoine, 271, 363

Coutaud, Lucien, 263

Craig, Elizabeth, 292

Crapouillot, Le, 31, 89

Crémieux, Benjamin, 327, 382

Crémieux-Brilhac, Jean-Louis, 31

Creston, René, 137

Crève-coeur, Le (Aragon), 282, 319

Crevel, René, 36

Cri du Peuple, Le, 91, 247, 272

crianças, 33, 48, 50, 109, 133, 154, 155, 156,

166, 167, 314, 322, 324, 341, 346, 353, 357, 389

"Criez la vérité" (Thomas), 314

Croix, La, 151

Croix-de-Feu, 30, 31, 32, 33, 187

cubismo, 17, 222

cultura francesa, 17, 62, 69, 70, 73, 74, 80, 84, 159, 281, 379, 380

Cuny, Alain, 220, 232, 239

Curel, Francis, 324

D'Astier de la Vigerie, Emmanuel, 326, 328, 364

D'Ollone, Max, 178, 187, 372

Dac, Pierre, 125, 344

Daladier, Édouard, 27, 32, 41, 44, 48, 49, 57, 63, 91, 162, 163, 270

Dalí, Gala, 53

Dalí, Salvador, 18, 25, 26, 53, 208, 388

dança/dançarinos, 18, 76, 118, 119, 193, 194, 260, 372, 389

Dannecker, Theodor, 165

Dante Alighieri, 316

Darin, Bobby, 122

Darlan, François, 107, 153, 165, 171, 172, 200

Darnand, Joseph, 342, 347, 361

Darquier de Pellepoix, Louis, 166, 200, 361

Darrieux, Danielle, 21, 77, 227, 228, 234, 235, 236, 237, 239, 374

Darsonval, Lycette, 194

Davenport, Miriam, 97, 105, 107

David-Weill, coleção, 200

De 1429 à 1942 (*De Jeanne d'Arc à Philippe Pétain* - documentário), 253, 281

De Charlemagne au maréchal Pétain (Viard), 281

De Gaulle, Charles, 41, 59, 65, 105, 115, 125, 139-40, 144, 156, 164, 172, 179, 254, 299, 310-1, 326, 338, 341, 348, 353-4, 359, 360, 366, 369

De Staël, Nicholas, 208, 209

De Staël, Nicolas, 45, 387

De volta da URSS (Gide), 39, 362

427

Déa, Marie, 232

Déat, Marcel, 41, 149, 164, 256, 291, 347

Debû-Bridel, Jacques, 314, 317

Debureau, Baptiste, 241

Debussy, Claude, 18, 181, 185, 188, 191, 254

Decoin, Henri, 227, 228, 229, 234, 374

Décombres, Les (Rebatet), 149, 272, 285

Decour, Jacques, 143, 144, 312, 313, 314, 317, 330

Decroux, Étienne, 159

Deiss, Raymond, 140, 179

Delair, Suzy, 228, 235, 237

Delange, René, 272, 273, 297

Delannoy, Jean, 224

Delannoy, Marcel, 178

Delaunay, Charles, 128

Delectorskaya, Lydia, 215

Delforges, Lucienne, 193

Delouche, Dominique, 263, 264

Delval, Charles, 335

Delvincourt, Claude, 180, 187, 371

Demy, Jacques, 390

Denoël, Robert, 370

Déon, Michel, 51, 64, 152

Departamento de Estado (EUA), 96, 112

Departamento de Propaganda, 70, 71, 72, 73, 90, 150

Dépêche de Toulouse, La, 151

Dequoy, Roger, 82

Derain, André, 17, 19, 207, 212, 220, 223, 263, 366, 376

Dernier des six, Le (filme), 227

Derrida, Jacques, 391

Derval, Paul, 62, 119

Des jeunes filles dans la nuit (filme), 238

Desanti, Dominique, 330

Desbok, Birl, 237

Désir attrapé par la queue, Le (Picasso), 221, 333

Desnos, Robert, 26, 61, 220, 273, 282, 292, 309, 323, 324, 363, 382

Desnos, Youki, 324, 363

Desnoyer, François, 209

Désormière, Roger, 180, 185, 187, 188, 193, 194, 372

Despiau, Charles, 212

"Desprezo pela complacência" (Mauriac), 365

Desroches, Christiane, 137

Deutsche Opernhaus, 189

Devaivre, Jean, 240, 373

Dhavernas, Henri, 157, 158

Dia D, 236, 259, 292, 331, 338, 342, 346, 348

Diabo no corpo, O (Radiguet), 23

Diaghilev, Sergei, 18, 19, 76, 111, 183, 193, 194, 389

Diane au bain (Boucher), 205

Diderot, Denis, 281

Diedrich, dr., 225, 228, 231

Diehl, Gaston, 209

Dieu est-il français? (Sieburg), 72

Dinamarca, 57, 291, 293, 304, 347, 370

Dincklage, Hans Gunther von, 131

dinheiro, 46, 53, 59, 62, 82, 97, 102, 108, 110, 112, 130, 132, 134, 149, 159, 206, 207, 215, 220, 245, 260, 261, 289, 290, 305, 306, 309, 310, 325, 332, 341, 348, 388

Dior, Christian, 111, 131, 388

Dix, Otto, 17

Dolce (Némirovsky), 168, 176, 317

Domela, César, 208, 209

Dordonha, 120, 125, 311

Doriot, Jacques, 30, 164, 166, 272, 273, 285, 347, 374

Dresden, 212

Dreyfus, Alfred, 28; *ver também* Caso Dreyfus

Drieu La Rochelle, Pierre, 34, 42, 55, 58, 85, 86, 88, 89, 142, 213, 251, 266

Druon, Maurice, 327, 328

Du Gard, Roger Marti, 311

Du Gard, Roger Martin, 23

Dubas, Marie, 120

Dubois, André, 220

Dubois, Edmond, 57

Dubuffet, Jea, 209, 304, 388

Duchamp, Marcel, 17, 25, 51, 53, 108, 110, 211

Duchesse de Langeais, La (filme), 234, 255

Dudan, Pierre, 127
Dufy, Raoul, 207, 208, 214, 215, 376
Duhamel, Georges, 143, 278, 284, 291, 326, 370, 384
Dukas, Paul, 175
Dullin, Charles, 22, 258, 331
Dumas, Alexandre, filho, 255
Dunquerque, 58, 61, 65, 98, 115
Dupeyron, Andrée, 234
Duras, Marguerite, 266, 280, 334, 335, 390
Durey, Louis, 180, 181
Düsseldorf, 175, 212
Dutilleux, Henri, 180, 185, 186, 323
Duvivier, Julien, 78, 225

Échec à Don Juan (Puget), 261
École de cadavres, L' (Céline), 36, 291
École Libre de Sciences Politiques, 31
École Militaire, 165, 166
École Nationale des Beaux-Arts, 212
École Normale de Musique, 182, 185
École Normale Supérieure, 31, 104, 266, 269, 329, 333
economia francesa, 16, 27
Écran Français, L', 233, 240, 314
Eden, Anthony, 13
Éditions de Minuit, 309, 316, 317, 319, 321, 322, 330, 381, 382
Éditions Denoël, 269, 334
Éditions du Seuil, 279
Éditions Fayard, 168
Éditions Ferenczi, 84, 279
Éditions Gallimard, 52, 273, 277, 315, 319, 333
Éditions Grasset, 370
Éditions Stock, 368
Egk, Werner, 190, 194
Église de la Sainte-Trinité, 184
Ehrenburg, Ilia, 36, 37
Eichmann, Adolf, 165
Einsatzstab Reichsleiter Rosenberg (ERR), 81, 82, 199, 201, 202, 203, 205, 206, 303
Eisenhower, Dwight D., 348
El Greco, 205

Éluard, Nusch, 320, 321
Éluard, Paul, 26, 36-7, 44, 51, 151, 183, 184, 210, 213, 220, 273, 275, 309, 314-5, 318-22, 336, 351, 357, 362, 378, 381-2, 386
Em busca do tempo perdido (Proust), 23
Émile-Paul, Albert, 137
Émile-Paul, Robert, 137
Enfants du paradis, Les (filme), 224
Entartete Kunst, 175
Entartete Musik, 175
Entre quatro paredes (Sartre), 246, 259, 260, 330, 333, 348, 377, 379
Epstein, Michel, 54, 167, 211
Epting, Karl, 72, 73, 86, 250, 267, 290, 329
"épuration sauvage", 356
Équinoxe de septembre, L' (Montherlant), 250
Erhart, Gregor, 205
Ernst, Max, 18, 43, 45, 108, 109, 111, 208
Escadrille España, 37, 56
Escola de Uriage, 160
Escória da Terra (Koestler), 46
escritores, 11, 16-7, 19-20, 22-4, 29, 30-1, 34, 36-7, 41, 45, 53-4, 62, 69, 72, 86, 88, 90-1, 95-6, 98, 99, 102-3, 105, 136-7, 142, 144, 150, 170, 178, 181, 213, 265, 266-9, 271, 273-8, 283, 285-9, 291, 295, 297, 301, 307-10, 312-5, 320, 327-9, 331, 336, 346-8, 357, 361-5, 367-71, 377-8, 380-4, 387, 390-2
esculturas, 50, 83, 197, 208, 209, 211, 212, 222, 254, 375, 378, 379
Esménard, Esmenard, Robert, 168
Espanha, 33, 38, 39, 40, 47, 48, 53, 57, 64, 92, 94, 96, 100, 101, 104, 105, 109, 110, 113, 138, 180, 193, 205, 218, 226, 241, 261, 263, 327, 337, 361, 364, 367, 388
Estados Unidos, 16, 19, 20, 24, 29, 30, 38, 42, 45-6, 51, 52, 87, 94, 97, 102, 103, 110, 112-3, 115, 120, 122, 136, 138, 147, 153, 154, 165, 166, 171-2, 175, 179, 207, 216-7, 224-5, 235, 281, 282, 283, 295-6, 302, 306-7, 310, 317, 354, 368, 373, 390
Estatuto Judaico, 78, 79, 80, 88, 120, 149, 164, 165, 200

429

Estrangeiro, O (Camus), 260, 273, 282, 333, 379, 390
Estrasburgo, 139, 287
estudantes, 30, 52, 72, 91, 92, 104, 139, 182, 329, 330
Étapes du Nouvel Art Contemporain, 209
"Été à la Maurie, L'"(Chardonne), 276
Éternel retour, L' (filme), 234
Etiópia, 40
Étoiles, Les, 170, 320
Europa, 16, 17, 21, 23, 28, 29, 36, 38, 41, 44, 57-8, 69, 113, 128, 148, 152, 164, 177, 199, 203, 225, 268, 276, 287, 291, 306, 310, 313, 324, 335, 338, 339, 345, 355, 359, 368, 380, 388, 390
Europa Oriental, 339
Europe (coletânea), 323
exército alemão, 15, 47, 58, 61, 81, 83, 125, 134, 147, 172, 184, 193, 196, 200, 268, 283, 339
exército francês, 28, 46, 49, 58, 61, 62, 66, 89, 137, 191, 203, 270, 311, 359, 364, 366
Exército Secreto, 325
exilados alemães, 45, 93, 96, 277
existencialismo, 23, 55, 260, 281, 330, 332, 386, 388, 390
êxodo, 58, 59, 77, 98, 103, 110, 111, 114, 129, 168, 176, 237, 329
"expurgo selvagem", 356

Fabiani, Martin, 207, 217
Fabre-Luce, Alfred, 30, 276
Fargue, Léon-Paul, 331
fascismo/fascistas, 16, 30-3, 35, 38, 49, 57, 70, 78-9, 91, 136, 148-9, 164, 185, 193, 213, 226, 252, 256, 262, 266, 268-73, 297, 309, 311, 315, 318, 338, 347, 362, 364, 380, 387, 391
Fath, Jacques, 131
Fauré, Gabriel, 180, 181
Fautrier, Jea, 209, 304, 387
fauvismo, 17, 211
Fawcett, Charles, 97
Faÿ, Bernard, 102, 282, 283

Ferdonnet, Paul, 49, 363
Fernandel, 21, 225, 228
Fernandez, Ramon, 30, 150, 266, 269, 276, 286, 287, 288, 335
Festival de Bayreuth, 190, 191
Festival de Cannes, 77, 375, 389
Feuchtwanger, Lion, 45, 105, 230
Feuillère, Edwige, 21, 228, 245, 255
Feuillets d'Hypnos (Char), 325
Fidelio (Beethoven), 76, 189
fiestas, 331, 348
Figaro, Le, 31, 151, 285, 318, 351, 365, 384
Figure humaine (Poulenc), 184
Filarmônica de Berlim, 176, 178, 188, 189, 348
Fille du puisatier, La (filme), 226
filmes, 20-1, 26, 48, 71, 73, 76-9, 188, 224, 225-34, 236-9, 243, 245, 251, 348, 373-5, 379-80, 389-90
Fils de personne (Montherlant), 251
Finlândia, 57
Finnegans Wake (Joyce), 279
Fishman, Lena, 97
Flamand, Paul, 279
Flandin, Pierre-Étienne, 57, 153
Flaubert, Gustave, 278
Fleury, mosteiro de, 219
Flon, Suzanne, 62
Fokine, Michel, 18
Folhas de Hipnos (Char), 325
Folies Bergère, Les, 20, 62, 118, 119, 121, 122, 123
Fontaine (jornal), 151, 318, 320, 321
força aérea alemã, 13, 189, 338
força aérea britânica, 132
força aérea canadense, 236
força aérea francesa, 56, 61, 63, 120
Força da idade, A (Beauvoir), 39, 331, 350
Força Expedicionária Britânica, 48, 58
Forças Livres Francesas, 253, 283, 341
Forces Françaises de l'Intérieur (FFI), 345, 356, 358, 359, 384
Forces occultes, 229, 274, 374
Forte Mont-Valérien, 143

fotografia, 107, 108, 118, 125, 130, 133
fotografias, 12, 77, 123, 139, 168, 190
Foucault, Michel, 391
Fouchet, Max-Pol, 318, 321
Fougeron, André, 210
Fragonard, Jean-Honoré, 203, 281
Fraigneau, André, 286, 287, 288
França Jovem *ver* Jeune France
Français Libres de France, Les, 137
France Actualités, 230, 231, 374
France, Anatole, 23
Francini, Michel, 59, 64, 117, 120, 192, 248, 343, 350, 357
"Franc-Maçonnerie dévoilée", 83, 283
Franco, Francisco, 33, 37, 38, 42, 44, 46, 52, 53, 92, 185, 204, 218, 361, 367
Francs-Tireurs et Partisans, 164, 327, 342
Frankfurter Zeitung, 72
Frente Leste, 303, 338
Frente Popular, 32, 33, 34, 37, 63, 155, 156, 163, 262, 268, 344
Fresnay, Pierre, 21, 228, 233, 373
Freud, Sigmund, 25, 213, 278
Freundlich, Otto, 211, 381
Friesz, Otho, 212, 376
Front National de la Musique, 180, 181, 186, 187
Front National des Arts, 210, 376
Front National des Écrivains, 143, 313
Front National des Musiciens, 180
Front National des Peintres et Sculpteurs, 210
Front National du Théâtre, 253, 346, 377
Fry, Varian, 94, 95, 96, 97, 98, 99, 100, 101, 102, 105, 106, 107, 108, 110, 111, 112, 113, 114, 216, 310
Fullerton, Hugh S., 97, 112, 113
Fürtwangler, Wilhelm, 178, 188

Gabin, Jean, 21, 51, 78
galerias de arte, 206, 304
Galerie Braun, 159, 263
Galerie Charpentier, 182
Galerie de France, 209

Gallimard, Gaston, 52, 58, 84, 85, 106, 182, 268, 274, 275, 277, 295, 332, 364, 370; *ver também* Éditions Gallimard
Galtier-Boissière, Jean, 13, 89, 93, 124, 150, 153, 163, 173, 212, 239, 250, 254, 324, 346, 349, 352, 353, 359, 364, 368, 376, 382, 384
Gamelin, Maurice, 63, 162, 163
Gance, Abel, 226
Gandrey-Réty, Jean, 186
Gare de l'Est, 211, 235, 287
Garnier, Charles, 75
Gauguin, Paul, 18, 215
gaullistas, 31, 120, 135, 138, 142, 144, 210, 253, 277, 290, 291, 321, 324, 326, 341, 363
Gaumont, 227, 230
Gaveau, Albert, 141, 143
gays, 239; *ver também* homossexualidade/homossexuais
Gelrach, Wolrad, 237
gendarmes, 201, 219
Genet, Jea, 289
George, Heinrich, 230, 249
Gerbe, La, 73, 74, 76, 90, 246, 251, 261, 269, 283, 329, 367
Gerber, Eugène, 90
Géricault, Théodore, 50
Germain, José, 281
Gestapo, 13, 96, 98, 105, 112, 125, 141, 143, 144, 150, 201, 213, 217, 219, 239, 242, 255, 275, 282, 287, 298, 312, 327, 329, 335, 339-43, 356, 367, 372, 374, 382
Giacometti, Alberto, 18, 53
Gide, André, 23, 35, 36, 37, 38, 39, 45, 54, 55, 85, 87, 88, 89, 101, 102, 105, 106, 137, 141, 150, 275, 276, 277, 278, 308, 309, 311, 330, 362, 390
Gide, Catherine, 101
Gide, Madeleine, 101
Gilles (Drieu La Rochelle), 42
Gilot, Françoise, 92, 207, 208, 209, 220, 221, 223, 349
Giono, Jean, 24, 49, 88, 276, 286, 362, 367
Giraud, Henri, 171, 172

Giraud, Marie-Louise, 155

Giraudoux, Jean, 22, 49, 213, 233, 234, 245, 247, 248, 253, 254, 255, 258, 273, 297, 299

Giraudoux, Jean-Pierre, 254

Glanzberg, Norbert, 123

Glück, Christoph Willibald, 76, 256, 348

Godard, Jean-Luc, 390

Goebbels, Joseph, 69, 70, 73, 80, 130, 174, 176, 196, 211, 212, 225, 230, 231, 235, 237, 239, 280, 281, 285, 286, 287, 288

Goethe, Johann Wolfgang von, 76, 249, 287

Goetz, Christine, 210

Goetz, Harry Bernard, 210

Gold, Mary Jayne, 97, 107

Goncharova, Natália, 19

González, Julio, 221

Göring, Hermann, 63, 80, 82, 121, 134

Górki, Maksim, 38

Gotko, Jacques, 211

Goudeket, Maurice, 300, 329

Gould, Florence, 147, 295, 307, 312, 348, 368

Gould, Frank Jay, 295

Gould, Jay, 295

Gounod, Charles-Francois, 159, 181, 190, 378

Governo Militar Aliado para os Territórios Ocupados, 348

Gowa, Hermann Henry, 45

Goya, Francisco de, 203, 302

Goyard, Paul, 210

Grã-Bretanha, 13, 41, 42, 45, 49, 57, 58, 66, 103, 105, 115, 128, 161, 191, 250, 268, 281, 354

Grand Casino, 146

Grand Orchestre de Radio-Paris, 177

Grande Depressão, 16

Grande ilusão, A (filme), 21

Grasset, Bernard, 84, 279, 280, 370

Gréco, Juliette, 194

Grello, Jacques, 116

Grémillon, Jean, 234

Grenoble, 53, 108, 160

Greven, Alfred, 225, 226, 227, 228, 229, 231, 232, 233, 235, 236, 237, 239, 240, 373, 375

Grimm, Friedrich, 72

Gringoire, 32, 33, 54, 91, 168, 246, 269, 300, 309, 329, 363

Gross-Rosen, 239

Grosz, George, 17

Groth, Gerda, 111

Groupe Collaboration, 72, 178, 180, 264, 269, 283, 367, 372

Guéhenno, Jean, 17, 86, 88, 165, 172, 192, 275, 286, 309, 312, 317, 340, 350, 351, 370

Guernica (Picasso), 38, 218, 222, 386

Guernica, bombardeio de, 38

Guerra Civil Espanhola, 37, 46, 141, 311, 323

Guerra Franco-Prussiana, 15, 17

Guggenheim, Peggy, 53, 108, 109

Guitry, Lucie, 74, 254

Guitry, Sacha, 21, 50, 62, 73, 74, 91, 134, 213, 217, 219, 223, 231, 245, 247, 252, 253, 254, 261, 264, 266, 268, 269, 281, 285, 291, 297, 358, 359, 370, 375, 377, 383

Gurland, Henny, 101

Gurland, Joseph, 101

Haberstock, Karl, 206, 207

Hahn, Reynaldo, 98, 179

Hals, Frans, 203

Hamlet (Shakespeare), 250, 262

Handel, Georg Friedrich, 174, 189

Hardy, Daphne, 46, 48

Harlan, Veit, 230

Hasenclever, Hasenclever, 47

Haskil, Clara, 111

Hauet, Paul, 138

Hauptmann, Gerhart, 249

Hautecoeur, Louis, 177, 178, 205, 246

Hazard, Paul, 85

Heiden, Konrad, 105

Heine, Heinrich, 278

Hélion, Jean, 53

Heller, Gerhard, 72, 86, 213, 218, 219, 222, 267, 274, 275, 276, 278, 280, 286, 287, 288, 289, 290, 295, 296, 297, 298, 300, 302, 304, 305, 312, 324, 336, 347, 364, 376, 382

Hemingway, Ernest, 19, 46
Henriot, Philippe, 344, 347, 355
Héring, Pierre, 63
Héritier des Mondésir, L', 225
Hermant, Abel, 283, 370
Hérold, Jacques, 111, 211
Hérold-Paquis, Jean, 363
Herrand, Marcel, 241
Herriot, Édouard, 27, 347, 370
Herzog, Émile Salomon Wilhelm *ver* Maurois, André
Hesíodo, 160
Hess, Johnny, 128, 129
Hessel, Franz, 51
Hessel, Stéphane, 51, 107
Hewitt, Maurice, 180
Hibbelen, Gerhard, 90, 279
Hié, Simone, 332
Hilaire, Georges, 205
Hildebrand, Franz von, 97
Hilferding, Rudolf, 112
Hiller, George, 311
Hindemith, Paul, 175
Hirschman, Albert O., 97, 99, 107
Histoire générale du jazz (Coeuroy), 128
Hitler, Adolf, 16, 19, 27-8, 30, 34-6, 39-41, 49, 56, 58, 63, 65, 68-9, 75, 80-3, 87, 90, 92-3, 105, 117, 131, 148, 151, 153, 163, 166, 171, 173-4, 176, 189-91, 196, 199, 204-7, 211-2, 214, 218, 227, 232, 235, 250, 262, 265, 267-8, 270, 274, 276, 278, 280, 284, 290, 299, 337-9, 342, 344, 347-8, 353, 363, 371, 380, 383
Holanda, 58, 170, 291
Hollywood, 21, 78, 114, 225, 227, 247, 292, 389
homossexualidade/homossexuais, 23, 101, 122, 183, 220, 227, 239, 250, 255, 286, 289, 298
Honegger, Arthur, 159, 160, 178, 180, 181, 182, 183, 185, 262, 273, 366
Honneur des poètes, L' (antologia), 321, 381
Hot Club de France, 128
hotéis, 52, 62, 63, 66, 94, 295, 304

Hôtel de Ville, 345, 353, 354
Hotel do Norte (filme), 21, 232
Hôtel Lutetia, 13
Hugo, Victor, 107, 302
Hugues-Lambert, Robert, 239
Huis clos (Sartre), 246
Humanité, L', 31, 351, 377, 386
Humbert, Agnès, 137, 139, 140, 141, 143, 144
Humbert, Louis, 76
Huntziger, Charles, 153
Huxley, Aldous, 36, 317

Imaculada Conceição (Murillo), 205
impressionismo, 17, 200
Incompreendidos, Os (filme), 390
Information Musicale, L', 178, 183
Inglaterra, 42, 43, 48, 53, 65, 89, 115, 156, 163, 252, 363
Institut des Hautes Études Cinématographiques (IDHEC), 229, 389
Instituto Alemão, 72, 91, 133, 188, 191, 197, 237, 249, 250, 267, 271, 280, 285, 287, 288-9, 329, 357, 380
Instituto de França, 287
Iraque, 147
Irlanda, 103, 147
Issy-l'Évêque, 54, 58, 167
Itália, 27, 30, 37, 38, 40, 42, 58, 66, 78, 242, 338
Ithier, Georges, 141, 143
Itkine, Sylvain, 112

"J'accuse...!" (Zola), 28
Jacob, Max, 111, 184, 219, 278, 336, 382
Jamet, Claude, 260
Jansen, Jacques, 185, 188
Japão, 42, 147, 263
Jardim de Luxemburgo, 13, 63, 104, 175, 349, 353
Jardins et routes (Jünger), 315
Jaubert, Maurice, 179
Jaujard, Jacques, 80, 200, 201, 202, 205
Jazz (Matisse), 216
Je Suis Partout, 32, 34, 91, 149, 226, 239, 247,

255, 258, 269-71, 290, 342, 349, 351, 363, 365, 367
"Je suis seule ce soir", 372
Jeanmaire, Renée, 194
Jeanne au bûcher (Honegger), 159, 252
Jeanne avec nous (Vermorel), 252
Jeanneney, Jules, 59
Jeanneret-Gris, Charles-Édouard *ver* Le Corbusier
Jeanson, Henri, 91
Jeramec, Colette, 55, 364
Jeu de Paume, 81, 82, 200, 201, 202, 203, 349
Jeune France, 158, 159, 160, 161, 186, 209, 252, 279, 388, 389
Jeunesses Musicales de France, Les, 177
Jeunesses Patriotes, 30
Joachim, Irène, 180, 185, 188
Joana d'Arc, 159, 251, 252, 253, 281
Jochum, Euge, 188
Jolles, Heinz, 105
jornais, 31-2, 35, 49, 54, 70, 73, 90, 97, 116, 130, 134, 138, 140, 143, 150-1, 210, 235, 237, 247, 266, 272, 285, 308, 312, 332, 343, 351, 363, 378, 380, 384
jornalistas, 34, 45, 70, 91, 124, 136, 147, 178, 268, 287, 332, 347, 357, 362, 363, 364, 368, 369
Josephine (Baker), 126
Jouhandeau, Élise, 62, 298
Jouhandeau, Marcel, 33, 62, 63, 88, 150, 266, 273, 276, 286, 287, 288, 295, 296, 297, 298, 299, 300, 301, 305, 307, 362, 368
Jourdan, Louis, 77, 227, 237, 245
Journal (Drieu La Rochelle), 276
Journal des années noires (Guéhenno), 88, 275, 309
Journal littéraire (Léautaud), 62, 301
Journal sous l'occupation (Jouhandeau), 286
Jouvenel, Bertrand de, 30, 34, 281
Jouvet, Louis, 22, 247, 248, 378
Joy, Geneviève, 186
Joyce, James, 20, 24, 51, 103, 279
Joyce, Lucia, 20

Jubineau, Albert, 138
judeus, 13, 19, 21, 28-30, 33, 35-6, 44-5, 55, 58, 62, 67, 69, 71, 76-85, 90-1, 93, 96, 100, 102, 105, 110-1, 113-4, 120, 123, 129, 131-2, 149, 158, 162, 164-70, 172, 175-6, 178-9, 183, 187-8, 192, 195-7, 199-200, 203, 205-7, 211, 214, 216, 220, 224-7, 229-30, 233, 235, 237-8, 242, 246-8, 253, 258, 267-9, 271-2, 274, 277-9, 282, 283-4, 289-92, 299, 301, 305, 314, 323, 327, 329-30, 333, 336, 338-9, 342-3, 348-9, 358, 362-3, 365, 367, 373, 378, 380-3; *ver também* antissemitismo/antissemitas
Juif et la France, Le (exposição), 230
Juif Süss, Le (filme), 249
Julgamentos de Moscou, 40
Jung, Carl Gustav, 278
Jünger, Ernst, 118, 219, 230, 254, 267, 268, 290, 293, 295, 296, 298, 299, 300, 302, 304, 305, 307, 315, 346, 347, 376
Jürgen, Greta, 298
"Justiça e complacência" (Camus), 365
Juventude Musical da França, 177

Kafka, Franz, 213, 282
Kahlo, Frida, 26
Kahn, Suzanne, 205
Kahnweiler, Daniel-Henry, 18, 82, 207
Kahnweiler, galeira, 207
Kandinski, Vassili, 19, 53, 208
Kann, Alphonse, 81
Karajan, Herbert von, 190
Karsavina, Tamara, 19
Kempff, Wilhelm, 197, 213
Kessel, Joseph, 327
Kierkegaard, Søren, 390
Klausz, Ernest, 192
Knappertsbusch, Hans, 188
Knochen, Helmut, 299
Kochno, Boris, 111
Koestler, Arthur, 38, 40, 46, 48
Kosakiewicz, Wanda, 259
Kosma, Joseph, 232, 241

Krauss, Clemens, 188, 189
Kunstschutz, 80, 204, 205

L'Esquisse, galeria, 208
La Bocca, 124, 125
La Fontaine, Jean de, 183
La Porte du Theil, Joseph de, 157
La Rochelle, Drieu, 213, 266, 269, 273, 274, 275, 276, 277, 286, 287, 288, 297, 309, 315, 330, 362, 364, 369, 370, 383, 385
La Tour du Pin, Patrice de, 214
Labourdette, Elina, 238, 357, 358
Lacan, Jacques, 391
Lacaze, Isabelle, 295
Lacaze, Victorien Maximilien, 295
Lacenaire, Pierre François, 241
Lacombe Lucien (filme), 12
Lacombe, Georges, 122, 227
Lam, Wilfredo, 108, 325
Lamba, Jacqueline, 52, 107
Landowska, Wanda, 105, 206
Landowski, Paul, 212
Lange, Hans Joachim, 191, 209
Langenbeck, Curt, 300
Langevin, Paul, 143
Lanvin, Jeanne, 131, 294
Lapicque, Charles, 209
Laroche, Pierre, 232
Lartigue, Jacques-Henri, 77
Laubreaux, Alain, 91, 213, 247, 249, 253, 255, 256, 259, 264, 324, 367, 377
Laurencin, Marie, 297
Laval, Pierre, 27, 37, 57, 67, 72, 92, 147, 148, 152, 153, 154, 156, 160, 166, 170, 171, 172, 200, 204, 213, 228, 256, 268, 276, 339, 340, 342, 344, 345, 347, 360
Le Cannet, 216
Le Chambon-sur-Lignon, 170, 333
Le Chanois, Jean-Paul, 227, 240, 373
Le Corbusier (Charles-Édouard Jeanneret--Gris), 149, 150
Le Hénaff, René, 231
Le Moal, Jea, 209

Le Tac, Joël, 237
Le Vernet, 45, 46, 47
Le Vigan, Robert, 228, 242, 245, 374
Leahy, William D., 112, 153, 154
Leander, Zarah, 231
Léautaud, Paul, 62, 221, 301, 302, 305, 307, 336, 362, 364, 368
Lebrun, Albert, 59
Leclerc, Ginette, 122, 228, 233, 374
Leclerc, Philippe, 345, 353
Lecomte, Georges, 313
Lecoutour, Noëlle, 208, 209
Leduc, Renato, 109
Lefranc, Jean-François, 201
Léger, Fernand, 17, 53, 202, 207, 208, 211, 217, 388
Legião Estrangeira Francesa, 45
Légion de Volontaires Français contre le Bolchévisme (LVF), 164
Légion Française des Combattants, 161
Lehár, Franz, 189
Leilões de Drouot, 206, 222
Leiris, galeria *ver* Kahnweiler, galeria
Leiris, Louise, 82, 331
Leiris, Michel, 82, 314, 331, 333, 348, 352
Lelong, Lucien, 130, 131, 388
Lemaître, Frédérick, 241
Lenglen, Suzanne, 296
lésbicas, 19, 55, 260
Lescure, Pierre, 316
"Lettre à un américain" (Fabre-Luce), 276
Lettre à un otage (Saint-Exupéry), 310
Lettre aux directeurs de la résistance (Paulhan), 385
Lettres Françaises, Les, 144, 181, 210, 240, 251, 265, 284, 285, 309, 313, 314, 316, 317, 318, 320, 321, 330, 333, 346, 351, 367, 369, 377, 382, 384, 386, 387
Lévi-Strauss, Claude, 109, 391
Lévy, Lazare, 187
Lewitsky, Anatole, 137, 141, 142, 143
Lhote, André, 222
Libération de Paris, La (documentário), 240

435

"Liberté" (Éluard), 210, 320, 321, 381, 386

Licée Condorcet, 330

Lifar, Serge, 19, 76, 193, 194, 196, 197, 198, 213, 223, 286, 372, 383, 389

Lifchitz, Deborah, 145

ligues, 30

Lindon, Alfred, 81

Lingner, Max, 45

linha de demarcação, 66, 92, 131, 147, 317, 339

Linha Maginot, 40, 48, 51, 58, 120, 124, 185

Linz, 82, 199, 200, 206

Lipchitz, Jacques, 108, 110

Lisboa, 48, 100, 109, 110, 120, 310

List, Herbert, 220

"Lista Bernhard", 84, 277

"Lista Otto", 84, 278, 284, 369

literatura francesa, 23, 72, 89, 274, 275, 277, 309

livrarias, 278, 291

livros banidos, 278

Lohse, Bruno, 202

Londres, 28, 31, 35, 43, 53, 65, 69, 71, 88, 99, 103, 120, 121, 125, 128, 135, 138, 139, 144, 145, 198, 217, 237, 247, 254, 255, 283, 299, 300, 310, 312, 316, 317, 321, 326, 327, 335, 346, 388

Longa noite sem lua, A (Steinbeck), 317

Lorena, 66, 183, 347

Lorenz, Max, 190

Louvigny, 50, 203

Louvre, 13, 49, 50, 62, 81, 83, 137, 200, 201, 203, 204, 205, 313, 320, 353, 388

Lubin, Germaine, 76, 190, 191, 197, 213, 371

Luchaire, Corinne, 237, 375

Luchaire, Jean, 34, 90, 134, 237, 291, 347, 363

Luftwaffe, 13, 61, 63, 82, 128, 189, 218, 237, 299, 306, 375

Luís II, príncipe, 306

Luís XIV, rei da França, 281

Luís XV, rei da França, 252

Luxemburgo, 58, 132

Lycée Camille Sée, 59

Lycée Henri IV, 59

Lyon, 48, 90, 102, 103, 108, 120, 138, 151, 152, 159, 182, 189, 214, 216, 262, 285, 305, 312, 318, 326, 327, 332, 333, 341, 342, 351

Ma Vie (Lifar), 197, 372

Maar, Dora, 52, 208, 218, 220, 221, 222, 331

Mabille, Pierre, 108

Macao (filme), 225

Macbeth (Shakespeare), 316

Maciço Central, 170, 340

maçonaria, 67, 78, 83, 283

maçons, 35, 45, 69, 71, 85, 149, 229, 268, 269, 274, 283, 342

Madame Bovary (Flaubert), 278

Maeght, Aimé, 215

Maginot, linha *ver* Linha Maginot

Magnelli, Alberto, 209

Magritte, René, 25, 26

Mahler, Gustav, 100, 174, 175

Mahler-Werfel, Alma, 100

Maillol, Aristide, 17, 53, 83, 100, 211, 212, 213, 214, 215, 216, 376

Malle, Louis, 12

Malraux, André, 23, 36, 37, 56, 57, 61, 86, 102, 113, 141, 220, 266, 275, 311, 330, 332, 364, 389

Malraux, Roland, 61, 311

Mamy, Jean, 229, 230, 274, 374

Man Ray, 18, 53

Mandel, Georges, 163, 344, 377

Manessier, Alfred, 209

Mann, Golo, 45, 100

Mann, Heinrich, 36, 100

Mann, Thomas, 45, 96, 277, 278

Máquina de escrever, A (Cocteau), 255

maquis, 103, 125, 157, 158, 196, 197, 217, 240, 284, 315, 325, 326, 327, 340, 341, 342, 346

Marais, Jean, 213, 234, 238, 239, 245, 255, 256, 358, 373

Marceau, Marcel, 159

Maréchal Pétain, Le (Suarez), 281

"Marechal, nous voilà" (hino), 155

Margy, Lina, 127

marinha alemã, 161, 300
marinha francesa, 66, 115
Marion, Paul, 154, 347
Maritain, Jacques, 96, 317
Marjane, Léo, 21, 121, 126, 372
Markova, Alicia, 19
Marrocos, 121, 171, 172, 263, 311, 338
Marselha, 47, 62, 77, 87, 94, 95, 96, 97, 98, 99,
    100, 104, 105, 106, 107, 108, 110, 111, 112,
    113, 121, 138, 159, 177, 179, 216, 226, 229,
    269, 318, 325, 327
"Marselhesa, A" (hino), 73, 181, 189, 345
Marx, Karl, 278
marxismo/marxistas, 33, 45, 104, 143, 391
Mascolo, Dionys, 335
"Massacre dos judeus na Europa, O" (Fry),
    113
massacres, 35, 104, 113, 300, 339, 346
Massilia (navio), 63, 66
Massine, Léonide, 18, 19
Masson, André, 25, 108, 109
Matin, Le, 31, 90, 251, 269, 282
Matisse, Amélie, 215, 216, 217
Matisse, Henri, 17, 19, 52, 53, 62, 83, 100, 102,
    207, 208, 209, 210, 214, 215, 216, 217, 222,
    388
Matisse, Jean, 217
Matisse, Marguerite, 217
Matisse, Pierre, 216, 217
Matta, Roberto, 108
Maugham, Somerset, 103
Mauriac, Claude, 300, 315
Mauriac, François, 23, 86, 88, 143, 150, 184,
    220, 275, 277, 278, 282, 284, 291, 300, 309,
    311, 313, 315, 317, 326, 336, 360, 363, 365,
    366, 370, 382, 383, 384, 385, 390
Maurois, André, 23, 85, 205, 283
Maurras, Charles, 29, 32, 33, 148, 151, 152,
    270, 272, 283, 344, 366, 367, 370
Maya (filha de Picasso), 52, 218
Mea culpa (Céline), 35
Mehring, Walter, 97, 105
Mein Kampf (Hitler), 262, 278

Melun, 160
Mendelssohn, Félix, 175
Mendès-France, Pierre, 63
mercado negro, 103, 117, 118, 134, 233, 296,
    297, 343, 348, 356
Mérimée, Prosper, 75
Merleau-Ponty, Maurice, 330
Mermoz, Jean, 239
Merry, Georges, 117
Mers el-Kébir, 66, 115
Mes apprentissages (Colette), 23
Messiaen, Olivier, 51, 61, 184, 185, 379, 388
metrô, 48, 92, 124, 131, 142, 161, 195, 221, 238,
    245, 321, 330, 340, 344, 349, 350
Metternich, Franz Wolff, 80, 81, 83, 200, 204,
    205
México, 40, 110, 217, 310, 381
Meyerbeer, Giacomo, 175
Meyerhof, Otto, 45, 105
Michaux, Henri, 88
Milhaud, Darius, 19, 58, 85, 175, 176, 179, 180,
    181, 182, 186, 187, 192, 197, 206, 323
Militärbefehlshaber in Frankreich (MBF), 63
Miller, Henry, 19
mímica/mímicos, 119, 159, 241, 242
Ministério do Interior, 334, 335
Mirbeau, Octave, 74, 254
Miró, Joan, 18, 25, 53, 202, 211, 388
Miseráveis, Os (Hugo), 107
Mistinguett, 21, 62, 121, 122, 126, 127
Mito de Sísifo, O (Camus), 282, 332, 333
Mitterrand, François, 31, 61, 152, 335
Möbel-Aktion, 206
Modigliani, Amedeo, 18, 207, 211
Molière, 21, 153, 160, 245, 247, 249, 250, 261,
    281, 316
Molotov-Ribbentrop, pacto *ver* Pacto Molo-
    tov-Ribbentrop
Mon auguste grand-père (Guitry), 253
Mon journal pendant l'occupation (Galtier-
    -Boissière), 89, 163
Mona Lisa (Da Vinci), 49, 50, 203, 204
Monde, Le, 160, 378

437

Mondrian, Piet, 18, 53, 217

Monet, Claude, 17, 74, 83, 254

Monnier, Adrienne, 20

Montagard, André, 156

Montand, Yves, 98, 123

Montherlant, Henry de, 87, 88, 150, 245, 247, 250, 251, 273, 276, 281, 286, 288, 291, 297, 362, 368, 370, 377

Montmartre, 24, 119, 122, 239, 292, 304

Montparnasse, 51, 112, 119, 208, 214, 221, 315, 352

Morand, Paul, 23, 85, 213, 268, 276, 286, 291, 300

Moreau, Jeanne, 390

Morgan, Claude, 313, 314, 317, 384

Morgan, Michèle, 77, 78

Morley, Gérard, 168

Morte a crédito (Céline), 35, 292

Moscas, As (Sartre), 246, 258, 259, 260, 273, 333, 377

Moscou, 25, 26, 31, 32, 34, 35, 36, 37, 38, 39, 40, 49, 57, 100, 164, 196, 362, 386

Mouches, Les (Sartre), 246

Moulin Rouge, 16, 123

Moulin, Jean, 210, 341

Mounier, Emmanuel, 151, 160

Mousset, Paul, 281

Movimentos da Resistência Unida, 327

Mozart, Wolfgang Amadeus, 174, 175, 176, 178, 188, 189

mulheres, 43, 52, 54, 55, 71, 103, 108, 118, 126, 129, 130, 132, 133, 143, 155, 165, 167, 171, 218, 223, 234, 247, 266, 279, 298, 340, 342, 346, 353, 354, 356, 357, 372, 375

Munch, Charles, 180, 183

Munique, 41, 56, 171, 175, 211, 212, 249, 250, 287

Münzenberg, Willi, 36, 40, 48, 99

Muralha do Atlântico, 337, 369

Muratore, Lucien, 188

Murillo, Bartolomé Esteban, 203, 205

Murphy, Robert D., 153

Murs sont bons, Les (Bordeaux), 281

Musée d'Art Moderne, 33, 42, 137, 206, 210, 323

Musée de l'Ethnographie, 137

Musée de l'Homme, 13, 137, 138, 139, 142, 144, 145, 275, 308, 312, 322, 381

Museu de Arte Moderna (Nova York), 38, 96, 109

museus, 80, 200, 203, 204, 212, 313

música clássica, 68, 70, 71, 174, 175, 178, 184, 249

Música Degenerada, 175

Musicien d'Aujourd'hui, Le, 180, 181, 188, 314

músicos, 12, 16, 17, 20, 68, 69, 72, 76, 95, 99, 105, 111, 120, 123, 159, 160, 174, 175, 176, 177, 178, 180, 181, 185, 186, 187, 188, 192, 205, 294, 372, 384

Mussolini, Benito, 27, 30, 37, 90, 173, 176, 185, 285, 299, 338

N'écoutez pas mesdames (Guitry), 253

"Na imoralidade da colaboração" (artigo), 253

nacionalismo, 29, 30, 151, 231, 267, 344, 366

Napoleão Bonaparte, 75, 93, 253, 276, 281

Napoleão II, 93

Napoleão III, 27, 146

Natan, Bernard, 226

Náusea, A (Sartre), 23, 42, 330

nazismo/nazistas, 16, 21, 34, 36, 44, 47, 49, 56, 63, 69, 71, 76, 79, 83-5, 90-1, 93, 101-3, 106, 112, 114, 126, 128, 131-3, 136, 139, 142, 144, 146, 148, 153-4, 163-4, 166, 174-5, 178-9, 181-2, 189-93, 196-9, 201, 203-6, 209, 211-2, 223-5, 228, 230, 233, 245-6, 252, 256-7, 263, 265-6, 269, 274-5, 277, 278, 280, 289-90, 305, 308, 314, 319, 333-4, 341-5, 367-71, 377, 379, 386

negros, 20, 69

Némirovsky, Irène, 54, 58, 167, 168, 176, 269, 381, 390

Neveux, Georges, 232

New York Times, 147

Nice, 88, 124, 210, 214, 232, 237, 242, 284, 307, 312, 342

438

Nietzsche, Friedrich, 390
Nijinska, Bronislava, 18
Nijinski, Vaslav, 18, 19
Nizan, Paul, 61
Noailles, Charles de, 26
Noailles, Marie-Laure de, 26, 184, 294
Noilly Prat, 111
Noir, Jean, 322
Noite de agonia em França (Maritain), 317
Nordmann, Léon Maurice, 138, 141, 143
Normandia, 52, 58, 345, 346, 347, 348
Noruega, 57, 337
Nos penhascos de mármore (Jünger), 267, 298
Nossa Senhora das Flores (Genet), 289
Notre avant-guerre (Brasillach), 270
Notre chef, Pétain (Germain), 281
Notre-Dame, 75, 189, 238, 344, 345, 353, 354
Nous ne sommes pas mariés (comédia), 261
Nouveau Ballet de Monte-Carlo, 197
Nouveaux Temps, Les, 90, 347, 363
Nouvelle Revue Française, 23, 46, 52, 55, 85, 88,
    141, 142, 222, 273, 274, 275, 277, 287, 309,
    364, 385
Nouvelle Vague, 390
Nova York, 27, 38, 52, 53, 94, 96, 99, 104, 105,
    106, 109, 112, 114, 131, 207, 211, 216, 217,
    247, 282, 381, 387, 388, 389
NRF *ver Nouvelle Revue Française*
Nu sombre (Bonnard), 215, 216
"Nuit d'exil, La" (Aragon), 320
Nuremberg, 34, 212, 270, 273

Oberfeld, Casimir, 156
obscenidade, 20, 93, 290
Occupons-nous (Merry), 117
Oddon, Yvonne, 137, 141, 143
"Ode a Stálin" (Éluard), 386
Ode ao marechal Pétain" (Claudel), 86, 262
"Oeil du serpent, L'" (Chavance), 233
Oeuvre, L', 31, 41, 91, 149, 347
Offenbach, Jacques, 20, 175
ópera, 45, 50, 58, 68, 75, 76, 132, 147, 175, 181,

182, 183, 186, 188, 189, 190, 192, 193, 194,
    249, 256, 295, 348, 372
Ópera de Lyon, 159
Ópera de Paris, 13, 16, 58, 74, 75, 76, 78, 118,
    133, 175, 177, 178, 182, 183, 186, 188, 189,
    190, 191, 193, 194, 196, 253, 348, 361, 371,
    372, 378, 389
Ópera de Vichy, 67, 146
Operação Barbarossa, 161
Operação Dínamo, 58
Opéra-Comique, 75, 76, 177, 178, 185, 187,
    188, 191, 348, 372
operetas, 20, 76, 175, 189
Ophüls, Marcel, 12
Ophüls, Max, 225, 247
Oradour-sur-Glane, massacre de, 346
Orangerie, 83, 197, 213, 268, 376, 380
Orchestre des Cadets du Conservatoire, 187
Orchestre National de la Radiodiffusion Fran-
    çaise, 111, 176, 179
Orchestre National de La Radiodiffusion
    Française, 159
Organização Americana de Resgate, 99, 113
orquestras, 73, 98, 175, 176, 177, 178, 179, 180,
    181, 182, 184, 187, 188, 189, 190, 192, 194,
    235, 340, 348
Orwell, George, 38
Otto, lista *ver* "Lista Otto"
Oudeville, Claude, 316
Out of this century (Guggenheim), 53
Ozeray, Madeleine, 248

pacifismo, 16, 24, 33, 41, 49, 367
Pacto Molotov-Ribbentrop, 42, 45, 48, 61, 91,
    308
Pagava, Vera, 208
Pagnol, Marcel, 21, 77, 98, 226, 273, 370
Pais terríveis, Os (Cocteau), 22, 256
Palais de Chaillot, 188, 189, 190, 243, 244, 249
Palais de Justice, 138
Palais Garnier, 75, 192, 193, 195, 196
Palais-Royal, 189, 209, 329
Palestrina (Pfitzner), 186, 189

Panier, Maurice, 208, 209

Pantagruel (jornal), 140, 179

Parade (balé), 19, 237

Paraf, Yvonne, 316, 317

Paray, Paul, 98, 159, 179

Paris Toujours, 124

Paris-Midi, 34

Paris-Soir, 31, 79, 90, 120, 122, 124, 151, 269, 326, 332

Partido Comunista Alemão, 36, 40

Partido Comunista Francês, 26, 30, 31, 32, 36, 40, 48, 85, 86, 91, 142, 143, 162, 180, 187, 210, 313, 319, 321, 323, 332, 351, 376, 377, 383, 385, 386, 391

Partido Nazista, 34, 81, 190, 225, 267, 270, 273

Partido Popular Francês, 30, 273, 285

Pasteur (Guitry), 73, 252

Pastré, Lily, condessa, 111

Pathé-Cinéma, 226, 227

Paulhan, Jean, 46, 52, 58, 85, 141, 142, 144, 218, 220, 266, 271, 273-7, 282, 286, 290, 297-8, 300-1, 304, 305, 307-9, 312-5, 317, 333, 336, 364, 366, 368-70, 378, 382, 385

Paulvé, André, 232, 242

Pavillon brûle, Le (filme), 238

Paxton, Robert O., 12

"Pedestre na Paris insurgente, Um" (Sartre), 352

Péguy, Charles, 30, 158, 252

Péguy, Marcel, 252

Pelléas et Mélisande (Debussy), 185, 188

Pensée Libre, La, 143, 308, 312, 313, 316, 381

Pequeno príncipe, O (Saint-Exupéry), 282, 310

Père (Bourdet), 261

Péret, Benjamin, 26, 49, 108, 110, 310, 381

Peretti, Serge, 194, 197

Péril juif, Le (Jouhandeau), 33, 230, 286, 298

Pétain, Eugénie, 148

Pétain, Philippe, 63-7, 77-8, 86-8, 92-3, 102, 107, 115, 124, 127, 132-3, 136, 138, 146-58, 161-3, 170-2, 185, 187, 190, 197, 200, 205, 213, 218, 226, 230, 234, 253-4, 256-8, 262, 265, 268, 271, 281, 283-5, 339, 340, 344-5, 347, 354, 360, 362, 367, 370

Petit Parisien, Le, 31, 90, 247, 269, 272, 329, 369

Petit, Roland, 194, 196, 389

Pfitzner, Hans, 186, 189

Pharisienne, La (Mauriac), 86, 282, 309

Philipe, Gérard, 245

Philippon, René, 277

Pia, Pascal, 332, 351

piadas, 89, 90, 117

Piaf, Édith, 21, 50, 121, 122, 123, 148, 158, 372, 373

Picasso, Pablo, 17-9, 37, 52, 53, 92, 102, 111, 134, 183, 197, 202, 207-8, 211, 214, 217-23, 263, 268, 304, 331, 333, 349, 376, 378, 386, 387, 388

Pierné, Gabriel, 176

Pigalle, 119, 199

Pignon, Édouard, 208, 210

Piguet, Robert, 131

Piloto de guerra (Saint-Exupéry), 62, 282, 310

pintores, 12, 16, 17, 18, 19, 69, 72, 99, 110, 159, 160, 209, 212, 216, 217, 263, 366, 387, 391

Piombro, Sebastiano del, 203

Place de la Concorde, 13, 32, 63, 83, 92, 134, 349

Plano de Mobília, 206

Plein pouvoirs (Giraudoux), 49

Ploquin, Raoul, 229

poesia, 25, 26, 88, 158, 210, 248, 273, 318, 319, 321, 323, 325, 377, 381, 383

Poésie (revista), 151, 318, 320

poetas, 25, 99, 108, 151, 159, 220, 263, 273, 287, 309, 318, 319, 321, 322, 323

Poincaré, Raymond, 27

polícia alemã, 141, 324, 382

polícia francesa, 79, 92, 100, 107, 112, 113, 165, 166, 169, 172, 201, 211, 216, 284, 299, 313, 322, 340, 342, 350

Polignac, Marie-Blanche de, princesa, 294

Politzer, Georges, 143, 144, 312, 313

Pollock, Jackson, 387

Polônia, 41, 42, 57, 72, 170, 211, 215, 339

Popesco, Elvire, 62, 225, 245
Portugal, 94, 96, 120, 149, 193, 251, 327
Pottier, Richard, 228
Poulenc, Francis, 19, 176, 179, 180, 181, 182, 183, 184, 185, 187, 192, 193, 194, 197, 372
Pourrat, Henri, 285
Prade, Georges, 220
prefeitos, 151, 161
Préjean, Albert, 228, 235, 374
Prélude à l'après-midi d'un faune (Debussy), 18
Premier rendez-vous (filme), 227, 235
Prêmio Nobel de Literatura, 23, 249, 284, 311, 390
Presle, Micheline, 77, 237
Pressburger, Arnold, 226
Prévert, Jacques, 220, 226, 232, 240, 241, 242, 331, 373
Prévost, Jean, 284, 326
Primeira Guerra Mundial, 15, 17, 19, 22, 23, 24, 25, 29, 30, 35, 41, 48, 55, 59, 64, 65, 78, 82, 91, 93, 118, 125, 161, 162, 171, 204, 225, 267, 292, 366
Primeiro Congresso dos Escritores, 286
Primeiro Congresso Internacional dos Escritores para a Defesa da Cultura, 36
Printemps, Yvonne, 126
prisioneiros de guerra, 13, 61, 64, 66, 74, 91, 92, 121, 122, 123, 125, 138, 152, 170, 171, 176, 179, 184, 191, 211, 250, 288, 318, 321, 335, 339, 340, 372, 373
prisões em massa, 169, 358
Prokofiev, Serghei, 19
Propaganda Abteilung, 70, 271, 272
Propaganda Staffel, 70, 71, 72, 73, 74, 76, 83, 116, 137, 176, 177, 209, 210, 211, 225, 229, 237, 246, 248, 253, 255, 258, 259, 261, 262, 267, 274, 277, 278, 287, 377
Proust, Marcel, 23, 300, 327
Prouvost, Jean, 332
Provença, 62
Pucheu, Pierre, 334
Puget, Claude-André, 261

Quand le temps travaillait pour nous (Mousset), 281
Quartier Latin, 30, 52, 59, 73
Quatre millions, 119
Quatuor pour la fin du temps (Messiaen), 184, 379
"Que reste-t-il de nos amours?" (canção), 127
Queneau, Raymond, 222, 331, 362
Quinteto do Hot Club de France, 128

Rabaud, Henri, 187
Rabinovitch, Gregor, 77, 226
Racine, Jean Baptiste, 21, 160, 245, 248, 250, 256
rádio, 50, 54, 59, 66, 70, 71, 72, 77, 98, 103, 117, 126, 150, 153, 159, 162, 167, 172, 177, 270, 276, 299, 328, 341, 345, 347, 352
Radio Jeunesse, 158
Radio Liberté, 351
Radio Stuttgart, 71, 363
Radiodiffusion Nationale, 71, 98, 149, 158, 186
Radio-Londres, 71, 125, 344, 357, 372
Radio-Paris, 71, 125, 126, 128, 177, 184, 186, 188, 269, 272, 343, 344, 363, 372, 373, 374
Rainha Mariana da Áustria, A (Velázquez), 205
Rassemblement National Populaire, 149, 347
Ravel, Maurice, 19, 181
Ravoux, Sophie, 298
Raya, Nita, 124, 125
realismo socialista, 26, 36, 210
Rebatet, Lucien, 29, 51, 91, 98, 149, 178, 226, 247, 252, 253, 255, 256, 271, 272, 285, 297, 347, 363, 367, 369, 370, 385
Reboul, Marcel, 365
Rede de Resistência do Cinema Francês, 240
Reféns (Fautrier), 209
réfractaires, 340
Regler, Gustav, 46
Regra do jogo, A (filme), 21
Reichsbank, 306
Reichstein, Tadeus, 45

Reinhardt, Django, 20, 128, 235

Renânia, 40

Renaud et Armide (Cocteau), 256

Renaud, Madeleine, 232, 251, 256, 263, 295, 374

Renoir, Jean, 21, 78, 225, 226

Renoir, Pierre (filho), 226, 242, 261, 374

Renoir, Pierre Auguste, 17, 74, 83, 226

República de Weimar, 267

"República do silêncio, A" (Sartre), 378

República Dominicana, 234

Réseau de Résistance du Cinéma Français, 240

Réseau du Musée de l'Homme, 142, 145

Résistance (jornal), 139, 140, 141, 144, 145

Resnais, Alain, 232, 389, 390

restaurantes, 50, 69, 134, 135, 146, 267, 329, 335, 348

Retoques ao meu De volta da URSS (Gide), 39

Retrato de Antonio de Covarrubias (El Greco), 205

Revolução Bolchevique, 19, 37, 54

Revolução Nacional, 148, 150, 151, 152, 153, 154, 158, 159, 161, 162, 229, 230, 268, 367

Révolution Nationale, La, 271, 365

Revue nègre, La, 20

Reynaud, Paul, 27, 28, 57, 59, 63, 91, 163, 270, 344

Ribbentrop, Joachim von, 80, 205

Ricci, Nina, 131, 388

Riche, Paul *ver* Mamy, Jean

Richelieu, cardeal, 281, 283

Rieussec, Jea, 192

Rieux, Jean, 116, 117

Rigaux, Jean, 116

Rillieux-la-Pape, 342

Rimbaud, Arthur, 262, 277

Rivet, Paul, 137, 141

Robbe-Grillet, Alai, 307, 340, 390

Rochas, Marcel, 131

Rocher, René, 377

Rodellec du Porzic, Maurice de, 113

Rodin, Auguste, 17, 74, 83, 213, 214, 254

Rohmer, Éric, 390

Roland-Manuel, Alexis, 180, 187

Rol-Tanguy, Henri, 349, 353

Roma, 66, 69, 185, 338

Romain, galeria, 210

Romains, Jules, 96, 310, 370

Romance, Viviane, 21, 122, 235

Romênia, 248, 300

Roméo et Juliette (Gounod), 378

Ronis, Willy, 111

Roosevelt, Eleanor, 96

Roosevelt, Franklin D., 42, 153, 337, 338

Roquefort, Charles de, 237

Rosenberg, Alexandre, 203

Rosenberg, Alfred, 206, 290

Rosenberg, Léonce, 18, 81

Rosenberg, Paul, 18, 81, 203

Rosenthal, Manuel, 111, 179, 180, 188, 323

Rossi, Tino, 21, 60, 121, 372

Rostand, Edmond, 74

Roth, Joseph, 19

Rothschild, família, 81, 82, 203, 205

Rouault, Georges, 19, 207, 210, 214, 216, 262

Rouché, Jacques, 75, 178, 191, 192, 193, 372

Rouff, Maggy, 131

Roy, Claude, 86

Royal Air Force (RAF), 316, 321, 325, 328, 382

Royan, 52, 53, 217, 218

Rubens, Peter Paul, 203

Rubinstein, Arthur, 205

Rubinstein, Helena, 213

Rubirosa, Porfirio, 234, 235, 236

Rudier, Eugène, 214

Rundstedt, Gerd von, 83

Rússia, 100, 110, 163, 256, 269, 276, 312, 338

Sabertés, Jaime, 221

Sadoul, Georges, 240

Sagan, Françoise, 307, 390

Sagração da primavera, A (Stravinski), 18

Saint-Benoît-sur-Loire, 219

Saint-Exupéry, Antoine de, 23, 61, 62, 87, 108, 161, 282, 310, 336

Saint-Exupéry, Consuelo, 62, 108, 161

Saint-Martin-d'Ardèche, 43, 44, 47

Saint-Saëns, Camile, 74

Salacrou, Armand, 261, 346
Salazar, António de Oliveira, 149
Saliège, Jules-Gérard, 167
Salle du Conservatoire, 176
Salle Favart, 75
Salle Gaveau, 128, 176, 372
Salle Pleyel, 123, 128, 176
salões, 107, 182, 266
Salon d'Automne, 83, 378
Salon de Mai, 209
Salou, Louis, 241
"Salut à Breker" (Cocteau), 213
Samuel-Rousseau, Marcel, 195
Sandberg, Serge, 226
Sangue de um poeta, O (filme), 26
Sans-Soucis, Le, 239
Sapato de cetim, O (Claudel), 182, 241, 248, 262, 263, 264, 348
Sarment, Jean, 264
Sarraut, Albert, 44
Sarraute, Nathalie, 390
Sartre, Jean-Paul, 23, 31, 39, 42, 55-6, 61, 85, 182, 220, 222, 245-6, 258-60, 273, 281, 309, 314, 329-31, 333, 346, 348, 350, 352, 357, 369, 370, 377-8, 381, 384, 386, 390-1
Satie, Erik, 19, 26
Scène Française, La, 253, 314, 346
Schaeffer, Karl, 306
Schaeffer, Pierre, 158, 159, 186, 307
Schellenberg, Walther Friedrich, 131
Schiaparelli, Elsa, 16, 131, 388
Schiffrin, Jacques, 39, 105, 106
Schiffrin, Simon, 226
Schiller, Friedrich von, 249, 261, 287
Schleier, Rudolf, 339
Schloss, Adolphe, 201, 202
Schlumberger, Jean, 85, 284
Schmidtke, Heinz, 70
Schmitt, Florent, 178, 180
Scholz, Robert, 203
Schönberg, Arnold, 19, 175, 183, 186
Schulz-Koeh Dietrich, 128
Schwarz, Solange, 47, 194, 197, 372
Schwarzkopf, Elisabeth, 189

Scum of the Earth (Koestler), 46
Secours National-Entr'aide d'Hiver, 133
Seghers, Anna, 109
Seghers, Pierre, 318, 320, 321, 351, 369, 370
Segonzac, André Dunoyer de, 212
Segonzac, Pierre Dunoyer de, 160
Segundo Congresso dos Escritores Europeus, 288
Segundo Congresso Internacional dos Escritores para a Defesa da Cultura, 37
Semprún, Jorge, 91, 259
Senado francês, 13, 59, 63, 67, 352
Senegal, 115, 138
Sept couleurs, Les (Brasillach), 270
Ser e o nada, O (Sartre), 55, 281, 330
Serge, Victor, 37, 99, 104
Sert, José María, 263
Service du Travail Obligatoire (STO), 339, 340, 357
Shakespeare & Company, 20, 279
Shakespeare, William, 21, 75, 245, 262, 316
Shaw, George Bernard, 245, 252, 262
Sheridan, Richard Brinsley, 245, 262
Sicília, 338
Sieburg, Friedrich, 72
Siegfried (Giraudoux), 22
Sienkiewicz, Olesia, 55
Sigmaringen, 347, 348, 361, 370, 375
Signal, 125, 130
Signoret, Simone, 232
Silêncio do marm, O (Bruller), 315, 316, 317, 381, 382
Simenon, Georges, 231, 240, 281, 367
Simon, Claude, 390
Simon, Michel, 21, 228
"Sitzkrieg", 50
Six, Les, 181, 183
"Sobre o nacionalismo e a questão judaica" (Jünger), 267
Socialisme et Liberté, 330
socialismo, 30, 39, 270, 367, 380
Société des Auteurs, Compositeurs et Éditeurs de Musique (Sacem), 179
Société des Concerts du Conservatoire, 176

443

Sodome et Gomorrhe (Giraudoux), 255
Soehring, Hans Jürgen, 237, 375
Solidor, Suzy, 122, 126
Sologne, Madeleine, 234
Solomon, Jacques, 143, 144, 312, 313
Solstice de juin, Le (Montherlant), 87, 250, 281, 368
"solução final", 166, 339
Sonho de uma noite de verão (Shakespeare), 250
Sorbonne, 13, 30, 31, 52, 73, 89, 92, 326, 333, 352
Sorel, Cécile, 245, 374
Sorokine, Nathalie, 330
Soulages, Pierre, 387
Souplex, Raymond, 116
Sous la Botte, 330
Soutine, Chaïm, 18, 111, 211
Soutzo, Hélène, 300
Souvenir et solitude (Zay), 268
Spaak, Charles, 240
Special Operations Executive (SOE), 144, 341
Speer, Albert, 68, 75, 212
SS, 150, 164, 299, 325, 326
Staatskapelle, 190
Stalag III-D, 123
Stalag VIII-A, 184
Stalag XI-A, 125
Stálin, Ióssif, 26, 27, 38, 56, 173, 386, 387
Stavisky, Serge Alexandre, 32
Stein, Gertrude, 19, 102, 103, 282, 283
Steinbeck, John, 317
Stern, Jacques, 81
Strauss, Bruno, 105
Strauss, Johann, 189
Strauss, Richard, 16, 147, 178, 184, 188, 189
Stravinski, Igor, 18, 19
Strobel, Heinrich, 191
Stroheim, Erich von, 225, 226
Studio d'Essai, 186
Stülpnagel, Otto von, 76, 81
Suarez, Georges, 91, 281, 323, 363
Sudetos, 41, 49, 250
Suhard, Emmanuel, cardeal, 344, 345, 355

Suíça, 25, 93, 103, 110, 111, 120, 128, 131, 143, 177, 200, 225, 247, 283, 300, 304, 311, 318, 319, 360, 364, 376, 388
Suíte francesa (Némirovsky), 168, 169, 176, 381, 390
Suprema Corte de Justiça, 163
surrealismo, 16, 18, 25, 26, 36, 43, 44, 49, 106, 107, 108, 109, 114, 210, 221, 232, 274, 277, 294, 310, 319, 323, 324, 325, 381, 388
Surrender on demand (Fry), 95
Syndicat des Éditeurs, 277
Synge, John Millington, 245, 262

Taeuber, Sophie, 108, 110
Tailândia, 147
Tailleferre, Germaine, 181
Tanguy, Yves, 25, 53, 211
Tardieu, André, 27
Taslitzky, Boris, 210
Tati, Jacques, 119, 241
Tavernier, René, 318, 321, 333
Tchecoslováquia, 41, 56, 324, 382
Tchérina, Ludmilla, 194
teatro de variedades, 20, 64, 74, 117, 192
Teatro Nacional de Mannheim, 189
Teatro Schiller, 249
teatros, 42, 50, 57, 75, 76, 98, 116, 119, 176, 177, 241, 244, 245, 246, 255, 261, 262, 264, 267, 340
Tempestade em junho (Némirovsky), 168
Tempestades de aço (Jünger), 118, 267
Temps immobile, Le (Mauriac), 300
Temps Modernes, Les, 378
Temps, Le, 31, 151
Terceira República, 15, 32, 33, 34, 67, 85, 152, 162, 163, 250, 257, 268, 270, 271, 329, 360
Théâtre Antoine, 22, 264
Théâtre de l'Étoile, 117
Théâtre de l'Odéon, 244, 377
Théâtre de la Cité, 246, 331
Théâtre de la Madeleine, 73
Théâtre de la Mode, 388
Théâtre des Ambassadeurs, 261, 374
Théâtre des Champs-Élysées, 20, 177

Théâtre des Nouveautés, 117
Théâtre du Châtelet, 19, 176
Théâtre Libre, 22
Thèmes et variations (Matisse), 216
Thérive, André, 288
Thiriet, Maurice, 232
Thomas, Édith, 313, 314, 382
Thorez, Maurice, 31, 49
Tieschowitz, Bernhard von, barão, 205
Tillion, Germaine, 138, 144
"To die for Danzig?" (Déat), 41
Toklas, Alice B., 19, 102, 103, 283
toque de recolher, 69, 119, 245, 246, 297, 302, 331
Torre Eiffel, 42, 63, 73, 127, 358
Toulon, 154, 172, 338
Toulouse, 45, 125, 138, 144, 159, 167, 185, 211, 274, 311, 322, 323
Tournemire, Guillaume de, 158
Tourneur, Maurice, 228, 239
Tourneur, Michel, 373
Tourrette-sur-Loup, 232
Touvier, Paul, 342
trabalho forçado, 37, 133, 141, 162, 250, 283, 325, 340, 374
Trabalhos e os dias, Os (Hesíodo), 160
Trágico amanhecer (filme), 21, 232
Trahison des clercs, La (Benda), 30
Tratado de Versalhes, 29, 40, 152, 204
Trauner, Alexandre, 232, 241
Trem nº 40044, 203
Trenet, Charles, 121, 122, 127, 129, 253, 372, 373, 383
Tribus du cinéma et du théâtre, Les (Rebatet), 226
33 sonnets composés au secret (Cassou), 322
Triolet, Elsa, 61, 269, 282, 312, 317, 319, 370
Tristão e Isolda (Wagner), 190, 191, 234
Trois Millions, 119
Trótski, Liev, 40, 104, 278
Truffaut, François, 390
Trujillo, Rafael Leónidas, 234, 235
Tual, Denise, 182
Tulle, 233, 346

Tunísia, 45, 87, 102, 277, 289, 311, 338
Turner, Harald, 73
Turquia, 147
Tzara, Tristan, 25, 112

Ubersfeld, Annie, 220, 245, 349
Ucrânia, 57, 111, 193, 338
Ulisses (Joyce), 20, 24
União dos Escritores Europeus, 287
União Soviética, 27, 35, 36, 37, 38, 39, 40, 42, 51, 57, 106, 115, 142, 144, 147, 161, 168, 196, 308, 313, 339, 344, 354
United Press, 147
Université Libre, L', 143, 180, 210, 308
Universum Film AG (UFA), 21, 225, 227, 230

Valentin, Albert, 225
Valéry, Paul, 23, 88, 143, 182, 184, 275, 277, 284, 308, 309, 365, 366, 370
Valland, Rose, 201, 202, 203
Vallat, Xavier, 33, 165, 166
Valquíria, A (Wagner), 189
Van Dongen, Kees, 17, 207, 212, 223, 376
Van Eyck, Hubert, 204
Van Eyck, Jan, 204
Van Gogh, Vincent, 18
Varda, Agnès, 390
Varna, Henri, 124
Varo, Remedios, 108, 110
Vaticano, 147
Vaudoyer, Jean-Louis, 248, 249, 250, 251, 256, 262, 264
Vaurabourg, Andrée, 185
"Veilleur du Pont-au-Change, Le" (Desnos), 323
Velázquez, Diego, 203, 205
Vence, 217, 232
Ventura, Ray, 21, 41, 129
Vênus de Milo, 50
Vercel, Roger, 23, 24
"Vercors" *ver* Bruller, Jean
Verdi, Giuseppe, 190
Vermeer, Johannes, 82, 199, 203
Vermorel, Claude, 252

Vernes, Arthur, 301
Veronese, Paolo, 50
Versalhes, 151, 188
Viagem ao fim da noite (Céline), 24, 289
Viard, René, 281
Vichy fait la guerre, 138
Vichy France (Paxton), 12
Vichy, governo de, 13, 33, 68, 74-5, 79, 81, 86, 91, 106, 115, 125, 138, 147, 150-5, 157-8, 160, 162, 164, 166, 170-1, 176, 177, 192, 200
Victorine Studios, 226, 241
vida noturna, 57, 134, 135, 234, 237, 296
Vie à belles dents, La (Carné), 233
Viena, 69, 93, 130, 174, 175, 178, 182, 183, 189, 212, 287, 388
Vierny, Dina, 100, 113, 214, 215, 216
Vilar, Jean, 160, 388
Vildé, Boris, 137, 138, 139, 140, 141, 142, 143, 145
Villa Air-Bel, 106, 107, 108, 325
Villa Ica, 147
Village en ruines près du Ham, Un (Bonnard), 18
Vilmorin, Louise de, 184
Vingt Jeunes Peintres de Tradition Française, 159, 209
Vioux, Marcelle, 252
Visions de l'amen (Messiaen), 184
Visitantes da noite, Os (filme), 231, 375, 381
Vitória de Samotrácia, 50
Vlaminck, Maurice de, 17, 207, 212, 222, 223, 366, 376
Vollard, Ambroise, 18
Voltaire, 25, 281, 288, 316
Vom Kaiserhof zur Reichskanzlei (Goebbels), 280
Voyage secret, Le (Jouhandeau), 286
Vuillermoz, Jean, 179

Waffen-ss, 339, 340, 342
Wagner, Richard, 19, 174, 176, 189, 190, 191, 256, 271
Wagner, Winifred, 190, 191
Wahl, Jea, 165

Wakhévitch, Georges, 232
Wall, Jean, 111
Walter, Marie-Thérèse, 52, 218, 221
Walter, Pierre, 141
Wars I have seen (Stein), 103
Watteau, Jean-Antoine, 203, 205
"We'll hang out our washing on the Siegfried Line" (canção), 50
Weber, Carl Maria von, 76
Webern, Anton, 183
Wehrmacht, 13, 46, 58, 61-2, 69-70, 73, 76, 80, 83, 118, 120, 122, 131-2, 137, 145, 147, 164, 168, 171, 177, 189-91, 194, 219, 230, 237, 244, 249, 266-7, 276, 294, 296, 298, 300, 326, 338, 348, 351, 353-4, 356, 369, 374-5
Weil, Simone, 104, 105
Weil-Curiel, André, 138
Werfel, Franz, 100
Werner, Fritz, 70
Wertheimer, Germaine, 131, 207
Wertheimer, Pierre, 131, 207
Weygand, Maxime, 63, 89
Wharton, Edith, 19
Wiener, Jean, 76, 188
Wildenstein, galeria, 207
Wildenstein, Georges, 81, 82, 206
Wodehouse, Ethel, 103, 104
Wodehouse, P. G., 103, 104
Wols, 45, 111, 211

Yonnel, Jean, 248, 249, 251, 263

Zay, Jean, 33, 63, 268, 344
Zehrfuss, Bernard, 160, 161
Zimmer, Bernard, 240
Zola, Émile, 28
zona não ocupada, 65, 74, 86-7, 90-1, 98-9, 102, 111, 120, 122, 124-5, 141, 144, 147-8, 150-1, 155-6, 159, 161, 164, 166, 167, 169, 171, 176-7, 181, 201, 226, 232, 238, 250, 269, 271, 276, 282-3, 285, 291, 314, 317-8, 327, 329, 332, 340, 367
Zucca, Andre, 133
Zweig, Stefan, 277, 278

1ª EDIÇÃO [2012] 2 reimpressões

ESTA OBRA FOI COMPOSTA PELA SPRESS EM MINION E IMPRESSA EM OFSETE
PELA GRÁFICA BARTIRA SOBRE PAPEL PÓLEN SOFT DA SUZANO PAPEL E CELULOSE
PARA A EDITORA SCHWARCZ EM JUNHO DE 2012